實用現代漢語語法

（第三版）

刘月华
潘文娱
故韡 著

商務印書館
创于1897
The Commercial Press

图书在版编目(CIP)数据

实用现代汉语语法/刘月华,潘文娱,故韡著. —3 版.—北京:商务印书馆,2019(2025.6 重印)
ISBN 978-7-100-16385-9

Ⅰ.①实… Ⅱ.①刘…②潘…③故… Ⅲ.①现代汉语—语法—对外汉语教学—教学参考资料 Ⅳ.①G634.303

中国版本图书馆 CIP 数据核字(2018)第 157457 号

SHÍYÒNG XIÀNDÀI HÀNYǓ YǓFǍ
实用现代汉语语法
(第三版)
刘月华　潘文娱　故韡　著

商　务　印　书　馆　出　版
(北京王府井大街 36 号　邮政编码 100710)
商　务　印　书　馆　发　行
北京中科印刷有限公司印刷
ISBN 978-7-100-16385-9

2019 年 4 月第 1 版　　开本 880×1230　1/32
2025 年 6 月北京第 5 次印刷　　印张 31⅞
定价:138.00 元

目　　录

第一编　现代汉语语法概述

第二编　词类

第五编 句法(下) 复句和篇章

序

这几年我很看过几本讲现代汉语语法的书，得到一个印象是这些书的读者对象不明确，不知道是为谁写的。好像是谁都可以看看，看了都多少有点收获，但是谁的收获也不大。因为它既不能在理论上有所贡献，又不能在实用上有所裨益。最近刘月华同志把她和潘文娱同志、故铧同志合编的《实用现代汉语语法》校样拿给我看，我愉快地把它看完，觉得这是一本很有用的书，会受到它的读者的欢迎的。

这本书是为汉语作为第二语言的教师和已有基础的学生写的。作者在前言里说："本书的着眼点是实用。就是说，力求通过语法现象和语法规则的具体描写，来指导学生学会正确地使用汉语。……凡是外国人难以理解和掌握的语法现象，本书都作了尽可能详细的描写，对某些容易引起混淆的语法现象还作了比较分析，指明正误。"她们说到做到，有不少内容是别的书上不讲或一笔带过，而这本书里有详细说明的。例如：单音方位词的用途（49—54 页），"这/那么"和"这/那(么)样"用法的异同（87—90 页），"每"和"各"用法的异同（105 页），数目后边的"上下"和"左右"用法的异同，特别是用在年龄上（121 页），同一词语作状语和作补语的异同（625—638 页），等等。这些是一般语法书上忽略过去的例子。还有别的书上也讲，但是没有这本书讲得仔细的，如动词重叠的用法和意义（159—167 页），二十一个重要副词的用法（212—257

页),"了"的用法(360—390 页),多项定语的顺序(482—497 页),等等。

这本书还有值得称道的特点是有些提纲性的表解,如能愿动词用法表(184 页),介词分类用法表(263—267 页),语气助词表达功能表(427—428 页),状语补语比较表(637—638 页)。还有,练习多而且切合需要。

这本书之所以能够具备这些优点,是因为它是多年课堂教学经验的总结。它还将继续在课堂教学中经受考验,并通过课堂教学改掉它里边未能完全避免的缺点。例如用三十页的篇幅讲"了"字的用法,"$了_1$"分五大项二十二小项,"$了_2$"分七大项二十八小项,就不免有些烦琐,不便记忆。诚然,"了"字的用法是复杂的,但是能不能在材料的组织上想点办法,执简以驭繁呢,或者把一部分内容安排到练习里去呢?此外,本书所用的语法间架似乎有点折中诸家之间的意思,但因此也就不免有些不尽融洽之处,这也可以在教学中继续得到改进。月华同志来取回校样的时候,要我在前边写几句话,我是乐于从命的。是为序。

吕 叔 湘

1982.6.1

第三版前言

《实用现代汉语语法》1983 年初版，至今已经 35 年。出版以来深受广大读者的欢迎，已于 2001 年出版了增订本，另出版了日文译本、韩文译本以及繁体字本。

从 2016 年开始，我们对本书又做了修订。此次修订，以增订本为基础，仍维持原书的框架结构和理论体系，修订主要涉及以下几项：一是更改、修正了部分论述，使之更准确；二是修改了多处文字，使表述更规范；三是删掉了一些例句，并做了相应的增补，使例句能更好地说明论点；四是删除了原附录二“索引”。

希望第三版的出版能为广大读者的学习和研究提供更大的帮助，也欢迎读者提出宝贵意见和建议。

著　者

2018 年 6 月

前　言

本书主要是为从事汉语作为第二语言教学的教师以及具备了一定的汉语基础的外国学生和学者编写的。它也可以作为国内民族院校的少数民族学生以及其他高等院校汉语和外语专业的学生学习现代汉语语法的参考书。

作为一部"实用语法",本书的着眼点是实用。就是说,力求通过语法现象和语法规则的具体描写,来指导学生学会正确地使用汉语。为此,我们在阐述各项语法规则时,除了指出结构上的特点以外,还特别注重语义和用法上的说明,以便使读者了解在什么情况下使用什么样的表达方式以及在使用某种表达方式时应该注意什么样的限制条件等。外族人学习汉语语法与本族人的难点不完全相同,因此本书的重点就是外国人学习中经常会遇到的语法难点。凡是外国人难以理解和掌握的语法现象,本书都作了尽可能详细的描写,对某些容易引起混淆的语法现象还作了比较分析,指明正误。对部分语法现象的口语形式和书面语形式的区别以及风格色彩等也作了一定的介绍。这样,本书的重点、对某些语法现象的解释方法以及各项内容的详略程度跟其他语法著作就不完全一样。

本书的编写过程是首先对搜集到的大量正面例句进行分析,在此基础上确定本书的内容范围和各项内容的编排顺序。然后参照外国留学生的病句和多年的教学经验,确定每一项内容需要讲解的方面。在解释每一种语言现象时，也注意到了尽可能吸收语言学界已有的研究成果。

本书是1978年4月开始编写的。1979年暑假写成初稿，1979年9月至1980年8月进行了第一次修改，1980年9月至1981年1月进行了第二次修改，1981年3月开始编写练习并作了最后一次修改。1978年8月曾油印了句法部分的纲要(《基础汉语课本》语法提纲)，供我院教师作教学上的参考，并分送部分院校和研究机构征求意见。

本书是采取集体讨论、分头执笔、统一修改的方式编写的。执笔人分工如下：

刘月华：第一编；第二编中的数词和量词、动词、形容词、助词；第三编中的定语、状语、补语；第四编中的存现句、"把"字句、被动句、非主谓句；第五编中的复句。

潘文娱：第二编中的名词、代词、副词、介词、连词、象声词、叹词；第三编中的主语和谓语、宾语、复指和插说；第四编中的主谓句、"是"字句、"有"字句、连动句、兼语句；第五编中的紧缩句。

故韡：第四编的"是……的"句、疑问句和反问句、比较的方式。

赵静贞同志曾参加编写了状语、复指和插说、连动句、兼语句、比较的方式、存现句、复句等章节的初稿，后因工作调动，未能继续参加本书的编写和修改工作。

针对外国人学习汉语的特点编写一部系统的语法书，对我们来说还是第一次。由于我们缺少编写经验，加上对某些语法现象的研究还很不深入，对他人的研究成果学习得也很不够，所以本书遗留的问题仍然很多，缺点甚至错误更是在所难免。这次出版的目的之一，就是希望得到国内外广大读者的批评指正，以便将来进一步修改提高。

在编写本书的过程中，我们得到了院内外很多同志的大力支持和热情帮助。有的同志提供了部分例句，有些同志提出过很好的意见和建议。吕必松同志自始至终关心本书的编写工作并看了部分书稿，提出了宝贵意见。特别是吕叔湘先生在百忙中审阅全书、提出修改意见并写了序言，周祖谟先生为本书题了书名。在此我们一并向他们表示衷心的感谢。

著　者

于北京语言学院

增订本前言

《实用现代汉语语法》是一本对外汉语教学语法参考书，出版已近二十年。二十年来，对外汉语教学和汉语语法研究都取得了长足的发展，因此，从1998年起，我们开始了增订工作。

学习一种外语的语法，主要是学习该语言的语法规则及其用法。《实用现代汉语语法》就是对汉语语法规则，主要是对句法规则进行描写，同时也注意到语法现象用法的说明。此次增订，我们仍然沿着这条道路前进，希望在深度和广度上都能有所拓展。

语法是一种十分复杂的现象，除了基本的词法和句法结构规则外，还要受语言环境、上下文的影响。汉语在这方面尤为突出。此次增订，我们增加了“篇章”一章，在其他章节，在讨论一些具体问题时，也考虑到篇章方面的影响。

影响语法结构规则和用法的还有很多因素，比如说操该语言的人的思维规律，文化、性别、地位、年龄等，语体（对话与非对话；陈述、疑问、祈使、感叹；叙述、描写、说明、议论等），以及句内意义、同类信息的共现或排斥等，可以说是多角度、多方面的。此次增订，在描写、说明、解释语法现象时，我们就是从多种角度、多个侧面进行的。

在外语教学和学习中，对语法规则的描写太抽象不行，因为学习者在交际时很难把它与正在进行的交际活动联系起来，也就是很难把握。比如动态助词“了”，只讲“了”的语法意义，只说它表示

"发生"或"实现"或"完成",不管你讲得多科学,学生也很难运用。就像学英语的现在完成时,只说它表示"现在完成",学生很难运用一样。我们必须讲清它的具体用法,比如在句中常常与"了"共现的时间词语,"了"与语体的关系,后边有宾语时数量词等定语的使用,"了"的省略规则,可以和"了"结合的动词,等等。但是语法规则太细了也不可取(比如一类动词能和哪些类名词搭配),因为人的记忆是有限度的,不像电脑,规则太多了记不住,而且交际时也很难马上从记忆中"搜索"出来,结果,规则太多跟没有规则没什么两样。本书在描写每项语法规则时,试图找到这个繁简适合的"度"。

此次增订,我们力图吸收近二十年来汉语语法研究和对外汉语教学的研究成果,包括我们自己的成果。80 年代以来,我国汉语语法研究取得很大的进展,而且其中相当一部分研究成果着重于语法现象的描写,这些正是我们所需要的。本书参考 80 年代以来的主要语法著作,限于篇幅,不能一一注明。我们在书后开列了主要参考书目,在具体章节后的参考文献中,只列出少量主要的论文。

此次是增订,所以本书框架、体系基本不变。关于体系问题,二十年前写这本书时,我们曾去拜访过朱德熙先生,问了他很多问题。比如一种现象叫补语好还是叫宾语好,等等。他说,语法体系就像币制,采取什么币制没有关系,因为可以兑换,同样,采用什么语法体系也不是最重要的,重要的是能提出问题。除此之外,我们认为也不能不考虑教学语法的稳定性。本书的体系,基本上是北京语言大学前身北京语言学院基础汉语教学多年采用的体系,也广为各国汉语教师所接受。如果改动太大,可能会给从事对外汉语教学的老师们带来一些不便。但这不等于说教学语法体系永远不变。只是当前我们还没有找到一个更为理想的、比现有体系具有明显优点的体系，因此本想改动的几点也不改了。英语作为外语教学历史比汉语长得多，英语语法研究也有很大进展，但多年来英语教学语法体系改变并不大。当然对外汉语教学语法研究没有对外英语教学语法研究那么成熟，但是我们认为体系的改变仍以慎重为宜。

我们在增订本书的过程中，重读了吕叔湘先生为我们写的序。先生的序非常中肯，既肯定了《实用现代汉语语法》一书总的方向——对教学实用，又指出不足。先生期望"它还将继续在课堂教学中经受考验，并通过课堂教学改掉它里边未能完全避免的缺点。……这也可以在教学中继续得到改进"。遗憾的是我们未能在先生生前完成增订工作。我们希望这个增订本朝先生的要求以及读者的期望又迈进了一步。

此次增订，增加的章节有句子的功能分类、汉语句子的语序、祈使句、篇章等，这几部分由刘月华执笔。有些章节重新改写，如"是……的"句、动态助词"了"、趋向补语、汉语的构词法等，其他部分也都有较大改动。除了"汉语的构词法"由潘文娱修改外，其余部分，我们三人分工不变。刘月华最后统改全书书稿。

这里我们要感谢长期以来使用本书、支持我们的广大读者和朋友们，正是他们不断给予的鼓励，增强了我们此次增订的勇气和信心。我们也要感谢商务印书馆的同志们，感谢他们在出版本书时给予我们的大力支持和帮助。

著　者

2000 年 2 月

第 一 编

现代汉语语法概述

本编介绍本书的语法体系、所使用的语法术语，并简述第二至五编未能涉及的有关汉语语法的一些问题。

第一节　语法单位

语法单位包括语素、词、短语、句子。

一、语素

语素是最小的音义结合体，也是最小的语法单位。如“人”、“民”、“作”、“用”、“桌”、“葡萄”、“玻璃”等都是语素，因为它们都有意义，而且不能分割成更小的有意义的单位。“人”、“民”等单音节语素自然不能进行分割，而像“葡萄”、“玻璃”等双音节语素，如分割成“葡”、“萄”、“玻”、“璃”，将不包含任何意义，因而也就不成其为语素。

汉语的绝大多数语素是单音节的，少数是双音节的，三四个音节的语素更少。由于汉字是音节文字，一个单音节语素在书面上就用一个汉字来书写，所以绝大多数汉字都与语素对应。少数汉字不与语素对应，如“玛”、“瑙”、“唠”、“叨”、“葡”、“萄”等，它们只表示多音节语素中的一个音节，不能表示什么意义。

还有的汉字与几个语素对应，表示不同的意义。如“把”——“一把尺子”、“把守”、“把门开开”、“个把月”（上述“把”音 bǎ）、“把(bà)儿”；“生”——“生长”、“一生”、“生炉子”、“生病”、“生瓜”、“生疼”、“学生”，等等。汉字和语素的关系是比较复杂的。

二、词

词是最小的有意义的能独立运用的语言单位。所谓能独立运用，是指能单说或能单独（不必与另一些特定的语言成分结合）进入句子。如“工人”是一个词，因为：第一，它有意义；第二，可以单说、单独回答问题。例如：

①问：他哥哥是干什么的？

答：工人。

第三，它是能独立运用的最小的语言单位，如进一步分割成“工”和“人”，不仅意义与“工人”不完全相同，而且当“工”作名词用时，一般也不能单说。又如“的”也是一个词，第一，它表示一定的语法意义；第二，可以单独进入句子，而不必与某一个或某些特定的语言成分结合在一起。例如：

②我的家在北京。

③明明是一个可爱的孩子。

第三，“的”自然是最小的有意义的单位。而“人民”中的“民”就不是一个词，因为它不能单独进入句子，必须与“人”、“公”、“居”等语素组合成“人民”、“公民”、“居民”等，才能进入句子。

三、短语

词与词按一定的规则组合起来表达一定的意义，就成为短语，也叫词组。短语是造句的单位。如“他的学生大部分是非洲人”中的“他的学生”、“大部分”、“非洲人”等都是短语。

语素一般是比词小的语言单位。短语是比词大的语言单位。由于汉语的词大多缺乏明显的形态标志，又由于书面语中保留了相当数量的古汉语成分，所以一个语言单位究竟是语素还是词，是词还是短语，有时难于确定。这个问题无论在理论上还是在实践上都是很复杂的。但这种划分上的困难并不会对汉语的实际运用造成多大影响。我们认为在教学中对很多难于从理论上解决的语言成分，只能分析各方面的因素，然后加以规定。语素、词、短语的划分对外国人学习汉语也不会造成很大影响。

四、句子

句子是能表达完整的意思、前后有较大停顿、有一定语调的语言单位。句子是语言运用的最小单位，我们说话一般至少要说一个句子。以下各例都是句子：

①你去不去？

②去。

③小心！

④每想到这些，我对未来就充满了信心。

句子和句子连接起来，还可以构成更大的单位，如语段、篇章。在汉语中，语段和篇章会对句子的结构安排产生很大的影响。

第二节 词的分类

我们划分汉语词类的标准主要是根据词的语法功能,兼顾其词汇意义。

根据语法功能,首先可以把词分为实词与虚词两大类。实词能充任句子成分,一般具有实在的词汇意义。实词下又可以分为名词(包括时间词、处所词)、动词、形容词、数词、量词、代词、副词七类。虚词一般不能单独充任句子成分,主要表达各种语法意义或语气、感情。虚词下又可以分为介词、连词、助词、象声词四类。此外还有叹词。例如:

- 实词
  - 1.名词:桌子 国家 科学 明天 外 里边
  - 2.动词:走 懂 喜欢 是 醒 可以 应该
  - 3.形容词:红 伟大 胖 对 高兴 自由
  - 4.数词:一、三、十、百、千、万、亿
  - 5.量词:个 件 斤 双 副 次 遍
  - 6.代词:我 你们 每 这 那 怎么样
  - 7.副词:很 又 都 永远 渐渐 亲自
- 虚词
  - 8.介词:在 从 自 向 由 于 给
  - 9.连词:和 与 因为 虽然 因此 即使
  - 10.助词
    - 结构助词:的 地 得 等 所
    - 动态助词:了 着 过 来着
    - 语气助词:啊 呢 吧 的 了 吗
  - 11.象声词:砰 咚咚 轰 噼里啪啦 哗哗
  - 12.叹词:唉 哼

名词、代词、数词、量词是“体词”，在句子中主要不作谓语；动词、形容词是“谓词”，在句子中主要作谓语。

在汉语中，有些词具有不同的语法功能。如“锁”既具有名词的语法功能，又具有动词的语法功能，“锁”就兼名词、动词两类；“端正”既具有形容词的语法功能，又具有动词的语法功能，“端正”兼属形容词、动词两类。词的兼类现象较多，是汉语语法的特点之一。

第三节 句法结构关系和短语的类型

一、句法结构关系的类型

词与词可以按照一定的规则构成短语，如“红花”。词与短语又可以按照一定的规则构成一个更大的短语，如“我的红花”。在短语中词与词（或短语）之间是存在着一定的结构关系的，如“红”修饰“花”，这种关系叫句法结构关系。汉语有以下几种句法结构关系：

（一）联合关系：组合中的各个项（词、短语等）地位是平等的。例如：

工人和农民	国营企业和乡镇企业
愉快而幸福	语文老师、体育老师
年轻而漂亮	新工人和老工人
又团结又斗争	红的和绿的

（二）偏正关系：组合中的前一项修饰（限制或描写）后一项，

后一项叫中心语,前一项叫修饰语。例如:

伟大的祖国　　勇敢地斗争
妹妹的书　　极困难地工作着
一件衣服　　很多
很大的房子　　不成熟

(三) 动宾关系:组合中的前一项表示动作行为或判断等,后一项表示动作行为、判断等所涉及的事物。例如:

开汽车　　进教室
学汉语　　去上海
是学生　　晒太阳
当老师　　挖坑

(四) 补充关系:组合中的前一项表示动作行为或性质状态,后一项主要说明动作状态的结果,前一项是谓语动词或形容词,后一项叫补语。例如:

走进去　　气得说不出话来
听清楚　　去一下
看得见　　住几天
干净得很　　走向光明

(五) 主谓关系:组合中的前一项表示动作的施事者或说明、描写的对象,后一项是对前一项的叙述说明或描写,前一项叫主语,后一项叫谓语。例如:

小张是工人　　世界和平
你看　　房子大
头疼　　他上海人
学习好　　小王看画报

掌握这几种结构关系很重要。因为在汉语里，不仅词组或短语采用这五种方式，而且词或短语组成句子以及语素构成复合词都采用这五种方式。牢记并正确理解这五种结构关系，对分析、掌握汉语的词语，分析理解汉语的句子，都是关键。可以说，它是分析汉语语法结构的一把钥匙。

二、短语的类型

短语是词与词的组合。如"很大"、"我的书"、"吃苹果"、"看清楚"、"老师和学生"等。一个短语还可以和一个或几个词构成一个更复杂的短语。如"很有意义的工作"、"写完作业的学生"等。短语可分为三大类：(一)实词与实词构成的短语；(二)实词与虚词构成的短语；(三)固定短语。

(一)实词与实词构成的短语

实词与实词构成的短语，也叫词组。这种短语如果有中心语，造句时，其功能总与短语的中心语一致。比如"红花"与"花"(名词)的功能一致，"高喊"与"喊"(动词)的功能一致。因此，我们把以某类词为中心语构成的短语就叫做某类词的短语，短语是很有用的造句单位。

1.名词短语

我们班	可爱的祖国
他的父亲	一本书
长头发	这三种因素
干净的教室	正确的观点

2.动词短语

认真地学习	写汉字

唱得很好　　喜欢看电影

去买书　　请他来

写完　　看得懂

3.形容词短语

很大　　非常高兴

暖和起来　　暗下去

急得不得了　　高兴得跳了起来

4.主谓短语

我去　　头疼

学习努力　　个子高

(二)实词与虚词构成的短语

1.介词短语

在学校里(学习)　　给他(写信)

从东边(来)　　向前(走)

跟他(谈话)　　为他(高兴)

2."的"字短语(后无名词)

红的　　中文的

卖菜的　　写字用的

"的"字短语是名词性的。"蓝的"指"蓝颜色的东西",如"衣服"、"纸"等。"铁的"指"用铁制成的物品",如"箱子"、"盒子"等。"卖菜的"通常指"卖菜的人",也可以指"卖菜的地方或用具"。"写字用的"指"写字用的文具、家具等",如"纸"、"笔"、"桌子"等。但"的"字短语,不是总能补出一个确定的名词。

(三)固定短语

固定短语主要是由实词(有时包含虚词)构成的固定的组合。

固定短语在形式上具有固定性，构成固定短语的词以及词序一般都不能变换，在意义上具有熟语性，往往不能简单地根据所包含的词的意义作字面上的理解，而要作为一个整体来理解，有时有比喻意义。如“头面人物”指“社会上有较大势力和声望的人物”（多含贬义）；“山穷水尽”比喻“陷入绝境”；“一不作，二不休”意思是“事情已经开始了，就索性干到底”；“一棍子打死”意思是“全盘否定”；等等。本书的固定短语包括一般语法著作中所说的固定词组、成语、习惯用语等。

固定短语多为四字形式，四字形式的固定短语通常叫“四字格”。四字格的构成方式是多种多样的，这里仅举几种主要类型：

主要由名词构成的：

千山万水 山珍海味 行云流水 千方百计（偏正＋偏正）

子虚乌有（并列） 井底之蛙 下里巴人（偏正）

主要由动词构成的：

有条有理 指手画脚 发号施令 避重就轻（动宾＋动宾）

深思熟虑 不屈不挠 左顾右盼 一曝十寒（偏正＋偏正）

井井有条 历历可数 巧立名目 对牛弹琴（状＋动宾）

主要由形容词构成的：

光明磊落 光怪陆离 华而不实（并列）

洋洋得意（偏正） 轻于鸿毛（补充）

由主谓短语构成的：

心直口快 天长地久 天怒人怨 头破血流（主谓＋主谓）

天衣无缝 毛遂自荐 江郎才尽 愚公移山（主谓）

固定短语在句子中是作为一个整体出现的，其语法功能并不完全与其中心语一致。如“大刀阔斧”,其中心语为名词“刀”与“斧”,“刀”、“斧”不能作状语,但“大刀阔斧”可以作状语,如“他大刀阔斧地工作起来”。从语法功能来看,一个固定短语总是接近于某一类词,但又不一定具有该类词的全部语法功能。例如,有些固定短语功能接近动词,是叙述性的,主要作谓语,如“求全责备”、“弃暗投明”、“声东击西”。有些接近形容词,是描写性的,如“好大喜功”、“年富力强”、“光明磊落”,主要作谓语、定语;“同甘共苦”、“同舟共济”、“有条不紊”主要作谓语、状语;“目瞪口呆”、“龙飞凤舞”、“头破血流”主要作谓语、补语;“千方百计”、“依依不舍”主要作状语。有些固定短语接近名词,主要作主语、宾语,如“丰功伟绩”、“阳春白雪”、“害群之马”,等等。

固定短语数量很多,活动能力很强,具有极强的造句能力,是汉语词汇中的活跃因素。多掌握一些固定短语,不仅可以提高中文阅读能力,而且能正确地运用固定短语,是中文具有较高水平的标志之一。

第四节 汉语的构词法

汉语的词从构造上可以分为三类:单纯词、合成词和缩合词。

一、单纯词

单纯词是由一个语素构成的,在语音上以单音节的为多,如“天”、“地”、“人”、“你”、“我”、“他”、“高”、“大”、“来”、“看”、“才”、“就”、“把”、“被”等。单纯词也有双音节的,有的两个音节完全相同，如“奶奶”、“蛐蛐”、“宝宝”、“纷纷”等；有的两个音节的声母或韵母相同，如“辗转”、“参差”、“伶俐”、“绵延”、“逍遥”、“彷徨”等；有的两个音节完全不同，如“玻璃”、“葡萄”、“琥珀”、“咖啡”等。还有三音节以上的单纯词（多为外来词，也叫译音词），如“奥林匹克”、“麦克风”等。此外，模拟声音的象声词，如“砰”、“轰隆”、“稀里哗啦”等也是单纯词。

二、合成词

合成词是由两个或两个以上的语素构成的。构词法就是研究语素构成合成词的方法。汉语的合成词由以下三种方式构成：重叠方式、派生方式和复合方式。

（一）重叠方式

有的合成词是用重叠构词语素的全部或一部分的方式构成的。一般来说，重叠部分都包含新的语法意义，可以看作是一种特别的词缀。按照音节和语素先后排列的差异，汉语的重叠构词方式还可以分为很多类，常见的有四类：

1.重叠同一语素构词。如名词“妈妈”、“爷爷”、“蝈蝈”，第二个音节轻读；副词“悄悄儿”、“微微”，第二个音节重读。

2.重叠的两个语素加在另一个语素的后面，构成一个词。最常见的是两个重叠的语素加在形素后面构成一个词①。如“干巴巴”、“红彤彤”、“亮晶晶”、“乐呵呵”、“乐滋滋”、“乱哄哄”、“香喷喷”、“雄赳赳”、“羞答答”、“阴森森”、“直挺挺”。重叠的两个语素也可以加在名素或动素后面构成词，这种情况不多。如“眼睁睁”、

① 动素指动词性语素，形素指形容词性语素，名素指名词性语素。

“眼巴巴”、“毛茸茸”、“毛哄哄”、“笑眯眯”、“笑嘻嘻”、“笑哈哈”。用这种方式构成的词一般用作状语、定语。

3.重叠的两个语素加在另一个语素的前面构成一个词。如“毛毛虫”、“毛毛雨”。用这种方式构成的词多为名词。在现代汉语中，一般不再用这种方式构成新词。

4.重叠形容词的第一个音节，在两个重叠的语素或音节中间嵌入一个没有意义的音节，如“里”、“了”等，这样就构成了一个四音节的词。如“傻里傻气”、“慌里慌张”、“啰里啰唆”、“晃了晃荡”。这一类重叠式也称为不完全重叠式。用这类重叠式构成的词含有厌恶、轻蔑的意味。

（二）派生方式（也称附加法）

在合成词中，具有词汇意义的语素叫词根语素。不具有实在的词汇意义而只用来构词的语素叫词缀语素，也叫附加语素。由词根语素加词缀语素构成词的方法叫派生法，用派生法构成的词叫派生词。

派生词的词义是由词根语素和词缀语素组合而成的。比如“读者”一词的意义是“阅读书刊文章的人”。“读”是该词词义的主体部分，表示阅读由文字形成的作品，“者”表示某种人。词缀语素在词中，既有抽象的语法意义，表明由它组成的词属于某类词，也往往具有一定的限制和补充词根语素意义的作用。汉语派生词构词方式可分为以下三种：

1.前缀式构词

位于词根语素前的词缀叫前缀。在汉语中前缀的数目不多。常见的前缀有“阿”、“老”、“第”、“初”、“小”等。用前缀构成的词如“阿姨”、“老师”、“老虎”、“初一”、“第五”、“小孩”等。

2.后缀式构词

位于词根语素后面的语素叫后缀。用后缀构成的词在派生词中占大多数。常见的后缀有"子"、"头"、"儿"、"者"、"巴"、"然"、"性"、"化"等。这样构成的词如"刀子"、"胖子"、"瘦子"、"木头"、"苦头"、"尖儿"、"花儿"、"盖儿"、"拐棍儿"、"作者"、"读者"、"旁观者"、"忽然"、"偶然"、"弹性"、"可靠性"、"绿化"、"现代化"等。

还有一些没有彻底虚化的后缀,叫类后缀。如"家"(歌唱家、画家),"员"(教员、公务员),"主义"(拜金主义、集体主义)。

3.前缀和后缀合用的复杂构词方式

(1)(词根+词根)+词缀:大力士、劳动者、思想家

(2)词根+(词根+词缀):肉包子、新娘子

(3)词缀+[(词根+词缀)+词缀]:老娘们儿

(三)复合方式

由两个或两个以上的词根语素构成词的方式叫复合方式,也叫复合法。这是合成词的主要构词方式。用复合方式构成的词叫复合词。如"理"和"想"两个词根语素构成"理想";"合"和"理"两个词根语素构成"合理";"英"和"雄"两个词根语素构成"英雄";"牛"、"皮"、"纸"三个词根语素合成"牛皮纸"等。

复合词也可以根据其词根语素之间的关系分为并列复合词、偏正复合词、动补复合词、动宾复合词、主谓复合词以及复杂的复合词等。

1.并列复合词(也称联合式复合词)

并列复合词是由两个意义相同、相反或相对的语素并列在一起构成的。在这类复合词中,各语素是平等的,不分主次。如"道

路”、“人民”、“国家”、“声音”、“群众”、“友谊”、“团结”、“清洁”、“优秀”、“帮助”、“学习”、“始终”等。

2.偏正复合词

组成偏正复合词的两个语素，前一个语素修饰或限制后一个语素，后者是中心成分。如“手表”中的语素“手”修饰语素“表”，“表”是中心成分。又如“学校”、“家长”、“工人”、“电车”、“京剧”、“雪白”、“笔直”、“滚热”、“移植”、“游击”、“笔谈”、“鸟瞰”等。

3.动补复合词(也称补充式复合词、后补复合词)

动补复合词是由一个动素或形素后面加上一个补语性语素构成的。如“扩大、埋没、提高、推翻、压缩、摧毁、说明、发动、延长、改进、立正、推动”等。按动补复合词的两个语素之间的关系又可分为：

(1)结果动补复合词。如“改善”、“改良”、“打倒”、“推翻”、“推迟”、“推出”等。

(2)趋向动补复合词。如“展开”。此类复合词不多。

4.动宾复合词

动宾复合词一般是由一个动素后跟一个与动词语素具有动宾关系的名素构成的。如“主席”、“命令”、“司仪”、“司令”、“理事”、“顶针”、“动员”、“干事”、“司机”、“鼓掌”、“革命”、“出席”等。也有一些动宾复合词的后一个语素是动素或形素。如“挨骂”、“挨批”、“上算”、“认输”、“放飞”、“起早”、“搁浅”、“耐久”、“入迷”、“认真”等。

5.主谓复合词

主谓复合词的两个词根语素的结构关系类似句法的主语和谓

语的关系。如“年轻”、“心疼”、“地震”、“月蚀”、“霜降”、“夏至”、“民主”、“自觉”、“花红”、“月亮”、“胆小”、“性急”等。

6.复杂的复合词

复合词多由两个语素组成，也有一些是由三个或三个以上的语素组成的，称为复杂的复合词。这类复合词的结构关系与双音节复合词的结构关系大致相同，有并列式、偏正式、动宾式和主谓式几种，只是在三个或三个以上的语素之间排列组合的关系有差异。常见的有：

(1) 形素＋[名素＋名素]

纸老虎 小家庭 熟石灰 生石灰 大篷车 红领巾

(2) [形素＋名素]＋名素

幼儿园 热水瓶 博物馆 双簧管 总务处 青年报 少年宫 老人院 孤儿院

(3) [动素＋动素]＋名素

检察官 计算机 计算尺 练习本 医疗队 看守所 歌舞厅 派出所

(4) [动素＋形素]＋名素

养老金 养老院

(5) [动素＋形素(动补关系)]＋名素

放大镜　漂白粉

(6) [动素＋名素(动宾关系)]＋名素

降压药 见面礼 顶梁柱 朝阳花 定音鼓 开心丸 守财奴 看家狗 报警器 售票厅 健身房 敞篷车 输卵管 起重船 连环画

(7) [名素＋动素]＋名素

手提包 手提箱 地震仪

(8)［名素＋名素］＋名素

书生气 书名号 江米酒 人力车 人工湖

三、缩合词

缩合词是由表示事物的全称短语(词组)缩减成几个语素，再按原来的次序组合成的词。缩合词也叫简称，因而也有人把这种构词方法称为简称构词法。缩合词在新闻报道中用得很普遍。缩合词有以下四种构成方式：

1.取全称中心词

大楼——王府井百货大楼

教育部——中华人民共和国教育部

总工会——中华全国总工会

这种缩合词的意义在一定的语言环境中才是明确的。

2.并列几个全称名词中的修饰成分再加上中心成分

工农业——工业、农业

农副产品——农业产品、副业产品

大中小学生——大学生、中学生、小学生

中青年——中年、青年

3.提取短语中各词的第一语素

初中——初级中学　　高中——高级中学

大专——大学专科　　北大——北京大学

消协——消费者协会　　人代会——人民代表大会

地铁——地下铁路　　妇代会——妇女代表大会

科技大——科学技术大学　　农研所——农业研究所

4.用数字概括几个方面

四会——会听、会说、会读、会写

三好——身体好、学习好、工作好

三伏——初伏、中伏、末伏

四季——春、夏、秋、冬

第五节　句子的结构分类

一、主谓句和非主谓句

根据结构，可以把句子分为主谓句与非主谓句两大类。

（一）主谓句：主谓句是由主语和谓语两部分构成的句子。主谓句也叫双部句。例如：

①麦克在北京语言大学学习汉语。

②中国人民是勤劳勇敢的。

主谓句的主语或谓语在一定的语言环境中可以省略：

③问：小刘呢？

答：（　）去上海了。

④问：谁找他？

答：小张（　）。

主谓句又可以按谓语的性质，即按谓语是哪类词，分为动词谓语句、形容词谓语句、主谓谓语句、名词谓语句。

1.动词谓语句：谓语为动词。例如：

①小马在工厂工作。

②我姐姐是二年级的学生。

③我有一本新画报。

④你把这本书还给他。

⑤我下午去北京站接朋友。

⑥你请老张来一下。

2.形容词谓语句:谓语为形容词。例如:

①今天很热。

②苹果快熟了。

③他急得满头大汗。

3.主谓谓语句:谓语由主谓短语充任。例如:

①他学习很努力。

②我头疼。

③山上红旗飘扬。

4.名词谓语句:谓语由名词或名词短语充任。例如:

①今天星期一。

②他高个子,大眼睛。

③阿里伊拉克人。

④小刘二十多岁。

(二)非主谓句:不是由主语和谓语两部分构成的句子。非主谓句也叫单部句。非主谓句并不是省略了主语或谓语,也补不出确定的主语或谓语。所以非主谓句是完整的句子,不是省略句。非主谓句又分两种:

1.无主句:没有主语的句子。也可叫动词句。例如:

①下雨了。

②小心火车!

③注意!

2.独语句:由一个词或一个名词短语构成的句子。也叫独词句。由名词构成的可以叫名词句。例如:

①好可爱的孩子!

②多美的花呀!

由形容词构成的,可以叫形容词句。例如:

③好冷!

由叹词构成的可以叫叹词句。例如:

④唉!

二、单句和复句

这也是一种按句子结构划分的类,但是更高一层的结构分类。单句只包含一个主谓短语(或谓语),上面所说的主谓句和非主谓句都是单句。复句是由两个或两个以上在意义上有联系的单句组成的。组成复句的各个单句是这个复句的分句,分句与分句之间有一定的语音停顿。例如:

①如果明天不下雨,我们就去长城。

②这个电影我看过,今天晚上不去看了。

③你不去,我也不去。

复句的各个分句彼此分离,互不包容(即一个分句不是另一个分句的组成成分)。"我期望着,这一天早日到来"这个句子不是复句,而是单句,其中"这一天早日到来"是"期望着"的宾语。

第六节 句子成分和句子的结构分析

一、句子成分

一个句子一般不止包含一个词。这些词彼此之间的关系不同。有的词彼此直接发生关系,有的词与其他词组成短语以后才与其他词发生关系。例如“小组讨论整整进行了一天”这个句子,“小组”与“进行”不直接发生关系,“整整”与“讨论”在语法结构上也不直接发生关系,“小组”与“讨论”直接发生关系,构成一个偏正关系的动词短语,“整整”与“进行了一天”直接发生关系,组成一个偏正关系的动词短语,“小组讨论”与“整整进行了一天”这两个短语直接发生关系,构成了一个主谓句。在句子中,各个词或短语的作用也是不同的。例如上边这个句子,“小组讨论”是句子叙述的对象,其中“小组”修饰“讨论”,“整整进行了一天”是对“小组讨论”的叙述,其中“整整”又修饰“进行了一天”,“一天”补充说明“进行”的时间。这样,我们可以按照组成句子的词或短语的关系以及地位、作用的不同,把句子分成几个部分。如上面这个句子,首先可以分成“小组讨论”与“整整进行了一天”两部分,即主语部分与谓语部分,然后再逐层分析出“小组”、“讨论”以及“整整”、“进行了”和“一天”等五个部分。这样划分出来的句子的各个部分,就叫句子成分。句子成分按地位、作用分成六种:主语、谓语、宾语、状语、补语、定语。

主语部分是句子陈述的对象,谓语部分是对主语部分的陈述。

任何双部句都可以分为主语部分与谓语部分。

在谓语部分中，起主要作用的词或短语是谓语部分的核心，叫谓语。动词谓语句的谓语是动词，有时为了称说方便，称之为谓语动词；形容词谓语句的谓语是形容词，叫谓语形容词；名词谓语句的谓语是名词或名词短语；主谓谓语句的谓语是主谓短语。

在动词谓语句的谓语部分中，表示动作所涉及的对象的名词性词语叫宾语。例如“我写字”这个句子，“字”是“写”的宾语。

谓语动词与谓语形容词后的补充说明成分是补语，补语多由谓词性的词语充任。数量短语也可以充任补语。如在“她唱得很好”、“这朵花红极了”与“我去了三次”中，“很好”、“极”、“三次”是补语。

谓语前起修饰作用的成分叫状语。如在“小组讨论整整进行了一天”与“他很高兴”中，“整整”与“很”是状语。状语有时位于主语前，如“昨天我们看了一场电影”中的“昨天”。

主语部分如果是一个偏正关系的名词短语，其修饰语是定语。如“我弟弟是学生”中“我”是定语。宾语前的修饰语也是定语。如“他是我的老师”与“他们对我们表示热烈的欢迎”中，“我的”与“热烈的”都是定语。

汉语的这六种成分不是处于同一层次上的。主语部分是对谓语部分而言；宾语是对谓语动词而言；补语是对谓语动词或谓语形容词而言；状语有时修饰其后的整个谓语部分，有时只修饰谓语；定语是修饰主语和宾语的。

以动词谓语句为例，汉语句子成分的基本顺序是：

定语＋主语‖状语＋谓语＋补语＋定语＋宾语

定语、状语、补语、宾语以及主语、谓语等术语也表示短语中词与词之间的语法关系。定语是名词的修饰语，不管被修饰的名词是否是句子的主语、宾语：

①（小刘） 北京 人（。）
　　　　定语 名词

②（大家不要乱，）一个 人 一个 人 说（。）
　　　　　　定语 名词 定语 名词

状语是修饰动词或形容词的：

③热烈地 讨论 （进行了） 很 久（。）
状语 动词 状语 形容词

④（孩子们） 很 早 （就起来了。）
　　　　状语 形容词

宾语是动作所涉及的对象：

⑤学 汉语 （是比较困难的。）
动词 宾语

⑥（他急得） 吃 不下 饭（。）
　　　　动词 补语 宾语

介词后的名词也是宾语：

⑦（他） 从 南方（来。）
　　介词 宾语

补语是补充说明动词、形容词的：

⑧考 上 大学 （是他的愿望。）
动词 补语 宾语

二、句子分析

第一步，先划分出主语部分和谓语部分，在二者中间划双竖线

"‖",并确定所分析的句子属于哪种谓语句。例如：

①我‖学习汉语。 (动词谓语句)

②今天‖很热。 (形容词谓语句)

③北京的春天‖一般风沙很大。 (主谓谓语句)

④明天‖星期三。 (名词谓语句)

第二步,根据各种谓语句的特点,再进一步进行分析。

动词谓语句的结构一般比较复杂。先找出主语、谓语动词和宾语,下边分别划双横线(══)、单横线(——)和浪线(~~~),再找出状语、补语,分别用[ ]和< >括起来,最后找出定语,用( )括起来。例如：

⑤(王刚的)弟弟‖[去年][在北京语言大学]学了<一年>汉语。

形容词谓语句也先找出主语和谓语,然后再分析出其他成分。例如：

⑥(我们班的)同学‖[今天]高兴<极>了。

主谓谓语句也同样分析。主谓谓语句的结构一般比较简单,谓语部分只有状语和谓语。例如：

⑦哥哥‖[一直]学习很好。

名词谓语句的结构也很简单。例如：

⑧(我们班的)小张‖高个子,宽肩膀。

分析句子只分析到句子成分。句子成分可能只包含一个词,也可能是一个短语,包含几个词。但在分析句子阶段对充任句子成分的短语一律不作进一步的分析。必要时,对充任句子成分的短语也可以进行分析,但在句外进行。如例⑦与例⑧：

⑦哥哥‖[一直]学习很好。

学习很好：学习‖[很]好

⑧(我们班的)小张‖高个子，宽肩膀。

高个子，宽肩膀：(高)个子，(宽)肩膀

也可以用下面的方式说明句子成分之间的结构层次关系。例如：

⑨(小李的)朋友‖[昨天]买〈到〉了(一本)(新出版的)杂志。

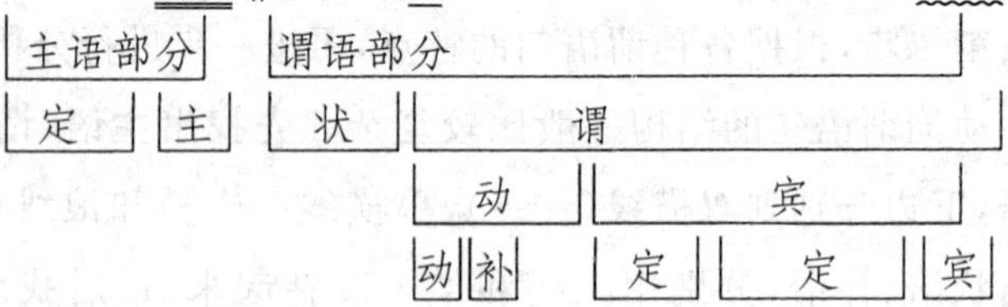

⑩小明‖[很]喜欢学外语。

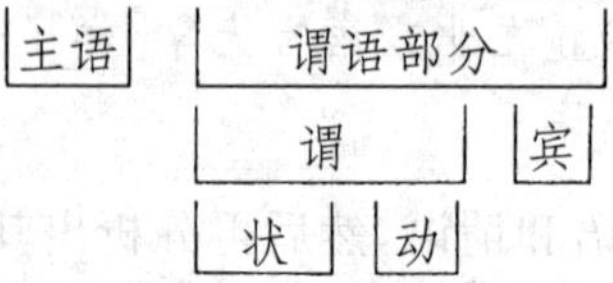

应当指出的是，分析句子的目的，是为了分析句子的结构，使学生通过对句子结构的分析，掌握句子的意思。因此，结构简单的句子一般不必进行分析。如果句子中的修饰语较复杂，找出句子的主干(如：主语、动词、宾语)，一般来说有助于学生很快掌握句子的格局，了解句子的主要意思。然后再通过进一步分析，逐步搞清补语、状语、定语等成分与句子主干的关系，从而使其理解全句的意思。在教学中，如无特殊需要，一般分析到句子成分就可以了。

第七节　句子的功能分类

句子是语言的单位，也是说话(言语)的单位。人们说话的目的是为了交际，交流思想、表达感情。我们可以根据交际功能的不同为句子分类。句子的交际功能不同，对语法结构的选择会有影响。

按照交际功能，我们把句子分为陈述句、疑问句、祈使句、感叹句、呼应句五类。疑问句、祈使句、呼应句一般都出现于对话(或听说双方都在现场)的场合。感叹句多出现于对话中，也可出现于非对话中。陈述句多出现于非对话中，在对话中有时也可以有陈述句。

一、陈述句

陈述句是一种叙事、描写、说明、议论性的句子，它给听话人或读者以信息，一般应包括新的信息。在非对话中，陈述句出现的数量最多。在对话中，当一个人连续说一段话时，也可以有陈述句。

陈述句又可以分为几类，我们称作语体。主要有叙述体、描写体、说明体、论说体。

(一)叙述体

叙述体是叙述动作行为和事件进行发展的句子。在叙述体中，总有一个表示动作行为、事件进行的时间词语，这是与描写体、说明体、议论体不同的。例如：

①第二天，他们就坐飞机从北京去上海了。

②他刚想欠起身去看看讲话的是谁，忽然小李一蹦一跳地过来了。

③女演员抱着琵琶下车，腰肢扭摆，美目流盼，高跟鞋嘎嘎几声，便消失在书场的珠帘里。(时间词语在上文)

④天黑以后，他才从学校回到家。进门以后，他先打开灯，

然后放下手里的书包开始做饭。

⑤她说够了，这时屋里顿时安静下来。

⑥卢嘉川的神色突然严肃起来。（上文有时间词语）

叙述体和非叙述体（描写体、说明体、议论体）最重要的区别是所叙述的动作行为、事件有时间性，在时间中进行、发展。如例②先是“（他）想欠起身去看看讲话的是谁”，然后是“小李一蹦一跳地过来了”。例③“女演员”先是“抱着琵琶下车”，然后是“腰肢扭摆，美目流盼”，最后是“高跟鞋嘎嘎几声，便消失在书场的珠帘里”。例④“他”先是“从学校回到家”，然后是“进门”，再后是“打开灯”，最后是“放下手里的书包开始做饭”。

小说、童话、故事、通讯报道等体裁中，叙述体的句子出现得最多。叙述体中出现动词谓语句、固定短语也最多，也有形容词谓语句。与其他语体相比，叙述体中出现的语法现象类别最多、最复杂。

（二）描写体

描写体描摹人或物体的外貌形状、性质特征等。描写体中常出现形容词谓语句、带“得”的情态补语、固定短语、存现句、动态助词“着”等，也可以用动词短语、主谓短语。例如：

①天山的蘑菇又大又肥厚，鲜嫩无比。

②青的萝卜，紫的茄子，红的辣椒，又红又黄的西红柿，真是五彩斑斓，耀眼争光。

③被浓云衬托着，大坝好像是一只泊在海里的大军舰，更加雄伟了。

④街道在月光雪影下朦朦胧胧的，像罩上了一层烟雾。

⑤我家门前有一条小河，河边栽着两行垂柳。小河上架着

一座小桥,桥那边是一个小村庄。村庄掩映在红的桃花绿的白杨中。

⑥她不过二十来岁,头发梳得光光的,身上穿着一件新潮的短衫,下边一条超短裙,脚上的皮鞋的鞋底足有五寸厚。我们这个小山村的人像看西洋镜一样都跑出来看她。

描写体通常是描写静态的事物,通常没有表示时间的词语。

(三)说明体

说明体的作用是说明事物的性质、特点、用途。名词谓语句、“是”字句等系词谓语句、用动态助词“过”的句子等往往是说明句。例如:

①一根冰棍两块五。

②新来的英语老师是澳大利亚人。

③他是我妹妹的先生,大兴公司总经理。

④这所房子我已经买下了(,下个月就可以搬进去了)。

⑤他在非洲住过很多年,很了解那里的风土人情,你请他介绍吧。

说明体是说明一种情况,一般也没有表示时间的词语。

(四)论说体

论说体也叫论证体、议论体,作用是阐述、论证一种观点、看法。例如:

①《现代汉语八百词》指出:“从”能表示过去、现在和将来的时间起点,“自从”限于表示过去的时间起点。这无疑是非常正确的。但除此之外,“自从”和“从”还有一些区别。

②这个现象说明了两个事实,一是篇章单位与句法单位的不一致性,二是篇章结构与句法结构的不一致性。

论说体一般也没有表示时间的词语。

不同的语体不仅选用的语法结构有所不同，而且句子、语段之间连接的方式也有所不同，这一点在叙述体与非叙述体之间尤为明显。

在实际语言中，即在连续的语流中，往往并不是单纯使用一种语体。比如在小说中，有时叙述、描写、论说会穿插进行。

二、疑问句

疑问句的作用在于提出问题，以便从对方获得信息，主要出现于对话中。典型的疑问句既不肯定什么，也不否定什么。例如：

①你去上海吗？

②他是不是你们班的学生？

③今天星期几？

④你喜欢看电影还是喜欢看打球？

疑问句一般都较短，句子结构一般也不太复杂。大多数语法现象都会在疑问句中出现，但情态补语中除了对动作加以判断的（如：他唱得好不好？）以外，不用于疑问句；疑问句中也不常用连词（参见第四编第四章“疑问句、反问句和回声问句”）。

三、祈使句

祈使句表示请求、命令、劝阻或禁止，多出现于对话中。例如：

①请你给我一个明确答复。

②别吵了！

③场内禁止吸烟！

祈使句对动词、形容词以及其他语法结构也有所选择（参见第四编第五章“祈使句”)。

四、感叹句

感叹句的主要功能是表达、抒发感情,表达说话人强烈的喜悦、赞赏、愤怒、悲痛、厌恶、惊讶等,而不是为了给人新的信息。例如:

①呸!(轻蔑、厌恶)

②多美的夜晚啊!

③啊呀,风筝飞得真高!

④好棒啊!

⑤天哪!

⑥人民万岁!

⑦祝朋友们身体健康!

⑧为我们的友谊干杯!

感叹句的结构一般比较简单。下列副词常用于感叹句:“多”、“多么”、“真”、“好”、“太”、“极了”。

五、呼应句

呼应句是用于招呼人和对招呼回应的句子。分为两类:

(一)招呼句:作用是引起人的注意。例如:

①老张!

②王刚!

③孙大夫!

④张先生!

⑤赵小姐!

⑥妈！

⑦喂！

（二）应答句：对招呼的反应，常用"唉"。

第八节 汉语句子的语序

词和短语组成句子时要按一定的顺序排列，叫语序或词序。汉语的句子有其内在的语序。在连续的语流中，汉语的语序又要受已知信息、新信息等信息结构、篇章等因素的制约。汉语的语序还要受汉族人的思维方式、文化等因素的影响。所以语序问题涉及语言的不同层面。

一、汉语句子结构的自然语序

所谓自然语序，是指完全没有上下文，语言环境没有提供任何信息的情况下的句子的语序。汉语的句子以动词谓语句的结构最为复杂，我们就以动词谓语句为例。汉语的句子中如果有表示动作的动词，有动作者，有接受动作者，又有表示时间、处所、动作的方式等状语时，自然语序如下：

主语（动作者）－ 状语－动词－补语－宾语（动作接受者）

主语和宾语中还可以有修饰语——定语，那么汉语自然语序就成为：

主语（定语＋名词）－ 状语－动词－补语－宾语（定语＋名词）

例如：

①“徐华北给我写了一篇评论，(评论)和作品一块儿发表。”她还是兴高采烈地说着，(她)抬起手擦了擦汗。

上面这段话中“徐华北给我写了一篇评论”，“(评论)和作品一块儿发表”，“她还是兴高采烈地说着”，“(她)抬起手擦了擦汗”等句子都是按自然语序排列。下面几个句子也是按照自然语序排列的：

②田汉小时候不仅看过“豹脑壳”罗元德的戏以及那些由农民们演出的乡野气息更浓的花鼓戏，而且还看过湘剧名老生陈绍益的《取成都》、《铁冠园》等戏。

③那个红脸膛的陕北小伙儿突然站了起来，朝他憨憨地一笑。

④这时，三个漂亮的小女孩跑上台向得奖的演员献上了一束束鲜花。

在例④中，“这时”是因为承接上文而位于句首(详见本节之“二”)。

二、汉语句子的信息结构、篇章对语序的影响

(一)已知信息在前，新信息在后

我们通常说话往往不止说一句，如果说两句以上的话，后边的句子的语序就会受前面的句子的影响。在语流中，汉语的句子总是已知信息在前，新信息在后，汉语句子的自然语序就会因此而改变。例如：

①平心而论，那确实是一首漂亮的好诗，他心悦诚服地想，可是海涛却气愤地把那首诗撕得粉碎。

在这个句子里，由于“诗”在前面出现过，所以第二次出现时，用“把”提到动词前面了。

②(我向狮子头借钱)狮子头懒洋洋地说:“那倒不会,咱一向够哥儿们意思,不过,这钱,可不好弄,要多少?”

“钱”在上文已出现,所以这里出现在动词前:“这钱,可不好弄。”

③“白糖水,快!”……

糖水刚放在老车夫的嘴边,他哼哼了两声。

“糖水”所以出现在动词“放”前,也是因为它是已知信息。

④见事不好的话,你灭了灯,打后院跳到王家去。王家的人你认得?对,在王家藏会儿再走。

由于“王家”在第一个句子中出现了,“王家的人”也就成为已知信息,从而放在动词前:“王家的人你认得?”

(二)在篇章中起连接作用的语言成分要位于句首(详见第五编第四章“篇章”)

在篇章中,连接句子语段的成分要位于句首。例如:

①他先是在急诊室里,后来又在病房里守着母亲,整整守了四天四夜。这四天里,他没有做日语习题,也没有温习地理讲义……

表示时间的“这四天里”把下面的句子与前边的句子连接起来,所以位于句首。

②……他从存车处推出自行车来,走出了医院大门。

这时,他看见她正急急忙忙地迎面跑来。

“这时”之所以位于句首,也因为起连接作用。

③通向首都西郊的大道上车轮滚滚。他瞧见她的黑发在晨风中飘得高高的。

在这个句子里,处所词语“通向首都西郊的大道上”起连接句子的作用,所以位于句首。

三、影响汉语句子语序的其他因素

（一）修饰语在被修饰语前，比如定语在名词前，状语在动词、形容词前，偏句在正句前，等等。这可能与说汉语的人的思维规律有关。

（二）按照事情发生的顺序或观察的顺序，先发生的先说，先看见的先说，是汉语语序的一条规则①。例如：

①我推开房门看见外边站着一个老人。（几个动作先后发生）

②我正在走着，突然看见一只兔子从树洞里跳出来。（先看见“兔子”）

③我发现对面的树上有一个洞，突然洞里跳出来一只兔子。（先看见“洞”）

④我仔细打量进来的客人，只见她上身穿着一件黑色的T恤，下面是一条牛仔裤，脚上穿着一双耐克旅游鞋，梳着短短的运动头，皮肤黑黑的，眼睛不大，可是叫人一眼难忘。她是谁呢？（按观察顺序排列）

观察一个人，一般是由上往下看，由轮廓（比如个子高矮、胖瘦）到穿着打扮（比如发型、衣服）最后才是长相（眼睛、鼻子、嘴等）。

⑤我们一起进了院子。院子不大，很干净。周围种了几棵丁香，正在开花，所以满院芳香。院子正中是一条甬道，甬道通向一幢两层的楼房，正中有一个大玻璃门。门前

---

① 参见 Tai，James. Temporal Sequence and Chinese Word Order. “In Iconicity in Syntax”, edited by John Haiman. Amsterdam：John Benjamins Publishing Company，49-72.

种了五颜六色的花。甬道的两旁满是绿绿的草地。(按观察顺序排列)

由大到小排列也是汉语语序的一条规则。汉语的数字、地址、日期等都是由大到小排列。例如:

一百二十八亿六千五百四十三万九千七百三十三

中国北京市海淀区学院路15号

1999年7月2日

(三)文化因素、社会习惯

由于文化和其他社会因素的影响,汉语说"父亲、母亲"、"爸爸、妈妈"、"男女老少"、"城市、农村"、"工商"、"文教"、"医疗、卫生"等,这些顺序不能随意改变。

第二编

词　类

第一章　名词

表示人或事物(包括空间、方位和时间)名称的词叫做名词。名词可以分为以下四个小类：

一、普通名词：手 床 字典 自行车 专家 工程师 售票员 学生 阿姨 水 空气 铁

二、专有名词：中国 北京 长城 欧洲 联合国 鲁迅《红楼梦》

三、集体名词：人类 人口 书本 纸张 车辆 物资 河流 树木

四、抽象名词：概念 气氛 原则 意识 成就 水平 道德 品质

表示方位、空间、时间的名词，称为方位词、处所词、时间词。这三类词的语法特点和语法功能与一般名词不尽相同。将分类加以说明，详见本章第四节。

第一节　名词的构词标志

汉语的词类一般没有形态标志，只有一部分词有形态标志，可

以帮助我们辨认其词性。汉语名词的形态标志有两种：一是前缀，用在词根语素前；一是后缀，用在词根语素后。

一、前缀

（一）阿：

阿姨、阿爹、阿爸、阿毛

用前缀“阿”构成的词多为指人的名词。“阿”也可以加在表人的名字前。如一个人叫王新，可叫他“阿新”，这是一种非正式的称呼，含有亲近的意味，多用来称呼同辈或晚辈。用前缀“阿”构成的名词，在南方方言里用得比较多，但是“阿姨”已成为普通话的一个常用词。

（二）老：

A 老汉、老板、老婆

B 老张、老乡、老兄、老总、老外

C 老虎、老鹰、老鼠

D 老大、老二、老几

前缀“老”在以上四组词语里意义是有差别的。A 组中的“老”是俗称，带有随便的意味；B 组中的“老”用于对长辈或同辈人的称呼，带有亲近的感情色彩，其中，“老外”的“外”是指外国人，用“老外”比用“外国人”显得随便亲切，一般用于外国成年人，但不用来直接称呼；C 组中的“老”带有厌恶、惧怕的感情色彩；D 组中的“老”用来表示排行。前缀“老”与“老人”、“老朋友”中的“老”是不同的语素，注意不能混淆。

（三）小：

A 小朋友、小人书、小商品、小市、小辈、小菜、小吃、小贩

B 小店、小女、小弟

C 小名、小费、小账、小卖、小意思

D 小姐、小伙子、小鬼

前缀"小"在以上四组词语里意义上也有差别。A 组"小"表示某事物的性状相对偏小或含非正式或低下的意思；B 组是一种谦称，降低所指称事物的规格；C 组有非正式、非正规、附带的意思；D 组中的"小姐"有尊重的意味，"小伙子"、"小鬼"有亲昵的意味。

二、后缀

（一）子：

A_1 桌子、椅子、筷子、镜子、裙子、笛子、褥子、皮子、蚊子

A_2 路子、票子、脑子、刀子、鬼子、例子、尺子

B_1 刷子、剪子、夹子、铲子、梳子、推子、塞子

B_2 骗子、探子、戏子

B_3 挑子、摊子、架子

C_1 胖子、瞎子、聋子、呆子、傻子、瘦子、麻子、矮子

C_2 辣子、乱子

D_1 大伯子、大姨子、大舅子、新娘子、老妈子

D_2 马贩子、票贩子、耳挖子、电滚子、鞋拔子

"子"的本意是"孩子"，作为后缀"子"没有"小"或"轻视"的意思，而只有名词化的作用。A_1 组都是名素带后缀"子"组成的名词，"子"字不能去掉，若去掉"子"就只是一个语素而不是词了。但是如果跟其他相关的名素并列连用，可以不用后缀"子"，如"桌子"、"椅子"在"桌椅板凳"里，"蚊子"在"消灭蚊蝇"里；"碗筷要勤洗"里的"筷（子）"，情况也一样。A_2 组中所列各词，其词

根部分是一个自由语素，可独立成词，但是带不带“子”，词义有时是不同的。如“路子”不等于“路”，“路子”是“途径、门路”的意思，是抽象名词，“路”是“道路”的意思，是具体名词；“脑子”是抽象名词，“脑”是具体名词；而“刀”和“刀子”，“尺”和“尺子”则没有什么不同。应当记住哪些词一定要用“子”，哪些词中的“子”是可用可不用的。

B_1、B_2、B_3 所列的名词都是由动素（多为表示动作的单音节动词）加“子”构成的。B_1 表示动作所用的工具，B_2 表示动作的施事，B_3 表示动作的对象。

C_1、C_2 两类词都是形素加上后缀“子”构成的，C_1 表示人，C_2 表示一般事物，有的是具体事物，如“辣子”，有的表示抽象事物，如“乱子”。

D_1、D_2 中有后缀“子”的名词都由三个语素组成。D_1 组中前两个语素先结合，再加上后缀“子”。D_2 组中后两个语素先结合，再加上前边的第一个语素。

需要注意的是：后缀“子”总是轻读的。有些名词里的“子”是词根语素，不是后缀。如“鱼子”、“虾子”、“原子”、“分子”、“电子”、“质子”、“孔子”等。又如“妻子”中的“子”重读时是“妻子和儿子”的意思，“子”轻读时，是“男子的配偶”的意思。另外，汉语中常用的带后缀“子”的名词都是约定俗成的，我们不能随意在一个语素或者词后加上“子”造出新词。例如不能用形容词“笨”加“子”，说“老师，我很笨，是个笨子”。

（二）儿：

A_1 伴儿、盒儿、门儿、信儿、侄儿

A_2 花儿、鸟儿、勺儿、根儿、盘儿

A_3 板儿、洞儿、词儿

B_1 画儿、包儿、响儿、捻儿

B_2 盖儿、塞儿、扣儿

B_3 亮儿、空儿、弯儿、方儿（药方）、单儿（铺盖用的大幅布或分项记事的纸片）

C_1 冰棍儿、针鼻儿、耳朵眼儿、门脸儿、针尖儿、墨水儿、胖墩儿

C_2 杏仁儿、项链儿、水饺儿

A 类都是由单音节名素加后缀“儿”构成的。A_1 各词的后缀“儿”不能去掉，如“侄儿”。有的去掉“儿”意思就变了，如“信”是书信的意思，“信儿”是消息的意思。A_2 各例的后缀“儿”可加可不加。A_3 各例的“儿”也是可加可不加，但是加与不加的意思上有差别。如“板儿”多指较薄、较小的板，而“板”多指较厚、较宽大的板。

B 类是由动素或形素加后缀“儿”构成的。B_1 类是动素所表示的动作的结果或对象。B_2 类是动素所表示的动作的工具。B_3 类是形素加后缀“儿”构成的。

C 类是多音节的名词。C_1 的各例一定要用“儿”，不能说“冰棍、针鼻”等，这样的词数目不多。C_2 大多数的词可以去掉“儿”。

某些个体量词可以加上后缀“儿”变为名词，如“个儿”、“块儿”、“串儿”、“条儿”、“粒儿”。

数词后面加上“儿”，也可构成名词，如“三儿”、“五儿”。这些词常用来按排行称呼自己的孩子，如叫第三个小孩“三儿”，第四个“四儿”，等等。

名词后加“儿”，在北方话，尤其是北京话里用得较多。

在语音上，后缀“儿”不单独成音节。

有些语素构成一个词时后面可以加“子”，也可以加“儿”，意义上有一些区别。加“子”时往往指较大的物体，或带有厌恶的感情色彩；加“儿”时，一般所指物体小巧，或带有喜爱的感情色彩。如“棍子”和“棍儿”，“管子”和“管儿”，“老头子”和“老头儿”，“瓶子”和“瓶儿”等。

（三）头：

A_1 木头、石头、砖头、骨头、馒头、罐头、拳头、舌头、苗头

A_2 前头、后头、上头、下头、里头、外头

B_1 说头、看头、听头、吃头、奔头、念头、想头、去头、来头

B_2 甜头、苦头、准头

A_1 都是名素加上后缀“头”构成的名词；A_2 是由有方位意义的语素加上后缀“头”构成的处所名词；B_1 是由动素加后缀“头”构成的名词；B_2 各例是由形素加后缀“头”构成的名词。B_1 的名词都表示抽象的意义，常用在“有”、“没有”的后面，有时“头”还可以儿化。B_2 的名词也表示抽象意义。

（四）者：

A 读者、作者、记者、编者、著者、学者

B 领导者、参加者、演唱者、受害者、被统治者、旁观者、行贿者、受贿者

C 强者、弱者、老者、长者

D 前者、后者

A 类多数是由动素加后缀“者”构成的。

B 类是由动词或动词短语加后缀“者”构成的。

C 类是由形素加后缀“者”构成的。

D类是由表方位的名素加后缀“者”构成的。

“者”是一个还没变化完全的词缀，有时还保留词根语素的特性，是一个粘着语素。“者”作为词缀的主要意思是“有此属性或做此动作的人”，“前者、后者”可以指事物。

三、类前缀和类后缀

在汉语里，还有一些类似前缀或后缀的语言成分，一般称为“类前缀”、“类后缀”。在语义上它们比上述前缀或后缀的虚化程度要差一些，在某些情况下，它们还具有实在的意义。如“护士”的“士”是类后缀，在“有志之士”中就是一个词；又如“大陆”的“大”在“大面积”中也是一个词。

类前缀：

1.半：半导体、半成品、半封建

2.次：次级、次大陆

3.亚：亚军、亚热带、亚硫酸

4.准：准将、准宾语、准量词、准平原、准军事化组织

5.类：类人猿、类语缀

6.非：非金属、非陈列品、非导体、非条件反射

7.伪：伪钞、伪军、伪政府、伪政权、伪君子

8.反：反义词、反作用、反科学

9.全：全自动、全集、全民

10.多：多边、多媒体、多晶体、多义词、多角形、多面手、多元化

11.超：超音速、超低频、超高压、超大型、超标准、超距离

12.大：大海、大兵、大街、大地、大陆、大款、大爷

13.单：单间、单身汉、单行线、单晶体、单项式、单人床

类后缀：

用于指人的名词：

1.员：教员、学员、采购员、理发员、列车员、打字员、演员、运动员、会员、警卫员、卫生员

由类后缀“员”构成的名词，“员”前多是动词（短语）或名词。“员”本有“成员”的意思，“…员”有时指某一组织或集体的成员，有时指从事某一方面工作的人。

2.长：船长、列车长、护士长、班长、队长、校长、站长、教务长

3.士：战士、护士、学士、硕士、博士、院士、女士、骑士、人士、烈士

4.家：作家、画家、歌唱家、书法家、发明家、探险家、科学家、语言学家、艺术家、收藏家、思想家、文学家

类后缀“家”含有“专家”的意思，“…家”指专门从事某一方面工作的专家。

5.师：导师、教师、医师、厨师、律师、魔术师、工程师、技师、会计师、讲师、药剂师、琴师

6.生：医生、学生、留学生、研究生、进修生、实习生、先生、旁听生

7.工：木工、电工、钳工、瓦工、技工

8.匠：花匠、铁匠、石匠、油漆匠、皮匠、木匠、工匠

9.手：舵手、水手、打手、拖拉机手、凶手、对手、老手、新手、多面手、人手、选手、生手、熟手、助手、副手、吹鼓手

10.星：明星、歌星、舞星、影星、笑星

11.友：工友、票友、棋友、牌友、球友、病友、队友

12.迷：财迷、戏迷、棋迷、球迷、歌迷、舞迷

13.汉:好汉、懒汉、英雄汉、男子汉、门外汉、光棍汉、庄稼汉

用于某一群体的类后缀:

14.界:文艺界、教育界、妇女界、政界、金融界、商界、工商界

15.队:军队、部队、考察队、考古队、探险队、爬山队、工作队

16.族:打工族、工薪族、追星族、上班族、骑车族、爱车族

具有贬义的类后缀:

17.佬:乡下佬、阔佬

18.鬼:烟鬼、酒鬼、色鬼、懒鬼、死鬼、胆小鬼、吝啬鬼、冒失鬼

"鬼"也用于昵称:小鬼、调皮鬼、机灵鬼

19.棍:赌棍、恶棍、党棍

用于表示学术观点、理论、思想、主张的名词:

20.主义:社会主义、资本主义、改良主义、现实主义、浪漫主义、个人主义、集体主义、大男子主义

21.学:哲学、数学、文学、社会学、天文学、人类学

22.论:无神论、进化论、唯物论、相对论、人性论

用于表示事物特征的名词:

23.气:热气、冷气、暖气、名气、官气、勇气、骄气、娇气、傲气、风气

24.风:文风、学风、作风、党风

25.性:主动性、能动性、普遍性、特殊性、酸性、碱性、海洋性、大陆性、积极性、伸缩性、纪律性、代表性、完整性、理性、急性、长期性

26.度:温度、湿度、高度、强度、密度、坡度、知名度、满意度

27.率:效率、出勤率、成活率、圆周率、生产率、废品率、成功率

28.型:微型、流线型、轻便型、模型、砂型、重型

29.形:扇形、球形、工字形、矩形、圆形、三角形、地形、体形

30.式:中式、西式、盒式、青年式、样式、新式、老式、仪式、开幕式、阅兵式、命令式、叙述式、条件式、公式、算式、分子式、方程式

用于表示处所、单位的名词:

31.厅:客厅、饭厅、餐厅、办公厅、大厅、舞厅、歌舞厅

32.行:商行、银行、五金行、车行

33.厂:炼钢厂、纺织厂、发电厂、制造厂、加工厂

34.场:操场、剧场、跑马场、滑冰场、市场、停车场、商场、广场

35.站:汽车站、火车站、维修站、服务站、收购站、煤气站、菜站、批发站

用于表示器件、用具、物品的名词:

36.具:工具、器具、雨具、玩具、道具、家具、农具、文具

37.器:机器、量角器、扫描器、计时器、示波器、变压器、助听器、显示器

38.件:零件、部件、构件、配件、备件、软件、硬件、文件、附件、急件

39.机:录音机、发电机、打字机、复印机、收音机、起重机、飞机、放大机

40.仪:水平仪、地球仪、经纬仪、绘图仪、投影仪、扫描仪

41.品:产品、成品、陈列品、次品、废品、商品、补品、药品、营养品、处理品、消费品、用品、展品、物品、豆制品、塑料制品、礼品

表示章程、方法的名词:

42.则:法则、准则、细则、总则、规则、原则、守则

43.法$_1$（指“法律”）：婚姻法、劳资法、刑事诉讼法

法$_2$（指“方法”）：速成法、合成法、体育疗法、构词法、图解法、用法、染法、写法、制法

法$_3$（指“见解”）：说法、想法、看法

上述类后缀大多是由具有实在意义的词逐渐虚化而成的。有的几乎失去了原来的意义，如“手”；有的虚化得还不彻底，在与其他语素结合成名词时还隐含着一些原义，但已不能独立使用了，如“师”、“匠”等；也有个别的语素还能单独成词，如“主义”。

汉语名词的前缀、后缀或类后缀，有的仍用于构成新词，如“者”、“性”等；有的则不能随意与其他语素组成新词。如我们可以说“钢琴家”，但不能说“篮球家”，可以说“教员”，但不能把“医生”改说成“医员”。因此只能留意去记，而不要随意创造。

第二节　名词的语法特征

一、大多数名词可以受数量词的修饰。汉语要表示人或事物的数量时，一般不把数词直接用在名词前，而要在数词和名词之间用一个量词，如“三本书”、“一个学生”，而不能说“三书”、“一学生”。名词也不能单独受量词的修饰，不能说“本书”、“个学生”。但有时在成语或科技著作中，数词和名词可以直接连用，如成语“一箭双雕”、“三心二意”、“七嘴八舌”、“五湖四海”；科技用语“一直线”、“一圆柱体”、“四发动机飞机”、“八管半导体收音机”等。另外还有一些是古汉语延续下来的用法，如“一草一木”、“一针一线”、“一夫一妻”等。

二、名词一般不能受副词的修饰。不能说"不人"、"不时间"、"我有不朋友"、"很桌子"、"都书"、"都老师是中国人",等等。但是有一小部分名词在句中作谓语时,可以受副词的修饰(参见本编第六章"副词")。

三、名词可以受代词、形容词、动词和各种短语的修饰,一般也可以直接受另一个名词的修饰。例如:

受代词的修饰:你妈妈、他的书、别人的东西、谁的笔、这样的事情

受形容词的修饰:红砖、袖珍字典、老实人、灿烂的阳光、可爱的孩子、绿油油的稻田、黑咕隆咚的山洞

受动词的修饰:生产计划、奋斗目标、比赛项目、出版日期、前进的方向、讨论的问题、跳的高度、走的速度

受各种短语的修饰:做实验的步骤、解决问题的方法、我说的话、妈妈买的衣服、起得早的同学、忙碌而不幸的一生、朝南的房子

受另一名词的修饰:语法书、布鞋、体育老师、玻璃杯、电话号码、弟弟的书、花的颜色、书的封面

四、汉语的名词没有"数"的语法范畴,不论单数、复数,形式上是一样的。如"一张桌子"、"五张桌子"、"一个学生"、"十个学生"、"这本书"、"那些书","桌子"、"学生"和"书"在形式上都没有变化。但是在指人的名词后可以加后缀"们",表示多数,如"同学们"、"朋友们"、"同志们"、"伙伴们"、"孩子们"、"姐妹们"、"老师和同学们"、"女士先生们"、"父老兄弟姐妹们"。然而,名词后用后缀"们"是有条件的。如果在表示人的名词的前面有数量词或在句中有其他表示多数的词语时,名词后就不能再用"们"。比如我们不能说

“我们班有九个学生们”，也不能说“参加这次运动会的学生们很多”。在这两个句子里，因为有了“九个”、“很多”表示多数的词语，所以都不需要再用“们”了。

五、少数名词可以重叠，表示与量词重叠相同的意思（参见本编第三章第二节）。例如：

①人人都应该保护自然环境。

②你一个人出门在外，要事事小心。

③他时时刻刻不忘自己的责任。

此外还有“瓶瓶罐罐、山山水水、风风雨雨、头头脑脑”一类名词重叠用法，但可以这样用的名词有限，我们不能随意创造。

第三节　名词的语法功能

名词最主要的语法功能是在句中作主语、宾语（包括介词的宾语），其次是作定语，有一小部分名词还能作谓语。名词一般很少作状语，但时间词、处所词主要的语法功能是作状语。

一、作主语和宾语

作主语：

①北京是中国的首都。

②春天到了，天气暖和了。

③路窄，行人多，车走不快。

作宾语：

①昨天我们访问了一位老画家。

②我叫木村，是留学生，来中国学习中文。

③我给朋友写了一封信。

④方先生，您对美学很有研究啊！

⑤关于价格，我们再商量。

二、作定语

大多数名词可以作定语，修饰另一个名词。例如：

①星期六，我们常去工人俱乐部跳舞。

②电话铃响了，屋里的人们立刻安静下来。

③他们每天都到王大爷家来看他，帮助他做饭、洗衣服。

④我们检查员的职责不应该是光检查产品质量……

三、作谓语

名词充任谓语，限于用来表示籍贯、时间、天气等，而且前面常常有修饰语（参见第四编第一章第三节）。例如：

①王老师北京人。

②现在九点钟。

③玛丽黄头发，蓝眼睛。

四、作状语

名词作状语，后面要加“地”。例如：

①实现祖国四个现代化的任务历史地落在我们这一代人的肩上。

②他站在那里，深情地望着我，没有说一句话。

一般名词很少单独作状语，但数量词加名词构成的名词短语可以作状语。例如：

③你老人家一个人走路，我不放心。

④这本小说太有意思了，他一口气看了一大半。

⑤他几句话就把弟弟说服了。

更常见的是表示时间、处所的名词（短语）作状语，修饰动词或动词短语。例如：

①下星期我就离开北京了。

②我明天下午不在家，学校里有事。

③咱们上海见。

④您屋里坐。

⑤您说的话我基本上都能听懂。

⑥实际上这只不过是为大家谋点福利。

第四节　方位词、处所词、时间词

表示方位、处所、时间的名词，语法功能与一般名词不完全相同，因此要单独介绍。

一、方位词

方位词是指表示方向和相对位置关系的名称的词。方位词按其结构可分为两种：单纯方位词和合成方位词。

（一）单纯方位词

单纯方位词是最基本的方位词，都是单音节的，有东、南、西、北、上、下、前、后、左、右、里、外、内、中、间、旁。下面介绍单纯方位词的用法。

1.单纯方位词较少单独使用，一般只在下列几种情况下才可以单独用。

(1)在成语或类似成语的固定短语里，其中大部分是成对的方位词同时使用，前后呼应。例如：

前仆后继 前思后想 前因后果 前赴后继 瞻前顾后
惩前毖后 空前绝后 前功尽弃 前车之鉴 史无前例
勇往直前 后发制人 后顾之忧 后来居上 后生可畏
东鳞西爪 东张西望 东拼西凑 东拉西扯 南辕北辙
南腔北调 南征北战 南来北往 天南地北 上行下效
欺上瞒下 上蹿下跳 上推下卸 承上启下 左顾右盼
左右逢源 左邻右舍 左思右想 左右开弓 里应外合
外强中干 外圆内方 内忧外患 内外交困
上有老下有小 前怕狼后怕虎

(2)在书面语里。例如：

①非本单位工作人员请勿入内。

②成昆铁路，北起四川成都，南至云南昆明。

③万里长城西起甘肃嘉峪关，东至山海关。

④这里藏瓷颇丰，上起北宋，下迄于清，两代名窑皆有精品。

(3)作某些动词或介词(如“朝”、“向”、“往”、“在”、“从”、“对”等)的宾语。例如：

①汽车在大雨中不停地往前跑，我们很快就到达了目的地。

②为了牵制敌人，我们的部队第二天就向外转移了。

③咱们应该永远朝前看。

④到了胡同口我往东，他往西，我们就分手了。

⑤新盖的这几座单元楼都是坐北朝南的。

(4)单纯方位词也可以单独修饰动词作状语。例如：

①1945年秋，我和爸爸妈妈随军南下了。

②在街上雷锋东打听西打听，最后终于帮助老大娘找到了她的儿子。

③为我们的事，您左跑一趟，右跑一趟，我们感到很不安。

(5)单纯方位词作主语时，也常常成对使用。例如：

①玉兰姐上有公婆，下有一儿一女，还是个街道干部，整天没有空闲的时候。

②我搞的这项改革，上有领导的指点，下有群众的支持，成功是有把握的。

2.某些成对使用的单纯方位词，已成为一个词。

(1)成对的单纯方位词"上下"、"前后"、"左右"等常用在数量词或表示时间、空间的词语后面，表示概数。例如：

四十岁上下　六千米上下

两点钟前后　国庆节前后　事情发生的前后

三点钟左右　二十岁左右　一百人左右

"内外"可以用在处所词语后：

长城内外　场院内外　京城内外

(2)有些成对的单纯方位词连用时表示抽象的方位与范围。例如：

左右摇摆　左右为难　前后矛盾　前后照应

举国上下　上下通气　内外有别　转战南北

(3)有的成对方位词分别与"一"连用，在句中修饰动词，表示行为动作进行的方式。例如：

一前一后地走 一上一下地晃动 一左一右地摇摆

(4)有的成对的单纯方位词,两两重叠使用,意思是“遍及各处”。例如:

①敌人闯进他的家里,上上下下,里里外外翻了个够,可是他们连一粒粮食也没有找到。

②虎子对田大叔家里里外外都非常熟悉。

③吃过午饭,张楠坐在那里,把刚刚发生的事前前后后又想了一遍。

3.有的单纯方位词可以直接用在名词或名词短语之前或之后,构成一个表示时间或处所的短语。表示时间时,单纯方位词和名词或名词短语之间有时可加一个“个”字。

用于名词或名词短语前表示时间:

上(个)星期 上上个星期 上个月 上个季度 上半个月
上半年 上个世纪
下(个)星期 下下个星期 下个月 下个季度 下半个月
下半年 下个世纪

表示方位处所:

东/西半球 东/西郊 南/北城 东/西大街 南/北口
前/后院 里/外院 前/后/旁门 东/西校门 东/西房

用于名词或名词短语后表示时间:

三天前(后) 十年后 三个月内 期中 本世纪中

表示处所:

地上 地下 地里 床上 床下 窗户上 窗前 窗外
抽屉里 屋里 屋外 楼上 楼下 楼里 路旁 路上
书上 书里 报上

用于名词后的方位词“上”、“里”要读轻声。

应注意，用普通名词表处所时，后面往往要加上方位词。例如：

①屋里在开会。

*屋子在开会。

②他把书放在桌子上了。

*他把书放在桌子了。

③姑娘们愉快地从山上走下来。

*姑娘们愉快地从山走下来。

但在国名、地名之后，不能再用方位词“里”。例如：

④他在法国学习。

*他在法国里学习。

⑤小王在天津工作。

*小王在天津里工作。

在单纯方位词中，“里”、“前”、“后”、“上”、“下”等与名词的结合能力最强。只要意思上能讲得通，“里”和“上”就可以加在名词的后面。其他的单纯方位词如“旁”、“左”、“右”等的结合能力比较弱。单纯方位词与名词结合时，无论在前或在后，在它们之间都不用“的”，如“前门”、“门前”、“里屋”、“屋里”等。

单纯方位词“前”、“后”用在数量词前，表示在顺序上或时间上的相对位置，“前”相当开头，“后”相当结尾。如“前/后四章”、“前/后五行文字”、“前两年学基础课”、“后两年学专业课”。

4.有些单纯方位词还可以用在非名词性的词语前后。

“前”、“后”可用在动词、动词短语、主谓短语的后面，表示时间。例如：

毕业前 结婚后 死后 做试验前 念完大学后 天亮前 我走后

“上”、“下”、“前”、“后”用在动量词前,可表示时间、次序。例如:

上次 下次 前两次 下一步 上一回 后两趟

“左”、“右”、“东”、“西”成对地用在数量词前,表示无规则地多次重复,一般用作状语。例如:

①他左一封信右一封信地催我快去。

②小李左一趟右一趟地来看我,不知有什么事。

③这几天老王东一趟西一趟地往外地跑,忙个不停。

④他东一句西一句,回答得语无伦次。

⑤你别东一堆西一堆到处乱摆!

(二)合成方位词

1.合成方位词的构成

单纯方位词前边加上“以”或“之”或者后边加上“边”、“面”、“头”就构成合成方位词,表示方位、处所或时间。“边”、“面”、“头”要读轻声。不同的方位词与“以”、“边”等组合的情况不完全相同。详见下表(“+”表示能组合,“-”表示不能组合):①

		东	南	西	北	上	下	前	后	左	右	里	外	内	中	间	旁
前加	以	+	+	+	+	+	+	+	+	-	-	-	+	+	-	-	-
	之	+	+	+	+	+	+	+	+	-	-	-	+	+	+	+	-
后加	边	+	+	+	+	+	+	+	+	+	+	+	+	-	-	-	+
	面	+	+	+	+	+	+	+	+	+	+	+	+	-	-	-	-
	头					+	+	+	+	-	-	+	+	-	-	-	-

① “东头儿”、“南头儿”、“西头儿”、“北头儿”中的“头儿”与后缀“头”不同,要重读,而且要儿化,意思是“顶端、末梢”。

除上表中组合的合成方位词外，还有“中间、当中、底下”等合成方位词。另外，单纯方位词还两两组合成另一方位词。如由“东”和“北”组成“东北”，“西”和“北”组合成“西北”，还有“东南”、“西南”。应记住汉语不说“南东”、“南西”、“北东”、“北西”。

由成对单纯方位词组成的合成方位词还有“上下”、“前后”、“左右”、“内外”以及“内中”、“当间儿”、“左前方”、“右前方”、“左上方”、“右上方”、“左下方”、“右下方”等。

2.合成方位词的用法及语法功能

（1）合成方位词的用法要比单纯方位词灵活、自由。在句中它们可以单独使用，充当主语、宾语、定语、状语。

作主语：

多用于“是”字句、“有”字句、存现句或其他描写性的句子。例如：

①那所大学周围的环境很优美，西边是一个天然湖，东边是一座小山，后边还有一片松林。

②前边开过来一列国际列车。

③外边冷，请到屋里坐。

作宾语：

多作动词或介词“在”、“向”、“朝”、“往”、“从”、“自”、“由”的宾语。例如：

①中文杂志都在上头，外文的都在下头。

②这张画从左边看是一个画面，从右边看是另一幅画面。

③那时候，这儿的小孩子经常走在前边给我们带路。

④一切都在意料之中，一切又都出于意料之外。

作定语：

合成方位词修饰名词是比较自由的，方位词和中心语之间一般要用“的”。例如：

①前边的楼都是新建的。

②下边的书都不怕压，上边的仪器怕压。

③东头（的）那一片楼房是工人宿舍。

④中间（的）那张油画是他的处女作。

⑤以上的论述说明了三个问题。

⑥她只认识我们当中的一个人。

⑦那架飞机向西北方向飞去了。

⑧北京夏天常刮东南风，冬天常刮西北风。（“东南”、“西北”和“风”之间不用“的”）

作状语：

合成方位词后面不用助词“地”。例如：

①王阿姨，您请里边坐一会儿。

②以前我不太了解他。

③我们以后应加强联系，增进了解。

④以上我们讨论了产品质量的问题，下面再谈谈数量问题。

⑤你们快走吧，约翰和玛丽已经前头走了。

但是有少数的合成方位词，如“之间”、“之中”、“之内”、“之外”等不能单独自由使用，只能用在名词、代词、形容词、动词和数量词等词语之后。例如：

朋友之间　我们之间　好坏之间　谈笑之间　买卖之间

想和做之间　认真学习和不认真学习之间

我们之中　同学们之中　这之中　这些矛盾之中

十个学生之中

三天之内　五十个人之内　十里之外

上述几个合成方位词也不能单独作定语。如不能说“之间的关系”，但可以说“你和我之间的关系”、“这之间的关系”、“二者之间的关系”，等等。

(2) 合成方位词也可以用在名词、代词、数量词的后边，有的合成方位词还可加在动词或动词短语的后边，构成表示处所、范围、时间的短语。

名词用在“～边”、“～头”、“～面”等合成方位词前时，中间一般不用“的”，合成方位词一般读轻声。这时与“名词＋单纯方位词”所表示的意义基本相同。如“ˈ桌子里边”与“ˈ桌子里”、“ˈ墙上边”与“ˈ墙上”。由“上”和“里”构成的合成方位词也可以重读，名词与合成方位词之间有时还可以加“的”，这时所表示的意义重点在合成方位词上，有时与“名词＋单纯方位词”所表示的意义不同。例如：

ˈ墙上边	工ˈ厂里头	ˈ抽屉里边
墙(的)ˈ上边	工厂(的)ˈ里头	抽屉(的)ˈ里边
ˈ报上边	ˈ便条上头	ˈ屋子里面
报(的)ˈ上边	便条(的)ˈ上头	屋子(的)ˈ里面

以上六组短语，每组的第一个短语表示名词所代表的处所的任何一部分，如“ˈ墙上边”指墙表面的任何一部分，“ˈ屋子里边”指屋子里边的任何一部分，相当于“名词＋单纯方位词”。第二个短语则指名词所代表的处所的一部分。如“屋子的ˈ里面”指屋子的靠里面那一部分，“报的ˈ上边”指报纸偏上边的那一部分，不同于“名词＋单纯方位词”。这个分别只存在于“上”和“里”，别的方位词无此分别。但下面的短语重音一般在合成方位词上：

工厂(的)′东边　　墙(的)′后边　　学校(的)′旁边

颐和园(的)′南面　电影院(的)′后头

"名词＋之(以)～"多表示地域,名词和方位词之间不能加"的"。例如:

黄河以南　长江以北　北京与天津之间

"名词＋～边(～头、～面)"与"名词＋之(以)～"在意义上有差别。前者表示的范围比较窄,后者表示的范围比较广。如"黄河南边"是指黄河南边附近的地区,而"黄河以南"则指以黄河为界,中国南部的广大地区。

有些合成方位词加在数量词后边,表示范围或时间。如"十里以外"、"一百元以内"、"十八岁以下"、"两点之间"、"三天之内"、"五点钟以前"、"百年之后"。

有的合成方位词还可以用在动词(短语)、主谓短语之后,构成表示时间的短语(不能表示处所),在句中多充当状语或定语。合成方位词和前面的修饰部分之间不用"的",这种用法常见的有"以前"、"以后"、"之前"、"之后"、"中间"、"当中"。如"解放以前"、"下课以后"、"来中国之前"、"我们毕业以后"、"谈话中间"、"教育改革当中"、"闲谈之间",等等。"以前"前面的词语可以是肯定的,也可以是否定的,整个短语的意思相同。如"来中国以前"与"没来中国以前","毕业以前"与"没毕业以前",意思都是动词或动词短语所指的动作行为没有发生。"以后"前边的词语一般是肯定的。如"学习中文以后"、"回国以后",等等。

一般来说,名词不受副词的修饰,而合成方位词有的能受副词(多为表示程度的副词)修饰。如"最前边"、"紧里头"、"顶后边儿"、"再下边儿"等。单纯方位词如"稍后"等。

(3) 方位词的引申用法

方位词的基本用法是表示方位、处所、时间，也可以引申用来表示方面、范围、条件、情况、过程等。如单纯方位词“上”、“中”、“下”。常用来组成“…上”、“…中”、“…下”等短语。

……上：意思是“在……方面”。例如：

①经济上的损失一定要补回来。

②他主观上很努力，但客观条件比较差。

③最近，我们的企业技术上又领先了一步。

④导演实际上想让我演主角，可又有些为难。

⑤领导上也同意我们的做法。

……下：表示“在……条件下”。例如：

①这种金属高温下也不易熔化。

②在我们的坚持下，对方还是接受了我们的条件。

③在老师傅的帮助下，抽水机很快就修好了。

……中：表示“在……过程中”。例如：

①病中，她还坚持工作，不肯休息。

②闲谈中，我发现他对京剧很有研究。

③忙乱中，他连眼镜也忘了戴就走了。

④辩论中，说几句过于激烈的话是难以避免的。

⑤假期中，他为大家做了不少好事。

二、处所词

表示处所的名词或名词短语叫做处所词语。其中包括：

1.方位词。

2.表示地方的专有名词。如“中国”、“北京”、“天安门广场”、

“北京大学”(这类专名表处所时都是从地理位置上讲的)。

3.表示处所的一般名词和代词。如“图书馆”、“学校”、“门口”、“车站”、“周围”、“附近”、“国内”、“国外”、“这里”、“那儿”。

4.表示处所的名词短语(多由名词+某些方位词组成)。如“心里”、“报上”、“身旁”、“桥下”、“天上”、“书里”、“西北方向”。

处所词语的语法功能:可作主语、宾语、定语、状语等。

(一)作主语:要描述某个处所时,就把处所词语放在句首作主语。处所词语作主语的句子主要有以下几种:

1.形容词谓语句及主谓谓语句。例如:

①市中心十分繁华。(形容词谓语句)

②会场上安静极了。(形容词谓语句)

③城楼上锣鼓喧天,红旗飘扬。(主谓谓语句)

④这里街道路面宽阔,房屋整齐。(主谓谓语句)

2.由“是”、“有”构成的存现句。例如:

①北京的北面是连绵不断的山,北京的南面是绿色的大平原。

②从车窗向外望去,远处是一株株墨绿的柑橘树。

③杭州是有名的花园城市。

④你身上、脸上都是泥?摔跤了?

⑤我家的后面有一个大花园。

⑥那不算小的院子里没有一点花草的绿色。

⑦这几天楠楠的心里有说不出的高兴。

⑧很遗憾,我这里没有这方面的资料。

3.其他存现句。例如:

①楼梯的两旁摆着一盆盆鲜花。

②她的眼睛里涌满了泪水，脸色白得像纸一样。

③天空上挂着一轮皎洁的明月。

④远处传来姑娘们银铃般的欢笑声。

⑤天上飞过去一群大雁。

4.表示某处持续进行某动作的句子。例如：

①台上唱着戏。

②外面刮着风。

5.说明某处所的用途的句子。例如：

①屋里住人，屋外放东西。

②山顶上种树，山坡种庄稼。

（二）作宾语（包括介词的宾语）：处所词语常常作“在”、“到”、“朝”、“向”、“往”、“从”等动词或介词的宾语。例如：

①你要的那本书在这儿呢。

②刘先生和他的太太半年前就去澳洲了。

③夏天，人们常在这棵古老的大树下乘凉，休息。

④小保和几个孩子到山坡上放牛去了。

⑤代表团已经离开北京去南方参观访问了。

（三）作定语：处所词语修饰名词时，后面通常要加结构助词“的”。例如：

①北京的春天很暖和。

②屋里的空气实在令人窒息。

③这里的一切似乎都变了样子。

④户外生活逐渐对他成了巨大的诱惑。

⑤她家门口的绿色栅栏门总是紧关着的。

（四）作状语：处所词语很少单独作状语。处所词语单独作状语，主要出现在下面三种句子中。

1.表示某处正在进行某个动作，处所词语位于句首，施事主语不能省略。例如：

①老槐树下，社员们正在开生产会。

②台上，老队长在讲生产计划。

2.谓语很简短的动词谓语句，多用于口语。例如：

①你坐飞机去，我坐火车去，咱们后天上海见。

②这几天，他们地里吃，地里睡。

3.处所词语成对使用的句子。例如：

①他终日楼上、楼下地跑着，轻易不出门。

②小安风里来，雨里去，坚持给王大爷看病，从不间断。

③彩排时，导演台上台下忙个不停。

三、时间词

表示时间的名词或名词短语叫做时间词语。时间词语有两种。一种表示在什么时间，如“2000年”、“下午”、“昨天晚上”，说的是时间的位置，这是时点。一种表示多长时间，如“十年”、“一个晚上”、“两分钟”，说的是时间的长度，是时段。

时点如：

1月，2月，……，11月，12月；

1号，2号，……，30号，31号；

初一，初二，……，初十，十一，……，二十九，三十（中国农历）；

星期一，星期二，……，星期日（星期天）；或：

周一，周二，周五，周六，周日，礼拜一，礼拜二，……礼拜日；

一点(钟),三点一刻,四点半(钟),五点四十(分),

三点五十六(分),六点三刻,差十分七点;

19世纪,21世纪,2000年,二十世纪五十年代;

去年,今年,明年,后年,上半年,下半年,第一季度,第二季度;

春秋,战国,唐朝,清朝,民国;

月初,月中,月底,上旬,中旬,下旬,年初,年底;

前(后)半天,前(后)半个星期,前(后)半个月;

春季,夏季,秋季,冬季;或:

春天,夏天,秋天,冬天;

春节,中秋节,除夕,元旦,新年,灯节,国庆节,元宵节。

时段如:

一个星期,两个星期,三个星期;或:

一周,两周,三周半;

一秒,半分钟,半个钟头,半小时;

一天,十个月,三个月,三个半月,三年,二十年,一百年,一个世纪。

时间词语的语法功能:

(一)作状语:表示时点的时间词语常常单独作状语,这是其主要功能。例如:

①小王,你星期日有事吗?

②一天晚上,我和爷爷在灯下下棋,……

③早上我去看他的时候,他跟朋友说话呢。

表示时段的词语有时也可以作状语,表示在某段时间内动作的速度、频率,等等。例如:

④阿里一分钟能写二十个汉字。

⑤你爱人找你一定有急事,一早晨来了三四次电话。

在表示一段时间里没有做什么的否定句里,表示时段的时间词语也可以作状语。例如:

⑥老王这几天身体不太好,已经两天没来上班了。

(二)作补语:这也是时间词语与一般名词不同的一点,作补语的一般是表示时段的“数量词+时间名词”。例如:

①他曾在农村住过十几年。

②毕业后,他当编辑就当了半辈子。

③我要在中国学习三个月。

(三)作谓语:有的时间词语可单独作谓语,表时间、日期。例如:

①明天中秋节了。

②现在四点一刻。

③今天 2 月 6 号,星期六。

(四)作定语:时间词语和名词之间常用“的”。例如:

①五月的夜风,暖煦煦的。

②我在昨天的招待会上认识了一个新朋友。

③早晨的空气格外清新。

④3 月 8 号的报纸借出去了。

⑤四年的大学生活就要结束了。

⑥上半年的生产任务已经超额完成了。

(五)作主语:时间词语作主语时,谓语都是对时间词所表示的时间加以说明。例如:

①新年快要到了。

②春天给人们带来了希望。

③严冬已经过去，春天还会远吗！

④昨天是我一生中最难忘的一天。

⑤前几天那么冷，今天暖和了。

⑥八月、九月、十月是农忙季节。

⑦1949年10月1日是中华人民共和国成立的日子。

（六）作宾语：

①他的生日正好是农历大年三十。

②我碰到他是在国庆节那天中午。

③中小学从一月底到二月中旬放寒假。

④他们的婚期推迟到明年二月份了。

参考文献

陆俭明　说"年、月、日"，世界汉语教学，1987年第1期。

陆俭明　现代汉语时间词说略，语言教学与研究，1991年第1期。

陆俭明　同类词连用规则刍议——从方位词"东、南、西、北"两两组合规则谈起，中国语文，1994年第5期。

孙德金　现代汉语名词作状语的考察，语言教学与研究，1995年第4期。

周小兵　谈汉语时间词，语言教学与研究，1995年第3期。

练　习

一、写出带前缀"阿"、"老"、"小"的名词（各两个）：

阿__，阿__，老__，老__，小__，小__

二、写出带后缀"子"、"儿"、"头"、"者"、"们"的名词（各五个）：

____子，____子，____子，____子，____子

____儿，____儿，____儿，____儿，____儿

____头，____头，____头，____头，____头

____者，____者，____者，____者，____者

____们，____们，____们，____们，____们

三、指出下列句子中哪些是名词，并说明它们在句中充当什么成分：

1.我买了两把勺儿，两双筷子，四个盘子和一把剪子。

2.请把镜子挂在这儿。

3.那两个瓶子是干净的。

4.这束花儿好香啊。

5.这几个小伙子都是从同一个村子来的，他们都是老乡。

6.这些桌子、椅子都很干净。

7.请把那张画儿挂在中间儿的柱子上。

8.这一片房子都是新盖起来的。

9.这只小鸟总想飞出去。

10.我们把本子都交给老师了。

四、指出下列句子中的时间词语，并说明它们在句中的作用：

1.今天的报来了吗？

2.你明天有时间吗？

3.我下个星期就要回国了。

4.我前几天去外地旅行了，没在北京。

5.明天星期六，咱们一块儿去爬山好吗？

6.已经是深夜了，外边静极了。

五、用所给词语造句子：

1.前天上午八点

2.下星期日

3.一小时以后

4.我生日那天

5.五分钟之内

6.放假以前

7.去年二月份

8.回国以后

9.半小时左右

10.新年前后

六、在下列各句括号内的词语后加上适当的方位词，填入空中：

1.风很大，____行人很少。（街）

2.希望寄托在你们青年人____，你们要在____更加努力去掌握高新的科学技术知识。（身，学习）

3.听了这个消息，阿香的____有说不出的高兴。（心）

4.在回学校的____，我们碰到了老王和他爱人。（路）

5.____应该互相帮助。（同学）

6.说到这里，妹妹的____闪着幸福的泪花。（眼睛）

7.月亮渐渐地升高了，____孩子们的欢笑声已经听不见了。（院子）

8.看着这些工人站在____紧张地劳动，我非常感动。（机器）

9.我们每天八点钟上课，你应该____到教室。（8:00）

10.小姑娘让我坐在她的____，她自己坐在我面前的一个小____。（床，凳子）

11.______，咱们一起去游泳吧！（下课）

12.______，要把门窗关好。（离开教室）

13.我们的阅览室就在____四层，自习室在____一层。（楼）

14.今天，人与人____没有职位高低的区别，在____人人平等。（人，政治）

15.明天______，也就是______，我给你打电话，我们再定见面时间。（12:00，吃午饭）

16.好大的雪啊，看____，____，____都是一片白。（地，房，树）

七、根据所给条件填空：

例如：商店在剧场的东边，理发馆在剧场的西边。

剧场在商店和理发馆的中间，剧场在理发馆的东边，剧场在商店的西边，商店的西边是剧场，理发馆的东边是剧场。

1.小明在小红的左边，小力在小红的右边。

小明的右边是____，小红的右边是____，____的左边是小红，____的左边是小明，小红在小明和小力的____。

2.甲走在最前面，乙走在最后，丙走在他们中间。

甲的后面是____，丙的前面是____，丙的后面是____，乙的前面是____，乙在丙的____。

3.红圈在白圈里边，蓝圈在红圈的里边。

白圈在红圈的____，红圈在蓝圈的____，红圈的里头有____，白圈的里边有____和____。蓝圈在最____，白圈在最____，红圈在蓝圈和白圈的____。

4.张家、李家、王家分别住在一层、二层、三层。

张家的____住着李家，李家的____住着张家，李家的____住着王家，王家的下面住着____家。李家住在____家和____家的中间。

八、熟读下列短语，并选一适当的填空：

理论上 实际上 基本上 思想上 生活上 事业上 行动上

旅游中 客观上 主观上 学术上 讨论会上 比赛中 无形中 谈话中

领导上 家人之间 朋友之间 邻里之间

1.你的分析________是站不住的，________是行不通的。

2.学院领导________同意了我们的意见。

3.几年来，他们俩________互相关心支持，________互相照顾，日子过得很美满、幸福。

4.________，我了解到原来王奶奶还是个老病号呢，别看老太太现在身体那么好，腿脚那么灵活。

5.________，我结识了好几位中国朋友，汉族的，藏族的，还有维吾尔族的。

6.这次，由于大家________重视了，________积极了，任务完成得相当顺利。

7.他________很希望把工作搞好，可是________往往得不到理想的效果。

8.________，代表们提出了很多建议。

9.________，他发扬了友谊第一的高风格。

10.他只教一门文艺心理学，________是美学。

11.他老老实实，本本分分，自己认识到什么程度，就讲到什么程度，一步一个脚印，________影响了学生。

12.我觉得，他是一个有学问的人，一个在________诚实的人。

13.________很关心我们年轻人的成长。

14.近几年来，工作忙了，家务事多了，________，________，________的交往越来越少了。

九、辨别正误(对的划“+”,错的划“-”):

1.朋友之间( )　　2.以外三千米( )
3.墙上的画( )　　4.以后八点钟( )
5.长江之南( )　　6.黑板的右头( )
7.南方的中国( )　　8.灯的墙上( )
9.黄河的以北( )　　10.几年的以后( )
11.之间的我们( )　　12.以前毕业( )
13.脸的上( )　　14.二十年以后( )
15.旁边人( )

十、改正下列病句:

1.昨天有四个同学们来看我。
2.我生病的那天,他在我的床站了一会儿,没有说话。
3.请你把练习本儿放在老师的桌子。
4.颐和园是中国里有名的公园。
5.几个少先队员从山跑下来了。
6.从古代我们两国的中间就有密切的往来。
7.东边的我们学校是一个医院。
8.以前他牺牲,说过这样的话。
9.在字典查不到这个字。
10.妈妈回来了,孩子们都躲到门藏起来了。
11.她那金黄色的头发,像一朵美丽的花儿,在阳光开放。
12.下个月我们要到中国以南去旅行。

第二章 代词

代词是具有指别、称代作用的词。例如：

①喂，阿里，这个网球拍子是你的吗？

②老王是一个正直的人，我们也应该做那样的人。

③李明得了单打冠军，这是他刻苦练习的结果。

例①的"这"起指别作用，"你"称代"阿里"。例②的"我们"称代说话人和听话人，"那样"称代"正直"。例③的"这"称代"李明得了单打冠军"，"他"称代"李明"。代词的指别、称代的具体内容，离开具体的句子是不确定的，比如第三人称代词"他"可以称代任何单数男性，只有在特定的句子中，如上面的例③，才称代"李明"，其所指才是确定的。因此，代词的所指具有高度的概括性。

代词的语法功能与它所代替的词语一致。代替名词或名词短语时，可以充当主语、宾语（包括介词的宾语）、定语。代替动词、动词短语或某些形容词时，可以充当谓语。代替形容词、数词时，可以充当定语和补语。例如：

①老爷爷对他的小孙子说："我给你讲一个故事吧。"（"我"代替"老爷爷"——主语）

②"德民，你别难过。"德民的妈说。（"你"代"德民"——主语）

③"这次听写，你写错了几个字？"——"我写错了八个"。（"几"代"八"——定语）

代词不能受其他词修饰。在书面语中，有的代词可以有定语，如“被人尊敬的他”，但是这是极少见的。

按意义和功能，代词可以分为三类：

一、人称代词

二、指示代词

三、疑问代词

第一节　人称代词

人称代词是起称代作用的词。常用的有：

单数	复数
我	我们
你，您	你们，您们
他，她，它	他们，她们，它们
咱	咱们
人家，别人，旁人	
自己，自家，自个儿	
	大家，大伙儿

人称代词的语法功能：人称代词在句中可用作主语、宾语、定语等。例如：

①大家应该互相关心，互相爱护。（“大家”作主语）

②她从来不愿意麻烦别人。（“她”作主语，“别人”作宾语）

③咱们不要干涉人家的自由。（“咱们”作主语，“人家”作定语）

④我自己做的事情怎么能让您来替我承担责任呢？（“我”作主语，“自己”复指“我”，也是主语，“您”是兼语，“我”是介词“替”的宾语）

⑤这个小组又自己设计、自己制作了一个飞机模型。（“自己”作状语）

下面就常用的人称代词分别加以介绍：

一、我、你、他（她、它）

“我”是第一人称单数，指代说话人，用于说话人的自称。“你”是第二人称单数，指代听话人，用于说话人称听话人，“你”的尊称是“您”。“他（她、它）”指代“我”、“你”以外的第三人称单数，指交谈双方以外的人或物。在“他”和“你”同时出现于交谈现场时，“你”是直接听话人，“他（她）”是间接听话人。指称尊长时，不宜用“他”、“她”，因为这是不礼貌的。“它”表示事物、单数。“他”与“她”、“它”发音都是/tā/。

第一人称复数是“我们”；第二人称复数是“你们”；第三人称复数，书面上“他们”表示男性；“她们”表示女性，发音也是一样的。如果第三人称复数中既包括男性，也包括女性，就用“他们”。“它”很少作宾语，复数形式“它们”用得较少。例如：

①有人说，它（赵州桥）像刚刚升起的月亮，也有人说它像天上的长虹。

②毛料衣服要用温水洗，轻揉，洗好后不要拧，让它自然干。

③我得天天照管它们，像好朋友似的关心它们。（“它们”指“花儿”）

人称代词中“我”、“我们”、“你”、“你们”还有一些特殊的用法，主要有：

（一）单数人称代词“我”或“你”作定语时常用来代替“我们”、“你们”。例如：

①我厂王建同志前往你处联系工作，请协助。

②我校订于7月15日开始放暑假。

③我军昨晚攻克了三八二〇高地。

④你方代表提出的方案是可以考虑的。

例①的“我厂”等于“我们工厂”，“你处”就是“你们那儿”或“你们单位”的意思。例②、③、④中的“我校”、“我军”、“你方”也都是指“我们”、“你们”的意思。这种单数人称代词代替复数人称代词的用法多见于书面语，尤以信函、公文或新闻报道中用得较多。在口语中也有类似的用法，如把“你们俩”说成“你俩”，但不如书面语普遍。

（二）有时说话人为了表示谦恭或有意不突出自己，可以用“我们”代替“我”。例如：

①上周我们讲完了第九课，现在我们讲第十课。

②以上我们向大家介绍了这种机器的工作原理，下面再介绍一下具体的操作方法。

③上次的作业我们已经讲过了，现在我们讲这一次的。

这些例中的“我们”都是指说话人自己（即指“我”），因为例句中的“讲”、“介绍”的动作者都只是说话者本人。

（三）有时为了表示亲切，说话人可以把自己置于听话人之中，用“我们”代替“你们”。例如：

①老师说：“希望我们每个同学都勇于攀登科学高峰。”

②辅导员说：“同学们，我们要为祖国的‘四化’建设而努力

学习啊！”

（四）“你”、“他”也可以用来不确指说话的对方或第三者，而是指任何人。例如：

①困难像弹簧，你硬它就软，你软它就强。

②有时候，你越怕，他就越欺负你。

③对在工作中做出突出贡献的人，应该给他们适当的奖励。

（五）用两个不同的人称代词前后呼应，不确指某人，这种用法可使语言简练生动。例如：

①伙计们你一言，我一语，正在商量对付周东家的办法。

②在生产竞赛中，大家你追我赶，一个比一个干劲大。

③在评比会上，你推选我，我推选你，谁都想把荣誉让给别人。

④孩子们你唱一个歌，他跳一个舞，玩得高兴极了。

例句中的“你……我……”、“你……他……”都是不定指的，相当于“这一个……那一个……”。

二、咱们、咱

“咱们”与“咱”多用于北方口语，都是表示包括说话人与听话人在内的人称代词。“咱们”与“我们”有区别。在北方口语里，“我们”一般来说只指说话人一方，不包括听话的一方，但有时包括双方。而“咱们”一般包括双方。例如班长对全班同学说：“同学们，王老师病了，请假不能来上课了，咱们自习吧。”这里“咱们”指说话人“班长”和听话人“全班同学”。不过“咱们”和“我们”的区别也不是很严格的。凡是用“咱们”的地方，改用“我们”也不会引起误解。但是，说话人用“我们”时，如果他所指的人不包括听话人的一方,“我们”不能改用“咱们”。比如主人请客人到花园里去散步,主人对客人说:“咱们走吧!”也可以说:“我们走吧!”但是当客人告别要离去时,他(或他们)对主人只能说:“我们走了。”而不能说:“咱们走了。”

“咱们”也可以表示说话人和听话人(单数或复数)以及除说话人和听话人以外的第三者(他或他们)。例如:

①这件事您问我,我也不清楚。等经理回来后,咱们一块儿商量怎么办。

“咱们”在句中可以充当主语、宾语、定语。例如:

①同学们,咱们应该遵守学校的作息时间。(主语)

②老师让咱们明天早点来。(兼语)

③咱们要互相帮助,共同进步。(主语)

④楼下有人在叫咱们,看看是谁。(宾语)

⑤老师劝咱们努力学习,是为咱们好。(兼语、宾语)

⑥明天是咱们学校的校庆。(定语)

⑦咱们家的房子又该修了。(定语)

“咱”有时相当于“我”,有时相当于“我们”,有时又相当于“咱们”。这需要由语言环境来帮助鉴别。这样用的“咱”往往带有粗俗、随便的意味。例如:

①修理收音机,可别找我,咱是个外行。(代表“我”)

②登台表演?哪儿有咱的份儿啊?不会唱,又不会跳的。(代表“我”或“我们”、“咱们”)

③要是他不同意咱的意见,咱几个就给他摆摆事实,讲讲道理。(代表“我们”或“咱们”)

④这点小事儿你别放在心上,咱哥们儿没说的。(代表“咱

们”)

⑤二班和三班都表演节目了,咱怎么办?也来个小合唱吧。(代表“我们”或“咱们”)

三、人家、别人、旁人

这三个人称代词都指称说话人和听话人以外的人。“别人”和“旁人”只能用于泛指,“人家”既可用于泛指,也可用于确指。

(一)人家

1.泛指第三人称。例如:

①我听人家说你们搬家了,是吗?

②人家能搞出成绩来,咱们就不能?

③我们不能只看到人家的缺点,看不到人家的优点。

④你这样大声叫嚷不影响人家休息吗?

2.“人家”用来确指第三人称,所确指的人都在上文提到过。有时可与指人的名词(短语)连用,构成复指成分。例如:

①一班的同学团结得很好,我们应该向人家学习。

②看人家小华多有礼貌啊!

③人家王大叔南征北战几十年,什么地方没去过!

④主人不在,咱们不能随便动人家的东西。

3.“人家”还可以用来确指第一人称,指说话人自己。这种用法多为年轻的妇女们所常用,有娇嗔、亲昵的意味,只用于口语。例如:

①人家都急死了,你们还开玩笑,快告诉我吧!

②你别再说了,人家不愿意听么!你再说,我就堵起耳朵来了。

③你们不来帮忙，还站在旁边笑人家，真讨厌！

(二)别人、旁人

1.用来泛指第三人称，多用于口语。例如：

①别人有了困难，咱们应该热情帮助。

②我们不能只顾自己，不考虑旁人。

③王师傅向来是关心别人胜于关心他自己。

④别人去可以，他去不行。

2."别人"、"旁人"还有"另外的人"的意思。例如：

①我家只有我和我爱人，没有别人，你来玩吧！

②他见人很害羞，只是不怕我，没有旁人的时候便和我说话，于是不到半日，我们便熟识了。

"旁人"比"别人"的口语色彩更浓。

四、大家、大伙儿

"大家"和"大伙儿"都是总括众人之称。具体用法如下：

(一)包括说话人和听话人在内。例如：

①班长说："请大家安静，现在老师开始上课了。"

②大家的事要由大家作主。

③听到这个消息后，大家议论了好久。

④明天上午八点，大家都到这儿来集合，咱们一起走。

(二)不包括说话人或听话人在内，有时还可以不包括谈话人双方在内。例如：

①我代表全厂工人感谢大家对我们的热情支持。(不包括说话人)

②这次短跑比赛，大家的成绩都很好，我也为你们高兴。

（同上）

③大家都很喜欢读您的作品。（不包括听话人）

④大家向你们祝贺，祝愿你们永远幸福。（同上）

⑤看，大家还向我们招手呢！（不包括谈话人双方）

（三）放在“我们”、“你们”、“他们”等复数人称代词后边作复指成分。例如：

①这点儿活，我们大家一起动手，一会儿就干完。

②你们大家的干劲是有目共睹的。

③他们大家都说小王的功课最好。

“大伙儿”与“大家”的意思、用法完全相同，只用于口语。

五、自己、自家、自个儿

“自己”不是确指某一人称的代词，而是表示某人或某物的“自身”，对人而言也可理解为“本人”的意思。在句中可单用，也可复指人称代词或指人、物的名词。具体用法如下：

（一）“自己”可与其他人称代词或名词连用，人称代词或名词放在前边，“自己”放在后边，构成复指成分，强调某人本人或事物本身。例如：

①他自己生活十分俭朴，却经常把钱用来帮助周围的同志。

②这件事情怪我自己做得不对。

③对这篇文章作者自己也发表了评论。

④我的小孙女宁宁现在已经能照顾她自己了。

⑤这种机器自己有控制机构，会自动停机。

（二）“自己”也常常与其他人称代词或名词用在同一个句子里，称代处在主语位置上的人称代词，“自己”在句中充任宾语、定语等成分。例如：

①小王要求自己很严格。(代“小王”——宾语)

②白求恩大夫用自己的血把那个八路军战士救活了。(代“白求恩大夫”——定语)

③他总是把别人的困难当作自己的困难，尽力帮助人家解决。(代“他”——定语)

④李力表示要到最艰苦的地方去锻炼自己。(代“李力”——宾语)

⑤一事当前，你不应该先为自己打算。(代“你”——介词的宾语)

⑥张兰给自己订了一个学习外语的计划。(代“张兰”——介词宾语)

⑦他们不告诉我，自己就签字了。(“自己”单用，代“他们”——主语)

⑧自己作的事情怎么能让别人承担责任呢？(“自己”单用——主语)

应当注意，当句子的主语表示施事者，句中的宾语或宾语的修饰语又与该主语同指一个人时，一般来说，不重复原来作主语的名词或代词，而用“自己”。如不能把例①说成：

*小王要求小王很严格。　*小王要求他很严格。

也不宜把例③说成：

*他总是把别人的困难当作他的困难，尽力帮助人家解决。

(三)“自己”可以用来修饰动词或形容词，充当状语。例如：

①王老师别客气，要吃什么您自己拿。

②我们小组自己制定了一个施工方案。

③今年我厂工人又自己设计、自己制造了一条新型生产流水线。

④枫树的叶子一到深秋就自己红了。

⑤电灯怎么自己亮了?

⑥这种病不用吃药,过三五天就会自己好的。

“自己”修饰动词或形容词时,前面还可以用“还”、“又”、“可”、“就”、“常常”等状语。例如:

①昨天张丽又自己去河边游泳了,老师批评了她一顿。

②墙上的画儿突然自己掉下来了?

③你们还自己做饭吃?怎么不请个人帮忙?

“自己”作复指成分时,它的前面不能插入此类状语。例如:

*他又自己十分俭朴。

*这件事怪我还自己做得不对。

(四)“自己”有时可代替第一人称“我”,一般多用于较正式的口语。例如:

①领导的表扬对自己是一个鞭策。

②这次的先进经验交流大会对大家、对自己都有深刻的教育意义。

(五)“自己”也可以泛指任何人。例如:

①自己动手,丰衣足食。

②自己的事应该自己做,不能依靠别人。

(六)“自己”还可用来表示亲近的意思。例如:

①到我家来做客的都是自己人,大家都不必客气。

②你有什么事就说吧,在座的都是咱们自己人。

③我在这里生活就像在我自己的国家、自己的家里一样,很

自由，很方便，一切都很自然。

“自个儿”、“自家”完全与“自己”相同。“自个儿”是北方口语，“自家”是南方方言。

第二节 指示代词

指示代词中最基本的是表示近指的“这”和表示远指的“那”，其他指示代词都是由它们派生出来的。按照性质和用法，指示代词可分为几小类：

指示代词	近指	远指
指别或称代人、事物	这	那
称代处所	这里、这儿	那里、那儿
称代时间	这会儿	那会儿
指别或称代性质、方式、程度	这么、这样、这么样	那么、那样、那么样

指示代词的主要作用在于指称人、事物，在句中可以代替名词、动词、形容词和表示程度的副词。指示代词既有指别作用，也有称代作用。在句子中可以充任主语、定语和状语。例如：

①这是丁力的房间，那是阿里的房间。（称代）

②这里气候变化无常。（称代）

③这支钢笔和那支钢笔都是张老师的。（指别）

④他对待工作总是这么认真负责。（指别）

例①“这”称代离说话人较近的一个“房间”，“那”称代离说话人较远的一个“房间”，“这”、“那”在两个分句中分别充当主语；例②“这里”指说话人所在的地方，充当全句的主语；例③的“这”、“那”分别指离说话人较近和较远的两支“钢笔”，二者在句中都充当定语，修饰“钢笔”；例④的“这么”在句中充当状语，修饰“认真负责”，表示程度。

指示代词有时可充当宾语。例如：

他躺在床上，想想这，想想那，很晚才睡着。

下面对指示代词按小类加以介绍：

一、这、那

“这”和“那”可以单用，也可以和其他词类（如量词、数词、名词）连用。

（一）“这”、“那”单用时称代所要说的人、事物。例如：

①这是王院长，那是外科主任。

②这是集邮本，那是相册。

必须注意：

1.“这”、“那”在句中多作主语，而且多指事物。如“这是我的照相机”，“那不算什么帮助”。指人时，多用于“是”字句中，介绍人或物的场合。如“这是我们车间主任”，“这是我弟弟，那是我爱人”。

2.“这”、“那”很少单独作动词的宾语，但有时可作介词的宾语。如“您把这都交给我吧！”，“他对那根本不感兴趣”。“这”、“那”后面加上量词后可以作动词的宾语。如“我看这本，你看那本”，“我找这位（同志）”。

3.“这”、“那”还可以代替短语或句子，特别是“这”，承前称代的范围很广，用处很大。例如：

①"不要再跟他来往。"兰兰听了立刻回答说:"那办不到!"

②孩子的父亲感动地说:"专为我的孩子开一列快车,送到大城市里的专科医院。这在过去是连想也不敢想的。"

③有喜有忧,有笑有泪,有花有实,有香有色。既须劳动,又长见识,这就是养花的乐趣。

(二)"这"、"那"与名词或"数量词+名词"连用时,可以起对人、对事物确指的作用。其词序是:"这(那)+数量词+名词"。例如:

①这人真有意思。

②那个办法快,我们就用那个办法吧。

③这三张桌子都是新的。

④那几条意见提得好,我完全接受。

"这"、"那"与不定量词"些"、"点儿"连用,构成"这些"、"那些"、"这点儿"、"那点儿","这/那些"指代两个以上的人或事物,"这/那点儿"表示少量。例如:

这些人 这些粮食 那些水 那些纸 这些事情

这点儿人 这点儿粮食 那点儿水 那点儿纸 那点儿事情

"这"、"那"也可与动量词连用。例如:

这次 这下儿 这回 这遍

那次 那下儿 那回 那遍

(三)"这"、"那"在一个句子中,前后呼应,表示不确指。这种用法作主语或宾语都可以。例如:

①两个人见面后,说说这,说说那,高兴极了。

②小明在玩具店时,这也想摸摸,那也想动动。

③你小孩子不懂事,别问这问那的。

(四)“这”、“那”有时用在句首，起承上的连接作用。例如：

①哦，那你就叫他进来吧。

②那我把那复工的合同给你瞧瞧。

(五)口语中，“这”、“那”用在动词或形容词前表示很高的程度。例如：

①站在领奖台上，我那激动啊，都说不出话来了。

②得知小明考取了理想的大学，全家人这高兴啊，就别提了。

二、这里(这儿)、那里(那儿)

“这里”(这儿)、“那里”(那儿)分别指称较近和较远的处所。“这儿”和“那儿”更加口语化。

(一)单用时可作主语、宾语、定语、状语，用法与处所词语基本相同。比如可用在“是”字句、“有”字句、存现句中作主语，也常用在动词“来”、“看”、“挂”、“到”等或介词“朝”、“向”、“往”、“到”、“在”后作宾语。例如：

①这儿有树荫，我们在这儿休息吧。

②你们的教室在这里吗？不，在那里。

③那里的阳光充足，走，到那儿去晒太阳。

④来，这儿坐。

⑤小虎子，你这儿来。

例①中，“这儿”充当前一分句“有”字句的主语，后一分句介词“在”的宾语；例②的“这里”、“那里”分别充当动词“在”的宾语；例③中，“那里”充当定语，修饰“阳光”，“那儿”作“到”的宾语；例④“这儿”充当动词“坐”的状语；例⑤“这儿”充当“来”的状语。

（二）直接加在某些名词（多为表示人或具体事物的名词）、人称代词、疑问代词“谁”的后面，表示处所。汉语里有些动词如“来”、“去”、“到”、“上”、“回”、“在”等，介词如“从”、“在”、“往”等，后面常常要带处所宾语。如果宾语不是处所词，而是人称代词或指人指物的名词时，后面一定要加“这儿”、“这里”或“那儿”、“那里”，使之成为处所词语。例如：

①我从朋友那儿来。

不能说“我从朋友来”。

②我的练习本子在老师那儿。

③丁力去谁那儿了？

④沙发那里光线不好，你到桌子这儿来看书吧。

⑤他刚说自行车轮胎没气了，现在可能到修车的那儿去了，你去那儿找他。

⑥每到节假日，我婆婆那儿比我们这儿热闹。

⑦下星期天，我想回我妈妈那儿去看看。

⑧欢迎你常到我们这儿来玩。

例①—⑧各句的“朋友”、“老师”、“谁”、“沙发”、“桌子”、“修车的”、“我婆婆”、“我们”、“我妈妈”以及“我们”等都不是处所词，只有加上“那里”、“那儿”或“这儿”后，才成为处所词语，满足动词“来、去、在、回”和介词“从、在、往”后边带处所宾语的要求。

三、这会儿、那会儿

“这会儿”有“这个时候”的意思，通常指“现在”或“当前”。前面加上表示过去或将来时间的词语也可以指过去或将来的某个时间。如“昨天这会儿，我们正在考试”，“明天这会儿，我们就放假了”。“那会儿”是“那个时候”的意思，指过去，也可以指将来的某一时间，不能指现在。究竟是指过去还是指将来，要视语言环境而定。如“记得那会儿他还是个不懂事的孩子”，“那会儿”指过去；“到那会儿，我们都大学毕业了，那才美呢”，“那会儿”指将来。它们的用法与时间词语一样，可以作主语、定语、状语等。

（一）“这会儿”、“那会儿”单用。例如：

①早晨有点儿冷，这会儿暖和了。（作主语）

②跟那会儿比，这会儿的日子是甜的。

（“那会儿”是介词“跟”的宾语，“这会儿”作定语修饰“日子”）

③那会儿，我还是个孩子，什么也不懂。（作状语，表示时间）

④鬼天气，中午上学时，还好好的，这会儿阴得一条小缝都不剩。

⑤这会儿人们的想法跟那会儿相比，可不一样了。

⑥那会儿他很能干，现在退休了。

（二）“这会儿”、“那会儿”用在某些词语后，表示某一确定的时间。例如：

①明年这会儿我们就大学毕业，参加祖国的“四化”建设了。

②去年这会儿，这儿刚开始破土，今年这会儿两座楼已经建成了。

③你等她这会儿先看看报吧！

④每天上下班那会儿，来往的车辆最多。

⑤我上大学那会儿，女同学很少。

例①“明年这会儿”意思是“明年的这个时候”；例②中的两个“这会

儿”都是指“这个时候”；例③的“这会儿”指“你等她的这段时间”；例④的“那会儿”指“每天上下班的那段时间”；例⑤“那会儿”指“我上大学的时候”。

四、这么、那么

（一）这两个词的主要句法作用是修饰动词、形容词，表示方式或程度，在句中作状语。例如：

①去王府井不应该这么走，太绕远。（方式）

②这个字应该这么写，那么写就错了。（方式）

③你不应该那么对待一个犯了错误的同志。（方式）

④小明，别老这么坐着，时间长了，就驼背了，要坐直，挺胸。（方式）

⑤这么重的石头，古代的人是怎么运到山上去的呢？（程度）

⑥你的女儿这么爱好音乐，应该报考音乐学院。（程度）

⑦他说话的语气那么坚定、那么有力。（程度）

⑧北京的夏天没有上海那么热。（程度）

⑨你这么热情地招待我，我可真不好意思了。（程度）

⑩这件事不像你说的那么严重。（程度）

“这么”、“那么”用在形容词和表示心理活动的动词前时，多表示程度，用在动作动词前时一般表方式。

（二）“这么”、“那么”也可以作主语、谓语、定语，称代某种动作或方式。

1.作主语：

①这么行，那么也行。

②这么(点头)表示同意,那么(摇头)表示不同意。

③这么是顺时针方向,那么是逆时针方向。

2.作谓语:"这么"、"那么"后面常加"着"。例如:

①咱们就这么着吧,先到小王家集合,然后一起出发。

②她总是这么着,自己有困难从不去麻烦别人。

3.作定语:"这么"、"那么"也可以作定语,但不能直接加在名词前,后面要加上数量词,所指代的意思往往在下文交代,或不言而喻或不可言传。例如:

①这篇文章里还表达了这么个意思,就是……

②这种花总有那么一股香味,闻起来叫人心醉。

③这个人有那么一股劲儿,怎么说呢?

"这么"、"那么"还可以用在数量词语前,"这么"、"那么"重读,有指代作用。例如:

①'这么几天,他就接到三封家信。

②张老师家里有'那么一屋子书。

"这么"、"那么"轻读时,表示估计。例如:

①昨天参加大会的有那么五六千人。

②从这儿到机场有那么七八十里地。

③他到上海去有这么半个月了。

五、这样、那样,这么样、那么样

(一)这两组词的意义和用法一样,可以指代性质、状态、情况,在句中可以作定语、谓语、补语以及主语、宾语。例如:

①这样的民族,永远不会倒下去。(定语)

②这样的痛苦生活,她在马戏团里整整过了七年。(定语)

③古时候，传说有这样一件事情……（定语）

④你不应该对他那样，他还小，不懂事。（谓语）

⑤别理他，他经常这样。（谓语）

⑥他很勤奋，他的这本英汉字典都用得这样了。（补语）

⑦这样就行，不必改了。（主语）

⑧实际情况并不是那样。（宾语）

⑨你的意思难道不是这样吗？（宾语）

（二）指代程度和方式，作状语。例如：

①原来你这样没良心。

②那位姑娘是那样热情，那样爱帮助人。

③你这样写字，姿势对吗？

④这句话在汉语里不能这样说。

上述作状语用的“这样”、“那样”可以与“这么”、“那么”互相替换，意思基本相同。应注意“这样（这么）痛苦的生活”与“这样的痛苦生活”的不同。后者是“这样的”（指代）修饰“痛苦生活”，前者是“这样（这么）”（指示程度）修饰“痛苦”，强调“痛苦”的程度，然后“这样（这么）痛苦”再修饰“生活”。

（三）“这样”和“那样”并列使用时，表示虚指，常作定语或状语。例如：

①这部电影虽然有这样那样的缺点，但还算得上是一部佳作。

②这段话尽管可以这样或那样地理解，但从上下文来看，只能这样理解。

“这样”和“那么”还有一个用法，即它们在句中可以起承上启下的连接作用。“这样”用来承上，“那么”用来启下。例如：

①我问了老师后又做了几道题，这样，才把这个原理搞清楚。

②如果大家同意这个方案，那么，咱们就干起来吧。

第三节 疑问代词

疑问代词是用来表示疑问的词，它是构成疑问句的一种手段。问人用“谁”，问事物用“什么”、“哪”，问方式和性状用“怎么”、“怎么样”或“怎样”，问处所用“哪儿”、“哪里”，问时间用“什么时候”、“多会儿”，问数目用“几”、“多少”。

常用的疑问代词可以分成以下五组：

疑问方面	疑问代词
问人、事物	谁 什么 哪
问处所	哪里 哪儿 什么地方
问时间	多会儿 哪会儿 几时 什么时候
问性质、状态、方式、程度	怎么 怎么样 怎样
问数量	几 多少

一、谁、什么、哪

“谁”和“什么”的用法与它们所代替的名词完全一样，可充当主语、宾语、定语等。例如：

①谁是你们的老师？——张先生是我们的老师。

②他找谁？—— 他找张老师。

③这是谁的本子？——这是我的本子。

④什么最宝贵？——生命最宝贵。

⑤你在看什么？——我在看足球比赛。

⑥您做什么工作？——我教书。

"哪"有两个读音，可读作/nǎ/或/něi/。"哪"后往往带量词或数词。例如：

⑦哪位是新来的学生？

⑧这三种颜色，你喜欢哪种？

⑨您在哪个大学教书？

如同数量词后的名词可以省略一样，疑问代词和数量词或量词后的名词也可以省去，如例⑦的"哪位"。

用"谁"、"什么"和"哪"时应该注意下面几点：

(一)"谁"、"什么"都没有单数和复数的区别。"谁"和"什么"可指单数，也可指多数。"哪个"表示单数，多数时用"哪些"。如"哪个人"、"哪些人"。

(二)"谁"做定语时，后面一般要用结构助词"的"，表示领属关系。例如：

①这是谁的书？

②谁的身体最好？

不用助词"的"的情况较少，如"谁家来客人啦？"

"什么"作定语表示修饰关系，问事物的性质或种类时，一般不用"的"。例如：

①这是什么书？

②那是什么树？

③铁生锈是什么原因？

④报考艺术学校需要什么条件？

表示领属关系时要用"的"。如"这是什么的味道？"，"这是什么的声音?”“什么”后实际上省略了名词。

(三)“什么”单用时,可以代事物,也可以代动作行为或性质、状态。例如:

①问:你喜欢什么?

答:我喜欢书。

②问:游泳和打球你喜欢什么?

答:我喜欢游泳。或:游泳。

“什么”作定语时,也可以修饰指人的名词,如“什么人”、“什么大夫”、“什么工程师”,代姓名、职业等。

“什么人”和“谁”表达的意思基本一样,都是问人的姓名、职业、身份,如“他是谁?”,“他是什么人?”但“什么人”不够客气礼貌。“他是你什么人?”是问“他”与“你”的关系,这时不能说“他是你的谁?”。

(四)“什么”修饰“时候”、“地方”等名词时,不用“的”,直接组成“什么时候”、“什么地方”等短语,用来询问时间和处所。例如:

①现在什么时候了?

②这是什么时候的报纸?

③你什么时候走?

④这是什么地方的土产?

⑤这次出差到什么地方去?

⑥在什么地方换车?

(五)“什么”与介词“为”连用组成动宾短语“为什么”,用于动词、形容词前或句首作状语,问原因、理由。例如:

①你为什么来晚了?

②为什么你拒绝了他的请求?

③你今天为什么这样烦躁?

也可以作宾语。例如：

④这是为什么？

（六）“哪”很少单用，单用时多作主语，起称代作用，可以替代单数的人或物，也可以替代复数的人或物。例如：

①哪是你的书包？

②哪是你的行李？

③哪是你的妹妹？

“哪”常与量词连用。例如：

①哪位是新来的学生？

②这三种颜色，你最喜欢哪种？

③这些书，你需要哪本借哪本。

用在名词前作定语，起指别作用。例如：

①哪位老师教你们？

②哪个问题你还不明白？

③您在哪个学校教书？

“哪”用在年、月、天等前面可询问日期。例如：

①你哪年来中国的？

②你哪天有时间？我们去旅游好吗？

③你的生日是哪天？

④这是哪天的报纸？

“哪些”、“哪几个”表示复数。如“哪些人”、“哪些书”、“哪些城市”、“哪几个人”、“哪几本书”、“哪几座城市”。

二、哪里、哪儿

“哪里”、“哪儿”的意义和用法完全相同。“哪儿”多用于口语。

它们的基本用途是询问处所，在用法上很接近处所词语，在句中常作主语、宾语、定语。例如：

①哪儿出产这种苹果？（主语）

②哪儿写错了？（主语）

③哪里是你们的实验室？（主语）

④老张在哪儿？外边有人找他。（宾语）

⑤人的正确思想是从哪里来的？（介词“从”的宾语）

⑥你是哪儿的人？（定语）

“哪里”或“哪儿”问处所时前面多有介词。如“你在哪儿工作？”，“他从哪里来？”有时也可以直接用在动词前作状语。例如：

①人都哪儿去了？

②你哪儿买的这么大的西瓜？

三、多会儿、哪会儿

这两个词只出现于口语，意义和用法大致相同，都是用来问时间的。“多会儿”相当于“什么时候”，“哪会儿”是“那会儿”、“这会儿”的疑问形式，在句中充当状语、定语、宾语。例如：

①你多会儿动身？明天下午？（状语）

②她哪会儿离开这儿的？我没注意。（状语）

③这是多会儿的报纸？（定语）

④那是哪会儿的事了？好多细节我都忘了。（定语）

⑤您从哪会儿开始改行搞创作的？（介词的宾语）

“多会儿”还可以作谓语，问日期，只见于北京话口语。例如：

①今儿多会儿了？快春节了吧？

②小姑结婚的那天是多会儿来的？

四、怎么、怎么样、怎样

“怎么”、“怎么样”、“怎样”是副词性疑问代词,即所谓“代副词”。这三个词的用法有相同之处,也有不同之处。

(一)怎么

1.“怎么”可以询问动作的方式。例如:

①小赵,这个汉字怎么写?

②你是怎么来的,坐车来的还是骑车来的?

③怎么做好,去好还是不去好?

④他怎么对待你?客气吗?

2.“怎么”可用来询问原因。例如:

①你眼睛怎么红了?

②你怎么这么晚才来?

③你怎么没去看电影?

④你怎么还去参加比赛?

⑤这封信怎么又退回来了?

⑥教室里怎么这么乱?

⑦他怎么那样对待他的妻子?

⑧她怎么能去,我怎么不能去?

“怎么”也可以用在主语前:

①怎么你又迟到了?

②怎么大家都不说话?

“怎么”和“为什么”比较:

“怎么”问原因时含有明显的奇怪、惊讶、诧异的因素,而“为什么”的功能主要是问原因,可能包含奇怪的因素,但那不是主要的。

因此，如果问话人只想知道答案，没有任何诧异成分时，只能用"为什么"。比如在物理教科书的练习中有一个问题可能是"物体在水中为什么会有浮力?"这个问题不能用"物体在水中怎么会有浮力?"来问。老师上课提问，也一定用"为什么"。相反，当一个小孩子看见一只正在飞的鸟，而对自己不会飞感到很奇怪时，他可以问"妈妈，鸟儿怎么会飞呀?"或"妈妈，我怎么不会飞呀?"。

有时"怎么"只表示奇怪：

①怎么，你不同意?

②怎么，你后悔了?

3."怎么"可以问事物的性状。例如：

①这是怎么一回事?

②你说说，他姐姐是怎么一个人?

③那次实验是怎么一种情况，你给大家说说?

用"怎么"询问性状时，后面要跟量词。在"怎么"与量词中可加"一"，也可不加"一"。

4."不怎么 + 动词/形容词"表示不高的程度。例如：

①这次我考得不怎么好，下次一定努力。

②我觉得学汉语不怎么难，特别是会话。

③我不怎么认识路，我一边开车，你一边给我指路好吗?

（二）怎么样、怎样

"怎么样"和"怎样"的意思和用法基本一样，口语里"怎么样"比"怎样"用得多。

1.问动作的方式。例如：

①写毛笔字怎么样拿笔?

②你们是怎么样找到他的?

③钢铁是怎样炼成的？

问方式时，“怎么”比“怎样”和“怎么样”更常用。

2.问性状：“怎么样”、“怎样”问性状常常用作谓语、补语。例如：

①我累了，走不动了，你怎么样(怎样)？

②旅行的路线就这样安排，怎么样？

③奶奶的病怎么样了？好点儿了吧？

④明天去参加汉语水平测试，你准备得怎么样了？

⑤这里的环境你认为怎么样？

⑥你看怎么样，就这样定下来吧。

“怎么”也可以问性状，作谓语，但包含奇怪、诧异的成分。例如：

①小红你怎么了，哪儿不舒服？

②他怎么啦？为什么不让他参加这个会？

③我怎么你了，你这么不高兴？

④你怎么着？别的人都表态了，就剩你了。

“怎么样”、“怎样”问性状时还可以作定语。例如：

①你在那里过的是怎样(怎么样)的一种生活？

②新来的小伙子是怎样(怎么样)的一个人？

③你在现场看到的是怎样(怎么样)的一种情况？

④唉，你这话会引起别人怎么样的议论呢？

“怎么”也可以作定语描写性状。例如：

①这是怎么一回事？

②你说说，他姐姐是怎么一个人？

③当时到底是怎么一种情况，我现在记不清楚了。

描写性状时，“怎么”与“怎么样”、“怎样”有以下不同：

(1)“怎么”没有“怎么样”、“怎样”更常用,用的范围不广。

(2)“怎么”后面一定要有“一”和量词,“怎么样”、“怎样”后常常有量词,可以没有“一”,有时也可以没有数量词,如前面例④。

(3)“怎么样”有时不表示疑问,而表示说话人对某人或事物的看法或评价。在句中可作谓语、补语、定语,总是用否定形式“不怎么样”,意思是“不太好”、“没达到某一标准”或“不理想”。例如:

①这里的天气真不怎么样,变化无常。(谓语)

②那个人是不怎么样,太自私,一事当前,总先为自己打算。(谓语)

③你别看他穿着不怎么样,人家一肚子学问呢。(谓语)

④晚会上,有几个节目演得不怎么样。(补语)

⑤这篇文章写得不怎么样。(补语)

⑥那次,我们住在一个不怎么样的小旅店里。(定语)

五、几、多少

“几”和“多少”都可以用来询问数量,但是用法不同。

(一)“几”用来问“一”至“十”之间的数字,而“多少”可以问任何一个数字。但如果答案很明显是在“十”以下时,以用“几”为宜。例如:

①一个星期有几天?

②你有几个孩子?

③世界有几大洋?

④这个城市有几座大桥?

上述句子的答案明显都在“十”以下。又如:

①天上有多少颗星星?

②你们班有多少学生？

③那个幼儿园有多少个孩子？

④那件行李有多少公斤？

这些句子的答案明显在“十”以上。

（二）“几”与名词连用时，中间通常要插入适当的量词，而“多少”与名词连用时，其间的量词可有可无。例如：

①这是几吨煤？

②你买了几斤苹果？

③这种稿纸一页有多少（个）字？

④那个剧场里一共有多少（个）座位？

“几”和“多少”也可以和动量词连用。例如：

①刚才时钟敲了几下儿？

②你来过几次中国？

③你跳绳一分钟能跳多少次？

但不能与不定量词“些”、“点儿”连用。

（三）“几”可用在“个”、“十”、“百”、“千”、“万”、“十万”、“百万”、“千万”等位数词前，而“多少”只能用在“亿”、“万”和“个”三个位数词前。例如：

①你有几个兄弟姐妹？

②您这个村子有几十户人家？

③这种放大机能放大几十倍？

④新盖的礼堂能容纳几千人？

⑤这本书一共有二十几万字？

⑥这台计算机每秒运转几百万次？

⑦今年的财政收入是多少亿？

⑧那座新兴的城市有多少万人？

（四）“几”前可用疑问代词“哪”，“多少”不能。例如：

①你喜欢学习哪几门课程？

②这篇短文里，哪几个字你不认识？

③这个星期，你哪几天比较空闲？

“几”除了作数量疑问代词外，还可用以表示不定的数量（参见本编第三章“数词和量词”）。例如：

①横幅上写着“汉语演讲比赛”几个大字。

②街上，几个小伙子在练长跑。

③因为下午来了几十个人支援我们，任务很快就完成了。

“多少”有时也表示不确定的“量”。例如：

④为了这一天，他付出了多少代价啊。（意思是“很多”）

⑤他的试卷每一次多少也得有点错误。（意思是“或多或少”）

六、疑问代词的活用

（一）表示反问

疑问代词除表示疑问外，还可表示反问。反问句的形式与疑问句相同，但作用不同。反问句中虽然含有疑问代词，但并不要求对方回答。句中有否定词时，一般表达的是肯定的意思；句中无否定词时，一般表示否定的意思（参见第四编第四章“疑问句、反问句和回声问句”）。例如：

①谁不知道老张是个忠实可靠的同志？（意思是“谁都知道……”）

②谁要你教，不是草头底下一个“来回”的“回”字？（意思是

“不要你教”)

③老李一生走南闯北,人家什么苦没吃过,什么人没见过?(意思是“吃过很多苦,见过很多人”)

④你着什么急?有话慢慢说嘛!(意思是“不必着急”)

⑤这件事是他经手办的,他怎么不了解情况?(意思是“他了解”)

⑥人家小林多会儿说过别人的坏话?(意思是“从来没说过坏话”)

⑦今天是你们俩大喜的日子,我们哪能不来祝贺呢?(意思是“应该来祝贺”,“哪”读/nǎ/,不能读/něi/)

⑧王师傅是一位老司机,整个北京城哪儿没去过?(意思是“什么地方都去过”)

用“哪儿”、“哪里”构成的反问句,有时不表示处所。例如:

①“小王,你好像不太高兴。”“我哪儿不高兴了?”(意思是“没有不高兴”)

②事情不是他经手的,他哪里了解情况。(意思是“不了解情况”)

③狼着急地说:“先生,能不能快一点?像你这样慢,哪儿是救我,简直是让他们来捉我。”(意思是“不是救我”)

口语里常单用一个“哪儿+呀”(哪呀)或叠用“哪里”(哪里哪里),表示否认,也是一种谦词,用于别人对自己褒奖时。例如:

①甲:你汉语说得不错嘛。

乙:哪儿呀(哪里哪里),我才学了一年多,还差得远呢。(“哪儿呀”表示“我说得没有那么好”的意思,这是一种表示谦虚的说法)

②甲：你比我念的书多，知道的多。

乙：哪里哪里。（意思是"我念的书不比你多"，表示谦虚）

但应注意，这种用法毕竟是对别人刚刚说的话的一种否定，所以通常只用于同辈人之间，晚辈对长辈用，会显得不够客气。

（二）表示任指（或泛指）

1."谁"、"什么"、"哪"、"哪儿"等疑问代词还可以用来表示任指，比如"谁"可以指任何一个人，"什么"可以指任何一件东西。疑问代词这样用时，不要求回答，句中常用副词"都"或"也"与之呼应，有时句首还可以用"无论"、"不管"等连词，更加突出其任指意义。例如：

①谁都懂得这个道理。（任何人）

②我们班里的同学他谁都帮助过，这件事谁都知道。（任何同学）

③我们班里的同学谁他都帮助过。（任何同学）

④你什么时候来都可以。（任何时间）

⑤你几点钟来都可以。（任何时间）

⑥他第一次来中国，哪儿他都想去看看。（任何地方）

⑦他第一次来中国，他哪儿都想去看看。（任何地方）

⑧这个汉字有两种念法，你怎么念都可以。（任何一种念法）

⑨无论什么意见都可以提。（任何意见）

⑩不论哪种方法他都试验过了，但都失败了。（任何一种方法）

⑪不管你怎么问他，他也不嫌烦。（用任何方式）

⑫我们这儿不管谁都积极参加了绿化家园的活动。（任何

人）

疑问代词也可以用在介词之后，表示任指。例如：

①在哪儿工作都可以发挥自己的光和热。

②你从哪儿走都可以，距离一样。

③她对谁都那么热情。

2.另一种表示任指的方式是用两个同样的疑问代词，前后呼应，指同一个人、同一件事物、同一种方式、同一个时间、同一个地点等。第一个疑问代词是任指的，第二个疑问代词表示的人或事物以第一个疑问代词为转移，与第一个疑问代词指称同样的人或事物。这种用法多见于复合句和紧缩句。疑问代词前不用“无论”、“不管”等词语。前后两个分句或两个短语之间有时用“就”关联。例如：

①谁知道谁就回答。（“谁”分别在两个分句中作主语）

②你喜欢哪个，我送你哪个。（“哪个”分别在两个分句中作宾语）

③你哪会儿有空儿，我哪会儿来。

（“哪会儿”分别在两个分句中作状语）

④哪个书包好，我就买哪个书包。（“哪＋量词”分别作定语）

⑤你愿意怎么去就怎么去。（“怎么”分别作“去”的状语）

以上各例中，疑问代词分别在两个分句中充当同样的成分。

①谁学习好，我就向谁学习。（“谁”分别作主语和介词“向”的宾语）

②哪里有困难，他就出现在哪里。（“哪里”分别作主语和介词的宾语）

③你喜欢哪个，哪个就送给你。（“哪个”分别作宾语和话题）

④哪种便宜就买哪种。（“哪种”分别作主语和宾语）

⑤这个演员演什么像什么。（“什么”分别作“演”和“像”的宾语）

以上各例中，疑问代词在两个分句中分别充当不同的成分。

在用“谁”表示任指时，第二分句的“谁”可被一人称代词代替。例如：

⑥今后，谁再提为河神娶亲，就让他去见河神。

3.还有一种表示任指的方法是两个疑问代词用于同一单句，前后呼应，指不同的人或事物。例如：

①我们已经廿年没见了，见了面后谁也不认识谁了。

②这些零件尺码型号都一样，哪件跟哪件配在一起都装得上。

③他是搞无线电的，这个仪器的哪条线路通哪条线路他都一清二楚。

④敌人进了地道也不知道哪儿通着哪儿，哪儿连着哪儿。

（三）表示虚指

疑问代词用于虚指时也不要求回答，它只表示不知道或说不出来或无须指明的人或事物。例如：

①这件事情好像谁告诉过我。

②我应该在中国买点儿什么送给我的朋友。

③咱们哪天到颐和园去玩玩儿。

④我看你很面熟，咱们好像在什么地方见过面。

⑤你坐哪儿等我一下儿，我就来。

⑥多会儿你们放暑假，咱们去海滨游泳。

⑦我的腰不知怎么扭了一下儿。

例①“谁”指某一个人，可是忘了或不愿说出是哪一个具体人。例②“什么”指某些东西，但说不清楚要买的东西。例③“哪”指不确定的某一天。例④“什么地方”是指某个地方，但具体是什么地方忘记了。例⑤“哪儿”是指随便一个地方。例⑥“多会儿”指放暑假时的某段时间。例⑦指在某种情况下或做某个动作使腰扭伤了。

第四节　几个特殊的代词——每、各、某

一、每、各

“每”和“各”都是指组成全体的任何一个个体，但又涉及、关系到全体。例如：

①老校长对全校每一个教师的情况都很清楚。

②他现在每天早晨锻炼，身体开始好起来了。

③请把这个通知传达给每个单位。

④生产上用的各种原材料都已备齐了。

⑤在这所大学，来自世界各国的学生都在这个餐厅吃饭。

⑥我们的工作得到了全国各界朋友的同情和支持。

但是，“每”和“各”在意义和用法上还是有区别的。

（一）“每”指的是全体中任何一个个体，着眼于所指事物的共性。在用“每”的句子里，一般要用表示范围的副词“都”。例如：

①这位老人每天都到果园里来劳动。

②你说的每一句话我都听懂了。

③会上每位代表都发了言。

"各"强调所指事物的不同点,侧重于逐指。例如:

①我们主张各国的事务应当由各国人民自己来管。

②当前,环境保护问题引起了社会各方面的不同的反应。

③起义军占领陈县以后,陈胜请各方面的代表来开会。

④希望大家把我所讲的加以考虑,加以分析,同时也分析各人自己的情况。

(二)"每"不能单用,一般也不能直接与名词连用,"每"和名词之间要用量词或数量词。如我们不能说"每桌子",必须说"每张桌子"或"每一张桌子";不能说"每书",必须说"每本书"或"每一本书"等。

"每"与表示时间的名词"年"、"日"、"天"、"分钟"、"秒"等可以连用,中间不用量词。如"每年"、"每日"、"每天"、"每分钟"、"每秒"等,这是因为"年"、"日"、"天"等是名词,也是表示时间的量词。

"每"与"月"、"星期"、"小时"和"人"等一起用时,中间可以用量词"个",也可以不用。如"每个月(每月)"、"每个星期(每星期)"、"每个小时(每小时,但只能说'每个钟头',不能说'每钟头')"、"每个人(每人)"等。

(三)"各"可以单用,也可以和名词连用,但也是有限制的。

"各"可以单用。例如:

①血液是由什么构成的?各有什么功能?

②既然我们不能继续合作下去,就各走各的路吧。

"各"可以与名词连用。名词为单音节时,"各"与名词中间不用量词，名词为双音节时，量词可用可不用。可以和“各”连用的名词多为表示组织、机构的名词。如“各国”、“各省”、“各县”、“各地”、“各民族”、“各部门”、“各单位”、“各工厂”、“各学校”、“各机关团体”、“各系”、“各班”、“各组”、“各年级”、“各支部”、“各小队”等。“人”也可与“各”连用：“各人”。例如：

①交通部要求铁路各部门、各单位必须把安全工作放在第一位。

②他每到一处，各地的报纸都欢迎这位新闻界老前辈的到来。

③各级领导干部要树立安全第一的思想。

有些名词不能与“各”连用，“各”与名词中间要用量词。能与“各”连用的量词也是有限的。常与“各”连用的量词有：个、种、样、位、条、类、门、届、项、级、界等。例如：

①人们可以利用各种手段来确定鱼群的动向，发出鱼情预报，指导安排捕捞作业。

②我住过各式各样的房屋，交过各式各样的房东朋友。

③各行各业的专家对自己业务上的事情都非常敏感。

（四）“每”和“各”还可以单独修饰动词。例如：

①每到夏天，他就去北方旅行。

②每当我遇到困难的时候，我就想到了你。

③我们每前进一步，都要付出一定的代价。

④每逢节日和双休日，小程都去小许家陪伴她，照顾她。

⑤桂林、杭州各有特点。

⑥我的房间东西两边各放着一张桌子，一把椅子，一张床和一个书架。

二、某

（一）“某”可直接用在名词前面，指代不愿意、无须说或说不出来的人或事物。例如：

①代表团已于昨晚乘专机前往我国西北某地参观访问。

②我国石油工人又在华北某省发现了一个大油田。

③几年前，这位学者曾在某大学作过两次学术报告。

④这个地区在某年某月某日曾发生过一次大地震。

“某”可以叠用说“某某”。如“某某单位”、“某某学校”、“某某公司”、“某某人”、“某某出版社”，等等。有时“某”和名词之间也需用量词，如“某种原因”、“某项规定”、“某个事件”。

“某”还能与不定量词“些”连用。例如：

①这个工厂的某些产品的质量有了明显提高。

②社会上某些腐败现象虽说是个别的，但是不可饶恕的。

在名词前，也可以用数词或数量词。例如：

①他讲课两眼向上翻，看的好像是天花板上的某一块地方。

②对某一种花的喜爱，与各人心中的感触有关系。

（二）“某”也可指不确定的人或事物。例如：

①这个故事发生在南方的某个县城。

②在实验中，如发生某种不正常现象，请保持镇静。

③某班有学生五十人，男生三十人，问女生有多少？

上述用法，通常只见于书面语。

“某”还可以用在姓氏的后面指确定的人。如“王某”、“李某”，或“王某某”、“李某某”，或“王某人”、“李某人”。这种用法也可以表示自称，如“我张某向来视荣华富贵如粪土”，“我王某绝不会背信弃义，出卖朋友”。“某”的这种用法多出现在与人交谈的场合，表示说话人的一种自恃情绪。

参考文献

崔希亮　人称代词修饰名词“的”字隐现问题，世界汉语教学，1992 年第 3 期。

李人鉴　关于“自己”以及由“自己”构成的结构，中国语文，1984 年第 2 期。

刘月华　“怎么”与“为什么”，语言教学与研究，1985 年第 4 期。

陆俭明　周遍性主语及其他，中国语文，1986 年第 3 期。

邵敬敏、赵秀风　“什么”非疑问用法研究，语言教学与研究，1989 年第 1 期。

王晓澎　“谁”、“哪个”、“什么”辨，汉语学习，1994 年第 2 期。

张　静　论代词，信阳师范学院学报，1984 年第 4 期。

赵世开　英汉疑问代词的对比研究，语言教学与研究，1980 年第 2 期。

练　习

一、指出下列句中的代词，并说明是哪类代词[人称代词(人)、疑问代词(疑)、指示代词(指)]：

1.夜深了，这儿的夜是那么静。

2.这里有四十多个姓张的同志，这个寄包裹的人连名字都不写，谁知道是寄给哪个老张的？

3.大春和小李快要结婚了。这对青年人是怎么认识的呢？事情是这样……

4.每当我看到自己画的那间草屋，就不由得想起那些活泼的姑娘，她们像一朵朵白色的梨花那样美丽，那样可爱。

5.有一天，愚公对他的家里人说：“这两座山，对着我们家的门口，太不方便了，我们搬走它，好不好？”

6.愚公的儿子、孙子都很同意。但是他的妻子决心不大，她说：“这两座山这么高，这么大，怎么搬得了呢？这么多石头，什么地方放得下呢？”

二、选择适当的代词填空：

1.劳驾，去清华大学____走？

2.通知上说的是____事?

3.昨天的排球比赛,____个队赢了?

4.这把锁____开?我____开了半天也开不开。

5.这是____天的报纸?

6.____张彩色照片是新照的,墙上挂着的____张是前年照的。

7.这是__的考试卷子,____没写名字呢?

8.我没有用过毛笔,应该____拿笔?____拿行吗?

9.新年晚会的会场____布置好呢?____提提意见。

10.你总____坐着对身体不好,把腰直起来,挺胸。

11.这个轮子____装,车子就走不动了。

12.事情发生的经过是____的。

13.这个螺丝帽我____拧也拧不上去。

14.你应该____着,____着,方向错了,当然拧不上去。

15.昨天来看我的____位老人是____父亲的一个老朋友。

16.妈妈,结婚是____和____的事,____不要操心,让________准备吧。

17.____的身体只能靠____来关心爱护,____是没有办法代替的。

18.你着____急,钓鱼像你____没有耐心,那____行呢?

19.老牧人说:"乡亲们,我来提一个人,请____考虑。"

20.不论做____事,不能只考虑____的方便,不照顾____。

21.____严重的情况,你____不跟____说说,你____一个人解决得了吗?

三、就下列各句画线部分用疑问代词提问:

例如:我在北京语言大学学习汉语。

你在哪儿(哪个学校)学习汉语?

你在北京语言大学学习什么?

1.小明生日那天,姐姐送给他一套彩色明信片。

2.我们应该做有用的人,不应该做只讲体面而无用的人。

3.一只做工的蜜蜂最多能活六个月。

4.这个字念干(gān),那个字念于(yú)。

5.明天上午 8:00 在学校东门上车,8:30 出发。

6.这个手提包是他妈妈从上海给他寄来的。

7.织女星的光是太阳的五十倍,牵牛星的光是太阳的九倍多。

8.来中国以前,我也是个教师。

9.老刘同志对人非常热情。

10.这张画儿画的是杭州西湖。

四、用疑问代词改写下列句子(注意疑问代词的活用):

1.她今天不太舒服,一点东西都不想吃。

2.这三四本字典,我都查过了,这三四本字典里都没有这个字。

3.老师说我们请英文水平高的人去当翻译。

4.我们大院里人人都知道老王正直、可靠。

5.小王只交给我一封信,没说话就走了。

6.弟弟刚到这儿来的时候,看到这个也觉得新鲜,看到那个也觉得新鲜。

7.我每次去他家的时候,他都在学习呢。

8.开始学打太极拳的时候,老师这样做,我们也这样做,老师那样做,我们也那样做。

五、指出下列句中的疑问代词并说明该疑问代词是表示疑问,还是表示任指、虚指或反问(疑问:疑;任指:任;虚指:虚;反问:反):

1.老师傅见了鲁班就问:"你叫什么名字?从哪儿来的?"

2.您的儿子把您交给我照顾,我怎么也应该负责到底。

3.人的正确思想是从哪里来的?

4.这个邮电所是先进单位,电报什么时候来,什么时候送。

5.小姑娘抬头一看,这位老干部好像在哪里见过似的,怎么这么面熟?

6.哎呀,你这个人,这么大的事,你怎么不早说?

7.这一整天,谁也没有买过一根火柴,谁也没有给过她一个钱。

8.离别以后,她的情况到底怎么样,我就一点也不知道了。

9.回国之前,我应该买点什么送给我的朋友。

10.下次你再带礼物给我,你怎么拿来,还怎么带回去!

六、选词填空:

(一)每、各

1.老师要求我们____分钟写四十个汉字。

2.这个班的学生____人有____人的特点。

3.这种药片____四个小时吃一次,____次吃两片。

4.我家的房后有一个大花园,花园里有____种花草。

5.这种维护消费者权益的活动,得到了社会上____方面群众的同情和支持。

（二）我们、咱们（可填“我们”和“咱们”的尽量填“咱们”）

1.接到你的来信，____可高兴了。

2.____永远不会忘记您对____的教导。

3.听到你的先进事迹，____都感动极了。

4.明天下午____一起开个座谈会，交流交流经验好不好？

5.“下星期日____去长城，你跟____一起去好吗？”“好吧，我去。____什么时候出发呢？”

6.这几张照片是张老师送给____两个人的，这三张是你的，这两张是我的。

（三）几、多少

1.今天是____月____号，星期____？

2.你写的那篇论文有____字？

3.新盖的礼堂能坐____人？

4.我认识的____个日本朋友，有的在中国已经住了____年了。

5.你们学校一共有____人？____个学生？____个教职工？

（四）别人、人家

1.____三班同学都那么团结，咱们班怎么做不到？

2.大刘和小王正在准备考大学，____哪儿有时间陪你玩。

3.喂，小王都快忙死了，你帮帮____忙不行吗？还老跟____开玩笑。

4.今天家里只有我和妈妈两个人，没有____。

5.在座的都是咱们自己人，没有____，有什么事情说吧，没关系。

七、用代词填空，完成下列对话：

1.A：阿里，____道题____做？我____做不出来呢？

B：____道题有点儿难，不过我做出来了。

A：你用____方法解出来的？

B：用今天老师讲的____个公式，你看，都写在____了。

2.A：阿里，你在找____东西？

B：我没找____，桌子上太乱了，我整理整理。

A：对不起，我想借一本《中国青年》，你____有吗？

B：我有。你要____一期的？

A：最近新出来的一期，第三期吧。里面有____篇文章，我想看看。

B：杂志都在____，____ ____去拿吧。

3.A：____？请进。

B:小王,你好,____？张经理不在吗？他去____了？

A:张经理不在。____出差去上海了。您有____事吗？

B:没____事儿,来看看他。他____时候回来呢？

A:说不好,可能还得过____天吧。

B:那打扰____了,对不起。

A:没____,欢迎____再来。

4.A:你有____业余爱好？

B:我的业余爱好是下棋,围棋、象棋____的,我都能来两手。

A：____,你最拿手的是下____棋呢？

B:最拿手的是象棋。嗯,可以____说吧。

A:你的棋艺____？

B:我的棋艺不____,可是见了____下棋,手就痒,非参加不可。

第三章　数词和量词

数词是表示数目的词。量词是表示事物或动作的数量单位的词。汉语的数词和量词常常一起使用。

第一节　数词

数词包括基数词、序数词，基数又包括整数、分数、小数和倍数。

一、整数的称数法

基数指数值，即数目的多少。汉语的基数词分系数与位数两部分。整数的系数词是：零、一、二、三、四、五、六、七、八、九、十、两。位数词是：个、十、百、千、万、十万、百万、千万、亿等。汉语“万”以下按十进制计数法计数：十个“十”为“百”，十个“百”为“千”，十个“千”为“万”。一万个“万”为“亿”。“十”以下的数目只用系数词来称数。如“5”读作“五”，“8”读作“八”，“10”读作“十”。“十”以上的数目，要把系数词与位数词结合起来称数，系数词放在位数词之前，个位数有“位”但没有位数词。例如：

3	5	1	2	6
↓	↓	↓	↓	
万	千	百	十	（个）

读作：三万五千一百二十六。

位数与前面的系数是相乘的关系，不同位数（连同前面的系数）的数值是相加的关系，即：

数目 万千百十（个）	表示的数值	读法
1 3	1×10+3	十三
2 2	2×10+2	二十二
3 6 4	3×100+6×10+4	三百六十四
7 2 1 2	7×1000+2×100+1×10+2	七千二百一十二
8 3 6 5 1	8×10000+3×1000+6×100+5×10+1	八万三千六百五十一

数目在“万”以上时，以“万”为单位，“万”位照读，“万”以上的位数和“万”以下一样，仍读作“十”、“百”、“千”，而不是“十万”、“百万”、“千万”。例如：

3 7 8 6 4 2 1 6

↓ ↓ ↓ ↓ ↓ ↓ ↓

千 百 十 万 千 百 十

读作：三千七百八十六万四千二百一十六。

不能读作：三千万七百万八十万六万四千二百一十六。

“亿”以上的数目，以“亿”为单位，称数法与“万”以上的相同。例如：

3 5 6 7 4 3 2 1 3 3 1 9

↓ ↓ ↓ ↓ ↓ ↓ ↓ ↓ ↓ ↓ ↓

千 百 十 亿 千 百 十 万 千 百 十

读作：三千五百六十七亿四千三百二十一万三千三百一十九。

汉语称数法是四位一级，位数顺序如下（“—”表示级的单位）：

……	千 百 十 一亿	千 百 十 一万	千 百 十 (一个)
……	亿 级	万 级	个 级

由此可见汉语的称数法规律性是很强的。为了便于称数,可在阿拉伯字码数列上从个位开始,隔四位打一逗号,这样每一级的四位数的位均为“千”、“百”、“十”,后面是表示数级的“(个)”、“万”、“亿”。例如:

3216,9473(三千二百一十六万九千四百七十三)

138,8612,3116(一百三十八亿八千六百一十二万三千一百一十六)

须注意有些数目的称数法:

(一)“11—19”,十位数的数词为“一”,称数时“一”略去不说。如“18”读作“十八”。但“一”前面有“百、千、万”等位数词以及在数列中间时,“一”要读出:1315要读一千三百一十五,123112要读十二万三千一百一十二。

(二)一个数列中间有空位(位数词前没有系数词)时,在一级之内不管空几位,都读一个“零”。但万级、亿级的“万”、“亿”仍要读出,不可空过。如“1800,0000,0021”读作“一千八百亿零二十一”,“3003”读作“三千零三”,“5,8012”读作“五万八千零一十二”,“6050,0099”读作“六千零五十万零九十九”。

(三)如空位在后,不管空几位,空位后的部分都可略去不说,但“亿”、“万”等位数仍要读出。如“360”读作“三百六(十)”,“3500”读作“三千五(百)”,“2,0400,0000”读作“两亿(零)四百万”。

二、分数、小数和倍数的称数法

(一)分数

分数通常的说法是"×分之×",前一个"×"表示分母,后面的"×"表示分子。"$\frac{2}{3}$"读作"三分之二","$\frac{7}{10}$"读作"十分之七"。分数前有整数时,读作"×又×分之×",如"$3\frac{4}{25}$"读作"三又二十五分之四"。

分母为 100 的叫百分数,读作"百分之×"。如"70%"读作"百分之七十","201%"读作"百分之二百零一"。

分母为 1000 的读作"千分之×",如"千分之十"(10‰)、"千分之十五"(15‰),等等。

"分"、"成"是"十分之一"的意思。如"三分(利息)"意思是"十分之三(的利息)"、"今年的蔬菜比去年增加了三成(意思是增加了十分之三)"。

(二)小数

小数通常的说法是把小数点读作"点",小数点以后的部分只读系数词,小数点以前的部分与一般称数法相同,也可只读系数词。如"0.6"读作"零点六","3.1416"读作"三点一四一六","138.45"读作"一百三十八点四五",或"一三八点四五"。

(三)倍数

倍数通常的说法是在数词后加上量词"倍"。倍数一般用在"大于"或"增加"的情况。如"34 是 17 的两倍"。要注意的是"是……×倍"与"增加了×倍"的区别。"甲是乙的×倍",甲与乙是相除关系:甲÷乙=×倍;"甲比乙增加(多)×倍",是甲减去乙之后再被乙除:(甲—乙)÷乙=×倍。比如,某工厂去年的产量为2000万吨,今年的产量为6000万吨,那么今年的产量就是去年的三倍,或说比去年增加了两倍。

“小于”或“减少”的情况一般不用倍数,而是用分数来表示。如“儿子十二岁,爸爸三十六岁,儿子的年龄是爸爸的三分之一”,“某学校去年的学生是3000人,今年的学生是2000人,今年比去年减少了三分之一(或今年的学生是去年的三分之二)”。

三、概数的表示法

有时说话人不知道、不愿意或无须说出准确的数目,就可以说一个大概的数目。概数有以下几种表达方式:

(一)两个相邻的数词连用。连用的一般为系数词,通常数目小的在前,数目大的在后。如“八九千”、“七八岁”、“十五六个”、“三四百斤”。“两”、“三”(不用“二”、“三”)连用时有两种方式,一种是“两三”,如“两三天”、“两三千人”;一种是“三两”,但一般只限于“三两天”(含“少”义)。“九”和“十”不能连用表示概数。

不连续的系数词也可以连用,表示概数的有“三五”,如“来了三五百人”、“去三五天就回来”。

(二)数词后加上表示概数的词语。主要有“来”、“多”、“把”、“左右”、“前后”、“上下”等。

1.[来] “来”表示接近前面数词所表示的数目,可能略多,也可能略少,相差不能太远,只用于整数。如“十来个”表示八九个到十一二个,“一百来个”表示比一百多几个或少几个。用“来”表示概数时,应注意以下几点:

(1)“来”如在量词后,它限制整个数量短语,如“十斤来肉”,

“来”限制“十斤”，表示大约九斤八九两到十斤一二两；如果“来”在数量短语中间，它只限制前面的数词，如“十来斤肉”表示八九斤到十一二斤。

(2)“来”的位置。“来”用在名量词后，位置与名量词的种类有关。我们把名量词分为两大类：一类表示连续的量，可以再分割的，如度量衡单位“斤”、“两”、“尺”、“寸”，表示时间的“年”、“月”、“天”，表示组织机构的“连”、“排”、“班”等，这类量词所表示的单位是由更小的单位组成的。如“一斤有十两”，“一年有十二个月”等。另一类是表示非连续的量，不能再分割的，用个体量词表示，如“个”、“只”、“把”等。“来”与表示连续量的量词连用时，有两种位置，可分别称为A式和B式：

A式：数词(只能是以0结尾的，如10、100、20000)＋“来”＋量词(＋名词)。如“五十来里(路)”、“三百来斤(米)”、“四千来尺(布)”、“三十来年(时间)”。

B式：数词(以1、2……9结尾的及10)＋量词＋“来”＋名词。如“五里来路”、“六斤来肉”、“十尺来布”。

A式中量词后的名词有时可省略去不说。B式中的数词以1—10为多，10以上的有时也可以，如“二十五里来路，一会儿就到了”，但比较少用。数词为10时，“来”有两种位置：“十来斤米”、“十斤来米”。但如前所述，所表达的意思不同。

“来”与表示非连续量的量词连用时，只能位于数词后，数词只限于以“0”结尾的，即A式：数词(以0结尾)＋“来”＋量词(＋名词)。如“十来个(人)”、“三十来本(书)”、“三千来棵(树)”，名词可以省去不说。

(3)当数字超过“十万”时，一般不在“万”、“亿”后边用“来”，如一般不说“一百三十万来人”、“十二亿来人口”，但可以在“万”、“亿”前用“来”，如“一百三十来万人”、“十来亿美元”。

(4)“来”多用于口语。

2.[多]　“多”表示比前面的数词所表示的数目略多。如“二十多个(人)”、“五百多斤(米)”。“多”的位置以及用法与“来”一样：

A式：数词(以0结尾)＋“多”＋量词(各种量词)(＋名词)

B式：数词(以1……9结尾及10)＋量词(表示连续量)＋“多”＋名词

3.[把]　“把”与“来”的意思一样，但只能用在位数词“百”、“千”、“万”和某些量词之后，而且位数词或量词前不能用系数词，所表示的意思是“一”。如“百把人”意思是“一百来人”，“万把亩地”意思是“一万来亩(地)”，“块把钱”意思是“一块来钱”。还可以说“个把人”意思是“一两个人”，也就是“人极少”；“个把月”意思是“一个来月”，意思是“时间不长”。

北方多用“来”，南方多用“把”。

4.[左右]　“左右”也表示与实际数值相去不远，可略多，也可略少。如“一年左右”、“三天左右”、“十五个左右”。“左右”要与数量短语一起用，位于数量短语之后。当数值在“十”以上时，在一定的语言环境中，可表示年龄、日期，量词可以省去不说，后边可以加“左右”。如“十五(岁)左右”、“二十(号)左右”。“左右”表示时间的概数时，既可用于时点，也可用于时段，如“十二点左右”、“三天左右”。但只能用于用数量词表示的时间词语后，不能用在时间名词之后，如不能说“春节左右”、“天亮左右”。

5.[前后]　“前后”只用于表示时间的概数，意思与“左右”基本相同，但只用于时点，不能用于时段。常用于表示时间的名词后，如“十一前后”、“春节前后”、“天亮前后”、“停战前后”。表示时点的数量词语后“前后”用得较少，可以说“十号前后”，不大说“星期一前后”、“五月前后”。“前后”不能用于表示时段的词语，如不能说“三天前后”。

6.[上下] “上下”的意思和用法基本与“左右”一样，但适用的范围有些不同。“上下”适用的范围较窄，多用于年龄，“左右”适用于各种量词。用于年龄时，“上下”一般适用于成年人，如“二十(岁)上下”、“七十(岁)上下”，不说“五岁上下”，而“左右”可用于各种年纪。

7.[以上] “以上”用在数词或数量短语之后，表示大于该数值的概数。用法与“左右”基本相同。如“一年以上(的时间)”、“一万(人)以上”。“以上”有时只起划定界限的作用，不表示概数。如“十六岁以上的公民有选举权”，意思是“十六岁和超过十六岁的公民都有选举权”。习惯上“×以上”的数目包括“×”在内。如“二十岁以上的青年”包括二十岁的。正式文书一般用“满×的”。

8.[以下] “以下”表示小于某个数值的概数。用法与“以上”基本相同。习惯上“×以下”不包括“×”在内。如“二十岁以下的青年”，不包括二十岁的。正式文书一般用“不足×的”。

9.[成] “成”只用于“百”以上的位数词前，表示达到一定的量，含有数目大的意思。如“成千的人”意思是“人数可以以千为单位来计算”，表示人多。“成”也可用于借用量词及准量词(参见本章第二节)前，如“成车地往外拉”、“成年地劳动”。“成”还可以用在“倍”前，如“成倍地增长”。

10.[上] “上”也只能位于“百”以上的位数前，表示数目“够得上”、“达到”，也表示数目大的意思。如“上万(的)人”，意思是“人数达到一万”，又如“上百辆(的)车”、“上千亩(的)地”，用“的”

更加强调数目大。

11.［近］　“近”用在数量短语前，表示“虽没有达到但接近”，适用的量词很宽，一般用于说话者认为是较大的数目。如“近千人”、“近五亿元”、“近三年的时间”。

12.［约］　“约”用在数量短语前，表示与后面的数量短语所表示的数目相距不远，与“左右”近似。“约”适用的数词、量词范围很广。如“约三天时间”、“约十人”。

比较起来，“来”、“把”、“成”、“上”比“左右”、“上下”、“以上”、“以下”、“近”、“约”更口语化。

（三）“几”、“两”的活用

1.［几］　“几”是疑问代词，有时并不表示疑问，而表示概数。如“你去拿几本书来”、“我还有几个字没写完”。“几”所表示的概数一般在“十”以内。有时“几”所表示的实际数值并不在“十”以内，说话者所以用它，是为了有意缩小数值（客气或其他原因）。如“我没读过几本书，知道的东西很少”、“敌人坚持不了几天了”。“几”还可以在数列中代替系数词，表示“十”以上的概数。如“十几本书”、“几十个人”、“几百人”、“几万人”，等等。

2.［两］　“两”活用表示概数的用法与“几”基本一样。如“过两天我再去看你”、“都八点了，才来这么两个人”。这里的“两”都可以换成“几”。但“两”一般多用于肯定的情况，“几”肯定、否定情况都能用。“两”因为也是一个系数词，所以不能在数列中代替系数词。

四、序数

序数词是表示次序的数词。汉语序数的基本表示法是在基数词前加“第”，如“第一天”、“第七名”、“第二十八行”等。

汉语在不少情况下用基数词表示序数。有些事物还有特殊的表示序数的方法。下面列举几种主要的：

年代用基数词：如“1978 年”，可以读作“一千九百七十八年”，更经常地是读作“一九七八年”。

月份用基数词：如“一月”、“二月”……“十二月”。“一月”可以说“元月”。农历“一月”叫“正(zhēng)月”。

日期用基数词：如“一号”、“二号”……“三十一号”。农历“一号……十号”说“初一……初十”。

亲属排行：大哥、二哥、三哥……，二弟、三弟……，大伯、二伯……，二叔、三叔……

子女排行：长子、次子……小儿子

等级：头等、二等、三等……末等

楼房层数：一楼（层，高出地面那层）、二楼（层）、三楼（层）……①

公共车辆班次：头班车(第一班)、末班车(最后一班)

书籍：第一卷、第二卷……

组织机构：一班、二班……，(第)一组、(第)二组……，一厂、二厂……。如名词音节较多，为了音节匀称，前面加“第”，如“第一教研室”、“第二机械工业部”；简称时不用“第”。如“一教”、“二机部”。

基数词也可以用在量词后表示序数，多见于书面语。例如：

教科书：练习一、练习二……

著作、论文：图一、图二……，注一、注二……

书籍：卷一、卷二……

---

① “一楼、二楼、三楼……”也表示楼房的排列序数。

天干地支也是一种序数。天干可以用于：

成绩：甲、乙、丙、丁……

剧中人物：甲、乙、丙、丁……

等级：甲等、乙等……，或甲级、乙级……

组织机构：甲班、乙班、丙班、丁班……，甲组、乙组、丙组、丁组……

地支可以用于时辰：子时、丑时、寅时、卯时……

天干地支配合起来使用可以用于农历纪年：甲子年、乙丑年、辛亥年、丙辰年、甲午年、辛丑年……

五、几个特殊数词的用法

（一）［二］和［两］ “二”和“两”都表示“2”，但用法不同：

1.用在量词前

量词为度量衡单位时，用“二”、“两”均可，但中国传统的度量衡单位（“分、亩、顷、合、升、斗、石、钱、两、斤”等）多用“二”，新出现的度量衡单位（“米、公里、公顷、平方米、立方米”等）多用“两”。例如：

二（两）亩 二（两）斤 二（两）斗 二（两）尺 二两（* 两两）

两公斤 两公里 两立方米 两米 两公顷

一般量词前用“两”。例如：

两件衣服 两个房间 两本书 两个人 两次 两趟

两把伞 两条路 两张桌子 两杯茶 两手泥 两回事

2.用在位数词前

“十”前只能用“二”；“百”、“千”、“万”、“亿”位于数列中间时，一般用“二”，处于开头时，“百”前可用“二”，也可以用“两”，“千”、

“万”、“亿”前通常用“两”。如“二十”、“二(两)百”、“二(两)百五十万”、“两千二百万”、“一百二十万”、“两亿二(两)千万”。

3.称数序数、分数、小数以及基数的个位数,都用“二”。如“第二”、“二月”、“二楼”,“零点二”、“二点一一”,“二分之一”、“百分之二”,“十二”、“九十二”、“一百零二”、“三万五千一百二十二”。

4.在“半”、“倍”前

在“半”前用“两”,如“两半儿”;在“倍”前用“两”、“二”都可以,如“两倍”、“二倍”。

“两”、“二”用法表

	度量衡单位	一般量词	位数词	整数、分数 小数、序数	半	倍
两	两亩、两斤 两公里、两米、两公斤	两本书 两件衣服 两下 两遍	两万五 两千九 两亿 两百		两半儿	两倍
二	二亩、二斤 二里、二米		二十 二百五十六 三亿二千二百三十二万	二、十二、三分之二、二分之一、二点二五、第二、二楼、二哥、二舅		二倍

(二)[俩] “俩”(liǎ)是“两个”的意思,为北方口语。一般能用“两个”的地方,都可以用“俩”。如“他们俩”、“俩人”、“姐妹俩”、“俩包子”。不能用“两个”的地方,也不能用“俩”。如不能说“俩兄弟”、“俩天”。

(三)[仨] “仨”(sā)是“三个”的意思,用法与“俩”基本一样,但没有“俩”常用。

（四）［半］　数词“半”的意思是二分之一。前面无整数时，“半”用在量词前，如“半斤”、“半个”、“半尺”、“半天”、“半匹布”、“多半袋面粉”。前面有整数时，“半”用在量词后，后面再接名词，名词也可以省去。如“一斤半（肉）”、“一里半（地）”、“两天半”、“一个半苹果”。

“半”与数词、量词连用时，位置基本与“来”、“多”相同。

（五）［一］　数词“一”限定宾语时可略去不说。如“昨天来了个客人”、“我送你件礼物吧”。

“一”有很多引申用法，不表示数目，词性也有所变化。这里举出几种主要的：

1.表示分指，有“每”的意思，后面一定还有一个数量短语。如“一个人三个苹果”、“一个人一个想法”、“一天去一次”。

2.表示“满”、“整个”的意思，具有描写作用。如“他跑得一头汗”、“他弄了一身土”、“一路上车马络绎不绝”、“我们一个学期都没有见面”、“一屋的人都醉倒了”。

3.用在动词或形容词前，表示突然发生的、通常是一个短暂的动作或变化，后边一般有一个后续句，可能是一个动词短语或一个分句。如“他一抬头，看见一个陌生的人”、“他把门一关就走了”、“小芳听了脸一红，不再说什么了”。这样用“一”时，“一”后的动词所表示的动作一般已发生或完成。

4.熟语性的，即固定用法。如“写一笔好字”、“做一手好活”、“学了一身本领”。

六、数词的活用

有些数词有时不表示实在的数目，而表示与数目有关的其他一些意思，这就是数词的活用。主要有以下几种：

(一)单个数词的活用

［三］“三”有时表示“多”，如“再三斟酌”、“一问三不知”。有时表示“少”，如“三句话不离本行”、“三天打鱼，两天晒网”。

［九］“九”表示“多”，如“九天云外”、“九霄”。

［十］“十”表示种类繁多、齐全，如“十样锦(一种食品)”、“十全十美”、“十全大补丸(一种药)”。

［百］“百”表示“多”，如“百感交集”、“百病丛生”、“百废待举”、“百思不解”、“百看不厌”。

［千］“千”表示“多”，如“千里马”、“千重浪”。

［万］“万”表示“多”，如“万头攒动”、“万箭齐发”、“万籁俱寂”。

(二)数词联合活用，多与其他词类交错使用。例如：

一知半解　一时半会儿　一鳞半爪　一男半女

一时半晌　一天半天　——表示少

三天两头　接二连三　——表示频繁

三脚两步　三言两语　——表示少

丢三落四　说三道四　推三阻四　朝三暮四

颠三倒四　低三下四　不三不四　挑三拣四

——包含贬义

乱七八糟　横七竖八　七扭八歪　七拼八凑

七上八下　杂七杂八　七手八脚　七嘴八舌

——表示杂乱无章

千疮百孔　千方百计　千锤百炼　千言万语

千辛万苦　千变万化　千刀万剐　千头万绪

——表示多

九死一生　九牛一毛　万无一失　百里挑一

千虑一得　挂一漏万　百闻不如一见

——表示对比悬殊

数词的活用是多种多样的，而且是熟语性的，不少是成语。所以需要逐一去记，不能随意创造。

第二节　量词

量词是表示事物或动作的数量单位的词。量词分名量词和动量词两大类。

一、名量词

名量词是表示事物数量单位的词。在汉语里，除了成语或某些特殊用法外，数词一般不能直接与名词连用，中间要用量词（参见本编第一章“名词”）。

名量词分以下两类：

（一）专用量词

又可分以下几种：

1.个体量词：也叫类别词，用于个体事物，这是汉语特有的。汉语表示个体事物的名词一般都要求有一个特定的量词与其配合，不能随意使用。汉语的个体量词有一百多个，常用的如“个”、“把”、“张”、“本”、“间”、“根”、“件”、“条”、“节”、“口”、“棵”、“粒”、“块”、“名”、“匹”、“篇”、“首”、“所”、“台”、“支”、“门”、“样”、“项”、“份”，等等。不少个体量词与相应的名词在意义上有某种联系，如

“条”一般用于长条形状的物体，如“一条带子”、“一条路”、“一条绳子”、“一条蛇”、“一条河”，等等；“张”一般用于能展开（或打开）的物体，如“一张纸”、“一张床”、“一张画”、“一张嘴”、“一张弓”；“颗”、“粒”用于小而圆的东西，如“一颗珍珠”、“一颗心”，“一颗星”，“一粒米”、“一粒种子”、“一粒子弹”；“个”是使用范围最广的个体量词，可以用于很多个体名词前。一般来说，一个名词通常只选用一个个体量词，如“伞”用“把”，“衣服”用“件”，“裤子”用“条”，“国旗”用“面”，“眼镜”用“副”等；也有的名词可以用不同的量词，量词不同表示的事物也有所不同，如“枪”：一把（手）枪、一支（步）枪、一杆枪。“药”：一粒仁丹、三丸中药、一帖膏药、一服汤药。“门”：一扇门、这个门（“个”可能不止一扇）等。有的名词用不同的量词表示的事物没有什么不同，可能只是地方色彩不同或语言风格不同，如“汽车”，北方人说“一辆汽车”，南方人有的说“一部汽车”，等等。

个体量词前可以用指示代词，如“这张纸”、“那条河”。

汉语的个体量词在学习汉语的初级阶段是一个难点，应该逐一地用心去记。

2.集合量词：用于由两个以上的个体组成的事物。如“一副对联”、“一双筷子”、“一套房子”、“一帮敌人”、“一群孩子”、“一班人”、“一伙强盗”、“一批货”、“一打铅笔”。集合量词前一般也可以用指示代词。

3.度量词：即度量衡的计算单位。例如：

长度：（市）分、（市）寸、（市）尺、丈、（华）里，厘米（公分）、米（公尺）、公里、海里（书写时可用“浬”表示）

容量：合、升、斗、公升、石（dàn，十斗）

重量：钱、（市）两、（市）斤，克、公斤、吨

面积：分、亩、顷，平方寸、平方尺、平方米，公顷

体积：立方寸、立方尺、立方米，立升、加仑、品脱

4.不定量词：表示不定数量的量词有两个：些、点儿。“些”和“点儿”前一般只能用数词“一”，如“一些”、“一点儿”。一般来说，“一些”比“一点儿”表示的数量要多。“些”和“点儿”前还可以用指代词“这”、“那”、“这么”、“那么”。“这么些”、“那么些”表示数量多，“这么点儿”、“那么点儿”表示数量少。

(1)“(一)些”的用法

“(一)些”可以用在名词前，表示不定量。例如：

①你去上街买些吃的吧，我饿了。

②你刚才都说了些什么呀？太没有礼貌了！

③这些书你快拿走吧，放在这儿太碍事了。

“些”前可以用“好”表示“多”。如“好些(个)人”、“好些(间)房子”、“好些(本)书”，“些”后的量词多省去不用。①

“(一)些”也可以用在形容词和动词后，表示不太高的程度。如“他的病好(一)些了”、“说话小声些”。表示程度时，“(一)点儿”比“(一)些”更常用，而且更加口语化。

表示程度的“(一)些”可以用于比较句。例如：

①他比我瘦一些。

②小张花钱比以前注意一些了。

(2)“(一)点儿”的用法

“(一)点儿”用在名词前表示事物的数量少。例如：

---

① “儿”前也可以加“好”表示“多”，如“他买了好几本书”。但“好”＋“儿”表示的数目一般不超过“十”。“好”＋“儿”后边一定要用量词。“多”前也可以加“好”，意思和用法与“好些”相同。“好些”比“好多”口语色彩更浓。

①A：你刚才上街买什么了？

B_1：买了点儿水果。（水果不多）

B_2：买了些水果。（水果应该不少）

“(一)点儿”在祈使句或者在“想”、“要”等能愿动词后，可以起缓和语气的作用，使说话更客气。例如：

②你喝点儿什么？

③我饿了，想吃点儿什么，你有吃的吗？

“(一)些”没有这个用法。

“点儿”前面除了可以用“一”外，还可以用“半”，表示的数量比“一点儿”更少，如“你半点儿本事都没有，还想跟人家比？”

“(一)点儿”也可以用在形容词和动词后，表示程度，意思是“略微”。如“好(一)点儿了”、“多(一)点儿”、“高(一)点儿”、“注意点儿”、“小声点儿”。

当与某一标准比较时，“(一)点儿”要放在形容词或者状态动词的后边，不能用“有”。例如：

①你妹妹好像比你高一点儿。

②今天比昨天冷点儿。

③这间房子你们两个人住稍微小了点儿。

④这双鞋瘦了点儿，我穿不了。

⑤穿黑衣服会显得人瘦一点儿。

⑥你以后花钱得省一点儿了。

⑦你走近一点儿，我看不清楚。

⑧她们姐儿俩，我更喜欢妹妹一点儿。

⑨这件衣服颜色深了一点儿，我不想买。

(3)“有(一)点儿”的用法

如前所述,“(一)点儿”与形容词或者状态动词一起用时,可以表示较低的程度。但是应该注意的是,当不进行比较、用的又是负向形容词时(参见本编第五章第二节“形容词的分类”),通常要把“(一)点儿”放在形容词或状态动词前,“(一)点儿”前一定要用“有”,即要说“有(一)点儿……”。例如:

①今天有一点儿冷,你多穿点儿衣服吧。

不能说“今天一点儿冷”。

②她好像有点儿不高兴,怎么了?

③我有点儿累了,先走了。

④这个人有点儿不讲理,你不要跟他说了。

⑤这儿的灯光有点儿暗,你要注意眼睛。

5.准量词:有些名词可以直接与数词连用,这时这些名词的语法功能基本与量词相同,这样用的名词叫“准量词”。准量词主要有“年”、“天”、“小时”、“分(钟)”、“秒”;“国”、“省”、“市”、“县”等。如“三年”、“五天”、“一小时”、“两国”、“四省”等。数词和准量词后必要时还可以用其他名词,如“三年的时间”、“五天的工作”、“两县的情况”。大多数数词与准量词之间不能再用其他量词,如不能说“五个年”、“四个天”、“两个国”、“五个分钟”等。但“月”与“小时”前可以用“个”,如“四个月”、“一个小时”。“国”的用法与“省、市、县”等不同。如可以说“中美两国”、“两国人民”,不能说“中美两个国”、“两个国的人民”,但可以说“东北三省”、“三省的农民”,也可以说“东北三个省”、“三个省的农民”。“市”、“县”与“省”同。这是因为“省”、“市”、“县”可以单说,“国”不能单说。

6.复合量词:复合量词是由两个以上的量词构成的,表示一个复合性单位的量词。如“架次(用于飞机)”、“人次”、“秒立方米(用于水流量)”等。

(二)借用量词

有些名词(多为表示容器的)可以临时用作量词,叫借用量词。如“三碗饭”、“一杯水”、“两壶酒”、“一身新衣服”、“一桌菜”、“一盆花”、“三车货”。借用量词有的可以儿化,如“一桌儿(zhōur)菜”、“一身儿(shēnr)衣服”。

有些名词有时可以与“一”连用,后面还可以加“的”,表示“满”的意思(参见本章第一节[一]的用法),如“一桌子(的)菜”、“一手(的)泥”、“一屋子(的)人”、“一肚子(的)坏主意”、“一脸(的)汗”。这样用的名词与借用量词不同,不能儿化。

二、动量词

表示动作或变化次数的单位的量词叫动量词。动量词也分专用动量词与借用动量词两类。

(一)专用动量词

专用动量词数目不多,主要有:次、下、回、顿、阵、场、趟、遍、番等。专用动量词一般不仅仅表示动作或变化的量,还包含某种词汇意义。动量词的使用不仅与动词有关,还与相关的名词有关。

[次]　“次”表示动作的次数,一般用于(能)反复出现的动作。如“这个问题我们讨论了三次”、“这个电影他看了两次,都没看完”。“次”是最常用的动量词。

[下]　“下”表示动作进行的次数,一般用于短时间的动作。如“老李拍了小刘一下”、“他摇了几下旗子”、“他敲了桌子一下”。

"一下"用在动词后还有缓和语气的作用,不表示动作的次数。如"你来一下"、"喂,你给我找一下小李"、"你详细介绍一下事情的经过"。上面的句子比"你来"、"喂,你给我找小李"、"你详细介绍事情的经过"语气要委婉得多。

［回］ "回"表示动作的次数,也用于(能)反复出现的动作,比"次"的口语色彩更浓。如"他家我去过三回"、"这件事他问过我一回,我没告诉他"、"一回生,两回熟"。"回"还可以作名量词,用于"事情"。如"这是怎么一回事"、"你们说的是一回事,别争了"。

［顿］ "顿"表示动作的次数,一般用于吃饭、斥责、打骂等动作。如"每天吃三顿饭"、"他训斥了那个流氓一顿"、"他昨天叫人打了一顿"。

［阵］ "阵"表示一段时间,一般用于骤发的持续的时间比较短的情况。如"下了一阵雨"、"响了一阵枪声"、"台下爆发了一阵热烈的掌声"、"她觉得身上一阵冷,一阵热"。

［场］ 完整地进行一次为"一场",多用于文艺表演及体育活动。如"上午打了一场球"、"明天有两场电影"、"她大哭了一场"。

［趟］ 一去一回为一趟。如"我刚进了一趟城"、"去年我去了欧洲一趟"、"他今天来了三趟都没有看到你"。

［遍］ 一个(套)动作行为从开始到结束的整个过程为一遍。如"这个电影我看了三遍,每遍都很感动"、"你把课文从头到尾念一遍"。

［番］ 多用于费时费力的行为。如"他又调查了一番"、"这件事你得好好动一番脑筋才能想出解决的办法"、"他们昨天较量了一番,结果不分胜负"。"番"前一般只能用数词"一",口语中较少使用。

（二）借用动量词

表示动作行为所凭借的工具以及某些表示人体器官的名词，如“拳、巴掌、脚、口、眼、耳朵”等，可以借用为动量词。如“砍了一斧子”、“切了一刀”、“放了一枪”、“踢了一脚”、“咬了一口”、“看了一眼”、“打了一拳”。

第三节　数量短语的语法功能

数词单独使用的情况较少，常见的只有数字作为陈述对象的，这时数词可以作主语和宾语。如“一加一等于二”、“十六是八的两倍”。数词有时可以作谓语，但必须是包含系数词与位数词的。如“这个孩子十二了”、“今天十五了”、“这是三百张卡片，你二百，我一百”。用作谓语的数词除了表示年龄、日期以外，一般都是承前省略了名词。

量词一般不单独充任句子成分。但有时量词可以作定语，那是因为省略了数词“一”。如“他有个姐姐在北大学习”、“我上街买了本书”、“你写篇文章吧”。这种省略了“一”的量词只能出现在宾语前，不能出现在主语前。如不能说“这时个女孩子从房间里走了出来”。

数词和量词一般是连在一起使用，构成数量短语。量词或数量短语前还可以用指示代词“这”、“那”和疑问代词“哪”，构成“指数量短语”，如“这三本（书）”、“那件（衣服）”、“哪两个（人）”，指数量短语的语法功能与数量短语基本相同。下面我们提到数量短语时，一般包括指数量短语在内。

一、由名量词构成的数量短语的语法功能

（一）此类数量短语的主要功能是限制名词，充任定语。例如：

①接着，他给我讲了一个故事。

②那个商店大不大？

③杨白劳身上落了一层雪。

④老任这着棋走得好，有心胸，有眼力。

一般来说，数量短语中间不能插入其他成分，如不能说“一新件衣服”、“一小个苹果”、“两高座楼”，而应该说“一件新衣服”、“一个小苹果”、“两座高楼”。

如果个体量词后的名词所表示的事物是可以再分割的，数词与量词中间可以插入“大”、“小”这两个形容词。如“三大块蛋糕”、“五大张纸”、“一小条布”。大多数表示不定数目的集合量词前也可以用“大”、“小”之类形容词。如“两小把米”、“一大群人”、“一小批货”。但数目一定的“打”及表示成对的“对”、“副”、“双”等集合量词前不能用“大”、“小”修饰。“厚”、“薄”、“长”等描写物体形状的形容词，有时可以用在某些名词前，插在数量短语中间，如“一长排桌子”、“三厚册书”、“一薄片饼干”。可以这样用的“数＋量＋名”短语是有限的。

借用量词因本来是名词，所以前面一般可以加形容词修饰语，如“一满壶酒”、“一平碗饭”、“三大锅汤”、“一小铁盒白糖”。

（二）作主语或宾语。如果数量短语所修饰的名词已在上文出现，下文紧接着再提到该名词时，可以只说数量短语，这时数量短语具有了代替名词的功能，结果数量短语就成为主语或宾语了。例如：

①我从图书馆借来两本书，一本是英文的，一本是中文的。

②A：你这个学期都选了什么课？

B：一门是中国历史，一门是中文写作，一门是中国文学。

③昨天我们去商店买衣服，我买了两件，小李买了一件。

（三）作谓语。例如：

①小刘今年十八岁了。

②明天十五号。

③现在发书，每人五本。（承前省略了名词“书”）

（四）由序数词构成的数量短语可以作状语。例如：

①他第一次上街买东西就没有翻译陪着。

②这是我第三次来中国了。

③他第三次结婚时，才二十五岁。

二、由动量词构成的数量短语的语法功能

（一）作动量补语。例如：

①老师傅把头轻轻点了一下。

②他朝敌人狠狠踢了两脚。

（二）作状语。例如：

①为了保障人民群众的身体健康，最近药品几次降价。

②你看过《水浒》吗？谁三拳打倒了镇关西？

③他一把把我拉住，问我为什么昨天没给他打电话。

（三）动量词还可以作定语。有两种情况，一种是在肯定句里。例如：

①这场电影演的时间真长。

②这趟上海去得很值得，收获不少。

③他这一顿打挨得太冤枉了。

动量词作定语都出现在主语前，宾语前的动量词是补语。能这样用的“动量名”短语不多。另一种是在“一……也/都＋不/没……”这种话题对比焦点的句子里。例如：

④我一次京剧也没看过。

⑤他连一遍课文都没念完就跑了。

三、数词、量词、数量短语重叠形式的语法功能

（一）数词“一”可以重叠，表示“逐一”的意思，作状语。例如：

①代表们和大家一一握手。

②他把参观的情况向大家一一做了介绍。

（二）量词也可以重叠，用法比较复杂。

1.名量词重叠表示“由个体组成的全体”，有“毫无例外”的意思，一般不用来分指全体中的每一个个体。应注意与代词“每”的区别，“每”既能分指“全体中的个体”，又能表示“由个体组成的全体”。试比较：

①他们班在学习方面每个人都很努力。

他们班在学习方面人人都很努力。

②他们班在学习方面每个人努力的程度不一样。

*他们班在学习方面人人努力的程度不一样。

③这个孩子每月都生病。

这个孩子月月都生病。

④这个孩子每个月病一次。

*这个孩子月月病一次。

重叠的名量词可以作主语（有时是复指主语）和定语。例如：

⑤我们班的男生个个都英俊。

⑥条条大路通罗马。

⑦朵朵葵花向太阳。

重叠的名量词只能作主语的定语，不能作宾语的定语，如不能说“他的话打动了人人的心”，但可以说“他的话打动了每个人的心”。

表示时间的准量词重叠时，可作状语。例如：

⑧他天天做早操。

⑨这个大队年年超额完成生产任务。

“重”、“层”等量词重叠时表示“一层(重)又一层(重)”的意思，既可以作定语又可以作状语，既可以修饰主语，又可以修饰宾语。例如：

⑩他们冲破了“四人帮”设置的重重障碍。

⑪虽然重重困难摆在他们面前，但他们并没有退缩。

⑫敌人层层设防，但仍然阻挡不住侦察英雄们。

⑬飞机穿过层层云雾，高度不断下降。

2.动量词也可以重叠，也表示“毫不例外”的意思，多作主语。例如：

①看电影，回回都少不了他。

②他家顿顿吃米饭。

(三)数量短语也可以重叠，作定语时后面要用“的”。能这样用的数词限于“一”。例如：

①桌子上摆着一盘一盘的水果。

②山下，一条一条的小路通往各个生产队。

③院子里堆着一堆一堆的柴火。

重叠的“一”也可以省略，数量短语后不用“的”。例如：

④他看着眼前一张张熟悉的面孔，感到无比亲切。

⑤这时一件件往事又涌上心头。

这种重叠形式没有前一种描写性强。

这样用的重叠的数量短语，作用在于描摹，它描摹事物很多的样子，所描摹的事物必须是以个体（用集合量词时，事物是分离的群体）的方式呈现在人们眼前。如例①“一盘一盘的（水果）”，例②“一条一条的（小路）”，例③“一堆一堆的（柴火）”，例④“一张张（面孔）”，例⑤“一件件（往事）”。因此它与“很多”的意义和功能不同。如果说话者的目的不在于描写，而只是一般地叙述事物多，就不宜用重叠数量短语这种表达方式。下面是两个病句：

*看到这里，一个一个的孩子笑了起来。

*我很喜欢看小说，我想买一本一本的小说。

把上面句子中的“一个一个”、“一本一本”换成“很多”，句子就通了。

重叠的数量短语可作状语，一般表示动作的方式，意思是“～接着～地”，也有形象化、个体罗列的作用。例如：

⑥孩子们排着队，两个两个地走进教室。

⑦她把糖水一勺一勺地喂给老大娘喝。

重叠的“一”可以省略，“地”也可省略。例如：

⑧天气一天天（地）暖和起来了。

⑨我们要把动摇的人一步步（地）争取过来。

由动量词构成的数量短语一般也可以重叠，用法与由名量词构成的数量短语重叠式相同。如作定语：

⑩一次次（的）失败，并没有吓倒他。

⑪一场一场的比赛，搞得他精疲力竭。

作状语：

⑫（老栓）提着大铜壶，一趟一趟（地）给客人冲茶。

⑬铁锤一下一下准确地落在钢钎上。

⑭他觉得身上一阵一阵地发冷，大概是发烧了。

⑮为了纠正我的发音，老师一遍一遍地叫我念课文。

动量词重叠形式的这种用法表示频繁多次的意思，也具有描摹的作用。

汉语的量词、动词、形容词都可以重叠使用，各种重叠形式都具有使语言表达生动的作用。如上所述，量词以及数量短语重叠形式的功能是描摹，也就是具有很强的描写作用。动词、形容词重叠也具有特殊作用。学习这些重叠形式时，要注意其表达功能，千万不要以为某个重叠形式与副词“很”一样，某个重叠形式与形容词短语“很多”一样，等等。

四、数量词的句法语用功能

汉语的名词的所指和在实际语言环境里存在的事物之间关系很复杂。比如“一 ＋量词”，如“一个”、“一本”等，有时在句子中的主要作用并不是表示准确的数量，而有的名词前没有数量词，但其表示数目可能恰恰是“一”。名词前用不用数量词一般不是随意的。

（一）通指、单指，定指、不定指

通指的意思是名词表示一类事物，而单指的意思是名词表示现实存在的一个单个的事物。例如：

①我很喜欢花。（通指）

②学生的主要任务应该是学习。（通指）

③一个国家经济发展快慢与政治制度不能说没有关系。(通指)

④我最近认识了一个去过南极的人。(单指)

⑤这时一个青年人站起来要求发言。(单指)

⑥桌子上的笔是谁的?(单指)

⑦这篇文章写得很好。(单指)

⑧你什么时候离开这儿?(单指)

⑨你最近看见张老师了吗?(单指)

⑩(售票员对乘客:)票!(单指)

通指虽然可以采用"数量词+名词"的形式,如例③,但更常见的是用没有任何修饰语的单个名词,如例①、②。"一+量词+名词"一般不表示通指,如果表示通指,一般只出现在话题或主语的位置上。单指可以采用专有名词、代词、"数量词+名词"以及单个名词等形式。但是用单个名词表示单指较受限制,这种名词表示的事物通常对说话人来说必须是已知信息,而且这样用时对语境也有所要求,如例⑩。

定指指在一定的语言环境中,名词所表示的事物是确定的,特别是对听话人。说话人所以用定指形式,是因为他认为听话人能明确知道所指的事物是什么,能把该事物与其他同类事物区分开。而不定指则指,一个名词,虽然说话人知道其所指的事物是什么,但他认为听话人不能将该事物与其他同类事物区分开,因而对听话人来说是不确定的。例如:

①我最近认识了一个去过南极的人。(不定指)

②这时一个青年人站起来要求发言。(不定指)

③我家来客人了,不能跟你去看电影了。(不定指)

④A:你去过一个叫巴哈马的地方吗?(定指)

B:我去过那个岛,很漂亮。(定指)

⑤钥匙带了吗?(定指)

⑥我刚才看见小赵了。(定指)

⑦你认识我们班一个叫约翰的美国学生吗?(定指)

⑧关上窗户!(定指)

⑨A:昨天发给你们五十道复习题,你复习多少了?

B_1:五十道题我都复习了。(定指)

B_2:我只复习了一半。(定指)

定指的名词主要采用“指代词+名词”、代词、专有名词的形式。单个名词表示定指时,必须有清楚的语言环境,如例⑧。而“数量词+名词”表示定指时,数量词后或者有其他定语,如例⑦的“我们班……叫约翰的美国学生”,或者是已知信息,如例⑨B_1中的“五十道题”,在后一种情况下,名词后边常常用“都”来总括。

不定指的名词多为“数量词+名词”形式。单个名词表示不定指,如例③,一般限于存现句。

名词还有实指与虚指、有指与无指的区别。实指指现实中确有其物,虚指指该物在现实中可能存在,也可能不存在,也是不确定的。如“我们家最近换了一个阿姨”,这里“一个阿姨”是实指的。“我想找一个人聊聊天”,这里的“一个人”是虚指的。

有指是指名词表示的事物在话语中是存在的,否则是无指。上述定指、不定指,通指、单指,实指、虚指都是有指的,无指的如“他在大学当老师”中的“老师”。

(二)作主宾语的名词前用不用数量词的问题

下面我们主要用定指与不定指、通指与单指等概念,来解释作主宾语的名词前数量词用法中的几个问题。

1.表示已知信息和新信息的名词与数量词的用法

我们知道,汉语的句子一般已知信息在前,新信息在后,也就是一个句子通常是从已知信息开始,而把新信息放在后边。所谓已知信息主要指听话人可以把它与同类事物区分开来的信息,所以是定指的。汉语的句子一般从已知信息开始,也就是一般从定指的名词开始,因此句首通常采用"指代词+名词"、代词、专有名词等形式。例如:

①朱自冶如果吃下一碗有面汤气的面,他会整天精神不振,总觉得有点什么事儿不如意。(定指)

②如果这些地方都吃腻了,他们也结伴远行,每人雇上一辆黄包车,或者是四人合乘一辆马车,浩浩荡荡,马蹄声碎。(定指)

③会议一结束便要转入正题,为了慎重起见,还不得不抽出一段时间来讨论今日去向何方?(定指)

但是在实际语言中,不是每一个句子都有已知信息,可能全句都是新信息,开头也必然是新信息。比如叙述句就可能以新信息开头,这时通常用"有"字句。例如:

④从前有一个老人,住在大森林里。

这里动词"有"放在新信息"一个老人"的前边,使新信息不处于句首的位置,是符合汉语一般句子的构造的。

但是汉语的句子也可以以表示不定指的名词开头。例如:

⑤这时三个戴着红领巾的孩子跑上台向获奖者献上了鲜花。

⑥突然一个人站了起来,要求发言。

这种以不定指形式开头的句子，一般出现于叙述体，前边多有时间词语，而且多出现于通讯报道、童话故事一类带有书面语色彩的叙事中。在对话中，在议论、描写、说明性的句子中，一般不能用这种以不定指名词开头的句子。

新信息一般放在句子的后半部，放在动词后，是不定指的，最常见的是“数量词＋名词”形式。例如：

①那片大茶楼上有几个和一般茶客隔开的房间，摆着木桌、大藤椅，自成一个小天地。（不定指）

②眼睛一睁，他的头脑里便跳出一个念头：“快和朱鸿兴去吃头汤面！”（不定指）

当然宾语的位置上也可以有表示已知信息的定指的词语，如专有名词、代词、“指代词 ＋ 名词”等。例如：

①我刚才看见张老师了。（定指）

②你念一下这个句子。（定指）

③你下午能见到小王吗？请你把这本书交给他。（定指）

2.表示通指、单指的名词与数量词的用法

现在我们分析下列句子：

①A：你去哪儿？

B_1：我去买书。

B_2：我去买一本书。

B_1 说“我去买书”，“书”表示通指、不定指，表示说话人可能清楚要买什么书，也可能不清楚，可能只买一本书，也可能不止买一本书。B_2 是单指、不定指，说话人要买的是“一本书”，不是两本、三本……，可能知道要买什么书，比如是我要去买一本书给小王做生日礼物，但是听话人肯定不知道说话人要买什么书。也就是说，当说话人不能确定自己要买几本书、什么书时，“书”要用表示通指的单个名词，而不能用表示单指的名词形式“我去买一本书”。

②我觉得有点冷，去买件衣服，很快就回来。

在这个句子里，“件衣服”是单指、不定指的，表示新信息，但说话人只买一件，要买上衣还是大衣，他是清楚的。

③（在一个登记处）

A：你的职业？

B：大夫。

④我是研究生，今年25岁。

这里“大夫”、“研究生”是无指的，说明职业，前面不宜加数量词。

⑤他父亲是一个大夫，在北京协和医院工作，医术很高明，远近闻名。

这里“大夫”虽然也是无指的，但加上“一个”以后使其具体化，起到描述的作用。因此，如果一个名词只表示一种职业，是系词的宾语，就是无指的，前边不能加数量词。只有为了描述人或物时，才可以加“一＋量词”。

参考文献

陈　平　释汉语中与名词性成分相关的四组概念，中国语文，1987年第2期。

马庆株　数词、量词的语义成分和数量结构的语法功能，中国语文，1990年第3期。

练　习

一、写出下列数字：

一万五千二百三十六　　　　九千六百四十三

三十五万　　一千八百二十六亿

十亿五千万零九百二十六　　三千二百一十八万零四百

二、读出下列数字：

20805　　3692418　　62154321

1080　　250001　　300000000

$\frac{3}{4}$　　$\frac{4}{5}$　　$\frac{9}{28}$

$\frac{7}{10}$　　$\frac{1}{2}$　　$\frac{1}{1000}$

80%　　2%　　95%

3.1416　　584.32　　1040.52

三、用概数来表示下列数字：

99 个　　9—11 个　　9 个

21 个　　3—5 个　　7—9 个

23—25 岁　　18—20 岁　　69 岁

四、用"二"或"两"填空：

（　）斤三两　　十（　）斤　　（　）百（　）十五个　　（　）万人

（　）米布　　（　）亿（　）千万　　（　）次　　（　）亩　　（　）件衣服

（　）个本子　　（　）分之一　　（　）倍

五、判断下列句子的正误，并将错的改正过来：

1.我们班有十个来学生。

2.他已经学了十来课书了。

3.春节左右王刚要回家乡去一趟。

4.老师的孩子很小，看上去五岁上下。

5.某工厂去年生产化肥一千万吨，今年生产两千万吨，今年的产量是去年的一倍。

6.小梅去天津了，国庆节前后回来。

7.昨天我去电影院看了电影。

8.他母亲在图书馆当一个职员，父亲在中学当一个老师。

9.快看，一个人来了。

10.A：你去哪儿？

B：去书店买一本书。

A:买什么书?

B:不一定,看有什么新书好书没有。

六、用适当的量词填空:

两( )铅笔	三( )衣服	一( )床
两( )椅子	这( )课文	一( )伞
一( )黄瓜	一( )蒜	五( )梳子
一( )毛巾	一( )电视机	两( )自行车
一( )国旗	一( )绳子	三( )本子
一( )橡皮	一( )蛋糕	一( )汤
一( )茶	两( )窗户	一( )墙
一( )珍珠	一( )牛	一( )狗

七、如果需要,在( )里用"有"、"一个"、"有一个"、"这个/些"、"那个/些"填空:

1.小李,楼下( )人找你,你快下去看看吧。

2.我家有五口人,( )爸爸、( )妈妈、( )姐姐、( )弟弟和( )我。

3.早上外边凉快、空气新鲜,应该打开( )窗户,下午外边很热,应该关上( )窗户。

4.天快黑的时候,( )绿色的小轿车驶进了校园,在我们宿舍楼前停下,很快从里面走出( )警察。

5.我的老师是( )国际知名的语言学家,他发表了很多文章,去年还出版了( )新书。

6.妻子对丈夫:( )报纸来了,你现在看吗?

7.A:都六点了,怎么( )客人还不来?

B:你听,( )人摁门铃,可能是( )客人来了。

8.( )人应该诚实,否则迟早会出( )问题。

9.刚才我不小心把( )花盆碰倒了,( )花盆打了,( )花快干死了。

10.我的职业是( )英语老师,在( )大学工作。

八、判别正误(在每组句子中,正确的画√):

1.A.老作家用了一年的时间写完了那本书。

B.老作家用了一个年的时间写完了那本书。

2.A.谢利用了十五月的时间写了一篇论文。

B.谢利用了十五个月的时间写了一篇论文。

3.A.回忆往事,一张张熟悉的笑脸又出现在我眼前。

B.回忆往事,张张熟悉的笑脸又出现在我眼前。

4.A.小刚两三天没上学了。

B.小刚三两天没上学了。

5.A.我去火车站用了一半个小时。

B.我去火车站用了一个半小时。

6.A.那个工人每天裁八十、九十条裤子。

B.那个工人每天裁八九十条裤子。

7.A.她每月工资六千左右块钱。

B.她每月工资六千块钱左右。

8.A.他家每年蔬菜产量是三百万多斤。

B.他家每年蔬菜产量是三百多万斤。

九、在下列短语中,哪些数词与量词之间可以加上形容词?如果可以加,请加上适当的形容词(如:大、小、长、平、满等):

如:一(大)把米

1.一( )群孩子	2.三( )堆篝火
3.五( )把椅子	4.六( )筐苹果
5.两( )面镜子	6.一( )片森林
7.一( )块点心	8.两( )棵树
9.三( )碗饭	10.一( )条布
11.七( )箱衣服	12.一( )杯牛奶

第四章　动词

第一节　动词的语法特征

动词主要表示动作行为。汉语的动词内部情况比较复杂，不同类的动词具有不同的语法特征，而动词和形容词又有一些重要的共同的语法特征，因此很难概括出适合于所有的动词而又只属于动词的语法特征。这里只提出一些适合于多数动词的主要的语法特征。

1.动词在句子里主要作谓语，部分动词还可以作结果补语、趋向补语和情态补语（参见第三编第五章“补语”）。动词有时可以作定语、主语（可用的谓语动词有限，参见本编第五章“形容词”第四节之五）、宾语（前面只能用谓宾动词），少数动词可充任状语（详见第三编第四章“状语”）。

2.动词一般都可以用“不”来否定，多数动词还可以用“没”来否定。

3.多数动词后可以用动态助词“了”、“着”、“过”。

4.多数动词可以带宾语。

第二节　动词的分类

动词可以按不同的标准来分类，不同的分类有不同的意义和用途。这里介绍动词的几种主要的分类。

一、及物动词与不及物动词

动词按能不能带宾语以及能带哪类宾语分为及物动词与不及物动词两类。

及物动词主要指能带受事宾语（动作的接受者）、对象宾语、结果宾语的动词，如“看（书）”、“写（字）”、“发动（群众）”、“挖（墙）”、“打（球）”等。

有些动词带宾语后表示使动意义，这类动词也是及物的。如“去皮”就是“使皮去掉”的意思。这类动词如“下（蛋）”、“上（颜色）”、“出（汗）”、“平（地）”等。

大多数及物动词的宾语在一定的语言环境中（如答话、有一定的上下文等）可以省略。例如：

①甲：你听录音吗？

乙：听。

②他昨天看过这部电影了，今天怎么又去看？

“姓”、“叫”、“属于”、“具有”、“成为”、“等于”等也是及物动词，这些及物动词一般不能省略宾语。

不及物动词指不能带宾语和不能带受事宾语的动词。不能带宾语的动词如“着想”、“相反”、“斡旋”、“问世”、“通航”、“休息”、

“指正”、“毕业”、“送行”等。很多不及物动词可以带非受事宾语。不及物动词所能带的宾语主要有以下几种：

（一）表示行为的处所。如“上山”、“回家”、“去上海”、“出国”、“下乡”、“出院”等。

（二）表示动作行为所凭借的工具。如“睡床”、“过筛子”。

（三）表示存在、出现、消失的事物（即存现宾语）。如“来了两个人”、“蹲着一个石狮子”、“死了一头牛”等。

应注意，有些动宾短语凝结得很紧，与某些语言中的一个词相当，如“见面”、“握手”、“结婚”等，后面不能带宾语。如不能说“见面他”、“握手你”、“结婚她”等。此类短语中间可以插入“了”、“过”数量词等。有的语法著作认为此类短语是一个词，叫离合词。

有的动词包含几个意义，可能分属及物与不及物两类。如：去（南京）——不及物，去（皮）——及物，笑了——不及物，（大家都）笑（他）——及物。

二、动作动词、状态动词、关系动词与能愿动词

（一）动作动词

动作动词是表示动作行为的动词，在动词中占多数。如“吃”、“看”、“听”、“说”、“试验”、“辩论”、“收集”、“表演”、“通知”等。动作动词是最典型的动词，有下列语法特征：

1.一般可以重叠；

2.一般可以带动态助词“了”、“着”、“过”；

3.可以用“不”和“没”来否定；

4.可以带表示动量、时段的词语；

5.可以构成命令句，如“来！”“走！”；

6.可以用正反疑问式提问；

7.不能受程度副词的修饰。如不能说“很吃”、“非常跑”。“很看了一阵子”、“很解决问题”中的“很”是修饰后面整个动词短语的，不是单纯修饰动词的。

(二)状态动词

状态动词主要表示人或动物的精神、心理和生理状态。如“爱”、“恨”、“喜欢”、“讨厌”、“想(念)”、“希望”(心理)与“聋”、“瞎”、“瘸”、“饿”、“醉”、“病”、“困”(生理)等。状态动词与动作动词不同的语法特征是：

1.大多可以受程度副词的修饰，如“很饿”、“特别喜欢”、“十分讨厌”，但“病”、“醒”等不能受程度副词的修饰；

2.不能构成祈使句。

3.表示心理状态的状态动词是及物的，表示生理状态的状态动词是不及物的。

(三)关系动词

关系动词的词汇意义一般比较抽象，其主要作用是联系主语和宾语，表示主语与宾语之间存在某种关系，因此关系动词后往往出现宾语，大多数关系动词的宾语基本上是不可缺少的。关系动词的数目不多，主要有以下几种：

1.“是”(参见第四编第二章第一节“是”字句)。

2.“叫”(称谓义)、“姓”、“当作”、“成为”、“像”、“等于”等。

此类关系动词的主要语法特征是：

(1)多用“不”来否定，偶尔可以用“没”来否定；

(2)除了“像”以外，一般不能受程度副词的修饰，不能省略宾语；

(3)一般不用重叠式，“成为”、“叫”、“等于”、“像”等根本不能重叠；

(4)后面一般很少用动态助词“了”、“着”；

(5)不能作“把”字句的谓语动词；

(6)不能构成祈使句。

3.“有”(参见第四编第二章第二节“有”字句)。

(四)能愿动词(详见本章第六节)。

三、按所带的宾语分类

(一)体宾动词：只能带体词(名词、代词、数量词)宾语，这是大量的。如“打(电话)”、“买(东西)”、“开(汽车)”、“缝(衣服)”等。

(二)谓宾动词：只能带谓词(动词、形容词)宾语。如“进行(动员)”、“加以(指责)”、“开始(研究)”、“继续(讨论)”、“喜欢(跳舞)”。此类动词还有“希望”、“从事”、“给予”、“装作”、“声明”、“值得”、“受”、“敢于”、“企图”、“受(到)”、“觉得”等。

有的动词既能带体词宾语又能带谓词宾语，如“记得”、“通知”、“肯定”、“表示”、“研究”、“准备”、“同意”、“看(见)”、“听”、“引起”等。

(三)可带主谓短语宾语的动词：有些动词的宾语可以是一个主谓短语。如“我希望你明天早一点来”、“刚才我看见有一个人从这儿出去了”、“他认为事业是最重要的，家庭不那么重要”。很多可以带主谓短语宾语的动词也可以带谓词短语宾语，如“希望”、“觉得”、“怕”等。可以带主谓短语宾语的动词，有时宾语超过一个句子，甚至可以是一个段落。

(四)双宾动词：可以带两个宾语。如“给”、“教”、“交”、“送”等。如“张老师教我们中文”、“他给了我一本新书”。

四、持续性动作动词与非持续性动作动词

有的动词表示的动作是可以持续、可以反复进行的，是持续性动作动词。如“看”、“写”、“听”、“说”、“跳”、“拍”、“敲”、“坐”、“批评”、“挂”、“放”、“租”等。持续性动作动词后边可以用“着”。如“听着”、“他在纸上写着什么，我看不清楚”、“教室里坐着一些学生”。持续性动作动词一般可以重叠。如“你去看看”、“他把自己的意见说了说，大家都表示同意”、“进来坐坐吧”。

非持续性动作动词表示的动作是不能持续的，往往一发即逝。如“死”、“散”、“懂”、“完”、“结婚”、“成立”、“出现”、“消失”、“来”等。非持续性动作动词后不能用“着”。

五、自主动作动词与非自主动作动词

表示动作者可以控制的动作的动词叫自主动作动词，自主动作动词所表示的动作一般是动作者有意进行的。如“说”、“唱”、“学”、“买”、“打”、“骂”、“教”、“吃”、“喝”、“帮助”等。自主动作动词可以构成祈使句。

表示动作者不能控制的动作的动词叫非自主动作动词。如“病”、“死”、“完”、“知道”、“怕”、“塌”、“漏”等。非自主动作动词不能构成祈使句。

第三节　关于动词成句的问题

在动词谓语句中，动词是句子的核心。一般语言，动词的用法

都比较复杂。不少语言的动词有各种表示语法意义的形态变化。汉语的动词没有像印欧语动词那样的形态变化，加上汉字的影响，很容易使人以为汉语的动词都可以单独进入句子，而不需要带有什么表示语法意义的成分。实际上，汉语的动词有时可以单独作谓语成句，但是是有条件的，在更多的情况下，动词，特别是动作动词，不能单独成句。汉语的动词虽然没有严格意义上的形态变化，但有其独特的表示各种与动作有关的语法意义的方式。如可以在动词后用动态助词：表示动作发生和状态出现的"了"、表示动作持续的"着"、表示经验的"过"等；可以用各种补语，如表示结果状态意义的结果补语、趋向补语。当句子表达上述语法意义时，一般需要在谓语动词后用相应的助词或补语，单用一个动词语义就不够明确或句子站不住（参见第三编第五章"补语"与本编第九章"助词"）。这样就出现了一个动词怎样才能构成一个完整的句子的问题。

动词怎样构成一个完整的句子，会涉及各种因素。下面主要讨论在哪些情况下动词可以单独进入句子，后面不可以带表示语法意义的助词或补语。

一、叙述将要发生的（未完成）动作。例如：

①明天我们学新课。

②同学，你借什么书？

③甲：明天你去颐和园吗？

乙：去。

祈使句也属于此类情况：

④走！

⑤说！

二、叙述一种经常性的或没有确定时间的动作。例如：

①小王每天来。

②文化宫常常举办各种展览。

③这个队伍我当家。

④一个人写文章是为了给别人看。

⑤阿里住这个房间吗？

⑥这儿的气候变化无常，一会儿下雪，一会儿刮风。

⑦我妹妹喜欢你。

文章的标题以及标语口号也属于这种情况：

⑧虎穴追踪。

⑨预防流感！

从上面的句子可以看出以下两点：

(1)关系动词、表达感情的动词或动词前有能愿动词时，动词或动词加上宾语，都可以成句。

(2)动作动词在疑问句和祈使句中，在回答问题时，单独构成句子比较容易。但在陈述句中，则需要有表示时间的名词、副词等。

三、说明或描写一种状态，而不是叙述动作、事件、状态的发生、完成或实现，谓语多为状态动词或由四个字构成的固定短语，一般出现在文学作品或其他书面语中。实际上在这样的句子里，动作的发生也没有确定的时间。例如：

①马志民一向热爱集体。

②我珍惜彼得的礼物，更珍惜彼得对中国人民的友谊。

③沟两岸悬崖陡立，沟里云飞雾绕。

④几年来，这个地区发生了巨大的变化，工农业生产蒸蒸

日上。

⑤我哥哥在大学教书。

⑥A:你在这个戏里演什么?

B:演一个工人。

汉语的四字短语具有极强的成句功能,特别是在书面语或正式场合中。

四、说话者表达的重点是说明事实、介绍情况,而不在于叙述动作的进行,这时表示动作事件的词语并不一定按时间顺序排列,也就是说,这种句子并不是叙述按照时间发生的动作、事件,而好像把动作、事件平列起来,这种句子多由几个分句组成。例如:

①昨天,一班参观纺织厂,二班参观人民公社,我们班参观幼儿园。

②英雄的筑路工人和工程技术人员破除迷信,解放思想,精心设计,精心施工。

③去年市里召开模范教师代表大会。会上给模范教师戴红花,表彰先进事迹。市里主要领导还和教师们促膝谈心,倾听他们的意见。

④昨天下午在八宝山公墓开追悼会。市委第三书记×××同志主持追悼会,市委书记××同志致悼词。

上述句子虽然都表示已经发生的几个动作,但说话者并不是按照时间顺序加以叙述,而是按照逻辑、地位等来排列的。

标题中通常没有"了",也是这个原因。因为标题是文章内容的概括,而不是叙述性的句子。

五、下列动词后一般不能用动态助词"了"、"着"、"过"或补语(但句末可以用动态助词"了"):

1.关系动词“是”、“作为”等；

2.表示使动意义的“使”、“叫”、“让”等；

3.能愿动词；

4.“觉得”、“显得”、“以为”等动词不能用动态助词和补语；“知道”、“认识”、“明白”、“承认”和“有”不能用补语，通常也不用动态助词，但表示“由不知道到知道”、“由无到有”这一改变时，可以用“了”。例如：

①他又有了一个新的女朋友。

比较：他有女朋友，我没有女朋友。

②昨天在晚会上他认识了很多人。

比较：这个人我认识。

③他刚才承认了这件事是他干的。（意思是“以前他不承认”或听话人之前不知道“他承认”过）

比较：他承认这件事是他干的。

第四节 动词的重叠

动词重叠是指汉语的动词可以重叠起来使用，重叠的动词表示一定的意义，并具有特别的表达功能。

一、动词重叠的方式

单音节动词重叠时，第二个音节（即重叠的部分）读轻声，即“A·A”式（A代表单音节动词，“·”表示后面的音节为轻声）。如“看·看”、“听·听”、“想·想”。如果动词是第三声，那么第一个音节一般变为第二声，如"讲·讲"/jiáng·jiang/、"洗·洗"/xí·xi/等。单音节动词重叠式之间可以加"一"，如"想一想"、"看一看"。

双音节动词以词为单位进行重叠，即"ABAB"式（A、B分别代表动词的两个音节，第一个音节重读，第三个音节次重，第二、四音节轻读。如"讨论讨论"/ tǎo·lun tǎo·lun /，"研究研究"/yán·jiu yán·jiu/。

二、动词重叠的语法意义

动词重叠的基本语法意义是表示动作持续的时间短或进行的次数少，即表示"少量"。如果动词表示的是持续性动作，重叠后表示动作持续的时间短。例如：

①老四不好意思地笑笑，退回到墙根去了。

②祥子咽了口气，咬了咬嘴唇，推门走出来。

③我向窗外看了看，一个人也没有。

如果动词表示非持续性的、但可以反复进行的动作，重叠后表示动作进行的次数少。例如：

④他用力扯了扯衣角。

⑤听了我的话，他点了点头，没说话。

⑥老师敲了敲桌子，叫大家注意听。

三、动词重叠的表达功能

动词重叠具有特别的表达功能，这些功能来自它的语法意义，但不完全等于其语法意义。在使用动词的重叠形式时，一定要特别注意。

动词重叠的表达功能与动作发生的时间有密切关系。

(一)用于动作尚未发生——未然时,动词重叠的主要作用是缓和语气,是委婉地表达主观愿望的一种方式,这是动词重叠最常见的用法。例如:

①你看看,这样写对不对?

②我的钢笔不见了,你帮我找找。

③你等我一下,我去去就来。①

④没办法,只好暂时挤一挤。

⑤你叫他在外边等一等。

用在表示愿望的"想"、"打算"、"希望"等动词后的动词重叠形式也有这样的功能。例如:

⑥我想出去走走。

⑦我希望详细听听那儿的情况。

动词重叠所以有这样的功能,是因为它表示"少量"这样一种语法意义,说话人用动词重叠形式来表示自己请求、命令、愿望,表示事情不是很费时费力,似乎是不难做到的,从而使对方容易接受,而且由于重叠的动词读轻声,所以可以起到缓和语气的作用。比较下面两个句子:

⑧老师,这个字很难,你给我们写写。

老师,这个字很难,你给我们写。

第一个句子的语气显然客气得多。

当尚未发生的动作是比较随意的、不是那么严肃的时,通常也只用动词重叠式。如例④、⑥。比较下面的两个句子:

⑨a.我想跟你谈谈。

---

① "去"表示非持续性动作,这种重叠用法比较特殊。

b.我想跟领导谈，不想跟你谈。

例⑨a的语气缓和，态度也不那么严肃，好像是要随便“谈谈”；例⑨b的语气、态度都严肃得多，显然要进行的是一个正式谈话。

动词重叠形式后加上“看”，包含尝试的意思。例如：

⑩这个电视机我修不好，你来修修看。

（二）用于已然的动作时，重叠的动词之间往往加“了”，所表示的动作持续的时间一定很短，一般用于两种情况：

1.有一些人体动作可以表示大家公认的特定的意思，如摇头表示否定或惋惜，点头表示肯定、称赞或打招呼，拍肩膀表示关系亲密，皱眉表示不满意，耸肩表示无可奈何，挠头表示没有办法，努嘴、用手指有指示作用，眨眼睛表示困惑不解，伸舌头表示不好意思，等等，即通常所谓的体态语、身势语。这些动作一般持续的时间都相当短，动词重叠形式是表达这种动作的最常见的方式。例如：

①小宁伸了伸舌头，不觉摸了一下脑袋，又嘻嘻笑了起来。

②祥子摇摇头："不要紧。"

③他见了我只点点头，没说话。

2.用于一个持续时间不会很长的动作。例如：

④欧阳海看了看停在旁边的火车，又看了看从火车上下来的人，微笑了一下，就闭上了眼睛。

⑤徐书记又给他讲了讲酒厂的前途，摆了摆条件。

⑥善良的铁人羞怯地笑笑，眨巴眨巴眼睛，红了脸。

⑦祥子更上了火，他故意把车停住了，掸了掸身上的雪。

这样用的动词重叠形式，所表示的动作也有比较随意的意味。比如例⑤，如果改成“徐书记又给他讲了酒厂的前途，并摆了有利条件和不利条件。"语气就严肃正式得多。

表示已然动作时,如果动作须经过一个过程才能完成的,就不能用动词重叠形式。比如下面的句子是不对的:

*我昨天晚上看了看电影。

*老师上课的时候给我们讲了讲故事。

*我们昨天听了听他的演讲。

不是短时的动作也不能用动词重叠形式。如不能说:

*我去年夏天去中国玩了玩。

(三)重叠动词可以表示经常性的或没有确定时间的动作,这样用时,句子往往有"轻松"、"随便"的意味,常常是几个句子连用。例如:

①他退了休以后,平常看看书,下下棋,和老朋友聊聊天,倒也不寂寞。

②会议已经开完,这几天他看看电影,买买东西,收拾收拾行李,就等着回家了。

③打打球,跑跑步,就不会失眠了。

动词重叠的(一)、(三)两种用法,因其功能不是表示动作持续的时间短或进行的次数少,所以前边可以用表示时间长的状语。例如:

④为了全面了解情况,他要多听听,多看看,深入调查调查。

⑤我要好好回忆回忆那天的情况。

⑥你要彻底挖一挖思想根源。

⑦经常打打球,游游泳,对身体有好处。

四、可重叠动词的性质

一个动词是否可以重叠，主要取决于该动词本身的性质。而且语言环境不同，表达功能不同，可以重叠的动词也不完全相同。

（一）总的来说，可以重叠使用的主要是动作动词，而且主要是持续性动作动词和自主动作动词。持续性动作动词如“看”、“笑”、“歇”、“等”、“摇”、“拍”、“跳”、“躺”、“坐”等。上述动词也是自主动作动词。

有些动词一般表示非自主动作，用重叠形式时，表示的则是一种可控制的自主动作。例如：

①不要管我，你让我哭哭吧！

“哭”一般来说是一个非自主动作动词，因为人通常不能控制。但在这个句子里，因为有了“让”这个词，使“哭”成为了自主动作。

②姨夫，你醒醒！

“醒”也是不能控制的，只有在叫醒一个人，“使之醒”时，才可以用重叠形式。

③你咳嗽咳嗽，没准儿能咳嗽出来。

“咳嗽”通常也是非自主动作，在上面这个句子里，“咳嗽”变成有意进行的动作，成为自主动作了。

非自主动作动词不能重叠。例如：

*刚才他睡了睡，很快就醒了。

只能说：刚才他睡了一会儿，很快就醒了。

*孩子打了针以后，哭了哭就不哭了。

只能说：孩子打了针以后，哭了一会儿就不哭了。

（二）包含尝试意义时，有些非持续性、非自主动作动词也可以重叠。例如：

④你摔摔这个瓶子，看结实不结实。

⑤杀鸡并不可怕，不信你杀杀试试。

⑥你叫他生生孩子，他就知道做母亲的甘苦了。

⑦你敢爱她，你爱爱她试试，有你的苦头吃。

（三）有些表示心理状态的动词和形容词也可以有动词重叠的用法，往往包含致使意义。例如：

⑧我一定可以把小东西还是活蹦乱跳地找回来，叫你高兴高兴。

⑨你们下来凉快凉快吧。

⑩我就是要叫你知道知道我的厉害。

（四）口语中常用的动词可以重叠的多，单音节动词可以重叠的多，书面语动词以及双音节动词可以重叠的少。动词重叠形式也主要出现在口语中，书面语中较少使用动词重叠形式。

五、动词重叠的句法特点

（一）表示正在进行的动作的动词，不能重叠使用，例如不能说"我正在看看书"、"他们听一听音乐呢"。动词用了"过"、"着"等动态助词后，也不能重叠。

（二）重叠的动词一般作句子的谓语，也可以作主语和宾语。例如：

①看看是必要的。

②他总喜欢多看看，多听听，不喜欢下车伊始哇啦哇啦地发议论。

重叠的动词一般不作状语和补语。

(三)重叠动词很少用否定形式，否定的用法多出现于下述两种情况：

1.在疑问和反问句中：

①你也不想想，他的话还有真的？

②他怎么没等等我？

这种用法有埋怨的意味。

2.在下面这种表示假设、条件的紧缩句中：

①对这种人，不教训教训不行。

②这个问题不调查调查就弄不清楚。

动词重叠形式的否定用法一般都含有“应该”的意思。

六、动词的其他叠用方式

(一)“V来V去”式

动词可以和某些趋向补语构成叠用形式，表示动作反复或交替进行。如动词后加上“来、去”：

①在公园里，我看见蝴蝶在花丛中飞来飞去，孩子们在旁边跑来跑去。

②他焦急地在房间里走来走去，不知道怎么办好。

③我想来想去想出来一个好办法。

④大家讨论来讨论去，最后决定比赛推迟到下周举行。

也可以是两个同时发生的、意义相关的动词与“来、去”一起用：

⑤他念诗的时候头不停地摇来摆去，非常可笑。

⑥他们两个推来挡去，这个回合一直打了有两分钟，最后小白把乒乓球打出了界外。

⑦我们在上课，你怎么老是出来进去的。

动词后加上“过来、过去”：

①夜已经很深了，还有人在我的窗前走过来走过去，害得我睡不着觉。

②这件事她说过来说过去不知说了多少遍了。

（二）“$V_1V_1V_2V_2$”式

有些动词可以按照“$V_1V_1V_2V_2$”式重叠使用，如“说说笑笑”、“打打闹闹”、“游游逛逛”、“拖拖拉拉”、“推推搡搡”、“拍拍打打”、“来来往往”、“比比划划”等。有时意义相关的两个词也可以这样用，如“嘻嘻哈哈”、“蹦蹦跳跳”、“吹吹拍拍”、“磕磕绊绊”、“进进出出”等。动词这样用时，形式与功能都很像形容词。

可以作谓语，后边常常有“的”。例如：

① 孩子们整天蹦蹦跳跳的，非常活泼可爱。

② 你办事老是拖拖拉拉的，真急死人了。

③ 他们俩一天到晚嘻嘻哈哈的，老是无忧无虑的样子。

作状语，后边常常有“地”。例如：

④ 他们两个人说说笑笑地走进了教室。

⑤ 他推推搡搡地把犯人带了进来。

⑥ 他们一伙人游游逛逛地来到了一条热闹的大街上。

第五节　动词、名词兼类问题

在汉语中，有些动词有时具有名词的语法特点或语法功能，这类词就是动、名兼类词。动、名兼类词有以下几种：

一、有些动词既可表示一种动作行为，又可以指称一种具体事

物，词义关系密切，前一种用法是动词，后一种用法是名词。这类动词主要有：[1]

摆	包	保管	报道	报告	笔译	病
裁判	参谋	残废	陈设	称呼	代办	刺
代表	导演	点	垛	调度	雕塑	对话
翻译	堆	俘虏	规划	合唱	合奏	汇报
贿赂	祸害	计划	记录	鉴定	剪辑	检讨
间隔	建筑	警卫	看守	口译	练习	领导
埋伏	命令	陪同	批示	批注	设计	声明
说明	速记	随从	通报	通告	通令	通知
统计	统帅	突起	写生	展览	侦探	证明
指挥	指示	主编	主演	注解	注释	装备
装置	组合	组织				

二、有些动词有时可以受数量词以及表示事物的性质、数量的形容词（如“好”、“大”、“多”等）修饰。例如：

①他有一个爱好。

②上级给了他一个很严重的处分。

③通过学习，我们有很大收获。

动词这样用时，就不再具备动词的语法特征（如不能用“不”否定，不能带宾语，不能用动态助词“了”、“着”、“过”等），而成为名词，即此类动词兼属名词。主要有：

爱好	爱护	安排	保障	保证	报复	帮助
比喻	变化	标志	表示	表演	部署	参考

---

① 本书所收录的动词限于北京语言学院所编《汉英小词典》中所收的动词。

尝试	惩罚	成就	刺激	处分	触动	创造
答复	打击	打算	调查	锻炼	对比	发明
发现	反复	反映	反应	飞跃	分析	讽刺
负担	改变	改革	改进	改善	干扰	感受
革新	更正	工作	贡献	构思	估计	顾虑
关怀	规定	号召	幻想	回答	会战	活动
纪念	寄托	记载	假定	建议	奖励	教导
教训	教育	揭发	结合	解释	借鉴	决定
警告	开始	抗议	考查	考虑	考验	拉拢
捏造	判断	判决	批判	批评	陪衬	偏向
评价	评论	迫害	欺骗	启发	企图	迁就
牵制	谴责	倾向	区别	曲解	缺欠	认识
声援	胜利	失败	失算	实验	示范	试探
试验	收获	束缚	探索	提高	体会	体现
体验	挑衅	突变	突破	推测	退步	歪曲
妄想	威胁	诬蔑	污辱	侮辱	误会	希望
习惯	限制	象征	消遣	信任	行动	休息
宣传	演说	演习	要求	优待	预感	援助
运动	折磨	诊断	震动	支援	转折	作用

第六节 能愿动词

能愿动词(也叫助动词)是一个封闭的类,数目有限,但意义复杂,又具有不同于一般动词的语法特征,所以我们单独提出来讨论。

能愿动词从语义上可以分为两类：一类表示意愿和对情理、事理、主客观条件、价值的主观判断，一类表示对事情发生的可能性的判断。能愿动词有以下一些：

表示意愿的：　要　想　愿意　肯　敢

表示对情理、事理判断的：　应该　应当　应　该　得(děi)

表示对主客观条件判断的：　能　能够　可以

表示准许、允许的：　能、可以、可　准　许　得(dé)

表示评价的：　配　值得

表示可能的：　可能　会　要　得(děi)　能

一、能愿动词的语法特征

能愿动词(特别是表示意愿的能愿动词)在语法功能与语法特征方面与非动作动词很接近。

(一)绝大多数能愿动词能单独作谓语，这主要出现在答话中。例如：

①甲：明天你能去看电影吗？

乙：能。

②甲：这儿可以吸烟吗？

乙：可以。

在其他场合有的能愿动词有时也可以单独作谓语。例如：

③你去可以，他去也可以。

④这样做应该。

(二)能用肯定、否定并列的方式表示疑问。例如：

①你想不想看这本书？

②他今天能不能打球？

③一天到晚白看书，会不会遭人家的白眼？

（三）可以受某些副词的修饰（但不同的能愿动词能受修饰的情况不同）。例如：

①那伙人对他这么好，从此以后他更得铁了心跟它们在一起。

②硬让我去，一定得捅出乱子来。

③我去可以，你去也可以。

④他这样说话很不应该。

⑤没问题，明天他当然会来。

（四）能愿动词的宾语只能是动词（短语）、形容词（短语）、主谓短语，不能是名词或代词（某些熟语除外）。例如：

①可能遇到什么大事呢？能够把江姐救出来么？

②对，不会错，这个纪延风一定是老纪的女儿。

③今天应该小张值班。

④在这场斗争中，要立场坚定，旗帜鲜明。

（五）能愿动词不能重叠，不能带“了”、“着”、“过”等动态助词。

（六）能愿动词的主要功能是充任谓语（其后的成分是宾语），有时可以充任定语，如“应该的事多着呢，可不一定能实现”。

二、包含能愿动词的句子的结构特点

（一）只要意义上允许，能愿动词可以连用。例如：

①明天我可能要去天津。

②我想他会答应我们的要求的。

③他应该能做到这一点。

（二）能愿动词的宾语可以是否定的结构。例如：

①能不去就不去。

②你可以不理他。

否定形式的能愿动词也可以带否定的宾语。例如：

③你不会不同意吧？

④他不应该不来。

“(不)配”、“(不)值得”后不能用否定宾语，这是意义决定的。

(三)能愿动词的宾语包括它后面的所有的词语(语气词除外)。有时能愿动词的宾语本身又是一个动宾结构。例如：

①你能解决这个问题。

能愿动词的宾语中的动词，其受事也可以位于句首成为话题。例如：

①′这个问题你能解决。

也可以用“关于”、“对于”等引导作状语。例如：

①我们要认真地解决人民群众的生活问题。

②′对于人民群众的生活问题，我们要认真地解决。

(四)关于状语

能愿动词本身可以有修饰语，但一般限于副词。例如：

①父亲也快要睡了。

②你这样做很不应该。

能愿动词不能作“把”字句与“被”字句的谓语动词，即不能用于由介词“把”、“被”构成的状语之后，如不能说“你今天把这本书应该看完”，但可以说“你今天应该把这本书看完”。即能愿动词的宾语可以包含由“把”、“被”等构成的状语。能愿动词前一般还不能用描写性的状语或由“跟”、“给”、“向”等介词构成的状语。

包含能愿动词的句子，整个谓语也可以有状语，一般是表示时间、处所、目的或由“对于”、“关于”等构成的状语，状语可以位于能愿动词前，也可以位于句首。例如：

③我今天要处分你呢？

④你在家应该多学习学习。

⑤今天，我们要在这里建设起人造平原。

⑥我们主张，对发展中国家的经济援助，应当尊重受援国的主权。

能愿动词的宾语当中也可以包含状语，包含什么样的状语与充任宾语的词的词性有关。如中心语是动词时，其状语与一般动词谓语句的状语一样，既可以是表示时间、处所、目的、对象的词语，也可以是描写性的词语。例如：

⑦这样，我就不得不把游湖的计划延长一天了。

⑧有时，一天要给几百人看病。

⑨但是，他一定得来，而且一定得早来。

⑩你应该痛痛快快地玩几天。

如果宾语由形容词或主谓短语充任，宾语中所能包含的状语就有限了，只能是表示时间、范围、语气等的限制性状语。

在一个句子中，能愿动词的状语、整个谓语的状语以及宾语所包含的状语，各司其职，不能随意调换。例如：

⑪工资也要做适当地调整。

⑫你不要光写他救人的事。

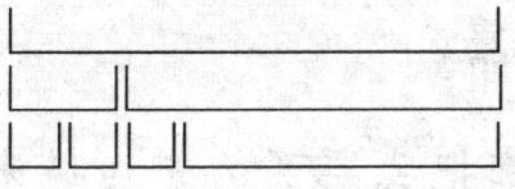

⑬部队明天就要走了。

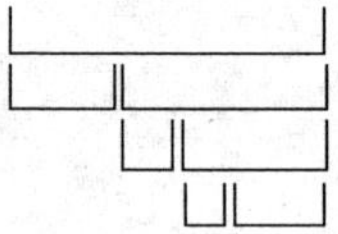

有些词语既可以做全句或能愿动词的状语，又可以做谓语动词的状语，但位置不同，作用不同，使用的场合或表达的意思就不同。比较：

⑭你能明天走吗？（包含不希望"你今天或其他某一天走"的意思）

你明天能走吗？（主要问"明天"是否具备"走"的条件）

⑮你应该在北大学一门外语。（包含"不应该在其他地方学"的意思）

你在北大应该学一门外语。（意思是"在北大期间应该学一门外语"）

⑯我在家里总想睡觉。（意思是"在家里的时候总想睡觉"）

我总想在家里睡觉。（包含的意思是"不想在家以外的地方睡觉"）

状语在能愿动词前，表示动作者在何时、何地（或为何目的等）有什么意愿或可能做某事，状语位于能愿动词后则表示动作者打算或可能在何时、何地（或为何目的等）做某事。

三、能愿动词分述

（一）要

1.表示有做某事的意愿。例如：

①他看我年纪大了，每月都把我要买的东西送来。

②毕业以后，我还要回到农村来。

③你们要把愫方怎么样？

④这个孩子，今天非要去动物园不可。

表示否定意思时北方人不用“不要”，而用“不想”、“不打算”。例如：

⑤甲：他要去东北，你呢？

乙：我不想去东北。

⑥甲：今天晚上我要看电影，你看不看？

乙：我不打算看。

南方人可以说“不要”。例如：

⑦这种滥电影我不要看。

⑧我不要吃这么甜的东西。

2.表示事实上或情理上的需要，有“应该、须要”的意思，多用于未然的情况。例如：

①这么好的青年，当然要表扬了。

②你不要送了，把大娘交给我吧。

③这个方法也要介绍到老百姓那里去。

④要建立和健全合理的规章制度。

⑤干活的时候可要用脑子好好想一想。

3.表示“可能”、“会”的意思，但语气比“可能”、“会”更肯定。例如：

①你这样自以为是是要栽跟头的。

②脱离群众，十个有十个要失败。

表达否定的意思用“不会”、“不可能”。例如：

③甲：你这样固执是要出问题的！

乙：你放心，不会（不可能）出问题。

4.用来表示一种看法、估计，用于比较句。例如：

①天气预报说今天气温上升，我怎么觉得今天比昨天要冷一点呢？

②报告说明年的经济形势要比今年好。

③我觉得姐姐要比妹妹聪明。

“要”还有很多意思和用法，如表示“索取”、“要求”（动词），“将要”（副词），表示“如果”、“要么”（连词）的意思，等等。

（二）想

能愿动词“想”表示“愿望”、“打算”。例如：

①他想尽可能了解他们，然后再做他们的思想工作。

②甫志高几次想问，却不好启齿。

③除了我，谁也别想打败他。

④小刘，我想跟你聊聊。

⑤今天的活动我不想参加了。

与“要”相比，“想”表示的是一种愿望、想法，而“要”表示的是一种意志，在语义上要强得多。因此“要”前可以加上“一定”、“非……不可”这种表示强烈愿望、意志的词语，“想”则不然，可以加上表示程度浅的“有（一）点儿”。例如：

⑥这个孩子非要抽烟不可，你说怎么办？

⑦如果你一定要去，我也拦不住你。

⑧我有点儿想去游泳，你去吗？

但是“很”只能用在“想”前。例如：

⑨听说那个地方很有意思，我很想去看看。

“想”还用作动词，意思是“思念”、“思索”。

(三)愿意

表示主观意愿,有“乐意”、“喜欢”的意思。例如:

①今天下午有一个学术报告,谁愿意去听?

②我愿意和你一起去,不愿意一个人去。

③给人家当保姆你愿意吗?

④A:小梅答应跟我结婚了吗?

B:我劝了半天,她还是不愿意。

(四)肯

1.表示主观意愿,有时包含“做一定的努力”、“克服一定的困难”的意思。例如:

①只要你肯帮忙,工厂就撑得起来。

②遇到困难,他最肯动脑筋、想办法。

③在学习方面,小李是肯下功夫的。

2.表示把有利的事情、条件尽量让给别人,在陈述句中多用否定形式,可以说“自己不肯……”例如:

①大家都很渴,但这杯水谁都不肯喝。

②还有这么多工作要做,她怎么肯先走?

3.表示同意别人的要求。例如:

①你答应我的条件我才肯去。

②无论敌人怎么威胁利诱,小虎子始终不肯说出八路军的住处。

③工人们坚持所提出的条件,一点也不肯让步。

(五)敢

1.表示有胆量、有勇气做某事。例如:

①这主意,多少辈人都在想,就是不敢动手。

②你挺起腰杆来,看他敢怎么样你!

③他不敢不答应大家的要求。

2.表示有把握做出某种判断。例如:

①我敢保证,明天一定能完成任务。

②我不敢肯定他会不会同意这个意见。

③事情能不能办好我不敢说,但是我一定会尽力。

(六)应该、应当、应、该

1.表示事实上或情理上的需要,已然、未然的情况都可以用。例如:

①我们应该为人民做出更多的贡献。

②他没有什么困难,你不应该给他这么多钱。

③这种情况应当结束了。

④这是一个革命者应有的品质。

⑤明天该种麦子了。

2.表示估计或推测,也是建立在第1项用法的基础上。例如:

①都六点了,他该来了。

②此项决议顺利贯彻应无问题。

③他是个聪明人,应该明白我的意思。

"应该"、"应当"的用法基本一样,可以单独回答问题,后边可以用主谓短语作宾语,可以用于书面语,也可以用于口语。"应"和"该"不能单独回答问题,也不能用主谓短语作宾语。"应"多用于书面语,"该"多用于口语。

"该"也用作动词,意思是"轮到",如"我唱完了,该你了"。

(七)得(děi)

1.表示情理上或事实上需要,比"应该"语气更肯定,而且更口语化。例如：

①以后可得小心点儿。

②咱们还得赶紧想办法，找到鸡蛋的主人。

③崔治国是革命干部，他回来也得跟群众站在一条线儿上！

表达否定意思时用"不用"、"不必"，口语中可用"甭"。例如：

①你不用/不必/甭道歉，这不是你的错。

②这次去上海没有他了，你不用/不必/甭通知他了。

③告诉他，不必/不用/甭不好意思，这是他该得到的。

2.表示估计、推测，在语气上比"会"更肯定。例如：

①你一回来，小兰准得高兴。

②这个丫头啊，我看早晚得当了我的儿媳妇。

③她那泼辣劲儿一上来，还不得经常吵架呀！

④这件衣服得好几百块吧？

在陈述句里，表达否定意思时用"不会"、"不可能"。

（八）能、能够

1.表示主观上具有某种能力。例如：

①刚来中国的时候，我连一个汉字也不认识，怎么能看中文书呢？

②这个机器的马达坏了，不能开动了。

③打猎的越来越近，都能听见马跑的声音了。

2.表示具备某种客观条件。例如：

①今天气温低，水能结成冰。

②时间还早，九点钟以前能赶回。

3.表示情理上许可，多用于疑问句和否定句。例如：

①天这么晚了，我不能让你走！

②陈胜对吴广说："我们不能去渔阳送死，应该起义反抗。"

③病人病情危急，不能坐等。

4.表示"准许"，多用于反问句和否定句。例如：

①没有我的命令你不能动！

②那是集体的财产，我怎么能让你随意破坏？

在陈述句中，第3、4二义的肯定形式用"可以"①。

5.表示估计。例如：

①今天小刘能到北京吗？

②电影已经演了一半了，他不能来了。

6.表示善于做某事。例如：

①他能说会道，能写会算。

②老师傅可真能睡。

(九)可以

1.表示主观上具有某种能力。例如：

①他可以说三种外语。

②这本书我今天可以看完。

2.表示具备某种客观条件。例如：

①天气热了，可以游泳了。

②这个房间很大，可以住三个人。

上述两义在陈述句中，否定意思用"不能"或可能补语。例如：

①′他不能说三种外语，只能说两种。

他说不了三种外语，只能说两种。

②′这本书我今天看不完。

---

① 以下凡说明在陈述句中只用肯定形式或否定形式的，一般在疑问句和反问句中没有限制，既可以用肯定形式，也可以用否定形式。

3.表示情理上许可。例如：

①大家说："可以把石头扔到海里去！"

②休息室里可以吸烟。

在陈述句里表达否定意思时，用"不能"。例如：

①′大家说："不能把石头扔到海里去！"

②′休息室里不能吸烟。

单独回答问题时用"不行"、"不成"。例如：

③问：这儿可以吸烟吗？

答：不行。

4.表示"准许"。例如：

①狼听见马跑的声音渐渐地远了，就在口袋里喊："先生，可以放我出去了吗？"

②（敲门）可以进来吗？

③你已经不是小孩子了，怎么可以这样胡闹。

在陈述句里，表达否定意思时，可以用"不可以"，但更常用"不能"，单独回答问题时用"不行"、"不成"。

5.表示"值得"的意思。例如：

①这本书写得不错，你可以看看。

②颐和园风景优美，很可以去游览游览。

否定时用"不值（得）"。例如：

③A：你昨天的演讲真是棒极了。

B：哦，不值一提，不值一提。

（十）准、许

表示"准许"的意思，在陈述句中多用否定形式。例如：

①剧场里不准吸烟。

②你发烧了，不准出去乱跑。

③我不许你们这样议论他。

表达肯定的意思用“可以”。例如：

④A：（敲门）可以进来吗？

B：可以。

（十一）得（dé）

表示“许可”的意思，多用于书面语。在陈述句中一般只用否定形式。例如：

①不得随地吐痰。

②每只船不得超过五人。

表达肯定的意思用“可以”。

“不得不”的意思是“只好”。例如：

③这样，我就不得不把游湖计划延长一天了。

（十二）配

表示“有资格”的意思，前面常有“只、才、最、不”等副词（疑问句除外），多用于口语。例如：

①他最配当我们的代表。

②这种人不配在学校里工作。

③说这种话，他配吗？

（十三）值得

表示“有价值”的意思，否定式可用“不值得”，也可用“不值”。例如：

①这本书值得一读。

②这个观点不值（得）一驳。

（十四）可能

表示客观的可能性，一般只用于未发生的动作或虚拟的情况。例如：

①这个工程很大，不可能那么快完工。

②我看今天天气不错，不可能下雨。

③在这次行动中，可能遇到什么事呢？

“可能”也用作名词，意思是“可能性”。

(十五)会

1.表示经过学习而后具有某种能力。例如：

①你会说几种外语？

②我会开车了。

③他不会游泳。

“会”与“能”比较：“会”表示学而后能，不需要学的，只能用“能”，不能用“会”。例如：

④我能把你举起来，你信不信？

*我会把你举起来，你信不信？

⑤老师，我病了，不能去考试。

*老师，我病了，不会去考试。

表示某种效率时，用“能”。例如：

⑥他一分钟能游二十米。

在谈汉语学习时，说“会说汉语”、“会写汉字”，但是不能说“会听中文”、“会看中国电影”。

2.表示可以实现，已然、未然的情况都可以用。例如：

①在建设社会主义社会的道路上，一定会遇到许许多多的困难。

②明天早晨我会把准确的数字拿出来。

③我真没想到你今天会来。

④过去，我是不会同意这样做的。

“会”还用作动词，表示“善于做某事”。例如：

①这个孩子很会说话，见什么人说什么话。

②你真会开玩笑，我哪里是什么百万富翁啊！

主要能愿动词的用法①

表义 / 能愿动词	可能性		意愿		事实情理上需要		主客观条件容许		情理上许可		准许		评估	
	肯定	否定	肯定	否定	肯定	否定	肯定	否定	肯定	否定	肯定	否定	肯定	否定
可能	可能	不可能	—	—	—	—	—	—	—	—	—	—	—	—
会	会	不会	—	—	—	—	—	—	—	—	—	—	—	—
要	要	不会	要	不想/不要	要	不要	—	—	—	—	—	—	—	—
想	—	—	想	不想	—	—	—	—	—	—	—	—	—	—
打算	—	—	打算	不打算	—	—	—	—	—	—	—	—	—	—
愿意	—	—	愿意	不愿意	—	—	—	—	—	—	—	—	—	—
肯	—	—	肯	不肯	—	—	—	—	—	—	—	—	—	—
应该	—	—	—	—	应该	不应该	—	—	—	—	—	—	—	—
得(děi)	得	不会	—	—	得	不用	—	—	—	—	—	—	—	—
能	能	不能	—	—	—	—	能	不能	可以	不能	可以	不能	—	—
可以	—	—	—	—	—	—	可以	不能	可以	不能	可以	不能/不可以	可以	不值得
可	—	—	—	—	—	—	可	不可	可	不可	—	—	可	—

① 表中所列为陈述句中的用法。在疑问句和反问句中，表示意愿的“要”以及“能”、“可以”、“准”、“许”等，肯定形式否定形式都可以用。

能愿动词＼表义	可能性		意愿		事实情理上需要		主客观条件容许		情理上许可		准许		评估	
	肯定	否定	肯定	否定	肯定	否定	肯定	否定	肯定	否定	肯定	否定	肯定	否定
准	—	—	—	—	—	—	—	—	—	—	可以	不准	—	—
许	—	—	—	—	—	—	—	—	—	—	可以	不许	—	—
得（dé）	—	—	—	—	—	—	—	—	—	—	可以	不得	—	—
值得	—	—	—	—	—	—	—	—	—	—	—	—	值得	不值得
配	—	—	—	—	—	—	—	—	—	—	—	—	配	不配

参考文献

邓守信　汉语动词的时间结构，第一届国际汉语教学讨论会论文选，北京语言学院出版社，1986年。

郭　锐　汉语动词的过程结构，中国语文，1993年第6期。

黄南松　试论短语自主成句所应具备的若干语法范畴，中国语文，1994年第6期。

金立鑫　语句成立的必要条件和充分条件，汉语学习，1989年第4期。

孔令达　影响汉语句子自足的语言形式，中国语文，1994年第6期。

张豫峰　光杆动词句的考察，汉语学习，1996年第3期。

练　习

一、选择适当的宾语（在能作宾语的词上划√号）：

1.主张（参加　看电影　中国电影　去　工作　英语）

2.希望（学习　老李　好成绩　知道　去上海　小汽车）

3.收集（材料　鲁迅先生讲演　唱歌　反映）

4.能（来　说普通话　干净　英语　写）

5.知道（阿里　去王府井怎么走　这部电影　跳高　明天什么时候上课　游泳）

6.玩(球　公园　扑克牌　钢琴)

7.告诉(小张　一件事　他我喜欢唱歌　小王今天没来)

8.教(英文　唱歌　小王　小王英文　说英文)

二、选择正确的句子:

1.A 甲:你姓赵吗?乙:我姓。

B 甲:你姓赵吗?乙:我姓赵。

2.A 甲:你叫阿里吗?乙:对,我叫阿里。

B 甲:你叫阿里吗?乙:对,叫。

3.A 请你指正这篇文章的缺点。

B 这篇文章一定有缺点,请你指正。

4.A 明天下午我们去火车站送行小王。

B 明天下午我们去火车站给小王送行。

5.A 今天下午我去医院看一个朋友,他病得很厉害。

B 今天下午我去医院看一个朋友,他很病了。

6.A 现在我要去书店,咱们一起去去吧。

B 现在我要去书店,咱们一起去吧。

7.A 甲:这件事叫你不高兴了,是吗?

乙:对,叫。

B 甲:这件事叫你不高兴了,是吗?

乙:对,这件事是叫我不高兴了。

8.A 这道题刚才我反复看了几遍,还是不明白。

B 这道题刚才我反复看看,还是不明白。

9.A 我想一想就开始回答老师的问题。

B 我想了想就开始回答老师的问题。

10.A 他对我点了点头就过去了。

B 他对我点点头了就过去了。

11.A 他叫我明天去见面他。

B 他叫我明天去跟他见面。

12.A 我是去年大学毕业的,今年一月开始工作。

B 我是去年毕业大学的,今年一月开始工作。

三、说明下列句子中的动词重叠用法表示哪种意思(①短时,②缓和语气,③尝试,④包含随便的意味):

1.春天到了,咱们到郊外去玩玩吧。
2.这支歌很好听,不信你照谱子唱唱。
3.你想想,这样做对吗?
4.昨天小张来了,还到图书馆去看了看。
5.假期里,我们每天看看书,游游泳,打打球,有时还看看电影,过得很充实,很愉快。
6.他朝我看了看就走了。
7.她对我挤挤眼,摆摆手,我明白了她的意思,于是不再问了。
8.小马躺在床上,想想这个,想想那个,半夜没睡着。
9.我回家看了看就走了。
10.这件衣服怎么样,你穿穿看。

四、说明下列句子中的能愿动词表示什么意思:

1.甲:小李今天下午能来吗?
乙:他今天下午没事,能来。
(①主、客观条件容许,②情理上许可,③准许,④可能性)
2.甲:刘红,你看明天能下雨吗?
乙:大概下不了雨。(同1)
3.你不能这么说,他这样做是为了你好。(同1)
4.甲(敲门):能进来吗?
乙:可以进来。(同1)
5.要想学好一门外语,就得下苦功夫。
(①事实、情理上需要,②可能性,③准许)
6.不经许可,不得入内。(同5)
7.坐在后边的同学也可以看清楚黑板上的字。
(①主、客观条件容许,②情理上许可,③准许,④有……价值)
8.这个戏你可以去看看,演得不错。(同7)
9.甲(敲门):可以进来吗?
乙:请进!(同7)
10.我以后还要去中国。
(①意愿,②事实、情理上需要,③可能性)
11.你要记住这句话:有志者,事竟成。(同10)
12.你这样固执,是要犯错误的。(同10)

五、用适当的能愿动词填空：

1.A:老师，______问一个问题吗？

B:当然______。

2.他病得很厉害，需要人帮助，你______去看看他。

3.那个地方一点意思也没有，开八个小时车去那儿玩，不______。

4.你说明天______下雨吗？

5.这个孩子很聪明，______说三种外语。

6.未经允许不______入内。

7.明年我______去中国学中文。

8.这个问题我们一定______解决。

9.这个座位有人吗？我______坐吗？

10.你常常说假话，______代表我们。

六、把下列句子改成否定句：

1.今天晚上我得去医院看阿里。

2.(外边下雪了，)你穿这双鞋出去准得摔跟头。

3.我已经好多了，能自己走了。

4.剧场里可以吸烟。

5.吴明可以用英文写信。

6.飞机票已经买到了，你们明天可以走了。

7.(今天的课就上到这儿吧，)同学们可以走了。

8.那座庙你可以去看看，很有意思。

9.我去请小李，他一定肯帮忙。

10.下午要下雨吧。

11.我要出去散步。

12.这本书丢了要赔。

第五章 形容词

第一节 形容词的构成

在各个词类中,形容词的构成方式最为多样。而且,构成方式不同的形容词,其语法特点也有所不同。形容词由以下四种方式构成:

1.单音节形容词:大 多 红 白 真 假 对 错

2.一般的双音节形容词:伟大 美丽 干净 庄严 清楚 重要

3.带词缀的形容词:有的形容词后面或前面可以加词缀。这类词缀主要有三种:

(1)由一个音节的重叠形式构成的后缀:

绿油油 红通通 黑黢黢 阴森森 亮晶晶 暖洋洋 厚墩墩 直溜溜 冷清清 沉甸甸 干巴巴 香喷喷 孤零零 乱哄哄 硬邦邦

(2)由两个不同的音节构成的后缀,在形容词与后缀之间还有“里”、“不”、“了”之类的嵌音,嵌音都读轻声:

黑不溜秋 白不呲咧 脏了咕叽 傻了吧唧 黑咕隆咚 湿不济济 黏了吧唧 灰不溜秋 小不溜丢 光不出溜 傻不愣登 苦啦(了)呱唧

(3)前缀:滴溜圆 稀巴烂

哪个形容词用哪个词缀是一定的，不能随意乱用。有些词缀与其前后的形容词在词汇意义上有联系，如“冷清清”中“冷”与“清清”，“孤零零”中“孤”与“零零”，“亮晶晶”中“亮”与“晶晶”，有些在意义上没有什么联系。词缀所用的汉字从前比较纷乱，现在渐趋一致。这类词缀的作用是使形容词在描写时更加生动、形象。第(2)类后缀还具有厌恶的感情色彩。

4.由一个名词语素或动词语素与一个形容词语素构成的复合形容词。名词或动词语素所表示事物与形容词语素的意义有一定的联系：

雪白　漆黑　冰凉　滚热　笔直　通红　煞白

“雪白”的意思是像雪那样白，“冰凉”的意思是像冰那样凉。

第二节　形容词的分类

一、一般形容词和非谓形容词

按照能在句子中充任什么成分，可以把形容词分成一般形容词和非谓形容词。

(一)一般形容词

我们把既能作谓语又能作定语的形容词叫一般形容词，绝大多数形容词属于一般形容词。一般形容词通常可以作定语、谓语、状语、补语以及主语、宾语。多数可以受程度副词修饰，如“很红”、“很好看”、“非常漂亮”、“十分可爱”等。

（二）非谓形容词

非谓形容词只能修饰名词（一般后面不用“的”）作定语，不能充任谓语、补语等成分，有些语法著作把此类形容词叫做区别词、属性词。此类形容词有：

男　女　雌　雄　正　副　横　竖　棉
夹　单　金　银　彩色　纯粹　黑白　多项　单项
个别　共同　主要　次要　急性　慢性　新式　老式　天然
人工　高频　低频　西式　中式　有限　无限　军用　民用
相对　绝对　国营　私营　长期　短期　袖珍　同步　大型
中型　小型　初级　中级　高级　根本　基本　一切　四方
万能　人为　多功能　多年生　无记名

非谓形容词与一般形容词有以下几点不同：

1.只能作定语修饰名词，不能作谓语、状语、补语等。非谓形容词可以构成“的”字短语，如“男的”、“大型的”、“国营的”等，这类的“的”字短语可以作宾语，如“新来的老师是男的”、“这个商店是国营的”。

2.一般用“非”而不是用“不”来否定。如“非大型”、“非主要”、“非个别”等。

3.非谓形容词多不能用“很”修饰，如不能说“很男”、“很副”、“很大型”、“很四方”等，但“个别”、“有限”等可以用“很”修饰。

非谓形容词本来数目很少，但随着科学技术的发展，正在不断出现一些新的非谓形容词。不过新出现的某些非谓形容词使用范围很窄，只用来构成科技名词或科技名词短语。

（三）还有少数形容词如“多”、“少”、“够”等，一般只用作谓语、补语，不能单独作定语修饰名词。如不能说“多书”、“多人”、“够东西”、“对时间”、“错号码”等。“多”、“少”作定语时要与副词结合，后面不必加“的”。如“很多书”、“不少工作”、“很多人”等。“够”、“对”、“错”等通常不作定语，但可以作谓语和补语，如“我的钱不够”、“号码错了”、“你电话打错了”。

二、性质形容词和状态形容词

形容词还可以按照其表达功能分为性质形容词和状态形容词。

（一）性质形容词

性质形容词通常表示事物的性质，如“红花”、“大家庭”、“伟大的祖国”。性质形容词包括由1、2类方式构成的形容词，即单音节形容词和一般的双音节形容词。性质形容词进入句子时，句法上有很多限制。

（二）状态形容词

状态形容词指由3、4类方式构成的形容词，以及形容词的重叠形式（参见本章第五节“形容词的重叠”）。此类形容词形式比较复杂，功能上主要是描写性的，表示事物的状态。进入句子时结构上比较自由。

三、正向形容词和负向形容词

我们把“大、长、粗、厚、高、胖、热、好、积极、美、聪明、快、熟”等称为正向形容词，把“小、短、细、薄、矮、瘦、冷、坏、消极、丑、笨、慢、生”等称为负向形容词。

在比较句中，用“没有”表示比较时，通常只用正向形容词。例如：

①我没有他高。

不能说：

*我没有他矮。

②你没有小刘大吧？

不能说：

*你没有小刘小吧？

但表示天气“冷热”，以及表示人体“胖瘦”的没有这个限制。

在与表示状态意义的趋向补语连用时，也会因形容词的方向性不同而不同(参见第三编第五章第二节“趋向补语”)。

第三节　形容词的语法特征

汉语的形容词有许多和动词相同的语法特征，因此有人把形容词算作动词的一类，叫静态动词。一般形容词可以直接作谓语，这与一般动词相同；绝大多数形容词可以受程度副词修饰，这与表示心理状态的动词及能愿动词相同而与动作动词不同；有些形容词后可以用动态助词“了”以及动量、时量补语，如“红了一下”、“亮了一天”，这又与动作动词相同。不过，尽管形容词和动词这样那样地纠结着，我们仍可以根据绝大多数形容词和绝大多数动词的语法特征，把二者区分开来。

形容词的主要语法特征是：

1.性质形容词一般可以受程度副词的修饰，如“很红”、“十分壮观”。构词的第 3 类(带词缀的)及第 4 类(由名词、动词语素＋形容词语素构成的)形容词因本身包含程度意义，所以不能受程度副词修饰。如不能说“很冷清清”、“非常冰凉”。

2.形容词不能带宾语。有些形容词有时可带宾语(表示使动意义),这时这些形容词就兼属动词类了,这是形容词与动词的兼类现象(参见本章第六节“形容词与其他词类兼类的问题”)。

3.构词的1、2、4类形容词可以重叠。重叠形容词所表示的意义与动词重叠形式不同。第2类形容词重叠的方式(AABB)也与动词不同(参见本章第五节“形容词的重叠”)。

第四节　形容词的语法功能

性质形容词和状态形容词的语法功能不同。

性质形容词在句中主要作定语、谓语、状语和补语,但在充任这些句子成分时有一定的条件。状态形容词造句时的限制要小得多。

一、作定语

性质形容词直接作定语(不用“的”)是有限制的。比如下面两组短语,左边一组成立,右边一组一般是不能说的:

方桌	*方纸
薄纸	*薄灰尘
白布	*短布
绿上衣	*绿庄稼
客气话	*客气态度
老实人	*老实工人

关键时刻　　　　*关键地点

重要问题　　　　*重要方针

也就是说，在不用“的”的“形名”短语里，哪些形容词和哪些名词配合是有限制的。这种限制没有语义或语法的根据，是在长期语言实践中由于经常组合而凝结成的，是习惯性的，因此对学汉语的人来说，不用“的”的“形名”短语是需要逐一去记的。

性质形容词如果加上程度副词或重叠起来，后面再用“的”与名词搭配就很自由了。如“很薄的灰尘”、“很短的（一块）布”、“绿绿的庄稼”、“很客气的态度”等都是可以说的。

有一些性质形容词包含不止一个意义，即在与不同的名词组合时意义可能不同。如“老工人”通常指“熟练工人”，“老朋友”指“相识已久的朋友”，“老同学”则指“曾经一起学习过的人”。又如“大树”、“大事”、“大个子”、“大雪”中“大”的意义也不同。这种由同一形容词构成的“形名”短语，在其他语言中有时用不同的形容词表达，这也是需要注意的。

状态形容词作定语时，都要用“的”，只要语义能搭配，与名词的结合是自由的。如“冷冰冰的面孔”、“黑咕隆咚的山洞”、“雪白的衬衫”、“红红的小脸”。

在口语中，形容词更常作谓语，在书面语或正式的口语中，形容词常常作定语。

二、作谓语

性质形容词单独作谓语也有一定的限制，一般只能用于对照、比较的情况。例如：

①这件衣服短，那件衣服长。

这是因为汉语的形容词本身包含比较的意思。① 上述句子中"短"的意思是"比较短","长"的意思是"比较长"。又如:

②这个孩子人小志气大。

③外边风大,快进来吧。

④甲:黑龙江冷还是新疆冷?

乙:当然黑龙江冷。

在比较句中的形容词也属于这种情况:

⑤我们班小刘比小张高。

在没有对照、比较意味的句子里,只用一个性质形容词作谓语,会使人感觉句子不完整。所以要在形容词前加上程度副词"很"。如"今天很冷"、"他学习很好"。这里的"很"表程度的意思很弱。在形容词前加上其他副词或其他成分也可以,如"外边风特别大"、"他哥哥非常聪明"。

在状态形容词中,性质形容词的重叠形式及构词的第3类形容词可以单独作谓语,但后面要用语气助词"的"。例如:

⑥屋里乱哄哄的。

⑦这个孩子傻了吧唧的。

⑧姑娘的脸红红的。

⑨她大大方方的。

构词的第4类形容词一般可以单独作谓语。例如:

---

① 一位美国教授在谈到汉语的形容词时曾讲过他自己亲身经历过的一个故事。他说他的太太是广东人,他们住在香港的时候,有一天太太叫他出去买苹果,嘱咐他要挑大的。他上街一看,苹果都不大,于是没有买就回家了。回家以后,太太问他买的苹果在哪儿。他说,没有看到大苹果,所以没有买。太太说,她要他买大的,意思是买苹果的时候要挑大一些的买,并没有一个"大小"的绝对标准。他是位语言学家,于是悟出汉语的形容词本身就有比较的意思。

⑩我一摸,他的手冰凉。

⑪街上漆黑,……

这类句子往往作为一个分句,出现于复句中。

三、作状语

性质形容词大都不能单独自由地作状语,只有“多”、“少”、“早”、“晚”、“迟”、“快”、“慢”、“难”、“容易”等可以单独作状语。例如:

①你们在一起多研究研究问题,少说闲话。

②小马经常早来晚走。

有些单音节形容词虽然可以单独作状语,但有很大限制,只能修饰个别的动词。如“轻”一般只修饰“放”、“弹”等,构成“轻放”、“轻弹”。类似的短语如“高举”、“高喊”、“紧握”、“紧跟”、“粗看”、“粗通”、“静坐”、“静听”、“怪叫”、“重打”、“重创”等等。

双音节形容词在口语里很少单独作状语,多采用重叠形式。例如:

③孩子们规规矩矩地坐在那里,一动也不动。

④今天放假,我们痛痛快快地玩一天吧。

有少数双音节形容词可以单独作状语。例如:

⑤你再仔细看看,有没有错字。

⑥工人们把车间彻底打扫了一下。

有些双音节形容词作状语只出现在书面语中。例如:

⑦听到这个消息,战士们激动地表示:……

⑧在我们的社会主义祖国,孩子们愉快地生活,健康地成长。

状态形容词有些可以作状语,后面一般要用“地”。例如:

⑨麦穗沉甸甸地垂着。

⑩老头儿孤零零地站在那里。

⑪小汤姆笔直地坐在椅子上。

四、作补语

性质形容词可以单独作结果补语。例如：

①衣服晾干了。

②这个电影我看明白了。

各类形容词都可以作情态补语，其限制基本与作谓语的情况一样。即性质形容词单独作情态补语有对照、比较的意味。例如：

③妹妹唱得好，哥哥唱得不好。

④小红长得漂亮，小兰长得丑。

性质形容词作一般的描写性的情态补语时，前边要加程度副词等成分。例如：

⑤我坐在第一排，所以看得很清楚。

状态形容词中构词第 3 类及性质形容词的重叠形式作情态补语时，后面要用“的”。例如：

⑥饭做得香喷喷的。

⑦孩子们穿得整整齐齐的。

构词的第 4 类形容词可以单独作补语。例如：

⑧他的脸涨得通红。

⑨孩子一动也不动，站得笔直。

五、形容词可以作主语、宾语

形容词像动词一样，也可以作主宾语。作主语时，对谓语动词

有要求(举例时包括动词作主语的句子):

(一)某些系词,如"是"、"像":

①勤劳是一种美德。

②对她来说,黑暗简直像魔鬼一样。

③对很多人来说,上班是一件快乐的事。

(二)"使"、"让"、"叫"一类表示致使意义的词:

①谦虚使人进步,骄傲使人落后。

②割麦子叫他懂得了劳动的意义。

③笑使她显得年轻了许多。

④这次胜利更增强了他们必胜的信心。

(三)能愿动词:

①成绩好会带给你快乐,也会使人变得骄傲起来。

②劳动能改变一切。

(四)形容词:

①工作着是美丽的。

②我们老师讲课很生动。

第五节 形容词的重叠

性质形容词及构词第 4 类的形容词都可以重叠。各类形容词重叠的方式以及所表示的意义有所不同。

一、单音节性质形容词的重叠

单音节性质形容词按 AA 式重叠。在口语中,有些单音节形容词重叠后第二个音节可以儿化，念第一声并且是重音所在。如“早早儿”/zǎo ′zāor/，“远远儿”/yuǎn ′yuānr/，“慢慢儿”/màn′mānr/。在庄重正式的场合或朗诵非口语化的文学作品时，重叠的音节不儿化，也不变调。

重叠形式的单音节形容词作状语、补语时，表示程度深。例如：

①您行行好，再重重地给我一拳。

②我自己会走，我要走得远远的。

作定语时一般不表示程度深，但描写作用很强，而且包含喜爱的感情色彩。例如：

③小女孩弯弯的眉毛，大大的眼睛，红红的嘴唇，很可爱。

④彬彬梳着短短的头发，穿着短短的裙子，很精神。

例③中的“弯弯的眉毛”的意思并不是“眉毛很弯”，“大大的眼睛”的意思也不是“眼睛很大”，“红红的嘴唇”的意思也不是“嘴唇很红”，而是“眉毛”、“眼睛”、“嘴唇”等“弯得”、“大得”、“红得”很可爱，很好看。

两个语义相关的单音节形容词有时可以对举后重叠，如“大大小小”、“长长短短”、“红红绿绿”、“高高低低”、“远远近近”等，有不整齐划一、纷繁不一的意思。例如：

①教室里的椅子大大小小，桌子高高矮矮，很不美观。

②路高高低低的，坐在车里很不舒服。

③游行的人们举着大大小小的红旗，打着红红绿绿的彩旗，穿着五颜六色的衣服，显得气氛很热烈。

应注意，有些词语形式上与形容词重叠式类似，但实际上是一种熟语。如“多多少少”意思是“或多或少”。

二、双音节性质形容词的重叠

双音节性质形容词有两种重叠方式。一种是完全重叠式，即AABB式，如“清清楚楚”、“干干净净”。在口语中第二个音节可念轻声，第三音节念第一声，第四音节也念第一声，儿化并且是重音所在。如“漂漂亮亮”/piào·piao liāng liāngr/，“明明白白”/míng·ming bāi bāir/。在正式场合，第一音节重读，第二音节为轻声，第三、四音节正常。如“漂漂亮亮”/piào·piao liàng liàng/，“明明白白”/míng·ming bái bái/。

双音节形容词的完全重叠式作状语、补语时，也表示程度深。例如：

①小喜亲亲热热地问长问短。

②你看这是白纸黑字写得清清楚楚的。

作定语时描写作用更强，表示程度的作用不明显。例如：

③他家来了一个斯斯文文的姑娘。

④他那朴朴素素的衣着，实实在在的态度，大大方方的举止，给人留下了很好的印象。

⑤你这种拖拖拉拉的作风必须改变！

作谓语时取得了单独作谓语的资格，同时具有描写作用。例如：

⑥家里干干净净的，……

⑦这个姑娘大大方方，一点也不扭捏。

这种句子也多作为分句出现于复句中。

有的双音节形容词只有完全重叠式，没有基本式，如“病病歪歪”、“大大咧咧”。

双音节形容词还有一种不完全重叠式，格式是“A里AB”。

重叠时声调不变，重音在第一音节上，第二音节（嵌音“里”）读轻声，第三、四音节次轻，有时重音可落在第四音节上，使语气更重些。如“糊里糊涂”/hú·li·hú tú/，“傻里傻气”/shǎ·li shǎ qì/，“啰里啰唆”/luō·li luō suō/，以及“拉里拉杂”、“马里马虎”等。

不完全重叠式含有厌恶、轻蔑的意味，能这样重叠的只限于包含贬义的形容词。

三、构词的第4类形容词的重叠

构词的第4类形容词都按ABAB式重叠，一般包含程度深的意思。例如：

①天空瓦蓝瓦蓝的。

②这头小猪长得滚圆滚圆的。

③他焦黄焦黄的长脸上布满了皱纹。

应当注意，并不是所有的形容词都能重叠。能重叠的多为日常生活中常用的。不少形容词不能重叠，如“伟大”、“光明”、“幸福”、“美丽”、“英明”、“勇敢”、“熟悉”、“困难”、“艰巨”、“悲”、“疯”、“假”、“贼”等。比较起来，双音节形容词不能重叠的多些，单音节形容词和构词第4类形容词绝大多数都可以重叠。

第六节　形容词与其他词类兼类的问题

有一部分形容词兼其他词类。

一、形容词兼副词

有些形容词在修饰动词或形容词时，意义有所改变，语法功能

也与副词相同,这时应属于副词。主要有:

直(不断地):这个孩子直哭。

怪(很,非常):跑了一天了,怪累的。

老(总是):他怎么老不说话?

全(都):我十道题全对了。

白(徒然):今天又白跑了一趟。

光(只、单):不能光说不做。

快(时间接近):小刘快回国了。

偏(只有,就):大家都高高兴兴,偏你一人生气。

死(不灵活、程度高等):学习的时候,不要死记硬背。

这个箱子死沉死沉的。

他犯了错误还死不承认。

早(很久以前):我们早就认识了。

真(的确、实在):今天的电影真好。

干(徒然):这件事他干着急没办法。

这些副词都只用于口语。

二、形容词兼动词

形容词如果能带宾语(常表示使动意义)或能按动词的重叠方式重叠(ABAB式,表尝试、短时等义),就兼属动词类。列举主要的如下:

(一)能带宾语,能按动词重叠方式重叠并有形容词重叠式的:

红 壮 弯 正 斜 平 松 饿 静 多 短 直 烫

温 宽 匀 光 省 累 通 横 端正 清楚 平静

明白 摇晃 富余 晃悠 平整 麻烦 安定 冷淡

（二）能带宾语，能按动词重叠方式重叠，无形容词重叠式的：

习惯　充实　坦白　公开　缓和　统一　孤立　讲究

开阔　可怜　肯定　清醒　深入　疏远　壮大　平均

纯洁　固定　严格　满意　健全　调和　突出　繁荣

密切　滋润　便利　集中　普及　挤

（三）能带宾语，不能按动词重叠方式重叠，但有形容词重叠式的：

厚　乱　黑　脏　多　少　苦　死　破　哑　勉强　模糊

（四）能带宾语，不能重叠的：

聋　瞎　瘸　对　错　差　涣散　焕发　坚定　固执　讨厌

忠诚　便宜　松懈　冤枉

（五）不能带宾语，能按动词重叠方式重叠，并有形容词重叠式的：

高兴　热闹　凉快　安静　亲热　轻松　唠叨　痛快　愉快

舒服　干净　漂亮

三、形容词兼名词

当形容词能指称一个具体事物或具有名词的某些语法特征（能受数量词和表示性质、数量的形容词修饰）时，就兼属名词类。这种兼类的形容词数目有限：

横　竖　苦　规矩　秘密　便宜　保险　方便　热闹　困难

痛苦　烦恼

参考文献

刘月华　表示状态意义的“起来”与“下来”之比较，世界汉语教学，1987年预刊(总第1期)。
朱德熙 现代汉语形容词研究,语言研究,1956年第1期。

练 习

一、下列形容词哪些能受程度副词(如“很”、“太”、“非常”等)修饰,哪些不能?在能受程度副词修饰的词前加上适当的副词,在不能受程度副词修饰的词前画“×”:

____白	____整齐
____通红	____正确
____正(副)	____假
____大型	____滚热
____直	____漂亮
____竖	____黑洞洞
____正式	____随便
____相同	____共同
____傻里傻气	____一般

二、写出下列形容词的重叠式:

大	高	红
凉快	热闹	漆黑
雪白	高兴	碧绿
滚圆	痛快	生疼
清楚	整齐	焦黄
模糊	顺当	冰凉

三、指出下列句子中形容词重叠式的作用:(①包含喜爱意味,②表示程度,③表示厌恶的感情,④具有描写作用)

1.天黑了,老人在路上慢慢地走着。

2.孩子们把教室布置得漂漂亮亮的。

3.弯弯的月亮斜挂在天空,星星在向我们眨眼,夜美极了。

4.这时我抬头一看,从外面进来了个漂漂亮亮、干干净净的小姑娘。

5.这个人办事总是马里马虎的,大家都不放心。

6.小明把大海涂得蓝蓝的,树涂得绿绿的,国旗涂得红红的,色彩十分鲜明。

7.我清清楚楚地听见有人叫我,可就是看不见他。

8.小梅举着两只胖胖的小手,向我跑来。

四、选出正确的句子:

1.A 我买了一本袖珍英汉词典。

B 我买了一本袖珍的英汉词典。

2.A 这朵花白白的,很可爱。

B 这朵花白不呲咧的,很可爱。

3.A 张群穿了一件新衣服,银灰色的,很精神。

B 张群穿了一件新衣服,灰了吧唧的,很精神。

4.A 今天的会很主要,希望大家都要出席。

B 今天的会很重要,希望大家都要出席。

5.A 我们的老师不爱打扮,总是朴朴素素。

B 我们的老师不爱打扮,总是朴朴素素的。

6.A 医生轻轻地走到病人床前,给他盖好被子。

B 医生很轻轻地走到病人床前,给他盖好被子。

7.A 这个孩子小眼睛睁得滴溜圆。

B 这个孩子小眼睛睁得滴溜圆的。

8.A 地里的庄稼绿油油。

B 地里的庄稼绿油油的。

9.A 我们的学校很漂亮。

B 我们的学校漂亮。

10.A 北京到上海没有到天津近。

B 北京到天津没有到上海远。

五、判断下列句子的正误,并把不正确的句子改正过来:

1.中国人民友好我国人民。

2.我们宿舍很干净。

3.这件事情他们了解得清楚。

4.小明没有小刚矮。

5.我们人穷志不短。

6.不喜欢音乐的人是个别的。

7.老师的房间里有多书。

8.颐和园的风景十分优美。

9.扮演小花的演员演得真实。

10.外面漆黑漆黑。

11.黑板上的字写得很清清楚楚。

12.新建的工厂很大型。

第六章　副词

副词是用在动词、形容词前面起修饰、限定作用的词。常用来说明动作行为或性质状态等所涉及的范围、时间、程度、情态以及肯定或否定的情况。有时也用来表示两种动作行为或性质状态之间的关系。

第一节　副词的特征和语法功能

一、副词的主要语法功能是充任状语。副词可以修饰动词、形容词，或者修饰整个句子。如“刚到”、“已经走了”、“最好你去”、“非常高兴”，也可以修饰能代替动词、形容词的代词“这样”、“那样”、“这么着”等。例如：

①我们都是留学生。

②我很喜欢学习汉语。

③那里的景色太好了。

④我没学过汉语，不认识汉字。

⑤难道你不想参加这次旅行吗？

⑥事情已经这样了，还有什么办法？

⑦你就这么着，不要动。

⑧这篇文章就那样了，不需要再修改了。

⑨经过批评帮助，他不再那样了。

例①的“都”是副词，修饰动词“是”，例③的“太”是副词，修饰形容词“好”，例⑤“难道”是语气副词，修饰整个句子，例⑥“已经”是副词，修饰代替谓语动词的代词“这样”。

副词一般不能修饰名词（短语）、数量词（短语）。但是当这些词语作谓语时，则可以受表示时间、范围等方面的副词修饰。例如：

①今天才星期五，我以为又星期六了。

②王大伯都七十多岁了，他儿子刚十几岁。

③他们结婚已经两三年了。

少数表示范围、否定的副词，有时可以限制名词（短语）、代词或数量词。例如：

①光你一个人去吗？

②这件事就你不知道，我们早就都知道了。

③天一擦黑，男的一律裤头，女的一律裙子……

二、副词一般不受另一个词的修饰。

三、副词不能单独成句，一般也难以单独回答问题。如有人问“昨天的电影好吗？”可以回答“很好”或者“好”，但不能回答“很”。少数副词如“也许”、“一定”、“别”、“差不多”、“当然”等能用来回答问题。例如：

甲：给你的钱够不够？

乙：差不多，差不多吧。嘿嘿。

这种副词单独回答的句子多见于口语。

四、有的副词还可以充当补语，但只限于表示程度的“极”、“很”、“坏”、“死”、“透”等。前面的词语为形容词或表心理状态的动词，如“好极了”、“高兴极了”、“坏极了”、“脏死了”、“吓死了”、“急死了”、“糟糕透了”、“恨透了”、“坏透了”（参见第三编第五章第五节“程度补语”）。例如：

①昨天的乒乓球表演赛精彩极了。

②街上的车多得很。

③半路上车出问题了，真把我急死了。

五、有的副词在句中可以起关联作用，常用来连接两个动词或形容词，也可以连接两个短语或分句。例如：

（一）用单个副词关联的：

①说干就干。

②死也不投降。

（二）用两个相同的副词关联的：

①那座新楼又高又大。

②我越学习越觉得自己知道的少。

（三）用两个不同的副词关联的：

①再困难也不怕。

②非学会不可。

（四）用一个副词和一个连词或介词关联的：

①不管多困难也得学会。

②刚来中国时，我连一个汉字也不认识。

第二节　副词的分类

按照意义，可以把副词分成以下几类：

一、表示时间的，常用的有：

刚、刚刚、已、已经、曾经、早、就、早先、正、正在、在、将、将要、立刻、马上、顿时、回头、起初、原先、一时、向来、一直、一向、好久、永远、从来、随时、时时、偶尔、间或、老(是)、总(是)、忽然

二、表示范围的，常用的有：

都、全、统统、一共、共、总共、一起、一块儿、一同、一齐、一道、一概、净、一味、只、仅仅、就、独、唯独、单、光

三、表示重复、频率的，常用的有：

又、再、还、也、屡次、再三、常常、经常、时常、往往、不断、反复

四、表示程度的，常用的有：

很、极、挺、怪、太、非常、格外、十分、极其、分外、最、顶、更、更加、越发、越加、相当、稍、稍微、稍稍、略、略微、比较、较、有点儿、可、真、好、多、多么、几乎、尤其、过于

五、表示语气的，常用的有：

可、幸亏、多亏、难道、何尝、居然、究竟、到底、偏偏、索性、简直、反正、却、倒、多亏、也许、大约、好在、几乎、差点儿、果真、果然、明明、敢情

六、表示肯定、否定的，常用的有：

不、没(有)、一定、准、未必、必定、必然、未、别、莫、休、勿

七、表示情态的，常用的有：

猛然、依然、仍然、逐步、逐渐、渐渐、亲自、擅自、百般、毅然、互相、特地

第三节　常用副词的用法

一、都

（一）“都”主要表示范围，用来总括它前面提到的人或事物，在句法结构上是状语，修饰它后面的动词或形容词，表示“都”所限定的事物没有例外地发生动词所表达的行为动作或具有形容词所表示的性状。例如：

①咱们都不要客气。

②今天学生都去参观了。

③柜子里都是书。

④这儿的人都那么热情、好客。

⑤老张每天都睡得很晚。

⑥这是绝密，对任何人都不能讲。

例①的“都”总括的是“咱们”，即“听话人和说话人的全部”。例②总括的是“学生”的全部。例③总括的是“柜子里”的全部东西。例④总括的是“这儿的人”。例⑤总括的是状语“每天”。例⑥总括的是介词的宾语“任何人”。有时“都”的前面所提到的人或事物都是复数时，“都”所总括的部分有三种可能。例如：

⑦这几个句子他们翻译得都很好。

这里的“都”总括的可能是“这几个句子”，也可能是“他们”，也可能是“这几个句子”和“他们”两项，这需要靠语言环境来确定。有时说话人的逻辑重音也可以表明“都”所总括的是哪一项内容。如例

⑦重音落在"这几个句子"上，就总括"这几个句子"，如落在"他们"上，就总括"他们"。

需要注意的是：副词"都"在句中应放在它所总括的词语后，如"我们都是学生"，不能说成"都我们是学生"。

副词"都"常用在下面几种情况，有时"都"甚至是不可缺少的。

1.句子的主语为复数事物，要突出"全部"的意思时，谓语中常用"都"。例如：

①大家都为你的成功感到高兴。

②这件上衣很合身，长短肥瘦都合适。

例①中"都"语义指向前面的主语"大家"，例②语义指向"长短肥瘦"。

"都"也可以总括介词的宾语。例如：

①好，这样对双方都有好处。

②他把练习里的错字都改正过来了。

例①的"都"语义指向介词"对"的宾语"双方"。例②的"都"语义指向介词"把"的宾语"练习里的错字"。

有时"都"所总括的词语可能省略了，没有在"都"前面出现。例如：

①A：这些书怎么办？

B：都扔了。

②见了他，你别都说优点，不说缺点，他不喜欢拍马屁。

"都"在有些句子里是不可少的。例如：

①王教授的外文书很多，英文的、法文的、日文的都有。

②我们学校的留学生来自世界各地，亚洲的、非洲的、美洲的、澳洲的都有。

在上述句子中，“都”总括的名词都充任话题。

2.句子里有“每”、“各”、“所有”、“一切”、“全部”、“这些”、“那些”以及“随时”、“到处”、“任何”等类词语时，谓语中一般要用“都”与之呼应。例如：

①诗人贾岛的每句诗和每个字都经过反复锤炼，用心推敲修改。

②你看这些家具都是你从前顶喜欢的东西。

③一切都照你是正式嫁过周家的人看。

④我国的石拱桥几乎到处都有。

⑤所有的老师都说你很聪明。

⑥我每天都看报。

名词或量词重叠使用时，含有复数的意思，谓语里也要用“都”。例如：

①人人都应该遵守交通规则。

②她很积极，热情，在厂里事事都跑在前面。

③幼儿园的孩子们，个个都长得很健壮。

3.句中有表示任指的疑问代词“谁”、“什么”、“哪”、“哪儿”、“哪里”、“怎么”等时，谓语中要用“都”或“也”与之呼应。这时“都”是不可缺少的。因为疑问代词的任指用法表示周遍性的意思，不是单数。例如：

①您的问题，谁都答不上来。

②他回来后，什么都没说，拿一本书又走了。

③我刚来到北京，哪儿都不认识。

④大青山上，目之所及，哪里都是绿的。

4.句中有“无论”、“不论”、“不管”等连词时，谓语或第二个分句中要用“都”与之呼应，这也是因为“无论”等涉及的不是一种单一的情况。常见的格式是“无论(不论、不管)……都/也”。例如：

①无论谁都应当讲究公共道德。

②无论做什么事，都不能只顾自己，不考虑别人。

③不管你学习还是工作，都要讲究效率。

5.由疑问代词“谁”、“什么”、“哪儿”、“哪＋数量词”、“哪＋几＋量词”构成的疑问句常用“都”，“都”轻读。这时，“都”要放在谓语动词前，总括后面疑问代词所询问的内容。回答这类问题时，不能用“都”。例如：

①A：你家里都有什么人？

B：我家里有我父亲、母亲、两个哥哥和一个妹妹。

②A：这件事情你都告诉谁了？

B：我告诉了张老师和咱们班的同学。

③A：这次旅行你都去哪儿了？

B：我去了天津、上海、杭州、广州和桂林。

④A：参加座谈会的都有哪些人？

B：有学校的各级领导和各年级的学生代表。

⑤A：张老师，您都教哪几门课？

B：我只教现代汉语。

这些问句所以都用了“都”，是因为问话人假定答案不是单数，如果不用“都”，就不足以表示出这种假定，从而会引起听话人的误解或不快，但是“都”又不能放在所总括的名词(在句末)后。答句中所以不再用“都”，是因为“都”前的“家”、“我”等是单数。

在口语里，“都”有时直接用在疑问代词前。例如：

①你这辆自行车都哪儿有毛病？

②今年暑假都谁想回国探亲？

(二)“都”的其他用法

1.常与介词“连”、副词“甚至”、数词“一(+量词+名词)”搭配使用，出现于句子的话题对比焦点后(参见第五编第四章“篇章”)。常见的格式有“连…都…”、“甚至…都…”、“一…都…”。例如：

①连弟弟都懂得这个道理，你这么大了，怎么不懂。

②他胆子太小了，甚至树叶子落下来都怕砸了脑袋。

③这次考试，李力一个汉字都没写错。

④她是女扮男装吗？一点儿都看不出来。

有时，只用一个副词“都”，也表示同样的意思。例如：

①这么重要的消息你都不知道。

②他为了赶火车，饭都没吃就走了。

③爷爷，我都不怕那个家伙，您还怕他！

④小明的作文一百个字都不到，太短了。

例①可表示两个意思：逻辑重音落在句首时，对比焦点是“这么重要的消息”，若落在“你”上，焦点就是“你”了。

“都”前也可以是数量词(短语)。例如：

①小明写的作文一百字都不到。(写得少)

②我每天十个生词都记不住。(数量少)

③你太极拳学了三天都不到，就不想学了，那是学不好的。

“都”也可以出现在话题对比焦点后(参见第五编第四章第一节“信息、话题、焦点”)。例如：

①听完老师的问题，他想都没想就回答出来了。

②拿到信后，她看都没看一眼就塞在书包里了。

③这个小家伙走都走不稳，就想跑！

2.表示"已经"的意思,"都"轻读,句尾用"了"。例如:

①哟,都十二点了,该睡觉了。

②几年不见,你怎么头发都白了。

③打猎的追上来了,听,都能听见马跑的声音了。

"都"后可以有"快"、"快要"等时间副词。例如:

①老愚公都快八十岁了,还带领儿孙们搬山呢。

②飞机都快要起飞了,阿里才来。

③都快到冬天了,天气还这么暖和。

"都"后可以是数量短语。例如:

①阿里来中国都三年了。(时间长)

②最近老王很忙,都半个月没回家了。(时间长)

③这个句子,老师都解释三遍了,我还不懂。(解释的次数多)

④你都掌握两千多个常用词了,跟中国人谈话没什么大问题了吧。

二、只

"只"是一个表示范围的副词,它的基本作用是表示"限定",在句法上修饰它后面的动词(短语),在语义上,限定动词所表示的行为动作或其所涉及的事物的范围。

(一)"只"限定动词的宾语,一般情况下,"只"总用在主语后,谓语动词前,在语义上可指向动词后面的宾语。例如:

①这学期,我们只学习汉语。

②我父母去世早,身边只有哥哥、姐姐了。

③那两个村庄只隔一条河。

④姑娘朝大刘走来了，小伙子只觉得脸上热烘烘的。

“只”在语义上可以指向介词的宾语。例如：

⑤我只给家里写信了，没给朋友写信。

⑥会上，他只对这个问题发表了意见。

例⑤的“只”修饰“给家里写信”，语义指向是限定介词“给”的宾语“家里”。例⑥的“只”的语义指向是介词“对”的宾语“这个问题”，意思是“对其他事没有发表意见”。

“只”语义指向宾语的定语。例如：

⑦实现我们的计划，这只是一个时间问题。（“只”语义指向“时间”）

⑧老王啊，我们不能只关心青年工人的生活，那些老职工的问题也不能忽视。（“只”语义指向“青年工人”）

（二）“只”限定谓语动词或动词短语，这种用法又分为三种情况：

1.“只”用在谓语动词前，后边通常有一个语义相关的否定句，对前一分句的意思进行补充。例如：

①我问她哭什么，她只哭，什么也不说。

这个句子意思是说“她”只是“哭”，不回答，“什么也不说”补充“只哭”，意思也是“不回答”。

②他打开门，只看了看，没吭一声就走了。

③咱们应该说得到，做得到，不能只说不做。

④他学习外语，只看书，不爱张嘴，自然学不好。

⑤只学得好，还不够，还要会用。

⑥那些劳保用品，我只领回来了，还没分给大家。

2.句中有能愿动词，“只”用在能愿动词前，限定能愿动词及其后边的词语。例如：

①他懂一点汉语，可是只会说，不会写。

②这些年，我也学乖了，我只想看看他，他究竟是我生的孩子。

③有些人只会空想，不会做事，也有些人只顾做事，不动脑筋。

3.有时，前一分句用否定形式，后一分句的“只”限定一个范围，对前一分句进行补充。例如：

①这壶酒不够两个人喝，只够一个人喝。

②有的人做事情，常常不从实际出发，不调查研究，只凭自己主观愿望和想象。

（三）“只”与数量词连用时，表示数量少，“只”仍然要用在动词或动词短语前，不能与数量词直接连用。

1.“只”限定宾语前数量定语。例如：

①这本书只有二百页。

②我只买了两条鱼。

③花瓶里只插一支花。

④信里他只写了这么几行字。

2.“只”限定动词后的时量补语、动量补语或数量补语。例如：

①联欢会只进行了一个多小时。

②织女急中生智，只喊了一声：“快去找爸爸。”

③钟只敲了一下儿，也不知道是几点了。

④我们只见过一次面。

⑤这件衬衫比那件只长半公分。

3.“只”前有表示时段的时间词语，后有一般的数量词语，或时间词语在后，一般数量词语在前，这两种句式所表达的语义不同，“只”修饰谓语动词后的数量词语，表示数量少、时间短。例如：

①他两个小时只写了四百字。（写的字少）

②他四百字只写了两个小时。（写的时间短）

③你的车一小时只走五十公里。（走的公里数少）

④你的车五十公里只走了一小时。（走的时间短）

4.有时，“只”可以直接用在名词短语前。例如：

①今天家里只我一个人，你们来玩儿吧。

②他头上是一顶破毡帽，身上只一件很薄的棉袄。

③这个消息只大张和王师傅听说了。

④这次午餐会，只王太太没来参加，她身体不好。

这种用法是有条件的，即名词短语是句子的谓语，如例①②，或是主语，如例③④。名词短语作宾语时，不能这样用。不能说“阿里会只英语”，因“英语”不是谓语，句子的谓语是“会”。

“只”的这种用法，与“只有”相当，如例①—④可以说成：

①′今天家里只有我一个人，你们来玩儿吧。

②′他头上是一顶破毡帽，身上只有一件很薄的棉袄。

③′这个消息只有大张和王师傅听说了。

④′这次午餐会，只有王太太没来参加，她身体不好。

（四）“只”用在双宾语句里，在句法上修饰动词，但语义指向比较复杂，需要靠上下文、语言环境和句子的逻辑重音来确定。例如：

′我只给她一本书。（她的一本书是“我”给的，别的是谁给的不知道）

我只′给她一本书。（是“给”她的，别的都是借给她的）

我只给'她一本书。（书是给“她”的，没给别人）

我只给她'一本书。（我给了“一本书”，不是两本、三本）

我只给她一本'书。（我给了书，没给别的）

（五）“只”用在兼语句里，有两个可能的位置：用在第一个动词前，或用第二个动词前，“只”在句中的位置不同，语义指向也不同。“只”用在第一个动词前时，它的语义指向可以是第一个动词后的兼语，或第二个动词，或第二个动词的宾语，视重音而定。例如：

我只叫'你帮助他。（叫“你”帮助，不叫别人帮助）

我只叫你'帮助他。（只“帮助”他，不要“代替”他）

我只叫你帮助'他。（只帮助“他”，不帮助别人）

“只”用在第二个动词前时，语义指向第二个动词的宾语。例如：

我叫你只帮助'他。（只帮助“他”，不帮助别人）

（六）“只”用在连动句中，可放在两个位置上：在第一个动词前，或在第二个动词前。在第一个动词前时，“只”语义指向动词宾语，在第二个动词前时，语义可以指向动词，也可以指向宾语，也可以是宾语的数量定语。例如：

我只去'书店买一本书。（只去“书店”，不去别的地方）

我去书店只'买一本书。（只“买一本书”，不做别的事情）

我去书店只买'一本书。（只买“一本书”，不是两本、三本）

以上简单地介绍了“只”在不同的句式中的位置与语义指向。在谓语比较复杂的句子里，“只”的语义指向也较复杂，在运用和理解时须加以注意。

三、最

“最”是表示程度的副词，意思是“极端”、“超过同类事物”，常用于比较。“最”可以用在形容词、能愿动词、表示心理状态的动词（如“喜欢”、“恨”、“可怜”）的前面，“使、让、叫”等动词前也可以用“最”。“最”在句中作状语。例如：

①甲班有9个学生，乙班有6个，丙班有12个，丙班的学生最多。

②数理化三门功课比较起来，他数学学得最好。

③这三个年轻人中，小王最爱学习，最有钻劲儿。

④谁最能代表群众的利益，群众就最拥护谁。

所“比较”的事物有时并不出现。例如：

①玛丽最怕冷。（与玛丽相关的人相比）

②中国的乐山大佛是世界上最大的佛像。（与世界各地的佛像相比）

③气象灾害是自然灾害中发生频率最高，范围最大，损失最重的一种灾害。（与其他自然灾害相比）

“最”也可用于不与其他事物比较的情况，后面多为“高”、“低”、“大”、“小”、“长”、“短”、“快”、“慢”、“早”、“晚”、“多”、“少”、“粗”、“细”、“冷”、“热”等形容词，“最”表示在性质、状态、时间、数量等方面的极点，常用于估计或提出某种限制。例如：

①我们将尽最大努力完成好这项任务。

②婴儿的睡眠时间最少要十二个小时。

③用这种办法养鱼，每年亩产最高达到三四十万斤。

④从北京到上海最快也要一个小时。

⑤你最晚在下午下班以前给我答复。

⑥每位代表的发言时间最多不能超过十分钟。

由于“最”含有达到顶点的意思，可以用在某些方位词的前面，表示方位的极点。例如：

①走在游行队伍最前头的是身经百战的母亲们。

②怕压的东西放在最上边儿，不怕压的放在最下边儿。

③最后边的一节车厢是餐车。

④你住在几号房间？——几号不知道，我住在最东边的那一间。

四、更

“更”是程度副词，用于事物自身发展各个阶段的比较或两个事物之间的比较，表示比基准的程度或情况又进一层。“更”多用于形容词（短语）、动词（短语）前，作状语。例如：

①那篇文章修改以后，主题更突出了。

比较的基准是“修改前”。

②雨过天晴，景色显得更美丽了。

③这个戏脱稿于去年春天，酝酿这个戏的时间还要更早一些。

④做出这道题的不是小王，也不是小李，更不是小张。小张对数学最不感兴趣。

⑤这里的一切都很好，可是故乡的一草一木更吸引着我。

“更”还常用于“比”字句中。例如：

①现在的生活比过去好了，将来会比现在更好。

②那时他认为学习文艺比学习医学更重要。

③这个例子比那个例子更能说明问题。

④通过接触，他比以前更信任我们了。

比较句中用“更”时，是先肯定某一事物已经具有某一性质状态，比如例①是先肯定“现在的生活好”，“更”表示另一事物(所比的事物)的性质状态更进一层，例①中是“将来的生活更好”。例②先肯定“学习医学重要”；例③是先肯定“那个例子能说明问题”；例④是先肯定“他以前信任我们”。因此如果要说“甲比乙更高”，前提是认为“甲”是一个高个子。

“更”后可以用否定副词。例如：

昨天的天气不好，今天的天气更不好。

五、比较

“比较”是程度副词，表示具有一定的、不太高的程度。比较下面的句子：

①A：今天冷吗？

B_1：比较冷。

B_2：冷。

B_3：很冷。

B_4：非常冷。

B_4 的回答“非常冷”程度最高，B_3 的回答“很冷”比 B_2 的回答“冷”程度要高，而 B_2 的回答“冷”又比 B_1 的回答“比较冷”要高，“比较冷”的程度最低，意思类似“有点儿冷”。再如：

②小王比较了解我。

③对这里的情况，您一定比较熟悉。

④我们的工厂在本市不算是最大的，也算是比较大的工厂之一。

应注意，“比较”常常不用于比较，而只表示具有一定的、不高的程度。例如：

⑤这个电影比较好,你可以去看。

这个电影很好,你应该去看。

这个电影非常好,你一定要去看,不然会后悔的。

⑥你这次考试成绩只能说比较好,不能算很好。

"比较"后边一般不能用否定副词,如一般不说"这个电影比较不好"、"今天比较不热"等。

六、稍微

"稍微"也是程度副词,表示程度不高,可用在形容词(短语)、表示心理活动的动词(短语)前作状语。应该特别注意的是,在形容词或动词后一定要用表示少量的数量词语,如"一点儿"、"一些"、"一会儿"、"一下"等,或表示短时少量意义的动词重叠形式。例如:

①这课书的生词稍微多了一点儿。

②他们俩的关系稍微缓和了一些,不怎么吵嘴了。

③您稍微等一会儿,他马上就来。

④这种药特别灵,稍微撒上几滴,虫子就都杀死了。

⑤这个问题你稍微想一想就能答出来。

⑥王师傅经验多,这种小故障只要稍微敲打三五下,就能听出毛病所在。

"稍微"和形容词之间可以加上"有一点"。例如:

①你嗓子稍微有点儿红。

②这个小姑娘,稍微有点儿不称心就噘嘴。

③他稍微有点儿头痛,没什么大病。

"稍微"后还可以用表动作短暂的副词"一",后边再用动词或形容词，表示动作短促或程度不深。这样用时，后面往往紧跟着另一个分句。例如：

①小心点儿，你稍微一碰，杯子就会掉下来的。

②天稍微一亮，咱们就出发。

③你稍微一疏忽就会出差错。

跟“稍微”的意思和用法相似的还有“稍”、“稍稍”、“略略”。例如：

①地太滑，你稍不留神就会摔倒。

②人们稍不提防，触动了它们，这种凶恶的家伙就会伤人。

③组长用亲切的但稍有点难为情的语调说……

④她并没有在那里哭，不过眼眶稍稍有点红。

⑤风虽然稍稍小了些，寒冷却好像更甚了。

⑥不过，她看过一些翻译小说，也略略知道一点西洋人的生活情形。

⑦有一回她对我说道：“你读过书吗？”我略略点一点头。

七、曾经、已经、刚

这几个是表示时间的副词，修饰动词或形容词，作状语，表示在过去某时间里发生的动作行为或状态。例如：

①他曾经来过中国。

②他已经来中国了。

③他刚来中国。

④衣服已经干了。

⑤他曾经对她很亲热，可是，后来不知为什么两个人竟分手了。

⑥您的境况刚好，多多保重吧。

例①、②、③中的"来中国"在说话前已然发生。例④、⑤、⑥中的"干"、"亲热"、"好"在说话前也已存在。可是,这几个词在具体用法上还是有不同的。

(一)"曾经"和"曾"都表示过去发生过某动作行为或状态,并在说话之前已中止。如例①的意思是他有"来过中国"的一段经历,而这种情况没有延续到说话时已经中止。即使他现在"在中国",那是又"来"了,但与那次"来中国"无关。"曾"与"曾经"功能相同,只是书面语色彩更浓。

1.动词(短语)前用"曾经"时,后面常用表示经验的动态动词"过",即"曾经+动词+过"。例如:

①我曾经学过汉语。

②我们曾经见过面。

③这种事我曾经碰到过。

④我们这次访问包头,曾经登临包头市西北大青山,游览了这里的一段赵长城。

2.动词后可用动量补语或时量补语。例如:

①我曾经跟他见过一次面。

②我曾经找他谈过三小时。

3.表示否定时,一般用"没(没有)"来代替"曾经"。例如:

①你曾经来过中国吗?——我没有来过中国。

②你曾经看过那个电影吗?——我没有看过那个电影。

也可以用"曾经",后边再用"没"。例如:

①这里曾经半年多没有一场雨。

②老李曾经两三年没回家,回到家连自己的孩子都不认识了。

也可以用"不曾",书面语色彩更浓。例如:

①事情的结果会如此之糟，这是我不曾料到的。

②结果如何，我不曾想过。

（二）“已”、“已经”的功能相同，可以互换，“已”主要用于书面语。“已经”表示在说话前或某一特定时间前，动作状态就发生了，到说话时或某一特定时间，其结果状态仍然存在。例如：

①她女儿已经结婚了。

②天气已经暖和了，树梢都绿了。

③那个公司的招聘条件上个月我已经问了，现在不知道变没变。

④中国那时候已经有了自己的工程师，詹天佑就是他们中间的一个。

例①—③“已经”后的情况到说话时仍然存在。例④“已经”后的情况发生在说话前的某一时刻，“那时候”已存在“已经”后的情况。

“已经”后可用否定副词。例如：

①他已经不吸烟了。

②你已经不小了，别太孩子气了。

“已经”还可以用于将来的时间，而“曾经”不可以。例如：

明年的现在，我们已经毕业了。

（三）“刚”和“刚刚”的功能和用法相同，可以用在动词前作状语，表示动作行为发生在说话前或某一时刻前不久。“刚”比“刚刚”更常用。例如：

①呀！你的电话，刚挂上。

②天刚刚亮，他们就动身了。

例①的“刚”表示“挂上”这一动作发生不久，例②“天刚刚亮”的意思是“天由黑变亮”的状态发生不久。

“刚”和“刚才”不同。

1.“刚才”是表示时间的名词,表示说话前不久的那个时间。比较:

①A:小张呢?

B:我刚才还看见他在这儿呢,现在不知道去哪儿了。

②小张常常是刚吃了饭就饿。

例①的“刚才”指说话前不久,比如说话时间是早上十点,“刚才”指大概从九点半到十点之间的时间,所以“刚才”表示的是绝对的时间。例②的“刚”表示“吃了饭”不久,并不表示绝对的时间,甚至与说话的时间都没有关系。再如:

③刚才谁来了?

④你怎么刚来?

我们可以说“他刚从大学毕业”,但一般不说“他刚才毕业”,因为“刚才”只表示说话前不久、很短的时间。

2.用“刚才”的句子末尾可以用“了”,用“刚”的句子末尾不能用“了”。例如:

①小张刚才来了,很快就走了。

小张刚来。

*小张刚来了。

②A:你刚才去哪儿了?

B:我刚才上课了。

*我刚上课了。

八、快(快要)、就(就要)、将(将要)

这三个都是时间副词,表示动作行为将要或即将发生。“快”、

"就"表示最近的将来。例如：

①快到站了，准备下车吧。

②对不起，请等一会儿，我就来。

③半个世纪后，中国将成为一个发达国家。

（一）"快"、"就"、"将"经常和"要"连用，组成"快要"、"就要"、"将要"。"将"和"将要"多见于书面语，口语里多用"快（要）"、"就（要）"，而且"快要"或"就要"比"快"、"就"表示的时间更紧迫些。用这些副词时，句尾常用语气助词"了"。常见的格式有"快……了"、"快要……了"、"就要……了"。例如：

①他们快回国了，飞机票都买好了。

②天快亮了。

③春天快要到了。

④四年的大学生活就要结束了。

⑤那几座楼下个月就要全部完工了。

（二）表示时间时，"就"有"立刻"的意思，单用时多数情况下不用"了"，如"我就走"、"借你的词典查一个字，用完马上就还"。"就要……了"比"快要……了"表示的时间还要快些、紧迫些，而且"就要"前可以用表示时间的状语。"快（快要）……了"前面除了可以用"已经"和表示"已经"意义的"都"外，一般不能用时间词语。例如：

①胜利的时刻马上就要到了。

②他们的试验眼看就要成功了。

③你借的那本书下星期三就要到期了。

④太阳已经快要下山了。

⑤你再说下去他都快要哭了。

但是不能说“电影七点半快要开始了”。

九、在

副词“在”表示动作的进行。例如：

①A:老师在做什么？怎么不来上课？

B:老师开会呢。课取消了。

②早上我正在洗澡的时候，有人打电话来。

③明年这个时候，你会在做什么？

④去年这个时候，我正在上课。

“在”可以和也表示动作进行的“呢”一起用。例如：

⑤我到学校的时候，同学们正在考试呢。

“在”可以和表示动作持续的“着”一起用。例如：

⑥你们看，观众正在注视着我们，我们做动作的时候千万不能马虎！

十、还

(一)“还”可以表示行为动作继续进行或状况继续存在，含有“仍旧”、“依然”的意思。例如：

①几年没见，你还是老样子。

②夜深了，小明还在看书。

③这个矛盾解决了，还会遇到新的矛盾。

④已经五月了，天还这么冷。

⑤你怎么还不睡觉，都十二点了。

此外，“还”也可以用于尚未发生或将要发生的动作和状态，句中有“会”、“要”、“想”等能愿动词。例如：

①你明年还想学中文吗？

②这次比赛你取得了好成绩，今后还要刻苦学习，争取更上一层楼。

③过完国庆节，这儿还会这么热闹吗？

（二）表示除了提到的情况外，另有增补。例如：

①你不但要关心自己的学生，还要关心自己的身体。

②除了他们，还有谁支持你的意见？

③这次旅游到上海，我们看了看市容，还尝了尝上海小吃。

④按照规定，复试者还要唱一支外国歌。

“还”表示这个意义时，前面常有“不但……”、“除了……（以外）……”、“既……”等与之呼应。

（三）表示在程度上或数量上更进一层，意思与“更”一样，比“更”更加口语化，常用于“比”字句。例如：

①声速快，光速比声速还快。

②现在的年青人，你能干，我比你还能干。

③你急啊？我比你还急。

（四）表示“勉强”的意思，把事情往小、轻、低里说，后面多为褒义形容词。例如：

①您最近身体好吗？——还可以。

②这部小说写得怎么样？——还不错，值得一看。

③他这个人当个基层干部还能胜任。

例①的“还可以”表示“不很好，也不很坏”。例②“还不错”的意思是“不是很好，也不坏，勉强达到了一定水平”。例③表示勉强达到了“当基层干部”的标准。

（五）“还”表示“尚且”的意思。用于复句的前一分句，提出一种让步的情况，后一分句表示进一步推论的结果。例如：

①课文他还念不好呢，怎么能背得出来！

②他还能参加三千米长跑呢，你这个运动员肯定没问题。

③三年级学生还读不了原著呢，我们刚上二年级更不行了。

④她走路还走不稳呢，就想跑？

这种用“还”的句子，隐含着“连……”的意思。如例①可以说成“课文连念尚且念不好，怎么能背得出来！”

（六）“还”可以表示时间久远，表示动作行为或状态发生在很久以前。例如：

①那还是1948年以前的事呢，有好多细节已经模糊了。

②这张照片还是我考小学时候照的呢。

③这件毛衣还是我十岁的时候我母亲给我织的呢。

（七）“还”还可以表示感情。

1.表示出乎意料，含有“居然”的意思。后面常用副词“真”。例如：

①这么难的题，他还真做出来了。

②他们母子失散了几十年，最后还真团聚了。

③进院时，他烧伤得非常严重，可是，他还真活过来了。

2.用于反问句，可以加强语气。例如：

①他是渔民的后代，还能不会游泳？

②放心吧，您对我这么好，我还能不为您尽心尽力吗？

③师傅说：“活人，活人，不干活，还能算大活人吗？”

3.表示名不副实，应该怎样而没有怎样，有责备、讥讽的意味。例如：

①你还是哥哥呢，带着弟弟淘气。

②还是大学生呢，这么容易的题都不会！

③还行政科长呢，你这件事是怎么办的？哼！

十一、又

（一）表示同一动作行为的重复发生或反复进行，多用于已然的情况。

1.重复同一动词或动词短语。例如：

①这份试卷张老师看了一遍，李老师又看了一遍。

②见我沉思不答话，老纪又问一句：怎么样？

③张文觉得弟弟比以前又长高了一些。

④丁力拿着妈妈寄来的相片看了又看。

“又”还可以用来表示预计的重复，如日历、课表等，“又”后常用系词、形容词或能愿动词。例如：

①明天又是星期日了，我们又可以去郊外游玩了。

②月亮又圆了，明天大概又是农历十五了。

③下礼拜又轮到咱们组值日了，大家别忘了。

④周末又到了，你又能跟你的好朋友见面了。

2.“又”的前后重复数量词语的组合。例如：

①老船长把彼得送给他的礼物包了一层又一层。

（意思是“包了一层又包一层”）

②他很会写，这小小说他写了一篇又一篇。

3.“又”的前后用“一＋（动量词）”，在动词前作状语。例如：

①你一次又一次地来帮助我，真太感谢了。

②你一趟又一趟地来找他，有什么急事吗？

③我一遍又一遍地说，他才勉强接受了我的意见。

4."又"前后是"一＋年/月/天",用在动词前后,作状语或补语。例如:

①她织了一天又一天,织了一个月又一个月,终于织成了锦缎。

②日子一年又一年地过去了,理想至今也没有实现。

5."又"的前后用"一＋(名量词)",在名词或名词短语前作定语。例如:

①从他一封又一封的来信可以看出,他是多么想念久别的故乡啊。

②一辆又一辆的汽车飞驰而过,叫过路的行人很害怕。

6.在两个分句中,"又"用在交替使用的动词或形容词前,表示两个动作或两种情况交替发生。例如:

①他把模型拆了又装,装了又拆,从中学会了不少手艺。

②这张图纸,他画了又改,改了又画,整整忙了两天。

③他把家中的旧石章,刻了又磨,磨了又刻,终于学会了篆刻的本领。

"又"这样用时,前一个动词或形容词后常用动态助词"了"。

(二)表示两种情况或性状同时存在。例如:

①听说我要到中国来学习,妈妈高兴,又不高兴。

②他离婚了,在家是爸爸,又是妈妈。

③天这么黑,又下着雨,也不带个电筒。

以上各句之间有细微差别。例①的两种情况是并列的。例②的两种情况之间有层次之分,"又"后面的情况有进一层的意思。例③的"又"有追加补充的意思。

有时,同时用两个或三个"又",构成"又……又……"或

“又……又……又……”格式，表示两个或两个以上行为动作或性状同时发生或存在。这样用时，“又……又……”中间的形容词要么都是褒义的、正向的，要么都是贬义的、负向的。如是动词，两个动词应表示经常一起发生的动作。例如：

①那天晚上，月亮又圆又亮。

②这个姑娘又喜欢唱歌又喜欢跳舞。

③愫小姐画张画也值得你们这样大惊小怪的，又赋诗、又题字、又亲自送去裱。

（三）表示相继发生的动作。例如：

①孩子们给我们唱了一支歌，又跳了一个舞。

②她先看了镯子，又看了项圈，随后又看了十字架，做工都非常精巧。

③昨天他刚从东北回来，明天又要去广州。

例③的“又”用在“要去广州”前，限制“要去……”，意思显然是“去广州”又“要”发生了，所以“又”并不是用在表示未然动作的动词前。也就是说，当动作尚未发生而又用了“又”时，“又”后一定有能愿动词“可以”、“能”、“要”等。

（四）表示语气。

1.加强转折。在表示前后互相矛盾的情况时，用“又”可以加强转折的语气。例如：

①有件事想告诉你，又怕你听了不高兴，你想听吗？

②那是一个多么美丽而又痛苦的梦啊。

③这个句子不太像中国话，可我又不知道应该怎么改。

④她想安慰安慰妈妈，可又想不出适当的话来。

⑤他确实像一棵树，健壮，沉默可是又有生气。

⑥田忌听说齐王要跟他赛马，他怕自己输给齐王，可是又不敢说不赛，只好同意了。

“又”这样用时，它的前面常用表示转折的关联词“可”、“可是”、“而”等，使转折的语气更强。

2.加强否定语气，用于否定句、反问句。例如：

①衣服旧一点儿，又有什么关系呢？

②他又不是孩子，用不着管得那么严。

③路又不远，何必要坐车去呢。

④过去的旧事，又何必再提呢？

3.强调程度之深。同一个形容词（短语）或动词（短语）用“又”连接，表示“非常”的意思。例如：

①现在，你身上这套衣服的款式已经是普通又普通了。（意思是“非常普通”）

②在我们这儿，像这种扶老携幼的事情常见又常见。（意思是“非常常见”）

“又”这样用时，它前面常用连词“而”加强语势。例如：

③这种故事也正在各处市镇上表演着，真是平常而又平常。

十二、再

（一）表示同一动作的重复或继续，这一点与“又”很相近，但“又”用于已然的情况，“再”用于未然的情况。例如：

①我还不懂，请老师再讲一遍。

这里的“再”表示请老师重复“讲”的动作，而这动作在讲话时还没有发生。如果改成“我还不懂，老师又讲了一遍”，意思就是“讲”的行为已经重复发生了。

②你如果还有困难，明天再来。

③王芳没赶上这趟火车，只好再等下一趟车了。

④祝母校，在辉煌的过去上再创辉煌。

⑤再过几个月，我们就毕业回国了。

⑥他再不来，咱们就不等了。

有时“再”似乎是用于过去的动作，但那是把说话的时间放在更久远的过去了：

⑦三个月前我去看了他一次，当时他已经卧床不起，过了一个月再去看他时，竟完全认不出他来了。

说“再去看他时”，说话人没有把说话的时间放在现在，而是放在“三个月”前，站在“三个月前”说话，“一个月后”的事自然是未然的。这个句子完全可以改成：

三个月前我去看了他一次，当时他已经卧床不起，过了一个月又去看他时，竟完全认不出他来了。

这个句子把叙述时间放在说话的时刻。

（二）表示动作行为“后延”的意思，即表示某一动作现在还不想或不计划进行，往往是等到做完另一件事以后进行，常与“先”、“等”一起用，有时还与“然后”连用。例如：

①咱们应该先订个计划，然后再开始行动。

②回头说，回头说，等会儿见了老爷再说吧！

③你让我办的事，等我病好了再给你办。

④祥子喝了两壶茶，他觉出饿来，决定在外面吃饱再回家。

⑤真正的道理是在行动中取得经验后，再根据经验想出来的。

这样用时，“再”后的动作不是现在不能进行，而是现在不想或不准备进行。

（三）表示程度加深，范围扩大。

1.用于形容词短语前。例如：

①这个游泳池再大一点儿就好了。

②老师，请您说得再慢一点。

③我想租一个比这间屋子再大一点儿的房间。

④这双鞋不够大，有再大一点的吗？

⑤事情再多，她也不嫌多，不叫苦。

⑥您来得再早，也很难碰上他，我们的经理很少坐办公室，经常去各分公司。

⑦在高原上，有好的食物也不能多吃，再饿也只能吃六七成饱。

这样用的“再”意义上有些像“更”，如例①的意思不是嫌“游泳池”小，意思是这个“游泳池”已经算是大的了，只是希望更大一点；例⑤的意思是“她的事情已经很多了”，但是即使更多一些，“她也不嫌多”。

“再……没有/不过了”意思是“没有更好的了”，用于评价。例如：

①云南的风景再美不过了。

②如果你能亲自去一趟，那真是再好没有了。

③他这个人再狡猾不过了，你不能相信他说的。

2.用在方位词前，如“再里头”、“再前边”等，也与“更”意思差不多。例如：

①我的前边是阿里，再前边是彼得。

②每课课文的后边是生词，再后边是练习。

③这个假山洞，洞口还有一点儿亮儿，里头就黑了，再里头就更黑了，什么都看不见了。

3.用在动词后，表示“添加”。例如：

①你穿上中式小布褂，头上再包上一块白毛巾，就算化装成农民了。

②这张画儿再配上一个精致的镜框，那就再好也没有了。

③这碗汤再放上点儿味精、胡椒之类调料，就更香了。

（四）“再（也）不”和“不再”

“再”可以用在“不”的前边，也可以用在“不”的后边，即可以说“再不”，也可以说“不再”，但是表达的意思不同。“再不”结构上是“再＋[不＋（动词）]”，句末总是有“了”，意思是不重复动词所表示的动作行为，含有“永远不……”的意思。比如甲问：“你以后还来吗？”乙回答：“再不来了。”即“永远不来了”。这样用的“再”后经常用“也”，意思与“再不”一样，但语气更重，还可以表示说话人的决心更大。例如：

①它再不想吃桑叶了，只是挺着胸，抬着头，一动也不动地蹲在竹器边上。

②从这天起，他俩形影不离，朝夕相处，姑娘再也不像往日那样躲躲闪闪了。

③这位作曲家再也不想作曲了。

④这次村干部改选，村里人再也不敢投坏人的票了。

⑤我再也不吃西餐了，真受不了。

“不再”与动词连用时结构上是“不＋[再＋（动词）]”，即“再”与其后的动词先结合，然后再与“不”结合，意思是“没有再一次发生该动作”。例如：

①他原来想写两封信,可是写完一封以后已经很晚了,就不再写了。

②她哭了一会就不再哭了。

③他说得正高兴,忽然被进来的客人打断了,就不再说了。

十三、也

“也”的基本意义是“类同”,可以修饰动词(短语)和形容词(短语),作状语。“也”还可以起关联作用,此外还表示语气。

(一)表示“类同”,作状语。

1.表示两个或两个以上的事物同属一类,或发出相同或类似的动作行为,或具有相同或类似的性状。

表示同属一类:

①这本书是英文的,那本也是英文的。

②张教授是一位著名的语言学家,王教授也是一位著名的语言学家。

表示发出同样的动作行为:

①老师说汉语,我们也说汉语。

②妈妈每天六点起床,我也六点起床。

③我想给他发奖的同时,也给一些著名的作家发奖。

表示具有同样的性状:

①春天了,天上风筝渐渐多了,地上孩子也多了。

②科学的自由王国无穷无尽,科学家的探索也永无止境。

③今年,花木供应多了,买花的人也多了。

有时,所陈述的两个事物不同时出现在同一个句子里。例如:

①晏子不慌不忙地站起来说:我听说过,橘子树长在淮河以

南，结的果实又香又甜。如果把它移到淮河以北，结的果实就会又酸又苦。这是因为水土的关系。我们齐国人从来不偷别人的东西，可是一到楚国就变成了小偷。我看，这一定也是因为水土的关系吧。

“这是因为水土的关系”和“我看，这一定也是因为水土的关系吧”中间隔着“我们齐国人从来不偷别人的东西，可是一到楚国就变成了小偷”。

②两个洋人果然走到柜台前，男的还学着中国礼节朝小晶、瑞香拱了拱手，用非常蹩脚的普通话说道：“恭喜发财。”小晶也忙拱了拱手说：“欢迎你们到中国来，祝你们新春大吉。”

有时只说出一个事物，另一具有同样属性的事物无须或难以说出。例如：

①后来人们发现钢铁在磁石上摩擦，也能产生磁性，而且这种磁性还能保持较长的时间。（隐含别的东西在磁石上摩擦可以产生磁性）

②这些年我也学乖了，我只想他，他究竟是我生的孩子。

③你自然想不到，侍萍的相貌有一天也会老得连你都不认识了。

2.表示同一个人或事物同时具有两种属性或发出两个动作、具有两种性状。例如：

①中国是具有五千年历史的文明古国，也是土地辽阔人口众多的大国。

②辅导员批评了我们，也表扬了我们。

③在这个世界上，确实有丑恶的，也有美好的东西。

④姑娘信中没明确同意，但也没说不同意。

⑤妹妹比哥哥活泼多了，话也多。

⑥梅家的一个年轻小姐很贤惠，也很规矩。

有时几个相关的分句都用上“也”，表示几个动作行为或情况同时存在。例如：

①天气暖和了，树梢也发绿了，小草也青了。

②苦也吃了，烟也戒了，临走，临走，你难道还想闹场乱子。

③一年不见，小家伙个子也高了，也懂事了。

④刘华为人正直，对领导也那样，对群众也那样。

⑤王老五也不生气，也不发作，也不觉得有什么难堪，乖乖地一拐一晃的家去了。

⑥新媳妇哭了一天一夜，头也没梳，脸也没洗，饭也没吃，躺在炕上，谁也叫不起来，父子两个没了办法。

（二）“也”起关联作用，用在复句的第二个分句或紧缩句的第二个动词（短语）前。

1.在包含“无论”、“不论”、“不管”，“虽然”、“尽管”，“即使”、“就是”、“宁可”等复句中，用于第二个分句。例如：

①无论遇到什么样的天气，我们的队伍也要到达目的地。

在这个句子里，“也”仍然包含“类同”的意思“遇到好天气我们的队伍要到达目的地，遇到不好的天气我们也要到达目的地”。

②不管有多大困难，咱们也要干下去。

③这次试验即使不成功，也不能气馁。

这个句子的意思是“这次试验成功了自然不会气馁，即使失败了也不能气馁”。

④这东西，现在你就是出十块钱一只，也买不到。

⑤十年啦，工作再忙，时间再紧也得去看望一下老战友。

⑥我最早也要到月底才能接到你的信。

2.与“连”、“一”以及表示任指的疑问代词配合使用。

(1)组成“连……也……”格式（参见第五编第四章“篇章”）。例如：

①他连早饭也没吃，就到机场接朋友去了。

这个句子的意思是“他早上没做任何事，包括最应该做（或每天一定做）的事——吃早饭”也没做。这种句子的作用是用最极端的例子，来说明一个事实、一个道理、一种情况等。

②连小孩子也知道打人骂人是不对的。（大人更应该知道）

③他走了这么久连一个电话也没来，真不像话。

(2)在“一……也……”格式中。例如：

①大家好像都睡觉了，院子里一点儿声儿也没有了。

这句话的意思是“院子里没有任何声音”，说明“安静”。

②今天闷热得很，一点儿风也没有。

(3)与疑问代词的任指用法连用，组成“谁……也……”、“什么……也……”、“哪儿……也……”、“哪＋（量词）……也……”等格式。例如：

①大人孩子我给你照顾，谁也不要惦记。

这句话的意思是“你不要惦记大人，也不要惦记孩子”，“大人孩子都不要惦记”。

②关于那个学校的情况，我什么也不知道。

③我第一次到这个城市来，哪儿也不认识。

④这几位朋友，哪位也不是外人。

⑤这几个汉字写得太潦草了，这句话我怎么也看不懂。

3."也"与"都"比较

"也"主要用于否定句,"都"既可用于肯定句,也可用于否定句。例如:

①我无论跟他怎么说,他都不答应。

我无论跟他怎么说,他也不答应。

我无论提什么条件,他都答应。

*我无论提什么条件,他也答应。

②连这么重要的会你都不参加,你以后还打算在这儿工作吗?

连这么重要的会你也不参加,你以后还打算在这儿工作吗?

连最不重要的会他都要参加,哪儿有时间作研究啊?

连最不重要的会他也要参加,哪儿有时间作研究啊?

(三)用来缓和语气,一般轻读。

用"也"会使语气委婉一些,不用"也"会显得直率、生硬。例如:

①这句话你这样翻译也不能算错,不过……

这句话的意思是"这句话虽然不能算错,但也不全对"。

②这件事也不能全怪他,主要是我做得不对。

③由他唠叨去吧,都给他个装聋,也就过去了。

④你也太娇气了,说你两句就哭。

⑤老太太也不怕滑倒了摔着,下着雨还出来走。

十四、就、才

"就"、"才"是两个很常用的副词,可以作状语,表示时间、数量、范围,还可以表示语气和起关联作用。

(一)表示时间

1."就"、"才"用在表示时间的词语后,"就"表示说话人认为动作发生得早、快或用的时间少,用"才"表示说话人认为动作发生得晚、慢或用的时间多。"就"、"才"轻读。表示已然动作时,用"就"的句子末尾要用"了",用"才"的句子末尾不能用"了"。例如:

①演出七点半开始,他七点就到剧场了。(早)

演出七点半开始,他八点才到剧场。(晚)

②这个地区,夏天四点左右天就亮了,冬天七点左右天才亮。("就"表示"早","才"表示"晚")

③这课书他念了十分钟就会背了。(用时少,记得快)

这课书他念了三十分钟才会背。(用时多,记得慢)

④这课的生词他看了三遍就记住了。(念得遍数少,记得快)

这课书他念了三遍才会背。(念得遍数多,记得慢)

"就"、"才"都可用来表示两个接着发生的动作和事情。"就"表示两个动作间隔的时间短,"才"表示两个动作间隔的时间长。例如:

①他刚生病就告诉妈妈了。

他病好了,才告诉他妈妈。

②她一毕业就回国了。

她毕业一个月后,才回国。

"一……就……"这个格式表示两个动作紧接着发生。例如:

③他很聪明,什么事一学就会。

④我一下课就去图书馆看书了。

2."就"、"才"用在表示时间的词语前,"就"表示说话者认为时间晚,"才"表示认为时间早。例如:

①那天，看完演出，我们到家就九点五十了，所以没给你打电话。（晚）

那天，看完演出，我们到家才九点五十，所以又聊了一会才睡觉。（早）

②这座楼光盖房顶就用了十四个月。（认为用的时间长，工程进度慢）

这座楼才用了十四个月就盖好了。（认为用的时间短，工程进度快）

③这篇小故事，他只是翻译就翻译了三天。（认为用的时间长，翻译得慢）

他翻译这篇故事，才翻译了三天。（认为用的时间短，翻译得快）

例③的“就”不能重读，如果重读，将表示经历的时间短，相当于“只”。

3.“就”还表示“立刻”、“马上”的意思，要重读。“就”后可以用“要”。例如：

①我就走，你别催了。

②你再等等，小明就要回来了。

③别走了。你看，天黑上来了，又打雷，又打闪，就要下雨了。

（二）修饰数量

1.把“就”放在数量词的前面，“就”轻读，重音落在前面的名词或数量词语上，表示说话人认为数量“多”。例如：

①王老师′一周就上八节课。（多）

②我′一天就走了一百里。（多）

③A：你们昨天只逛街，没买什么吧？

B：怎么没买？光′我就买了三件衣服。（多）

但是如果重音在“就”或后边的数量词上，“就”则表示“少”。例如：

④这次考试，他′就错了三个题。（少）

这次考试，他就错了′三个题。（少）

⑤那个报告，我′就听懂了三分之二。（少）

那个报告，我就听懂了′三分之二。（少）

比较：

①这种菜一毛钱′就能买三斤。（嫌贵，买得少）

这种菜一毛钱就能买′三斤。（嫌贵，买得少）

这种菜′一毛钱就能买三斤。（便宜，买得多）

②他们四个人′就住一间屋子。（住的人多，挤）

他们四个人就住′一间屋子。（住的人多，挤）

他们′四个人就住一间屋子。（住的人少，宽敞）

用“才”时，无论重音落在哪个数量词上，都表示数量少。例如：

这种菜十块钱才买′三斤。（嫌贵，买得少）

这种菜′十块钱才买三斤。（花钱多，买得少）

2.“就”、“才”前面有数量词时，“就”表示说话人认为数量少，“才”表示说话人认为数量多，重音都落在数量词上。例如：

①′四个人就把这块大石头搬走了。（人少）

′四个人才把这块大石头搬走。（人多）

②用了′三台收割机就把那片麦田抢收完了。（收割机少）

用了′三台收割机才把那片麦田抢收完。（收割机多）

③他睡了′五个小时就起床了。（时间少）

他睡了′十个小时才起床。（时间多）

因此,“就”、“才”后面有数量词,重音又落在数量词上时,“就”、“才”都表示说话人认为数量少。例如:

①这次考试,他就错了'三道题。(少)

这次考试,他才错了三道题。(少)

②我们班就有'十个学生。(少)

我们班才有十个学生。(少)

③这里离城市中心就'三公里路。(少)

这里离城市中心才三公里路。(少)

④上海我就去过'两次。(少)

上海我才去过两次。(少)

⑤我就认识'一百多个汉字。(少)

我才认识一百多个汉字。(少)

(三)表示范围

“就”可以限定范围,重读,在句子里,可以限制主语、宾语和谓语。这一用法与副词“只”相似。

1.限制主语,“就”用在名词或名词性主语前。例如:

①我们班就阿里学过一点儿汉语。(“就”的意思是“只有”)

②这件事就你和我知道,不要告诉别人。

③别的手续都办完了,就护照和机票还没有取回来。

2.限制宾语,“就”用在谓语动词前。例如:

①谢力就学汉语,不学日语。(“就”的意思是“只”)

②我就借你新买的那本书。

③这次去北京,我们就游览了故宫和长城,其他地方没有去。

3.限制谓语。例如:

①这本书我就翻了翻,还没有仔细看。(“就”的意思是“只”)

②他就碰了你一下，哪至于疼得那个样子。

③办公室里就剩老王一个人，别人都下班回家了。

④这套诗集，图书馆就有这么一套，不出借。

“就”表示范围时，它所修饰的词语总包含着数量的因素，数量词语或出现在被限制的词语后，如“他就碰了你一下”，或不出现，如“就阿里（一个人）学过一点儿汉语”。

（四）起关联作用

“就”常在条件复句的第二个分句中出现，起关联作用。例如：

①你如果有问题，就去请教张老师。（如果……就……）

②只要咱们大家齐心协力，事情就能办好。（只要……就……）

③既然你不同意，我就不再说下去了。（既然……就……）

④要是阿里今天不来，你就再等他一天。（要是……就……）

⑤你只要认真想想就明白了。（只要……就……）

“才”可以和表示条件、原因的连词搭配使用。例如：

①只有认识落后，才能去改变落后；只有学习先进，才有可能赶超先进。（只有……才……）

②只有首先正视事实，才有可能作出合理的解释。

③因为不懂才来向你请教。（因为……才……）

④那时候，为了工作方便，他才更换了姓名。（为了……才……）

“就”、“才”还常用在紧缩句中，起关联作用（参见第五编第三章“紧缩句”）。

(五)表示语气

1."就"可以表示肯定的语气。例如:

①′这就是赵经理。

②A:谁是这儿的负责人?

B:′我就是。

"就"还常用在下面的句式里:

③A:教室在哪儿?

B:教室不远,′就在二楼。

④A:哪儿有小卖部?

B:′楼下就有一个。

⑤A:你能找一个会吹笛子的人吗?

B:′我弟弟就吹得不错。

"就"和"才"都可以用来表示坚决的语气,多用于口语,"就"重读。例如:

①弟弟捂住自己的嘴说:"我′就不吃,我′就不吃。"

②我′就讨厌说假话的人。

③′我才不相信你那套大道理呢。

④′我才不会有那么好的运气呢。

"就"表示语气时,句子结构比较简单,前面一般不能再有表示条件、时间或数量的词语。

"才"还可以表示满意、赞扬的语气。表示达到了某种应有的程度。例如:

①那位书法家的字才棒呢!

②王教授才有学问呢!

十五、不、没(有)

“不”和“没(有)”都是否定副词,都可以用在动词和形容词的前面。但意义和用法都有不同。

(一)不

“不”表示对主观愿望和性质状态的否定,多用于现在、将来,也可用于过去。

1.表示对现在或将来的动作行为、心理状态、意愿爱好或可能性的否定。

对动作行为的否定,表示一种既定的计划、客观事实或意愿。例如:

①我现在不去,过一会再去。(既定的计划)

②天气预报说明天有雨,我们明天不去春游。(不打算)

③周朴园说:“也好,我们暂且不提这一层。”(因为对方不愿意)

④他不是我的老师,是我的邻居。(客观事实)

否定经常性或习惯性的动作也属于此类:

⑤那个地方一年四季不下雪。(客观事实)

⑥他不吸烟,也不喝酒。

⑦来中国以前,我一个汉字也不认识。

⑧勇敢不等于鲁莽。

2.否定意愿、可能等,“不”的后边是能愿动词。例如:

①想到这里,罗平不愿再想下去了。

②我不敢说,你去问别人吧。

③他想上法院去告状,他爹不让他去。

④这个问题目前还不能解决。

⑤她不会是你说的那样的人。

⑥这些事不可能是他干的。

⑦这以后,鲁家的人永远不许再到周家来。

⑧您不该在作品里非难那位女主人公。

可能补语也属于此类:

⑨我永远也忘不了您对我的忠告。

3.用在形容词前,表示对性质状态的否定。例如:

①近来,我们不忙。

②你的志气真不小。

③你看,月亮不圆,今天肯定不是农历十五。

④此路不通,请绕行。

⑤她日子过得不痛快,总有一些麻烦事儿。

⑥虽然她长得并不漂亮,可是优雅、淡泊。

(二)没(有)

“没”或“没有”可用于否定存在、领有以及动作行为的发生、完成。

1.否定存在、领有。例如:

①我没有汽车、没有洋房,算什么大款?(肯定式:有汽车、有洋房)

②屋子里没有人,好像发生了什么事情。(肯定式:有人)

③你看,院子里没有一点儿东西,都搬走了。(肯定式:有东西)

2.否定动作行为的发生或完成。例如:

①昨天没下雪。

②以前,我没学过汉语。

③那次会议我们没派人参加。

④那次去泰山,我们没有看到日出的奇景。

⑤我没听说过这样的事情。

⑥都10点多了,爸爸还没有回来。

⑦我还没接到回信呢。

⑧已经十二月了,河里的水还没有结冰。

3.用在形容词前,否定状态的出现。例如:

①那天,天没亮,他们就出发了。

②这件衣服没干,换另外一件穿吧。

③树上的果子还没熟,吃不了,还得过一个多月。

④小伙子的病没(有)好,就急着出院了。

当“没有”用在谓语动词或谓语形容词前时,是副词。当“没有”用在名词、数量词前时,“没”是副词,“有”是动词,其后的名词或数量词语是宾语。例如:

①我回家住了没有两天。(副词+动词)

我回家没有住两天就离开了。(副词)

②我没有中文画报。(副词+动词)

我没有看中文画报。(副词)

(三)“不”和“没(有)”的区别

1.在意义上,“不”否定判断、意愿、事实、性质,而“没有”否定动作行为发生或状态实现。如“哪个营业员见我们来了也不站起来”和“她根本没有看见我们,所以没站起来”中“不”和“没”的意思不同。前一句的“不站起来”的“不”有“不肯”、“不愿意”的意思。后一句的“没站起来”,只表示动作没有发生,不涉及意愿。再如:

①我不打乒乓球。(否定意愿、事实)

我没打乒乓球。(否定动作发生)

②那个西红柿不红。(否定性质)

那个西红柿没红。(否定变化)

“不”和“没(有)”与动词或形容词组成的短语,所对应的肯定形式也不同(见下表)。

动词的否定形式	对应的肯定形式	形容词的否定形式	对应的肯定形式
没去	去了	没红	红了
没来	来了	没热	热了
没上来	上来了	没亮	亮了
没吃	吃了	没冷	冷了
不去	去	不红	红
不来	来	不热	热
不上来	上来	不亮	亮
不吃	吃	不冷	冷

2.“没(有)”因为否定动作的发生,所以只用于过去和现在,不用于将来。而“不”可以用于过去、现在和将来。例如:

①我过去不喜欢你,现在不喜欢你,将来也不会喜欢你。

②他以前不抽烟,现在也不抽烟。

③会议已经结束了,可是主席还没来。

④A:明天你来吗?

B:明天我不来。

*明天我没来。

有时可以说:

A:明年这个时候你毕业了吗?

B:明年这个时候可能还没毕业。

这是因为把动作发生的时间定在“明年这个时候”。

3.由于动词和形容词本身的意义范畴不同，所以用“不”和“没”的情况也不同。有的动词只能用“不”否定，如“是、等于”等关系动词。只表示事物的性质的形容词，如“聪明、漂亮、对、错、大、小”等，一般用“不”否定，只有这些词后加上动态助词“过”时，可以用“没”否定（“我从来没漂亮过”）。动作动词、状态动词以及表示心理活动的动词既可以用“不”否定，也可以用“没”否定。能愿动词都可以用“不”否定，只有“能、要、肯、敢”可以用“没”否定。动词“有”只能用“没”否定。

（四）双重否定

双重否定可以收到比肯定更强的表达效果。它是在排除了那些相反的可能性以后的一种肯定。双重否定的句子常包含“是”、“有”、能愿动词等。常见的双重否定形式有“不是不……”、“不能不……”、“不得不……”、“不会/该/可不……”、“无不……”、“不无……”、“非……不可”等。例如：

①这病又不是不能治，着什么急。

这个句子比“这个病能治”语气更肯定。

②当前汽车工业的发展，不得不走上兼并大联合的道路。

③这个企业，由于经营不善，年年亏损，最后不得不宣布破产。

④这项大型工程的总设计师，不能不研究当前科技发展的方方面面。

⑤这是我的终身大事，我不能不跟父母亲商量。

⑥他们在技术攻关过程中，不会不遇到这样的困难。

⑦当时，我不该不听他的劝告。

⑧在这样的环境里求生，人们不可不处处留意，来不得半点马虎。

⑨搞经济工作，不会算账不行。

⑩老人今年97岁了，庄上的老老少少1400余人，没有一个不尊敬他的。

⑪对他们的精彩表演，在座的观众无不起立，鼓掌。

⑫这种设计方案，不无可取之处。

⑬学习任何一种语言，非下苦功夫不可。

⑭泡这种茶非用滚开的开水不出香味。

参考文献

陈小荷　主观量问题初探——兼谈副词“就”、“才”、“都”，世界汉语教学，1994年第4期。

崔希亮　试论关联形式“连……也/都……”的多重语言信息，世界汉语教学，1990年第3期。

崔永华　不带前提句的“也”字句，中国语文，1997年第1期。

龚千炎　谈现代汉语的时制表示和时态表达系统，中国语文，1991年第4期。

陆俭明　副词独用考察，语言研究，1983年第2期。

马　真　修饰数量词的副词，语言教学与研究，1981年第1期。

马　真　关于表示程度浅的副词“还”，中国语文，1984年第3期。

马　真　关于“都/全”所总括的对象的位置，汉语学习，1983年第1期。

沈开木　表示“异中有同”的“也”字独用的探索，中国语文，1983年第1期。

史锡尧　论副词“也”的基本语义，世界汉语教学，1988年第4期。

史锡尧　“再”语义分析——并比较“再”、“又”，汉语学习，1996年第2期。

王　还　再谈谈“都”，世界汉语教学，1988年第2期。

杨从洁　“不”和“没、没有”的用法辨析，对外汉语教学，1984年第2期。

杨淑璋　副词“还”和“再”的区别，语言教学与研究，1985年第3期。

周小兵　限定副词“只”和“就”，烟台大学学报，1991年第3期。

练 习

一、选词填空：

(一)都、只

1.这几份考卷____有这一份是全对的，其他几份____有些错误。

2.你家有几口人？我家____有三口人，我和我爱人，还有一个小女儿。

3.书架上所有的英文书____是我的。

4.每个人____有他自己的缺点。一个人一个样儿。

5.小明，你怎么能____看别人的缺点，而看不到人家的优点呢？

6.____有小王还没有来，别人____到了。

7.桃子、梨、石榴、香蕉____是水果。

8.爷爷和奶奶____有他这么一个小孙子，怎么不疼爱呢！

(二)最、更、稍微、比较

1.她的水果摊，生意一直不错，新年马上就要到了，买卖____红火。

2.她一个人照顾四个孩子，____大的10岁，老二8岁，老三6岁，____小的2岁。

3.做这个菜，一定要____加点儿糖才好吃。

4.我新买的一双皮鞋____有点儿紧，式样倒不错。

5.今天虽然不刮风了，可是还是____冷。

6.你的个子算____高的，小王和小明都只有1.70米左右。

7.我爱上了这里的劳动生活，爱上了这一片金黄色的田野，____爱上了这里的勤劳朴实的农民。

8.这篇文章改了两遍以后，还是____长。

9.干这种活，____马虎一点儿就会出问题。

10.会上每个代表的发言时间____多不能超过十分钟。

(三)已经、曾经

1.我看你很面熟，我们好像____在哪儿见过面。

2.他____去广州了，有事可以写信告诉他。

3.我小的时候____跟爸爸来过这个地方。

4.这个学期____过了三分之二了，再过一个月左右就要放假了。

5.这位伟大的作家，青少年时代____当过卖报童和印刷工人。

(四)还、又、再、也

1.那天,天____不亮,就听见外边一阵阵的欢呼声。

2.别看我满头白发,我的心____年轻着哪!

3.我们老师的办公室____干净____整齐。

4.你刚才唱的歌实在太动听了,观众请你____唱一遍。

5.日子过得真快,明天____是星期六了。____过两天这个月____过去了。

6.自从母亲去世的那年我见过大哥一面,后来没有____见到过他,____没有通过信。

7.那个外语电影我____看了一遍,可是____有些地方没看懂。

8.自从那年大学毕业后,我________没有见过他。

9.你的病虽然好了,可是____需要休养一段时间。

10.音乐会上,她唱的歌有中文的,有英文的,____有法文的。

(五)才、就

1.为了能掌握这门新技术,她大学毕业,工作十年后____结婚。

2.一路上他太累了,午饭时他只吃了一点点____不想吃了。

3.听了老学者提出的问题,夏明低着头想了半天,____说出了自己的看法。

4.玩了一整天,也没觉得累,直到晚上,躺在床上____觉得累了。

5.我们姐妹四个____大姐是大学毕业生。二姐、小妹和我上完高中____工作了。

6.这么难的句子他____不会翻译呢,他刚学了一年英文。

7.你不是想买字典吗?我看这本字典____不错,你____买这本吧!

8.她说什么也不肯接受这份礼物,直到我们都着急了,她____勉强收下。

9.我明天____要出差,这次可能要在外边待两个多月后____能回来。

10.马上____上课了,快跑两步吧。

(六)不、没(有)

1.要是你____了解情况,就请你____要乱说。

2.这种圆珠笔好用吗?我还从来____用过。

3.对不起,我____姓沈,我姓陈,我也____叫沈芳,我叫陈放。

4.看他那样子,好像还____听懂我说的话。

5.大家都知道,____有空气,飞机是飞____起来的。

6.刚才我来找过你三次，都____见到你。

7.在上次小组预赛中____取得前三名的就____能参加这次的大组比赛。

8.大家都以为小王____高兴了。小王说他根本就________高兴。

9.他肯定有什么别的事，急急忙忙把东西交给我什么也____说就走了。

10.老张从来____抽烟，____喝酒，有的朋友请他喝酒，他也从来____喝过。

11.这几个字____可能是小王写的，小王今天____来上课。

12.最近一段时间，我哪儿都____去，也____干什么事儿，彻底休息了几天。

二、根据下列短文，选择适当的副词填空：

也、很、正、就、再、只、一块儿(一起)、已经、比较、非常(十分)、曾经

[短文]阿里在来信中说：我是昨天下午到杭州的。这是我到中国以后第二次游览西湖，这里要比北京暖和得多，到处是一片春色。我将在这里玩一个星期左右，三月中旬以前一定回到北京。

1.在这次去游览西湖以前，阿里____去过一次杭州。

2.我接到信时，阿里____到达杭州了。

3.这几天，阿里____在杭州参观游览。

4.____过四五天，阿里____回北京来了。

5.阿里这次去南方旅行一共____用了七八天的时间。

6.阿里这次旅行的时间是____短的，但是一定____有意思，因为那里现在____是春天。

7.春天的西湖风景是____优美的。

8.有机会，我____想去杭州玩一次，并且请阿里跟我____去。

三、辨别下列各组句子中哪一个是对的：

1.A 太阳曾经落山了，咱们该回去了。(　)

B 太阳已经落山了，咱们该回去了。(　)

2.A 天黑下来了，就要马上下雨了。(　)

B 天黑下来了，马上就要下雨了。(　)

3.A 那个地方太冷了，我不想还去。(　)

B 那个地方太冷了，我不想再去了。(　)

4.A 我们立刻才出发，你怎么现在就来。(　)

B 我们立刻就出发了，你怎么现在才来。(　)

5.A 他的球掉到就要水里去了。( )

B 他的球就要掉到水里去了。( )

6.A 东郭先生把狼藏起来了,打猎的哪儿找不到了。( )

B 东郭先生把狼藏起来了,打猎的哪儿也找不到狼了。( )

7.A 姐姐在商店买糖也水果了。( )

B 姐姐在商店买糖了,也买水果了。( )

8.A 都我们喜欢写汉字。( )

B 我们都很喜欢写汉字。( )

第七章　介词

介词是虚词的一种。大多数介词是由动词虚化而来的，因此介词的语法特征还与动词有某些相似之处。介词位于名词（短语）、代词前，与名词（短语）、代词构成介词短语。介词后的名词或代词是介词的宾语。介词短语在句子里主要作状语，作用是介绍出跟动作行为、性质有关的时间、处所、方式、范围、对象等。例如：

①我在家等你。（处所）

②弟弟比我高了。（比较对象）

③他们对于提高产品质量很重视。（对象）

例①“在家”表示动作行为发生的处所。例②“比我”指出比较的对象或基准。例③中“对于提高产品质量”表示“重视”的对象。

第一节　介词的分类和列举

介词的数目不多，但使用频率较高，而且每个介词往往有多种用法。

常用介词如下（见下表）：

（一）表示空间

介词	例句	功能	备注
在	老王在北京住了三年了。 他在钢笔上刻上了自己的名字。	表示动作行为的处所	
于	鲁迅生于浙江绍兴。 这种草药多生长于山地。	表示动作行为的处所	
从	外婆从农村搬到城市里来了。 汽车从大桥上开过去了。	1.表示动作行为的起点 2.表示动作通过的处所	
自	我们都来自五湖四海。 他这些话都是发自内心的。	表示动作行为的起点	
打	你打哪儿来？ 他刚打我门前走过去。	1.表示动作行为的起点 2.表示通过的处所	多用于口语
由	由天津到北京只要两个小时。	表示动作行为的起点	
朝	李虎朝天上开了两枪。	表示面对的方向	
向	向敌人阵地开炮。 这条小路通向后花园	表示动作行为的方向	
往	往西走二百步就到家了。 本次列车开往武汉。	表示动作行为的方向	
沿着	咱们沿着湖边散步吧。 沿着科教兴国的大道奋勇前进。	表示动作行为所经过的路线	
到	明天，他到上海去办点事。	表示动作行为的终点	

（二）表示时间

介词	例句	功能	备注
从	他们从清早一直干到太阳落山。 我们从昨天开始放暑假了。	表示动作开始的时间	
自	图书馆每天自8点开到12点。 他自小就喜欢画画儿。	表示动作开始的时间	多用于过去
自从	自从参加工作到现在已经十年了。 自从到中国以后，她的身体好起来了。	表示动作开始的时间	

介词	例句	功能	备注
由	本店营业时间:由 8 点到 17 点。 由今天算起,再过十天就过年了。	表示动作开始的时间	
打	游泳池打哪天开的? 打明天起,我每天 6 点起床。	表示动作开始的时间	多用于口语
在	人在生病的时候,常常想念亲人。 这个工厂是在解放初期办起来的。	表示动作发生的时间	
当	当红日从地平线升起时,紧张的劳动要开始了。 当你遇到困难的时候,一定要鼓起勇气。	表示动作所处的时间	
于	运动会将于 5 月 12 日举行。 这位作家生于 1818 年。	表示动作发生的时间	

(三)表示对象

介词	例句	功能	备注
对	他对工作是负责的。 老李对人很热情。	引进动作行为的对象或关系者	
对于	这种药对于人体是有益无害的。 对于具体问题要进行具体分析。	引进动作行为的对象或关系者	
关于	关于节约能源的问题,有各种不同的方案。 关于期终考试,还要研究一次。	引进事物或动作行为的关涉者	
至于	他们是有一台记录仪,至于它的性能,我不很清楚。 他已决定报考北大,至于学什么专业,还没定下来。	引入议论中相关的另一对象、话题	
和	扩建厂房的事我和老王商量过。 这件事和你没关系。	引进动作协同的对象	
跟	她的业务水平跟你差不多。 这件事老王跟我说过了。	引进动作协同的对象	

介词	例句	功能	备注
同（与）	昨天我同计算机站联系好了，你把程序送去就行了。 这次春游，我同你们一道去。	引进动作协同的对象	多用于书面语
为	为大家出力是应该的。 老李为国家做出了重大贡献。	指出服务的对象	
给	请给我开开门。 我曾给他回过一封信。	1.引进服务的对象 2.表示动作接受的对象	
替	一切手续他都替你办好了。 你见到他时，替我问他好。	引进动作服务的对象	
于	科研工作要更好地服务于生产。 吸烟于身体无益而有害。	引进动作对象或关系者	用于书面语
把	把一切献给人民。 把孩子们培养成有用的人。	表示动作及其效应的接受者	
将	将问题交待清楚。 将化验结果进行了反复的研究。	表示动作及其效应的接受者	多见于书面语
叫（让）	录音机叫（让）小王弄坏了。 他让人请去作报告了。	引出动作的施事者	口语里较常用
被	你的自行车被谁骑走了。 他们的秘密被发现了。	引出动作的施事者	施事可不出现
比	姐姐比妹妹胖一点儿。 他的发音比以前好多了。	指出比较的对象	
朝	我朝他借了两本小说。	指出动作的对象	
向	他向我表示祝贺。 你经常向别人借钱。	1.指出动作的接受者 2.指出动作的对象	

（四）表示依据

介词	例句	功能	备注
按	按制度办事。 按高矮个儿排队。	表示遵从某种规定、条件或标准	

介词	例句	功能	备注
按照	按照上级的规定，只能这样做。 按照客观规律，制定方针政策。	表示遵从某种规定、条件或标准	
依	依当地风俗习惯，除夕晚上都要守岁。 依我看，大家的水平都不低。	表示依从某种规定、方式或标准	
依照	依照常规办事，绝不会出问题。 依照原件复制一份。	表示依从某种规定、方式或标准	后跟双音节名词
照	照这种管理办法进行管理，产品就能保证质量。 她这件衣服是照这个样子做的。	表示遵从某种规定、条件或标准	
据	据天气预报说，明天有大风。 据报道，今年农业又获得丰收。	表示以某种事物作为前提或根据	
根据	根据统计材料可以得出这个结论。 根据群众要求，工会将组织春游。	表示以某种事物作为前提或根据	后跟双音节名词
以	以革命者的姿态克服了种种困难。 这里以瓷器为最有名。 九大行星以太阳为中心。	1.表示凭借 2.表示原因 3.把……作为	
凭	只凭主观愿望办事往往会犯错误。 要凭证据下结论。	表示凭借、依据	
论	香烟都论包卖，不零卖。 论学习，你比他好，论身体，他比你强。	表示按某种单位、类别或根据某一方面来说	

（五）表示缘由

介词	例句	功能	备注
由于	由于计划的变动，某些设计需要修改。 他没回答上来是由于没听懂你的问题。	表示原因	

介词	例句	功能	备注
为	大家都为他的精彩表演热烈鼓掌。 为帮助后进学生，老师经常早来晚走。	1.表示原因 2.表示目的	
为了	为了加强两国人民的友谊，我要努力工作。 为了加速四化，应该大力培养人才。	表示目的	介词短语与动词之间常用“而”
为着	为着新一代的健康成长，园丁们付出了全部精力。	表示目的	不常用

（六）表示其他方面

介词	例句	功能	备注
连	连盒子一起都拿走吧。 这次洪水连输电塔都给冲坏了。	引进话题对比焦点	
除了	这儿除了咱们俩，没有别人。 他除了教书，还搞研究工作。	表示不计算在内	
趁	趁农闲，搞点副业。 趁实习的机会，他们收集了许多标本。	表示利用机会或条件	

第二节　介词的语法特征和介词短语的语法功能

一、介词的语法特征

现代汉语的介词，有些是沿用古汉语的介词，如“于”、“以”、“自”等，有些是从古代汉语动词演变来的，如“把”、“被”等。另外，还有一些主要用作介词，但还保留动词的用法，属于介词、动词兼类。例如：

①小明不在家。（动词）

书在桌子上放着。（介词）

②我家的大门朝南。（动词）

妈妈朝我笑着点了点头。（介词）

③病人给大夫医疗费。（动）

大夫给病人打针。（介）

这类词有“在”、“朝”、“向”、“往”、“顺”、“随着”、“对”、“为”、“跟”等。

由于介词与动词关系十分密切，所以我们讨论介词的语法特点时，主要从介词与动词的区别着眼。

（一）介词是虚词，通常不能单说，也不能单独充当主语、谓语等成分。如不能说“他对于”、“小明把”、“阿里从”等。但是，如果问“你在图书馆学习吗？”可以回答“在”。又如“你跟他一起走吗？”可以回答“跟”。然而大部分介词不能单独回答问题，如有人问“这本书从图书馆借的吗？”就不能回答“从”。

（二）介词不能重叠，也不能带动态助词“了”、“着”、“过”等。有些介词可以有几种形式，如“为”、“为着”、“为了”，“沿”、“沿着”，“朝”、“朝着”，“向”、“向着”，“随”、“随着”，“除”、“除了”等。这些介词中的“了”、“着”不表示任何语法意义，用不用“了”、“着”，其意义、用法基本相同，所以这里的“了”、“着”不是动态助词，而是介词本身固有的构成成分。

（三）介词的后面必须跟一个名词性的成分，组成介宾短语。充当宾语的主要是名词（短语）和代词，形容词（短语）、动词（短语）和主谓短语有时也可以。

名词：学生对老师很尊敬。

名词短语：老师对我们的学习和生活很关心。

代词：班主任谢老师比我更了解这个学生的情况。

形容词：晚霞已由橘红渐渐变成暗红。夜幕，已悄悄由天边撒了过来。

形容词短语：老人骑车，慢一点比快一点好。

动词短语：关于怎么样学好汉语，阿里谈了自己的经验。

主谓短语：人们都在为工程早日完成而努力工作。

二、介词短语的语法功能

（一）作状语：这是介词短语的主要语法功能。例如：

①我的一个老同学从上海来了。（表示处所）

②他对我们的学习很关心。（表示对象）

③会上，老教授向我们介绍了他的研究成果。（表示对象）

④将来比现在更美好。（表示比较的对象）

⑤随着晚风，隐约飘来一阵美妙的乐曲声。（表示伴随的动作或事物）

⑥为了幸福的明天，人们都在努力地工作。（表示目的）

（二）作定语：介词短语与中心语之间一定要用“的”。例如：

①人们对月球的研究，以后还会不停地继续下去。

②古时候流传着不少关于这位诗人的故事。

③这些沿街的小商亭都是为了方便群众而设立的。

④在向四个现代化的进军中，李四光是中国科技工作者学习的榜样。

（三）作补语：

①鲁迅生于1881年。

②我们从胜利走向胜利。

③约翰来自美国南部的一个城市。

④这趟火车是开往上海方向的。

能充任补语的介词只有“于”、“向”、“自”、“往”等少数几个。

（四）作宾语：常用作宾语的是“为了……”，而且多见于“是”字句。例如：

①他这次来不仅仅是为了工作，也是为了你。

（五）作主语。例如：

①从8:00到12:00是工作时间。

②村子从南到北有一条河。

第三节　常用介词的用法

一、从

（一）表示起点

1.表示空间的起点，后面一般要跟表处所或方位的词语。例如：

①他姐姐从英国来了。

②下课铃响了，学生都从自己的座位上站起来了。

③明天大家先到我家集合，从我这儿走比较近。

④不论做什么事，都要从实际出发。（表示抽象的处所）

⑤他一边说一边从口袋里掏出一个小瓶子。

⑥他从秘书那里取来了陈伊玲的报名单……

应注意:例⑤的“口袋”,例⑥的“秘书”这两个名词后要加方位词“里”。

2.表示时间的起点,后面要跟表示时间的词语。例如:

①我们从5月1日开始改用夏季作息时间。

②她从昨天下午开始就有点不舒服。

③从找到大庆油田以后,中国石油工业很快发展起来了。

④这个故事要从四年前初春的一个星期天说起。

⑤从30年代起他写了很多重要论文,成了国际上有名的地质学家。

3.表示事物涉及的范围或发展变化的起点。例如:

①小刚从一个不懂事的孩子成长为大学生了。

②春节过后,大地渐渐从沉睡中苏醒过来。

③我们应该深刻地注意解决群众生活的问题,从土地、劳动问题,到柴米油盐问题。

④这儿的伙食办得不错,从采购到做饭全由她一个人包了,又便宜又好吃。

例①“一个不懂事的孩子”是小刚“成长”的起点。例②“沉睡”是“大地苏醒过来”这一变化的起点。例④中“采购”是她“包”的工作范围的起点。

(二)表示通过的处所或路线

①这儿有一条小路,狼也许从小路逃走了。

②晏子对卫兵说:只有到狗国去的人,才从狗洞进去。

③这里树木遮天蔽日,阳光从树缝中射进来,像一条光彩夺目的金棒儿。

④我从这里路过,看到这个少年躺在地上动不了了。

（三）表示来源

①山洞里的二氧化碳是从哪儿来的呢？

②我们现在用的"推敲"这个词，就是从这个故事来的。

③从生活中找语言，语言就有了根。

④汉语的各种方言都是从古代汉语演变分化出来的。

（四）表示依据

表示依据时，"从"的宾语多为表示抽象意思的词语，谓语动词常是表示"认知"、"感觉"意义的动词，如"看"、"认识"、"体会"、"知道"、"明白"、"懂得"、"感到"、"感觉"等。例如：

①从这件小事，我们深深体会到他对青年人的关怀和爱护。

②从他的脸色分明看得出来他病了。

③从孩子嘴里知道，他姐姐是个转业军人，从文工团回来的。

④他虽然年轻，但从他那沉着冷静的眼神中可以看出，他是一个头脑清醒、心理素质良好的小伙子，只要精心培养，将来必成大器。

⑤从阅读文学名著中，我明白了一些运用语言的规则。

（五）由介词"从"组成的常用格式

介词"从"常跟某些词语搭配使用组成一定的格式，常用的有"从……到……"、"从……起"、"从……以来"、"从……往……"、"从……来说"、"从……来看"等。

1.从……到……

"从……到……"既可表示时间、处所从起点到终点，也可表示人物、数量等的范围。

作状语：

①春天像刚落地的娃娃，从头到脚都是新的，它生长着。

②我国的建筑，从古代的宫殿到近代的一般住房，绝大部分是对称的，左边怎么样，右边也怎么样。

③从甲骨文到金文，从金文到篆文，从篆到隶，从隶到楷，文字数量的增减，形体笔画的繁简等变化，从没有停止过。

④这些瓷雕，从构思到情态，都是在他厚实的生活根基上创造出来的好作品。

⑤第二天，有人问起，他又把这档事从头到尾学说了一遍，有声有色。

⑥那天，从天亮到清晨，全城的爆竹声不绝于耳。

作谓语：

①海风，从八级到九级，又从九级到十级。

②北京的工业从无到有，从小到大。

③沙丘的高度一般从几米到几十米，也有高达一百米以上的。

作主语：

①从开花到果子成熟，大约得3个月……

②从居庸关到呼和浩特大约有一千多公里的路程。

作宾语（一般充当“是”字句的宾语）：

①搞经济，搞文化，哪一件不是从不会到会，从一无所知，到知之不多，这是一个不断转化的过程。

②这条高速公路是从三元桥到首都国际机场，全长15公里。

作定语：

①从省委到各地、市、县委，到各部门的负责同志都有计划地下去蹲点。

②过去它，年年都牵动着从市领导到老百姓的心。

③中国茶叶的发展经历了从药用到饮用，从野生到种植的漫长过程。

④从北京到张家口的铁路长二百公里，是连接华北和西北的交通要道。

2.从……起

“从……起”有“从……开始”的意思，多表示时间。“从……起”常用在句首，作状语。例如：

①每个人从学迈第一步起，便一直小心翼翼。

②从今天起，我就要在中国学习、生活了。

③但是从那时候起，每逢春节，我就想起那盏小橘灯。

④从三十年代起，他写了很多重要论文，成了国际上有名的地质学家。

⑤从大年初一起，珍珠灯塔就挂在铺中最显眼的地方，用以招揽顾客。

有时，“从……起”中间可以是一个动宾短语或主谓短语，谓语动词常是“说”、“找”、“学”、“算”等，放在“起”的前边。表示开始的时间或动作的起点。例如：

①从我上小学算起，我已经学习十几年了。

②事情还得从他们结婚时说起。

③学习外语，一般都是从发音学起。

④苏林教授手持纸条，不知从何找起。

⑤我问姐姐：找对象从何找起呢？

3.从……以来

“从……以来”表示过去某一时间开始，一直延续到说话时的一段时间，“从……以来”中间可以是时间词语、动词短语或主谓短语。"从"有时可省略。例如：

①从开学以来，我还没有请过假。

②从到中国以来，我还没有生过病。

③从结婚以来，他们小两口还没有红过脸。

④从他自己开这个公司以来，天天夜里十点多钟才到家。

4.从……以后

"从……以后"的"从"有时可以省略不用。例如：

①从今以后，我决定不再工作。

②从那以后，他一直生活在上海。

③说真话，五岁以后，四十五年来，我还真没有买过帽子。

5.从……来说(说来)

"从……来说"意思是"从……方面谈问题"，也可以说"从……来看"。例如：

①从养蚕的季节来说，有春蚕、夏蚕、秋蚕之分。

②从这本小说的内容来说，中学生看不太合适。

③从工程质量来说，这点小错误也是不能容忍的。

④从另一个角度来看，信息产业的发展，为社会提供了大量就业机会。

⑤从我们的具体情况来看，这围墙的作用主要有两个：一是为了安静，一是为了美观。

⑥从这一点来看，虽不能说她就是学生中的佼佼者，但可以说她是一个幸运儿。

二、由、自、打、自从

跟"从"的用法近似的介词还有"由"、"自从"、"自"、"打"等。

(一)由

介词"由"可表示多种意思。

1.表示处所、时间的起点,事物发展变化的起点或来源,与"从"的意思相同。一般来说,用"从"的地方都可以用"由"。但是"从"比"由"更加口语化。

(1)表示处所的起点:

①碑身南面有三幅浮雕,由东向西的第一幅,是1911年的武昌起义。

②明天大家先到方先生家集合,由方先生那儿走比较近。

③这趟列车,由北京开出,经济南、南京就到了终点站上海。

④这条小路走的人很少,狼也许由这条小路逃走了。

(2)表示时间的起点:

①那部电影是由陈建华第二次去机场迎接妹妹开始的。

②由1979年开始,他就从事业余写作,已经坚持十八年了。

③由上午9:00到下午3:00,是他们对外办公的时间。

(3)表示事物发展变化的起点:

①中国实现现代化,必然要有一个由初级到高级的过程。

②凡事都有由量变到质变的过程。

③刚才他的发言,由犹豫不决,转为语气坚定。

④八十年代,我和高力在同一单位工作,由认识到相爱。

⑤那次会议之后,他由助教越级晋升为副教授。

(4)表示来源:

①我们由沥青铀矿中提出的物质,它的分解特性与铋相近。

②那个地区的许多不同品种的马,都是由同一种野生的马进化而来的。

③豆腐是由黄豆做的。

④人才是由学校培养出来的。

2.引出施事者，表示某事归某人去作。例如：

①说到底，这种悲哀也许主要应该由我自己负责。

②给家里买些日常吃的菜，向来是由我父母操办和操劳的。

③只要爷爷同意，爹的说服工作由我来做。

④这是可以由你自己作主的事。

⑤这是一条完全由我国的工程技术人员设计施工的铁路干线。

3.表示凭借。常用格式："由……组成"、"由……构成"。例如：

①谈到石油的化学成分，我们可以说，它是由多种物质组成的混合物。

②这些星星是由非常稀薄的气体状态的物质组成的。

③这个句子的宾语结构比较复杂，它是由几个定语一层一层地递加在中心语上构成的。

"由"构成一些常用短语。如"由此可知"、"由此可见"、"由此往前"。例如：

①由此可见，我们原先的分析是对的。

②由此可知，他根本没有来学校，而是去医院看病去了。

③由此往前，走四百米就是汽车站。

（二）自、打

"自"和"打"都可以表示处所或时间的起点，"打"多见于北方口语。"自"多用于书面语。

1."自"和"打"与处所词或时间词结合组成介宾短语，作状语，说明处所起点或时间起点。例如：

①他出生在海南，自幼失去了父母。

②黄河渡口，自古以来，夜不行船，要过河，等着天亮吧。

③他自幼娇生惯养。

④花瓶里的花是打哪儿掐来的？

⑤打八点钟起，他便趴在桌子上写啊，写啊……

2.由“自”组成的介宾短语可以作补语，多用于书面语。“从”、“自从”和“打”都不能这样用。例如：

①一封封来自祖国各地的祝贺信激励着他不断前进。

②信里他流露出发自内心的喜悦。

③他对事业的一往情深出自一个简单的信念。

④目前，这项试验受到了来自各方面的欢迎。

⑤这发自肺腑、掷地有声的话语，使他感到十分意外，当然也很感动。

（三）自从

“自从”只表示时间的起点，而且只能用于过去。例如：

①自从搬进小阁楼，玛丽的学习效率大大提高了。

②自从他当了班长以后，课堂秩序有了明显好转。

③阿里自从来中国以后，汉语水平提高得很快。

三、在

“在”是动词，也是介词。作为动词“在”的意思是“存在”，在句中作谓语。“在”的宾语是表示处所的词语。如“我母亲在家，我父亲不在家”。在一定的语言环境下，“在”也可以不带宾语。如“张老师在吗？——他不在”。

“在”作为介词，与后面的宾语组成介词短语，表示处所，可用在动词前作状语，表示动作行为发生的时间、处所或范围等。

（一）表示动作行为发生的时间。例如：

①这趟火车每天在七点钟通过这座桥。

②在出发之前，排长就到各班进行了纪律检查。

③在那些困难的岁月里，大伯父给了我们家很大的帮助。

④他（鲁迅）在逝世的前三天，还给别人翻译的苏联小说写了一篇序言，在逝世的前一天还记了日记。

⑤就在这个时候，一架飞机朝这儿飞来，在上空盘旋着。

“在”前可用“就”、“正”、“恰好”、“正好”、“恰巧”、“大概”、“大约”等副词。介词短语“在……”作状语时，可以用在句中谓语动词前，如例①、④，也可以放在句首（主语前），如例②、③、⑤等。

由“在”构成的表示时间的短语常见的有“在……时候”、“在……时期”、“在……时刻”、“在……年代”、“在……同时”、“在……前（以前、之前）”、“在……后（以后、之后）”等。

（二）表示处所。例如：

①你在前面走，我们在后面跟。

②彼得在海员俱乐部工作。

③我走进他的房间，他正用那只受过伤的手在一块红布上绣“友谊”两个字。

④星期日我们全家在张老师那儿玩了一天。

⑤阿里，你不舒服，先在我这儿休息会儿吧！

由介词“在”组成的介词短语用在动词前，表示动作发生的处所。这里又分两种情况：一种是动作者也在该处所，如例②“彼得”也在“海员俱乐部”；另一种是动作者不在该处所，如例③“他”不在“红布上”，“红布上”只是“他绣字”的处所。

（三）表示范围、界限。

1.表示范围：

①在她这个年纪的女人里边，她是个顶有福气的。

②在我们这个集体里，同学之间，像亲兄弟一样，亲如手足。

③在许许多多的同学之中，阿彤是我最要好的朋友。

④在这几天之内，又传来了令人振奋的消息。

⑤当然，在理想和现实之间还有一段遥远的路程。

⑥乡人带来的酒每次都在五斤以上，可供张先生喝好多天。

“在”表示范围时，常和某一方位词语组成“在……＋方位词”。常见的有“在……里（里边）”、“在……中（之中）”、“在……内（之内）”、“在……之间”、“在……以上”等。

2.表示界限：

①在一万一千米以上的高空，温度是不随着高度而改变的。

②这座小楼盖得很有气魄，楼上三间，楼下四间，水磨石地板，每间面积都在二十平方米以上。

③这种飞机在海拔两万米以内可以飞行。

④这种雷达不能发现在五百米以外的目标。

⑤这种胶在摄氏二百度以下是不会熔化的。

介词“在”可以跟某些方位词组成表示界限的格式。常见的有“在……以上”、“在……之内”、“在……之外”、“在……以下”等。

（四）“在”和方位词“上”、“中”、“下”组成的“在……上”、“在……中”、“在……下”可表示时间、空间、范围、方面、条件等。

1.在……上

“在……上”可以表示范围、方面或条件。插入这一格式的词语多为名词或名词短语，有时也可以是动词或动词短语。例如：

①小华在玩上可有办法了。

②文学革命在创作上是从白话诗开始的。

③在题材的选择上，我一向喜欢寻找独特点。

④一年来，他在学习上的进步是很显著的。

⑤科学技术是一种在历史上起推动作用的革命力量。

⑥我们要在发展生产的基础上，逐步改善人民生活。

2.在……中

“在……中”表示动作发生或状态存在的环境、范围、时间、条件等。中间大多是名词、名词短语、动词、动词短语或形容词等。例如：

①青年人就是要在艰苦中奋斗，在奋斗中创业，在创业中成长。

②他在忙乱中，把这么重要的信件忘在桌子上了。

③孩子们是在不知不觉中模仿自己的父母的。

④我们预祝你不断进步，在中美文化交流中取得成绩。

⑤在思想的碰撞中，产生了多少智慧的火花。

⑥他在教学工作中的成绩是有目共睹的。

“在……中”还可以作谓语，表示动作行为正处于进行的过程中。例如：

①你的要求正在考虑中，有了结果，我马上告诉你。

②他的病正在积极治疗中。

③他写的教材，上册已经由出版社出版了，下册正在编写中。

④随着现代化科学技术的发展，机器人的研制正在迅速发展中。

“在……中”这样用时，它前面可用“正”等副词修饰。

3.在……下

“在……下”表示条件。中间多为名词短语或带有定语的双音节动词。例如：

①在舅舅的劝说下，母亲卖了部分房子和土地，供我们读中学。

②在他的带领下，全乡农民已经脱贫致富，提前实现了小康。

③我们认为在社会主义制度下，积累和消费的关系，根本上是一致的。

④这些花灯、鱼灯是在老艺人的指点下，群众业余创作出来的。

⑤在老师和同学们的帮助下，小明进步了。

（五）“在”有时用来指明全句的论断或看法所适用的对象，相当于“对于……来说”。例如：

①做这种特技飞行动作，在他是不成问题的。

在这个句子中，“他”是论断所适用的对象，句子的意思是“他做这种飞行动作是没有问题的”，或“他一定能做这种飞行动作”。

②在她一切都来得自然简单，率直爽朗。

③这点儿力气活，在他算不了什么。

④能用中文写出这样的文章，在他们已是很不容易了。

（六）“在……看来”是一种常用格式，用来引出持有某种看法的人，中间是指人的名词或代词，在句中作插说成分，多用于书面语。例如：

①那时，在很多人看来，人类遨游太空仅仅是一种美好的愿望。

这句话的意思相当于“很多人认为”。

②这件事情的发生，在我们看来不是偶然的。

③在专家们看来，这种做法是得不偿失的。

四、对于、对、关于

“对于”、“对”、“关于”这三个介词的语法意义和用法，有同有异。

(一)对于

介词“对于”用于引进牵涉的对象或事物的关系者，宾语为名词(短语)、动词(短语)或主谓(短语)。由“对于”构成的介词短语，在句子中，主要修饰谓语动词(短语)或形容词(短语)，若位于句首，则修饰整个谓语，有时，也作定语。介词短语“对于……”作状语时，谓语多比较复杂。

1.“对于”的宾语表示谓语动词的受事，语义上受句中的谓语动词的支配。例如：

①鲁迅到了晚年，对于时间抓得更紧。(抓紧时间)

②对于在教学工作中作出突出贡献的教师应当表扬和奖励。(表扬和奖励……教师)

③如果我们不具备相当的科学文化水平，不学习新的生产技能，对于现代化的工业生产就很难掌握。(掌握现代化的工业生产)

④我公安人员对于案件的每一细节都调查得很详细。(调查……细节)

⑤你问错人了，对于这个地方，我并不熟悉。(不熟悉这个地方)

这样用的“对于”可以有两种作用：一是通过“对于”使动作的受事者位于动词之前，处于醒目的地位，从而使之更为突出；二是句子结构的要求：用“对于”把动作的受事提到动词前以后，可以减少动词后的宾语、补语等成分的长度，易于保持句子结构平衡，而且如果谓语动词后有用“得”的补语，动词的受事又比较复杂时，宾语不能直接放在动词后，如例④，而“对于”解决了这一矛盾。

2.“对于”引进与动作有关的事物，“对于”的宾语在语义上不受动词的支配。例如：

①对于这个问题，我的看法与你不同。

②教学法对于提高教学质量有很大作用。

③对于犯错误的干部，一般地应采取说服的方法，帮助他们改正错误。

④我们对于农业、轻工业都有一套切实可行的政策。

由“对于”组成的介宾短语也常作定语，在这一用法中，定语和被修饰的词语之间，一定要用结构助词“的”。例如：

①这件事充分表现了这位作家对于未来的信心。

②对于太阳能的利用已经被越来越多的人所注意。

③随着现代医学的发展，我们对于笑的认识更加深刻了。

3.对于……来说（说来）

“对……来说”引进某种判断或看法所针对的人或事物。用“对于……来说”时，一般是表达说话人的判断或看法，所针对的人不一定有同样的看法。例如：

①本来像这样的劳动活，对于他这样一个老矿工来说不是什么新课。

这句话表达说话人的看法，认为“他是一个老矿工”，“干这样的劳动活”当然不是第一次。

②对于搞这样的活动来说，总是多一点人好。

这个句子显然也是表示说话人的看法。

③她失业很久了，所以对于她来说，现在不是工作好坏的问题，而是有无的问题。所以她大概会接受这个工作。

④父亲：你现在还是学生，对于你来说，现在最重要的是学习，打工会影响学习，所以我不同意你出去打工。

儿子：可是只会学习，将来也未必能找到好工作。

从上面这个句子可以看出来，“对于……来说”后边的句子表示的是说话人“父亲”的看法“现在儿子最重要的事情是学习”，可是儿子并不同意这一看法。

（二）对

“对”是动词，也是介词。作为动词，“对”有“对待”、“对付”或“朝”、“向”的意思。例如：

①A：这场球赛谁对谁？

B：北京队对上海队。

②我家的门口对着一棵老槐树。

介词“对”的语法意义：

1.介词“对”是由动词“对”演变来的，还保留“对待、对付、朝、向”的意思。“对于”没有这个用法。例如：

①你把试验的注意事项，对学生说说。（向）

②他对小张点了点头，没说什么。（向、朝）

③我们对工作应该认真负责，一丝不苟。（对待）

④他对人很热情。（对待）

上述各例中的“对”都不能用“对于”替换。

2.“对”引进与动作有关的事物或“对”的宾语也是动词的受事，即与“对于”的用法1、2相同。例如：

①对这次考试成绩我不太满意。（不满意……成绩）

②对在科学研究中做出较大贡献的科学家，我们应该奖励。（奖励……科学家）

③对严格要求自己的人，我一向很尊重。（尊重……人）

④这次试验，对我们的研究非常重要。（"试验"与"研究"有关）

上述句子中的"对"都可以换成"对于"。

"对于……来说（说来）"也可以说成"对……来说（说来）"。例如：

①北方的气候，对养花来说，不算很好，冬天冷，春天多风，夏天不是干旱就是倾盆大雨，秋天最好，可是会闹霜冻。

②起名儿，对农家人来说，不是重要的事。

（三）关于

1."关于"的宾语表示动作行为关涉的事物或范围。由"关于"组成的介宾短语作状语时，总是放在句首。例如：

①关于这座白塔，相传有这样一个故事。

②关于怎样合理使用人力，提高工作效率的问题，领导上已经作出了安排。

③关于校园的绿化问题，今天先谈这些，大家再考虑考虑。

由"关于"组成的介宾短语作定语时，后面要加"的"。例如：

①我也还想打听些关于祥林嫂的消息……

②这本书里收集了许多关于海底动物的原始资料。

③当时流传着不少关于他刻苦作诗的故事。

2."关于"和"对于"的异同。

(1)"关于"和"对于"意义不同。"对于"引进动作的对象，"关于"的宾语表示牵涉的范围。例如：

①关于织女星，民间有个美丽的传说。

②对于文化遗产，我们必须进行研究分析。（研究……文化遗产）

有时"对于"的宾语虽然不是动词的受事，但是与谓语动词或句中某一动词关系仍然比较密切。如前面有关"对于"的例句：

③教学法对于提高教学质量有很大作用。

在这个句子中，可以说"教学法参与提高（教学质量）"。

④对于犯错误的干部，一般地应采取说服的方法，帮助他们改正错误。

在这个句子中，"犯错误的干部"正是"说服"的对象。

如果介词的宾语既是动作涉及的对象，又表示动作涉及的范围，那么，用"对于"、"关于"都可以。例如：

⑤对于农业、轻工业，我们都有一套切实可行的政策。

关于农业、轻工业，我们都有一套切实可行的政策。

⑥关于举行汉语表演的问题，同学们的看法不一致。

对于举行汉语表演的问题，同学们的看法不一致。

如果名词只是动作涉及的范围，那么就只能用"关于"。例如：

⑦关于他，能够回到我记忆里来的就是这么一点。

（2）"关于"总是位于句首，在主语的前边，而"对于"，可用在主语前，也可以用在主语后。

（3）由"关于"构成的介词短语可以单独作标题，而"对于"不能。

五、跟、和、与、同

"跟"是动词、介词和连词。

（一）介词“跟”用于必须由甲乙两个方面参与的动作行为的句子中。甲起主导作用，放在主语的位置上。乙是动作行为的参与者、牵涉者或动作对象，放在“跟”的后面，作介词的宾语。甲乙的位置不能互换。例如：

①我们要跟中国同学开一个联欢会。

②王朋躺在床上，李友跟他握手以后，就坐在床前边的椅子上了。

③这些事情跟你有什么关系，你那么操心？

④那个小棋友，棋艺非常好，很多人都喜欢跟他下棋。

下列动词或动词短语可以用于“跟……”作状语的句子：握手、见面、结婚、配合、共事、打交道、打仗、打架、吵嘴、闹矛盾、谈得来、合得来、比赛、讨论、争论、辩论、商量、有关系、有联系、有矛盾、平行、垂直、相交、互补等。这些动词都表示不止一方参与的动作。

应注意，“见面”在语法上是一个动宾短语，后边不能带宾语，只能说“甲跟乙见面”，而不能说“甲见面乙”。“结婚”也一样，要说“甲跟乙结婚”，不能说“甲结婚乙”。有些动词，不能带宾语，如“比赛”，也要说“甲跟乙比赛”，而不能说“甲比赛乙”。

用上面这类动词造句时，如果句中不用“跟”，则要求主语是表示复数的名词（短语）或代词。例如：

①两个人握手后，就各奔东西了。

②我们两个经常打交道。

由“跟”构成的介词短语还可以作定语，常用来修饰“关系”、“联系”、“交情”、“友谊”等词语，后边要用“的”。例如：

①中国人民要加强跟世界各国人民的友谊。

②毕业以后，我跟他的联系就中断了。

(二)“跟”也可以用于只由一方就可以完成的动作行为。“跟”的作用仍是引进参与者或共事者,或者动作的对象。例如:

①看完体操表演,校长和其他几位体育老师从主席台下走上来跟孩子们一起照了相。

②我跟你们一块儿上山打猎去吧!

③小孙子坐在我床边,跟我讲了许多夏令营的事。

④近几年来有几个青年工人一直跟我学技术。

⑤一路上,我跟你讲了那么些道理,都白说了。

⑥我跟他说过盖大楼的事。

“跟”后常用“一起”、“一块”,组成“跟……一起”、“跟……一块”格式。

“跟”表示行为动作的对象时,与介词“向”、“对”、“朝”的意思接近,有时可互换,如例③、④、⑤、⑥。

(三)用于表示比较异同的句子。在比较事物异同的比较句中,“跟”用来引进作为比较基准的事物,位于主语后,后边是表示比较结果的形容词或动词等。表示比较结果的词语常用的有“相同”、“不同”、“一样”、“不一样”、“相似”、“相反”、“相等”、“差不多”等。例如:

①这个字跟那个字的发音一样。

②三角形A跟三角形B相似。

③这篇文章跟那篇文章的观点恰好相反。

④这里的气候跟我们国家的气候差不多。

⑤老人六十多岁了,可他走起路来跟年轻人一样快。

⑥他的精神面貌跟去年大不相同了。

“跟”后面也常用动词“比”或“比较”,有时“跟……相比(比较)”还可以放在句首。例如：

①我们拿水跟铁比较一下儿，一块铁，不管放在什么地方，它的形状都不会改变，水却不是这样，水能流动。

②跟过去相比，现在的生活好多了。

除了“跟”外，“和”、“与”、“同”也是介词，语义和用法与“跟”相同。例如：

①如果这一次落选了，也许她终生就和音乐分手了。

②他的经历和村上大多数人一样。

③我们这儿，元旦的光景与除夕截然不同。

④苏州园林与北京的园林不同，很少使用彩绘。

⑤有的智能机器人能够学文化，同人进行简单的对话。

⑥外国人学汉语，同汉族人学汉语有许多不同的地方。

“跟”和“和”用于口语，“同”和“与”书面语色彩较浓。

六、给、为、替

(一)给

介词“给”是从动词演变来的。在现代汉语中，“给”是动词，又是介词。介词“给”的意思比较复杂。

1.引进动作行为的接受者或动作所涉及的物体接受者。

“给”的宾语表示物体的接受者。例如：

①老场长正在给林子里的树浇水。（树：水的接受者）

②我也给妹妹带来了几样礼物。（妹妹：礼物的接受者）

“给”也可用在动词之后，作补语（参见第三编第五章第八节“补语和状语比较”）。例如：

①那个制糖厂已经包给另外一个公司了。

②劳驾，请把我们的假条带给老师。

③农民们每年都交给国家一定数量的公粮，也就是农业税。

④请你把这封信转给有关的领导同志。

⑤这两本书我卖给你，只收一块钱。

“给”的宾语表示动作的接受者，可以用“向”替换。例如：

①工厂的领导同志给我们介绍了技术革新的情况。

②老科学家给我们讲了许多科学幻想的小故事。

③丈夫给我使了个眼色，我马上给婆婆鞠了一个躬。

④没关系，不要给我道歉了，这点儿小事算什么？

具有传递信息语义特征的动词，可用于这种句子。如“说”、“讲”、“解释”、“讲解”、“介绍”、“反映”、“道歉”、“敬礼”、“拜年”、“鞠躬”、“磕头”、“下跪”等。其中“说”、“讲”、“谈”、“推荐”、“介绍”等都不能同时带两个宾语，常用“给”引出动作的接受对象。如“我给他介绍一个女朋友”，不能说“我介绍他一个女朋友”。“我给你们讲一个故事”，而不能说“我讲你们一个故事”。“道歉”、“敬礼”、“拜年”等语法上是动宾结构，后边不能带宾语，需由介词引出动作的接受对象。如“我给老师鞠个躬”，不能说“我鞠躬老师”。

2.引进动作行为的服务对象。例如：

①我跟你谈谈心，你给我解解心烦吧。

在这个句子里，“我”是“你给我解解心烦”的服务对象，也可以说是动作行为的受益者。

②那个少年抱起孩子，给他抹去嘴上的血。（他：服务对象）

③请等一会儿，我给你们拿酒去。（你们：服务对象）

有时“给”的宾语不出现，而且有时很难补出确切的宾语。例如：

①黄大姐每天给接电话，给找人，从早忙到晚。

②劳驾，给拿块肥皂。

③顾八奶奶：对了，劳驾您，四爷，你给倒杯水。

在命令句中，“给我”有“必须为我服务”的意思，带有强迫、命令、威逼的语气。例如：

①都别急着走，先给我到这边来，还有里边的，都给我出来。

②为什么把我的东西都扔在地上？你给我捡起来。

③这时，父亲气得脸色发青，并大声对我说：“给我老实讲，你还干了些什么？”

3.引出动作行为的施事，与“被”的意思相同，也可以用“被”字替换。为南方口语。例如：

①这本字典都给他翻破了。

②粮食给土匪抢走了，房子也都给他们占去了。

③好听的话都给他说尽了，就是不见行动。

④到了家里，我就给父母姐弟等包围起来，欣喜地问这问那。

有时，“给”后没有宾语，也很难补出来。例如：

①这些纸都给放黄了。

②大白菜给冻了。

③圆珠笔给搁干了。

这类句子的施事者多为自然现象，如“天气”。

4.引出谓语动词所表示的动作的承受者，有介词“把”的意思，是口语，较少用。例如：

①听了这个消息，给我急坏了。

②这些谣言给他吓呆了，太意外了。

③劳驾，你给这两个暖水瓶灌上水。

④爸爸,你快给小狗叫回来,它会给鹌鹑咬死的。

"给"还可以作助词。例如:

①一个月的薪水让(被)他给输光了

②他把我刚写的论文给弄丢了。

(二)为、为了、为着

1.表示服务的对象。例如:

①我们要绿化我们家园,为子孙后代造福。

②你们为灾区的人民做了些什么?

③他生前为村里做了很多事,死后大家自然很怀念他。

"为"一般可以用"替"替换。

④你的考试成绩这么好,我真为你高兴。

⑤您不要为我担心,一切都会好的。

⑥你事业这么成功,我真为你高兴。

2.表示原因。例如:

①大家都为他比赛失利而感到惋惜。

②他从来没有为钱发过愁。

③看球的观众在为北京队队员高尚的风格鼓掌呢。

④她曾为不公平的议论苦恼过,但不去理它,也就心安理得了。

3.表示目的或目标。例如:

①朋友们,为我们的友谊干杯。

②为朋友们的健康干杯。

③为此事,我一直充满着歉意,我是最反对伤害别人的自尊心的。

④他为这些衣料花了一千多元。

4."为"在表目的时,也可用"为了"或"为着"。这两个词后面的"了"或"着"都不是动态助词。

为了:

①为了她,我可以牺牲一切。但是为了我,她却什么都不愿意做。

②为了他的事业,这位电影艺术家都四十多岁了,还没有结婚。

③他为了达到自己的目的,对她百般奉承。

④为了当一名话剧演员,他每天背诵台词,练习发音。

⑤为了实现这一目标,他和她的助手们付出了常人意想不到的一切。

还可以连用两个"为了……"。例如:

①为了方便,也为了不再过多地打扰房东,我自己立伙,但所用的锅灶却是他家的。

②为了自己的身体,也为了不影响别人的健康,你一定要戒烟。

为着:

①为着她自己的孩子,后来她又嫁了两次。

②为着我们美好的明天,朋友们努力吧。

③他为着实现自己的理想,忍受了许许多多难言之苦。

"为……"、"为了……"还可以作定语、作谓语。例如:

①这是为国为民的好事,我能拦着他去做吗?

②母亲为了自己再婚的事,好长时间心神不安,睡不好觉。

③现在我们搞绿化,就是为了子孙后代的幸福。

(三)替

"替"是动词,也是介词。动词"替"表示"替代"的意思,后面一般要带宾语。如“自己做的事自己负责，谁也不能替谁”、“三号球员受伤了，四号上场替他”。

“替”作为介词，后面带表示人的名词或代词，可以作状语，有时也可以作定语。

1.引进替代对象。例如：

①今天张老师病了，我替他上课。

②他是开明书店的经理，替我租定了三间平房，又替我买了些家具。

③爷爷，我会替你搓烟叶，为你祷告上帝。

④说着，他就划着一根火柴，替道静点上了灯。

⑤他们太欺负小王了，我要替他说几句公道话。

2.引进服务对象，有帮助或协助某人做某事的意思。例如：

①当时船主常到大连去做生意，我在船上替人家做饭。

②刚才你不在，我替你接了一个电话，王主任请你去一下儿。

③劳驾，请顺便替我把这封信投到邮筒里。

3.引进牵涉对象。例如：

①你总是那么粗心大意，我真替你担心将来会出大事的。

②小明又得了全校数学比赛的冠军，班上的同学都替他高兴。

③小王要骑摩托车跨越黄河了，乡亲们都替他捏一把汗。

上述句中的“替”都可用“为”来代替。

4.介词“给”、“为”、“替”都可引进“对象”，但在语义上有时会有明显差别。例如：

①小明给我发了一份传真。（“我”是“传真”的接收者）

小明为我发了一份传真。(可以是“小明替我、帮助我发了一份传真给第三个人”,或者“小明为我的事情给别人发了一份传真”)

小明替我发了一份传真。(小明帮我发了一份传真给别人)

如果介词后的名词不表示事物的接受者,也不表示原因,那么上述三个介词表示的意义就没有什么差别。例如:

②孩子,一定要给妈争口气。

孩子,一定要为妈争口气。

孩子,一定要替妈争口气。

七、朝、向、往

(一)朝

“朝”是动词,也是介词。作为动词的“朝”,有“面对”的意思。后边的宾语多表示方位。如“我家住两间房,一间朝南,一间朝北”、“请大家脸朝前,不要东张西望”、“谈话的时候,你要脸朝着听话的人,不要低着头不看人”。

由介词“朝”组成的介词短语一般作状语,也可以作定语。

1.“朝”表示动作行为所面对的方向。例如:

①天开始亮了,天边最亮处是行进的正前方,这说明我们是朝东走呢。

②小阿宝朝窗户看了几眼,好像发现了什么。

③他朝远处一指,我就朝他指的方向望过去。

④我喊了一声“有车吗?”马上好几辆人力车都朝我们冲了过来。

2.引进动作行为的对象。

“朝”引进对象时，宾语多为指人的名词、代词，后边的动词多表示人体的动作行为，常见的有“笑”、“招手”、“挥手”、“摆手”、“点头”、“摇头”、“打招呼”，以及“说”、“喊”、“叫”、“嚷”、“骂”等。例如：

①我朝弟弟大喊道：“快走，要下雨了。”

②瘦小的车夫朝我说：“准保送您平安到家，请上来吧。”

③那天，我偷着看你，你朝我笑了笑。

④接过奖状，我朝我的教练深深地鞠了一躬。

⑤您有话朝我说，我是摊主，人家都是顾客。

（二）向

“向”是动词，也是介词。作为动词，“向”有“对着”的意思。即表示人或事物面对着某一方向。如“他家的房子向东，我家的房子向西”、“这间房子向阳，屋里特别亮”。“向”作为介词，与名词短语或代词组成介词短语，表示动作的方向或动作的对象。

1.表示动作的方向或目标。例如：

①我抱着灯笼，上身向前弯着，怕让雨打湿了。

②船向着左右两边摇晃，走得很慢。

③她的嘴角微微向上挑起，好像在微笑。

④一群小姑娘又说又笑向草屋走来。

⑤跑道上的运动员们正向终点冲去。

⑥探照灯的光柱直向天空射去。

2.引进动作行为的对象。例如：

①早晨，那位小朋友碰到我时，总要用英语向我问好。

②借此机会，我向朋友们拜年。

③我们不能等待大自然的恩赐，我们的任务是向大自然索取。

④我幻想着，过几天，丈夫会来娘家向我道歉。

⑤你不要向别人借钱。

⑥请你把事情的经过向大家说一下。

"向"表示动作行为的对象时，后边动词多含有"说"义。如"说"、"问"、"道歉"、"赔礼"、"提出"、"打听"、"诉说"、"了解"、"介绍"、"指出"、"要求"、"请求"、"表示"、"报告"以及"要"、"讨还"、"借"、"学习"、"负责"等。

3.由"向"构成的介词短语可用在动词后，作补语。例如：

①我赶紧走向前，拉住了他，没撞上车，好危险啊。

②现在有些科学家又把目光投向无穷无尽的宇宙。

（三）往

"往"是介词，也是动词。介词"往"表示动作行为的方向。例如：

①你往前走，前边儿有卖花的。

②股票的行市直往下落，股民们纷纷往外抛手里的股票。

③我们也是往北京大学方向去的，咱们搭伴走吧。

④你别往自己脸上贴金，也别往自己脸上抹黑。

⑤您不要总往坏里想，吓唬自己。（"坏里"意思是"坏的地方/方面"）

⑥关于他的表现，我们尽量替他往好里说。

（四）"朝"、"向"、"往"比较

1."朝"、"向"和"往"都可以表示动作的方向，但用法有不同。"朝"、"向"的宾语可以是方位处所词，也可以是表示人或物体的名词。如“朝我点头”、“向图书馆走”。但是“往”后的宾语都包含方位词“上、下、里、外”等，如果是名词，要加上“方向”、“那边”。如“往图书馆的方向走”、“你往火车站那边找”、“往他那个方向跑去”。

用“往”的句子，有时不仅表示动作的方向，还表示动作所涉及物体通过动作后所在的处所。如“往自己脸上贴金”、“往头上浇冷水”、“把缺点错误往自己身上揽”、“把成绩功劳往他人身上推”、“往怀里搂”。这一点是“往”与“朝”、“向”用法上最大的不同。我们可再举两例子：

①老房里还挂着我们亲家的家谱，供着祖宗的灵位，这些东西，拆了老屋，往哪里摆呢？

②桌子上放着很多钱，他大把大把地往兜里揣。

这两个句子里的“往”都不能换用“朝”、“向”。

2.“朝”、“向”可以引进动作的对象，“往”不能。如“朝我点点头”、“朝我笑笑”、“向我们招手”、“向您致敬”、“向我们青年人召唤”等，都不能用“往”来代替“朝”、“向”。

八、除（除了……以外）

“除”是介词，表示“不计在内”的意思，“除”也可以说成“除了”、“除开”、“除去”等，它们的基本意思一样，可以看成“除”的变式，其中最常用的是“除了”。“除了”后面的宾语可以是名词（短语）、代词、动词（短语）或形容词（短语）及主谓短语等。

“除了”常与方位词“外”、“之外”或“以外”等搭配使用，构成“除了……以外（之外、外）”格式。由于后边句子的不同，这种格式又分排除式和包容式两种。

(一)排除式

后一分句用"……都/全"与之呼应。后一分句可以是肯定句。例如:

①这里是佛国,除了七八家店铺外,全是寺院。

②除了面积稍小点儿外,这套房子一切都很好。

③学员注册名单上有29人,除了约翰以外,其余的全都登录在上边了。

④这座古老的城市,除了西边那部分之外,都是三百年以上的古建筑。

这种句子,一般来说排除的是"除了"以后的、特殊的事物。全句的作用在于肯定谓语部分所涉及的事物的一致性。如例①排除"七八家店铺",肯定的是"这里全是寺院"。例②排除的是"面积小",肯定的是"这套房子一切都很好"。例③排除的是"约翰",肯定的是"学员全登录在上边了"。例④排除的是"西边那部分",肯定的是"这座古老的城市都是三百年以上的古建筑"。

后一分句也可以是否定句。例如:

①除了几句安慰的话外,她什么也不能够带给淑贞。

②除了丈夫和她的两个小心肝,她的心里几乎什么都没有。

③除了他以外,班里同学谁也没买这本书。

④我周末除了休息以外,不做什么事。

(二)包容式

所谓包容式就是"除了"的宾语所表示的事物也包括在后边的谓语所陈述的内容范围之内。与"除了"配合使用的词语是"还"、"也"、"又"等。例如:

①这个村里有本事的人,除了王大姐还有你。

这句话的意思是"这个村子有本事的人有王大姐,也有你"。

②这些家具,除了我自己买的,也有我母亲留给我的。

③他除了学习规定的课程外,还参加了两项科研活动。

④乡下人除了吃饭穿衣外,他们在生活里,也需要说说唱唱,鸟语花香。

⑤法院除了叫他赔偿人家的损失外,又判了他两年徒刑。

这种句子有补充的作用,即"还"、"也"、"又"后边的事物补充"除了"后边的事物。

"除此以外"用于一段叙述文字之后,作用在于补充说明。例如:

⑥他是一个球迷,几乎天天参加各种业余排球赛,除此以外,他还有不少兴趣和爱好,他喜欢周末时弹钢琴,拉二胡。

九、连

"连"是动词,也是介词。"连"作介词时,它的意思与"甚至"近似。"连"后为名词(短语)、代词、动词(短语),组成介宾短语,与"……也/都"配合使用。"连"的功能是引进话题对比焦点(参见第五编第四章"篇章")。"连"的宾语,即话题对比焦点,表示一个突出的事例,比如最好的或最坏的,最大的或最小的,最应该的或最不应该的等,后边的句子说出一般的情况、结论。如"你的意思连我这个大老粗都听懂了,那些文化水平高的人肯定更听懂了。"这个句中的"我这个大老粗"是话题对比的焦点,对比的基准,句子的含义是"大老粗都能听懂,那些文化水平高的人自然更没有问题"。下面分析"连……也/都……"这一格式。

(一)"连"的宾语

1.可以是动作行为的施事,介词"连"用在主语前。例如:

①连我母亲也支持我，让我离开家去创业。（母亲是最不愿意让儿子离开家的人）

②这女孩唱完第二首歌，连声乐专家王教授都点头称赞。

③比赛那天连六七十岁的老人都来了。（这种事老人最不应该或不可能来）

④这个简单的道理，连小孩子都懂。

2.可以是动作行为的受事，介词“连”用在主语后、谓语前。例如：

①你连这样的好姑娘也不要，你要谁呀。（要……好姑娘）

②妈妈连一件像样的过冬的衣服都没有。（没有……衣服）

③他连一张便条都不肯写。（写……便条）

④他救了我，可是我连他叫什么名字也没有问。（没有问……名字）

（二）“连”后为动词重复式

“连”用在主语后，谓语前。全句的意思是“没有做最起码应该做的事”。例如：

①我这里的情况，他连问都没有问，还谈什么关心呢？

这句话的意思是“如果他关心我，最起码应该问问我这里的情况，可是他没问，更不要说做其他关心我的事了”。

②她接到信后，连看也没看，就跑去上课了。

这句话的意思是“她很忙或她对这封信没有兴趣，否则收到信至少应该看看”。

③老先生看见那幅山水画，连考虑也没有考虑，就喊了一声好。

④这种菜只生在南方，北方人连见都没有见过。（意思是“北方人更没吃过”）

（三）“连……也/都……”的句子格式还可以作定语。例如：

①这儿是一片连野草也不生长的荒野。

②这本书是一位连中学都没念完的工人写的。

③连汉字都没见过的人,怎么会写汉字呢?

④你想,一个连味道好坏都尝不出来的人,怎么算得上美食家呢?

作定语时,“连……也/都……”后一定要加结构助词“的”。

十、按照、按、照

介词“按照”的作用是引出要遵从的规定、条件或标准。由“按照”构成的介词短语作状语。“按照”也可说“按”或“照”,意思不变。“照”比“按照”、“按”更加口语化。

(一)按照:

①我们的教学进度要按照教学计划进行。

②您提的方案符合实际,我们的图纸就是按照您的方案设计的。

③按照规定,应试者还要唱一支外国歌。

④按照北京的老规矩,春节期间商店停业五天,到正月初六才开张。

⑤我想按照这条蓝裙子的样子,再做一条花的。

(二)按:

①每辆公共汽车都要按规定的数量运载乘客,不得超载。

②按我的判断,昨天的地震不超过五级。

③我们一定要按原定计划办事,除非发生意外情况。

④下棋,按现在的话来说,是为了交流棋艺,增进友谊。

⑤按眼下的行情,这张画至少值五千多元。

⑥按规定，你要先办一下手续，请你先填一张表。

（三）照：

①有一天，妻子对丈夫说："咱们应该照大多数的家庭那样生活，不要天天吵了。"

②照你这种说法，中国人把家里最小的孩子叫老小，是吗？

③我们照着您的办法去做了，试验还真成功了。

④他照着他师傅的模型，自己又做了一个。

⑤我想照你的衣服的样子做一件。

⑥照您的说法，吃饭不用筷子，用刀叉的人，就不是中国人？

（四）"按照……来说"或"按照……说来"格式

这类格式也可说成"按……来说/说来"、"照……说"。例如：

①小王和小李两个人，按能力说，小王占优势，按人品来说，小王不如小李。

②这些事情，按理说，应该由主任处理。

③按理来说，这些事情应该由他负责处理。

④照道理说，父母不应该不管孩子，可是这个孩子的情况有些特殊。

也可以说"按说"、"照说"，意思是"按/照道理说"。例如：

①按说，这些事情应该由他负责处理。

②照说，父母不应该不管孩子，可是这个孩子的情况有些特殊。

参考文献

陈炯、徐浩良 "对"字句和"对"，语文学习，1984年第3期。

崔希亮 汉语"连"字句的语用分析，中国语文，1993年第3期。

崔永华 “连……也/都……”句式试析,语言教学与研究,1984 年第 4 期。
范干良 “向”、“往”、“朝”及其相关的介词,烟台大学学报,1990 年第 4 期。
范 晓 介词短语“给 N”的语法意义,汉语学习,1987 年第 4 期。
李临定 介词短语使用漫谈,语言教学与研究,1985 年第 3 期。
刘丹青、徐烈炯 焦点与背景、话题及汉语“连”字句,中国语文,1998 年第 4 期。
刘宁生 句首介词结构“在……”的语义指向,汉语学习,1984 年第 2 期。
沈开木 “除”字句的探索,汉语学习,1998 年第 2 期。
盛济良 说说主语后的“关于……”,汉语学习,1987 年第 6 期。

练 习

一、选适当的介词填空:

对 为 向 从 跟 在 替 连 给 为了 除了 按照(按)

由于 在……中 在……下 在……上 离

1.______受到冷空气的影响,这两天的气温又下降了。

2.她______热烈的掌声______,走下了讲台。

3.你去邮局的时候,劳驾______我寄一封挂号信。

4.很多代表来______基层,了解下边的情况。

5.大家______你的发言表示赞同。

6.______今天起,咱们俩每天用汉语谈话好吗?

7.谁都知道我们上学读书绝不是______做官发财。

8.他的身体______以前比好多了。

9.他们在农村______当地的老农学到了许多书本上没有的知识。

10.______老师的教育和帮助______,小明______一个后进生变成三好学生了。

11.______学校的规定,你得先办入学手续,然后才可以______同学们一起上课。

12.您______我家干了一天活儿,怎么______一口水都不喝?您太客气了。

13.他老婆手敲着桌子______他说:“钱!钱!你还知道什么?”

二、用适当的介词填空：

甲₁：（老同学）：你好！你是新同学吗？______哪儿来的？

乙₁：（新同学）：是的，我是______武汉来的。

甲₂：还没办入学手续吧？要不要我______你去办？

乙₂：谢谢，不用了。请问男同学都______这座楼住吗？

甲₃：对。你是第一次到北京来吗？刚______南方到北方来，也许______这儿的天气还不太习惯吧！

乙₃：北京的冬天______我这个南方人来说，可能是最不习惯的。

甲₄：这儿的冬天不算太冷，我想______武汉差不多。这儿室内都有暖气，所以要______武汉舒服多了。

乙₄：那倒是。请问你有没有______咱们学校的介绍材料？我想看看。或者，以后你有时间______我介绍介绍咱们学校的具体的情况，可以吗？

甲₅：可以，可以。咱们这儿的同学都很用功。大家______一个共同目标，整天都在埋头学习。

乙₅：我作为一个新生，一定要好好______老同学学习。

甲₆：大家互相学习，互相帮助吧。

乙₆：咱们的宿舍______教室、食堂远不远？

甲₇：不远，不远。这儿一切都很方便。各方面条件可以说都______别的学校好一些。

乙₇：听说这儿的老师______学生要求很严，______同学的关系也很好。他们______各方面关心学生的成长。

甲₈：对。学校也是这样。学校领导______现有的条件______，尽量______学生创造良好的学习环境，使学生______德育、智育、体育三方面得到全面的发展。

三、选词填空：

（一）向、往、朝

1.大家注意了。立正！______右看齐！______前看！______右转！齐步走！

2.火车渐渐地走远了，欢送的人们还在______我们招手。

3.我要到首都电影院去，从这里应该______哪个方向走？

4.李时珍处处留心______父亲学习，还暗自记下了不少药方。

5.小明到家后，把书包______床上一扔，出去玩去了。
6.有了正确的指导思想，我们的事业一定会走______胜利。
7.他什么东西都喜欢______墙上挂。
(二)从、由、自
1.______今以后，我们应该加强联系。
2.这段话引______《鲁迅全集》。
3.这个剧团______十名演员组成。
4.______古以来，这里就是一个繁华的地方。
5.这项工作______我负责。
(三)跟、对
1.你每天______谁在一起学习？
2.大刘生在北京，长在北京，______北京的一切都很熟悉。
3.明天是春节，你到我家来______我们一起过春节好吗？
4.阿毛的死，______祥林嫂是个很大的打击。
5.嘿！小明，你不______我玩，以后我就不______你做伴儿了。
6.小明一直______小力特别好，______小力特别关心。
(四)为、给、替
1.这次，你______我耽误了工作，我该怎么感谢你呢？
2.下午的会要是你没时间参加，我______你去吧。
3.我这儿有小王一封信，请你______我带给他。
4.这几天，大家都______你们俩的喜事高兴。
5.昨天他家里又______他打来一个电话，催他回去。
6.人的生命是有限的，可是，______人民服务是无限的。
7.小明恭恭敬敬地______老师鞠了一个躬，谢谢老师的帮助。
(五)对于、关于、对
1.______旅行的问题，大家有什么意见还可以提出来，______出发的日期、住宿等问题，有意见也可以提出来，现在还定不下来。
2.今天的报告讲的是______怎样加快发展农业的问题。
3.______开联欢会的事，我已经通知大刘了，他很高兴，笑着______我说了一句："我一定去参加。"
4.______这种生活小事，小王从来不在乎。
5.咱们______人家提的意见应该表示欢迎。

四、正误识别,对的划(+),错的划(-):

1.A.文艺工作者要服务四化。( )
B.文艺工作者要为四化服务。( )

2.A.他借来了很多杂志在图书馆里。( )
B.他从图书馆借来了很多杂志。( )

3.A.我看见他的在礼堂前边。( )
B.我在礼堂前边看见他的。( )

4.A.他给写这封信,今天没有休息。( )
B.他为写这封信,今天没有休息。( )

5.A.北京图书馆除了有这本书以外,别的地方都没有。( )
B.除了北京图书馆有这本书以外,别的地方都没有。( )

6.A.这种报告我们学习中文很有帮助。( )
B.这种报告对我们学习中文很有帮助。( )

7.A.公共汽车和小汽车从我们学校门口开过去了。( )
B.公共汽车和小汽车在我们学校门口开过去了。( )

8.A.这件事情,他说过我。( )
B.这件事情,他对我说过。( )

9.A.我要学得比他一样好。( )
B.我要学得跟他一样好。( )

10.A.敌人对我们投降了。( )
B.敌人向我们投降了。( )

11.A.小刚把球往我扔过来。( )
B.小刚把球往我这边儿扔过来。( )

12.A.他除了会说英语外,还会说法语。( )
B.他除了会说英语外,都不会说法语。( )

13.A.今天阿里为了病,没有来上课。( )
B.今天阿里因为病了,没有来上课。( )

14.A.汽车开动了,玛丽还在招手我们。( )
B.汽车开动了,玛丽还在向我们招手。( )

五、改正病句:

1.你在哪儿来?

2.昨天我跟一个朋友遇见在汽车上。

3.狼给东郭先生说:“打猎的从后边追来了,先生救救我吧!”

4.先生谈了跟我几次,为了了解我的学习情况。

5.他跟这里的情况很熟悉。

6.为了他每天练习发音,他的发音特别好。

7.他对这件事知道,但是他不说。

8.中国同学关于我们的学习很关心。

第八章 连词

连词是虚词的一类，其作用在于连接两个词、短语和分句。比如“丁力和我”里的“和”表示“丁力”和“我”之间是并列关系。“丁力或者我”里的“或者”表示“丁力”和“我”之间是选择关系。又如“因为丁力学得好，所以大家都选他当班长”，这里“因为……所以……”连接的是两个分句，表示两个分句的因果关系。连词不充当句子成分。

连词可以单个用，如“和”、“或者”，也可以成对使用，如“因为……所以……”、“不但……而且……”。

有些连词也具有段落、篇章的连接功能（参见第五编第四章“篇章”）。

第一节 连词列举

汉语的连词数目比较多，有些多用于连接词或短语，有些多用于连接分句。连词所表示的关系大体上可分为联合关系和偏正关系两大类，前者叫并列连词，后者叫偏正连词。汉语常用连词如下（见下表）：

连词	搭配的词语	联合关系				连接对象		
		并列	选择	承接	递进	词	短语	分句
和		+	+			+	+	
跟		+				+	+	
与		+				+	+	
及		+				+	+	
既	既……又(也)	+				+	+	+
以及		+				+	+	+
并					+	+	+	+
并且	不但……并且(又,还)……				+	+	+	+
而	为了……而…… 因为……而……	+		+	+	+	+	+
而且	不但……而且(还,又,更)……				+	+	+	+
或			+			+	+	+
或者			+			+	+	+
还是	还是……还是……		+			+	+	+
要么	要么……要么……		+			+	+	+
不但	不但……而且(还,也,又)……				+		+	+
何况	尚且……何况……				+			+
况且					+			+
尚且	尚且……何况……				+			+
宁可	宁可……也不…… 宁可……也要……		+					+
与其	与其……宁可…… 与其……不如……		+					+
而况					+			+
以致				+				+
从而					+			+
于是				+				+

连词	搭配的词语	偏正关系							连接对象		
		因果	假设	条件	让步	转折	取舍	目的	词	短语	分句
因为	因为……所以……	+									+
因此		+									+
因而		+									+
所以	因为……所以	+									+
既然	既然……那么…… 既然……就……	+									+
无论	无论……还是……都(也)…… 无论……或者……都(也)……			+						+	+
不论	不论……还是……都(也)……			+						+	+
不管	不管……都(也)……			+						+	+
只有	只有……才……			+					+	+	+
只要	只要……就……			+					+	+	+
除非	除非……才……不(否则)……			+							+
要是	要是……就(也)……		+								+
倘若	倘若……就(也)……		+								+
假如	假如……就(也)……		+								+
如果	如果……就(也)……		+								+
但是	虽然……但是……					+					+
可是	虽然……可是……					+					+
不过	虽然……不过……					+					+
然而	虽然(尽管)……然而……					+					+
虽然	虽然……但是/可是/不过……				+						+
尽管	尽管……可是/但是……				+						+
即使	即使……也……				+						+
就是	就是……也……				+						+
哪怕	哪怕……也……				+						+
固然	固然……可是……				+						+
省得								+			+
免得								+			+

第二节　连词的语法特征

一、连词是虚词，具有虚词的一般特征

（一）没有实在的词汇意义，只表示一定的语法意义。

（二）不能充当句子成分。就这一点来说，它与副词、介词也有不同。副词与介词虽然都属虚词，但某些副词可以单独在句中充当句子成分，起修饰作用，作状语；介词与后面的名词或代词组成的介词短语也可以充当句子成分，可作状语和补语。而连词只能连接词、短语、分句，表示被连接的两个语法单位之间的各种关系，不起任何修饰或补充的作用。

（三）不能单独回答问题。

二、连词与副词、介词的区别

（一）连词与副词的区别

如上所述，有些连词可以和某些副词配合使用，表示某种关系，这样的副词在句子中也起一定的连接作用。如“如果你去，我就去。”是个假设复句，其中副词“就”也起连接作用。如果把连词“如果”去掉，句子变成“你去，我就去。”句子仍然成立，而且意思与原句相同。但是如果将关联副词“就”去掉，句子就成“如果你去，我去。”或者将“如果”和“就”都去掉，变成“你去，我去。”这两句话的意思就不清楚了，因为可以作多种理解。比如可以理解为“如果你去，我就去”，“你去，我就去”，“你去，我也去”，“你去，还是我

去?”等。可见,副词“就”在句中有重要的关联作用。再如“无论谁听到这个消息都会很高兴”这句话里有连词“无论”和副词“都”,去掉连词“无论”后,句子语义不变;但是再去掉副词“都”,就变成“谁听到这个消息会很高兴”由叙述句变成了问句,意思不同了,句法关系也变了。那么这些起关联作用的副词是否可划入连词呢?回答是否定的。因为连词区别于其他词类的一个重要特点是既可用在主语前,也可用在主语后,但起关联作用的“就”、“都”、“也”以及“又”、“再”、“还”、“却”、“便”等副词,都只能用在主语的后面,谓语动词或形容词的前面。它们的位置是比较固定的。所以这些副词尽管在句中起了一定的连接作用,但仍属于副词。

(二)连词与介词的区别

“跟”、“和”、“同”、“与”等是介词兼连词。那么,它们什么时候是连词,什么时候是介词?在语义表达上又有什么区别呢?

1.连词所连接的两个成分在结构上是平等的,可以互换位置,介词不同。先看下面两组例句:

甲组 ①我跟方强都会英语。

②长久以来,海员和渔民们多么希望能在礁顶上设一座航标灯呀!

乙组 ③小燕昨天只跟小青说了这件事。

④看,胖胖跑的速度和走差不多。

甲组例①的“我”和“方强”调换一下位置,说成“方强跟我都会英语”,意思没有改变。例②的情况相同。但如果将乙组例③中的“小燕”和“小青”调换一下位置,说成“小青昨天只跟小燕说了这件事。”意思就与原句不同,“小青”变成说话人,“小燕”变成听话人了。同样,如果将例④中“和”前后的两个成分掉换一下位置,说成

"胖胖走的速度和跑差不多"语义与原句恰好相反了。因此"和"等作为连词,连接的两个成分是平等的并列关系,所连接的词或短语在句中充当同一语法成分。如甲组的"我"和"方强"、"海员"和"渔民们"都是句子的主语。连词"和"、"跟"在书面上也可以用顿号来代替,而意思不变。可是介词前后两个成分不是平等的并列关系,二者之间有主次之分。在句法结构上,介词"和"、"跟"等不与前面的词语直接发生关系,而跟后面的名词结合,构成介词短语,再去修饰后面的动词、形容词,在句中充当状语。介词"和"、"跟"等也不能用顿号代替。

2.连词前不能插入其他修饰成分,如例①不能说成"我从前跟方强都会英语"。而"跟"、"和"、"同"、"与"作介词时,前面就可以插入其他修饰成分。如例③"跟"前有副词状语"只"。例④的介词"和"前可以插入"确实"、"简直"等词。如"看,胖胖跑的速度简直和走差不多"。这是因为介词短语可以受其他词语的修饰。

3."跟"、"和"等作连词时,被连接的两项词语后面可以用"都",总括前面的主语。如例②可在"海员"和"渔民们"后用"都",起总括作用。而乙组例③的"小青"之后不能用"都",例④也不能在"走"后用"都"。

第三节 常用连词的用法

一、和

"和"是表示并列关系的连词,只能连接单词、短语,不能连接分句。如不能说"我父亲是工程师，和我母亲是医生"、"下午我复习了语法，和做了练习"。

（一）"和"经常连接名词或名词性短语以及代词。例如：

①长江和黄河是中国最大的两条河。

②去年的十月和今年的三月他都出差去上海了。

③他和我都是华侨。

④这个花瓶和那个花瓶都很好看。

如果有两个以上的并列词语，"和"一般放在最后两个词语中间。例如：

①铁、石头和金子都是固体。

②这个班有美国、日本、荷兰和尼泊尔等几个国家的学生。

（二）连接形容词或动词。用"和"连接的动词、形容词短语可作句子的主语、宾语、定语。

1.并列的形容词或动词作主语或宾语（包括介词的宾语）。例如：

①他的聪明和勤奋都足以使他的理想成为现实。（主语）

②我为故乡的人民感到幸福和骄傲。（宾语）

③她作画是为了表达对正义和幸福的向往。（介词宾语）

④李勇对游泳、滑冰和射击都很感兴趣，很有研究。（介词宾语）

⑤那些在旧路上走惯了的年轻人，在走上新的生活道路的时候，总会摇摆和反复。（能愿动词的宾语）

⑥报告中的全部数据，测量和计算都很准确。（主语）

2.并列的动词（短语）或形容词（短语）作定语。例如：

①这在母亲心里是多么惨痛悲哀和无可奈何的事啊！

②教师应该大力培养学生的阅读和写作能力。

③语文是学好各门知识和从事各种工作的基本工具。

④现在会说和能听懂普通话的人越来越多。

3."和"也可以连接具有并列关系的谓语动词，这时后面通常有共同的宾语、补语，或前面有共同的修饰语，使并列的动词和形容词成为一个句子成分，而不是并列的谓语或两个句子，而且所连接的动词和形容词必须是双音节的。例如：

①政府大力提倡和推行环境保护。（有共同的宾语）

②在人才的问题上，我们必须打破常规去发现、选拔和培养杰出的人才。（有共同的宾语）

③这篇小说酝酿和创作于1950年。（有共同的补语）

④比较，从来都是防止和医治受骗的重要方法。（有共同的宾语）

⑤他也不像他见到的许多义军首领那样肤浅和粗俗。（有共同的状语）

⑥近年来，民用机场越来越庞大、复杂和现代化了。（有共同的状语，共用"了"）

⑦他很激动，因为过去自己的劳动从没被人重视和关心过。（共用"过"）

跟"和"用法相同的连词还有"与"、"跟"、"同"等。"与"多见于书面语；"跟"在北方话里用得比较多；"同"流行于华中一带。但都不如"和"用得广泛，在口语和书面语里都很常见。

二、及、以及

"及"和"以及"都是表示并列关系的连词。

（一）及

“及”可以连接名词（短语），所连接的名词中间没有停顿，不能用逗号。例如：

①这个时候的上海滩，画家及收藏家们正掀起一股石涛热。

②茶经分三卷，卷上讲茶的起源、性状、名称，采茶、制茶的用具及茶叶的种类和制茶方法，卷中列举煮茶、饮茶的器具，卷下讲烹茶的方法，各地水质的优劣及饮茶的习俗等。

（二）以及

“以及”多连接名词短语、动词短语，也可以连接名词和分句。“以及”前可以停顿，有逗号。例如：

①他在实践中学会了春种、秋收、养猪、喂牛以及开拖拉机等劳动技能。

②小孩被制作精美的布娃娃，姿态多样的小猫、小狗以及红红绿绿的小鼓、小喇叭吸引住了，赖在那里，不肯走开。

③这个电影反映了一个职员做好事却经常不被人理解，以及由此引起的一系列故事。

④我们开会、做报告、写文章，以及做任何工作都是为了解决问题。

⑤统筹法的实用范围极为广泛，在企业管理和基本建设中，以及关系复杂的科研项目的组织与管理中，都可以应用。

⑥更令我吃惊的是，讲课时所涉及的引语，他竟能说出它们出自某书，某版本以及出版年月，甚至页数。

“及”和“以及”可同时用在一个句子里。例如：

⑦19世纪及20世纪前半期的作家的作品，以及当代的作

品可以多读，对学习英语和写作有好处。

“及”和“以及”一般放在最后两个词或短语之间。如以上各例。

“及”与“以及”还有划分开层次的作用。例如：

①参加今天大会的有国家领导人、政府各部门负责人、工人、农民、学生和解放军的代表，以及各国驻华使节、外资企业代表和外国友好人士。

这个句子中的“以及”把参加会的中国人和外国人分开了。

②关于工业、农业及科技、教育方面存在的问题今年下半年都要解决。

“工业”、“农业”属于一类问题，“科技”、“教育”属于另一类问题。

三、或者(或)

“或者(或)”是表示选择关系的连词。“或者(或)”可以连接各种句子成分、各类词、短语，也可以连接分句或句子。

(一)连接单词。例如：

①在一定条件下，液体的东西也可以变成固体或气体。

②关于这个题目，你最好看看前人是不是已经有过类似的或相反的结论。

③如果你能每天或者经常翻阅一下这方面的资料，那将很有好处。

④这一屋子书，老王一上午能整理出一半或者三分之一就不错了。

(二)连接短语(或单词和短语)。例如：

①星期日或者下班以后，人们都喜欢到这个公园来玩儿。

②勤劳的小虎子放学回家总要先做些挑水或者捡柴火之类的家务劳动，然后才开始做功课。

③这个门向里推或者向外拉都可以。

④王医生说这种病痊愈至少要半年或者更长的时间。

⑤至于修辞格，只好比作在领子或袖口上滚一道花边，或者在胸前别个纪念章什么的，是锦上添花的性质。

（三）连接分句或句子。例如：

①这样，为什么人的问题他们就还是没有解决，或者没有明确地解决。

②要解决问题，一定要自己下去，或者是请下面的人上来。

③知道某个字的发音，忘了怎么写，或者会读某个词，不知道它的意思，可以用音序检字法。

④工作之余，我们常常全家到公园畅叙，或者到戏院看戏，那时的戏院也是聊天的场所。

有时，句中可同时用两个或两个以上的“或者”。例如：

①明天或者你来，或者我去，怎么都行。

②杠杆的主要作用或者省力，或者省距离，或者改变用力方向。

“或者”与“还是”比较：

“还是”也是表示选择关系的连词，用来构成选择疑问句，而“或者”用于陈述句。例如：

①老何，我心里有点儿疑惑，这茶叶到底是真的还是假的？

②您要长袜还是短袜？

③你想吃中餐还是西餐？

有时，“还是”所在的分句还具有疑问的性质，但整个句子是一个陈述句。例如：

①从他说话的语气来看，他是同意还是不同意，这不是很明显吗！

②你是中国人还是日本人，我真看不出来。

四、与其、宁可

这两个都是表示选择关系的连词。"与其"与"宁可"可以配合使用，分别表示取舍选择的两面。"与其"后接的是舍弃的一面，"宁可"后接的是选取的一面。在这种句子中所出现的供选择的事物，一般都是不理想的，或不够理想的，所以是退一步所做出的取舍选择。"与其"、"宁可"也可和"不如"、"也不"等词语配合使用，仍构成取舍选择句。"宁可"还可在句中单独使用，是一种只表示选取一面（不涉及舍弃）的选择句。具体句式和用法分述如下：

（一）与其A，宁可B

这是一个常用的表示选择关系的格式。A代表舍弃的一面，B是选取的一面。虽然A和B都不够理想，但在比较之下，选取了B，而舍弃了A，"宁可"表示一种意愿。例如：

①我决心已定：与其屈膝投降，宁可粉身碎骨。

②与其生产一大堆残品，宁可少生产一些，但质量高一些。

③与其低声下气求人家来帮忙，我宁可自己加班加点。

④导演想，这一伟大形象与其叫一个不合适的演员来演，宁可采取暗场处理。

（二）与其A，不如B

这也是一个常用取舍选择格式，与上一句式相近。所不同的是这种取舍不包含意愿的成分，主要表示一种看法。A是舍的一面，B是虽不满意，但比A要好、要合适的那一面。例如：

①与其给敌人干事，不如让敌人杀死。

②喜儿说："与其在黄世仁家挨打受骂，不如逃到山里去。"

③涓生认为与其一同毁灭，不如分道扬镳，各自去谋求生路。

这种句式中的"不如"前还常常用副词"倒"、"还"、"真"。例如：

④天气这么好，与其待在家里休息，倒不如出去走走。

⑤这辆旧自行车与其这么一次一次地修理，真不如换辆新的。

⑥这本《日俄词典》与其放在我这儿用不上，还不如送给你用吧。

这个句式中的"与其"与"不如"后还常常加上"说"，着重表明说话人对某一事物的看法。例如：

⑦我本想留他多住几天，与其说使他老人家得到一点享受，还不如说使我自己得到一点安慰。

⑧他的病房并不宽大，写字台上堆满了信件、书报。与其说是病房，倒不如说是一间书房。

⑨与其说小捷天资聪敏，倒不如说他刻苦勤奋。

"与其"除与"宁可"、"不如"搭配外，还可与"宁愿"或"宁肯"配合使用，比用"宁可"表意愿的作用更强一些。例如：

①与其让同志替自己承担任务，他宁愿带病坚持工作。

②与其向国家伸手求援，给国家增加困难，他们宁肯自己艰苦奋斗、自力更生。

(三)宁可/宁愿/宁肯B，决不/也不/也别A

"宁可/宁愿/宁肯"除与"与其"搭配外，也常常与副词"也不"、

"决不"、"也别"等搭配，前后呼应。这一句式中的A必须是否定的一面，不希望做的一面。意思是为了否定A，即使付出B的代价也心甘情愿。例如：

①他宁愿受穷挨饿，也不和仇人微笑干杯。

②当时，全城的老百姓宁可淹死，决不投降。

③宁可早到半个小时，也别迟到半分钟。

④爸爸宁可默默忍受儿子的误会和斥责，也不愿暴露自己的身份。

⑤我宁愿自己几天不吃东西，也不能让孩子挨饿。

⑥我宁肯饿死，也不愿意跟余敬唐这样的人在一起。

有时为了加强语气，可以把"也不"和"决不"合并成"也决不"。例如：

⑦他宁肯自己做点自我牺牲，也决不学那些市侩，做损人利己的事。

（四）宁可/宁肯/宁愿A，也要……

这个句式中的A是选取的一面，"也要"表示选取A的目的。例如：

①他想："有我在就有大桥在！宁可牺牲自己，也要保住大桥。"

②宁可掉脑袋，也要坚持真理，对得起自己的良心！

③我宁可倾家荡产，也要帮助你渡过这个难关。

有时为了突出表明选取A所要达到的目的，也常用介词"为了"把表示目的词语先介绍出来，即"为了……，宁可/宁肯/宁愿A"。例如：

①为了给王强补课，张老师宁愿放弃星期天的电影。

②为了寻求救国的真理，他宁愿远离家乡到异国去求学。

③为了保卫祖国，我宁愿赴汤蹈火。

④为了给战友们开辟前进的道路，黄继光宁愿牺牲自己，用胸口堵住敌人的枪口。

在语言环境上下文清楚，或说话人认为不言自明或无须说明时，也可以只说出所选取的一面，表明意愿。例如：

①不过，我宁愿听《蓝色的多瑙河》。

②我宁愿自己吃点亏。

（五）在某些成语里，表示"宁可/宁愿/宁肯"的意思时通常只用"宁"，"宁"后紧跟的词语是取的一面。与"宁"配用的是"勿"、"毋"、"不"等，后面紧跟的词语是舍的一面。例如：

宁缺毋滥　　宁死不屈　　宁停三分，不抢一秒（驾驶汽车时的警语）

五、而

"而"可用来连接单词（主要是形容词或动词）、短语（形容词短语或动词短语）、分句或句子。由"而"所连接的两个成分之间有并列、转折、承接或者递进等关系。"而"不能连接名词或名词短语。

（一）表示并列关系（也隐含着进一层的意思），所连接的两项之间意思是一致的。例如：

①船上生活，是如何的清新而活泼。

②戏里的主人公，高大而丰满，真实而感人，亲切而可信。

③在饮酒中间，徐以显虽然恭敬而热情地向闯王敬酒，心中却继续想着如何劝说献忠下狠心。

④他确乎有点像一棵树，坚壮、沉默而又有生气。

有时连接的两项一个是肯定形式，一个是否定形式，但是意思上还是一致的。例如：

⑤会上，同志之间展开了正确的而不是歪曲的，认真的而不是敷衍的批评和自我批评。

⑥就是太阳也不是什么宇宙中心，而只是满天星斗中的一颗而已。

（二）表示转折关系。

由“而”连接的两个成分，语义相反或相对，有“可是”、“但是”、“然而”的意思，但语气比较缓和。有时，“而”和“却”同时出现。例如：

①这张画的色彩艳而不俗。

②张老师讲课向来是少而精，简而明。

③能读懂文章而写不通文章的人是大有人在的。

④大家敢怒而不敢言地在那里立着，心中并没有给刘四爷念着吉祥话儿。

⑤两姐妹的爱好不同，姐姐喜欢唱歌，而妹妹喜欢画画儿。

⑥有的作品内容确实不错，但因为写得拖沓累赘，读起来就像背着一块石板在剧场里看戏，使人感到吃力头疼。而读大师的名著呢，却有如顺风行船，轻松畅快。

（三）表示承接关系，而且常有“进一步”的意思。例如：

①青出于蓝而胜于蓝。

②他的脸慢慢由红而白，把以前所受过的一切委屈都一下子想起来，全堵在心上。

③他们也许拉一辈子车，而一辈子连拉车也没出过风头。

④四个现代化的关键是科学技术现代化，而数学在科学技

术现代化中有着重要的地位和作用。

⑤这些颜色与草木的绿色配合，引起了人们安静闲适的感觉，而到各种花开时节，更显得各种花明艳照眼。

（四）"而"把表示方式、目的、原因等的状语与后边的动词短语连接起来。

1.状语表示方式。例如：

①唯物辩证法认为外因是变化的条件，内因是变化的根据，外因通过内因而起作用。

②这些青翠的竹子，沿着细长的滑道，穿云钻雾，呼啸而来。

③不一会，雨声就由沙沙沙而唰唰唰，雨丝由断而联，由细而粗，雨大起来了。

④小郭接过雨衣，热泪滚滚而下。

⑤这颗种子终于破土而出，并开始萌发出嫩绿的幼芽。

⑥人，不管吃荤也好，吃素也好，反正都是靠植物而生活。

由"而"连接的短语常用的有：

不欢而散　　挺身而出　　日出而作　　日落而息

不期而遇　　一饮而尽　　一扫而光　　一跃而起

2.状语表示目的或原因、来源。"而"表示原因或目的时，常与"为"、"为了"、"由于"、"因为"等配合使用，最常见的格式是"为（为了，因为）……而……"。例如：

①会上代表们表示一定要为了祖国国防的现代化而努力！

②谁个曾因为太阳本身有黑子而否认了它的灿烂的光辉呢？

③祥子还照常拉车，并不因为谣言而偷懒。

④田野里的禾苗因一场夏雨刚过而变得生机盎然。

⑤她是因为怯场心慌，还是由于身体不适而影响声音？

“而”前的成分也可以表示来源。例如：

⑥一切种类的文学艺术的源泉究竟是从何而来呢？

六、并、并且

“并”、“并且”都是表示递进关系的连词，可以连接两个动词（短语），也可以连接分句，“并且”还可以连接句子。“并”和“并且”用在所连接的后一个词、短语或分句的前面。

（一）连接两个动词，表示不止进行了一个动作（同时或先后），而且第二个动作比第一个动作更进一步。例如：

①在昨天的会上，代表们讨论并通过了两项决议。

“讨论”以后才能“通过”，“通过”比“讨论”更进一步。

②现在语言文字学家真正关心并参与这项工作的不多。

③中国是世界上最早发现并利用茶树的国家。

④国家确立并推行的简化字，大部分是历代流行已久的。

（二）连接两个动词短语。例如：

①真理是跟谬误相比较，并且同它作斗争发展起来的。

②我希望所有的人都去干并且都干好自己爱干的工作，为国家现代化建设做出贡献。

③今天是老母亲七十整寿，大儿子上礼拜就来了并给了五千块钱。

（三）连接分句。例如：

①这位老大夫十分重视基础医学理论的探讨，并在新的手术设计和改进方面有许多贡献。

②老师用右手拍了拍阿宝的肩膀，并向他作了个鼓励的手势。

③要是他还活着，他一定会对四化建设表示衷心拥护，并且全力以赴。

④这种构件有良好的硬度、强度和耐高温性，并且很轻。

⑤为什么语言要学，并且要用很大的力气去学呢？

⑥历代书法家的墨迹都有简体字，并且书写得很好。

（四）“并且”可连接句子。例如：

①既然决定不再工作，何妨离开工作的地方呢？并且那些糊里糊涂只知道吃的同伴，也实在叫人看着生气。

②要是你以后能出去的话，千万想法把那个东西交给咱们的人。并且告诉他们，我对得起大家，对得起死去的爹。

七、不但

“不但”是表示递进关系的连词，用在复句的前一个分句，后一个分句通常用连词“而且”、“并且”等与之呼应。组成“不但……而且（并且）……”格式。这个格式可用于表示事物的深度或广度方面的递进关系。

（一）表示事物深度方面的递进，即后一个分句比前一个分句的内容在程度上进一步。例如：

①雨后的春笋，不但长得多，而且长得快。

②石拱桥不但形式优美，而且结构坚固。

③诗的语言不但要求准确，而且还要精炼。

④我们向沙漠进军，不但保护了农田，开辟了绿洲，而且对交通线路也起了防护的作用。

⑤平时，我不但爱读诗，并且还先后编写出版了几部诗集。

⑥半年以后，他不但还清了欠人家的债，改善了家庭条件，

还在银行存了一笔款。

⑦理发也是技术，不但是技术，也是艺术。

“不但”也常与起关联作用的副词“还”、“也”等搭配，如例⑥、⑦，或与副词“更”、“甚至”等搭配，组成“不但……还……”、“不但……而且……也……”、“不但……更……”、“不但……甚至……”等。“而且”也可以用“并且”代替，例如⑤。

（二）表示事物在广度方面的递进。例如：

①汉语水平测试不但三年级学生参加了，而且二年级的学生也参加了。

②弟弟参加地质探险队的愿望，不但父亲支持，而且母亲也赞成。

③不但学习成绩优秀的同学受到了表扬，而且学习成绩提高得快的同学也受到了表扬。

④人才市场优胜劣汰，不但人才之间存在着竞争，而且用人单位也同样面临一场竞争。

⑤在联欢会上，不但专业演员表演了节目，而且业余的文艺爱好者也纷纷上台给大家演出了精彩的节目。

（三）表示逆向递进。这种句子的格式是：前一个分句中，“不但”与否定副词“不”或“没有”连用，后一分句中把“而且”改成为“反而”，“反而”与连词“不但”搭配使用。“不但”用在前一个分句，引出某一希望或应该实现而没有实现的情况，后一个分句用“反而”引出相反的结果或效应，成为逆向递进状况。常用格式是“不但＋不/没有……，反而……”。例如：

①半年的减肥锻炼，他的体重不但没有减下来，反而又增加了。

②不恰当的过多的描写，不但不会使文章增色，反而会变成累赘，使人感到厌烦。

③五十多岁的人了，可是我对钓鱼的兴趣不但没有减退，反而越来越浓了。

④在这里多等了半小时，雨不但没有停，反而越下越大。

⑤这位科长的做法，不但没有得到表扬和奖励，反而被扣罚了半年的奖金。

八、况且、何况、再说

这三个连词都表示递进关系，用在复句后一分句的开头。由“况且”、“何况”引出的分句总是对前一分句所表达的缘由或情况进行追补，常用于书面语。口语里常用“再说”。例如：

①小船是逆水而上，况且又顶风冒雨，行走得很慢。

②小明天赋聪敏，况且又刻苦勤奋，学习一定很好。

③你刚来，哪儿都不认识，再说语言又不通，不要一个人到处乱跑。

这三个连词还可以连接句子。例如：

①爸爸胳膊上的伤还没好，怎能去比赛呢？况且对手又是个大力士！

②他很高兴，因为他第一次有了一个社会职业。何况这个工作又那么合乎他的理想。

③这种茶叶是难得的珍品，哪有这样包装的？况且市面上也根本买不来。

“何况”还可以用于反问句，语气更为肯定。前一分句用“尚且”、“连”等说明甲事尚且如此，后一分句用“何况”引出在甲事相

衬下的乙事更是如此。这时后一分句常为“名词(短语)+呢?”。例如:

①总之,行行出状元。古代尚且如此,何况我们这个时代呢?

②我站在岸上穿着棉衣还冷得打战,何况站在水里穿着单衣的人们呢?

③连王奶奶每天都读读书,看看报,何况咱们这些中学生呢?

④那些比你年纪大得多,而且已经有了工作的人还想继续学习,更何况你大学刚刚毕业?

以上例句都不能换成“况且”。

九、因为、由于

“因为”、“由于”是表示因果关系的连词,多用在因果复句的前一分句,引出某情况发生或存在的原因。

(一)因为

1.在表示因果关系的复句中,“因为”说明原因,后一分句表示结果,常用“所以”、“就”、“只好”等连接。例如:

①因为你不是中国人,所以中国人叫你“老外”。

②我因为一直很忙,所以没有时间来看望你。

③他因为想当老师,所以报考了师范院校。

④简化字因为好认好写,所以受到广大群众的欢迎。

⑤因为他姓孔,别人便从描红纸上的“上大人孔乙己”这半懂不懂的话里替他取了个绰号,叫做孔乙己。

⑥范进因为一心想当官发财,就整天地念书。

2.用“因为”引出的偏句也可以放在正句的后边，仍说明原因。例如：

①我可没有成为养花专家，因为没有功夫去研究和试验。

②我的儿子踢球需要营养，因为体力消耗太大。

③他没有来上课，因为他病了。

3.“因为”除了连接分句外，还可以连接句子。例如：

①“也许，兰兰能回来吧！”老奶奶心想。因为毕竟八十岁生日是具有特殊意义的日子。

②心里想到内山书店去吧，在那儿躲一会儿雨，顺便歇歇也好。因为接连一个礼拜的夜班，每天都在车上摇晃十一个钟头，我已经困得像一团棉花了。

③他确实高兴得快要疯了。因为做梦都想着的父亲的那笔遗产今天终于汇来了。

4.“因为”引出的话语可以在“是”字句里作宾语，说明原因。例如：

①这几天，妈妈的精神有些不正常，是因为弟弟刚发生了车祸。

②联盟一号，今天发生的一切就是因为检查时忽略了一个小数点。

③那辆车受到这么严重的损坏，就是因为长期放在楼下，没有人维护。

④这次他没有考上大学，就是因为平日学习不努力。

5.“因为”后面跟的是名词性词语时，它可看作介词，后面的词语是宾语。例如：

①是不是因为陈亮的车祸，你的精神不正常。

②大概因为过度的寒冷，他的声音有些发抖。

③有的医院因为同名同姓发错了药，差点儿没闹出人命。

④妻子是因为钱，才离开他的。

6.“因为”还常与连词“而”搭配使用组成一个短语，这时经常只用“因”。例如：

①兰兰因对母亲十分孝顺而获得了市政府的奖励。

②小叶杨树，因叶小而得名。

③他因考试作弊而被勒令退学。

（二）由于

在因果复合句中，前一个分句用“由于”说明原因，后一个分句表示结果。例如：

①由于他聪明能干，很快就被提升为副经理了。

②由于父亲常去跳舞，所以家里常闹矛盾，很不和睦。

③由于去晚了，第一排已经没空位子，我坐在后几排。

④听课的同学，由于抱着挑毛病的心理，所以格外认真听。

⑤由于家庭困难，我没有毛衣，天气变冷的时候，只好穿上妈妈的旧毛衣。

⑥由于作者抓住了人物的个性特征，因此刻画得生动逼真。

“由于”后面跟的是名词性词语时，它是介词，后面的词语是宾语。

（三）“由于”、“因为”在用法上的差异

1.“由于”、“因为”虽都表示原因，可以互换，但在用法上仍有一定不同。“由于”多用于书面语，“因为”多用于口语。“由于”可以和“所以”搭配，还可以和“因而”、“因此”搭配，但是，“因为”一般不与“因而”和“因此”搭配。例如：

李大伯由于老伴早已去世，所以他和儿子、儿媳、孙子一起生活。

李大伯因为老伴早已去世，所以他和儿子、儿媳、孙子一起生活。

李大伯由于老伴早已去世，因而他和儿子、儿媳、孙子一起生活。

？李大伯因为老伴早已去世，因而他和儿子、儿媳、孙子一起生活。

2.“由于”引出的偏句不能放在正句的后边，而“因为”可以。

十、所以、因此、因而

“所以”、“因此”、“因而”等都是表示因果关系的连词，用于后一分句，表示结果。

（一）“所以”、“因此”、“因而”三个连词都可以单独使用，也能构成因果复合句。例如：

①阿里感冒了，所以没有来上课。

②他考前做了充分的准备，所以考得很好。

③那天我病了，所以没参加那个会。

④会前已做了充分准备，因此会议开得很好。

⑤工程遇到了新情况新问题，因此保证如期竣工是一个严重的考验。

⑥围棋是我国的国粹，因此父亲也很喜欢下围棋。

⑦他家庭条件十分优越，头脑聪明，外表又英俊，因而深得女孩子的青睐。

⑧小明病了，因而不能来参加今天的全校运动会。

“所以”、“因此”、“因而”一般来说，可以相互替换，句子意义不变。而且一般情况下，单用“所以”、“因此”、“因而”，其功能相当于用“因为……所以……”的格式。

“之所以”与“所以”意思相同，但用在复句的第一个分句，第二个分句开头要用“是因为”连接，是书面语。例如：

我们之所以拒绝参加此次会议，是因为该会议的目的有悖于我们的宗旨。

（二）连词“所以”、“因此”、“因而”都可连接句子。例如：

①平时，无论谁到市府去找他，他都接见。所以当地市民尊敬地称他是“平民市长”。

②我们的工资每月起码几千元。因此，我们不缺钱，但需要对我们理解。

③从生活中找语言，语言就有了根。因而，学习语言是和体验生活分不开的。

综上所述，“所以”可以用于下列四种句式：

①因为我和他在一起工作过，所以对他比较熟悉。

②我和他在一起工作过，所以我对他比较熟悉。

③我所以对他比较熟悉，是因为我和他在一起工作过。

④我和他在一起工作过，这就是我所以对他比较熟悉的原因。

十一、既然、既

“既然”、“既”都是连词，表示推断因果关系，用在复句的前一分句，引出推论所依据的前提或理由，而且这个理由对听说双方来说都是已知事实。后一分句说出推论的结果。

（一）在后一分句的主语前，多用关联副词“就”、“便”、“也”等，也可以用连词“那么”。例如：

①A：队长，我适应不了这儿的气候，老生病。

B：你既然适应不了这里的气候，就离开这里，换个地方。

②A：老师，我病了，在发烧。

B：既然你病了，就在家里休息吧。

③我们既然对搞经济不内行，就要老老实实，从头学起。

④A：这幅画我真想买，就是太贵了。

B：既然你真想买，我愿意赔本儿卖给你，拿去吧。

⑤A：听说你们盖的那座楼地基有问题，盖了多久了？

B：刚盖。

A：既然刚盖，立刻停工！

⑥你既然已经知道这个秘密事关重大，就绝不要泄露出去。

上述例句中用“既然”引导的分句显然表示听说双方都知道的原因。

（二）后一分句是问句或反问句。例如：

①您既然认为他扮演这个角色不太合适，为什么还让他参加试演呢？

②你既然不愿参与此事，还问什么？

③既然许多人都是这么过来的，为什么我就不能照这样过下去呢？

④她既然希望你将来替她出口气，为什么又不让你多读几年书呢？

（三）“既然”后也可用代词“这样”、“那样”、“如此”等，指代上文所说的内容。例如：

对于这个问题，她的态度既然这样（那样，如此），我们就不再跟他商量了。

（四）“既然”和“因为”、“如果”不同。“因为”也引出原因理由，但对听话方一般不是已知的，这是与“既然”根本的不同之处。比较：

①A：你为什么不走了？

B：因为外边下雨了。

A：什么？下雨了？

而“如果”引出的条件是假设性的，不是已知的事实。例如：

②A：我走了。

B：外边好像有雨声。如果下雨了，你就不要走了。

“既然”引出的原由是听说双方已知的实情。例如：

③A：我该走了。哎，下雨了。

B：既然下雨了，你就不要走了。我们正好可以多聊一会儿。

（五）“既”与“既然”有相同的用法，多用于书面语。“既”还可以表示并列关系，常与副词“又”、“也”等搭配，构成的格式有“既……又……”、“既……也……”，表示两个事物并列存在。例如：

①他觉得自己还在成长，他似乎既是成人，又是孩子，非常有趣。

②我和他既不是亲戚，也不是朋友。

③新修的这座办公楼，既有民族风格，也不盲目复古。

④多少条山岭啊，在疾驰的火车上看几个钟头，既看不厌，又看不烦。

⑤大家听了他的话以后都哈哈大笑起来，笑得既开心，又

潇洒。

⑥经过几年折磨以后，他既没显老，也没生病，很是意外。

有时“既”也和“还”搭配。例如：

⑦在我小时候，一听“烤白薯喽”，就非买上一块不可。一路上既可以把那烫手的白薯揣在袖筒里取暖，到学校还可以拿出来大嚼一通。

“既……又……”与“又……又……”都表示并列的关系，但两者略有差别。“又……又……”中间的形容词在意义上，是同向的，即要么都是褒义的，要么都是贬义的。比如“又高又大”、“又聪明又漂亮”、“天又黑又冷”、“这个人又奸又滑”。如果是动词短语，则一定表示经常一起出现的动作。如“又蹦又跳”、“又打又闹”、“又气又恨”。而且在两个“又”之间的词语音节一般都比较短，长度也相同。“既……又……”中间为形容词时，基本上也是同向的，但如果是动词或动词短语，限制就小得多。如例①“既是成人，又是孩子”、“我们既要藐视敌人，又要为消灭敌人做好充分的准备”等。

十二、虽然、尽管

（一）“虽然”、“尽管”都是表示让步与转折关系的连词，用在复句的前一个分句中，引出表示让步的分句，所谓“让步”就是承认某一论断是事实。让步转折复句通常是先让步，然后转折。常用的转折连词有“可是”、“但是”、“然而”等。常用的格式有“虽然……但是（可是，然而）……”、“尽管……但是（可是，然而）……”等。例如：

①他虽然没有经验，但是工作做得很好。

②她说话时虽然脸带笑容，可是听得出话中有责备的味道。

③创作计划虽然按期完成了,然而并不很理想。

④虽然坐车很快,可是方向错了,结果离他要去的地方越来越远。

⑤尽管她的文化程度比别人低一些,可是她的工作成绩并不比别人差。

⑥思考有时尽管令人苦恼,但清醒中的苦恼总比糊里糊涂的幸福好一些。

有时,"虽然"、"尽管"引出的分句后出现。例如:

⑦没想到后来交际舞风也传到了农村,虽然带点儿偷偷摸摸的性质。

⑧看来自己也没有上当受骗,尽管这袋茶叶正是从一个妇女摆的小摊上买的。

(二)"虽然"、"尽管"也常常与副词"却"、"还(是)"、"总(是)"、"仍然"等搭配使用,"却"、"还是"等要用在主语的后边。例如:

①虽然时间比较紧一些,他们还是按时完成了。

②人虽然受点累,该办的事总算都办完了。

③尽管太阳是人类生存不可缺少的,但总还是有人批评太阳的某些过失。

④尽管人们对她有误解,有种种看法,她那双眼睛仍是那么善良、清澈。

⑤尽管我们在同一单位工作,然而却很少见面说话。

(三)在正句里,"但(是)"、"可(是)"、"然而"等与"却"、"还(是)"、"仍(然)"可同时出现在一个句子里。例如:

①他的名气虽然不如别人那么响,可他的作品却一炮一响。

②傍晚来了一位客人,虽然穿着西装革履,但说起话来仍是

土得掉渣。

③家庭虽然发生了悲剧，但生活还得照样进行，画还得照样画。

④尽管他整天忙碌地工作，然而工资收入却十分少。

（四）前一分句不用“虽然”、“尽管”等连词，后一分句用“但是”、“然而”等表示转折，全句仍有让步转折关系。例如：

①除夕是热闹的，可是他家却冷冷清清。

②这个姑娘每有集市都来卖花，经常赶集的人都认识她，但不知道她叫什么名字。

（五）“虽然”、“尽管”也可以连接句子，后面多用指代词“这样”、“那样”、“如此”等指代前一句的内容。例如：

①十年的成就远远超过了过去几十年、几百年的成就。尽管如此，但它并不意味着我们十年来的工作丝毫没有缺点和错误。

“尽管”比“虽然”表示让步的语气略重一些。

“尽管”是连词，也是副词。用作副词时，表示无须考虑别的情况，不受拘束地去做某事。例如：

①你有什么困难，尽管说，我能帮助你的，一定尽力。

②您尽管说吧，只要我办得到，一定帮忙。

③A：我们想买灯。

B：您尽管挑，什么款式都有。

④你有话尽管说，这几位都不是外人。

十三、即使

“即使”是表示让步的连词，用在让步复句的第一个分句，表示让步,第二个分句常用副词"也"、"还"、"总"、"又"、"仍然"等。常用的格式是"即使……也……",这个格式的基本意思是:用"即使"引出的让步条件成立时,用"也"的句子所表示的内容依然成立。"即使"引出的让步条件可以是未然的,也可以是已然的。

(一)未然的让步条件也称作假设句,可分为两种:一种情况是说话时,这种让步条件还不存在,但是可能会出现;另一种情况是根本不可能出现,只是一种极端情况的假设。例如:

①他说即使不幸遇到了麻烦,也有办法对付,他是不会吃大亏的。

②即使永远等不到理想中的人,也不要糊里糊涂地结婚。

③即使上刀山下火海,他也要把这个科研任务拿下来。

④即使天塌下来,他也不怕,他坚信自己是对的。

(二)"即使"引出的是已然的情况,全句是真言句,不是假设句。指出就是在这样的极端不好的(或不利的)条件下,用"也"引出的结果仍然存在或出现。判断"即使"引出的情况是已然还是未然,一般来说,靠语言环境和人的知识水平等而定。例如:

①这里用草皮覆盖了地面,即使有风,刮起来的沙子也不多了。

②即使在寒冷的日子里,你也能感受太阳在烧烤你的皮肤。

③他整天衣冠楚楚,即使是到郊区植树,他也不穿球鞋,不穿布鞋。

④即使花那么大的痛苦的代价,她也要尽可能多留一点儿东西给中国人民。

口语里常用"就是"、"就算"表示让步,常见的格式是"就是……也……"、"就算……也……"。例如:

⑤就是徐霞客也没有亲眼看见蝴蝶会的盛况。

书面语中还用"即便"、"即若"、"纵然"等表示让步。

十四、只有、只要

这两个词都是表示条件的连词,常用在条件复句中。

(一)只有

"只有"常与副词"才"搭配,构成"只有 A,才 B"的格式,其中 A 表示条件,B 表示结果。这格式表示:如果有 A,就一定有 B;或 A 条件不存在,B 也不存在。例如:

①只有奋斗,才能成功。

②只有承认落后,才能改变落后的面貌。

例①的意思是:如果努力奋斗,就一定能成功;如果不奋斗,就不可能成功。例②的情况也如此。由以上二例可以看出,"只有"后所引出的是唯一的条件。

"只有"还可以用在一个单句中,"只有"的后面是主语或状语(多为介词短语),"才"后面是谓语。例如:

①只有不畏艰难的人,才能攀登科学的高峰。

②你只有靠自己的艰苦奋斗和全面发展,才能迎接生活的挑战。

③这类数学问题,只有用电子计算机才能解出结果。

(二)只要

"只要"常与副词"就"搭配,构成"只要 A,就 B"的格式。这个格式表示:如果 A 条件存在,就有 B。例如:

①只要奋斗,就能成功。

②只要承认落后,就能改变落后的面貌。

例①的意思是“如果奋斗，就可取得成功”，但并不表明“如果不奋斗，就不能成功”。也就是说，如果有别的条件，也有可能取得成功。例②的情况也是如此。从以上二例可以看出“只要”后面引出的是充足条件，但不是唯一的。

十五、无论、不论、不管

这三个词都是表示条件关系的连词，表示无条件，无例外。常用于复句，也可用于单句，后面总有副词“都”、“也”等与之呼应，构成“无论/不论/不管 A，都/也 B”的格式。“无论”等后面可以是正反疑问形式、选择疑问形式，也可以是疑问代词的任指用法，还可以是并列的几个词语（实际上是选择疑问形式），总之都表示不止一个条件。后一分句的意思是结果不变或无例外。全句的意思是，在任何条件下，结果都一样。

（一）“无论”等后是正反疑问形式。例如：

①不管你信不信，事实总是事实。

这句话的意思是：你信，这是事实，你不信，这也是事实。也就是说，在这两种（或任何）情况下，结果是一样的。

②明天无论你来不来，都要给我打个电话告诉我一声。

这句话的意思是：你明天来，要给我打个电话，不来也要打个电话。

③不论你同意不同意，我都会签字。

（二）“无论”等后是选择问句形式。例如：

①明天你无论来还是不来，都要告诉我一下儿。

这句话的意思是：你明天如果来，要告诉我一声，不来也要告诉我一声。

②明天你无论上午来还是下午来，我都在家。

这句话的意思是：你明天上午来，我在家，下午来我也在家。

③我们不论在顺利的条件下还是在困难的条件下，都要坚持工作。

④这些孩子不论集体行动还是单独行动，都非常守纪律。

有时也可以不用“还是”。例如：

⑤不管是你，是我，是他，是男是女，是老是少，人人都应该为四化出力。

（三）“无论”等后是疑问代词的任指用法。例如：

①无论谁有困难，他都热情帮助。

②不论你有什么困难，都不要失去信心。

③不管你怎么麻烦他，他也不嫌烦。

④小明不管在哪儿都表现得不错，守规矩，有礼貌。

⑤不管你学习哪一门功课，都要多动脑筋，多思考，不要死记硬背。

“无论”分句中的谓语如果是形容词、表示心理状态的动词或“有”、“善于”等动词时，前面往往用副词“多(么)”。例如：

①无论条件多么艰苦，他们也从来没叫过苦。

②不管夏天多热，冬天多冷，他总是趴在书桌上写着，算着。

③不管你多么想去，如果不让你去，你也不能去。

④不管有多大的困难，我也要参加这次冬季游泳比赛。

⑤不论你是多么大的官儿，也应该遵守国家的法令。

（四）“无论”、“不论”与“不管”可以多次出现在一个句子里。例如：

①朋友，天山的美丽景物何止这些，天山绵延几千公里，不论高山、深谷，不论草原、森林，不论溪流、湖泊，处处有富

饶的物产，处处有绮丽的美景，你要说可真说不完。

②无论什么人，不管他怎么忙，都应该抽点工夫想想这个问题。

③杨树，不论在河滩、平原，不论在丘陵、山脉或高山，都能生长。

总之，要注意“无论”等后面一定要用某种疑问形式，或任指疑问代词，表示的意思是不止一种条件或任何条件。

十六、除非

(一)“除非”是表示条件关系的连词，含有“只有……才……”的意思，作用是指出唯一的条件。用在前一分句时，后一分句常用“才”、“否则”、“不然”等与之呼应。例如：

①除非是公休日，他才回家来看看，平时在实验室里一待就是一个星期。

②语文和数学是两门主科，除非你这次补考及格，否则是不能升级的。

③除非天气不好，下雨或刮风，否则，他上班从来不坐车。

例①可换成“只有……才……”：“他只有到了公休日才回家看看，不是公休日，他是不会回家看看的”，指出了“他回家”的唯一条件；例②的意思是“你只有这次补考及格，才能升级”；例③的意思是“只有天气不好，下雨或刮风，他才坐车上班”。

(二)“除非”也可用在后一分句。例如：

①他是不会主动来的，除非你去请他。

②要想得到好成绩，除非自己努力学习。

③他们不会在这张纸上签字的，除非我们能满足他们的要求。

（三）“除非”还有“不计算在内”的意思。例如：

①这道题，除非他，没有人能答出来。

意思是：除了他以外，别人都答不出来。

②这种事，除非他，没人干得出来，手段毒辣。

③这段河流，除非老李，谁也游不过去。

十七、以便、以免、免得、省得

这四个连词都表示目的，用在复句的后一分句的开头。

（一）以便

“以便”表示按照前一分句所说的意思去做，就可以使“以便”引出的后一分句所说的目的得以实现。例如：

①请您留下宝贵意见，以便我们改进工作，提高服务质量。

②我们要学会分析句子的结构关系，以便能够准确地理解句子所表达的意思。

③从事这项工作的教师们要自觉地认识和研究它的特点和规律，以便指导教学实践。

上述句子的“以便”可以用“为了”替换，但要把“为了”引导的句子前移，成为复句的第一个分句。例如：

①为了我们改进工作，提高服务质量，请您留下宝贵意见。

（二）以免、免得、省得

这三个词都用在复句的后一分句的开头，表示依照前一分句所述内容去做，就可以避免由“以免”、“免得”或“省得”连接的后一分句所述内容发生。

1.以免

前一分句一般是说出一个情况，提醒人们要注意的事情，用

“以免”引出可能引发的不好的事情。“以免”有“以便避免”的意思，后边多为动词短语。例如：

①这儿有高压电线，请不要靠近，以免发生危险。

②行人和车辆必须严格遵守交通法规，礼让三分，以免发生交通事故。

③穿脱塑料雨衣时，不要用力过猛，以免损伤两腋的焊缝。

2.免得

第一个分句提出应该怎么做，才可以避免“免得”后面的所述情况的发生。“免得”后的词语多为主谓短语或动词短语。例如：

①这件事先别告诉他，等过几天再说，免得她过这个年不痛快。

②他已经醉了，赶快去扶住他，免得他跌跤。

第一个分句也可以表示一个已经是事实的情况，这个情况避免了“免得”后所述情况的发生。例如：

③王工程师，你来了好，免得工地上临时有事找不到人。

3.省得

“省得”的意思是“不使某种不好的、不希望的情况发生”。也多用于后一分句的开头。意思是如果采取前一分句所说办法就可以不发生“省得”后面所述的情况。“省得”后边常是动词短语、形容词短语或主谓短语。例如：

①你说话要小心点，省得又惹是非。

②画儿韩哈哈笑道：把它烧了吧，省得留在世上害人。

③李石清：我跟你说过多少遍，这样的话你要说，在家里说，不要在这儿讲，省得人家听见笑话你。

④你来了好，省得我去了。

"省得"与"免得"用法基本一样,"省得"更加口语化。

参考文献

冯志纯 试论转折关系的假设复句——兼谈"尽管"和"即使""不管"的区别,语言教学与研究,1990年第2期。

李小荣 说"省得",汉语学习,1992年第4期。

王 还 "只有……才……"和"只要……就……",语言教学与研究,1989年第3期。

伍人义 浅谈"如果……那么……"句的内部结构差异,汉语学习,1995年第4期。

邢福义 现代汉语的"即使"实言句,语言教学与研究,1985年第4期。

邢福义 反递句式,中国语文,1986年第1期。

邢福义 "却"字和"既然"句,汉语学习,1996年第6期。

周换琴 "不但……而且……"的语用分析,语言教学与研究,1995年第1期。

练 习

一、找出下列各句中的连词和起关联作用的词语,并说明它们在句中所起的连接作用(指出连接的是词、短语还是分句):

1.今天下午,老王把夏明和我找去谈话了。

2.这一切对我是多么热情的支持和鼓励啊!

3.你今天来或者明天来都可以。

4.快递到本市,一本书是15元还是20元?

5.这是一个美丽而动人的神话故事。

6.对什么问题都应该想得深一些和远一些。

7.遇到下雨、多云或者有雾的天气,他们也坚持出工。

8.虽然很忙,可是我们都感到生活是愉快的、幸福的。

9.既然是试验,就别怕失败。

10.今天,不但在生产上、国防上实现了自动化或者半自动化,人们的日常生活也开始进入自动化的时代。

11.他尽管生病,可是还抓紧时间刻苦自学外语。

12.这个任务咱们不但要接受下来,而且还要完成得快,完成得好。

13.老王就是听了和自己不同的意见,也从不发火。

14.倘若能倒退回十年,让我重过学习生活,该多好啊!

15.不论做什么工作,都不能粗心大意。

16.宁可自己辛苦一点儿,也要帮助别人解除困难。

17.与其跪着生,不如站着死。

18.只有艰苦奋斗,才能获得成功。

19.你只要肯下苦功夫,就能学好汉语。

20.我们应该继承并发扬中华民族的光荣传统。

二、在下列各句中填上适当的连词:

(一)只要　无论(不论,不管)　因为　所以　尽管　但是　既然　即使(就是,哪怕)　以免　固然　虽然　可是

1.______你不愿意支持我的事业,那么咱俩就分道扬镳吧,好离好散。

2.______天气多么冷,他都坚持洗冷水澡。

3.我们______努力学习,就能获得好成绩。

4.小王______没有按照规定的方法进行生产,______出了事故。

5.妹妹替大哥着急,______又没有能力帮助他。

6.老人______身体不很好,每天还坚持工作七八个小时。

7.今晚______多晚,你一定要到我家来一趟。

8.A:我跟你的看法不同,也很难一致起来。

B:______咱们俩的看法不一致,那就无法在一起合作了。

9.练习的题目______难了一些,______难有难的好处。

10.自己主观上不努力,客观条件______再好,也不起作用。

11.这个任务很急,______几天几夜不睡觉,也要按时把它完成。

12.关于办公司的事,你有什么意见就说吧,______你想全盘否定我的意见,我也不会生气的。

13.新媳妇______一下班回到家,就闲不住地帮助婆婆干这干那。

14.这里有高压电线,请不要靠近,______发生危险。

(二)还是　不但……而且……　或者　宁可　不但……反而……

1.由于他错签了一个合同,这个月他______没有受到表扬和奖励,

______还被扣罚了奖金。

2.老李今天晚上来______明天一早来,他也没说定。

3.我们______要学习好,______还要品德好,身体好。

4.你用中文讲______用英文讲都可以,我们都会英文。

5.我们的任务______按期完成了,______完成得很出色。

6.为了事业,我______晚一点儿结婚,______不结婚。

三、用适当的连词把每组中的两句话合并成一句话:

例:这本字典是我的。

那本语法书是我的。

这本字典和那本语法书都是我的。

1.明天我们上午有课。

明天我们下午有课。

2.你坐火车来的吗?

你坐飞机来的吗?

3.你坐十路公共汽车可以到天安门。

坐二十二路公共汽车也可以到天安门。

4.我穿着棉衣还觉得冷呢。

你只穿一件毛衣,一定更觉得冷。

5.你学习有很大进步。

你不应该骄傲。

6.明天阴天,我们去颐和园。

明天晴天,我们也去颐和园。

7.他的态度是不太好。

你也不应该对他那样。

8.我昨天特别忙。

没能及时给你回邮件。

9.小明觉得自己考得不错。

他没有想到是全校第一名。

10.你对我有什么意见。

请你随时给我提出来。

11.阿里要写一篇论文。

他暑假不回国探亲了。

12.作报告的人讲的不是普通话。

我听懂了一大半。

13.他已经学过一年汉语了。

他不愿意再从头学起了。

14.小王迟到了,他不是起晚了。

他在上班的路上帮助别人修车,耽误了时间。

15.我们要有求知的热情。

我们要有科学的态度,实事求是的精神。

16.你刻苦钻研,坚持到底。

你一定能掌握这门新技术。

17.这个试验,我们失败了一百次。

我们要继续试验下去。

18.我们两家住得很近。

我们不常常见面。

第九章　助词

汉语的助词是由一些功能很不相同的虚词组成的，但有共同的特点。

1.绝大多数助词都黏附于实词、短语或句子，不能单独使用；

2.只表示语法意义，没有实在的词汇意义；

3.由于处于附着地位，一般都读轻声。

按照功能，助词可以分为三类：

结构助词：的、地、得、所、等、给、似的（地）……

动态助词：了、着、过、来着……

语气助词：啊、吗、呢、吧、了、的、嘛、么、罢了……

第一节　结构助词

结构助词的作用是把词语连接起来，使之成为具有某种句法结构关系的短语。比如，“的”连接定语及其中心语，“地”连接状语及其中心语，“得”连接补语及其中心语，等等。

一、的

结构助词“的”是连接定语及其中心语的，是定语的语法标志（参见第三编第三章第二节“充任定语的词语和‘的’的使用问题”)。

“的”的其他用法:

(一)构成“的”字短语。名词、代词、形容词、动词、主谓短语等都可以加“的”构成“的”字短语,“的”字短语的功能相当于一个名词。“的”字短语具有限制、指别作用,比如“红的”区别于“蓝的”、“白的”……;“卖书的”指明不是“卖布的”、“教书的”等。“的”字短语在句中可以充任主语、宾语。例如:

①这本书是中文的,那本书是英文的。

②穿红衣服的是我妹妹。

使用“的”字短语应注意:

1.使用“的”字短语时,“的”字短语所指的人或事物必须是已知信息(比如上文出现过或由语境提供或不需指明听话人也清楚的,否则不能用)。例如:

①昨天我们去买毛巾,我买了一条白的,小张买了一条花的。

这个句子所以可以用“白的”、“花的”是因为上文有“毛巾”,“白的”指“白毛巾”,“花的”指“花毛巾”。如果突如其来说“昨天我买了一件花的”,听话人就会不知所云。

②他们家生活不错,吃的、穿的、用的,样样不缺。

“吃的”、“穿的”、“用的”都与人的日常生活有关,即使上文不出现“生活”,一般人也知道“吃的”等的所指。

2.“的”字短语只能指代具体的人或事物,一般不能指代抽象的事物。例如:

*这个孩子的精神很好,那个孩子的不好。

*小明是他们的榜样,不是我们的。

有些抽象名词，如“意见”、“想法”、“办法”、“事情”等在一定的上下文中也可为“的”字短语所指代。例如：

他说的办法可以，你说的不行。

3.因“的”字短语具有限制、指别作用，所以如果“形容词＋的”不具有这种作用，而只有描写作用时，就不能构成“的”字短语。如“红的(花)”、“高的(树)”(区别于“黄的”、“矮的”等)可以，而“庄严的(会场)”、“巍峨的(山脉)”、“辽阔的(大海)”等就不行。

(二)在某些凝结得很紧的动宾短语中间，有时可以插入一个名词或代词和“的”，比如在“开玩笑”中间插入“他的”，这时由“名词/代词＋的”构成的“的”字短语，比如“他的”，虽然是后面的名词“玩笑”的定语，但“他”表示的是动作的对象。这是一种口语用法。例如：

①别开他的玩笑了。(别跟他开玩笑了)

②他不会挑我的眼。(他不会对我挑眼)

③不要拆老王的台。(不要给老王拆台)

(三)用在指人的名词、代词和表示职务、身份、角色等类名词前面，表示某人承担某职务、具有某种身份或扮演某种角色等。例如：

①这次开会，你的主席，我的记录。(你当主席，我当记录)

②今天晚上的京剧，马连良的诸葛亮，裘盛戎的……(马连良演诸葛亮，裘盛戎演……)

(四)用在两组同样的动词中间，表示“有的……，有的……”，只用于已成为事实的情况。例如：

①敌人死的死，伤的伤。

②他家的东西，当的当了，卖的卖了，所剩无几。

③早上，我来到了学校的大操场。只见操场上人很多，跑步的跑步，打球的打球，练气功的练气功，我也不由自主地锻炼起来。

（五）用在并列的词语之后，表示“等等”、“之类”的意思。例如：

①我想开个小店，卖点针头线脑的，也可以赚几个钱。

②你别听那些闲言碎语的，为他们生气伤身子，不值得。

③明天就开学了，书啊本的你都准备好了吗？

更常见的是在“的”前加上“什么”，也表示同样的意思。例如：

④A：你上街要买什么呀？

B：天冷了，我想买一些衣服、被子什么的。

⑤你一会儿见了表姐、表弟什么的，别不好意思。

⑥护照、飞机票什么的你要放好，别丢了。

（六）用在名词、动词、形容词后，表示一种状态或情况。用在名词、动词后时，该短语多位于句首，表示原因、条件等。例如：

①大过年的，还去上班啊！

（意思是：现在是在过年当中，应该休息，为什么去上班？）

②大晌午的，也不休息一会儿！

（意思是：现在是晌午，应该休息，你为什么不休息？）

③姑娘们唱啊唱的，就把心里的愁事忘了。

（意思是：姑娘们由于不停地唱歌，就把心里的愁事忘了）

用在名词短语、形容词短语或包含形容词的名词短语后，描写一种状态。例如：

④小路坑坑洼洼的，很难走。

⑤孩子们有说有笑的，很高兴。

⑥地里的麦苗绿油油的，很惹人爱。

⑦外面黑灯瞎火的,我一个人不敢出去。

⑧屋子里乱七八糟的,好像没有人住。

二、地

参见第三编第四章第二节“状语后结构助词‘地’的使用问题”。

三、得

参见第三编第五章第四节“情态补语”。

四、所

(一)“所”可用于及物动词前构成“(名词+)所+动词”短语,这种短语可以作定语,后面一般用“的”。例如:

①最近《北京晚报》所讨论的问题,大家都很有兴趣。

②赵丹是广大观众所喜爱的电影演员。

③今天我读了一篇文章,所谈的问题还是关于环境污染的。

“所+动词”短语也可以构成“的”字短语,作主语、宾语。例如:

④老师所讲的,正是我们的问题所在。

⑤这正是我所感兴趣的。

这样用的“所”多出现于书面语,“所”不表示什么意思,去掉“所”,意思不变,只是更加口语化。

(二)“所+动词”短语后也可以不用“的”,充任主语、宾语,但其中的动词一般为单音节的,而且能这样用的动词有限。例如:

①据我所知,这个目的是不可能达到的。

②这次外出,一路上所见所闻颇多。

③各尽所能,按劳分配。

这样用的“所”书面语色彩更浓。

（三）“所”可以用在动词“有”之后，表示“一定的、不高的程度”，后面接动词宾语（多为双音节动词）。例如：

①一年来小李的工作能力有所提高。

②A：听说改革开放以来，中国人民的生活有所改善。

B：不是有所改善，而是大大改善了。

③对于妻子的感情变化，他最近有所觉察，可是因为太忙，没有给予足够的重视。

例①与“一年来小李的工作能力提高了”相比，程度要差些；例②、③也清楚地表明“有所”表示的程度不高。这样用“所”构成的短语，多表示积极意义，如“有所发明”、“有所前进”、“有所改进”、“有所准备”、“有所克服”、“有所贡献”等。

“所”也可以用在“无”后，后面再跟动词（一般为双音节的），多构成熟语性的固定短语。如“无所用心”、“无所事事”、“无所作为”、“无所不用其极”等，这种短语多表示消极意义。

（四）“所”还可以与“为”构成“为……所……”式（参见第四编第二章第七节“‘被’字句”）。

五、给

参见第四编第二章第七节“‘被’字句”。

练　习

一、用结构助词“的”、“地”、“得”、“个”填空：

1.这钟声使人们回忆起那遥远（　）过去。

2.我知道，他一发现问题，准会弄（　）水落石出。

3.每想到这些,我浑身就充满了前进(　)力量。

4.他尴尬(　)点了点头。

5.我兴奋(　)问:“是谁呀?”

6.我们做(　)还远远不够呢。

7.小梅当时激动(　)不知说什么好。

8.社员们也七嘴八舌(　)说:“马忠民工作干(　)好,真是我们(　)好榜样。”

9.“好吧。”老朱谅解(　)笑了。

10.大娘高兴(　)见人就说:“售货员小李真是好啊!”

11.呼啸(　)大风,卷起地上(　)灰沙,直吹(　)我头昏眼花。

12.这几年,他的思想感情发生了深刻(　)变化。

13.几句热情(　)话,说(　)大娘心里热乎乎的。

14.为了提高农民(　)生活水平,国家还有计划(　)提高了农副产品(　)收购价格。

15.孩子们都玩(　)很高兴。

16.现在是植树造林(　)黄金季节。

17.读唐诗先读王维、杜甫、李白这些名家(　)律诗,从这里入手,要多读多背;读多了,背多了,这个门自然而然(　)便入了。

18.经过一年多(　)训练,队员们(　)个人技术提高(　)很快。

19.我听了这句话,脸红了起来,结结巴巴(　)说:“这是我(　)责任。”

20.小李买(　)那台收音机比你(　)这台好(　)多。

二、改正下列病句:

1.在党的教育下,经过革命斗争的锻炼,刘胡兰很快成长为一个坚强地共产党员。

2.随着经济的发展,文教卫生事业相应的也有了发展。

3.这件事在世界上引起越来越多地注意。

4.孩子们都写地很好。

5.北京的农业发展的很快。

6.他们时间抓地很紧。

7.小明今天受到了严厉地批评。

8.目前,这方面的工作经验还不多,要在今后的实践中不断的总结、改进和提高。

第二节 动态助词

人们在使用语言时，可能对事情发表议论，也可能说明情况或者抒发自己的感情，也可能叙述动作事件的进行发展。这些属于语言表达功能问题。一个句子表达功能不同，结构可能不同。在叙述动作、事件的进行时，总要指明动作进行的阶段，如动作发生了没有，完成了没有，动作是正在进行，还是在持续，等等，也就是说，在句子结构上要有所反映。汉语不像印欧语那样，有表示动作时态的形态变化，在表达动作进行的阶段时，汉语主要用动态助词。汉语的动态助词主要有“了”、“着”、“过”。有的语法著作把动词重叠形式、“起来”、“下去”等也列入动态助词。我们没有把这些语法现象列入动态助词，但在第二编第四章第四节“动词的重叠”、第三编第五章第二节“趋向补语”中对这些语法现象的结构和功能都有详细论述。

“在”和“呢”表示动作的进行，我们分别在副词“在”和语气助词“呢”中进行了介绍(参见第二编第六章第三节之“在”)。本节只介绍动态助词“了”、“着”、“过”。

表示动态的“了”可以用于动词后，也可以用于句末。在这两种位置上，“了”的基本语法意义没有什么不同，但由于它们的位置不同，功能不同，我们还是分作两个：用于动词后的，我们称为动态助词，用于句末的，称为语气助词。语气助词“了”虽然有表示语气的作用，但更主要的作用还是表示动作状态的阶段，同时具有篇章的功能。正因为如此，我们放在本章进行论述。

一、动态助词“了”

(一)动态助词“了”的语法意义

动态助词“了”表示动作行为的发生和状态的出现，用在动词和形容词后。

一般来说，动作行为的进行有一个过程——从开始到完成。状态也有开始出现到结束这样一个过程。只要动作一发生，状态一出现，就可以用动态助词“了”。但由于动词的意义不同，“动词＋了”可能表示动作发生，也可能表示动作已经结束。为此，我们需要把动词进行分类。我们把动词分为动作动词、状态动词和结束性动词。

1.动作动词与动态助词“了”

动作动词表示一个有起点、可持续、有终点的动作。如“跑”、“跳”、“搬”、“走(走路)”、“看”、“听”、“说”、“洗”、“写”、“算”、“吃”等，动作动词在动词中数量最多。这种动词用上“了”，可以表示动作发生。例如：

①A：春节联欢会的录像你妈妈看了吗？

　B：那不正在看呢。看了一个多小时了。

这里“看了一个多小时”表示动作发生，“一个多小时”表示“看”持续的时间，而且到说话时动作还在进行。

②A：我昨天给你的文章你看了吗？

　B：看了，写得不错。

这个句子的B中“看了”表示动作已经结束。

③A：你上个月告诉我这个月中要开关于环境治理的会，开了吗？

B:开了,刚开了一天,还要开五天。

(“开会”的事发生了,但还没完成)

或者:

B:会已经开始了,已经开了五天了,再有一天就结束了。

(“开会”的事进行得差不多了,但还没完成)

或者:

B:你还不知道?上个星期已经开了。

(“开会”的事已经完成了)

由此可见,在动作动词后,“了”可以用于从动作开始直至结束过程中的任何一点上。但是对于“了”来说,它“关心”的只是动作的发生,至于动作的持续、完成等意义是由动词以及上下文、语境等提供的。所谓上下文、语境,指动词后边是否有时量补语,句中是否有表示时间的状语,是否有后续句等。

2.状态动词与动态助词“了”

状态动词不表示动作,而表示一种状态。这种状态有起点、可以持续,没有终点,或语言表达不关心其终点。如“饿”、“生气”、“累”、“困”、“病”、“醉”等。状态动词用上“了”,表示状态出现。例如:

①为了帮你打毕业论文,他已经累了三天了。

这个句子的意思是“累”的状态已经出现,而且还在持续。

②老师病了三天了。

这个句子与上面的句子一样,表示“病”的状态已经出现,持续了“三天”,而且还在持续。

某些形容词,如“高兴”、“贵”、“红”、“亮”也有类似的用法。例如:

③在会上,他的脸红了一阵子,又白了,白了一阵子,又红起来,真是如坐针毡。

这个句子中"红了一阵"、"白了一阵"中的"了"都表示状态结束。

如果状态动词后没有时量补语,那么就是我们后面将要谈的语气助词"了"。例如:

④我看他们两个人都醉了。

⑤我看见他房间里的灯刚才亮了,怎么现在黑了?

⑥他上午生气了,现在已经好了。

例④、⑤、⑥中处于句子最后的"了"都属于语气助词"了",表示状态出现并继续。因此,像动作动词一样,状态动词和某些形容词后也可以用上"了",通常表示状态出现,而状态持续、结束等意义也是由语境、上下文提供的。

3.结束性动词与动态助词"了"

结束性动词表示动作一发生即结束,即动作没有持续的阶段,起点和终点是重合的。如"毕业"、"结婚"、"死"、"抛弃"、"破"、"碎"、"丢(失)"、"扔"、"掉"、"塌"等。此类"动词+了",表示动作发生并结束、完成。例如:

①邻居家的老狗死了两天了。

②他跟妻子结婚不久,妻子就抛弃了他。

③你的汽车的玻璃怎么碎了一块?

④你怎么把这么新的衣服扔了?

⑤我们学校今年毕业了两千多学生,绝大部分找到了理想的工作。

⑥去年那个国家爆炸了一颗氢弹,引起了国际社会的严重关注。

⑦这次地震，倒塌了几万间民房，死了几十个人，铁路交通中断了好几天，损失很严重。

⑧刚才我敲了好几下门，里面没有人答应。

结束性动词和“了”后如有时量补语，补语表示动作结束后到说话时（或某一特定的时间）已经多久。如例①的意思是“邻居家的老狗到现在已经死了两天了”。

动作动词后如有结果补语或趋向补语，表示动作已经有结果，性质与结束性动词类似，加上“了”表示动作结果的出现。如果动作动词的补语是形容词，则表示形容词所表示的状态已经出现。例如：

①这盘菜端出来好久了，都凉了，你们怎么还不吃？（端出来——发生）

②他在收拾房间的时候捡到了一个钱包。（捡到——发生）

③清晨，阳光染红了大地。（“红”的状态出现并持续）

④那几件衣服都洗干净了。（“干净”的状态出现并持续）

“好”作结果补语可以表示“动作完成并为下一动作做准备。这与其他形容词作结果补语不同，而具有动词作结果补语的特点。例如：

⑤信写好了以后，他马上寄走了。（动作结果出现）

在某些动词后，由于这些动词属于不同的类，“动词＋了”表示的意思有时会有所不同。例如：

①他离婚三年了。（“离婚”属于状态动词）

他离婚离了三年，还没离成。（这里“离婚”的意思是“办离婚的事”，应属于动作动词）

②这个研究所改良棉花品种改良了三年才成功。（“改良”

是动作动词）

我们的棉花品种已经改良了三年了，产量一直很高。（“改良”意思是完成改良，是结束性动词）

在有些动词后面加上动态助词“了”表示动作对受事者产生某种结果（如“破坏”、“消失”等），与某些结果补语或趋向补语所表示的意义相同，只是在所表示的结果方面，更笼统些。例如：

①小妹刚才不小心打了一个杯子。（打破）

②他买这本书花了两块钱。（花掉）

这类动词有：吃、忘、丢、失、拉（屙）、喝、咽、吞、洒、泼、扔、放、涂、擦、抹、碰、摔、磕、撞、伤、打、杀、宰、切、煮、冲、卖、还、毁、烧、烫、花、撕、扯、倒（dào）、炸（zhà）等。我们把这类动词称为“吃”类动词。在此类动词后用的“了”，在句法结构特点方面也与结果补语有类似之处，如可以在保留“了”的情况下用“没”来否定，在假设句里可以用“不”否定，在“把”字句里可以只用“了”，而不用补语等。例如：

③这张纸还有用啊，刚才我差点儿没撕了它！

④你不喝了这杯药病就好不了。

⑤当心点，别砸了脚！

⑥一把火把一所大楼烧了，真可惜！

⑦你知道吗？他把房子卖了！

这样用的“吃”类动词，一般属于结束性动词。[①]

① 有的“吃”类动词同时属于动作动词，这时后面的“了”不具有结果意义，试比较：“你把药吃了再睡”（结束性动词），“这顿饭整整吃了两个小时”（动作动词）。

(二)动态助词"了"与时间的关系

动态助词"了"叙述动作的发生或状态的出现,不直接表示动作发生的时间,但用"了"的句子一般都有一个表示动作发生时间或状态出现时间的时间词语,如果没有时间词语,所表示的时间就是"说话时间",就是"现在"。例如:

①他昨天看了一个电影。

②去年我去了一趟日本。

③你看,孩子点着了一根火柴,多危险!("说话时")

由于发生、出现通常是已然的,所以用"了"的句子中的时间词语一般是表示过去的,如例①、②。例③没有时间词,表示的时间是"说话时——现在"。只有当句子中有两个谓词性短语,"了"用在第一个谓词性短语中,时间词才可能是表示将来的。例如:

④明天我看了电影就来找你。

在这种情况下,包含"了"的谓词性短语,实际上表示后一个谓词性短语中动作发生的时间。如例④"明天我看了电影"表示"来找你"的时间。有些假设句也属于这种情况。例如:

⑤我要是当了部长,一定提拔你。

⑥你当了总经理可别忘了我们。

应指出,这种表示将来时间的句子都不是叙述句,一般是出现于对话中的句子。

(三)包含动态助词"了"的句子的结构特点

1.如前所述,由于动态助词"了"是叙述动作行为发生或状态出现的,所以在叙述句里一般有一个表示动作行为发生的确定时间的时间词语,这个时间词语有时在上文出现,有时就是说话的时间。例如:

①我从小便接受了此种"反好吃"的教育,因此对饕餮之徒总有点瞧不起。(时间词语是"从小")

②我向阿二爸爸的酒杯乜了一眼……(叙述的时间)

③我没有办法触动朱自冶,可我现在有了公开宣传共产主义的权利,便决定首先去鼓动拉黄包车的阿二。(时间词是"现在")

④他当晚把李希霍芬《中国》导言的译稿又读了一遍,然后整整齐齐地订好,放在墙角。(时间词语是"当晚")

2.一个独立的简单句中如果有了"了",动词后有宾语时,宾语一般要有数量词等定语。例如:

①下午他们还请我们看了各种精彩的表演。

②昨天我们参观了一个工厂。

③政府最近公布的科学发展规划,极大地鼓舞了全国的科学工作者。

在下列情况下宾语前可以没有定语:

(1)有后续句,这时宾语出现在两(几)个连接得很紧的动词短语、分句或排比句中。例如:

①马大炮交了铁锹,一纵身跳出猪圈。

②衣服缩了水,紧紧地箍在身上。

③一天,他拜了爹妈,骑上马,向西方走去。

④肖长春下了河坡……扒了鞋,脱了袜子,卷上裤脚,下了河。

表示第二个动作接着第一个动作发生的句子中第一个"了"后也不用定语。例如:

⑤晚上我看了电影就去找你。

(2)动词与宾语是比较固定的动宾短语,宾语不表示确定的事物，动词前一般还有状语。例如：

①在大量事实面前，最后他只好承认自己犯了罪。

②经过大家的解劝，他才住了手。

③在总结大会上，我无比激动地带头发了言。

④由于他多次犯错误，结果被撤了职。

(3)句末有语气助词“了”或其他语气词。例如：

①这时我明白了：出了问题了。

②昨天我已经买了钢笔了，不去商店了。

③他犯了错误吧？

(4)宾语是专有名词，或表示在一定范围内是唯一的事物。例如：

①一九七九年八月，马文加入了中国共产党。

②去图书馆的路上，我遇见了老李。

③会后大家选出了组长。

④……于是在人们的脑子里发生了认识过程的突变（即飞跃），产生了概念。

3.动态助词“了”的位置

句子中如果有动态助词“了”，又有宾语、补语等成分时，应注意“了”的位置。

(1)谓语动词后有宾语时，“了”位于宾语（包括直接宾语与间接宾语）前：

动词＋“了”＋宾语（间接宾语＋直接宾语）

①昨天上午我们看了一个电影。

②这件事给了我们很大的鼓舞。

(2)如果谓语动词后有结果补语，“了”位于结果补语后：

动词＋结果补语＋“了”＋宾语

①他这个队上有名的小老虎变成了小老鼠。

②进了房门以后，小明轻轻地关上了门。

(3)如果谓语动词后既有简单趋向补语又有宾语，宾语表示抽象事物或为存现宾语时，“了”位于补语与宾语之间：

动词＋来/去＋“了”＋宾语(抽象名词、存现宾语)

①十月革命一声炮响，给中国送来了马列主义。

②忽然从海上传来了一阵歌声。

③去卧虎岭的大道上，走来了一老一小。

宾语如果表示一般事物，“了”有两个位置：

A.动词＋来/去＋“了”＋宾语(一般事物名词)

B.动词＋“了”＋宾语(一般事物名词)＋来/去

④学校给他们拍来了一份电报。

学校给他们拍了一份电报来。

⑤我给他送去了一些水果。

我给他送了一些水果去。

(4)谓语动词后有复合趋向补语又有宾语时，“了”有以下三种位置：

A.动词＋“上”类字＋“了”＋宾语＋来/去①

B.动＋复合趋向补语＋“了”＋宾语

C.动＋“了”＋宾语＋复合趋向补语(用得较少)

①他从书包里拿出了一本书来。

---

① “上类字”指“上、下、进、出、回、过、起”等。详见第三编第五章第二节“趋向补语”。

他从书包里拿出来了一本书。

他从书包里拿了一本书出来。

宾语为存现宾语时，“了”只有A、B两种位置：

②这时从车上匆匆地走下了一个人来。

这时从车上匆匆地走下来了一个人。

4.动态助词“了”的否定形式

若否定动作的出现或完成时，就在谓语动词前加上副词“没”，但不能再用动态助词“了”。例如：

①昨天我们没参观工厂。

②上星期六我们没看电影。

(四)关于动态助词“了”的使用

1.什么时候要用动态助词“了”

(1)当叙述一个动作行为或状态在某一时刻已经发生或出现时，就要在表示这个动作的动词或表示状态的动词、形容词后用动态助词“了”。例如：

①十月的一天上午，我们参观了一个幼儿园。

②传说一年冬天，某村附近来了一只大老虎。

③他们在争取民族解放和国家独立的斗争中，显示了无比巨大的威力，取得了辉煌的胜利。

④改革开放以后，工厂的利益与每个工人的利益息息相关，工人真正有了主人翁的责任感。

⑤有的地方的一些干部、群众，看到当前旱情严重，就产生了畏难情绪。

⑥昨天开了一个会，会上经过讨论，大家才明确了自己的任务。

⑦我们走进航标灯时，看见航标灯突然暗了一下，很快又亮了。

也就是说，如果句子中有表示过去的、确定的时间的词语，而动作行为已发生或状态已出现时，一般应该在动词后用动态助词“了”。

(2)当叙述在一个动作发生或完成后出现了(或将会出现)另一种动作或情况时，第一个动词表示的动作发生，成为第二个动作发生的时间或条件，这时第一个动词后一般要用“了”。例如：

①听了老人的话，蔡立坚心情非常激动。

②麻醉医生在她的耳朵上、手上和颈部扎了八根针，然后通上电流。

③明天你吃了早饭就来找我。

2.什么时候可以省去动态助词“了”

什么时候可以省去动态助词“了”？也就是说，什么时候用不用“了”都不影响句子的意义和完整性。

(1)后续句中有动态助词“了”或语气词“了”时。

在汉语中，有些词是管辖后面的，比如副词“都”、“不”、“没”等。比较：

①昨天我们班的同学都没来上课，老师很不高兴。(“都”管辖“没来上课”)

昨天我们班的同学虽然没都来上课，可是也来了一半人。(“没”管辖“都来上课”)

②我们不都是中国人，有日本人。(“不”管辖“都是中国人”)

我们都不是中国人。(“都”管辖“不是中国人”)

而动态助词、语气词从语义上来说是管辖前面的。[①] 在一个

---

①　例如：①你昨天吃药、打针了吗？(“吗”管辖“吃药了”和“打针了”)②昨天晚上在舞会上你没看见我的女朋友和她妹妹吧？(“吧”管辖“没看见我的女朋友”和“没看见她妹妹”)

叙述连续动作、事件的句子里，只要后面的分句中有动态助词“了”，前面的动态助词“了”一般都可以省去。例如：

①他站起来开门迎了出去。

在这个句子里，“了”管辖“站起来”、“开门”和“迎出去”。

②傍晚，我照样去替朱经理买小吃，照样买一块腐乳酱方送到了奶奶的床前。

在这个句子里，“了”管辖“照样去替朱经理买小吃”、“照样买一块腐乳酱方”和“送到奶奶的床前”。

③最后，他退后一步，闪电般地联想了一下柳先生和母亲。

④会上，他主动承担责任，取得了群众的谅解。

上述句子的第一个分句的动词后可以加上动态助词“了”。例如：

①′他站了起来，开了门，迎了出去。

②′傍晚，我照样去替朱经理买了小吃，照样买了一块腐乳酱方送到了奶奶的床前。

③′最后，他退后了一步，闪电般地联想了一下柳先生和母亲。

④′会上，他主动承担了责任，取得了群众的谅解。

前边的句子里前几个动词后没有“了”，句子显得紧凑，语气急促；动词后都加上“了”时，增加了一些停顿，句子的语气就变得舒缓了。

下面句子中的第一个分句动词后面都有“了”，“了”可以省去：

⑤田汉不得不失望地脱下了刚刚穿上不到三个月的军装，考入了革命空气甚浓而又不收学费的长沙师范学校。

田汉不得不失望地脱下刚刚穿上不到三个月的军装，考入了革命空气甚浓而又不收学费的长沙师范学校。

⑥他苦笑了一下，轻轻地摇了摇头。

他苦笑一下，轻轻地摇了摇头。

并列动词作谓语，通常只在第二个动词后用动态助词“了”，也属于这种情况。例如：

①大会讨论并通过了今年的生产计划。

②通过这次互相访问，巩固并加强了两国人民的友谊。

这种句子在第一个动词后也可以加上动态助词“了”，那样在第一个“了”之后就出现了一个明显的停顿：

①′大会讨论了，并通过了今年的生产计划。

②′通过这次互相访问，巩固了，并加强了两国人民的友谊。

句末有语气助词“了”时，如果没有特别的需要（参见下文“两个‘了’的连用”），动态助词“了”一般都省去，这是因为语气助词“了”表达与动态助词“了”相同的语法意义，语气助词“了”管辖了前面的动词。例如：

①A：你在我们这儿吃点儿吧。

B：不客气，我吃饭了。

（如果更强调“吃”已经发生，可以说：我吃了饭了）

②A：你怎么不敲门？里边有人。

B：刚才我敲门了，可是没有人答应。

（如果更强调“敲”已经发生，可以说：刚才我敲了门了）

（2）动词后有结果补语或趋向补语时，只要句子中有一个成分可以显示出动作状态已发生、已出现，句子中的“了”就可以省去。例如：

①有一天，仿佛黑夜里亮起一道闪电，他突然想起了鲁迅先生。

②放下电话，我的思想飞驰起来。仿佛又回到了南南出生

时那战火纷飞的革命岁月。

③最后他亲自把礼物送过去，又遭到了那个女孩子的拒绝。

上述句子的"了"可以省去：

①′有一天，仿佛黑夜里亮起一道闪电，他突然想起鲁迅先生。

这是因为"有一天"表示"过去"，一个过去有了结果的动作，当然已经发生了，所以表示动作发生的"了"可以省去。下面两个例子也一样：

②′放下电话，我的思想飞驰起来。仿佛又回到南南出生时那战火纷飞的革命岁月。（这个句子显然表示过去——"那战火纷飞的岁月"）

③′最后他亲自把礼物送过去，又遭到那个女孩子的拒绝。

有时为了强调几个动作都已发生或完成，或在排比的句子里，也可以在每个动补短语或动词后都用"了"。例如：

④八十年代，由于实行改革开放政策，我们搞活了经济，打开了国门，扩大了外贸出口，提高了综合国力，也大大提高了人民的生活水平。

⑤喜讯传到了北京，传到了祖国的每一个地方。

关于补语后"了"的使用，参见第三编第五章第二节"趋向补语"。

(3)主语为第三人称时，有时也可以省去动态助词"了"。例如：

①昨天他给我一本书，那本书很有用。

②今天上课的时候张老师问我一个问题，我回答不上来，很丢人。

③老师，他骂我。

能这样省略动态助词“了”的用法很有限，第①、②两个例子都是双宾语句，而且有后续句；第③个例子是学生向老师告状。但是主语是第一、二人称时，一般不能这样用。

3.什么时候不能用动态助词“了”

在第二编第四章“动词”中我们已经说明了不用动态助词的情况，这里再补充几点动作状态虽然已经发生、出现，可是动词后不能用“了”的情况。

(1)在直接引语前(或后)的动词后不能用“了”。例如：

①狼……在口袋里喊：“先生，可以放我出去了。”

②刘胡兰坚决地回答：“我死也不投降！”

③“怎么？”我不解地问。

间接引语前通常也不用“了”。例如：

④好几个老师傅挤拢来，嘈杂地议论着肖师傅的办法，都说行得通。

如果动词后有动量补语，后面再接直接引语，这时动词后应用“了”。例如：

⑤他喊了一声：“抓小偷！”就追了上去。[1]

(2)兼语句、连动句的第一个动词后一般不能用“了”。例如：

①进学校七个月以后才使他略微有些异样。

②北京大学和中国人民大学法律系还派人到外地开办了一些法律培训班。

③我们坐火车来到了北京。

---

① 如果在动词前有状语，如“他大喊一声：‘站住！’”，“了”又可以不用。

④我的房东特意去镇上买了一块布。

⑤今天的座谈和参观，帮助我们了解了很多情况。

⑥我们全班同学上个月去昆明参加了世博会的开幕式。

⑦A：你刚才去哪儿了？我到处找你。

B：刚才我回家去取了几本书。

以上句子的焦点都在句末，所以"了"在第二个动词后。如果句子的焦点前移，"了"也将前移：

②′A：北京大学和中国人民大学法律系为什么不派人到外地开办法律培训班？

B：北京大学和中国人民大学法律系已经′派了人到外地开办法律培训班了。

④′A：你的房东今天为什么不去镇上买布？

B：我的房东今天′去了镇上买布了，可是没买到你要的那种。

如果句中的两个动词表示第一动作完成后才发生第二个动作，第一动词不是"来"或"去"时，连动句的第一动词后就可以用"了"。例如：

①小安听完了非常生气。

②什么，脱了衣服泼水，一个大姑娘家。

(3)宾语为动词、动词短语、主谓短语等谓词性词语时，谓语动词后不能用"了"。例如：

①大队决定从今年起为老人办养老院，为孩子办托儿所。

②无论家里人怎么劝说，他还是拒绝去见她。

③一会儿，他们看见一只大白鸡慢慢地走进草堆。

④从昨天起，我们开始学习第三十八课。

谓语为“进行”、“作”等动词时，其宾语虽然是谓词性的，但仍能用“了”。例如：

⑤代表们对这个问题进行了热烈的讨论。

⑥主席对下一阶段的工作进行了具体安排。

⑦大会对很多事项作了规定。

因为这里的宾语已经成为体词性的了，这从宾语的修饰语后用“的”而不是用“地”可以看出来。

动态助词“了”的使用与否涉及很多方面的因素，而且在一定条件下又可以省去，所以成为汉语语法中最难掌握的一种语法现象。下面我们分析两个错用动态助词“了”的例子：

①我吃罢中饭，休息了一会，便到休息室去，透过窗户欣赏了西陵峡的景色：阳光透过浮在半山上的薄雾投进三峡之中，使我感到难以形容的美。

这个句子第一个“了”用得对，表示“休息”这个动作完成之后才进行下一个动作“到休息室去”。第二个“了”用得不对。如果这个句子到“……景色”就结束了，自然应该用“了”。但作者下面继续说的正是西陵峡的景色，而且用了冒号，后边的句子无异于直接引语，所以不能用“了”。

②在苏州玩了两天以后我游览了优美的城市杭州。我乘下午五点二十分的车前往杭州。

这个句子第一个“了”用得对。第二个“了”用得不对，应改为“在苏州玩了两天以后我去游览优美的城市杭州……”因为下面一句作者才叙述他是什么时候动身去杭州的，可见在用第二个“了”时，“游览（杭州）”这一事件并没有发生。

二、语气助词"了"

位于句末的助词"了",从意义和用法来说,也是比较复杂的。

(一)语气助词"了"的语法意义和功能

语气助词"了"的语法意义,包括以下几个方面:

1.它与动态助词"了"具有同样的语法意义,即表示动作状态的实现。

所谓"实现",意思就是"成为现实",也就是"发生"、"出现","实现"意思更宽泛一些。过去一般汉语教材中说表示"出现了新的情况",表示"变化",也是这个意思。

语气助词"了"也不直接表示时间。但使用语气助词"了"的句子通常也表示发生在过去的动作、状态。例如:

①昨天我头疼了。(过去)

也可以是说话时间——现在。例如:

②你们看,这朵花开了,开了!(现在)

如果句中没有时间词语,那就意味着动作状态发生在说话的时间,即"现在"。例如:

①下雨了!(现在"下雨")

②新年快要到了。(从现在来说"新年"快要到了)

也可以发生在将来。例如:

①等你的病好了,我们就离开这个城市。(将来)

②饭开锅了,把火拧小一点。(将来)

③明年三月,你就二十岁了。("你二十岁"的时间是"明年三月")

上面例①、②与用动态助词"了"的句子一样,例①中"等你的病好了"表示"我们就离开这个城市"的时间;例②是一个假设句,"饭开锅了"也表示"把火拧小一点"的时间。

表示"实现"意义的"了"可以用于以下一些情况:

(1)事情从未发生到发生(谓语动词多为动作动词)。例如:

①上课了,快进教室!

②下雨了,把晾的衣服收回来吧。

③快走,队伍出发了。

如果谓语动词前有"将要"意义的副词,全句表示即将发生某种情况。例如:

④快上课了。

⑤快下雨了。别出去了。

(2)动作由未完成到完成(谓语动词后有结果补语或趋向补语)。例如:

①今天的作业写完了。

②在工人的努力下,大楼终于建成了。

当"了"前的动词表示动作,后边没有宾语,又处于句末时,常常不容易分清是动态助词"了"还是语气助词"了"。再比如下面的句子:

我昨天看了一个电影。

针对这个句子怎么提问呢?我们只能问:

你昨天做什么了?

而不能问:

你昨天做了什么?

也就是说问句用语气助词"了",而答句用动态助词"了"。显然这两个句子中的"了"表示的意义一样。所以问句要把"了"放在句末，是因为“了”有成句的作用，这样“你昨天做什么了？”就是一个完整、独立的句子。而“你昨天做了什么？”不是一个完整、独立的句子。上面的句子，我们同样也不能用“你昨天做了一些什么？”来发问。这说明动态助词“了”与语气助词“了”关系非常密切。而且在很多情况下，分清是动态助词“了”还是语气助词“了”并不是很容易，所以有的语法著作说某些位于句末的“了”是动态助词“了”加上语气助词“了”。我们认为在教学中，重要的是学会使用“了”，而不必追究到底用的是哪个“了”。因为动态助词“了”和语气助词“了”具有共同的语法意义。

(3)动作由进行到停止。例如：

①他一看见我，就站住了。

②火车停了，旅客们走出了车厢。

③他一来，大家都不说话了。

在①与②中，动作的完成、停止不是由语气助词“了”表示，而是由动词、补语等表示的。

(4)事物的性质、状态发生了变化(谓语动词一般为形容词、状态动词和关系动词)。例如：

①苹果熟了。(由生到熟)

②小李病了。(由未病到病)

③张滨觉悟过来了。(由不觉悟到觉悟)

④明明学习进步了。(学习成绩有所提高)

⑤小红是中学生了。(由不是到是)

⑥我现在有电影票了。(由没有到有)

⑦这个孩子从前叫毛毛，现在叫张滨了。(由叫毛毛到叫张滨)

(5)意愿、能力发生了变化(谓语动词多为能愿动词)。例如:

①他又想去了。(原来不想去)

②我明天不去颐和园了。(原来打算去)

③玛丽能用中文写信了。(原来不能)

④谢利能看懂中文电影了。(原来不能)

(6)时间、季节、年龄、数量的更迭变化。

年份(1991、1992……)、月份(一月、二月、三月……)、日期(一号、二号、三号)、季节(春、夏、秋、冬)、年龄(一岁、两岁、三岁……)等都是有规律地更迭变化的;物体的数量也可以依次变化,比如买书,你可以买一本,也可以买两本、三本……;乘车时,从起点到终点中间顺序经过很多站,从一站到下一站也在不断地改变;等等。语气助词"了"可以用于表示上述有规律地更迭变化的句子的名词或数量词后。例如:

①转眼都星期五了,时间过得真快。

②春天了,花儿开了,草绿了,天气暖和了。

③十七八了,大姑娘了,该懂事了。

④已经二十本了,你还要买几本?

⑤西单了,有下车的请往外走。下一站天安门。

⑥中学生了,还哭!

⑦黑天了,别出去了。

在这种句子中,用语气助词"了"和不用语气助词"了"不同。比较:

①a.今天都星期五了,时间过得真快。(意在表示时间在流逝)

b.A:今天是星期几?

B:今天(是)星期五。

②a.A:你多大了,就想当兵?(意在表示年龄的增长)

B:十八了,还小吗?

b.A:请你说一下你的年龄、籍贯……

B:我今年十八,山东人……

语气助词"了"前可以使用的词语非常广,各种动词(甚至包括某些系词)、形容词、名词、数量词以至各种短语后边都可以用语气助词"了",与动态助词"了"相比,语气助词可以结合的词语可以说不受什么限制。

语气助词"了"在对话中出现得较多。人们在对话时,通常要告诉对方一些他不知道的事情,也就是说,通常大多数句子中都包含新信息。语气助词"了"表示"出现新情况",与一般句子表示新信息有什么不同呢?我们认为:第一,语气助词"了"用于一个句子的末尾,一般来说,全句整体传达一个新信息,而一般的句子新信息通常在句末;第二,说话人用语气助词"了"告诉对方出现了变化、新情况时,往往有特别的目的,比如引起注意、提醒、劝告、建议,引出问题、评论,有特别的针对性等。例如:

①下雨了,把晾的衣服收回来吧。(提醒、建议)

②妈妈,我写完作业了,可以出去玩了吧?(提醒)

③西单了,有下车的请往外走。下一站天安门。(提醒)

④黑天了,别出去了。(劝告)

⑤A:约翰的中文还不太好,当不了导游。

B:他什么事情都能用中文说了,当导游没问题。(针对A的说法)

⑥小张病了,我们去看看他吧。(引出建议)

⑦你明年就毕业了，有什么打算？（引出问题）

2.表示肯定的语气，有成句、篇章的功能。

所谓语气助词“了”有成句的作用，是指有些句子去掉语气助词“了”后句子就不完整。[①] 语气助词“了”的篇章作用，是指它可以表示一个句子、语段的结束，具有划分开句子和语段的作用。例如当主语、话题不变时，即使一个分句或句子完结了，分句或句末也不宜用语气助词“了”，如果用了语气助词“了”，一个句子或语段将被割断，句子与句子之间将连接不起来。例如：

①绕过一片树林子以后，他顺着河湾走进一块新的地方。他看见河谷骤然开阔了。三家店下游的平原一望无际，高电告河堤远远伸向天尽头。

上面这一段话的前两句，都是在叙述“他”的动作行为，虽然是两个句子，但叙述的对象未变。如果在第一个句子末尾加上一个语气助词“了”，就与下面的句子连不起来了：

①′绕过一片树林子以后，他顺着河湾走进一块新的地方了。他看见河谷骤然开阔了。

而第三个句子的叙述对象变成“三家店”，所以前面一个句子的末尾应该用语气助词“了”。再如：

②他眯起眼睛，用手搭着凉篷，眺望着那戈壁的彼岸。真宽哪，他暗暗吃惊了，简直宽得看不到边。

在这段话里，第一个句子是说“他”在眺望，第二句话“真宽哪”与“简直宽得看不到边”是对“戈壁”的评论。而中间“他暗暗吃惊”后

---

① 我们也可以说，位于句末的语气助词“了”，有时是由“了”加上了一个语气助词“啊”形成的，“啊”在语音上弱化了。语气助词“了”的成句、篇章作用，也许正是由此而来。

所以用一个语气助词“了”,是因为叙述的对象由“戈壁”转为“他”,虽然从用的标点符号来看,似乎是在一个句子内用了语气助词“了”。

总之语气助词“了”有篇章的作用,所以即使一个句子结束了,如果话题不变,中间就不能用语气助词“了”。再请看下面的句子:

③ *昨天早上我起床以后吃早饭了。然后去图书馆了。走进图书馆就去找书了。找到要借的书,就去到柜台借了。我问柜台的小姐书可以借几天,她说可以借一个星期。办完手续以后我就回宿舍了。

这段话前几个句子都在叙述“我”的几个连续的动作,所以中间用了几个语气助词“了”以后,破坏了句子的连贯性。改成下面的样子,句子就连起来了:

③′昨天早上我起床以后先吃早饭,然后去图书馆借书。走进图书馆我先找书。找到要借的书以后,来到柜台。我问柜台的小姐书可以借几天,她说可以借一个星期。办完手续以后我就回宿舍了。

下面几种类型的句子必须用语气助词“了”。在这些句子里,语气助词“了”并不增加什么意思,但没有“了”,句子就站不住。

(1)程度副词作补语的形容词谓语句。例如:

①第三回出得山口,高增福情绪高′极了。

②今天热′死了!

③这个人坏′透了!

“太”作状语的感叹句,句末也要用“了”。例如:

④老赵这个人′太好了!

⑤这个消息′太鼓舞人了!

在这些句子中,重音都落在表示程度的词上("死"除外),"了"不表示实现、变化之类的意义,但在结构上是不可缺少的。

(2)在某些形容词作谓语或结果补语的句子中,加上"了"以后形容词都表示不合某种标准,语气助词"了"也是不可少的。此类形容词是"大、小,高、低,肥、瘦,长、短,轻、重,粗、细,咸、淡,厚、薄,宽、窄,早、晚(迟)"等表示性状的形容词。语气助词"了"后还可以加"(一)点儿"、"(一)些"等表示程度的补语。例如:

①钱你给多了。

②这双鞋大了一点儿。

③这张纸太'薄了,换一张吧。

④他的裤子做瘦了,上衣做肥了,穿着都不合适。

这类句子的形容词前如有程度副词"太"、"稍"时,重音仍落在形容词上,程度副词表示程度的作用较弱。如果重音落在程度副词上,副词表示程度的作用就强了,在这种情况下,全句有时不包含不合某种标准的意思,而是一个感叹句。比较:

⑤这件衣服太'红了。(不合某种标准)

这件衣服'太红了。(表示程度过分,不合某一标准)

这件衣服太'好了。(差一点的就可以,不合某种标准)

这件衣服'太好了!(感叹句)

在非感叹句中,有程度副词时,"了"有时也可以不用,重音仍落在副词上,句子意思不变。有"了"会使语气上缓和些。

(二)包含语气助词"了"的句子的结构特点

语气助词"了"一般出现于句末,它不可能在宾语前出现,但可以在某些语言成分前出现。

1.语气助词"了"可以出现在其他语气助词以及正反疑问句的

"没有"、"是不是"等之前。例如：

①你看见张老师了吗？

②十五年过去了，五个孤儿成长得怎么样了呢？

③小陈，现在你应该明白，这红色的灯标是用什么点燃的了吧？

④钱丢了就丢了吧，难过也没有用。

⑤上课了没有？

⑥这个孩子长高了是不是？

应注意，在疑问句中，只有问主语、谓语、宾语、定语、补语时，才可以用语气助词"了"，问状语时一般不能用。例如：

⑦今天几号了？（问谓语）

⑧刚才你说你买什么了？（问宾语）

⑨谁来了？（问主语）

⑩小李看了几本书了？（问定语）

⑪老王来了几天了？（问补语）

⑫ *他哪天走了？（问状语）

下面的句子是反问句，不是询问状语的疑问句：

⑬他'什么时候来了？（意思是"他根本没来"）

⑭我跟'谁一起去了？（意思是"我根本没去"）

问状语时，一般不用"了"，而用"是……的"句。例如：

⑮他是'什么时候来的？

⑯他是跟'谁一起去的？

有时问状语的句子也可以用语气助词"了"，但这种句子的重点不是表示疑问，而是表达说话者对某种情况的惊讶或不以为然的情绪，重音常落在主语或宾语上。例如：

⑰′他什么时候来了！（表示惊讶或认为“他”不该“来”或不希望“他来”）

⑱′你怎么坐在这儿了！（表示惊讶或认为“你”不该“坐在这儿”或不希望“你坐在这儿”）

2.语气助词“了”可以出现在主语、宾语的末尾，这时主宾语一定是由谓词性成分充任的。例如：

①老栓听见儿子不再说话了，料他安心睡了。（宾语）

②病好了就好，不然叫人多着急呀！（主语）

3.在并列的两个分句（短语）中，只在句末用一个语气助词“了”，它管辖前面两个分句（短语）。例如：

①我不头疼也不咳嗽了。

②他上个月去上海，后来又去广州了。

如果在第一个分句（短语）后加上一个“了”，就成为两个独立的句子了。

（三）两个“了”连用

一个句子中如果用了动态助词“了”，又用语气助词“了”，这时语气助词“了”管辖前面整个谓语，包括动态助词“了”在内。例如：

①我′做了功课了。

②他吃了′三片药了。

这种句子所以用两个“了”，都是要表示第一个动作发生完成已经是事实，常常有一定的针对性，比如针对听话人的一种想法，或隐含着什么意思。比如例①可能针对“妈妈让他做了功课再玩”，例

②可能针对有人还让“他”吃药。再如：

③A：听说小张没有女朋友，我给他介绍一个吧。

B：你别瞎操心了，他ˈ有了女朋友了。

④A：明天下雨，我劝你别去香山玩了。

B：我ˈ听了天气预报了，明天是好天儿，你别骗我了。

在用两个“了”的句子中，两个“了”中间有数量短语，是比较常见，也比较难用的，下面着重进行分析。

1.句子中如果只用动态助词“了”时，一般表示动作行为的发生。例如：

①我买了二十本书。

②教室里来了十五个学生。

2.如果动态助词后有时量补语，谓语动词为动作动词，后面又没有后续句时，时量补语表示动作持续的时间，全句一般表示动作已完成，不再继续进行了。例如：

①这本书我看了三天。（这本书已看完了，不再看了）

②今天我听了一下午报告。（报告已听完，不再听了）

③我在上海住了五年。（现在已不住在上海）

如后面还有后续句时，可以表示动作持续一段时间后不再进行，也可以表示动作还要继续进行下去。例如：

④这本书我看了三天才看完。

⑤这本书我看了三天，才看了一半，还得看三天。

⑥今天我们听了一下午报告，晚上没事了。

⑦今天我们听了一下午报告，明天还要接着听。

如果句中包含时量补语，谓语动词为“吃”类以及其他结束性动词时，时量补语表示动作已完成了多长时间。例如：

①他吃了药不到一个小时就吐了。

②他来了才三天。

3.句中既用动态助词“了”又用语气助词“了”时，数量补语和时量补语表示已完成的数量或持续的时间，如果没有后续句，隐含的意思是动作还要继续进行下去。例如：

①图书馆买了三十本字典了。（还要买）

②我们听了三天报告了。（还要继续听）

③阿里学了两年汉语了。（还要继续学）

在一定的语言环境中或有后续句时，也可以表示动作不再进行。例如在第一人称与第二人称的直接对话中：

④甲：你等了多长时间了。

乙：我等了你两个小时了。

⑤你到哪儿去了？我找了你半天了。

⑥这种书我买了一本了，不再买了。

动词为结束性动词时，全句表示到说话时（如无指明具体时间的状语）动作已完成多长时间或已完成多少数量，一般不涉及动作是否还要继续进行。例如：

⑦我吃了药已经一个小时了。

⑧今天他吃了三次药了。（可能还要吃一次，也可能不吃了）

⑨这个孩子打了五个杯子了。（不知道以后是否还会“打”）

应注意，如果句末用语气助词“了”，谓语动词后又有数量补语或宾语带数量定语时，动词后面多用动态助词“了”。例如：

⑩他吃了两片药了。

⑪他敲了三下门了。

⑫我来了一年了。

(四)用“了”的句子的辨析

当“了”位于句末时,句子可能有歧义,下面略举几例进行分析。

1.①a.你已经喝得不少了,'别喝了!

(动作正在进行,劝阻动作继续进行)

b.你身体不好,以后'别喝酒了!

(曾进行或打算进行此种动作,劝阻动作发生)

c.那酒有毒,小心别叫人'喝了!(提醒不要“喝掉”)

②a.'别跑了,停一停!(动作正在进行,劝阻动作继续进行)

b.你今天不舒服,'别跑(步)了!

(曾进行过或打算进行此种动作,劝阻动作发生)

c.那是个小偷,别让他'跑了!(提醒不要让“他”“跑掉”)

句末的“了”究竟表示什么意思,与动词有关。一般来说,动作动词有a、b两个用法,如“看”、“说”、“写”等;结束性动词只有用法b,如“来”、“走(离开)”、“结婚”、“生(孩子)”等;“吃”类动词有用法c。在a、b两种用法中,重音落在“别”上,在用法c中,重音落在谓语动词上。

2.①a.(等车时)你看,汽车'来了。(“汽车来”正在成为现实)

b.A:汽车'来了吗?

B:汽车'来了,已经走了。(意思是“汽车来过了”)

②a.饭好了,吃'饭了。(意思是“开饭”)

b.我′吃饭了，不吃了。（意思是“我吃过饭了”）

三、动态助词“着”

（一）“着”的语法意义

动态助词“着”表示动作或状态的持续，有以下几种情况：

1.表示动作的持续。例如：

①东郭先生赶着驴，在路上慢慢地走着。

②姐妹俩坐在山坡上愉快地唱着歌。

③一个白发苍苍的老头儿正在床上睡觉，像雷一般地打着呼噜。

④这些工厂都在谱写着“自力更生、艰苦奋斗”的颂歌。

2.表示动作的持续，而持续的动作本身实际上也是一种状态。例如：

①西门豹弯着腰，装作很恭敬的样子。

②火车到了抚顺，雷锋背着老大娘的包袱，扶她下了车。

③天安门广场上，耸立着一座人民英雄纪念碑。

④（陈奶奶）耳微聋，脸上常浮泛着欢愉的笑容。

⑤他突然发现山脚下有一间小房，门口坐着个老奶奶。

3.表示对某物体进行动作后，该物处于某种状态。例如：

①桌子上放着收音机。

②屋右一门通大奶奶的卧室，门上挂着一条精细的绿纱帘。

③教室开着窗户，里边坐着很多学生。

④（大奶奶）自命知书达礼，精明干练，整天满脸堆着笑容。

⑤碑座的上下四周，雕刻着由牡丹花……组成的八个大花圈。

⑥他们都穿着新衣服。

4.某些非动作动词加“着”后所表示的也是一种持续的状态。例如：

①第二天早饭后，小吴和小张就在草堆附近等着。

②鲁迅先生把密信和文稿珍藏着。

③为了教育子孙后代，今天，那个地方还保留着一间旧席棚。

④党中央的贺电鼓舞着筑路大军继续前进，去争取新的胜利。

⑤在你们身上寄托着中国与人类的希望。

⑥姐姐突然发现妹妹光着一只脚。

5.某些形容词后可加“着”，表示状态的持续。例如：

①屋里的灯还亮着……

不过“形容词＋着”不常单独作谓语，如“屋子里的灯还亮着”不像一个完整的句子，这种结构常出现于对举的句子及复句中。例如：

②东屋的灯亮着，西屋的灯关了。

③屋子里亮着灯，孩子们正在灯下学习。

（二）“着”的用法

当“着”表示状态的持续时，其作用主要在于描写，可用于以下情况：

1.用于连动句的第一动词后，表示动作者进行第二个动作（主要的动作）时的状态或方式，即表示一种伴随的动作。例如：

①我微笑着淡淡地说。

②鲁班含着眼泪拜别了师傅，下山了。

③他拿着一张图片给我们仔细讲解，非常清楚明白。

④忽然,天空暗了下来,北风卷着大雪,向草原扑来。

⑤忽然,海员们扶着一个老工人走过来。

⑥欧阳海带着七班的战士走在最后边。

这种连动句中带“着”的部分,具有明显的描写作用,不少语法著作把它归入状语。

2.连动句的第一动词(或形容词)后用“着”,也表示方式或状态,后面的第二个动词或动词短语表示原因或目的,这样用的“动(形)+‘着’”也具有描写作用。例如:

①他闹着让我带他出去玩儿。

意思是:他为了让我带他出去玩而闹着(比如“哭”、“叫”等)。

②老王急着赶火车,饭也没吃就走了。

意思是:老王为了赶火车而着急……

③他们忙着布置房间。

意思是:他们因为布置房间而忙碌。

3.用于存在句中的“着”。存在句是一种描写处所和人的穿着打扮的句子(参见第四编第二章第五节“存现句”),在存在句中的“着”也具有描写作用。例如:

①我的房间里墙上挂着一幅山水画,桌子上摆着一瓶花,书架上有很多书,桌子旁边放着一张床,床上铺着一条毛毯。

②我住在一个小山村里。村东有一棵大槐树,树下常常坐着很多人。村后边有一座山,山不高,栽满了松树。村前有一条小河,河上架着一座木桥,桥头蹲着两个小石狮子。

③我们正在开会的时候,从外边走进来一个女孩。她上身

穿着一件T恤衫，下边穿着一条牛仔裤，脚上穿着一双白色的旅游鞋，头上还戴着一顶草帽，风尘仆仆的样子，好像刚从远处来到这儿。

④今天妹妹很早就起床了。吃过早饭，她就打扮起来。我走进她的房间时，只见她头上戴着一朵红花，胸前别着一个耀眼的胸针，手腕上戴着一串花花绿绿的手镯，真是要多难看有多难看。

"着"的上述用法是最常见的。

当"着"表示动作的持续时，可用于以下几种情况：

1.用于祈使句，表示要求保持某种状态。例如：

①你先歇着，我出去看看。

②你叫他们在门房里等着去吧。

③伙计们……叫玉宝躲在门后看着。

④队长，到城里想着看看老白。

⑤稳着点儿，别慌！

⑥机灵着点儿！

这样用的"着"，前面可以是动词，也可以是形容词。

2.叙述动作在持续地进行。例如：

①赵永进静静地听着，一声也不响。

②她的眼里闪动着泪花。

③交通艇嗖嗖地向前疾驶着。

④他一直望着那条在下面闪闪发光的河。那河近在眼底。河谷和两侧的千沟万壑像个一览无余的庞大沙盘，汽车在呜呜吼着爬坡，紧靠着倾斜的车厢板，就像面临着深渊。他翻着地图，望着河谷和高原，觉得自己同时在看两

份比例悬殊的地图。这峡谷好深哪，他想，真不能想象这样的峡谷是被雨水切割出来的。峡谷两侧都是一样均匀地起伏的黄土帽。不，地理书上的概念提醒着他，不叫"黄土帽"，叫"梁"和"峁"。要用概念描述。他又注意地巡视着那些梁和峁，还有沟和壑。这深沟险壑真是雨水冲刷出来的。他望着黄土公路上的小水沟想。早晨下了一场透雨，直到现在水还在顺着那些小沟，哗哗地朝着下头深不可测的无定河谷流着。汽车猛地颠了一下，他紧紧握住车厢板，继续打量着底下深谷里蜿蜒的无定河。那浑黄的河水在高原阳光的曝晒下，反射着强烈的光。天空又蓝又远，清澄如洗。黄土帽——梁和峁像大海一样托着那蓝天。淡黄的、微微泛白的梁峁的浪涛和天空溶成了一片。他觉得神清气爽，觉得这大自然既单纯又和谐。"蓝格莹莹的天"，他哼了声民歌，心里觉得很舒服。解放牌大卡车载着他好像在沟壑梁峁的波峰浪谷里疾飞前游。

例④是张承志的小说《北方的河》中一章开头的一段，其中有不少表示动作持续的"着"，这是表示动作持续的"着"的典型用法。这样用的"着"通常都出现在文学作品故事展开前的背景描写中，即不是在叙述动作的进行。也就是说，表示动作持续的"着"的功能主要仍然是描写。在一般口语中，很少这样用"着"。因此对不想写小说的人来说，很少用到这个"着"。

表示动作持续的"着"不同于表示动作进行的"在"。"在"的作用在于叙述动作的进行，而不是描写。例如：

⑤一班在上课，二班在进行课堂讨论。

这两个句子显然在叙述动作者进行什么动作。从提问方式以及回答来看，“着”与“在”的区别更为明显。例如：

⑥A：小明做什么呢？

B：小明在打篮球。

（或：小明打篮球呢。）

不能说：小明打着篮球。

3.两个动词连用，第一个动词后加“着”，表示在第一个动作持续的同时，发生了第二个动作。例如：

①玉荣着急地说：“放下我，你快去追羊！”说着就从龙梅的背上挣脱下来。

②（狼）说着，就向东郭先生扑去。

这样用的“动＋着”提供了动作发生的背景，也具有描写作用。这种用法的第一个动词一般限于“说”。

4.连用两次带“着”的同一动词，后面接用其他动词，表示一个动作正在持续时，另一动作发生了，原来的动作也因此而停止，有“不知不觉”的意味。例如：

①有时想着想着，我真恨不得……把你这两只巧手斫下来给我接上。

②他说着说着哭了起来。

③孩子哭着哭着睡着了。

④老汉走着走着摔了一跤。

这样用的“着”也可以出现在对话中。例如：

⑤你怎么说着说着就没正经起来了？

除了上述用法外，有时在一些动词后面用“着”与不用“着”意义上没有什么不同，但用“着”语气缓和些。例如：

①人民这个概念在不同的国家和各个国家的不同的历史时期，有着不同的内容。[1]

②我们的会议包括六百多位代表，代表着全中国所有的民主党派、人民团体……

③他写了一篇充满着爱国主义热情的文章。

(三)包含"着"的句子的结构特点

1.动词用"着"以后，后面只能带宾语，不能用其他动态助词或补语。

2.否定动作或状态持续时用"没"，"着"仍保留。例如：

①A：怎么这么冷？窗户开着了吗？

B：窗户关上了，没开着。

②A：你是在躺着吗？

B：我没躺着，坐着呢。

由于"着"的功能主要在于从正面加以描写，所以很少用否定形式。只有在分辨、回答问话中有"着"的句子的场合，才用否定形式，如上边两个例句。

(四)"着"的其他用法

1.做某些词的后缀。如"趁着"、"沿着"、"顺着"、"随着"、"朝着"、"向着"、"冒着"、"为着"、"怎么着"、"接着"等。

2."着呢"用在形容词后，表示程度高，往往包含着说话者某种感情、情绪，有时有夸张的意味，目的是使听话者信服，一般出现于口语。例如：

①我们学校的校园大着呢。

---

① "有"后用"着"时，宾语只能是抽象名词。

②他的朋友多着呢。

③今天的作业难着呢。

④这个人坏着呢。

四、动态助词“过”

(一)动态助词“过”表示的语法意义

动态助词“过”表示曾经发生某一动作、存在某一状态,但现在该动作已经不再进行,该状态不再存在,可以说“过”表示“曾然”。还要指出,在包含“过”的句子中,“过”前的动作或状态与现在正在谈论的事情有关系,或对正在谈论的事情有影响。一般语法书通常说动态助词“过”表示经验。例如:

①A:你了解中国北方的情况吗?

B:来中国以后,我们去过南方的一些大城市,可是没去过北方,所以对北方的情况不了解。

②来到这个穷乡僻壤我后悔过,哭过,但那已经过去了。

③A:他到德国以后习惯吗?

B:他学过德文,所以到德国以后很快就适应了。

④A:小李怎么没来?

B:我刚才找过他两次,他都不在,可能他不知道今天开会。

⑤A:你们都去过上海和天津吗?

B:天津我去过,上海他去过。

⑥请你把这本书放在爸爸用过的书包里。

“过”也可以用在形容词后。例如:

⑦两年来,这个队的出工人数从来没像今天这么齐全过。

⑧这个孩子小时候胖过,后来瘦下来了。

(二)“过”的表达功能

先请看下面一段对话:

①小张:小李,你去过香港吗?

小李:去过。什么事?

小张:我星期日去香港,需要带毛衣吗?

小李:不需要,那儿已经热了。

这段对话一开始小张就用了一个“过”,但是他绝不仅仅想知道小李是否去过香港,他想知道的是“香港现在的气候怎么样?”这一点从小李的问话“什么事”中也可以看出来(在这里“什么事”的意思无异于“你问我去没去过香港做什么”)。正因为如此,我们说“过”前的动作行为与当前正在谈论的事情有关系,或前者对后者有影响。如果小李回答了小张的第一句问话以后就不说话了,小李一定会感到奇怪。所以,“过”所在的分句是不能自足的,它不负载说话人要传达的最终的信息,在用包含“过”的句子的同时,总是有一个负载最终信息的句子,这个句子有时不存在,但听话人可以意会。例如:

②小李:晚上一起去看“木兰”好吗?

小张:那个电影我看过。

小李:哦,那算了。

“小张”说“我看过”,意思是“我不看了”。

因此,我们可以说“过”的表达功能是说明性的,用“过”的句子,常常说明一个原因,如例①因为“去过”香港,所以了解香港的气候,例②“看过木兰”是“不去”的原因。再如:

③大夫:哪儿不好?

病人：肚子坏了。

大夫：你吃过什么不干净的东西吗？

病人：早晨喝了一杯剩牛奶，也没煮。

大夫：难怪。吃点儿药吧。

显然，大夫问“吃过什么不干净的东西”，正是在寻找“肚子坏了”的原因。

④小明：小丽，告诉你，坐飞机特别有意思。

小丽：怎么有意思？

小明：嗯……在飞机上看地球像一个小皮球。

妈妈：小明，别瞎吹了，你坐过飞机吗？

小明：嗯……

妈妈用的反问句“你坐过飞机吗？”（妈妈知道小明没坐过飞机），指明小明在“瞎吹”。

有时用“过”的分句与另一分句之间的因果关系不是非常明显，但是“过”的作用仍在于说明人或事物之间的联系。例如：

⑤他去过很多国家，见多识广。

⑥甲：小李的爱人怎么出走了？他们夫妻关系不好吗？

乙：不清楚，听说他们夫妻俩从未吵过架。

⑦你可不要小看这所大学，出过好几任总统呢。

⑧多少年没有这么热过了，今年的气候真反常。

上述各句的两个分句之间也可以看作存在广义的因果关系。

（三）包含“过”的句子的结构特点

1.可以和动态助词“过”结合的动词

动态助词“过”可以结合的动词非常广，不仅可以和动作动词、状态动词、形容词结合，有时还可以与某些关系动词如“是”、“姓”、

"会"等结合。例如：

①你打过高尔夫球吗？

②这儿摆过一瓶花，不知谁拿走了。

③他从来没有这么虚弱，这么力不从心过。[①]

④小张的妹妹以前跟他外婆家姓过王，后来改过来了。

也可以是动词短语，如例③。又如：

⑤昨天晚上姐姐回来过，吃了点东西又走了。

⑥我从来没有这么打扮过，所以很不自在。

用在"过"前的形容词、关系动词或短语常常是否定形式的。

以下两种动词不能与"过"结合：

(1)如果一个动词表示在人或事物存在期间只有一次，不可能有第二次，那么这样的动词后就不能用"过"。如人只能"出生"一次，只能"死"一次，一个会议只能"开幕"一次，"闭幕"一次；去什么地方只能"出发"一次，"到达"一次；在一所学校只能"毕业"一次，一个学期只能"开学"一次，上学时一天只能"放学"一次，"消逝"、"褪色"等也属于此类。

(2)认知意义动词。认知意义动词表示的实际上也是一种不可改变的状态。比如一个人认识了另一个人，一般来说就不会不认识了，"知道"也是这样。"忘了"和"不认识"、"不知道"是两回事。所以一般不能说"我们认识过"、"这件事我知道过"。"了解(知道得清楚)"、"晓得"、"懂"、"明白"等属于此类。

但在否定句里，这两类动词都可以用"过"。如"他从来没毕业过"、"我听这个老师讲课从来没懂过"。

---

① 这个句子中的"过"管辖两个分句。

在实际生活中,“他吃过饭”、“我睡过觉”之类的话所以很少听到,是因为人们每天要吃饭、睡觉,与“过”结合后不具有解释、说明功能,即“我吃过饭”、“我睡过觉”这种话毫无意义。如果说“我吃过龙虾”、“他一连睡过三天三夜”就有意义,就可以说了。

2.可以与“过”一起使用的时间词语

用动态助词“过”时,前面往往没有表示具体时间的词语。可以出现“以前”、“过去”、“从前”等。例如:

①这本书我以前看过,不过都忘了。

②过去他喜欢过你,可是现在他喜欢别人了。

如果句子中不出现时间状语,就表示说话之前的某一时间。例如:

③他说过他得过博士一类的东西。

④我还救过人命呢。

⑤你在这儿的时候,我没陪过你,以后你再来,我一定找时间陪你玩。

有时在包含动态助词“过”的句子中出现了表示具体时间的时间词语。例如:

⑥A:我好久没见小李了,他去哪儿了?

B:他哪儿也没去,刚才我在办公室还见过他。

⑦A:这儿是不是很久没有下雨了?

B:哪里,前天还下过一场大雨。

⑧A:你怎么好像不爱理我?

B:我怎么不爱理你了?昨天我还给你打过电话,你忘了?

这样用“过”时,“过”前的动词,如“下(雨)”、“打(电话)”通常在上文已经出现过,是已知信息。这样用“过”的目的是用来证实什么,或反驳对方说的话，所以用表示具体时间的时间词语，是为了更有说服力，让人相信确有其事。

（四）动态助词“过”与结果补语“过”以及动态助词“了”比较

动态助词“了”表示发生、出现（包括完成），“过”表示曾经发生，在意义上有近似之处；表示“完结”意义的结果补语“过”无论形式上还是意义上也都与动态助词“过”十分接近，因此有必要加以区分。

1.从意义上看：

结果补语“过”表示“完结”（参见第三编第五章第一节“结果补语”），既可以用于已然的动作，也可以用于未然的动作。例如：

①你昨天让我看的那本书，我看过了，很有意思。

②明天你吃过饭到我这儿来一趟。

在这个意义上的“过”与“了”更接近。

动态助词“了”的意义是发生、出现，用“了”的词语所表示的动作或状态到说话时，可能已经不存在，也可能仍然存在。例如：

①这个会已经开了三天了，再有一天就结束了。（会还在开）

②我学习中文学了两年了。（还在学）

而动态助词“过”表示动作曾经发生或状态曾经存在，但现在动作已不再进行或状态不再存在，所以与结果补语“过”和动态助词“了”都不同。

2.从发音上看：

结果补语“过”可以重读，也可以轻读；动态助词“过”只能轻读。

3.从结构上看：

(1)动态助词“过”后不能用其他助词,而结果补语“过”后可以用动态助词“了”。例如:

①他昨天吃过了晚饭就来了,可是你不在,他只好走了。

包含动态助词“过”的句子,只能在句末用语气助词“了”。例如:

②A:你看过泰坦尼克号吗?

B:看过三遍了。

(2)可以结合的动词不同。动态助词“过”可以结合的动词面最广,动态助词“了”次之,结果补语“过”可结合的动词面最窄。结果补语“过”只与动作动词结合,不能与以下几类动词结合:

a.非动作动词。如关系动词(如“是”、“像”、“成为”),表示心理状态(如“害怕”、“担心”、“感动”)、态度(如“赞成”、“同意”、“尊重”、“怀疑”)的动词,表示认知意义动词(如“认识”、“明白”、“懂”),能愿动词等。

b.表示的不是一个具体的动作(比如由不止一个动作构成)的动词。如“培养”、“依靠”、“前进”、“进行”、“压迫”、“侵略”、“教学”、“变化”、“毕业”、“发生”、“驾驶”等。

c.非自主动作动词。如“吐(呕吐义)”、“咳嗽”、“丢(失)”、“发现”、“打雷”、“上冻”、“塌”、“出现”、“失火”、“漏”等。

d.书面语色彩浓的动词。如“踏”、“埋葬”、“责备”等。

4.从表达功能上看:

如前所述,动态助词“过”的功能在于说明、解释,而不在于叙述。动态助词“了”虽然也可以用于说明解释,但其典型的功能是叙述。例如:

①他默默注视了她一会儿,退出了女宿舍。

②晚饭后他去学校附近的商店买了一些日用品,然后就去

母亲那里了。

这些句子中的“了”不能用动态助词“过”替换。

5.从用法上看：

(1)结果补语“过”对语境、上文有特殊的要求(参见第三编第五章第一节“结果补语”)。

(2)动词用动态助词“过”后，后面一般不能再用“了”；如果“了”前有“过”，这个“过”一般是补语，不是动态助词。例如：

①这本书我看过了，你拿走吧。

②行李检查过了，没问题。

这两个“过”可以轻读，也可以重读。

(3)动态助词“过”总是在宾语前，“过”与动词之间可以插入结果补语、趋向补语。例如：

①我吃过这种鱼。

*我吃这种鱼过。

②他说话从来没有这么清楚过。

③那本书我看见过，好像在书架上。

结果补语“过”前后都不能再用其他结果补语。

(4)否定动态助词“过”时，动词前面用“没(有)”，后面仍保留“过”。例如：

①解放后，他找了二十多年，没找到妹妹，也没回过故乡。

②我学过英语，没学过法语。

否定结果补语“过”时，不能保留“过”。例如：

③A：老师前天叫我们看的电影我已经看过了，你呢？

B：我还没看呢。

五、动态助词“来着”

“来着”表示不久前发生了某种事情或某种情况，只出现于口语。

（一）“来着”用于陈述句末，表示不久前发生了某件事情。所谓“不久前”是说话者的主观感觉，所指的时间不一定很近。例如：

①我刚才去打电话来着，没在宿舍。

②上午小王找你来着，你去哪儿了？

③昨天我上他家去来着，没见着他。

④他屋里的灯刚刚还亮来着，怎么会没人？

这样用的“来着”一般表示不久前发生了某件事，这件事到说话时已结束，只能用于句末（包括分句末），不能用于宾语前，而且句中通常没有表示量的语言成分，比如数量词语、动词重叠形式等。

（二）“来着”用于疑问句时，一般也是用来询问不久前发生的事情的。例如：

①喂，老师说什么来着？

②你刚才说要上哪儿去来着？

“来着”还可以用来问曾经知道、但现在想不起来了的事情。例如：

③这个人我见过，他姓什么来着？

④你昨天穿什么衣服来着，我怎么想不起来了？

⑤小刘住哪儿来着，是果子巷吗？

⑥咱们学校的电话号码是多少来着，是62782723吗？

⑦昨天谁找我来着，是小赵吗？

这样用的“来着”询问的范围很广。

参考文献

陈　平　论现代汉语时间系统的三元结构，中国语文，1988年第6期。

戴耀晶　现代汉语表示持续体的"着"的语义分析，语言教学与研究，1991年第2期。

邓守信　汉语动词的时间结构，语言教学与研究，1985年第4期。

郭　锐　过程和非过程——汉语谓词性成分的两种外在时间类型，中国语文，1997年第3期。

金立鑫　试论"了"的时体特征，语言教学与研究，1998年第1期。

孔令达　关于动态助词"$过_1$"和"$过_2$"，中国语文，1986年第4期。

李铁根　关于"V了的N"偏正短语中的"了"，汉语学习，1990年第4期。

李兴亚　试说动态助词"了"的自由隐现，中国语文，1989年第5期。

刘济卿　论现代汉语的时制与体结构(上，下)，语文研究，1998年第3、4期。

刘宁生　论"着"及其相关的两个动态范畴，语言研究，1985年第2期。

刘勋宁　现代汉语词尾"了"的语法意义，中国语文，1988年第5期。

刘月华　动态助词"$过_1$""$过_2$""$了_1$"用法比较，语文研究，1988年第1期。

吕文华　$了_2$的语用功能初探，语法研究和探索(六)，语文出版社，1992年。

木村英树　关于补语性词尾"着/zhe/"和"了/le/"，语文研究，1983年第2期。

徐　丹　汉语的"在"与"着"，中国语文，1992年第6期。

张晓铃　试论"过"与"了"的关系，语言教学与研究，1986年第1期。

赵淑华　连动式中动态助词"了"的位置，语言教学与研究，1990年第1期。

练　习

一、用"了"、"着"、"过"填空：

1.过去，我只是在电影上看见(　)长城，今天终于亲眼看到(　)。

2.阿里激动得不知说什么好，只是呆呆地看(　)宾馆的服务员。

3.谢利在这里学习(　)四年汉语，今年暑假就要毕业(　)。

4.在火车上，孩子们一边唱(　)歌，一边看(　)外面的风景。

5.从此他明白(　)：千万不要离开正确的道路。

6.老人伤心地哭(　)，哭(　)哭(　)，渐渐没有声音(　)。

7.昨天我们去北海公园，玩得可高兴（ ）。

8.我们都读（ ）鲁迅的著作。

9.妹妹总爱躺（ ）看书，这个习惯很不好。

10.今天是“六·一”儿童节，孩子们都穿（ ）节日的服装，高兴极（ ）。

二、判断正误：

1.A.在中国学习的四年中，每年春天我们都去长城。
  B.在中国学习的四年中，每年春天我们都去长城了。

2.A.现在，中国人民正在努力建设自己的国家，工农业生产不断取得了新的成就。
  B.现在，中国人民正在努力建设自己的国家，工农业生产不断取得新的成就。

3.A.张老师跟学生的关系很好，有时到学生宿舍给他们讲了一些故事。
  B.张老师跟学生的关系很好，有时到学生宿舍给他们讲一些故事。

4.A.我现在上三年级，功课很多了。
  B.我现在上三年级，功课很多。

5.A.小学的数学很简单，到了高中就比较复杂了。
  B.小学的数学很简单，到了高中就比较复杂。

6.A.他刚从日本回来了，正在家里休息。
  B.他刚从日本回来，正在家里休息。

7.A.脚不疼了以后，他决定不穿了皮鞋，改穿布鞋。
  B.脚不疼了以后，他决定不穿皮鞋，改穿布鞋了。

8.A.下雨了，篮球恐怕比赛不成了。
  B.下雨了，篮球恐怕比赛不成。

9.A.每天晚上我吃了饭就去阅览室。
  B.每天晚上我吃饭就去阅览室。

10.A.这时，台下忽然爆发了一阵掌声。
  B.这时，台下忽然爆发了掌声。

11.A.你是什么时候到中国来的？
  B.你是什么时候到中国来了？

12.A.这本书难一点了，请给我找一本容易一点的。
  B.这本书难了一点，请给我找一本容易一点的。

13.A.我们一起从香港坐了火车回到北京。

B.我们一起从香港坐火车回到了北京。

14.A.这个消息使大家非常高兴。

B.这个消息使了大家非常高兴。

三、改正下列病句:

1.我们每个月写了一篇短文章。

2.昨天我们上四节了古代汉语课。

3.三年前,我在波恩大学开始了学习中文。

4.那个年轻人进来以后,鲁迅问了他为什么到书店来。

5.在那些艰苦的日子里,我一直随身保存了这两件东西。

6.我在日本常常看见了中国古代的艺术品。

7.我在国内读《红楼梦》过,但没读完。

8.从前我去过了上海,上海是中国最大的工业城市。

9.昨天晚上小明没把练习做完了。

10.到现在还没有一个人来开会,是不是时间改呢?

11.王冕到了二十岁左右,就成为了一个很有名的画家了。

12.两个月以后,我会了说一点汉语了。

13.有了不少工人、农民被选为劳动模范。

14.现在我能了滑冰。

第三节 语气助词

语气助词可以单独或与语调以及其他词类一起表示各种不同的语气。与某些语言(如印欧语系语言)相比,语气助词是汉语特有的一类词。语气助词有以下一些特点:

1.语气助词一般位于句末(包括分句末)。两个语气助词如果连用,还会合成一个音节。如:“了+啊”→“啦”/le+a→la/,“呢+啊”→“哪”/ne+a→na/,“了+呕”→“喽”/le+ou→lou/等。

2.语气助词一般都读轻声,句子语调的高低升降变化主要体现在语气助词前的音节上，语气助词本身的音高也会受一些影响。例如：

①你去吗？（“去”相对地高些）

②你去吧！（“去”相对地低些）

3.语气是一种非常抽象、复杂的现象，语气助词只是表达语气的手段之一。一般来说，一个语气助词在同一类句子中总是表达同样的语气，在不同类的句子中，同一个语气词在表达语气的功能上也总是有内在的一致性。应注意不要把句中其他语言现象在表达语气方面的功能加到句中的语气助词上。

汉语主要的语气助词有“啊”、“吗”、“吧”、“呢”，这几个语气助词的主要功能都是缓和句子的语气。一个句子末尾用上读轻声的语气助词后，使句子变长，节奏减慢，语气自然就舒缓下来。但是每个语气助词可以适用的句子类型不同。这里所谓句子的类型是指疑问句、祈使句、感叹句、陈述句，还指这些句子类型下的小类。比如疑问句中又分是非问句、特指问句、正反问句、选择问句等，祈使句、感叹句等在功能上也可以分出小类。正是由于每个语气助词可以适用的句子类型不同，表达的语气也有细微的差别，使语气助词的用法显得很复杂。语气助词是外国人很难掌握的汉语语法难点之一，在学习汉语的初级阶段，只需要求学习者掌握那些在表达上不可回避的语气助词，比如具有表示疑问功能的“吗”、“呢”以及“吧”。至于其他语气词以及语气词的其他用法，学生只能在中高级阶段慢慢掌握。

下面对汉语主要的语气助词分别进行分析。

一、啊

“啊”可以用于各种各样的句子，其功能是缓和语气。

（一）用于问句

1.用于是非问句。有一种是非问句表示说话者对某一事实有些怀疑，甚至有些出乎意料，因而要求对方证实。这种句子可以是肯定句，也可以是否定句。表示句子语意焦点的逻辑重音——要求证实的事情——很明显。“啊”加在这种句子的末尾，可以缓和语气。例如：

①明天ˈ你在大会上发言哪？（出乎意料）

②小刘ˈ不去上海呀？（原以为“去”）

③你说的是ˈ这本书哇？（原以为是“另一本”）

2.用于特指疑问句，句末语调较高扬，这样用的“啊”也使句子的语气变得缓和些。例如：

①谁呀？

②咱们什么时候走哇？

③你怎么不高兴啦？（“了＋啊”）

这样用的“啊”可以用于反问句。例如：

④车都开了，还怎么去呀？

⑤干嘛不说呀，要是我就说。

3.用于选择疑问句，语调较高扬，“啊”的作用也是缓和语气。例如：

①咱们是看电影还是看话剧呀？

②你到底来不来呀？

③快说，你同意不同意呀？

(二)用于祈使句

“啊”用于祈使句也有缓和语气的作用,使命令变为嘱咐、提醒,语调下降或较低。例如:

①细心点儿啊,别看错了!(嘱咐)

②注意啊,比赛马上开始了!(提醒)

③我不过开个玩笑,别急呀!(提醒)

④明天你可早点来啊!(嘱咐)

有时包含催促的意味。句末语调略高或上升。例如:

⑤你怎么不吱声,说呀!

(三)用于感叹句

感叹句表示说话者的夸奖、赞扬、感慨、叹惜等,常用语气助词“啊”,“啊”的作用是使语气舒缓,不那么突兀。句末语调高降。例如:

①这是一个多么安静美好的夜晚啊!

②时间多快呀,转眼三年过去了!

③李先生,我没有疯,我没有疯啊!

(四)用于陈述句

“啊”可以用在带有解释、提醒的意味的陈述句末,也有缓和语气的作用。这时一般要重读“啊”前的谓语(助动词充任谓语时,其宾语的核心成分要重读),句末语调低降。例如:

①这件事可马虎不得,关系ˈ重大呀!

②小明,你可得ˈ努力呀,不然要掉队了。

③他不是不负责任,是能力ˈ差呀!

④小梅急得眼泪汪汪地说:“就是走,我也得跟班上ˈ说一声啊。”

“啊”还可以在两个(或两个以上)相同的或不同的动词后连用。例如:

⑤走啊,走啊,走了大半夜,才走了一半。

⑥姑娘们聚在一起,说呀,笑呀,闹个不停。

这类用法表示动作连续进行,包含动作时间长的意味。

(五)用于句中停顿

作用也是缓和语气。

1.提醒对方注意,或者说话人在犹豫时用。例如:

①这件事啊,你可不能马马虎虎。

②今天你要是不来呀,我可不答应。

③我呀,还没有考虑好呢。

2.用于打招呼,语调较低,语气缓和、亲切。例如:

①老张啊,你来一下。

②同志啊,邮局在哪儿?

③明明啊,以后可要努力学习呀!

3.用于假设、条件分句。例如:

①要是我呀,就给他提意见。

②如果他不来呀,你就去请他。

4.用于列举。例如:

①今年生产情况不错,粮食啊,棉花啊,水果啊,都获得了丰收。

语气助词“啊”,受前一个音节的影响,会表现出几种不同的语音形式:

前一音节尾音	“啊”的发音	汉字
—i,—ü,—a,—e[①],—o[②]	ya [ja]	呀
—u,—ao [au]	wa [wa]	哇
—n	na [na]	哪
—ng	[ŋa]	啊
—[ʅ]	[ʐa]	啊
—[ɿ]	[za]	啊

“啊”的读音有时不完全随语音环境变化。在庄重、正式的场合,如朗诵,以读/a/为宜,日常生活中,以说“呀”/ia/等为多。

二、吗

(一)“吗”可以表示疑问

“吗”用于陈述句的末尾(书面上多写作“吗”,有时也写作“么”),可以构成是非问句。是非问句句末语调一般是高扬的。这种是非问句可以是肯定形式的。例如:

①你看见张老师了吗?

②能够把江姐救出来么?

③明天你们去颐和园吗?

④你们参观了车间,就回学校了吗?

也可以是否定形式的,用否定形式发问,问话者多以为答案是肯定的。例如:

⑤你不认识老李吗?(含义:我还以为你认识老李哪!)

---

① 在—e后,可读作“啊”[a],也可读作“呀”[ja]。

② 在—o后,可读作“啊”[a],也可读作“呀”[ja]。

⑥他不会说汉语吗？（含义：我还以为他会说汉语哪！）

“吗”可以用于反问句。这种反问句有时包含有质问、责备的意味，有时有分辨的意味（谓语动词前有否定副词）。这种句子有语气副词“难道”、“岂”等时，语气更重。用“吗”的反问句，肯定句表示否定的意思，否定句表示肯定的意思。例如：

⑦你这是帮助人的态度吗？（责备）

⑧你看，这还像个学生吗？（责备）

⑨难道有既不对又不错的事么？（质问）

⑩你这不是欺负人吗？（质问）

⑪我这不是回来了吗，还唠叨什么！（分辨）

⑫我不是去过了吗！（分辨）

⑬你看，你看，他不是回来了么！（分辨）

用“吗”的是非问句和正反问句比较：

当一个人发问时，可能对答案毫无所知，也没有什么预想，有时可能有预想，我们将此称为语义倾向或意向。正反问句与用“吗”的是非问句，虽然都表示疑问，但是在对答案的语义倾向有所不同。另外这两种问句的语气和结构也不同。

1.用“吗”的是非问句和正反问句的意向不同。用“吗”的问句发问，问话人常常有预想的答案，而用正反问句一般没有预想的答案。

(1)用“吗”的是非问句，在意向上有以下几种情况：

a.问话人对答案有倾向，即事先对答案是肯定的还是否定的已有预想。例如：

①（敲门）有人吗？（意向是肯定的）

在上述句子中，问话人显然预想屋子里有人。

②昨天我告诉你们的事还记得吗?(意向是肯定的)

③这么晚了,他还会来吗?(意向是否定的)

问话人这样问,显然是担心“他不会来”。

④你真的送我回家?(意向是否定的)

如果用“吗”的问句是否定形式的,意向都是肯定的。例如:

⑤走了这么久,你不累吗?(意思是:你应该累了)

⑥明天的晚会你不参加吗?(意思是:你应该参加)

b.问话人已知答案,发问不过是想证实。例如:

①呃,爸爸有一点觉得自己老了,你知道么?

②(打电话)张先生吗?

问候、应酬不要求对方回答,也类似这种情况,意向一般是肯定的。例如:

③最近好吗?

④喝茶吗?

c.问话人预先没有倾向性的答案。例如:

①你看,我参加晚会穿这身衣服行吗?

②你有钱吗?

(2)用正反问句,问话人一般事先对答案没有预想,希望从对方得到答案。例如:

①有没有好消息?

②你到底还不还我钱?

③你同意不同意我的意见?

④明天的考试你准备好了没有?

因此,如果问话人对答案有倾向,就应该用是非问句,否则用正反问句。例如:

①(见到一个人不太高兴)你想家了吗?

这个时候不能问"你想不想家?"

②我很想家,你想不想家?

这个句子也不能改为"我很想家,你想家了吗?"

2.用"吗"的是非问句和正反问句的语气不同。总的来说,用"吗"的是非问句比正反问句语气要缓和。比较:

①你认识我吗?

你认识不认识我?

②你别这样对我好吗?

你别这样对我好不好?

正因为如此,总是先用"吗"发问,用正反问句追问。例如:

③你听懂了吗?听懂了没有?

逼问也用正反问句。例如:

④你说不说?不说我枪毙了你!

3.用"吗"的是非问句和正反问句的结构不同。用"吗"的是非问句结构上受的限制较小,动词与"不/没"构成的正反问句限制最大,动词加"没有"受的限制也较大。谓语动词前有副词、代词、描写性状语时,一般只能用是非问句。例如:

①把这些东西都送给他吗?

*把这些东西都送给他不送?

②他昨天又喝酒了吗?

*他昨天又喝酒没喝酒?

*他昨天又喝酒了没有?

③他仔细检查了吗?

*他仔细检查没检查?

（这个句子可以说“他仔细检查了没有？”）

（二）用于句中的停顿后

“吗”可以用于句中的停顿后，有时为了唤起听者的注意，有时说话者为了考虑下面该怎么说，语调低而缓，在复句中多用于假设分句。例如：

①这个学期的工作吗，主要有以下四个方面。

②你要问我的意见吗，我不同意。

③你要是不愿意去吗，就让小李去吧。

④今天因为作业太多，所以吗，就没有复习课文。

⑤这次活动参加吗，不感兴趣，不参加吗，又怕大家对自己有看法。

三、呢

（一）语气助词“呢”的主要作用也是缓和语气。

1.用于疑问句

（1）“呢”（书面上有时也写作“呐”）用于特指疑问句（句中一般还有表示疑问的代词，如“谁”、“什么”、“怎么样”、“哪儿”等，句子的疑问功能由疑问代词承担），这种句子往往包含“奇怪”、“困惑”的成分，“呢”的作用是缓和语气。这种疑问句的句末语调多为高扬的，但也可以是低降的，因为疑问功能不是由语调来承担。例如：

①这是怎么回事呢？

②小英啊，部队明天就要走了，咱们送给同志们些什么呢？

③咦，这就怪了！算得对呀，怎么会错了呢？

④十几年过去了，五个孤儿成长得怎么样了呢？

在一定的语言环境中，也可以不用疑问代词，只在名词（代词）或名词短语后加“呢”，这种疑问句一般是问人或物“在哪里”。例如：

⑤还没走出洞口，他就把我叫住了：“办公的地方呢？”

（意思是：办公的地方在哪儿？）

⑥妹妹，你的靴子呢？（意思是：你的靴子哪儿去了？）

⑦小李呢？（意思是：小李在哪儿？）

这样用的“呢”具有疑问功能，但对语境有所要求，只有在问话人认为听话人在特定的语境中知道答案时，才能这样问。

“呢”也可以用于反问句，也有缓和语气的作用。例如：

⑧你对人民犯了那么大的罪，这样处理有什么不公道的呢？

⑨他没到过北京，怎么会去过天安门呢？

⑩为什么这个地方可以这样做，别的地方就不可以这样做呢？

⑪事已至此，说这些又有什么用呢？

（2）用于选择疑问句后，句末语调一般是低而缓。“呢”的作用也是缓和语气。常常用于商量、征询。例如：

①咱们是去颐和园呢，还是去北海呢？

②今天晚上你去不去呢？

③我们可不可以在房间里头两个人或几个人谈谈心呢？

④“怎么办，我谈不谈呢？”他自言自语地说。

这种句子在一定的语言环境中也可以省略谓语，只在名词（代词）或名词短语后加“呢”，问情况。例如：

⑤明天一班去参观工艺展览，二班呢？

（二班去不去参观？）

⑥他开始不同意你的意见，后来呢？

（后来同意没同意？）

这样用的“呢”也具有疑问的功能。

无论在哪种疑问句中用“呢”，都要求有一定的上文，即“呢”不能出现在毫无背景、前提的问句中。例如：

⑦小李，你去不去打球？（一般发问）

小李，我想去打球，你去不去呢？（“我想去打球”是上文）

⑧妹妹，你的靴子哪儿去了？（一般发问）

（发现妹妹光着一只脚）妹妹，你的靴子呢？（语境提供背景：妹妹的靴子不见了）

应注意，在疑问句中表示动作进行的“呢”（也有一些表示语气的作用）与单纯表示语气的“呢”的区别。比较：

⑨小刘，你吃'什么呢？（问正在吃什么）

⑩小刘，他想吃面包，'你吃什么呢？（“呢”只表语气）

⑪小刘，你不吃面包，吃'什么呢？（“呢”只表语气）

表示动作进行的“呢”，用于疑问句时不需有什么前提、背景、上文，而表示语气的“呢”则需要。另外，句重音有时不同，如上例，表示进行的“呢”，重音只能落在疑问代词上，而表示语气的“呢”，句重音有时落在疑问代词上，有时落在主语上。

2.用于陈述句

在陈述句中，“呢”可以用在形容词谓语句和动词谓语句后，谓语前常有“可”，说话人用这种句子时，想告诉对方什么新的情况或提醒对方，含有夸张意味，句末语调高扬。例如：

①天安门广场可大呢！

②孩子们听了这个消息，可高兴呢！

③这条街有五里长呢。

④这个人可能睡呢。

在谓语中心语前也可以用“才”、“还”一类副词，往往出现于对比句，强调所对比的方面，所强调的部分重读。例如：

⑤主席可能快回来了，我连′水还没烧好呢。

⑥我唱得不好，′你唱得才好呢。

⑦电影′八点才开始呢，现在去太早了。

⑧我的手艺还没学好，还要再′学三年呢。

⑨你别着急，我以后还′来呢。

⑩别怕，有′我呢。

⑪这么好的房子，我还从来没′见过呢。

3.用于停顿后

(1)“呢”可以用在主语后，常用于对举、列举，有“至于说到某一点(某人、某事、某方面等)”的意思，“呢”有缓和语气的作用。句子语调较高扬。例如：

①你走好了，我呢，你就不用管了。

②这几个孩子兴趣爱好各不相同，姐姐爱好体育，妹妹呢，爱画画，哥哥喜欢音乐，小弟呢，就知道玩。

(2)用于表示假设的句子，有让对方或自己思考的意思，语调较高扬。例如：

①我要是不同意呢，你怎么办？

②学一门外语，要学，就得坚持下去，如果没有时间呢，就干脆别学。

③老李，都到时间了，小张要是不来呢，我们还等不等他？

(3)用于表示说话者的看法，或说明、解释原因的句子，“呢”也有缓和语气的作用。例如：

①他说他昨天晚上没来上课是因为头疼，其实呢，他是看电影去了。

②这个人总爱说漂亮话，实际上呢，不做一点扎扎实实的工作。

③这个人很谦逊，总说自己工作做得少，实际上呢，他对我们工厂的贡献可大了。

④今天晚上我实在不能去，一来呢，我有点头疼，二来呢，还可能有人来找我。

总之，语气词"呢"的作用是缓和语气，"呢"所在的句子常表示说话人有些困惑，或说话人认为听话人对某事不清楚，试图为之解惑。

（二）"呢"表示动作进行。

①A：王小朋在吗？

B：他上厕所呢。过一会儿再打吧。

②A：你出来一下可以吗？

B：我正炒菜呢。什么事？

③你干什么呢？怎么屋子里黑着灯？

"呢"也可以与表示动作进行的"在"和副词"正"一起用。例如：

④他进来的时候，我正在听录音呢。

⑤早上我正睡觉呢，突然电话铃响了，把我吓了一跳。

一般来说，只有动作动词（短语）后可以用表示动作进行的"呢"。

四、吧

语气词“吧”的作用也是缓和语气。

(一)用于疑问句

1.用在是非问句末，句末语调高扬，疑问功能主要由语调承担，“吧”减弱了句子的疑问程度。与用“吗”的疑问句相比，用“吧”的句子多不是单纯地表示提问，而是包含一种更为明显的揣测语气。说话人对答案有更为明显的倾向，因此句中常常还用“可能”、“也许”、“大概”、“一定”之类的副词。而用“吗”提问的句子是不能用这类副词的。例如：

①参加招待会的人一定很多吧？

比较：

①′参加招待会的人很多吗？

*参加招待会的人一定很多吗？

例①与例①′相比，虽然都是问句，前一句的说话者显然更倾向于肯定的答案。又如：

②小陈，现在你该明白，这红色的灯标是用什么点燃的了吧？

③这座楼可能是你们的宿舍吧？

有时是非问句后用“吧”，表示疑问的语气不明显，实际上完全是一种肯定的陈述，“吧”的作用是使语气更缓和些。例如：

④“善有善报，恶有恶报”，这句话我过去跟你说过吧，但你就是不相信。

⑤这点道理，你不会不懂吧？

2.在特指疑问句或选择疑问句的末尾可以用“吧”。有时不用

“吧”的句子可能含有商量的语气，而用了“吧”以后，可能失去商量的语气，而把决定权交给对方。比较：

①你说咱们该怎么办吧？

你说咱们该怎么办？（商量）

②你快说，到底买什么吧？

你快说，到底买什么？

有时还含有对对方的行为态度不满的语气。例如：

③大家快发表意见，看这个方案行不行吧？不要再磨时间了。

④你这个人，今天到底走不走吧？

这样用的“吧”一般用在主语为第二人称的句子里，句末语调较高扬。

（二）用于祈使句

祈使语气包括请求、命令、催促、劝告等，常用语气助词“吧”，“吧”的作用也是缓和语气。

1.用“吧”的句子表示请求，句末语调较低，句中有时还有“请”、“让”、“叫”一类词。例如：

①爸爸，您就答应了吧！

②小李，给我一张票吧！

③老师，让我去吧！

④请大家帮帮忙吧！

2.用于命令。典型的命令句不用任何语气助词，词序与陈述句相同，谓语动词后不用任何动态助词或补语，句末语调低降、短促。例如：

①走！

②坐下！

③你们都出去！

命令句末尾也可以用语气助词“吧”。加上“吧”以后，表示命令的语气要缓和些，往往有劝告的意味，句末语调低而缓。例如：

④你走吧！

⑤把东西拿出来让大家看看吧！

⑥快说吧！

⑦你好好听听大家的意见吧！

（三）用于陈述句

用“吧”的陈述句，往往表示同意某种意见、要求，句末语调低降。例如：

①行，就这样吧。

②好，明天出发吧。

有时包含“勉强”或“无可奈何”的意味。例如：

③既然你说非我去不可，那我就去吧。

④算了，丢就丢了吧。

“吧”还可以用在“好”、“可以”、“行”等词后，作为表示同意的应答语。例如：

⑤好吧，咱们现在就去。

⑥行吧，明天我来。

⑦可以吧，支援你们一个班！

（四）用于停顿后

1.用于举例。例如：

①就拿英语来说吧，不下苦功夫是学不好的。

②譬如喝茶吧，我们这位内兄最懂得喝茶，最讲究喝茶。

2.用于交替假设句，有时有“左右为难”的意味，句末语调高扬。例如：

①去吧，得花很多时间；不去吧，又不太礼貌。

②今天晚上看书吧，头疼；不看吧，明天又要考试。

③这本书你说不好吧，它有很多读者；你说好吧，读后又没有什么收获。

3.用于一个分句末，这种句子有时表示“满不在乎”（语调较低沉）。“吧”可以使语气缓和。例如：

①丢了就丢了吧，再买一个就是了。（满不在乎）

②去就去吧，反正我也不发言。（满不在乎）

③他不愿意去就不去吧，不必勉强他了。（无可奈何）

④你说行就行吧，我没有什么意见。（无可奈何）

五、的

“的”用于陈述句末，可以加强肯定语气，谓语前往往还用“是”（参见第四编第三章第二节“是……的”句（二））。例如：

①放心吧，你的病会好的。

②他一定会回来的。

③我是同意你的意见的。

六、了

语气助词“了”虽然主要不表示语气，但是有时还是具有表达语气的作用（参见本章第二节动态助词之二“语气助词‘了’”）。语气助词“了”也可以位于停顿后，用于随意列举的句子。例如：

①约翰来中国以后看了不少电影，什么《好事多磨》了，《不

见不散》了,《没事偷着乐》了,他都看了。

②小赵很喜欢体育,打球了,游泳了,他都擅长。

这类句子包含语气助词“了”的成分多为并列的词语。这种句子的“了”也可以不用,但会大大失去随意列举的意味。

七、罢了、而已

陈述句末加上“罢了”、“而已”,往往有把事往小里说的意味(由于谦虚、轻视或安慰人等),前面常有“不过”、“只是”、“无非”等词,语调低降。例如:

①这个孩子没有什么大病,不过着点凉罢了。

②我不过说说罢了,你何必当真!

③他无非会写几句诗罢了,算不上什么作家。

④吃一顿饭(不过)三千块而已,小意思!

⑤(无非)跳跳舞而已,别那么紧张!

“罢了”比“而已”口语色彩要浓。台湾人更常用“而已”。

八、嘛

“嘛”有时也写作“吗”。“嘛”用于陈述句末尾,表示说话者认为“理应如此”或有“显而易见”的语气,句末语调低降。例如:

①小英,你为什么还不走?

——我不愿意走嘛!

②这是老张的错,事情很清楚嘛。

③行行出状元嘛。

④还愣着干什么?走嘛!

九、呗

"呗"用于陈述句末，常常表示"道理简单"、"无须多说"的语气。与"嘛"相比，"嘛"语气郑重，"呗"包含"不屑一说"的意味，说话者用"呗"时多不太满意。用"呗"也不够客气、礼貌，句末语调较高。例如：

①这回考得不好没关系，以后努力呗！

②你怎么来的？

——走来的呗，这儿又没车。

③你要去就去呗，跟我有什么关系！

附表：

常用语气助词的主要表达功能

<table>
<tr><th rowspan="2"></th><th colspan="4">疑问</th><th colspan="4">祈使</th><th colspan="2">肯定</th><th colspan="2">感叹</th><th colspan="2">停顿</th></tr>
<tr><th>询问</th><th>语调</th><th>反问</th><th>语调</th><th>请求</th><th>语调</th><th>命令</th><th>语调</th><th>包含的意味</th><th>语调</th><th>包含的意味</th><th>语调</th><th>包含的意味、作用</th><th>语调</th></tr>
<tr><td rowspan="3">啊</td><td>是非</td><td>低平</td><td></td><td></td><td rowspan="3"></td><td rowspan="3"></td><td>催促</td><td>略高</td><td rowspan="3">解释、提醒</td><td rowspan="3">低</td><td rowspan="3">感慨、赞美</td><td rowspan="3">高扬</td><td rowspan="3">提醒、犹豫</td><td rowspan="3">低降</td></tr>
<tr><td>特指</td><td>较高</td><td>含有责备意味</td><td>高扬</td><td rowspan="2">嘱咐提醒</td><td rowspan="2">低</td></tr>
<tr><td>选择</td><td>较高</td><td></td><td></td></tr>
<tr><td rowspan="2">吧</td><td rowspan="2">是非问表示揣测</td><td rowspan="2">低</td><td rowspan="2"></td><td rowspan="2"></td><td rowspan="2">请求</td><td rowspan="2">低</td><td>劝告</td><td>低</td><td rowspan="2">勉强、无可奈何</td><td rowspan="2">低</td><td rowspan="2"></td><td rowspan="2"></td><td rowspan="2">让步列举</td><td rowspan="2">低</td></tr>
<tr><td>催促</td><td>低</td></tr>
</table>

<table>
<tr><th rowspan="2"></th><th colspan="4">疑问</th><th colspan="4">祈使</th><th colspan="2">肯定</th><th colspan="2">感叹</th><th colspan="2">停顿</th></tr>
<tr><th>询问</th><th>语调</th><th>反问</th><th>语调</th><th>请求</th><th>语调</th><th>命令</th><th>语调</th><th>包含的意味</th><th>语调</th><th>包含的意味</th><th>语调</th><th>包含的意味、作用</th><th>语调</th></tr>
<tr><td rowspan="2">呢</td><td>特指</td><td>可高可低</td><td rowspan="2">道理显而易见</td><td rowspan="2">较高</td><td rowspan="2"></td><td rowspan="2"></td><td rowspan="2"></td><td rowspan="2"></td><td>夸张</td><td>较高</td><td rowspan="2"></td><td rowspan="2"></td><td rowspan="2">为了思考</td><td rowspan="2">较高</td></tr>
<tr><td>选择</td><td>较高</td><td>用于对比</td><td>较低</td></tr>
<tr><td>吗</td><td>是非</td><td>较高</td><td>有责备意味</td><td>较低</td><td></td><td></td><td></td><td></td><td></td><td></td><td></td><td></td><td></td><td></td></tr>
<tr><td>的</td><td></td><td></td><td></td><td></td><td></td><td></td><td></td><td></td><td>加强语气</td><td>低</td><td></td><td></td><td></td><td></td></tr>
<tr><td>了</td><td></td><td></td><td></td><td></td><td></td><td></td><td></td><td></td><td>语气肯定</td><td>低</td><td></td><td></td><td></td><td></td></tr>
<tr><td>罢了
而已</td><td></td><td></td><td></td><td></td><td></td><td></td><td></td><td></td><td>轻视、缩小</td><td>低</td><td></td><td></td><td></td><td></td></tr>
<tr><td>嘛</td><td></td><td></td><td></td><td></td><td></td><td></td><td></td><td></td><td>显而易见</td><td>低</td><td></td><td></td><td></td><td></td></tr>
<tr><td>呗</td><td></td><td></td><td></td><td></td><td></td><td></td><td></td><td></td><td>无须多说</td><td>低</td><td></td><td></td><td></td><td></td></tr>
</table>

参考文献

储诚志　语气词语气意义的分析问题——以“啊”为例，语言教学与研究，1994 年第 4 期。

陆俭明　关于现代汉语里的疑问语气词，中国语文，1984 年第 5 期。

邵敬敏　语气词“呢”在疑问句中的作用，中国语文，1989 年第 3 期。

练　习

一、给下列句子填上适当的语气助词：

1.我看你很面熟，你是化工厂的技术员(　)？

2.小李,我从来没来过这儿,这是图书馆(　)?

3.这件事真难办,答应(　),怕办不了,不答应(　),又有点说不过去。

4.同学们,我的话你们听明白了(　)?

5.情况我不是都说清楚了(　),你怎么还问(　)?

6.喂,老赵,小李到底上哪儿去了(　)?

7.功到自然成(　),这点道理你还不懂!

8.你对这件事是同意(　),还是反对?

9.小赵,明天你来不来(　)?

10.这么一点小事,何必去麻烦他(　)?

11.你问我(　)? 我喜欢看电影。

12.咳,他不过说说(　),你何必当真。

13.我(　),就喜欢芭蕾舞,不喜欢歌剧。

14.快走(　),不然该晚了。

15.小刘新买的笔好使极(　)。

16.不说就不说(　),我也不想知道。

17.事情很清楚(　),他是要骗你的钱。

18.那儿不过三里地(　),汽车一会儿就到。

19.没问题,这件事我会处理好(　)。

20.这没有什么大不了的,罚几百块钱(　)。

二、判别正误:

1.A.他非常想去,你不让他去,他会同意吗?

B.他非常想去,你不让他去,他会同意吧?

2.A.这条鱼可新鲜呢!

B.这条鱼可新鲜吧!

3.A.早上一起床我就想,今天可能还得刮风,可是向窗外一看,谁知是个好天气啊!

B.早上一起床我就想,今天可能还得刮风,可是向窗外一看,谁知是个好天气!

4.A.泰山顶上的老太太特别多,我觉得奇怪,她们仅仅是为了锻炼身体才来爬泰山呢?

B.泰山顶上的老太太特别多,我觉得奇怪,她们仅仅是为了锻炼身体才来爬泰山吗?

5.A.你们已经使学生对学习没兴趣了，你们的教学方法难道不应该改进啦？

B.你们已经使学生对学习没兴趣了，你们的教学方法难道不应该改进吗？

6.A.汽车已经开了，我迟到了，怎么办呢？

B.汽车已经开了，我迟到了，怎么办吗？

第十章　象声词

第一节　象声词的作用

象声词也称拟声词，是指用语音来摹拟事物或自然界的声音以及描写事物情态的词，如“砰”（枪声）、“轰隆”（炮声）、“叮咚”（滴水声）、“哗哗”（流水声）、“嘀嘀嗒嗒”（号声）、“哗啦哗啦”（雨声），等等。

象声词可以增添声音的实感和语言的生动性。例如：

①咚，咚，咚，他听见有人敲门。

②一下、两下、五下、十下……打得山崖上的土哗哗往下落。

③春雨唰唰地下着。

④这时老李一个手榴弹扔了过去，“轰”一声，机枪顿时哑了。

⑤风卷起砂粒打得车篷噼啪作响。

⑥现在这一条街上的店铺也都开市了。卸店板的声音噼噼啪啪传来，王阿大也听得见。

但是，象声词并不都是摹拟事物或自然界的声音，有时是用声音对事物的情态进行描绘。如“他的脸唰地红了。”这个句子所描述的“脸变红”是不会发出声音的，但用象声词“唰”来修饰“红”，生动而形象地表现了脸变红的速度之快、之突然，起到了增强表达效果的作用。因此，象声词的修辞作用比其他词类要突出。

第二节　象声词的分类

从象声词的使用来看，可以分为定型的和非定型的两类。定型的如“潺潺”、“琅琅”、“萧萧”、“霍霍”、“淙淙”等。非定型的如“轰”、“哗哗”、“砰”、“啪嗒”、“唰”、“嘎吧”、“刺溜”等。定型的象声词大多是从古代沿用下来的，多为叠音的双音节词。其书写形式和所代表的声音都比较固定，无需语言环境也能知道所表示的是什么声音。如“潺潺”代表溪水或泉水流动的声音。“琅琅”描述金石相击声或响亮的读书声。“萧萧”表示风声或马叫声。“霍霍”形容磨刀的声音。这类词在口语里很少用，多见于书面语。非定型的象声词大多是说话人或作家摹拟声音造出来的，其语音形式、书写形式都不大固定，适用的范围也比较广。此类象声词离开一定的语言环境有时难以知道它所表示的是什么声音。例如：

①“砰啷”一声，又碎了些陶瓷。（瓷器摔碎声）

②“豁啷”一声，茶碗落地，泼了一身一地的茶。（瓷器摔碎声）

③他刚到院子里，“啪嚓”一声，盆子片、猪食渣闹了一身，洒了一地。（陶瓷器皿摔碎声）

④忽听得“咚咚咚”有人敲门。（敲门声）

⑤听，号声嗒嗒，鼓声咚咚。（号声、鼓声）

⑥“砰砰”两声，不知是谁从后面打来了两枪。（枪声）

⑦忽听砰砰的打门声。（敲门声）

不过很多不定型的象声词大体上摹拟什么声音一般还是一定

的，如“咚咚”——鼓声、敲门声，“砰砰”——枪声，“哗哗”——流水声、雨声，“嘀嘀”——哨声、汽车喇叭声，“噼里啪啦”——鞭炮声，“轰轰”——炮声，“叽里咕噜”——听不懂的语言声，“扑通”——落水声，等等。因此应尽量使用通行的象声词，避免随意创造。

第三节　象声词的语法功能

一、象声词主要作状语，修饰谓语动词。可以加“地”也可以不加“地”。例如：

①许多战士冷得嘴唇发白，牙齿嗒嗒地响。

②桌上的闹钟嘀嗒嘀嗒地在静夜里清脆地响着。

③石玉亭举起枪就打，匪副司令的手枪“当啷啷”地滚了下去。

④枪叭地响了一声，这枪是朝天放的，为了吓跑围过来的狗熊。

⑤你听，啦啦地响了，猹在咬瓜了。

⑥他半眯着眼，把钱哗啦哗啦地放进装小费的盒子里。

二、作定语，象声词后一般加结构助词“的”。例如：

①我躺着，从船底潺潺的水声，知道船还在走着。

②正在这时，石洞里传来“咕咚咕咚”的脚步响。

③东方刚刚发白，那呜呜的小火轮的汽笛声就从村外的小河上传到村里来了。

④再看看那嘀嗒嘀嗒的小闹钟——已经三点半啦。

三、作谓语。例如：

①王阿大鼻孔呼噜了两声，忍住了眼泪，抖着手指……

②她们轻轻划着船，船两边的水，哗，哗，哗。

③小高岭上硝烟弥漫，炮声隆隆。

④忽然，她们听见大街上车轮子轰隆隆的，还有过队伍的声音。

四、作补语，在象声词后一般加"的"。例如：

①火车从这里经过的时候，窗户都被震得哗啦哗啦的。

②小胖见奶奶锁上门走了，急得嗷嗷的。

③她躺在床上，听见邻舍家的门砸得咚咚的，又是吼，又是骂。

④大厅里打了个稀里哗啦，花瓶粉碎，碟儿碗儿稀烂，桌椅板凳东倒西歪，军棋、扑克牌撒了一地……

五、作主语，较少用。例如：

自然喽，我的叽里呱啦是出了名的，厂里谁不知道？

六、作复指成分：

①他正要说下去，"丁零零"，一阵急促的警铃声打断了他的声音。

②"笃！笃！笃！"声音那么沉闷，就同我的心情一样。

③"哗，哗，哗"，划船的声音越来越远了。

七、象声词也可以独立使用。例如：

①"砰！"子弹向别处飞去。

②突然，"突突突……"一辆摩托车给妈妈送来了电报。

③"噗噗。"郭太身子一歪，倒在地上。

参考文献

傅　力　象声词作谓语浅说，汉语学习，1983年第4期。
邵敬敏　拟声词初探，语言教学与研究，1981年第4期。
张　静　谈象声词，汉语学习，1982年第4期。

练　习

一、将下列各句中的象声词找出来，并说明它所摹拟的是什么声音：

1."啪啪"枪声响了，敌人立刻倒下去。

2.一天早晨，天刚刚亮，大雨哗哗地下了起来。

3.只听见房子后头，老是"哧嚓哧嚓"地响着，原来老牛又在吃草。

4.大街上的雪足有一尺多深，人走上去咯吱咯吱地响。

5.过了一会儿，远处又"喔喔喔！"传过来第二遍鸡叫。

6.那天夜里，西北风呼呼地刮着，吹得窗户纸也哗哗地直响。

7.他从衣袋里掏出一根火柴，"嚓"的一声划着了。

8."丁零零，丁零零"老王立刻抓起电话机的听筒。

9.忽听半空中一阵"嘎！嘎！嘎！"兄妹俩抬头一看，是一群海鸟，从天空飞过。

10.得得得得，老王在梦中突然听到有人敲门。

11."嘀嗒，嘀嗒，嘀嗒"，四秒、五秒、六秒过去了，可是班长怎么还不下令开炮呢。

12.这时老师叫我的名字，我的心紧张得怦怦直跳。

13.铛，铛，铛，铛……钟敲了十二下，已经深夜十二点了。

14."啪"的一声，小李把书扔在地上，转身就走了。

15.风刮来的大雨点打在玻璃窗上噼噼啪啪乱响。

16.你走路轻一点儿好吗？噔，噔，噔地走，把人吵死。

17.这几天，春雨唰唰地下个不停。

18.今天小力渴坏了，到家咕嘟咕嘟喝了两大碗水。

19.风把树叶刮得撒啦撒啦直响。

20.人家都在睡午觉呢！咱们先别乒乒乓乓地搬东西了。

二、选择适当的象声词填空：

呱哒呱哒、唰、嘀嘀嗒嗒、哗、啪哒啪哒、吱扭、嗷嗷、
吧嗒吧嗒、唔里哇啦、呼哧呼哧、嗡嗡

1.老张的这句话使小朱的脸________地一下红到耳朵根儿。

2.这时候不知道谁带的头，全场________的一声鼓起掌来了。

3.狼对东郭先生说："你听这________的声音，打猎的追来了。"

4.刚才还有太阳呢，忽然间________直掉大雨点，快把晾的衣服收进来。

5.怎么水管子漏了，这么半天一直在________往下滴水。

6.每年到这个时候，蜜蜂就在花丛中________地飞着，忙着采蜜。

7.门________响了一声，我转过头去一看，妈妈进来了。

8.老支书装了一袋烟，________抽着，好像在想什么。

9.我只听他们俩人________说了一阵，可是不懂说的什么。

10.大胡子军官气得跳起来________地叫"再不说就打死你！"

11.看把他累得________直喘大气。

第十一章　叹词

叹词是用来表达强烈感情或者表示呼唤应答的词。如愤怒时常用的“哼”，欢乐时用的“哈哈”，痛楚时用的“哎哟”，呼唤人时用的“喂”，应答时用的“嗯”等，都是叹词。

第一节　叹词的特征

一、叹词是一种比较特殊的词类。它既没有确切的词汇意义也没有语法意义；既不是实词，也不是虚词。在结构上，叹词独立于句子结构之外，不与句子中的任何成分发生关系，也不充当任何句子成分。但每一个叹词都表达一定的意思，因此，在意义上，叹词与所在的句子是有联系的。例如：

①啊哟哟！不要踩了我的鱼啊！（焦急）

②唉！施粥厂门外也没有这般挤呀！（叹息）

③小王借着火光一看，啊，是一只熊。（惊讶）

二、叹词通常位于句首，后面用逗号或叹号。例如：

①“啊呀！这样的婆婆！……”四婶惊奇地说。（惊讶）

②嗳，喔唷！喔唷！好疼呀！（呻吟）

有时，叹词可放在句子中间或者末尾。例如：

③“荒年荒时，哎！——几时开门呢？”

④这些小家伙，哎呀！真有个意思。

⑤你甭看着我办事，你眼儿热！看见？我早就全看见了，哼！

⑥老爷子痛心疾首地喊起来："你们说，到底为什么要离婚呢？为什么？啊？"

三、叹词表达感情的复杂性。汉语的叹词数目较多，可以表达各种细微的感情。同一叹词，伴随不同的语调，在不同的语言环境中可以表达不同的感情。例如：

①啊，是你呀。（微微一惊，"啊"语调低降）

②啊，他死了？（惊惧，"啊"语调高扬、短促）

③啊，明天考试？（因意想不到而吃惊，有时有不相信的成分，语调低降而后上升）

④啊！你说什么（因没听清楚而追问，语调高扬、舒缓）

⑤啊，是这么回事。（恍然大悟，语调低降、舒缓，声音较长）

⑥啊，就这样吧。（表示同意、应允，语调低降，声音短促）

⑦好好睡觉，啊，小妹！（嘱咐，平调）

⑧哥哥，让我去吧，啊！（请求，平调）

⑨（大叫）啊——！（大叫的声音，语调高降，拖长声音）

四、在书面上叹词的写法不固定。疼痛时用的/āiyō/可写作"哎哟"或"哎唷"，应答时用的/āi/可写作"哎"或"欸"。叹词"哦"、"噢"、"喔"都发/o/音。有时同一叹词发音也不一致。如"欸"可发作/ai/或/ei/。

第二节　叹词列举

一、表示得意、高兴、欢乐

哈哈/haha/、嗬嗬/hoho/、嘿嘿/heihei/，语调低降、短促。多用于直接引语中。有时形容笑声。例如：

①“哈哈哈，你这个坏小子。”人们笑得更响了。

②哈哈，这次抓阄儿，我可抓着了。

③嗬嗬，儿子，过个生日，得了这么多好玩艺，谢谢爷爷、奶奶了吗？

④嗬嗬，这批买卖做成了，打通了路子，咱这商行也就站住脚了。

⑤“嘿嘿，好吃吧，还吃么？”大叔对我笑着说。

⑥嘿，这次来，咱们可把北京城全逛遍了。

二、表懊恼、叹息、哀伤

唉/ai/（语调低降、舒缓），表示叹息、哀伤。例如：

①唉，这真是一个不可弥补的损失啊。

②“唉，我觉得我简直对不起慧儿……”她的声音有点嘶哑，仿佛悲愤堵塞了她的咽喉。

咳、嗨/hai/（语调低降），表示叹息、不满、懊恼。例如：

①“咳！别提了”。我平常每天从家里出来，都是左手拿皮包，右手拿垃圾袋，今天早上一忙，给弄拧了，结果，到了

垃圾箱前，就把皮包扔进去了。

②咳，别提了，您看我的衣服给做成什么样子，挺好的一块料子！

③嗨，虽说都干秘书，可我这秘书就差远了。

三、表示赞叹、羡慕

喝、嗬、呵/he/(语调降)多用于当面高声称赞。例如：

①"嗬，变化真大！我大概有三四年没来这儿了。"男人也动了感情。

②嗬！好香啊，你小伙子自己改善生活啦，也不告诉哥们一声。

啊/a/(语调降)，表示感叹。例如：

③啊，健康真好啊！……眼泪不由得流了下来。

嗯/ng/(语调低降)，一般用于低声赞许。例如：

①嗯，你这次考试成绩还不错，够上优等了。

②嗯，今天你做的几个菜味道挺好，我都爱吃。

啧、啧啧(为舌与上齿的吸气音)，多用于对第三者的称赞，有时包含羡慕的意思，"啧"不单用，通常是两个或三四个"啧"连用。例如：

①啧啧，看人家十一岁的小姑娘写的楷书多好。

②啧啧啧，在这么高的吊环上表演，多不容易。

在表示同情、心疼、可怜对方或第三者，表示不满、不耐烦时，通常只说一个"啧"。

四、表示惊讶

哎呀/aiya/、哎哟/aiyo/、喔哟/oyo/(语调低降、短促)，可表示吃惊、焦急，也可表示惊喜、惊惧。例如：

①哎呀，老玛丽，是你呀，咱们有五年没见了吧。

②哎呀，到处找你找不着，原来你在呼呼大睡！

③哎呀，我的钱包不见了！

④哎哟，考试有一道题我忘了回答了。

⑤“哎哟，”妈妈摸了一下孩子的额头惊叫起来：“怎么这么烫！”

⑥喔哟，这么大的雨，院子里都成河了。

哎哟、喔哟/oyo/，还可以表示疼痛时的呻吟。例如：

①哎哟，伤口疼。

②喔哟，腿又抽筋了。

呀/ya/(语调低降、短促)，多用于突然发现意想不到或不利的情况。自言自语、对话都可用。例如：

①呀，夜里下雪了，下了这么厚呢。

②呀，他这么好的人，怎么会遇到这样不幸的事呢。

哦/o/(语调曲折，先降后升)，对听到的情况表示惊疑。例如：

①哦？他儿子刚毕业工作一年，就当上经理了。

②哦？是吗？小伙子真够能干的。

嗬/ho/(语调高降)，表示对突然出现的新情况的惊讶。例如：

①嗬！新兴的科学城规模可真不小。

②嗬，新开通的那条马路横贯北京城的东西，又长又宽。

③嗬，阿Q，你回来了。

喔/o/(语调高扬)，表示惊讶。例如：

①喔，他没被录取吗？

哟/yo/，表示轻微的惊异（有时带有玩笑的语气）。例如：

①哟，挂住我的衣服了。

②哟，认错人了。

③丈夫今天比每天回来得都早，杨静故意拉长声："哟，你还有回来早的时候啊。"

④"哟，蘑菇。"我惊喜地叫道，并下意识地扔掉锄头，打算奔过去。

嚯/huo/，表示惊讶或赞叹。例如：

①嚯，这儿的人真多！

②冲在前面的那只熊，突然腾地一下站立起来，嚯！比我们谁都高，少说也有三四百斤重。

咦/yi/，表示奇怪。例如：

①咦？你怎么来了？不是病了吗？

②咦！你都回来了！

五、表示不同意、埋怨或申斥

嗳/ai/（语调曲折，先降后升），表示不同意对方意思。例如：

①嗳，在价值规律面前人是会变的嘛。

哎呀/aiya/（语调下降或曲折，先降后升），表示埋怨。例如：

①哎呀，怎么弄的，满墙都是墨点儿。

②哎呀，好好的一本书，给撕了。

哼/heng/（语调低降、短促），表示不满或申斥。例如：

①哼，你还睡懒觉哇，看几点钟了。

②哼，你别仗势欺人，我不怕。

③哼，这简直是倒打一耙，我还要去法院告他呢。

六、表示轻蔑、不满或气愤

哼/hng/(语调低降、短促),表示不满、气愤。例如:

①哼,你还想靠他养老。

②哼,你再要这样,非给你点苦头吃不可。

③哼,让他们去告吧,看谁胜诉。

④姑娘顶了他一句,心中洋洋自得:"哼,让你知道咱可不好惹。"

呸/pei/(语调高平或高降),表示唾弃或斥责。例如:

①呸,你胡说,他可不是那样的人。

②呸,我才不干那样的事呢。

③呸,是你对不起我,还是我对不起你,你怎么能颠倒黑白。

喝、呵/he/(语调高平或高降),表示不满,语调高时有讽刺意味。例如:

①喝,你运气倒不错,想什么就有什么。

②呵,你怎么老爱占人家便宜,这不好。

③呵,你又捞了一把。

七、表示醒悟、领会

噢/o/(语调低降),表示领会。例如:

①噢,我懂了。

②噢,我想起来了。

③A:喂,您哪位?

B:噢,是王秘书啊。

"噢"语调下降、拉长,表示终于明白了。例如:

①噢,是这么回事,我一直在纳闷呢。

②噢，您是日本人，对不起，没有看出来。

③噢，想起来了，怪不得那么面熟呢。

嗯、唔/wu/（语调低降），表示领会。例如：

①嗯，你的意思我明白了，我尽量帮忙吧。

②唔，他的情况我听说了，我实在是爱莫能助。

啊/a/（语调低降、舒缓，声音拖长），表示恍然大悟而又吃惊。例如：

①啊，原来如此。我顿时惊呆了。

②啊，是这么回事。

③啊，您也天天上班来站岗，我说的呢，怎么退休了也老不在家。

八、呼唤，应答

嗳/āi/（语调高扬），表示招呼或提醒对方注意。例如：

①嗳，你们到这儿来。

②嗳，前边儿的人慢点儿，后边的人跟不上。

嗳（语调低降、舒缓），表示答应或同意。例如：

①嗳，我在这儿，我马上就去。

②嗳，行，就照你说的办吧。

嗯/ng/（语调低降），用于答应。例如：

①“嗯，好吃，好吃。”她说。

②他只是“嗯”、“嗯”地答应，不说话。

③A：你自己来的？

B：嗯。

哎/ai/（拖长声音，语调先高平后下降），可用于呼唤。例如：

①哎，小华，你们在哪儿呢？

②哎，小王，这儿有卖的，到这儿来排队。

喂/wei/(语调低降)，用于招呼，也可用于打电话(语调可下降，也可高扬)。例如：

①喂，把钳子找来，我要修理一下机器。

②喂，您哪儿？您找谁？

③喂，刚才线路断了，您接着说吧。

嘿(嗨)/hei/(语调低降)，表示招呼或提起注意。例如：

①嘿，老张，快走吧，你看那家新开张的电脑公司。

②嘿，走吧，别看热闹了，到家太晚了。

③嘿，我跟你说话呢，没听见吗？

九、表示追问或出乎意料

嗯/ng/(语调上升)，表示出乎意料，也可用于追问。例如：

①嗯，说话呀，怎么了？

②看了照片，你到底中意不中意，嗯？别不好意思。

③嗯，怎么小闹钟又停了？

④嗯，原来他们有亲戚关系，我说的呢，她特别受宠。

啊/a/(语调高扬)，表示因听不清楚而追问。例如：

①啊，你说什么？刚才没听清楚。

②啊，什么事，再说一遍。

参考文献

胡明扬　北京话的语气词和叹词(上)，(下)，中国语文，1981年第5、6期。

周继圣　汉语口语中的“啧”，世界汉语教学，1989第4期。

练　习

一、说明下列各句中的叹词表达了什么感情：

1.嗬，瞧你那个神气劲。

2.喂，你们后边的快走啊，时间来不及啦。

3.唉，可怜的孩子，才三岁就没有妈妈了。

4.嗯，你放心吧，放假的时候我一定来。

5.咦，我的房门钥匙放哪儿了，刚才还在口袋里呢？

6.哟，这么冷的天，你怎么来啦？

7.哎呀，真糟糕，看戏忘了带眼镜了。

8.喂，你找谁？我是北京语言大学。

9.啧啧啧，看这球打得真够意思，双方来回扣杀了十几大板。

10.哎哟，哎哟，压着我的脚了。

11.嗳，叫我有什么事？

12.啊，你说什么？大点儿声音，听不见。

13.咳，过去的事就让它过去吧。

14.哎呀，你们可别感谢我，这不是我替你们做的。

15.他？小淘气，啊，谁不认识他啊。

16.噢，我明白了。

17.呸，我才不相信他那一套呢！

18.别让他这么不讲理，哼。

19.噢，原来你就是老张的弟弟呀。

20.哈哈哈，你们看他画的这个像什么呀。

21.啊，你明天就走了，怎么没听说。

22.哎呀，看你弄得这一身泥。

23.喔哟，牙疼呀。

24.呀，他的通信地址是哪来着？

25.呀，一下子买了这么多桃子。

二、选择括号中适当的叹词填空：

1.____！都十二点了，该睡觉了。（哟、呸）

2.____！怎么都打扮得这么漂亮呀。（唉、嗬）
3.____，你别瞎说了。（啧、呸）
4.____，着急有什么用，赶紧想办法。（咳、哦）
5.____，谁在叫我？在这儿哪。（啧、嗳）
6.____，____，____，看看人家的口才多好。（哦、啧）
7.____，原来是这么回事。（嗯、哦）
8.他____了一声，表示同意，又低下头去，一声不响。（呸、嗯）
9.大刘拍着我的肩膀说："这就对啦！"说着他____笑了。（啊、哈）
10.____，这火柴怎么划不着？（哦、咦）
11.____，他怎么到现在还不来？真急死人，车都要开了。（喔哟、哎呀）
12.____，这可怎么好呢。（喂、唉）

第 三 编

句法(上) 句子成分

第一章 主语和谓语

第一节 主语和谓语的特点

一个句子通常可以分为两个部分,主语部分和谓语部分;主语部分是叙述、说明、描写的对象,谓语部分是对主语的叙述、说明和描写。主语部分和谓语部分的核心是主语和谓语。例如:

①他们上个星期游泳了。

②街上的人真多。

例①的主语部分是“他们”,谓语部分是“上个星期游泳了”,主语也是“他们”,谓语动词是“游泳”。例②的主语部分是“街上的人”,谓语部分是“真多”,主语是“人”,谓语是“多”。主语和谓语是句子的两个主要成分,一般来说,缺一不可。如“他们游泳”这句话,如果只说“他们”或只说“游泳”,在缺乏一定语言环境的情况下,意思会不完整,不清楚。但是无主句和独词句除外(参见第四编第七章“非主谓句”)。

汉语的动词谓语句,主语和谓语之间不一定是动作者与动作

的关系。主语可以是动作的施事、受事,或既不是施事也不是受事。例如:

①我吃了两个馒头。(我——施事)

②我的馒头叫哥哥吃了。(馒头——受事)

③我是老师。(我——非施事、受事,可以叫系事)

上述句子,在没有任何语境的情况下都是成立的。此类主语在连续的话语中出现时,从篇章的层面看,也是话题。

在存现句里,处所词是主语。例如:

①桌子上放着一本书。(桌子上——处所)

②前边来了一个人。(前边——处所)

汉语的句子结构受篇章、上下文、语境的制约很大,如果动作的受事、工具等是已知信息时,会位于谓语前作话题。话题是属于篇章层面的现象,当受事等作话题时,在句子的平面就不再进行分析了,即不再作为主语处理。

汉语可以直接用形容词作谓语来描写人或事物的性质、状态以及变化,可以用体词(短语)来说明人或事物的特征、数量,还可以用主谓短语来说明或描写人或事物。例如:

①他很努力。(形容词作谓语)

②他北京人,瘦高个儿,圆脸庞,大眼睛。(名词短语作谓语)

③他学习好,工作好,身体好,是个三好学生。(主谓短语作谓语)

汉语一般主语在前,谓语在后,但是也有先说出了谓语,随后又补上主语的情况,这是一种倒装句。在这种情况下,主语总是轻读的。书写时要在谓语后加逗号,使主谓语隔开。例如:

①真多啊，街上的人。

②回来了吗，你妈妈？

在下面几种情况下，主语可以不出现，叫“主语隐现”。

(1)在对话和连续的话语中。例如：

①A：那个人的照片你看过了吗？

B：看过了。

A：喜欢吗？

B：长得不错。

②我今天上午去北海划了两个钟头船，下午又去操场打了一场球，所以很累。

(2)在祈使句中。汉语的祈使句，主语可以出现，也可以不出现。例如：

①劳驾，让开点儿。

②快去开门。

在一定的语言环境中，谓语动词、宾语等也可不出现。例如：

①A：黑板上的字是谁写的？

B：我。

②A：玻璃是谁打破的？

B：张小明。

③A：下星期，咱们老校友在北京聚会，你参加吗？

B：参加。

A：在哪儿？

B：未名湖畔。

第二节 充任主语的词语

在汉语中,几乎所有的实词都可以充当主语。

一、名词(短语)或代词

这是最常见的。例如:

①王英是我的朋友。

②月亮渐渐地升起来了。

③我们的事业一定会取得胜利。

④您要我办的事已经办好了。

⑤这叫风筝。

⑥谁教你们汉语?

⑦一切都准备好了。

二、数词或数量短语

数词或数量短语作主语有两种情况:一种是把数目或数量单位作为叙述对象,这种句子一般表示数字或度量之间的关系。例如:

①零也是一个数。

②一米等于三市尺。

③一年三百六十五天。

另一种是数量词所修饰的名词在上文已经出现,因而被略去,这样数量词就代替所限定的名词充当主语。例如:

①这儿还有两张票,一张给你,一张给张丽。

②教我们的两位老师,一位姓张,一位姓王。

③园林的建筑，十之八九是靠水的。

三、动词（短语）或形容词（短语）

当动作行为、性质状态作为陈述的对象时，动词（短语）、形容词（短语）可以直接作主语，在形式上没有任何改变。例如：

①虚心使人进步，骄傲使人落后。

②游泳是一种很好的体育运动。

③姑娘有点不好意思了，走也不是，坐也不是。

④太慢了不好，太急了也不好，太慢太急有时都会对实验的成功有影响。

⑤多听、多说、多写、多读，对提高外语水平很有好处。

⑥他生长在北京的书香门第，下棋、赋诗、作画，很自然地在他的生活里占了很多的时间。

⑦你应该少吃点儿，吃得太饱不好。

在书面语中，动词（短语）、形容词（短语）充任主语时，还可以有定语。例如：

①您的到来为我们的晚会增添了欢乐的气氛。

②第一次较大手术的成功，增强了我们的信心。

③民族的灾难，人民的痛苦，激发了鲁迅的爱国思想。

四、“的”字短语

“的”字短语的作用相当于一个名词，也常用来作主语。例如：

①打猎的追上来一看，狼不见了。

②他说的正是我所想的。

③最令人感动的是他的舍己救人的精神。

五、主谓短语

①我们看书学习，掌握知识是为了更好地建设自己的国家。

②他说话办事是极有分寸的。

③我这几天不休息没关系。

有时，一个句子既可看作主谓短语作主语，也可看作主谓短语作谓语。例如：

他′讲课很出色。

主 谓(主谓短语)

他讲课 很′出色。

主(主谓短语) 谓

结构不同，表达意义是有差别的。当“讲课很出色”作谓语时，表示“他在讲课方面很出色”，别的方面不一定出色，评述对象是“他”。当“他讲课”作主语时，评述的是“他讲课”。语音停顿也有助于确定句子的结构，因为汉语的主谓语之间可以有停顿。

第三节 充当谓语的词语

汉语句子的谓语主要由动词(短语)、形容词(短语)充任，名词(短语)、主谓短语也可以充任谓语。谓语部分除了有动词、形容词等之外，还可以有状语、宾语、补语等。

一、动词或动词短语充当谓语

①他已经从国外回来了。(有状语)

②最近，他创建了一个公司。(有宾语)

③他的事业很快就发展起来了。(有状语、补语)

④您的预言已经变成了现实。(有状语、补语、宾语)

⑤工厂的效益提高得很快，工厂的收入也增加得很快。（有补语）

⑥她把红包给了我婆婆，说："恭喜，恭喜。"（"把"字句，有宾语）

⑦他被选作有成就的企业家了。（"被"字句，有补语、宾语）

⑧他让他的儿女们回来学习自己祖国的语言。（兼语句）

⑨他给他自己家乡很多钱，让他们办学校。（双宾语句，兼语句）

二、形容词或形容词短语充当谓语

①今天天气热，昨天凉快。（单个形容词）

②院子里乘凉的人很多。（有状语）

③见到久别的儿子，老太太高兴极了。（有补语）

④她激动得流出了眼泪。（有补语）

⑤每到节日、假日，街上的人多得不得了。（有补语）

三、名词或名词短语作谓语

①今天新年。（名词）

②现在十二点钟。（名词短语）

③我北京人，你哪儿的人？（名词短语）

④那个人黑头发，黄皮肤，北京口音。（名词短语）

⑤那套房子六十平米，两室一厅。（数量名短语）

⑥这个大西瓜三元五角。（数量短语）

⑦她两个儿子，我一儿一女。（数(量)名短语）

四、主谓短语充当谓语

①他个子很高，走路很快。

②我头疼。

③小明学习很努力。

参考文献

崔应贤、朱少红　主语、宾语问题研究概观,河南师范大学学报,1993 年第 3 期。
冯志纯　试论介词短语作主语,语言教学与研究,1986 年第 4 期。
金立鑫　对现代汉语的主语再认识,烟台大学学报,1991 年第 5 期。
李临定　主语的语法地位,中国语文,1985 年第 1 期。
林兴仁　主语、谓语的位置与修辞,语文月刊,1986 年第 1 期。
徐昌火　主语话题问题研究纵横谈,汉语学习,1997 年第 6 期。

练　习

一、找出下列句中的主语,并说明主语与谓语之间的关系:

(A:主语是施事　B:主语是受事　C:主语既不是施事也不是受事)

1.说到这里老人的脸色变得严肃起来了。
2.小王的腿长,他跑得一定快。
3.五七年大学毕业后,她就被分配到这个单位来了。
4.你的回答并没有解决我的问题。
5.大伯告诉我:农村政策放宽了,村里搞起了几样副业。
6.珍贵的花草不易养活。
7.我轻轻地叩着门板,刚才那个小姑娘出来开了门。
8.彼得的断指接上了,手术做得很好。
9.22 次开往上海的火车票已经卖完了,16 次的也快卖完了。
10.那座小山上长满了各种花草树木。
11.花生都榨油了。
12.那天晚上天气不怎么好。
13.愚公对智叟说:你还不如一个孩子!
14.那个地方四面是山。
15.从车窗向外望去,远处是一片绿。

二、找出下列各句中的主语，并说明充当主语的词语是哪一类词或短语：

1.八月的南方够热的。

2.一切都清楚了，你不用再说了。

3.这十二个字还有这样一段故事。

4.工作、劳动对我们是幸福、是快乐。

5.从大学毕业到现在，三十年过去了。

6.天已经黑了，地里走出几个摇摇晃晃的人来。

7.我们家房子后边有一片空地，大院里的孩子们常常到那儿去玩。

8.自己的事应该自己做。

9.婚礼的舞会开始了。

10.休息的方式很多，睡觉只是其中之一种，散步、下棋、听音乐、出去逛公园都是休息。

11.不同意的占少数。

12.按时工作、按时休息对身体有好处。

13.看着一棵好花生病要死是一件难过的事。

14.聪明来自勤奋。

15.运动场上，打球的打球，赛跑的赛跑，打拳的打拳，好热闹啊！

16.他这样做完全是为了你好。

17.勇敢不等于鲁莽。

18.对人平等相待是小王最大的优点。

第二章　宾语

宾语表示动作行为涉及的事物，可使动词所表示的动作行为更具体、明确，可以说宾语是动词的连带成分。宾语直接与动词结合，中间没有任何虚词。

第一节　动词和宾语的语义关系

在一般的动词谓语句里，要确定某一语言成分是否是宾语，一要看看它是不是表示动作的对象，二是看它是不是位于动词之后，位于动词之后是一个重要的条件。因为汉语的宾语不是只按动作的施受关系来确定的。如“台上坐着主席团”、“我家来了一位客人”中的“主席团”、“一位客人”是施事，但都是存现宾语。

动词与宾语之间的语义关系是多种多样的，最常见的有以下几种：

一、宾语表示动作行为的对象（也称为受事）

①我学习中文。

②谢谢你，谢谢中国大夫。

③我们都认识不少汉字了。

④张老师教我们。

⑤我们才认识不久，我不太了解他。

二、宾语表示动作行为的结果

①他们挖了许多地洞。

②他最近又写了一首长诗。

③我们在这儿照几张相。

④彼得用那只接活的手，在一块红布上绣了“友谊”两个字。

三、宾语表示动作进行时所凭借的工具

①她女儿拉小提琴拉得可好了。

②他在给大米过筛子，把碎米分出来。

③运动场上人多极了，有的跳绳，有的舞剑，有的荡秋千，还有的在爬绳、跳马或者扔手榴弹、投标枪。

四、宾语表示动作行为的处所、方向

①明天我们去长城。

②我们昨天没有爬山。

③走大路太远，咱们穿小路吧。

④星期天，他们一家人常去逛公园。

有的动词不表示动作行为，宾语表示方向、位置。例如：

⑤我们学校的办公楼座西朝东。

⑥这条石子路直通后花园。

⑦我的家就在学校的对面。

⑧在大森林里，哪儿是南，哪儿是北，我简直认不出来了。

五、宾语表示行为动作的目的或原因

①她着急自己的病老看不好。

②我后悔没嘱咐小明两句。

③外婆到乡下躲清静去了。

④救急救不了穷啊！还得自己找饭碗子。

六、在存现句里，宾语表示存在、出现或消失的事物

①外边有人。

②桌子上放着一套茶具和两个花瓶。

③客厅的后面还有一个书房。

④房间里只剩下我们俩了。

⑤随着一阵风，屋里跑进来两个孩子。

⑥他三十岁那年死了媳妇，到现在还没娶上。

⑦一九一四年爆发了第一次世界大战。

这里所介绍的只是几种常见的动宾语义关系。实际上，汉语动词与宾语之间的语义关系还有许多种，而且有些关系是很难描述的。例如：

①祥子，咱们服个软，给他赔个不是。

②他又拉了个买卖，到家已经十一点多了。

第二节　充任宾语的词语

一、名词(短语)或代词

①我们都学习汉语，阿里学现代汉语，我学古代汉语。

②他们正在编写一本简明汉英小词典。

③这件事我就托咐您了。

④你们在谈论什么？

二、"的"字短语

①毛衣的样式很多，您要什么样的。

②我买到的电影票是晚上七点半的。

③花园里的花有各种颜色，有黄的，粉的，红的，白的，淡绿的，五光十色，非常好看。

④后边追上来几个打猎的。

⑤您不用谢了，这是我们应该做的。

⑥车上坐着一个赶路的和一个赶车的。

三、数词或数量词

①三乘三得九。

②一米等于十分米。

③这两所学校相距三四里。

④这个地区水面面积约占全部面积的五分之三。

⑤新编的那套讲义分上中下三册。

⑥我那辆旧自行车卖了一百多元。

⑦他们住的房间号是308。

有时数量宾语指称事物，该事物已在上文出现。例如：

⑧最近你看了篮球比赛吗？上星期看了一场。

⑨这样的纪念邮票我有三套，送你一套吧。

四、动词（短语）、形容词（短语）

有些动词后面只能带动词宾语，如含有处理意义的“进行”、“加以”、“给予”、“给以”等；表示心理状态的“感觉”、“感到”、“希望”、“以为”、“认为”等，以及“开始”、“继续”、“打算”等。例如：

①这个问题我们已经进行了多次研究。

②对于有卓越贡献的科技人员，政府将给予表扬和奖励。

③根据大家的意见，这个设计图纸还需加以修改。

④关于这个方案，王工程师还要作进一步的解释与说明。

⑤代表们表示同意我们的安排。

⑥李时珍二十二岁就开始给人看病了。

⑦现在继续开会，请大家入座。

⑧农民们从切身的体会中，进一步认识到政府对他们关怀备至。

⑨每逢春暖花开的时候，人们都喜欢到湖边来散步。

⑩大家不怕辛苦、不怕困难，每天加班加点地工作。

⑪这几天，阿爹显得特别高兴。

五、主谓短语

主谓短语作宾语时，动词多表示感觉或表示心理活动，如“说”、“想”、“看”、“听”、“觉得”、“认为”、“以为”、“记得”、“忘”、“忘记”、“知道”、“相信”、“认识”、“希望”、“赞成”、“怕”、“反对”、“同意”、“发现”、“指出”、“建议”等。主谓短语表示的是一件事情。例如：

①我知道你一心想做好人民代表的工作。

②那时候，我多么盼望我能走进大学的校门啊！

③我们看到她的短发已经变成两条长辫子了。

④当时，他认为这个同志的发言比较符合实际。

⑤他不怕山高路远，不怕严寒酷暑，走遍了产药材的名山。

六、介词短语

介词短语可以作“是”的宾语，最常见的介词是“在”、“为”、“为了”、“由于”。例如：

①我第一次见到老杨同志是在延安某地的窑洞里。

②我最初认识小川，是在1955年夏天。

③我和老郭同志最后一别，是在1970年初夏，湖北的向阳湖畔。

④我这次来,不只是为了我,也是为了你。

⑤他这次没参加比赛是由于最近身体不太好。

第三节　直接宾语和间接宾语

有些动词可以带两个宾语,一个指人,一个指物。指人的叫间接宾语,指物的叫直接宾语,直接宾语位于间接宾语后。例如:

①张老师教我们汉语。

②刚才小李告诉我一个好消息,你想听吗?

③你借我一点钱可以吗?

可以带双宾语的动词不太多,主要有“给”、“送”、“租”、“借”、“卖”、“还”、“告诉”、“通知”、“报告”、“求”、“教”、“问”、“请教”、“赔”、“称”、“叫”等。

“告诉”、“求”、“通知”等成句时,后边必须带间接宾语,直接宾语可以不说,或放在句首。例如:

①A:这件事我可以告诉老王吗?

B:你告诉他吧。

②明天早上开会。我通知你了,你可别忘了。

不能只出现直接宾语:

*他告诉一个新情况。

*我求一件事。

“借”、“租”等成句时后边必须有直接宾语,间接宾语可以不说。例如:

①我想租(你)一间房子。

②他已经借了(我)那么多钱了,还不够吗?

这些动词后不能只出现间接宾语:

*这间房子我想租你。

*很多钱他借了我。

"教"、"请教"、"问"、"还"、"给"、"赔"等成句时,后边可以只出现直接宾语,也可以只出现间接宾语。例如:

①这些钱是他给我的。

他给两千块钱。

②王老师教我。

王老师教数学。

③别担心,我赔你。

我赔一千,你赔一千,可以吗?

"称"、"叫"成句时,后边必须出现两个宾语,缺一不可。例如:

①人们都叫他无事忙。

*(无事忙)人们都叫他。

*他人们都叫无事忙。

②附近的人都称他师傅。

? 他附近的人都称师傅。

*师傅附近的人都称他。

参考文献

李临定　动词的宾语和结构的宾语,语言教学与研究,1984 年第 3 期。
马庆株　名词性宾语的类别,汉语学习,1987 年第 2 期。

杨成凯　广义谓词性宾语的类型研究,中国语文,1992 年第 1 期。
张泊江　施事宾语的主要类型,中国语文,1989 年第 1 期。

练　习

一、指出下列句中的宾语,并说明宾语与动词之间的关系(施事、受事、处所、结果、数量、原因、工具、存在的事物、类别):

1.彼得是个海员,他常常到中国来。
2.夜深了,市区里突然响起了一阵枪声。
3.今天下午他又写了三张纸,大约写了两千字。
4.他在送给我的手绢上绣了"留念"两个字。
5.船就要靠岸了。
6.我们和外国朋友一起在河边照了一张相。
7.这时屋里走出一个二十三四岁的姑娘,留着两条长辫子。
8.客人差不多都来了,只少小王一个人了。
9.我们下了船,还要走三十多里,才能到家。
10.上大学的时候,他就写了好几首长诗。
11.我们应该学习他的好学精神。
12.外边下着雪,孩子们正在堆雪人。
13.两个小时的工夫,他们就种了十几棵树。这儿只剩下三棵了。
14.我们这里差不多都睡竹床,也有人睡木板床。
15.大家都笑他那张大花脸。
16.要托运的东西都已经装箱了,下午就要装车运走了。
17.屋里没人。

二、说明下列句子中宾语是属于哪一类词或短语:

1.胜利一定属于我们。
2.这本书他已经翻译了 500 页了,快翻译完了。
3.走在街上,要注意来往的车辆。
4.小王是东北人,不怕冷。
5.良好的开始是成功的一半。
6.这个月,大刘又受到了表扬。
7.我很不喜欢这样的人,太阴险。

8.节日的天安门城楼显得更加庄严、美丽了。
9.我们这儿有四位姓张的,您找哪一位?
10.这药是老张让他妻子从家乡寄来的。
11.回国后,我还要继续学习中国历史。
12.我觉得这部小说写得好,值得看一看。
13.今年暑假,你打算到哪儿去玩?
14.刚到这儿来时,觉得很不习惯,现在好了。
15.我喜欢滑冰,不喜欢游泳。
16.别看他是个老北京,他不怎么熟悉北京的地理环境。
17.这半年,我没看几本小说。
18.他会说三种外国语呢。

第三章　定语

第一节　定语的作用和语法意义

一、定语的作用

定语是一种修饰语。在短语中，它主要用来修饰名词，如“红旗”、“伟大的国家”、“木头桌子”、“小张的书”。当形容词和动词作主语、宾语时，其修饰语也可能是定语。例如：

①红旗在空中飘扬。

②星期六，五班的同学访问了王国华的家。

③昨天你上街买了些什么？

④刚才那个姓杜的来了。

⑤这篇文章歌颂了他们在抗洪救灾中表现出来的无私无畏的精神。

⑥每到星期天，总有很多工人、解放军、干部和小朋友来看他们。

⑦他的死比泰山还重。

⑧内心的激动使他再也说不下去了。

⑨这是我的不对，我向您道歉。

⑩一路上他们受到了热烈的欢迎。

专有名词和人称代词一般很少受定语修饰，不过在文学作品中还是可以发现的。例如：

⑪一夜没睡觉的王观临，两只眼都熬红了。

⑫还穿着破棉袄的他，觉得浑身躁热起来。

在汉语中，除了某种特殊的修辞需要外，定语总是位于所修饰的词语前。

二、定语的语法意义

定语可以从各个方面修饰其中心语。定语所表示的语法意义、定语与其中心语在意义方面的关系，是非常复杂的，但基本上可以划分为两大类：限制性的与描写性的。

（一）限制性定语

限制性定语是指从数量、时间、处所、归属等方面对中心语加以限制的定语，其作用是指出中心语所表示事物的范围。主要包含以下几种：

1.表示数量

①我买三斤苹果。

②这三本书我全看了。

③很多学生在操场上锻炼身体。

④一件件往事涌上了心头。

2.表示时间

①经过几个月的努力，这头野象基本被驯服了。

②他给我讲了一遍过去的情况。

3.表示处所

①你把身上的雪扫扫吧。

②书包里的书是我从图书馆借来的。

③你脑子里的想法我全清楚。

4.表示归属、领属

①愚公的儿子、孙子都赞成。

②我们班有十个同学。

③这是张明的铅笔。

④谢谢各位旅客的关心。

5.限定范围

①他们中间的多数会觉悟过来。

②你的包裹超过了我们国家规定的重量。

③你昨天说的那件事,我们同意了。

④省里派来的两位同志住在招待所里。

⑤这些东西你拿回去吧,我不能收。

(二)描写性定语

描写性定语指从性质、状态、特点、用途、质料、职业、人的穿着打扮等方面对中心语加以描写的定语。例如:

1.描写事物的性质状态

①小赵穿了一件紫红色的大衣。

②这是一个非常重要的会议。

③我们踏上了一座颤颤悠悠的小桥。

④小明这个可爱的姑娘成长得很快。

2.描写人或事物的特点

①突然跑来一个十五六岁的孩子。

②老马是一个雷厉风行的人。

③他有哪些最值得尊敬的品德?

④我看了一眼这个双层玻璃的窗子,玻璃上结满了冰花。

⑤最近他写了一篇关于中国经济的论文，颇受好评。

3.说明用途、来源

①这个装工具的箱子我很熟悉。

②我要买一支画画用的铅笔。

③老大娘给了我一把刚从树上打下来的枣儿。

4.表示质料

①房间里摆着一张木头桌子，两把铁木折椅。

②纸箱子里装满了书。

5.说明职业

①我们班的汉语老师姓李。

②张健的父亲是土建工程师。

6.其他描写性的定语

①这里没有一般工地上常常发生的那种“我在哪儿”的笑话。

②那是一个颐养天年的好地方。

③他的一本三十万字的回忆录已经写完了。

(三)限制性定语和描写性定语的区别

1.限制性定语和描写性定语的语法意义与表达功能不同

限制性定语具有区别作用，它指明在一些事物中是“这个”而不是“那个”。因此，当用这类定语修饰某事物时，一定还有其他同类事物存在，说话者认为有必要或者必须加以区别。也就是说，限制性的定语指明是“哪一个”，提问时一般用“哪(个、些、天的、儿的……)”、“谁的”等。

一般说来，表示时间、处所、领属关系的定语往往是限制性的。例如：

①桌子上的书是中文的。(区别于“书架上的”、“柜子里的”……)

②今天的天气很好。(区别于“昨天的”、“前天的”……)

③小明的妈妈是个医生。(区别于“其他人的”……)

不包含任何修饰成分的、由动词构成的主谓短语作定语,往往也是限制性的。例如:

④这是哥哥给我的铅笔。(区别于“买的”、“借的”或“其他人给的”……)

⑤老师说的那本书我已经买到了。(区别于“其他人说的”……)

描写性定语的作用只在于描写。使用这类定语时,说话者所着眼的主要是所描写的事物本身,而不理会是否还有其他同类事物存在。也就是说,描写性的定语指明是“什么样的”。形容词以及由形容词构成的主谓短语往往是描写性的。例如:

⑥我的朋友买了一条漂亮的围巾。

⑦远处传来了隐隐的炮声。

⑧他的热情洋溢的讲话,给我留下了深刻的印象。

⑨我的老师是一位性情温和的人。

描写性定语一般用“什么样的”、“怎么样的”来提问。

动词(短语)、主谓短语、介词短语既可以充任限制性定语,又可充任描写性定语。因此,同一词语,在不同的场合、不同的句子里,可能属于不同性质的定语。例如:

⑩这时,对面走来一位穿红衣服的姑娘。(描写性的)

⑪穿红衣服的那位姑娘是小李的妹妹。(限制性的)

⑫这是一个装衣服的箱子。(描写性的)

⑬装衣服的那个箱子已经运走了。（限制性的）

形容词和不用“的”的名词在一定的语言环境中也可以具有限定范围的作用，也就是以性质、特征与其他事物区别。例如：

⑭给你这本新画报，我要那本旧的。

⑮售货员：同志，你想买哪件衣服？

顾客：我想买那件蓝色的上衣。

但这样用时，这类定语的语法特征（如后面是否用结构助词“的”、在多项定语中的顺序等）不变，仍与描写性定语一样。

2.出现的语体不同

描写性定语，特别是复杂的描写性定语，主要出现在文学作品的叙述、描写性文字中，对话中较少用，论说性文体中也很少出现。

3.在同一个句子中，限制性定语和描写性定语出现的顺序不同，限制性定语在前，描写性定语在后（参见本章第三节“多项定语”）。

4.限制性定语后边中心语所表示的事物总是确定的，描写性定语后中心语所表示的事物可能是确定的，也可能是不确定的，是一般的或同类事物中的任何一个。例如：

①你昨天看的电影怎么样？（限制性定语，电影——确定）

②你可以给我介绍一个漂亮的女朋友吗？（描写性定语，女朋友——不确定）

③教你们音乐的那位老师病了。（限制性定语，老师——确定）

④我们需要一位音乐老师，男女都可以。（描写性定语，老师——不确定）

第二节 充任定语的词语和“的”的使用问题

能充任定语的词语是多种多样的，如名词、数量词、代词、形容词(短语)、动词(短语)、主谓短语、固定短语等。定语后常常用结构助词“的”，即“的”是定语形式上的标志。但不是一切定语后都要用“的”。定语后是否用“的”，与充任定语的词语的性质以及所表示的语法意义有关。下面分类加以说明。

一、数量短语或数词、量词作定语，表示限制关系时后面不能用“的”。例如：

①接着，他们给我讲了一个故事。

②杨白劳身上落了一层雪。

③老张，托你给王来泉同志捎个信儿。

④他读的当然不外是些“易经”、“书经”。

⑤阿Q对着墙壁也发愣，于是两手扶着空板凳。

数量词作定语表示描写关系时，后面要用“的”。例如：

⑥连五十多岁的老张也来参加乒乓球比赛了。

⑦他买了一条三斤的鲤鱼。

⑧一寸的钉子买一两就成了。

借用量词作定语表示限制关系的后面不用“的”。例如：

⑨他看见前边有一个女同志，肩上扛着一袋粮食。

表示“满”的意思，具有描写作用的，一般也要用“的”。例如：

⑩他从外边跑进来，一头的汗。

⑪一屋的人都愣住了。

分数词作定语,后边一般要用"的"。例如:

⑫今年百分之四十的职工增加了工资。

有时也可以省略。例如:

⑬我们厂百分之七十女工是青年。

由数词"一"与量词构成的数量短语的重叠形式作定语,后边一般要用"的"。例如:

⑭地上摆着一筐一筐的西红柿。

⑮一列一列的火车满载着生产物资开往祖国的四面八方。

数词"一"与重叠的量词一起作定语时,可以不用"的"。例如:

⑯到布谷鸟欢叫的时候,一条条更高大的石坝修起来了,一个个山头被推倒了。

但用"的",其描写作用更强。例如:

⑰地道口里还有一道道的门,民兵们把门一关,放进去的毒气又从原来的洞口出来了。

重叠的量词作定语,后面不用"的"。例如:

⑱今天,垛垛高墙夷为平地,座座亭榭任人憩歇。

二、指示代词和询问事物的疑问代词,以及此类疑问代词与数量词构成的短语作定语表示限制关系时,后面不用"的"。例如:

①这话说得多好啊!

②延风,你说这几颗种子怎么样?

③哪个老师教你们体育?

④你的衬衣是什么颜色的?

⑤这个工厂有多少工人?

表示领属关系的"谁"和表示描写关系的"怎么样"、"这样"、

“那样”、“什么样”等作定语时，后边要用“的”。例如：

⑥这是谁的地图？

⑦这样的人还不该表扬吗？

⑧老李是怎么样的一个人，你给我们介绍介绍。

代词“别”除了“别人”、“别处”等以外，后面也要用“的”。例如：

⑨下次再给你们介绍别的情况。

⑩这种产品还有别的用处没有？

人称代词作定语表示领属关系，后面要用“的”。例如：

①你的工作怎么样？

②白求恩同志用自己的血把那个八路军战士救活了。

有时用不用“的”意思不同。例如：

③同学们今天出发，我们老师明天出发。

④我们的老师非常严厉。

在第一个句子里，“我们”就是“老师”，是复指成分，中间不能加“的”；在第二个句子里，“我们”是“老师”的定语，表示领属关系，后面一定要用“的”。

在口语中，表示疑问或反问时，人称代词后也可以不用“的”。例如：

⑤我书包怎么不见了？

⑥你帽子不是戴在头上么？

如果中心语是对人的称呼或集体、机构的名称时，人称代词后可以用“的”，但口语中，多不用“的”。例如：

⑦你姐姐是昨天来的吗？

⑧我想谈谈我们国家的情况。

⑨我母亲是非常善良勤劳的。

⑩你们班的学生比我们少。

定语修饰方位词时多不用“的”。例如：

⑪小明悄悄地藏在他后边。

⑫我们学校很大。

三、名词作定语表示领属关系时要用“的”。例如：

①“玉荣……”后边传来了姐姐的喊声。

方位词作定语后边一般用“的”。例如：

②里边的小屋子里，也发出了一阵咳嗽。

方位词被名词修饰时，名词后多不用“的”。例如：

③操场北边是游泳池。

④“看！”她把照片递到小李面前。

有些名词作定语时不表示领属关系，而表示人的职业或事物的原料、属性、来源等，属于描写性定语。此类定语与后面的中心语结合的很紧，一般不用“的”，甚至不能用“的”，而且意义上有一定的熟语性。例如：

语文老师——教语文的老师　　*语文的老师

纸箱子——用纸做的箱子　　*纸的箱子

历史问题——历史上出现过的问题　　*历史的问题

纺织工艺——关于纺织的工艺　　*纺织的工艺

有时名词作定语后用“的”与不用“的”表示的语法关系不同，意思也不同。比较：

他是我们的班主任老师。（描写性的）

他是我们班主任的老师。（表示领属关系）

敌人的狐狸尾巴露出来了。（描写性的）

狐狸的尾巴很大。(表示领属关系)

四、形容词作定语后面用不用“的”主要与音节有关。单音节形容词作定语,后面不能用“的”。例如:

①我们一起学习,一起锻炼,我们是好朋友。(*好的朋友)

②这是一件小事,你别着急。(*小的事)

有时为了强调或对比,可以加“的”。例如:

③他为先生制竹片总是选嫩的竹子。

④这个重的箱子给我,你提那个轻的。

普通的双音节形容词作定语,一般要用“的”。例如:

⑤鲁迅先生团起潮湿的纸,揉烂了,把它放进炉子里。

⑥孙先生是一个谦虚的人。

有些形容词常与某些名词组合,形成了一个比较稳固的短语,中间常常不用“的”。例如:

⑦关键时刻就要当机立断,坚持原则。

⑧要把国内外一切积极因素调动起来。

类似的短语如“糊涂虫”、“老实人”、“俏皮话”、“正经事”、“可怜相”、“重大贡献”、“先进单位”、“伟大胜利”等。

带有各种附加成分的形容词(如“冰凉”、“通红”、“黑洞洞”、“白花花”)、形容词的重叠形式以及各种形容词短语作定语时,后面要用“的”。例如:

⑨我在朦胧中,眼前展开一片海边碧绿的沙地来,上面深蓝的天空中挂着一轮金黄的圆月。

⑩这天一早,我就背着那鼓鼓囊囊的挎包来到航测专用码头。

⑪(他)颈上套着一个明晃晃的银项圈。

⑫弯弯的月牙，已经移到村西头柳树林上头了。

⑬走，我们到最高的地方去看看。

⑭采用针刺麻醉做手术，收到了这样好的效果。

⑮六十多吨重的钻机躺在火车上。

"很多"、"好多"、"不少"①等形容词短语作定语时，后面一般不用"的"。例如：

⑯您瞧，好多人在天安门前照相呢，我们也去合影留念吧。

⑰他刚才把我捆起来，装在口袋里，上边还压了很多书。

⑱妈妈送给我不少礼物。

五、动词、动词短语作定语一般要用"的"。例如：

①杭州人称它为绿化的仓库。

②我们立刻像置身在惊涛骇浪的大海中，撑着的伞和披着的油布都失去了抵抗的力量。

③这是新出版的杂志，你看吗？

④我们这些从旧社会过来的人都吃过通货膨胀的苦。

⑤靠墙摆着装满书籍的柜子。

⑥一下飞机，他就去开会研究如何争取贷款的问题去了。

充任定语的动词或动词短语后如果不用"的"，有时会和后面的名词中心语发生动宾关系，结构与意义就变了。如"吃的东西"与"吃东西"，"打破了的碗"和"打破了碗"。

有些双音动词经常修饰某些双音名词，并且不会被误解为动宾关系，这样的动词与名词之间一般不用"的"。例如：

---

① "多、少"这两个形容词一般不单独作定语，如不能说"多人"、"少东西"等。参见本书第二编第五章"形容词"。

⑦远远地听见一片欢笑声。

⑧大家提了不少改进意见。

⑨发展工作进行得很顺利。

⑩考试成绩公布了。

在汉语中，当一个双音节动词与一个双音节名词具有动宾关系，而且又处于主语或宾语的位置时，应该把动词放在中心语的位置上，而把名词放在动词前边作定语，中间不用“的”。例如：

①理论学习是很重要的。

②这一段景物描写十分优美。

这是因为这时动词的动词性很弱，而具有较强的名词性了。这种偏正结构还常作定语。例如：

①我们应该重视人才培养的问题。

②土地测量工作进行得很顺利。

再如“学生教育问题”、“身体检查的结果”、“车辆疏导的情况”、“妇女解放的意义”等。

六、主谓短语作定语要用“的”。例如：

①故宫过去是封建帝王住的地方，现在是劳动人民游览的场所。

②这时，破草屋里走出来一位衣服破旧的老大娘。

七、介词短语作定语，后面要用“的”。例如：

①中国人民要加强同世界各国人民的友谊。

②种地，生产粮食，这不是对国家的贡献吗？

八、固定短语（多为四字形式）作定语，后面要用“的”。例如：

①突然，眼前如彩虹升起，一幅幅五光十色的织锦把我给吸引住了。

②在这座巍峨的纪念碑前，终日都有川流不息的人群向革命先烈默默致敬。

③今天早晨广播了两篇热情洋溢的讲话，我们听了很受鼓舞。

九、复句形式的短语作定语，后面要用“的”。例如：

①鲁迅先生读完这封并不是给他，而是作为收信人的证件的短信，和来客谈了一会儿，把他送走了。

②他又不敢大声喊，怕惊醒白天做得劳乏、晚上躺下就睡着了的母亲。

十、凡是定语与其中心语结合起来成为一种或一类事物的名称或称呼的，中间一律不用“的”。例如：

知识青年	爱民模范
个体户	公关小姐
擦边球	烤白薯
应届毕业生	电子邮件
新技术推广交流会	北京大兴区人民医院

上面总结了各类词语作定语时用不用“的”的规律。值得提出的是，凡是用“的”的名词短语，其定语与所修饰的名词组合是比较自由的；相反，凡是不用“的”的名词短语，其定语与所修饰的名词组合就不那么自由，有一定的限制。比如，可以说“河岸、江岸、海岸”，但一般不说“湖岸”，可以说“体育老师”（教体育的老师）、“炼钢工人”（冶炼钢铁的工人），但不能说“体育学生”（学体育的学生）、“豆腐工人”（做豆腐的工人），可以说“关键时刻”，不能说“关键天”，可以说“活跃分子”，不能说“活跃学生”，等等。而且用“的”的短语可以扩展，不用“的”的短语一般不能扩展。如可以说“美丽

的故乡”,也可以说“美丽而可爱的故乡”,可以说“教室的使用”,也可以说“教室的管理和使用”。但是可以说“小女孩”、“笨女孩”,不能说“小而笨女孩”,可以说“炼钢工人”和“纺织工人”,不能说“炼钢和纺织工人”。这说明不用“的”的名词短语具有较强的凝固性。哪些词语可以不用“的”去直接修饰哪些名词,是固定的,是在长期语言实践中形成的,说话的人一般不能随意创造。对学汉语的人来说,原则上是需要逐个去记的。当然各种词语与各种名词直接组合时受限制的情况并不一样。比如表示颜色的形容词,表示质料、职业的名词,与名词的结合面宽些。双音动词与“时间、地点、方式、方法、手段、现象、问题、情况”等名词组合远比与其他名词组合的机会要多。比如“开会时间”、“集合地点”、“购销方式”、“开采方法”、“迟到现象”、“游泳问题”、“生长情况”等。还需要指出,在一个短语里,如果有不用“的”的定语,当几个名词短语的定语或中心语相同时,要重复说出相同的成分,一般不能省略。如“语文老师和体育老师”不能省略为“语文和体育老师”;“社会主义革命和社会主义建设”一般不能省略为“社会主义革命和建设”;“新书包和新本子”不能省略为“新书包和本子”;“一斤苹果和一斤梨”不能省略为“一斤苹果和梨”。只有“很多”、“不少”、“某些”等表示不定数量的词语例外。例如,可以说“有些工厂和农村”、“不少老师和学生”等。用“的”的名词短语则不同,省略相同的定语或中心语是正常的现象,比如“他是工人和农民的朋友”、“开会的时间和地点另行通知”。

第三节　多项定语

在一个偏正短语中，有时可能包含几个修饰语，如“清洁、明亮的窗户”、“一本很厚的书”、“站在门口的那个穿皮夹克的人”等，这样的修饰语叫多项定语。

多项定语可分为三种类型：并列关系的多项定语、递加关系的多项定语、交错关系的多项定语。

一、并列关系的多项定语

（一）什么是并列关系定语？

几个定语没有主次之分，并列地修饰一个中心语，这几个定语之间的关系就是并列关系。并列关系的定语多是由同一词性的词语构成的，有时几个定语联合起来修饰中心语，有时分别修饰中心语，前者只有联合起来才能与中心语发生关系，后者可分别直接与中心语发生关系。例如：

①要调整重工业和农业、轻工业的投资比例。（联合修饰）

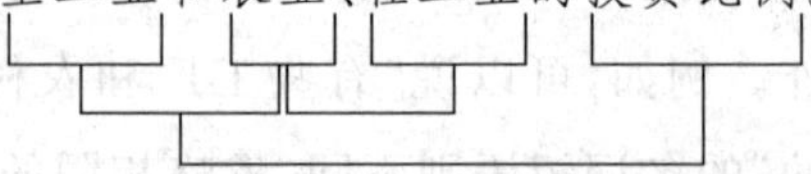

②那个女工给我们谈了工厂和她自己的情况。（分别修饰）

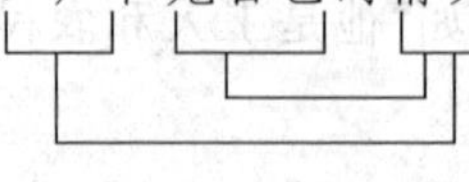

③人们一下子都变成客客气气、嘻嘻哈哈、谨慎小心的人了。（分别修饰）

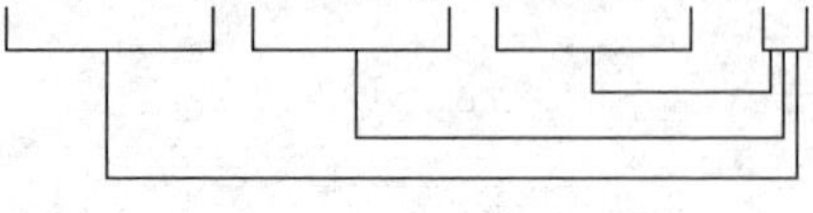

（二）并列关系定语中连词和“的”的用法

并列关系的定语如果是由名词或动词构成的，一般多在最后两项定语之间用“和”、“以及”、“或”等连词，前几项之间可以用顿号，也可以不用。例如：

①这是小明和小刚的老师。

②在学习或工作的时候，他的思想总是非常集中。

③必须兼顾国家、集体和个人三方面的利益。

如果各定语的地位并不完全相同，可以用连词将关系较远的定语隔开，关系较近的定语之间可以用顿号。例如：

④老师和爸爸、妈妈的嘱咐时常在他耳边响起。

如果定语是由两个单音节或两个双音节形容词组成，两个形容词可以直接相连。例如：

⑤他被小燕真挚诚恳的态度感动了。

⑥老人穿了一件破旧衣服。

也可以在两个形容词前分别加“又～又～”、“很～很～”、“最～最～”。例如：

⑦孩子们挖了一个又（很）大又（很）深的坑。

⑧我要到最遥远最艰苦的地方去工作。

还可以在两个形容词之间加连词。如果两项定语的意义不是互相排斥的，多用“而”。例如：

⑨伟大而光明的祖国啊，愿你永远“如日之升”。

⑩她是一个热情而开朗的姑娘。

如果两个形容词在意义上互相排斥，不能用“而”，可以用“和”或“或”。例如：

⑪总之，我们要调动一切直接的和间接的力量，为把我国建

设成为一个强大的社会主义祖国而奋斗。

⑫他站住了,脸上现出欢喜和凄凉的神情。

⑬先进的或落后的群众都发动起来了。

如果并列的形容词不止两项,可在前几项之间用顿号,最后两项之间可以仍用顿号,也可以用"而"、"和"或"或"。例如:

⑭这是一个伟大、正确、英明的决定!

⑮我们要把祖国建设成为一个独立、繁荣而富强的国家。

并列关系的复杂定语,一般在最后一项定语后面用"的"(见上面大部分例句),有时为了强调定语的作用,也可以在每项定语后分别用"的"。例如:

⑯我们要和一切资本主义国家的无产阶级联合起来,要和日本的、英国的、美国的、德国的、意大利的以及一切资本主义国家的无产阶级联合起来……

⑰我要到最遥远的最艰苦的地方去工作。

(三)并列关系定语的顺序

从理论上来讲,并列关系的各个定语的排列顺序应该是自由的。但实际上,在绝大多数情况下,并列关系的各定语不能自由排列,种种因素使它们固定起来。

并列的各定语之间往往存在一定的逻辑关系,比如,地位的高低、重要性的大小、价值的大小、距离的远近、数量的多少等,就要按递升或递降的顺序排列。例如:

①这次会议很重要,县、市、省的干部都要参加。(级别递升)

②我们必须兼顾国家、集体和个人的利益。(政治地位递降)

③学校的教学科研工作都要抓紧。(由主到次)

④他很在乎亲人、友人和邻里对这件事的看法。(由亲到疏)

⑤他在香港买了很多金银首饰。(价值由高到低)

另如"长处和短处的问题"、"优点和缺点的标准"(由优到劣),"老师和同学的帮助"(由长到幼),"社会主义革命和社会主义建设事业"(政治上由重要到次要),"工厂和农村的关系"(政治上由重要到次要),"医疗卫生方面"(由重要到相对次要),"文化教育事业"(由重要到相对次要)等。

有的定语要按对事物认识的先后或认识规律(如由浅入深、由表及里、由外到内等)排列。例如:

⑥这就是我军多年来发展壮大的历史。(按事物的内在联系——"发展"而后"壮大")

⑦这时,一位身穿花衣服,梳着两条长辫子,长着一双大眼睛的姑娘站了起来。(按观察的过程——先看到轮廓性的,而后看到细微的)

⑧设计院来了一个才从艺术学院毕业的,作雕塑师的姑娘。(按事情发生的先后)

有的定语要按中国文化或汉语的习惯排列。例如:

⑨这时他想起临行时父亲和母亲对自己的嘱咐。

又如"男女青年"、"兄弟姐妹之间的关系"等。

只有少数词性、地位完全对等的并列定语,才可以自由排列。例如:

⑩小张、小李和小赵的文章都写得不错。

小李、小张和小赵的文章都写得不错。

小赵、小李和小张的文章都写得不错。

二、递加关系的多项定语

(一)什么是递加关系定语？

具有递加关系的各个定语往往可能是几个描写性定语，也可能既有描写性定语也有限制性定语，它们通常是由不同类的词语构成，彼此互不修饰，而是依次修饰其后的偏正结构。递加关系定语之间不能用任何连词，也不能用标点符号。例如：

①葫芦架下摆着一张矮腿的小长桌。

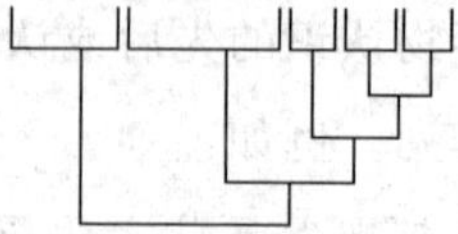

在这个句子里，先是“长”修饰“桌”，然后“小”修饰“长桌”，“矮腿的”修饰“小长桌”，“一张”修饰“矮腿的小长桌”。又如：

②右边，立一个五尺高的乌木塑龙灯座。

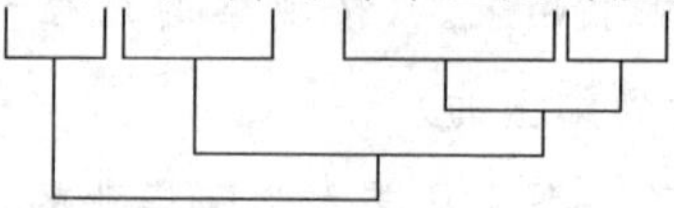

③……如果有两个变量 x 和 y，

对于变量 x 在某一范围内的每一个确定的值，变量 y 都有……确定的值和它对应，那么变量 x 叫自变量，变量 y 叫自变量的函数。

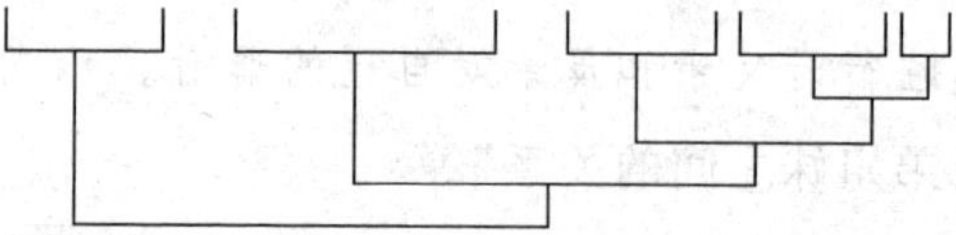

有的定语，从结构上来看似乎是递加关系的多项定语，但实际上与一般的多项定语不同，要按其结构关系排列。例如：

专程来参加纪念活动的斯诺的姐姐

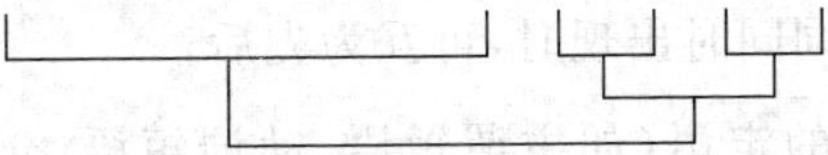

这里“斯诺”是修饰“姐姐”的，而“专程来参加纪念活动的”是修饰“斯诺的姐姐”的。

（二）递加关系定语的顺序

递加关系定语要按一定的顺序排列，形成一定的层次。

1.递加关系定语首先可以分成两个大的层次：描写性的定语在后，在第一个层次上；限制性的定语在前，在第二个层次上。例如：

①曹飞是工业组　最老的　编辑。

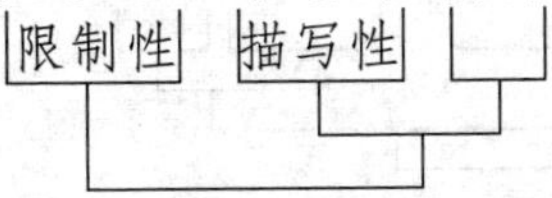

②她数着窗外蓝色大海里悄悄飘过去的灯光。

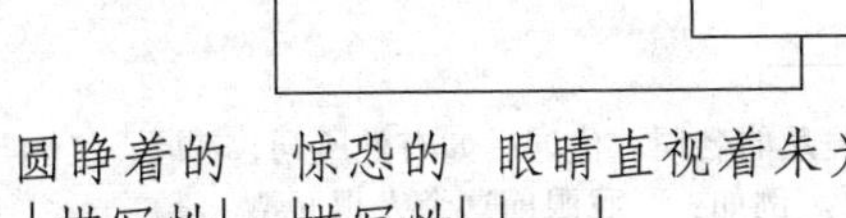

③我想了解这个省工业中存在的比较尖锐的问题。

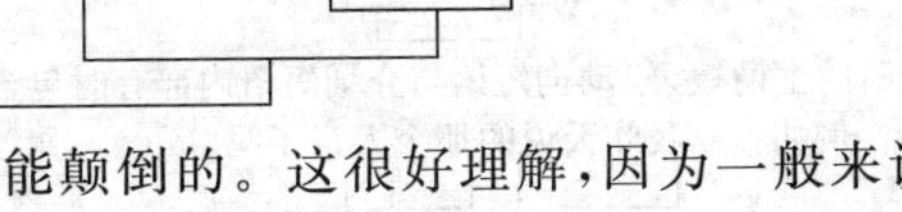

④他　　圆睁着的　惊恐的　眼睛直视着朱光。

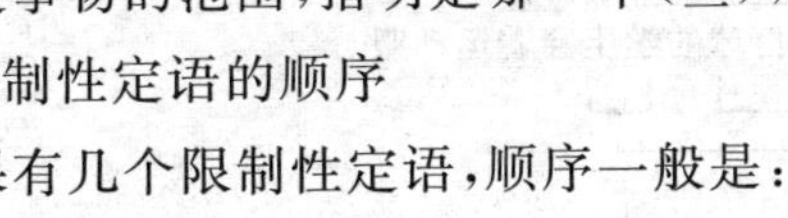

这个顺序往往是不能颠倒的。这很好理解，因为一般来说人们总是先限定事物的范围，指明是哪一个（些），然后才对它加以描写。

2.限制性定语的顺序

如果有几个限制性定语，顺序一般是：

(1)表示领属关系的名词或代词;[①]

(2)处所词与时间词同时出现时,可互为先后;

(3)其他表示范围的定语(如主谓短语、动词短语、介词短语等);[②]

(4)数量词短语。

例如:

①这是整个学校一天的活动计划。

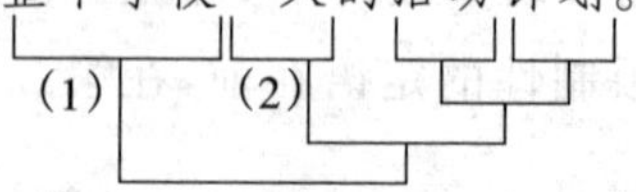

②他刚才说的关于会议的那一套意见我全不同意。

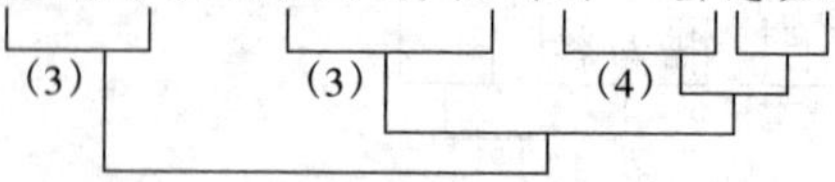

③杨明在体育运动方面的兴趣很广。

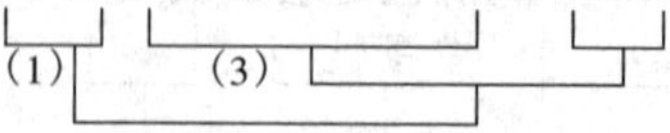

④这位总编每天早晨的这次谈话总是很及时。

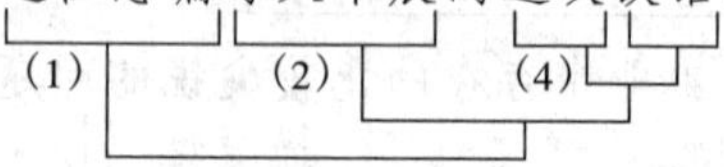

---

①表示领属关系的名词、代词后如有处所词,名词、代词与处所词有时为一项定语,不是两项定语。例如: 我眼前这个人很面熟。

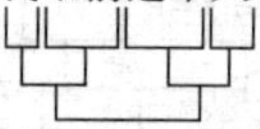

②作定语的主谓短语、动词短语与介词短语内部有时包含时间词、处所词,这时也为一项定语。例如: 我昨天说的那个人走了吗?

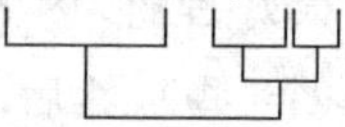

在操场上打球的学生穿着运动服。

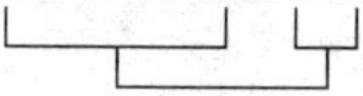

表示领属关系的名词、代词与表示处所的词语同时出现时，其顺序要受语义关系的制约。如果处所词所限制的范围大于或等于名词、代词所限制的事物的范围，处所词在前。例如：

⑤报纸头版上高厅长这篇论文很有分量。

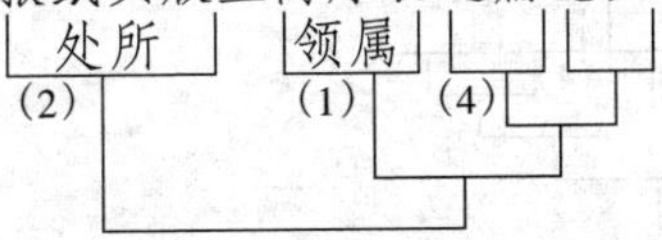

⑥操场北面我们班的那间活动室已经锁上了。

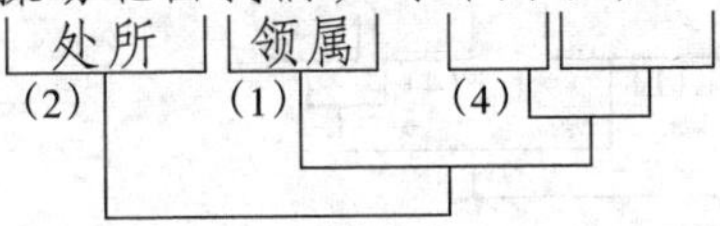

如果名词、代词所限制的范围大于处所词所限制的范围，名词、代词就在前。例如：

⑦我们班操场北边那间活动室已经锁上了，

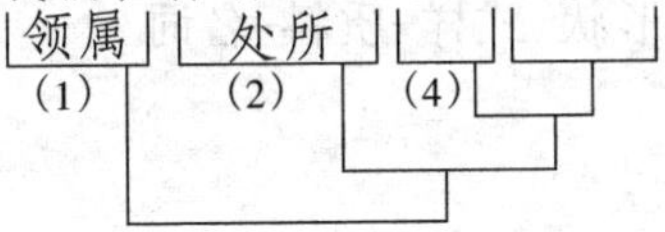

南边那间还没有锁。

3.描写性定语的顺序

如果有几个描写性定语，顺序一般是：

(1)主谓短语；

(2)动词(短语)、介词短语；

(3)形容词(短语)及其他描写性词语；

(4)不用"的"的形容词和描写性的名词。

例如：

①这当然是少有的最好的情形。

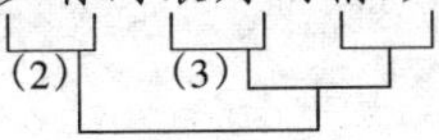

②他心里有一股说不出来的痛苦的味道。

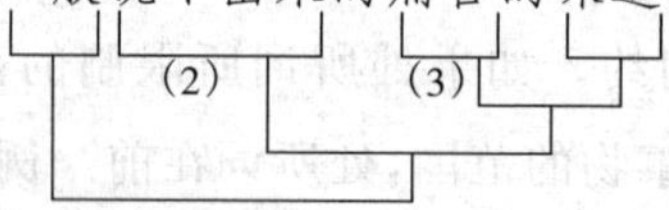

③他穿一双没膝的长筒尼龙袜子。

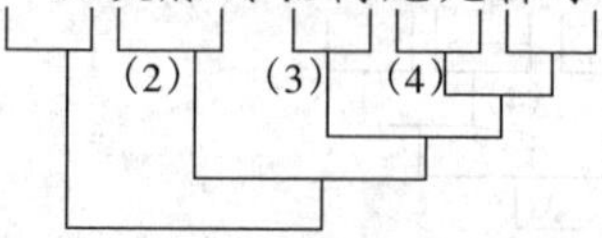

④那个个子比一般人高些的青年工人是我弟弟。

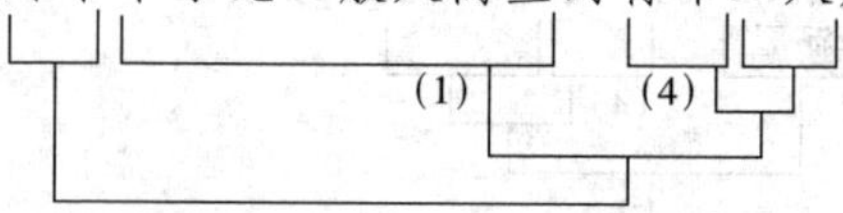

形容词和不用“的”的名词作描写性定语时，有时会出现几个描写性定语连用的情况，如“大红国光苹果”、“绿绸夹袄”。这时排列顺序一般如下：

大小、新旧－来源－颜色－形状、式样－质料－名词

例如：

一张**小黑椭圆木头**桌子

两把**进口大白铁**椅子

一头**金色**的**披肩**长发

大屏幕国产彩色立体声电视机

谈到衣服时，“小夹袄”、“长袍”、“小棉袄”等已成为衣服的名称，不能分开。例如：

浅绿绸子**小夹袄**

青洋绉肥腿**单裤**

琵琶襟紫呢**短大衣**

没膝的长筒**胶鞋**

灰色哥萨克式**羊皮帽**

这里,颜色与式样可以互为先后。

4.表示数量的词语(数量短语、指数量短语及某些形容词等)属于限制性定语,但由于它用得十分频繁,所以单独提出来讨论。此类定语在复杂定语中有特定的位置:在限制性定语的末尾,在描写性定语前。[①] 即递加关系定语的排列顺序可以概括为:

限制性的+数量词语+描写性的

例如:

①两三片透明的白云悄悄地游动着。
（描写性：透明的）

②他耐心地听我叙述前几天看到的这些情况。
（限制性：前几天看到的）

③现在他要去给他们那儿八十名闲得难受的钳工找工作。
（限制性：他们那儿；描写性：闲得难受）

④我使劲把朝江的那面大窗子推开。
（限制性：朝江的；描写性：大）

⑤大街上和舞会上人们向她投过来的羡慕的眼光,使她受不了。
（限制性：大街上和舞会上人们向她投过来；描写性：羡慕的）

---

① (1)有时某些名词定语(有的后面甚至用“的”)不表示领属关系,而是描写性的,一般位于数量词语后。例如:

①上午召开了一次学术委员会紧急会议。(学术方面会议)

②墙上挂着一幅周总理像。(照片上的人是周总理)

(2)时间词作定语有时也不表示限制关系,而具有描写作用,也要放在数量词语后。例如:

①你给我一张二十六号的《人民日报》。(表示“二十六号出版的”)

②大批大批昨天的落后分子进入了先进人物的行列。(表示“昨天曾是”)

(3)指示代词“这”、“那”单独作定语时,作用是指示,而不是替代,要放在所指示的词语前。例如:

①在那春夜京郊的小路上,有一对青年在散步。

②在这北国的散发着泥土芳香的田野里,我深深地陶醉了。

为了突出描写作用，描写性的定语（名词除外）可提到数量词语前。例如：

⑥突然，天空出现了年轻而快活的一抹红色。

⑦这儿住了大小一共二十八个部门单位。

⑧他不知不觉选择了最简单的一种工作方法。

⑨盛开的桃花丁香混成那么浓的一股香味。

⑩弯弯曲曲一千多条小路，你找哪一条？

这些描写性的词语都可移到数量词语之后。

如果把递加关系的复杂定语统统排列起来，顺序如下：

(1)领属性名词、代词；

(2)处所词与时间词互为先后[处所词与(1)同时出现时，有时位于(1)前]；

(3)数量短语(后面为描写性的定语)；

(4)主谓短语、动词(短语)、介词短语；

(5)数量短语(前面为限制性定语)；

(6)形容词(短语)以及其他描写性词语；

(7)不用"的"的形容词和描写性名词。

例如：

①不久，草原上又响起了他们(1)愉快(6)的歌声。

②这时，一个(3)年纪稍大(4)的大个子(6)解放军走了过来。

③他们克服了所遇到(4)的一切(5)(3)意想不到(4)的困难。①

---

① 在这个句子里，对于动词结构的限制性定语"所遇到的"来说，"一切"是(5)，而对于动词结构的描写性定语"意想不到"来说，它又是(3)。

④张野看着黄佳英那个严肃的样子,觉得她确实变了。
(1) (3) (6)

⑤那就是
墙壁上的一张画满了各种工作母机与农具的大广告画。
(2) (3) (4) (7)(7)

⑥他刚走进四号病房就见
在病房门口走廊里坐着的一位六十多岁的老大爷
(4) (5)(3) (6)
在向他招手。

(三)递加关系定语中“的”的用法

1.主谓短语、动词(短语)、形容词(短语)、介词短语后有其他定语时,后面一般仍然要用“的”。形容词短语后有数量短语时,可以省去“的”。

2.表示领属关系的名词或代词后面有不用“的”的定语时,名词、代词后仍要用“的”。例如:

①我要为家乡的茶叶工人欢呼。

②我的老同学在北京工作。

表示领属关系的名词、人称代词后面有指示代词、疑问代词、方位词或其他用“的”的定语时,一般不再用“的”。例如:

③你跟八路军哪些人有联系?

④后来,纪政明政委总是把毛主席这篇讲话的油印本放在挎包里带在身边。

⑤当他的双手接触到我哆嗦着的身体时……

⑥我后头那个人是谁?

3.双音节形容词作定语位于描写性的名词定语前时,形容词后一般仍用“的”。例如:

①劳动人民创造了灿烂的古代文化。

②可是孩子们还小，要帮助他们走上正确的生活道路，还得花费不少心血。

③小姑娘穿着一条漂亮的绸裙子。

当双音节形容词最靠近中心语，前面有其他应该用"的"的定语时，形容词后可以不用"的"。例如：

④长城是中国劳动人民的伟大创造。

⑤新时代的劳动人民，怎么能忘记过去的悲惨生活呢？

⑥他了解大娘想看儿子的迫切心情。

当两个形容词或形容词短语同时充任定语时，双音节形容词或形容词短语在前，后面仍用"的"，单音节形容词不用"的"，紧靠中心语。例如：

⑦赵永进那双有神的大眼，在长眉毛下，迎着星光在闪亮。

⑧人们亲切地把这头健壮的小象叫"版纳"。

总之，在递加关系的多项定语中，在不会产生歧义的情况下，一般要避免连用几个"的"，通常位置靠前的"的"可以省去，而保留位置靠后的"的"。这是表达上简洁的要求。

（四）多项定语与定语本身为复杂短语的区别

多项定语与定语本身为一个复杂的短语不同。多项定语是指一个中心语前有几个定语，这几个定语都分别与中心语有修饰和被修饰的关系，而各定语之间不存在修饰与被修饰的关系。例如：

他不是我想找的那个年轻人。

（我想找的：(1)　那个：(2)　年轻：(3)）

在这个句子里，"我想找的"、"那个"和"年轻"都分别修饰"人"，我们可以说"我想找的人"、"那个人"、"年轻人"；而这三项定语之间互不修饰。

下面的句子则不同：

①南京长江大桥把中国东南部被隔断的铁路、公路连接起来。

这里，“中国东南部”是作为一项定语出现的，在这个定语中，“中国”又是“东南部”的定语，它不直接修饰“被隔断的铁路、公路”。

下边句子中的定语虽然很长，结构很复杂，但也是一个定语，不是多项定语：

②图 II－1 乙中的直线 L_2 就是

和 L_1 切于一侧的半径为 R 的圆的圆心的轨迹。

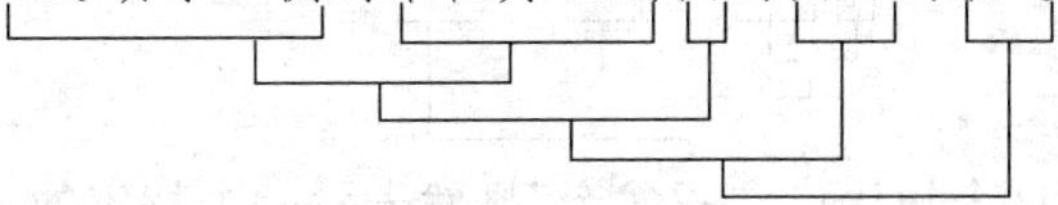

在这个句子里，中心语“轨迹”只有一项定语“和 L_1 切于一侧的半径为 R 的圆的圆心”，而这个定语本身也是一个偏正结构，其中心语是“圆心”，定语为“和 L_1 切于一侧的半径为 R 的圆”。后面这个定语本身又是一个偏正结构，其中心语是“圆”，定语是并列关系的“和 L_1 切于一侧的”以及“半径为 R 的”。

③他是我哥哥的老师的孩子的同学。

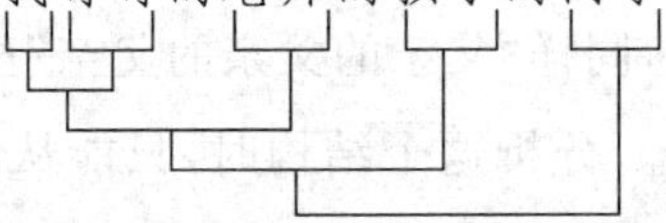

这种定语与递加关系定语不同，其内部多为一层套一层的领属关系。这类定语常见于学术论文，口语中很少见。这种定语在不会引起歧义的条件下，要尽量省略前面的结构助词“的”，最后一个“的”不能省略。

在分析这种句子或短语的结构时，直接结合的词语，一定表示一个特定的人、物体或事情。比如“我哥哥”表示一个特定的人，“我哥哥的老师”、“我哥哥的老师的孩子”、“我哥哥的老师的孩子的同学”等都表示特定的人。再如：

④信封右角邮票上的图案很好看。

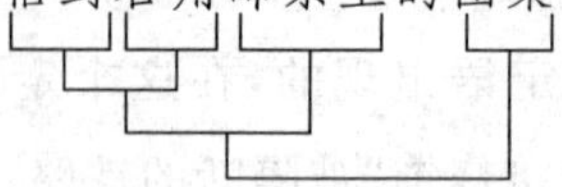

如果一个短语包含有几个表示领属关系的名词，那么这个短语的前几个名词一定是一个结构很复杂的定语，该定语修饰最后一个名词。例如：

⑤我父亲的父亲的父亲

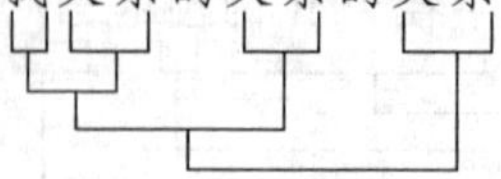

在这个短语中，“我父亲”显然表示一个特定的人，“我父亲的父亲”就是“我祖父”，“我父亲的父亲的父亲”就是“我曾祖父”。这个短语不可能按照下面的方式分析：

⑥我父亲的父亲的父亲

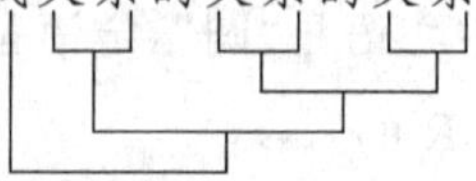

因为离开“我”这个特定的人，“父亲的父亲”虽然意思是“祖父”，但却不表示一个特定的人，同样“父亲的父亲的父亲”虽然是曾祖父，也不表示一个特定的人。分析这个结构时，只能从特定的人“我”开始。我们还没有发现几个具有领属关系的名词性成分，结构与上述短语不同的情况。总之，如果几个具有领属关系的名词性成分连在一起，前面几个名词性成分总是构成一个层层具有领属关系的定语，去修饰最后一个名词。

在此类定语中，第一个名词可以说是一个参照点，正是由于有了这个参照点，整个定语及其中心语才表示一个确定的事物。

三、交错关系的多项定语

既包含并列关系又包含递加关系的多项定语，叫交错关系的多项定语。其顺序受并列关系定语与递加关系定语两种规律的制约。例如：

①她好读书，书籍使她认识现在的世界，也帮助她获得几个热心为她介绍书籍以及帮助她认识其他方面的诚恳的朋友。

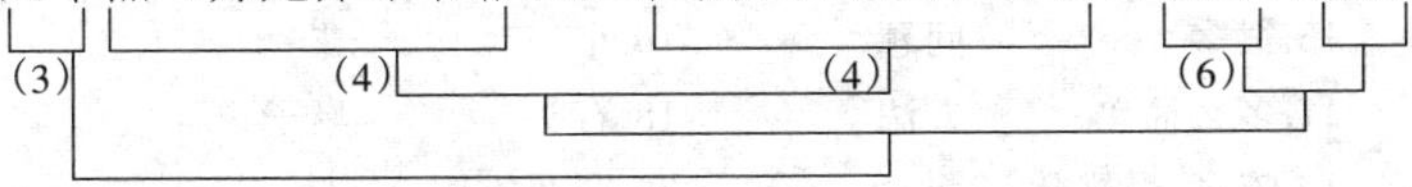

②祥子看见了人和厂那盏极明而怪孤单的灯。

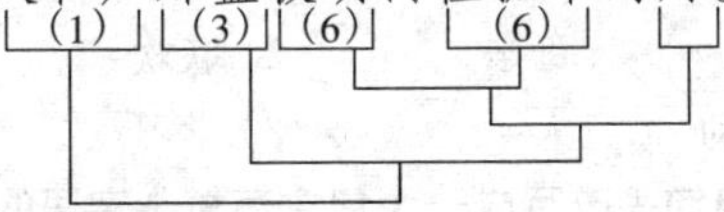

参考文献

崔希亮　人称代词修饰名词时"的"字的隐现问题，世界汉语教学，1993年第3期。

廖秋忠　现代汉语并列名词性成分的顺序，中国语文，1992年第3期。

刘月华　定语的分类和多项定语的顺序，语言学和语言教学，安徽教育出版社，1984年7月。

陆丙甫　定语的外延性、内涵性和称谓性及其顺序，语法研究和探索（四），北京大学出版社，1988年。

马庆株　多重定名结构中形容词的类别和次序，中国语文，1995年第5期。

练　习

一、用所给的词或短语，构成一个新的偏正关系的名词短语（注意哪些用

"的"，哪些不用"的"）：

例如：好、孩子→好孩子

美丽、国家→美丽的国家

1.新	社员	2.健康	身体
3.北京	春天	4.他	姐姐
5.三块	蛋糕	6.老实	人
7.普普通通	房子	8.操场	前面
9.非常关键	时刻	10.中国	老师
11.身体好	学生	12.前面	山岭
13.小刘	信心	14.白茫茫	山上
15.很多	问题	16.小	花
17.多么简单	方法	18.石头	桌子
19.嘹亮　雄壮	歌声	20.穿蓝衣服	人
21.光明正大	事情	22.非常幸福	生活
23.雷锋	母亲	24.联欢	晚会
25.参加劳动	人	26.学习	方法

二、把下面每组句子改写成一个包含有复杂定语的句子：

例如：他是一个干部。

他是老干部。

他是一九二一年参加革命的干部。

他是一个一九二一年参加革命的老干部。

1.这是一张照片。

这是彩色照片。

这是从画报上剪下来的照片。

2.一个孩子病了

男孩子病了。

不满周岁的孩子病了。

老张的孩子病了。

3.他们把羊赶到一块草地上。

他们把羊赶到山坡下的草地上。

他们把羊赶到开满野花的草地上。

4.昨天作报告的同志是小李的爸爸。

那个男同志是小李的爸爸。

穿蓝衣服的同志是小李的爸爸。

5.这时一个解放军走了过来。

这时年纪最小的解放军走了过来。

这时高个子解放军走了过来。

这时穿着一身新军装的解放军走了过来。

6.他们正在执行一项任务。

他们正在执行上级交给的任务。

他们正在执行光荣的任务。

7.小刘是一个青年。

小刘是勇敢的青年。

小刘是朝气蓬勃的青年。

小刘是有远大理想的青年。

三、下列句子中哪些是正确的？把不正确的或不合汉语习惯的改正过来：

1.到中国以后，我认识了很多中国的朋友。

2.北京有悠久的历史。

3.我要积极参加技术学习和革新活动，刻苦钻研技术，为祖国生产更多优质的产品。

4.中国人民满怀信心地迎接新大好形势。

5.今天参加游行人很多。

6.我学习的成绩不太好。

7.昨天我去看了一个我的朋友。

8.我哥哥不喜欢颜色蓝的，他喜欢颜色白的。

9.我们每学期进行两次的考试。

10.鲜艳的红旗在空中飘扬。

四、判别正误：

1.A.西湖是有名的一个湖。

B.西湖是一个有名的湖。

2.A.我们有了自己的制药厂。

B.我们有了自己制药厂。

3.A.刚两岁的他哥哥，连病带饿，死在了妈妈的怀里。

B.他的刚两岁的哥哥，连病带饿，死在了妈妈的怀里。

4.A.现在我向你们介绍一下我们学校的学习和生活情况。

B.现在我向你们介绍一下我学校的学习和生活情况。

5.A.列宁用面包捏成许多装牛奶的“墨水瓶”。

B.列宁用面包捏成装牛奶的许多“墨水瓶”。

6.A.上海是一个中国最大的工业城市。

B.上海是中国最大的一个工业城市。

7.A.他千言万语说不尽对祖国热爱。

B.他千言万语说不尽对祖国的热爱。

8.A.到中国以后，我们看了很多中国的电影。

B.到中国以后，我们看了很多中国电影。

9.A.我们村的医疗卫生工作搞得不错。

B.我们村的卫生医疗工作搞得不错。

10.A.市、省、县的各级干部都在开会。

B.省、市、县的各级干部都在开会。

11.A.我买一斤苹果和一斤梨。

B.我买一斤苹果和梨。

12.A.汉语和物理老师都来参加我们的联欢会。

B.汉语老师和物理老师都来参加我们的联欢会。

第四章 状语

第一节 状语的功能及其分类

一、什么是状语?

在短语中,状语是用来修饰动词和形容词的,如"努力学习"、"详细描写"、"很红"、"格外高兴"。在句子中,状语是谓语部分中的修饰成分,动词谓语句、形容词谓语句、主谓谓语句以及名词谓语句的谓语部分都可以包含状语。例如:

①我常常打篮球。

②劳动人民纷纷起来反抗秦二世的统治。

③西边是人民大会堂,您看,多雄伟。

④弟弟今天很不高兴。

⑤时令才初冬,河水就结冰了。

⑥张文刚才头疼了。

⑦热烈地讨论整整进行了一天。

从结构上来看,状语在句子中一般是修饰其后的语言成分的。状语位于主语前时,修饰后边整个句子。例如:

状语位于主语前,主要作用是把句子和句子或语段和语段连接起来。如例⑧的上文是"四月中我从非洲到法国",这两个句子是靠时间词连接的。例⑨的上文是"刚才我谈了一下明天的活

⑧四月中我从非洲到法国，

五月十号，我从法国乘飞机来到中国，参加一个国际贸易博览会。

⑨刚才我谈了一下明天的活动。

对明天的安排你们还有什么意见？

动。”“对明天的安排”所以位于主语“你们”前，也是因为这个状语起把后边的句子与前面的句子连接起来的作用。

状语位于主语后时，修饰其后的谓语部分。例如：

⑩医生又把病历仔细翻了一遍。

⑪放学了，孩子们高高兴兴地从学校往家走。

⑫天气逐渐暖和起来了。

⑬小刚一直学习很努力。

二、状语的分类

能充任状语的词语是多种多样的，状语所表示的意义也是多种多样的，也就是说，状语可以从很多方面对动词、形容词等加以修饰。根据状语的功能，我们首先也可以把状语分成两大类：描写性的状语和非描写性状语。在这两大类状语下，再进一步分成若干小类。

(一)描写性的状语

描写性的状语又可以分为两类:在语义上描写动作者的和描写动作的。

1.在语义上描写动作者的。此类状语的作用在于描写动作者动作时的表情、姿态以及形之于外的心理活动,即此类状语所描写的一般是人可以感知的,多出现于文学作品。主要由以下各类词语充任:

形容词(短语):激动、高兴、兴奋、愉快、幸福、十分自然、很大方、美滋滋、懒洋洋等。

动词(短语):犹豫、怀疑、吃惊、踉踉跄跄、又蹦又跳、(像)……一样(似地)、有些抱歉、有把握等。

固定短语:热情洋溢、兴高采烈、目不转睛、大摇大摆等。

副词:公然、暗暗、暗自、偷偷、私自等。

此外,主谓短语也可以充任描写动作者的状语。如"他脸色阴沉地说……"。

例如:

①四凤胆怯地望着大海。

②老人哆哆嗦嗦地从怀里拿出一件东西。

③他沾沾自喜地说……

2.描写动作的。此类状语的作用是对动作的方式等进行修饰描写,主要由下列词语充任:

形容词(短语):快、高、彻底、仔细、草草、慢慢、积极、详细、努力、很快、非常热烈、十分详细。

象声词:噗嗤、砰砰、淅淅沥沥、哗哗、呜呜。

动词(短语):来往、来回、巡回、不住、不停。

数量(短语):一把、一脚、一趟一趟、一勺一勺、三拳两脚。

名词(短语):历史、主观主义、快步、大声。

固定短语:滔滔不绝、斩钉截铁、当面锣,对面鼓。

表示情态方式的副词:一直、断然、逐渐、渐渐、一起、一一、分别、亲自、亲手、亲眼、擅自、暗自、私自、公然、各自、独自、互相、逐一、特地、专门、一、不断、忽然、猛然、蓦地、顺便、附带、随便、任意、肆意、不断、陆续、连连、重新、再三、一再、反复、经常、时常、偶尔、赶快。

例如:

①这次手术很顺利地做完了。

②她的血压急剧下降。

③请你亲自给他做这个手术。

④雨渐渐地小了。

这两类描写性状语都包含形容词(短语)、动词(短语)以及固定短语,但功能、作用很不同。一类是描写动作的,例如:

①我们到公园的时候,很多中国小朋友热烈地欢迎我们。

②他没有得到更多的消息,只是长长地嘘了口气,靠在床边上坐下。

③在新修的几千亩大的人造平原上,拖拉机来往奔驰。

一类是描写动作者动作时的情态的,例如:

①黎明激动地握着小陈的手:"真谢谢你!"

②我兴奋地问:"是谁呀?"

③小李尴尬地点点头。

④他犹豫地说:"这个办法行么?"

把这两类状语区分开来很重要,它不仅对用不用"地"有影响,而且对复杂状语的排列顺序也有影响(参见本章第二节、第四节)。

那么怎样区分这两类状语呢？首先可以从意义、功能上加以区分。如上所述，第二类状语是描写动作的，主要描写动作进行的方式、状况等；第一类状语在语义上是描写动作者的，描写动作者动作时的心情、态度、姿态、表情等。其次，还可以从结构上加以区别。描写动作的状语，有些可以变换成对动作的表述。例如：

①小朋友们热烈地欢迎我们。

小朋友们对我们的欢迎很热烈。

②我们把房间彻底打扫了一下。

我们把房间打扫得很彻底。

③他把事情的经过详细说了一遍。

他把事情的经过说得很详细。

④老张平时积极工作。

老张平时工作很积极。

描写动作者的状语一般不能进行这样的变换。例如：

①"……"他高兴地对我说。

*"……"他对我说得很高兴。

②妈妈温和地看了女儿一眼。

*妈妈看女儿一眼很温和。

*妈妈看了女儿看得很温和。

③他怀疑地注视着我。

*他注视得我很怀疑。

而描写动作者动作时的情态的状语很多可以在意义不变的情况下构成对动作者的表述。例如：

①他很高兴地对我说。

他很高兴。

②妈妈很温和地看了女儿一眼。

妈妈很温和。

③她怀疑地注视着我。

她很怀疑我。

描写动作的状语，一般不能对动作者构成这样的表述。例如：

①心脏剧烈地跳动着。

*心脏很剧烈。

②我们把房间彻底打扫了一下。

*我们很彻底。

③这个人总是孤立地看问题。

*这个人总是很孤立。(意思变了)

大多数形容词(短语)以及动词(短语)、主谓短语、固定短语只能充任一种描写性状语(即或者充任描写动作的，或者充任描写动作者的)，只有少数形容词在不同的句子中可以充任不同的描写性状语。例如：

小明认真学习。(描写动作，“认真”修饰“学习”)

小明认真地说：……(描写动作者，“认真”表示“小明”说话的样子)

(二)非描写性的状语

非描写性的状语主要是从时间、处所、范围、对象、目的等方面对句子、谓语成分或动词、形容词加以限制，它没有描写作用。非描写性的状语按其意义可分成以下几个小类(对封闭性的类，我们将尽可能地列举)：

1.表示时间：主要由时间词、副词和介词短语充任。

时间词：今天、上午、1980年、5月5号、三点钟、原来、以后、三天、一年等。

副词：已经、早、就、才、从来、曾经、一向、向来、历来、终于、马上、立刻、刚、将、快、永远、始终、一直、总、老、往往、通常、有时、仍然、依然、同时、先、正、本来、然后等。

介词短语：从……起、自……、打……、在……、当……、于……等。

2.表示语气和估计：主要由副词充任。如：明明、的确、难道、岂、简直、幸亏、到底、究竟、毕竟、居然、竟(然)、当然、果然、根本、索性、反正、何必、何苦、未尝、何尝、不妨、千万、务必、显然、大概、大约、大致、也许、偏偏、几乎、差不多等。

3.表示目的、依据、关涉、协同：由介词短语充任。

目的：为……、为了……。

依据：按……、根据……、据……、由……、照……、依……、拿……、从……。

关涉：关于……、就……。

协同：同……、跟……、和……、与……。

4.表示处所、空间、路线、方向：由处所词语和介词短语充任。

处所和空间：上、左边、屋里、地上、桌子上、在……、于……、当……。

路线：沿(着)……、顺(着)……、打……、从……、通过……、经(过)……。

方向：朝……、向……、往……、照……。

5.表示对象：由介词短语充任。如：对……、给……、跟……、和……、于……、照……、为……、同……、替……。

6.表示否定、程度、重复、范围、关联：由副词充任。

否定：不、没（有）、甭、别等。

程度：很、十分、非常、更、最、特别、极、格外、可、真、好、多（么）、比较、稍微、略微、有点儿、颇、太、还等。

重复：又、再、还、重、也等。

范围：都、全、统统、一概、净、只、就、仅仅、光、唯独、不过等。

关联：就、也、都、又、还等。

（三）描写性状语和非描写性状语的区别

描写性状语和非描写性状语有很多不同。

1.非描写性状语可以出现在各种谓语句中。例如：

①他昨天去上海了。（动词谓语句）

②小梅今天比谁都高兴。（形容词谓语句）

③他的确头疼。（主谓谓语句）

④今天刚星期三，急什么！（名词谓语句）

各种谓语句可以出现的非描写性状语并不相同。名词谓语句和主谓谓语句一般只能用表示时间、语气等有限几类非描写性状语，形容词谓语句可以用的非描写性状语的类型也远远没有动词谓语句多。

名词谓语句和主谓谓语句不能用描写性状语。形容词谓语句也只能用某些描写性状语，如“像……一样（似的）”。

动词谓语句可以用的状语类型最齐全。但是，如果谓语动词带有可能补语或情态补语，可用的描写性状语将十分有限，一般只能用带有时间性的描写性状语，如“渐渐”、“忽然”，以及表示动量的词语，如“一下子”、“一脚”等。

所以，一个句子的谓语可以用什么样的状语，不仅与句子的语义有关系，也与句子的结构有关系。

2.非描写性状语多数可以出现在主语前，作全句的修饰语（由“把”、“被”等构成的介词短语以及多数副词除外）。描写性状语一般不能出现在主语前，只有具有表示时间意义的“渐渐地”、“很快”、“慢慢地”可以。

3.描写性状语和非描写性状语出现的语体不同。非描写性状语可以出现在叙述、描写、议论等各种语体中；描写性状语多出现在叙述体中，对话中较少，描写动作者的状语一般只出现在小说的叙述性文字中。

4.充任非描写性状语的实词（大部分副词除外）一般可以单独回答问题，单独成句，也可以用来提问。例如：

(1)A：你哪天去北京？

B：明天。

(2)A：你给谁买鞋？

B：(给)我妹妹。

描写性状语一般不能单独回答问题，也很少用来提问。

5.描写性的状语后边一般可以用“地”，而非描写性的状语后边一般不用“地”（参见本章第二节）。

第二节　状语后结构助词“地”的使用问题

一、非描写性的状语后一般不能用“地”。例如：

①第二天他起得很早。（时间）

②小明刚走。（时间）

③她像一只燕子似地在车间里飞来飞去。(处所)

④我从口袋里掏出一块手绢。(处所)

⑤他们都为实现四个现代化而努力工作着。(目的)

⑥小马跟小赵游泳去了。(协同)

⑦大家对这个节目没有兴趣。(对象)

⑧观众的确很喜欢这部电影。(语气)

⑨喜儿三岁上就死了娘。(关联)

⑩今天不是星期日。(否定)

⑪老师把刚才说过的句子又说了一遍。(重复)

⑫这一篮水果正好五斤。(数量)

⑬今天我们班的同学都来上课了。(范围)

双音节程度副词后一般不用“地”,但强调其修饰作用时可用“地”。例如:

①这个决定非常地英明。

②小妹今天格外地高兴。

③白梅对工作极度地负责任。

二、描写性的状语绝大多数后边可以用“地”。

(一)描写动作者的一般都要用“地”

1. 形容词和形容词短语:

①加丽亚得意地说:“我成功了!”

②她大方地伸出手来同我握手。

③黄英激动地说:“我太佩服你了!”

④小红不高兴地走了。

⑤这时他很客气地提出三点要求。

⑥全会场都在静静地等待着。

⑦她一只手拿着筷子，两眼直瞪瞪地瞅着火苗。

但单音节形容词后一般不用“地”。如“他看着我傻笑”。

2. 动词和动词短语：

①我爱人一见便吃惊地问：“你买的？”

②老人抱歉地笑了笑。

③小明踉踉跄跄地走回了家。

④雪仍无声地往下飘着。

⑤他一面擦着枪，一面连说带比划地对我讲了起来。

⑥我们挨得紧紧地站着，一句话也不说。

⑦一只老鹰张开翅膀，在半空中一动不动地停着。

3. 主谓短语和固定短语：

①他声音肯定而坚决地说：“我一定要把他找回来！”

②这时王玉昆气喘吁吁地跑了进来。

③我浑身战栗了一下，手忙脚乱地解开了包袱。

④张广发聚精会神地听着。

⑤我很喜欢他这种豪爽劲，便也毫无顾忌地发表意见。

有时，描写动作者的固定短语后也可以不用“地”，但将不再充任状语，整个句子成为连动句或两个分句（中间加逗号）。比较：

①他横眉立目地塞给那个人一张纸：“写！”

他横眉立目（，）塞给那个人一张纸：“写！”

②我昏头昏脑地在街上乱走。

我昏头昏脑（，）在街上乱走。

③老人无可奈何地回家去了。

老人无可奈何（，）回家去了。

“（像）……似地”因已包含“地”，所以后面不再用“地”，“（像）……

一样”后可以用“地”,也可以不用“地”。例如:

①我麻木了似地望着门。

②小红像小鸟一样(地)飞回了家。

其他描写动作者的状语一般也要用“地”。例如:

①外边风小了,雪花大片大片地往下落着。

②他抓起电话,粗声大气地问:“你找谁!”

③罗立长站起来,疾言厉色地驳斥说……

(二)描写动作、变化的状语,用不用“地”,情况比较复杂。

多数形容词(短语)、动词(短语)以及主谓短语、固定短语、象声词、数量短语,用不用“地”是自由的,一般情况下不用,加强其描写作用时才用。

1. 形容词:与音节有关,单音节形容词后一般不能用“地”。例如:

①快走几步,跟上队伍!

②他眼睛直视着前方。

“真”作状语时,为了加强描写作用,可以用“的”。例如:

③这件事我真不知道。

④这件事我真的不知道。

“猛”作状语要用“地”。例如:

⑤突然他看见前面一个老人正在过马路,他猛地一下刹住车。

多数双音节形容词,可以用“地”,也可以不用“地”。例如:

①你有事可以直接找他。

②要切实(地)帮助他们解决一些问题。

③要注意安全生产。

④医生把病历仔细(地)翻了一遍。

⑤她刚才还明确(地)表示过同意,怎么这么一会儿就变了?

⑥车子过了西郊公园,猛然(地)转了个弯。

⑦这件事我又详细(地)说了一遍。

有的形容词,总是描写已经发生的动作,后面要用"地"。例如:

⑧大夫清楚地写了两个字:手术!

⑨他模糊地听见有人在喊他。

⑩他含混地应了一声。

重叠式形容词表示已然动作时,一般用不用"地"也是自由的。例如:

①她回身轻轻(地)把门关上了。

②难道咱们眼巴巴(地)看着粮食烂在地里?

③大家痛痛快快(地)玩了一天。

如果被修饰的只是一个单音节动词,一般要用"地"。例如:

④小刚一边穿衣服,一边慢慢地问:"什么事?"

⑤我一翻身,觉出床在轻轻地颤。

形容词短语后一般要用"地"。[①] 例如:

①那位姑娘非常详细地介绍了自己的经历。

②入了党,我就可以更好地维护党的利益。

2. 动词:动词作状语后面用不用"地"一般是自由的。例如:

①拖拉机在田野里来回(地)奔驰。

②老人唠唠叨叨(地)说个没完。

有的不能用"地",如"很少"、"很难":

---

① 有的"很+单音形容词"用不用"地"是自由的。例如:
这件事大家很快(地)就传开了。

①最近我很少看见他。

②这件事能不能成还很难说。

"不住"、"不停"以及动词短语后一般要用"地"。例如：

①一路上，我思想里不停地翻腾着这个问题。

②这条河不住地流啊流啊，越流越开阔。

③我们很感兴趣地观看孩子们的表演。

④为了提高农民的生活水平，国家有计划地提高了农副产品的收购价格。

有些双音动词修饰某些动词，形成了比较固定的组合，一般不用"地"。如"联合发表"、"补充说明"等。

3. 固定短语一般用不用"地"是自由的。例如：

①我们自下而上(地)进行动员，工作很顺利。

②你就这样按部就班(地)往下学，一定能提高。

4. 名词(短语)后一般要用"地"。例如：

①这个任务已经历史地落在我们肩上。

②他们总是形式主义地看问题。

"快步"、"大声"之类名词短语后多不用"地"。例如：

③护士快步走了进来。

④别大声嚷嚷，安静点儿！

5. 数量短语后不用"地"。例如：

①几万名工人一下子来到大草原，有很多困难。

②小战士一把把敌人揪住了。

重叠式数量短语用不用"地"是自由的。例如：

③老栓一趟一趟(地)给客人倒茶。

④水一股一股(地)涌进了房间。

数量词重叠形式构成短语后，用不用"地"也比较自由。例如：

⑤你不要着急，一个字一个字（地）往下念。

⑥经过一家一户（地）了解情况，问题大体上清楚了。

6. 多音节象声词后用不用"地"是自由的。例如：

①这时外面鞭炮声噼里啪啦（地）响了起来。

②姑娘们格格（地）笑了起来。

③五点半钟，便桥的木头吱吱嘎嘎（地）响了起来。

单音节的一般用"地"。例如：

④手枪乒地响了一声。

⑤堡垒轰地被炸开了。

7. 充任描写性状语的副词后用不用"地"多数也是自由的，但以不用"地"为多。例如：

①我听了心中暗暗（地）得意。

②在相处的过程中，我们互相之间逐渐（地）了解了。

③她的脸渐渐（地）红了，嘴角露出了微笑。

④妈妈再三（地）嘱咐他要当心。

⑤工人们反复（地）讨论这个计划。

⑥我们经常（地）在一起研究工作。

单音节副词后不能用"地"；"亲自"、"亲手"、"亲眼"等副词后也不能用"地"。

第三节　状语的位置

在汉语中，状语一律位于中心语前。有时，为了特殊的修辞上的需要，可以把状语放在中心语后。例如：

于是我们只好等待着黄昏的到来，抑郁地。

但这种状语后出现的情况一般只见于文学作品。在一般情况下，不能把状语放在中心语后。

本节所要谈的是，在中心语前的状语又有两种位置：一种是在主语前，一种是在主语后。大多数状语只能出现于主语后，少数状语只能出现于主语前，其余的既可出现在主语后，也可以出现在主语前。决定状语所处位置的因素，主要是充任状语的词语的功能和词性。下面分别说明。

一、只能位于主语前的状语

只能位于主语前的状语限于限制性的，主要是由“关于”、“至于”构成的介词短语。例如：

①关于他，这里有不少类似小说一样的传说。

②关于明年的计划，我们以后再讨论。

③考试的范围我可以告诉你们，至于考试的题目，那当然要保密喽！

④在月底以前你一定要给我一个答复，至于同意还是不同意，那是你的自由。

当谓语中包含其他结构比较复杂的描写性状语时，不包含介词的处所词语也要放在主语前。例如：

⑤院子里，孩子们你追我赶地玩着。

⑥池塘旁边，一群白鹅一跛一跛地迈着方步。

二、只能位于主语后的状语

只能位于主语后的状语包括：绝大多数描写性的状语，部分限制性的状语。

描写性的状语绝大多数只能位于主语后，只有极个别的可位于主语前。例如：

①像只燕子似地，小红在林子里一会儿飞到这儿，一会飞到那儿。

②一脚他就把球踢出了大门外。

③慢慢地大家对我不那么客气了。（“慢慢地”有时间意义）

下列限制性状语只能位于主语后：

（一）副词，表示语气的及部分时间副词除外（见本节之“三”）；

（二）少数不包含介词的处所词语，在口语中要放在主语后，这时，谓语部分一定很简短。例如：

①客人们请屋里坐！

②老人炕上睡，炕上吃。

（三）由“把”、“被”、“将”、“叫”、“让”、“给”、“管”、“替”、“离”等构成的介词短语。例如：

①你把那本书递给我。

②这个孩子管他叫叔叔。

③北大离清华不远。

④你给我买点东西来。

三、既可以在主语前也可以在主语后出现的状语（主要是限制性的状语）

1. 表示时间的词语，包括时间词及下列副词：忽然、原先、突然、马上、立刻、回头、一时、起初、慢慢地等；

2. 多数介词短语；

3. 表示语气的副词；

4. 极个别的描写性状语(见本节之“二”)。

上述四类状语一般情况下多位于主语后。例如：

①你明天来吧。

②我忽然想起一件事来。

③我想趁这个工夫跟老人聊聊。

④阿丹经常在宿舍里听录音。

⑤这几个月小燕确实付出了不少劳动。

⑥听他这么一说，小明简直不敢相信自己的耳朵了。

在下列情况下，此类状语要放在主语前：

1. 状语承接前文，有连接句子、篇章的作用。例如：

①头天晚上他很晚才睡。第二天他起得很迟。

②这时服务员停掉广播赶回来了。

③我们每天上午上四节课。除了上课以外，我们还常常出去参观。

④在这些事实面前，大家又受到了一次教育。

2. 特别强调此类状语的作用。例如：

①明天上午你来开会，别忘了！

②突然，周围一片黑暗。

③明明你错了，为什么不承认呢？

④难道我说得不对么？

⑤对他，我从来没有什么好印象。

⑥在家里，我看不下去书。

3. 状语修饰不止一个分句。例如：

①天一擦黑，她就把后门关上了，把鸡窝堵上了。

②原先，我仗着是个老杭州，打算在杭州待三天，订了一天游湖、两天参观市区的计划。

③进城后，他入了党，提了干，为革命做了很多工作。

④在实践中，我们的医学知识由少到多，医疗技术逐步提高。

⑤在中国共产党的领导下，中国人民推翻了三座大山，建立了中华人民共和国。

4. 对比或列举不同时间或不同条件下发生的事情。例如：

①明天我们要去长城，不能去你那儿了，以后再去看你吧。

②从前他是一个工人，最近才当上干部。

③在业务上，我教你；在思想上，你多帮助我。

④对工作，他精益求精；对困难，他从不退缩；对朋友，他满腔热情；对自己，他严格要求。

5. 当状语结构比较复杂或音节很多时，以位于主语前为宜。例如：

①当暴风雨快到来的时候，龙梅的爸爸就骑马去找孩子和羊群。

②在我上大学的前一天，田大婶给我讲了她以前的痛苦生活。

③对每一个具体的困难，我们都要采取认真对待的态度。

④根据开荒造林季节的要求和生产的特点，参加造林队的知青在开荒造林季节要保证在场劳动。

状语位于主语前最主要的原因是承接上文，起句子、篇章的连接作用。上述原因 2—5 常常同时都具有句子、篇章的连接作用。

第四节 多项状语

多项状语是指一个句子中同时包含两项或两项以上的状语。多项状语也可以分为并列关系的、递加关系的、交错关系的三种。

一、并列关系的多项状语

(一)什么是并列关系的多项状语?

多项状语之间没有主次之分,平等地、联合地修饰中心语,这样的状语叫并列关系的多项状语。例如:

①我和同志们坚定、沉着地驾驶着飞机,穿云下降。

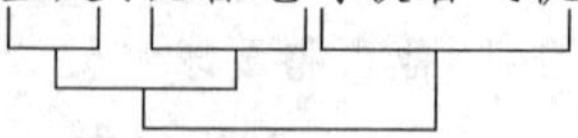

②这对国家对社会比较有利。

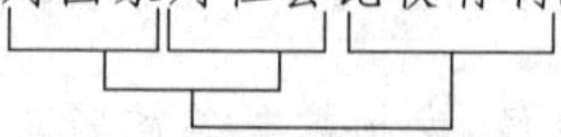

(二)并列状语的连接和"地"的用法

并列的两项状语如都是形容词,两项之间可直接相连,也可以用顿号,还可以加"而"或"而又"。例如:

①纪诚朴欢快、爽朗地说:……

②被压迫人民勇敢机智地进行斗争,并取得了胜利。

③哥哥亲切而(又)诚恳地给弟弟指出了努力方向。

如果并列的两项状语都是介词短语或动词短语,可以直接相连,也可以在中间加顿号。例如:

④这个办法对老师对同学都很方便。

⑤有些生产项目要有计划、有步骤地发展。

并列的状语如果是多项，多项之间一般用顿号。例如：

⑥在国际交往方面，中国主张坚决、彻底、干净、全部地消灭大国沙文主义。

并列关系的状语一般只在最后一项状语后用“地”(见以上各例句)。有时为了强调各项状语，也可以在每项状语后都用“地”。例如：

⑦中国革命的文学家艺术家……必须长期地、无条件地、全心全意地到工农中去，到火热的斗争中去。

并列关系状语的顺序，与并列关系定语一样，理论上是自由的，但在实际语言中，要受逻辑关系、观察事物的过程以及语言习惯或上下文的制约，比如“干净、彻底、全部”、“自由平等”、“勇敢而坚强”等。

二、递加关系的多项状语

(一)什么是递加关系的多项状语?

多项状语的几项之间，没有主次之分，按一定的顺序依次修饰其后的谓语部分，每项状语在语义上都与中心语存在修饰关系，这样的状语叫递加关系状语。例如：

①平时，雷锋从来也不乱花一分钱。

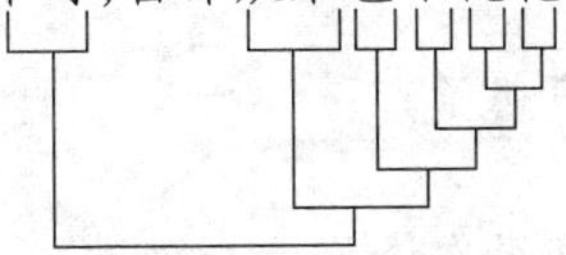

②董大贵满有把握地从床子上把活卸了下来。

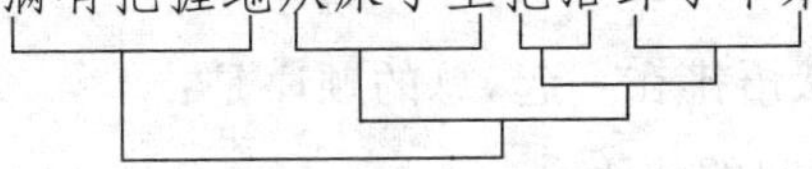

递加关系的各项状语之间不能用关联词语或标点符号，“地”的用法与各类词语单独作状语时基本相同。

（二）递加关系状语的排列顺序

总的来说，递加关系状语的排列顺序要比递加关系定语灵活得多。排列顺序主要与多项状语的功能与语法意义有关。这里总结的是普遍的、常见的规律。一般来说，按这个顺序说话是能被说汉语的人接受的。有些状语有一定的灵活性及特殊性，我们将简要地加以说明。

1.在描写性的状语中，描写动作者的在前，描写动作的在后。例如：

①成瑶笑盈盈地斜视着华为。

②他不动声色地一件件处理着。

③她像跟谁辩论似地猛然仰起了头……

2.除了大部分副词以外，限制性的状语按下列顺序排列：

(1)表示时间的状语；

(2)表示语气以及在分句之间起关联作用的状语；

(3)表示目的、依据、关涉、协同的状语；

(4)表示处所、空间、方向、路线的状语；

(5)表示对象的状语。

例如：

①陈松林后来(1)索性(2)不去多想了。

②这件事我昨天(1)在下边(4)都跟你(5)谈了。

3.把两类状语排在一起，总的顺序是：

(1)表示时间的状语；

(2)表示语气、关联句子的状语；

(3)描写动作者的状语；

(4)表示目的、依据、关涉、协同的状语；

(5)表示处所、空间、方向、路线的状语；

(6)表示对象的状语；

(7)描写动作的状语。

例如：

①你给我(6)乖乖地(7)在这儿，哪儿也不准去。

②余新江攥起拳头，在小圆桌上(5)狠狠地(7)一(7)击。

③成瑶立刻(1)机灵地(3)上前去扶住了她。

④你要像个朋友似地(3)跟人家(6)好好(7)谈谈。

⑤她兴奋地(3)从哥哥手里(5)很快地(7)抢过那封信来。

⑥二十多年来(1)，他为革命(4)踏踏实实地(7)工作着。

⑦你们从前(1)到底(2)在一起(4)共同(7)生活了多久？

⑧有一次(1)曾刚在队务会议上(4)与周主任(6)针锋相对地(7)争论起来。

4.几点说明

(1)表示动作发生时动作者所在的空间、处所的“在……”以及“从……”既可以位于(3)前，也可以位于(3)后。例如：

①他在家里愉快地度过了暑假。

他愉快地在家里度过了暑假。

②姑娘不好意思地在众人面前唱了起来。

姑娘在众人面前不好意思地唱了起来。

③早晨他高高兴兴地从家里走出来。

早晨他从家里高高兴兴地走出来。

上述"在……"、"从……"与表示时间的副词也可以互为先后。例如：

④他在国内已经学过一年汉语了。

他已经在国内学过一年汉语了。

⑤这个人从床上忽然坐了起来。

这个人忽然从床上坐了起来。

表示动作对象的"对……"等有时也可以位于(3)前。例如：

⑥他亲切地对我说……

他对我亲切地说……

(2)描写动作的状语，为了突出其描写作用，可以位于(5)前，特别是双音节的、重叠式的形容词，数量短语的重叠形式，因其描写作用较强，往往在前，但单音节形容词一般不能提前。例如：

①有人发觉一个人影悄悄地(7)从训导处后面的窗口(5)跳出。

②交通艇嗖嗖地(7)向前(5)疾驶着。

③敌人一步一步地(7)向后(5)退着。

④他拿起钢笔很流利地(7)在笔记本上(5)用中文写下了自己的名字。

⑤老张，你详细(7)跟他(6)说说。

(3)如果句子里同时出现几个表示时间的短语，顺序是：

时间词——介词短语——副词

例如：

①这个青年最近时常来书店。

②我从现在起永远不吸烟了。

③昨天我从早上七点一直睡到下午两点。

(4)句子里如果同时出现两个描写动作的状语，音节多的在前，音节少的在后。例如：

①匪徒慢慢地紧逼过来。

②他一个步骤一个步骤地仔细计算着。

(5)其他副词作状语时的位置

表示否定、重复、程度的副词，其位置与句子的结构层次有关。这一类状语在语义上不一定与中心语直接发生关系。如果是修饰中心语的，就紧靠中心语。例如：

①大厅里掌声一直十分热烈。

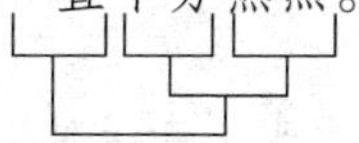

②芳芳很喜欢唱歌。

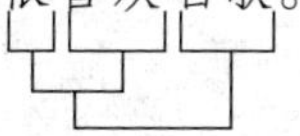

③这个人我不认识。

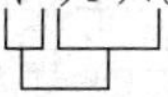

④你再说一遍。

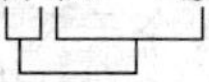

如果是修饰一个短语的，就位于短语前。例如：

⑤小梅听了这句话很不高兴。

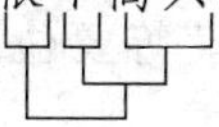

⑥他又一夜没回来。

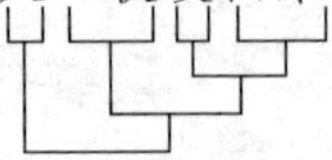

⑦别再给我添麻烦吧,疯子!

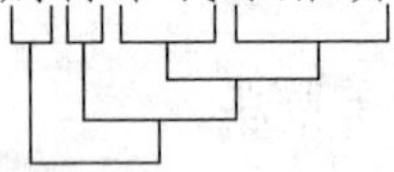

此类副词可在不同的位置上出现,但位置不同有时会引起意义上的差别。比较:

⑧我对这件衣服不十分满意。(满意,但程度差些)

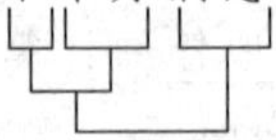

⑨我对这件衣服十分不满意。(不满意,而且程度很高)

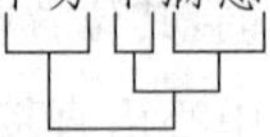

⑩他每天都不来,今天可能也不来。

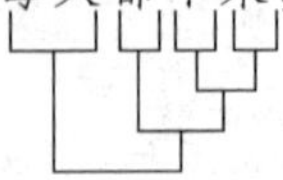

(不来,而且每天都如此)

⑪他不每天都来(,今天来不来很难说)。

(来,但不是每天来。)

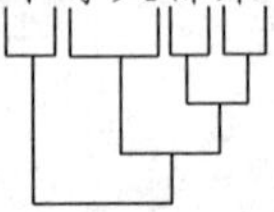

⑫(你上午看了一个电影,)怎么下午又看电影?

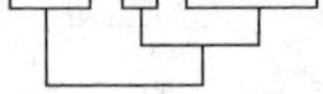

⑬你经常下午看电影,很影响工作,怎么今天又下午看电影?

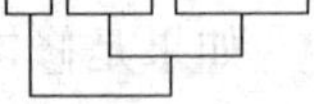

表示范围的副词“都”、“全”等要位于所总括的成分之后。例如:

①你听听,街坊四邻全干活儿,就是你没有正经事儿。

（“全”总括“街坊四邻”）

②臭水往屋里跑,把什么东西都淹了。

（“都”总括“什么东西”）

③入冬以来,体育活动在各个班都积极开展起来了。

（“都”总括“各个班”）

5. 状语的位置和顺序表(见下)：

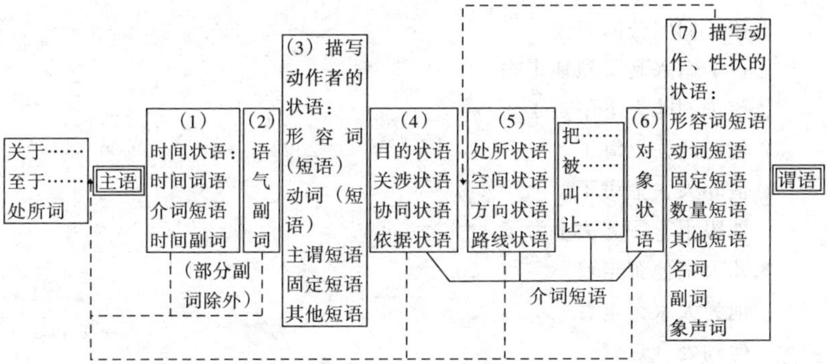

注:虚线表示可移动位置。

参考文献

刘月华　状语的分类和多项状语的顺序,语法研究和探索(一),北京大学出版社,1983年。

练　习

一、用所给的词或短语构成新的偏正结构的短语,注意“地”的用法：

例如:激动　　说→激动地说　　详细　　说明→详细(地)说明

1.热烈　　讨论　　2.快　　走

3.努力	学习	4.积极	参加
5.明天	出发	6.亲自	动手
7.渐渐	走远	8.高	喊
9.在宿舍	下棋	10.跟小王	谈话
11.一步一步	接近	12.吃惊	看着
13.自由自在	飞翔	14.高高兴兴	回家
15.笔直	站着	16.一次	解决问题
17.一下午	没说话	18.不由自主	站了起来
19.仔细	观察	20.顺利	进行

二、把下列每组句子改写成一个包含有多项状语的句子：

1.孩子们向公园走去。
孩子们兴高采烈地走去。
孩子们昨天下午走了。

2.他已经去上海了。
他昨天去上海了。
他跟小李一起去上海了。

3.几天来他奔走着。
他为大家奔走着。
他到处奔走着。

4.小王高兴地站了起来。
小王从座位上站了起来。
小王很快地站了起来。

5.姐姐对小明说："快走吧！"
姐姐忽然说："快走吧！"
姐姐激动地说："快走吧！"

6.老师大声地朗读课文。
老师在课堂上朗读课文。
老师给学生朗读课文。

三、判别正误：

1.A.看你累得满头大汗，你应该不走得那么快。
B.看你累得满头大汗，你不应该走得那么快。

2.A.我亲自打扫房间。

B.我亲自地打扫房间。

3.A.突然从森林里敌人走出来,向正在开会的地方走去。

B.突然敌人从森林里走出来,向正在开会的地方走去。

4.A.我没跟社员一起劳动,我进城了。

B.我跟社员一起没劳动,我进城了。

5.A.这里剩下只一辆汽车了。

B.这里只剩下一辆汽车了。

6.A.在北京,不论是郊区还是市区,到处我们都可以看到新建的大楼。

B.在北京,不论是郊区还是市区,我们到处都可以看到新建的大楼。

7.A.天天勘探队员们背着背包翻山越岭去寻找矿藏。

B.勘探队员们天天背着背包翻山越岭去寻找矿藏。

8.A.中国朋友热烈而隆重地举行了欢迎仪式。

B.中国朋友热烈隆重举行了欢迎仪式。

四、指出下列句子中哪些是正确的,把不正确的改正过来:

1.你到底同意不同意,直爽跟他说一说。

2.李兰已经安全地来到北京。

3.在那个地方他们正在唱歌,我们去听听吧。

4.我们 2 月 16 日 1980 年从法国来到北京。

5.我们走进礼堂的时候,正在为作报告的人大家热烈鼓掌。

6.早也不鸡叫,晚也不鸡叫,长工们刚躺下鸡就叫了起来。

7.这本画报很有意思,那本画报也很有意思。

8.村里你干什么活儿?

9.我们都很喜欢游泳。

10.朋友,你怎样地回答这个问题呢?

第五章　补语

典型的补语是位于动词或形容词后的谓词性成分，主要是结果补语、趋向补语、情态补语。这些补语在结构上有一个共同点，即绝大部分包含两个表述，如“他喝醉了”，包含“他喝（酒）”，“他醉了”；“我打破了一个杯子”包含“我打（了杯子）”，“杯子破了”；“老师走进教室”包含“老师走”，“老师进教室”；“我打开窗户”包含“我打窗户”，“窗户开”；“他高兴得跳起来了”包含“他高兴”，“他跳起来了”；“他气得妈妈直哭”包含“他气妈妈”，“妈妈直哭”；等等。在语义关系上，当谓语包含两个表述时，前面的动词或形容词一般表示原因，后边的补语表示结果。如“他喝（酒）”是原因，“醉了”是结果；“老师走”是原因（也可以说是方式），“进教室”是结果；“他高兴”是原因，“跳了起来”是结果。当然，每一类补语在结构和语义上还可以分为几类，有的不包含两个表述，但包含两个表述的占这三类补语的多数。

其他语言很少有类似汉语的补语这种语言现象，汉语中一个包含补语的句子，其他语言会用其他方式，比如很可能用两个句子表达。因此补语是外国人较难掌握的一个语法点。

可能补语在语义上和结构上与结果补语和趋向补语关系十分密切，我们也归入补语。

至于本书的数量补语、介词短语补语等，无论在结构上还是语义上与典型的补语都很不同。我们沿用以往的体系，仍然归入补语。

虽然宾语也位于动词后，但宾语与补语的区别是明显的：宾语一般表示动作涉及的对象，因而大多数是名词性的；如上所述，典型的补语是谓词性的，主要是对动作所涉及的人或事物加以说明表述，因而除数量补语外，大多数是非名词性的。按意义和结构特点，补语分为以下七种：(一)结果补语；(二)趋向补语；(三)可能补语；(四)情态补语；(五)程度补语；(六)数量补语；(七)介词短语补语。

总的来讲，补语在口语以及叙述性语体中出现得较多，在论说文中、在书面语色彩很浓的文字中出现得较少。

第一节　结果补语

一、什么是结果补语？

结果补语主要表示动作或状态的结果——引起动作者或动作受事的状态发生变化，如“打破了一个杯子”意思是由于动作“打”，动作的受事“杯子”发生了变化：破了；有些结果补语表示对动作的评价、判断，如“功课做完了”中的结果补语“完”的作用是对动作“做”的判断、评价。结果补语由形容词和动词充任。在汉语中，当叙述由于一个动作或状态引起（或将引起）某种具体结果时，就应该用结果补语。下面的句子有问题：

*医生们紧张地工作，他们一定会救他。

这里，说话人要表达的显然是对医生充满了信心，相信他们能“救活他”，而不是“救他”（因为这是不成问题的），所以应改为：

医生们紧张地工作，他们一定会救活他。

又如：

*虽然今天学的生词很多，但约翰很快就全记了。

这里要说的显然不是“约翰记生词”这一动作，而是动作已有了结果：记住了生词，所以应加上结果补语“住”：

虽然今天学的生词很多，但约翰很快就全记住了。

再如下面的句子：

他从冰箱里拿出来一个西瓜，放在桌子上，然后拿出刀来，先一刀把西瓜切开，再切成一块一块的，请大家吃。

如果把这个句子里的补语都换成意义接近的“了”，就很难为说汉语的人接受：

他从冰箱里拿了一个西瓜，放桌子上，然后拿了刀，先一刀把西瓜切了，再切一块一块的，请大家吃。

补语在汉语中是不可回避的，而且在叙述体的文字和口语中是十分常用的，因此也是十分重要的。

还应注意，结果补语与表示动作发生或状态出现的动态助词“了”的功能不同。动态助词“了”只表示动作的发生或状态的出现，而结果补语表示动作产生的某种具体的结果。因此应该用结果补语时，如果用“了”代替，所表达的意思就不够明确。例如：

*这本书我到处托人买，今天可买了一本。

这里，说话人要表达的意思不是“买”这个动作已经发生，而是“买”这个动作达到了目的，有了结果，所以应改为：

这本书我到处托人买，今天可买到了一本。

二、结果补语的语义指向及带宾语的问题

所谓语义指向是指补语与句子中的哪个成分在语义上有关系。结果补语在语义上多与宾语和主语有关系，有的与谓语动词有关系。

1. 补语指向动作的受事（以及处所、工具等），主要是动词的宾语，或“把”的宾语、“被”字句的主语等。例如：

①他擦干净桌子，扔掉一个空烟盒和一些碎纸。

（他——擦，桌子——干净）

②那时你……在阿勒泰山的雪坡上拖走一根粗大的木头。

（你——拖，木头——走）

③凶手是我带去的，可是我能对谁来讲清这一切呢？

（我——讲，一切——清）

④他颤着手划亮一根火柴，点燃一支香烟。

（他——划，火柴——亮）

⑤再见吧，你的儿子将用血来洗尽你身上的污垢！

⑥早晨，阳光照红了巨大的桥身。

再如“赶走了敌人”、“打破了一个杯子”、“哭倒了长城”、“扔掉了旧衣服”、“记住了三个字”、“拴牢了绳子”、“打跑了小偷”、“寄走了一封信”、“吓哭了孩子”等。在这一类补语中，如果谓语动词是及物的，后边可以带宾语，如上述各例；有些动词是不及物的，或本来不能带宾语，可是有了结果补语后，也可以带宾语了。例如：

⑦听了他这句话，大家笑弯了腰，笑疼了肚子。

⑧为了给你买这双鞋，我跑断了腿，可是你还不领情。

又如“跑丢了一双鞋”、“哭红了眼睛”、“说破了嘴皮子”、“睡花眼”、

“憋红了脸”、“熬红了眼睛”、“气崩了肚子”、“屋子里坐满了人”，等等。

这一类补语经常用于“把”字句。例如：

⑨老农民和东郭先生一起把狼打死了。

(老农民和东郭先生——打，狼——死)

⑩我打算明天就把这笔钱寄走。(我——寄，钱——走)

⑪我……将把“晋陕峡谷”四个字改成“伟大的晋陕峡谷”。

⑫他把刀磨快了，准备杀鸡。

也可以出现于“被”字句。例如：

⑬卧铺全被卖光了，没有一个空的。

([ ][1]——卖，卧铺——光)

⑭到布谷鸟欢叫的时候，一个个的山头被搬倒了。

([ ]——搬，山头——倒)

⑮你想，我怎么能不被惯坏呢……

补语也可以指向作为话题的受事。例如：

⑯那天早晨，我带上两只钢笔，[ ]灌足墨水，然后去考场。

⑰屋子收拾干净了。

此类补语最为常见。

2.补语指向动作的施事，主要是主语，或存现宾语。例如：

①他一路上不知摔倒了多少次。(他——摔，他——倒)

②衣服湿透了。(衣服——湿，衣服——透)

③去年冬天，我学会了滑冰。(我——学，我——会)

④我听懂了他的话。(我——听，我——懂)

---

① [ ]表示省略的或未出现的成分。

⑤昨天下大雪，邻村冻死了几只羊。（大雪——冻，羊——死）

在这一类句子中，只有当一个名词既是谓语动词的受事，又是补语的受事时，补语后才可以有宾语，如例③“学滑冰”、“会滑冰”；例④“听他的话”、“懂他的话”。

还有一些动补结构后边可以有宾语，但宾语很受限制。例如：

⑤他一喝醉了酒就胡说八道。（宾语只能是“酒”）

⑥你吃饱了饭没事干是怎么的？到这儿来倒什么乱？（宾语一般是“饭”）

再如“人坐懒了，吃馋了”，“这个人写文章写傻了”，“我们在一起混熟了”、“他听呆了”、“我打赢了”等的补语在语义上都指向动作的施事。

3. 补语语义上只与动词有联系，是对动作进行描写、评价、说明的。这一类补语又可以分为两小类：(1)只对动作进行描写；(2)包含“不合某一标准”的意思。

(1)补语对动作进行描写说明：

①你看完这本杂志了吗？（看——完）

②不必担心，他的病已经好利索了。（好——利索）

③小声点，别吓着孩子！（吓——着）

④我们商量好了，明天就动身。（商量——好）

⑤他这个人我算看透了，一毛不拔。（看——透）

在这一类句子中，如果谓语动词是及物的，一般补语后可以带宾语，如例①、③、④、⑤中的“看”、“商量”、“吓”，否则就不能带宾语，如例②的“好”。

(2)“大、小，快、慢，肥、瘦，轻、重，咸、淡，长、短，多、少，粗、细，

宽、窄,高、低"等形容词作结果补语时,有时表示不合某一标准:

⑥今天上课我来晚了。(与"应到的时间"相比)

⑦这件衣服做大了。(与"合适的尺寸"相比)

⑧坑挖浅了,再往深里挖挖吧。(与"合适的深浅"相比)

⑨他酒喝多了,开始瞎说了。(与"他的酒量"相比)

⑩照片挂歪了,你正一下。(与"合适的位置"相比)

此类补语后一般不能带宾语,句子末尾一般要用"了"。

4. 还有一些结果补语比较特殊,实际上是一个动宾结构作补语。例如:

①他吃人家的饭吃迷了心,连自己的亲人都不认了。(补语:迷心)

②这个地方乱出名了,谁都不愿意来工作。(补语:出名)

③西瓜熟过劲了,不能吃了。(补语:过劲)

此类补语数量不多。

三、包含结果补语的句子的结构特点

(一)结果补语的否定形式

由于结果补语表示动作或变化是否有结果,所以其否定形式一般用"没"。否定结果补语时,要把"没"放在谓语动词(或形容词)的前头。"没+动词+结果补语"表示动作没取得某种结果。例如:

①这个故事我没听懂。

②还有一次,裁判员没看清楚,判错了。

这两个句子的意思是"听"了,但"没懂";"看"了,但"没清楚"。

只有在假设条件句中,结果补语才用"不"来否定。例如:

③我不做完练习不去游泳。

④他每天不看完微信不睡觉。

⑤你要是不把他赶走,后果将不堪设想。

（二）结果补语与谓语动词或形容词之间不能插入其他成分。补语后可以用动态助词“了”、“过”,但不能用“着”,在结果补语（以及“了”、“过”）后还可以有宾语。例如：

①小燕关掉了总闸,好几台机器停产了。

②为了治理好这条河,他们费尽了心思。

③他从来没打断过别人的发言。

（三）关于宾语的问题

有的句子,结果补语后还有宾语。这个宾语应看作是动补短语的宾语,而不只是动词的宾语。例如：

①他看见了一个人。

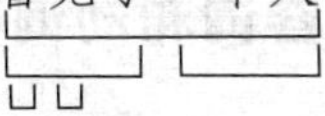

正因为如此,虽然有的不及物动词不能带事物宾语,但加上结果补语以后,便可以了。例如：

②他跑丢了一只鞋。

③这件事听了叫人笑破了肚皮。

④小姑娘哭红了眼睛。

有时同一个谓语动词带不同的补语,与宾语之间的关系大不一样。比较：

⑤人人努力搞好生产。

⑥“四人帮”搞乱了革命和生产。

“搞乱生产”实际上没有“搞”生产,而是破坏了生产,与“搞好生产”意思完全不同。因此可以说动词是与结果补语结合以后才与宾语发生关系的。即使用那些可以与宾语直接发生关系的动词，说话人所着眼的也是动补短语与宾语的关系。例如，当一个人说“打倒反动派”时，他所要表达的是要“把反动派打倒”，而绝不仅仅是“打反动派”。

结果补语后是否可以带宾语，除了上文谈过的与补语的语义指向、谓语动词和充任补语的词语的及物与否有关外，还与包含补语的句子在连串话语中的位置有关。也就是说，即使是可以带宾语的动补短语，在连串的话语中，也还应该遵循汉语篇章的规则，比如有时要把受事放在宾语的位置上，有时要用“把”字句，有时受事要作为话题位于句首。比如“那辆自行车他修理好了”。

（四）关于补语后“了”的用法问题（参见本章第二节“趋向补语”）

四、充任结果补语的词——形容词和动词

只有形容词和动词可以作结果补语。由于结果补语是口语中较常见的一种语法现象，所以口语中常用的单音节形容词一般都可以作结果补语，部分口语中常用的双音节形容词也能作结果补语。动词可以作结果补语的比较少，常见的有：见、成、懂、走、跑、哭、笑、往、掉、着、倒、翻、倒、作、为、死、透、丢、到、在、给等。这些动词都不表示明显的具体的主动的动作行为（“走”和“跑”作结果补语时，表示的是“离开”的意思）。这是因为动词作结果补语时，都表示谓语动词所表示的动作引起动作者或动作的受事的一个被动的动作。例如：

①他把妹妹气哭了。

②我把桌子上的东西碰掉了。

③你怎么把他推倒了。

这里补语"哭"、"掉"、"倒"都表示一种被动的动作。如果是一个主动的动作，如表示"由于孩子气妈妈，结果妈妈打了孩子"这个意思，就不能用结果补语。例如：

*孩子气打妈妈。

*妈妈气打了孩子。

有些动词作结果补语时，词汇意义有所改变。现将常用的列举如下：

[见]"见"的基本意义是"看而有结果——看到"的意思。"见"作结果补语，一般只用于感官动作动词"看"、"瞧"、"瞅"、"望"、"听"、"闻"之后，表示"动作有结果"。例如：

①孩子们看见我来了，都非常高兴。

②这种物体发出的声音太小，我听了半天也没听见。

③一进门我就闻见一股香味。

"见"还可以在"遇"、"碰"、"梦"等动词之后作结果补语。例如：

④你遇见老刘告诉他一声，今晚在家里等我。

⑤我昨天梦见了我的一个老同学。

[住]表示通过动作使人或事物的位置固定起来。例如：

①他听了我的话立刻站住了。

②我紧紧握住老李的手。

③门挡住了外面的灯光。

④咱们可别叫他给吓住啊。

⑤这些生词我记住了。

[着](zháo)

1.表示动作达到了目的，多用于口语。例如：

①你说的那本书我借着了。

②这个谜语他没猜着。

这个意思的"着"用于否定情况(前面有"没")时,重读,用于肯定情况时,一般都轻读。

2.用在某些动词或形容词后,表示动作或某种情况对人或事物产生了不良后果。例如:

①这个孩子穿得太少,冻着了。(因"冻"而病)

②你们休息一会儿,小心别累着。(因"累"而对身体有不良影响)

此类动词短语还有"热着"、"捂着"、"饿着"、"撑着"、"烫着"、"凉着"、"吓着"等,"着"总是轻读。

3. 表示"入睡"。例如:

①他看着看着书,睡着了。

4. 表示"燃烧"。例如:

①他划着了火柴,点上了灯。

5. 表示"应该,有资格、有责任"。一般用可能补语形式。例如:

①你不是我的老师,你管不着!

②你也不是我的上级,批评不着我!

3、4、5 中的"着"要重读。

[好]表示动作完成而且为下一步动作做好准备。例如:

①东郭先生把狼捆好,装进口袋里。

②鲁班把所有的工具都修理好了。

③要搞好安全生产,搞好环境保护。

④这篇文章写好了,交给你吧。

⑤饭做好了,开饭吧。

［掉］

1. 表示“脱离、脱落”。例如：

①小心点儿，别把他的博士帽碰掉了。

2. 表示“消失”。例如：

①我们要想办法吃掉敌人，否则就会被敌人吃掉。

②这一段话是多余的，删掉吧。

③抓到他很不容易，你怎么让他跑掉了？

④很久没下雨了，坑里的水都蒸发掉了。

再如“卖掉”、“丢掉”、“忘掉”、“去掉”、“除掉”、“烧掉”、“消灭掉”、“走掉”、“死掉”、“溜掉”、“逃掉”、“挥发掉”等。

南方人补语“掉”用得较多，而且前面可用的动词也较广。

［在］

1.表示通过动作使人或事物处于某个处所，后边一定要有处所宾语。例如：

①我坐在五排十一号。

②你们把生词抄在本子上。

③小王站在我面前。

④问题出在计划性不强上。

2.有时表示事情发生的时间。例如：

①这个故事发生在古代。

②时间定在明天上午八点。

练　习

一、用适当的结果补语完成下列句子：

1.他不小心跌倒（　）石头上。

2.老大爷看(　)远处走过来两个人。

3.战士端着一杯水,送(　)老大娘。

4.妹妹不小心碰(　)了桌子上的杯子。

5.雷锋把自己的一生献(　)了祖国和人民。

6.山洞终于打(　)了。

7.我恨不得一下子能把所有的汉字都记(　)。

8.这件衣服做(　)了,穿着太紧。

9.大家听(　)这个消息,高兴得跳了起来。

10.每天晚上我看(　)报就睡觉。

11.在景山公园最高的亭子上,可以看(　)北京城的全景。

12.他们每月把十万只母鸡上交(　)总公司。

13.我们去医院看安娜的时候,她正躺(　)床上看报。

14.我们分别几十年了,他的样子我完全忘(　)了。

15.我的钥匙找不(　)了,你看见了没有?

二、判别正误:

1.A.你能看见清楚黑板上的字吗?

B.你能看清楚黑板上的字吗?

C.你能看见黑板上的字吗?

2.A.会开完了,我就去食堂吃饭。

B.开完会了,我就去食堂吃饭。

C.开完了会,我就去食堂吃饭。

3.A.如果我把你要求讲的都讲完,讲得清楚,那还得半年的时间。

B.如果我把你要求讲的都讲完,讲清楚,那还得半年的时间。

4.A.通过这部电影,我们看到了党和红军对小冬子的关怀。

B.通过这部电影,我们看见了党和红军对小冬子的关怀。

5.A.小红不吃完饭就跑出去了。

B.小红没吃完饭就跑出去了。

6.A.阿里看信就拿起笔来写回信。

B.阿里看完信就拿起笔来写回信。

7.A.我国政府把我送到中国来学汉语。

B.我国政府送我在中国学汉语。

8.A.我看完报了。
B.我看报完了。
9.A.他们在学好汉语的过程中,遇到不少困难。
B.他们在学习汉语的过程中,遇到不少困难。
10.A.小李走近小河的时候,忽然看到一条狗。
B.小李走到小河的时候,忽然看到一条狗。
11.A.阿里的收音机坏了,谢利把它修好了,能用了。
B.阿里的收音机坏了,谢利把它修了,能用了。
12.A.今天晚上我没看完这本书不睡觉。
B.今天晚上我不看完这本书不睡觉。

第二节 趋向补语

趋向补语是指用在动词后由表示趋向的动词“来”、“去”、“上”、“下”、“进”、“出”、“回”、“过”、“起”、“开”、“到”以及由“来、去”和“上、下、进、出……”等组成的“上来、上去,下来、下去,进来、进去,出来、出去,回来、回去,过来、过去,起来,开来、开去,到……来、到……去”等充任的补语,趋向补语共有二十八个:

简单趋向补语	来	去	上	下	进	出	回	过	起	开	到
复合趋向补语			上来	下来	进来	出来	回来	过来	起来	开来	到……来
			上去	下去	进去	出去	回去	过去		开去	到……去

“来、去、上、下……”叫简单趋向补语,“上来、上去,下来、下去……”叫复合趋向补语。

某些趋向补语也可以用在形容词后。

一、趋向补语的语法意义

总的来说趋向补语的语法意义很复杂,多数趋向补语可以表示很多意义，个别趋向补语只表示一种意义。我们把趋向补语的意义分为三大类：趋向意义、结果意义和状态意义。

1. 趋向意义

趋向意义是趋向补语的基本意义，也就是趋向动词本身所表示的意义，即方向意义。趋向补语的趋向意义表示人或物体通过动作以后，在空间位置移动的结果。例如“来”表示向立足点移动，“去”表示离开立足点向另一目标移动；“上”表示由低处向高处移动，“下”表示由高处向低处移动等。在趋向补语中，“来”与“去”，“上”、“上来”、“上去”与“下”、“下来”、“下去”，“进”、“进来”、“进去”与“出”、“出来”、“出去”，具有反义关系。

“来”、“去”和包含“来”、“去”的复合趋向补语都有立足点的问题。立足点怎样确定呢？

(1)当说话人出现或用第一人称叙事时，说话人或“我”的位置就是立足点。例如：

①他向我走过来。（立足点是“我”——说话人的位置）

②我向山上跑去。（立足点是“我”——说话人的位置）

③昨天我们上口语课，铃还没响，老师就进教室来了。

（立足点是“我们”——说话人的位置）

(2)在用第三人称进行客观叙事时，可以把立足点放在正在叙述的人物所在的位置上。例如：

①小张忽然昏倒在地上，大家急忙向他跑过来。

（立足点是“小张”所在的位置）

②看见张大夫，他急忙跑了过去。

（立足点是“他”原来所在的位置）

应注意，在用“来”、“去”作趋向补语时，动作总是有确定的目标的。

用“来”时，立足点就是动作的目标，如“车上的人都向他跑来”，“他”是动作“跑”的目标。用“去”时，目标在立足点以外，多用由“朝”、“向”等构成的状语来表示，如“狼……向东郭先生扑去”，“东郭先生”是动作“扑”的目标。

(3)在用第三人称进行客观叙事时，也可以把某一处所当作立足点，这个处所或者是正在描述的对象，或者是正在叙述的事件发生的地点。例如：

①为了叫井冈山变得更快，国家派来了两千好儿女，同井冈山人一起来开发这座万宝山。(立足点是“井冈山”)

②会场里坐了不少人，这时还不断有人进来。(立足点是“会场”)

2. 结果意义

趋向补语有时不表示方向，而表示动作有结果或达到了目的。大部分趋向补语有结果意义，而且有的趋向补语的结果意义不止一个。结果意义又可以分为两类：基本结果意义，即与趋向意义有密切联系的意义，如果某一趋向补语只有一个结果意义，那么这个意义通常就是基本结果意义；基本结果意义以外的结果意义是非基本结果意义。趋向意义相反的趋向补语，其结果意义大多也有反义关系。比如“上”、“上来”、“上去”与“下”、“下来”、“下去”，“进”、“进来”、“进去”与“出”、“出来”、“出去”等。

“上来”、“上去”与“下来”、“下去”的结果意义还有着眼点问题(详见下文“二”)。

3.状态意义

趋向补语的状态意义比结果意义更加虚化，由空间意义(方向意义)引申为表示动作、状态在时间上的展开、延伸(时间意义)，如动作状态的开始、继续、停止等(与方向无关)。只有“上”、“下”、“下来”、“下去”、“起”、“起来”、“开”等有状态意义。趋向补语的状态意义已经虚化得跟动态助词的意义接近,所以有些语法著作将其列入动态助词。

趋向补语的状态意义与趋向意义也有联系,趋向意义呈现反义关系的,状态意义也呈现反义关系。

二、各趋向补语所表示的意义分述

本书只列举各趋向补语的常用意义。

[来]

趋向意义:表示通过动作,人或物体向立足点移动。例如:

①忽然一条小狗向我跑来。

②会场已经坐满了人,可是还不时有人进来。

③一天,老师傅把鲁班叫来,说:“你该下山了。”

④欧阳海受了重伤,车上的人都向他跑来。

[去]

趋向意义:表示通过动作,人或物体离开立足点,向另一目标移动。例如:

①甲(打电话):喂,明天你能回来一下吗?

乙:能回去,你在家等我吧。

②谢利说:“我的字典夏西借去了。”

③“让我把你吃了吧!”狼说着就向东郭先生扑去。

④他朝图书馆的方向走去。

[上]

1.趋向意义(一):表示人或物体,通过动作由低处向高处移动，没有确定的立足点。例如：

①龙梅把羊赶上山。

说这句话时，立足点（比如说话人的位置）可以在“山上”，也可以在“山下”（“下、进、出、回……”等也都没有确定的立足点，下文不再说明）。

②气球慢慢飞上天空。

2.趋向意义（二）：表示通过动作，人或物体向立足点移动——趋近立足点。例如：

①老王叫我，我就快步走上前问他有什么事。

3.结果意义（一）——基本结果意义：表示接触、附着以至固定。例如：

①请你把门关上。

②我用一块布把电视机蒙上了。

③去年我出差到重庆，正赶上八月十五。

④今天外边很冷，把大衣穿上吧。

⑤我今天一出门就遇上了一场大雨。

⑥前边有一个虫子，小心别踩上。

⑦请在卡片上写上你的名字。

⑧冰箱温度太低了，牛奶都冻上冰了。

⑨他把电脑拆了，自己又装上了。

⑩他看上了那个女孩，可是那个女孩觉得他比不上她以前的男朋友。

4.结果意义（二）：表示实现了预期的或希望达到的目的。例如：

①他终于买上了他喜欢的汽车。

②我弟弟去年好不容易考上了大学。

③这个村子的居民去年才用上水。

④他借了很多钱，一直还不上。

“上”的这个结果意义是一种口语用法。

5.状态意义：表示动作或状态的开始。例如：

①老师刚说了一句话，学生们就议论上了。

②小明，我叫你睡觉，你怎么又唱上了。

③这个孩子时间抓得很紧，刚下课回到家，又用上功了。

④你不是在上学吗，怎么做上生意了？

[上来]

1.趋向意义(一)：与“上”一样，也表示人或物体通过动作由低处向高处移动，但用“上来”时，立足点在高处。例如：

①这时我看见山下的人很快地跑上山来。(我——在山上)

②他在电话里说：“快点上楼来！”(他——在楼上)

③喂，你给我带上一杯茶来。(我——在高处)

2.趋向意义(二)：表示通过动作，人或物体的位置向立足点移动——趋近立足点(说话人就是立足点)。例如：

①比赛在激烈的进行，我们队打得不太好，这时教练把队长换上场来。
(说话人——在场上)

②他走上前来，悄悄对我说：“你要注意旁边那个人！”
(“我”的位置是立足点)

3.基本结果意义(一)：表示接触、附着以至固定，着眼点在主要物体或整体。

用“上”、“上来”、“上去”作补语时，总是涉及两个方面：主要物体和次要物体或物体的整体和部分。用“上来”时，着眼于主要物体或整体。例如：

①这个名单上的人不够，能不能再补上来几个？（着眼点在“名单”）

表示基本结果意义时，“上来”没有“上”常用。

4.结果意义（二）：表示成功地正确地完成，多用可能补语形式。例如：

①这个问题太难，我答不上来。

②我刚认识他不久，还叫不上他的名字来。

③你家在哪儿？我可说不上来。

[上去]

1.趋向意义（一）：表示人或物体通过动作，由低处向高处移动，立足点在低处。例如：

①听见楼上“嘭”的一声，我赶紧跑上楼去。（我——在楼下）

②我看见一个孩子很快地爬上树去。（我——在树下）

③他在楼上等着呢，你快把文件给他送上去。（说话人——在楼下）

2.趋向意义（二）：表示通过动作，人或物体离开立足点向另一处所移动。例如：

①用人听见主人叫他，他很快地走上前去问主人有什么事。（“用人”离开立足点）

②一个电影明星来了，我看见很多孩子围了上去。（“我”的位置是立足点，“很多孩子”离开立足点）

3.结果意义（基本结果意义）：表示接触、附着以至固定，着眼

点在物体的部分或次要物体。也就是说表示通过动作,使物体的一部分或次要物体与整体或主要物体接触、附着以至固定。例如:

①这幅画儿很好看,你挂上去吧。(着眼点在"墙")

②我也报名,请你把我的名字写上去。(着眼点在"表格")

③那根绳子太短,把这根接上去。(着眼点在"那根绳子")

④屋子里灰尘太大,电视机容易脏,把这块布蒙上去。(着眼点在"电视机")

"上"的基本结果意义与"上来"、"上去"相同,但没有着眼点或着眼点不清楚。表示结果意义时,"上"比"上来"、"上去"更常用。

［下］

1.趋向意义(一):表示人或物体通过动作由高处向低处移动。例如:

①手放下吧。

②听见有人叫我,我很快走下楼。

应注意下面两个句子:

③孩子看见我,高兴地跳下床。

④孩子看见我,高兴地跳下地。

这两个句子表示的意思实际上一样。也就是说,"下"后的处所词可以表示动作的起点(如例③),也可以表示动作的终点(如例④)。当处所词表示的处所高于地平线时,它表示动作的起点,当处所词表示的处所为地平线或低于地平线时,它表示动作的终点。

2.趋向意义(二):表示通过动作,人或物体退离立足点。例如:

①服务员端下一盘菜倒掉了。(吃饭的桌子是立足点)

3.结果意义(一):表示分离以至固定。例如:

①他放下手术刀,脱下白大褂,走了出去。

②孩子们采下一束野花,送给老师。

③她生下孩子以后,精神好了一些。

④结婚的日子已经定下了,可是他还决定不了是不是要跟她结婚。

4.结果意义(二):表示"凹陷"。例如:

①他很瘦,脸颊陷下两个坑。

5.结果意义(三):表示"容纳"。例如:

①我的钱包很小,装不下那么多钱。

②这间屋子坐不下一百个人。

③他心里搁不下事儿,老是坐立不安的。

6.状态意义:表示由动态进入静态。例如:

①我一喊,他就停下了。

②这几天我刚定下心写论文,你又来打扰我。

③大家对你这么好,你怎么老也安不下心呢?

表示状态意义时,"下"没有"下来"常用。

[下来]

1.趋向意义(一):表示人或物体通过动作,由高处向低处移动,立足点在低处。例如:

①A:你快跑下来,有人急着找你。(A——在楼下)

B:好,我就下去。(B——在楼上)

②我看见乘客们从飞机上走下来了。(我——在地上,不在飞机上)

③我从楼上搬下来几把椅子。(我——在楼下)

2.趋向意义(二):表示通过动作,人或物体退离立足点,移动的人或物体不在立足点上。例如:

①我向司令汇报完军情,退下来一步,转身走出司令部。

②教练看他太累了,把他换下场来。(“教练”不在“场上”)

3.结果意义(一):表示分离以至固定,着眼于与主体分离的次要物体或物体的一部分。例如:

①我很喜欢墙上那幅画,你摘下来给我吧。(着眼于分离物体“画”)

②我想记一个电话号码,你从本子上撕下一张纸来给我好吗?(着眼于“一张纸”)

③我用力从地里拔下来一个萝卜。

④这个月剩下来的钱给你买双鞋吧。

⑤你别走了,留下来跟我们一起工作吧。

⑥请你把黑板上的句子抄下来。

⑦这件事我既然答应下来了,就一定会努力办好。

⑧开会的事定下来了。

4.结果意义(二):表示“凹陷”,与“下”的结果意义(二)相同。例如:

①几天不吃饭,他就瘦下来了。

②车带瘪下来了,该打气了。

5.结果意义(三):表示完成一件费时、费力、需要克服一定困难的动作行为。例如:

①一天的重体力劳动干下来,身体好像散了一样,一步也不想走了。

②三年中文学下来,他的进步是明显的。

上下文清楚时，“下来”前的动词可以不说，结果“下来”就直接用在时间词语后了。例如：

③一年下来，他完全习惯了。

6.状态意义：表示由动态转入静态，比“下”更常用。例如：

①汽车开到我家门口，停了下来。

②你应该定下心来好好念书。

③大厅忽然静了下来，原来贵宾到了。

④天渐渐黑下来了。

⑤火车慢下来了，原来要进站了。

可以和“下来”结合的一般是“暗”、“静”、“低”一类的负向形容词。

［下去］

1.趋向意义（一）：表示人或物体通过动作，由高处向低处移动，立足点在高处。例如：

①楼下的孩子们打起来了，他很快地跑下楼去。（他——在楼上）

②我叫小王给山下的人带下去一些水果。（我——在山上）

③这些家具没有用了，你搬下楼去吧。

2.趋向意义（二）：表示通过动作，人或物体退离立足点，说话人在立足点上。例如：

①把没有吃完的饭菜撤下去吧。

②场上的裁判把他罚下场去。

3.结果意义（一）：表示分离以至固定，着眼于主体或物体的整体。例如：

①墙上挂那幅画不好看，摘下去吧。（着眼于“墙”）

②写错了,他生气地把那张纸从本子上撕下去。(着眼于“本子”)

因此,要保留的应该用“下来”(见“下来”结果意义(一)之例②),而要丢弃的,用“下去”,如上例。再如:

③下课了,学生把黑板上的字擦下去了。

④把这个杈掰下去,这盆花就会长得好一点。

⑤他的声音真大,把大家的声音都压下去了,会场上一下子安静下来。

4.结果意义(二):表示“凹陷”,比“下”、“下来”更常用。例如:

①眼看他一天天瘦下去了,可是医生一点办法也没有。

②几天不睡觉,他眼窝陷下去了,眼睛显得更大了。

③汽车被撞得凹下去一块。

5.状态意义(一):表示由动态转入静态。例如:

①听了这句话,他的眼光黯淡下去了。

②他一度低沉下去的勇气陡然增加了。

“下去”与“下来”比较:第一,“下来”可以与“停、站”等动词结合,“下去”不能;第二,“下来”可以结合的形容词比“下去”广,“下来”可以与表示速度或人的态度、语气的形容词结合,“下去”不能;第三,“下来”通常表示近距离的、眼前的变化,而“下去”更适合表示远距离的变化。比较:

①教室里静下来了,老师才开始讲课。

②我想听听隔壁吵什么,可是争吵声渐渐低下去了,我听不清楚。

6.状态意义(二):表示已经开始的动作状态继续进行或存在,可以构成可能补语。例如:

①说下去！

②我要是再在这儿住下去，非得憋死不可。

③我们不能再沉默下去了，我们要抗争！

④他的话毫无道理，我再也听不下去了。

“下去”的这一状态意义比其状态意义(一)更常用。

[进]

1.趋向意义：表示通过动作，人或物体由某处所的外部向内部移动。例如：

①上课了，学生们走进教室。

②我眼看着那只美丽的小鸟飞进了树林。

2.结果意义：表示“凹陷”。例如：

①墙上凹进一块，很显眼。

②他的额头瘪进一块。

[进来]

趋向意义：表示通过动作，人或物体由某处所的外部向内部移动，立足点在处所内。例如：

①妈妈：孩子们，外边太冷，你们进来吧。

②上课了，学生们走进教室来。

[进去]

1.趋向意义：表示通过动作，人或物体由某处所的外部向内部移动，立足点在处所外。例如：

①主人对客人：有事咱们进屋去说吧。

②刚才我看见两个人进商店里去了。

2.结果意义：表示“凹陷”。例如：

①她满脸皱纹，眼睛深深地凹进去。

②他满脸胡子，太阳穴和腮都瘪进去了。

[出]

1.趋向意义：表示通过动作，人或物体由某处所的内部向外部移动。例如：

①听了他的话，妹妹哭着跑出家门。

②放学了，孩子们排着队走出了校门。

2.结果意义：表示从无到有，由不清楚到清楚，由隐蔽到显露。例如：

①那件事你想出什么办法没有？

②从字典里我查出这个字的发音和意思了，可是还不知道怎么用。

③你听出这是谁的声音了吗？

④这所大学多年来培养出成千上万的人才。

[出来]

1.趋向意义：表示通过动作，人或物体由某处所的内部向外部移动，立足点在处所外。例如：

①小刚：小明，快出来，外边的雪真好看。

②我看见一只鸟从笼子里飞出来了。

2.结果意义：表示从无到有，由不清楚到清楚，由隐蔽到显露。例如：

①关于这个问题学校应该制定出一套办法来。

②床底下藏着一些违禁品，他很怕被搜出来。

③那个人叫什么名字，住在哪儿，你打听出来了吗？

④我认为群众的积极性还没有充分发挥出来。

⑤他做出来的菜真是色、香、味俱全。

［出去］

趋向意义：表示通过动作，人或物体由某处所的内部向外部移动，立足点在处所内。例如：

①下课了，我看见老师和学生们都走出教室里去了。（我——在教室里边）

②我们在树林了迷了路，不知怎样才能走出树林去。（我们——在树林里）

③这件事情你可不能说出去。

［回］

趋向意义：表示通过动作，人或物体向原地——家、祖国、出发地等——移动。例如：

①放学了，我们跑回宿舍。

②你真幸福，明天就要飞回祖国了。

［回来］

趋向意义：表示通过动作，人或物体向原地——家、祖国、出发地等——移动，立足点在原地。例如：

①我家的小鸟飞走两天以后，又飞回来了。（小鸟——回到我家）

②爸爸刚出去，又匆匆返回来，原来忘了要带的东西。（爸爸——回家）

［回去］

趋向意义：表示通过动作，人或物体向原地——家、祖国、出发地等移动，立足点不在原地。例如：

①你把这本书寄回家去吧。（你、书——不在家里）

②太晚了，你把她们送回宿舍去吧。（你、她们——不在宿

舍）

[过]

1.趋向意义（一）：表示通过动作，人、物体或经过某处所，或向立足点移动，或离开立足点向另一处所移动。例如：

①飞机飞过高山，飞过海洋，飞向遥远的大洋彼岸。（经过某处所）

②他看见有人来了，慌忙跳过墙逃跑了。（经过某处所）

③陆大夫从护士的手里接过病历。（“病历”向立足点“陆大夫”移动）

④我正在讲话，他一把夺过话筒抢着说……（话筒离开立足点“我”，向另一处所“他”移动。）

2.趋向意义（二）：表示通过动作，人或物体改变方向——面向立足点或背离立足点。例如：

①我进屋的时候他正往窗外看，听见我进来，他转过身向我点了点头。

②我看见她从对面走来，高兴地叫着她的名字，可是不知为什么，她扭过头不理我。

3.结果意义（一）：表示“度过”。例如：

①她们在破庙里躲过了敌人的搜查。

②我们好不容易熬过寒冷的冬天。

③这件事瞒不过我。

④你快逃吧，敌人不会放过你的。

4.结果意义（二）：表示超过某一点（时间、处所）。例如：

①我坐车的时候睡着了，结果坐过了站。

②他一跳到水里，水就没过脖子了。

③今天早上我睡过了,上课迟到了。

④弟弟长得很快,已经高过我耳朵了。

5.结果意义(三):表示“胜过”。例如:

①这种萝卜甜极了,赛过鸭梨。

②听你这一席话,真是胜过读十年书啊!

③我不跟你比,我跑不过你。

在形容词后可以用“不过”,也属于这个意义。例如:

④那个地方再美不过了。

⑤他的工作再舒服不过了。

6.结果意义(四):表示“完结”。这样用的“过”与“了”的意义很接近,但是有一个前提:“过”前的动词所表示的动作及所涉及的物体,对听话人来说一定是已知信息。例如:

①老师:昨天我叫你们看的电影你们看过了吗?

学生:看过了。

②这封信你看过以后就烧掉吧。

③A:你在我们这儿吃饭吧。

B:我吃过了。

④明天你吃过晚饭来一趟。

“过”的这一用法与表示“曾然经验”的动态助词“过”在意义、用法上都不同,在语音上,这个“过”可以重读,而动态助词“过”只能轻读。可以结合的动词也不同(参见第二编第九章第二节之四“动态助词‘过’”)。

[过来]

1.趋向意义(一):表示通过动作,人、物体或经过某处所,或向立足点移动。例如:

①这时一辆卡车开过桥来。（车经过“桥”，说话人是立足点，在“桥”这边）

②那个卖东西的老汉向我走过来。（“我”是立足点，“老汉”向我移动）

2.趋向意义（二）：表示通过动作，人或物体改变方向——面向立足点。例如：

①这时前边那个人转过脸来，我一看是一个多年未见的中学同学。

②走在前面的人回过头来告诉我：“注意，前面有一条沟！”

3.结果意义（一）：表示度过一段艰难的时期或难关。例如：

①到现在我也不知道，当时我怎么没死，硬是熬过来了。

②这些年你真不容易，你是怎么闯过来的？

③秋天，从饥饿中挣扎过来的人们，脸上开始出现健康的红润。

④尽管敌人对他严刑拷打，他还是挺过来了。

4.结果意义（二）：表示恢复或转变到正常的、积极的状态。例如：

①经过医生的抢救，他终于醒过来了。

②直到这件事的严重后果出现了，我才明白过来，我错了。

③放心，他的身体很好，会活过来的。

④今天真冷，出去了一趟，回来一个小时了，还暖和不过来。

5.结果意义（三）：表示尽数地完成，常用可能补语形式，意思是不能按要求的或应该的数量完成。例如：

①跑得我喘不过气来。

②人太多，我数不过来。

③工作太多,他一个人忙不过来。

④这些天我忙着考试,家里的事情顾不过来了。

⑤你们这么多人一齐问问题,我怎么回答得过来呢?

[过去]

1.趋向意义(一):表示通过动作,人、物体或经过某处所,或离开立足点向另一处所移动。例如:

①飞机飞过山去,渐渐看不见了。

②我去机场接一位从国外来的朋友,我正等得着急,看见他迎面走来,我也快走几步,迎了过去。

2.趋向意义(二):表示通过动作,人或物体改变方向——背离立足点。例如:

①她正在换衣服,背过脸去!

②他在我后边向我说着什么,说话声音很小,我听不清楚,只好扭过头去听。

3.结果意义:表示"度过"。例如:

①二十多年的时光转眼流逝过去了。

②苦日子总算熬过去了。

③这个人好对付,我只用一句话就搪塞过去了。

④这件事说过去就算了,以后谁也不要再提了。

[起]

1.趋向意义:表示通过动作,人或物体由低处向高处移动。与"上"不同的是,"上"后通常有表示移动终点的处所宾语,而"起"后不能有表示终点的处所宾语。例如:

①空中升起一个气球。

②他气得跳起脚骂人。

因此下面的句子是错误的：

他走起楼。（应为：他走上楼）

看见有客人来了，我忙站上身。（应为：……我忙站起身）

2.结果意义（一）：表示连接、结合以至固定。例如：

①连起这几个点就是一个六角形。

②我用一张纸包起那些神秘的粉末就离开了那里。

③他这些天正关起房门用功呢，你别去找他。

④听见有脚步声，他赶紧藏起那件血衣。

⑤他的这一不寻常的行动开始引起我们的注意。

⑥青年们在学校附近办起一个补习班。

⑦从此她们建立起一种新型的师徒关系。

与“上”的结果意义（一）相比，“起”（“起来”同）所连接的物体不分主次，不分整体和部分。所适用的动词也不同。

3.结果意义（二）：表示“突出”、“隆起”。例如：

①干了一天活，他手上打起了几个血泡。

②妈妈刚说她一句，她就噘起了嘴。

③你们应该挺起腰板，像个主人翁的样子。

4.结果意义（三）：表示主观上是否有某种承受能力（经济、时间、资格、精神、体力等），只用可能补语形式。例如：

①这么贵的房子我可买不起。

②我穿不起名牌衣服。

③他是个重病人，这个问题你们还是快点解决吧，时间长了他拖不起。

④我不敢粗心大意，出了问题我担待不起。

⑤跳这种舞？我可丢不起这个人。

5.状态意义：表示进入新的状态，只用在动词后。例如：

①空中不时响起一阵阵沉闷的雷声。

②她们一边吃饭，一边聊起别后十几年的情况。

③一些人窃窃私议，似乎也怀疑起这个会可能是个阴谋。

④不知什么时候，天下起了小雨。

［起来］

1.趋向意义：与“起”相同，表示通过动作，人或物体由低处向高处移动。例如：

①气球升起来了。

②把头抬起来。

③大风刮起来一阵砂石，打在汽车的玻璃上。

与“上”的区别也与“起”相同。

2.结果意义（一）：表示连接、结合以至固定。例如：

①她们勾结起来欺骗他不是第一次了。

②这两笔钱加起来一共是多少？

③你把头发盘起来，会凉快一点。

④快藏起来！

⑤你怎么精神老也集中不起来？

⑥大家把他围起来了。

⑦他这么一说，我想起来了，我们十年以前见过。

⑧大楼盖起来了，很快就可以搬进去住了。

3.结果意义（二）：表示“突出”、“隆起”。例如：

①你看你，哭得眼睛都肿起来了。

②不小心，头上碰起一个包来。

③把胸挺起来！

4.状态意义：表示进入一个新的状态。用在动词后时，表示动作开始进行——由静态进入动态；用在形容词后，表示新的状态开始。例如：

①天阴了，下起雪来了。

②看见地上有一条蛇，他吓得叫了起来。

③听他说完，大家都笑了起来。

④你不是不喜欢打球吗？怎么今天打起篮球来了？

⑤他这次考试考得好一点，又得意起来了。

⑥他平时很节俭，今天怎么大方起来了？

⑦看见别人都为她高兴，小王心里觉得不是滋味起来。

⑧周围的同学这么关心爱护他，使他逐渐活泼开朗起来。

“起来”与“下来”的不同：“起来”可以结合的形容词很广，“下来”可以结合的形容词很窄；此外，“起来”一般用在“高、快、亮”一类所谓正向形容词后，“下来”用在“低、慢、暗”等所谓负向形容词后。但是当说话人觉得出现的变化不合常规时，“起来”也可以与负向形容词结合。例如：

①我抽了马一鞭子，马跑得反而慢起来了。

②大白天，怎么天忽然暗起来了？

[开]

1.趋向意义：表示通过动作，人或物体离开某处所。例如：

①看见我跟爸爸有话要说，他就走开了。

②滚开！

2.结果意义（一）：表示“分离”、“分裂”。例如：

①我闭上眼睛想休息一会，听见有声音，就睁开眼睛看了看，什么都没有。

②这家的门我可敲不开。

③你把这个面包掰开。

④距离分不开她们。

“开”与“下”不同,“下”表示次要物体或物体的一部分与主要物体或主体分离,而用“开”时,分开的物体没有主次之分,它只表示一个物体分成几部分。比较:

你把西瓜切开。

你把西瓜切下来一块。

3.结果意义(二):表示“舒展”、“分散”。例如:

①紧皱的眉头骤然舒展开了,他脸上露出了笑容。

②她把台布抖开,铺在桌子上。

③他的外号一下子叫开了。

4.结果意义(三):表示空间是否能容纳某物体或容许某一动作施展。例如:

①屋子太小,摆不开两张床。

②这么多饺子,这个锅煮不开。

③场地太小,这么多人跳舞怎么跳得开?

“开”和“下”都有容纳意义,二者不同之处在于:第一,“开”主要表示空间是否能容纳,“下”除了表示空间是否能容纳之外,还表示容器是否能容纳;第二,“开”可以表示某空间是否容许某种动作施展,“下”不能;第三,可以结合的动词不同。

5.结果意义(四):表示“清楚”、“彻悟”。例如:

①你要想开点,无论多么大的灾难,总会过去的。

②我这个人最看得开,失业了,再找工作就是了,愁什么?

③他事情解释开了,别人对他的误解也就消除了。

6.状态意义：表示由静态进入动态。例如：

①他一看见我来了，就喊开了："小张，小张！快过来！"

②听了这句话，妹妹哭开了。

③离这一天还有一个星期，她们就盘算开了。

"开"与"起来"比较：

第一，"起来"可以结合的动词和形容词范围很广，"开"主要与动词结合，可结合的形容词有限，如"乱"、"忙"等。

第二，"开"可以表示对动作不加约束、不加控制的意思，因此有时表示说话人对这种动作的不满。例如：

①你听，她们又吵开了。真烦人！

②几个小流氓在街上打开了，别人都远远地绕道走了。

第三，"开"比"起来"更加口语化。

[到]

1.趋向意义：表示通过动作，人或物体移动到某处所。例如：

①汽车开到商店门前停了下来。

②上个月我来到这里看望我的父母。

③他走到我面前站住了，好像有什么事情。

④这本书我们学到二十三课了。

"到"不仅可以表示到达一个处所，还可以表示到达时间的一个点。例如：

①昨晚我看书看到两点。

②这个试验一直要做到十二月才能做完。

"到"还可以表示达到什么程度——程度的一个点。例如：

①最近他忙到饭都顾不上吃了。

②他们俩好到花钱不分彼此，穿衣服不分你我，比亲兄弟还

亲。

③这个人坏到家了。

2.结果意义：表示通过动作达到目的或有结果。例如：

①写论文需要的书都找到了。

②你今天看到李老师了吗？

③他昨天受到上级的表扬。

④我昨天在茶馆里遇到了分别十年的老同学。

⑤每当我想到他，心里就很不平静。

⑥他预料到你今天可能来。

[到……来]

趋向意义：表示通过动作，人或事物由远处向立足点移动，"到"与"来"之间有处所词语。例如：

①我哥哥出国五年以后，又回到这个城市来了。

②你去把他请到我们学校来作一次讲演，好吗？

[到……去]

趋向意义：表示通过动作，人或事物由近处向远处移动，"到"与"来"之间也有处所词语。例如：

①这儿冬天太冷，鸟儿都飞到南方去了。

②你把他送到飞机场去吧。

"到……去"也可以表示程度。例如：

①他这个人我了解，坏不到哪儿去。

②这儿毕竟是南方，冬天再冷，也冷不到哪儿去。

三、趋向补语的语义指向

和结果补语一样，趋向补语在表示趋向意义和结果意义时，在语义上总是与句子中的某一成分存在语义关系。趋向补语的语义指向情况比较简单。有以下几种情况：

1.在及物动词后的趋向补语，语义指向受事者。例如：

①小明从图书馆借来一本书。

（小明——借，一本书——来）

②你把本书打开。（你——打，书——开）

2.在不及物动词后的趋向补语，语义指向动作者。例如：

①气球慢慢地升起来了。（气球——升，气球——起来）

②前面走过来一个人。（人——走，人——过来）

③大油凝上了。（大油——凝，大油——上[固定]）

四、包含趋向补语的句子的结构特点

1.简单趋向补语和复合趋向补语的使用问题

一般来说，简单趋向补语与相应的复合趋向补语所表示的意义是相同的，特别是趋向意义和基本结果意义。在选择使用简单趋向补语还是复合趋向补语时，除了立足点和着眼点以外，句法结构和音节起很重要的作用。当趋向补语后没有宾语而处于句末时，通常要用复合趋向补语（“上”、“开”除外），而趋向补语后有宾语或其他词语时，可以用简单趋向补语，也可以用复合趋向补语。例如：

①办法我想出来了。

*办法我想出了。

②我们要团结起来。

*我们要团结起。

③艰苦的岁月终于熬过去了。

*艰苦的岁月终于熬过了。

④车头凹进去了。

*车头凹进了。

⑤上课了，学生们从外边走进来了。

上课了，学生们从外边走进了教室。

⑥国旗升起来了。

国旗升起（来）以后，大家开始唱歌。

⑦游行队伍走过来了。

游行队伍走过广场，向市政府走去。

⑧她们关起门搞试验，三个月以后，试验成功了。

⑨听到这个消息，大家都高兴地唱起来了。

他一高兴，唱起歌（来）就没完。

⑩说起这个人，我们大家都认识。

你怎么说起这个人来了？

2.宾语的位置

句中有趋向补语又有宾语时，要注意宾语和补语的位置。

(1)简单趋向补语和宾语的位置

简单趋向补语表示趋向意义时，如果简单趋向补语为“来/去”，宾语为处所词语，则宾语位于“来/去”前。例如：

①太晚了，我要回家去。

②叫你哥哥回学校来。

如果宾语是表示人或物体的名词，宾语可以在趋向补语前或趋向补语后。例如：

③睡觉前，妈妈给我端来一碗汤，一定叫我喝了。

④睡觉前，妈妈给我端一碗汤来，一定叫我喝了。

⑤端一碗汤来！

当动作已经发生时，可以把宾语放在简单趋向补语前，也可以放在简单趋向补语后，如例③、④，当动作尚未发生时，宾语通常在简单趋向补语前，如例⑤。

“上、下、进、出……”简单趋向补语情况与结果补语一样，宾语要位于简单趋向补语后。例如：

⑥我们很快地走下山。

⑦客人陆续走进大厅。

简单趋向补语表示结果意义时，与结果补语一样，宾语放在补语后。例如：

①我们想出一个办法，你看行不行？

②闭上眼睛！

简单趋向补语表示状态意义时，宾语也放在补语后。例如：

①他闭上眼睛，深情地拉起“天鹅湖”。

②孩子们高兴得唱上歌了。

(2)复合趋向补语和宾语的位置

复合趋向补语表示趋向意义，当宾语为处所词时，位于复合趋向补语的中间。例如：

①我们很高兴地走上楼去。

②他明天就要飞回国去了。

当宾语为表示人或事物的名词时，有三种位置：

a.宾语在复合趋向补语中间。例如：

①从房间里搬出一把椅子来。(未然)

②这时他从房间里搬出一把椅子来。(已然)

③把椅子搬出房间去。(未然)

④地里走出几个人来。(已然)

⑤前面跑过一匹小马来。(已然)

⑥忽然随着一阵风飘过一阵花香来。(已然)

b.宾语在复合趋向补语的后边。例如:

⑦他从房间里搬出来一把椅子。(已然)

c.宾语在复合趋向补语的前边。例如:

⑧从房间里搬一把椅子出来。(未然)

宾语位于趋向补语的中间是最常见的,既可以用于已经发生的动作,也可以用于尚未发生的动作,宾语既可以是表示事物的名词、抽象名词、处所词,也可以用于存现宾语,如例③—⑥各句;宾语位于复合趋向补语后,一般用于已经发生的动作,如例⑦;宾语位于补语前的情况很少见,如例⑧。

复合趋向补语表示结果意义时,宾语一般位于复合趋向补语的中间。例如:

①他说了半天,我才明白过这个理来。

②你怎么老是板起面孔来训人呢?

③我们想了很久也没有想出办法来。

复合趋向补语表示状态意义时,宾语一般也位于复合趋向补语的中间。例如:

④他一见了我就诉起苦来。

⑤看见前面来了一辆车,我就停下脚步来。

用表示继续意义的"下去"时,一般不出现宾语。

3.关于结果补语和趋向补语后"了"的用法问题

(1)结果补语和趋向补语与"了"的表达功能不同,在句法结构中的层次也不同,它们在句子中各司其职。

第一，句子用“了”与不用“了”所表达的意思并不永远相同。不用“了”表示动作结果尚未实现，用“了”表示动作结果已经实现。请比较：

①我去买下那所房子给你们住，好吗？（未然）

你既然买下了那所房子，就应该马上搬进去。（已然）

②咱们冲出敌人的包围吧！（未然）

你们冲出了敌人的包围，这是很不容易的。（已然）

在问句里用不用“了”也不同。例如：

③他什么时候回学校来？（一定未“回来”）

他回学校来了吗？（可能“回来”了）

第二，有些动补结构表示动作结果已实现时，通常要用“了”，也就是说没有不用“了”的说法。这说明趋向补语和结果补语后用不用“了”并不相同，并不是自由的。例如：

①我从小住惯了平房，不喜欢住楼。

②阿二的觉悟果然提高了，也和他的父亲闹翻了。

③他们这几年吃腻了鸡鸭鱼肉，想吃青菜豆腐。

④朱自治看错黄历了，这时候再也没有人把他当作朱经理，资本家二个字也不是那么好听的。

⑤他的酒意消掉了一半，不由自主地向后退……

⑥如今瑟缩的人们都站起来了，昂首阔步地进入店堂。（“站起来了”含有比喻意义）

其他的如“看够了”、“听烦了”等。

第三，句中有补语时，用“了”与不用“了”即使所表达的意思没有什么不同，但表达效果也不同。当“了”出现在动词后补语前时，“了”的管辖范围是前面的动词，作用在于表示动作的发生，即“了”

有突出动作发生的作用。例如：

①我不假思索地说了出来……

②他一屁股坐了下去，把沙发坐出了一个坑。

③有人把糖塞到我那小外孙的嘴里，他立时吐了出来。

④她笑着迎了上来……

当"了"出现在动补结构后时，"了"管辖的范围至少是前面的动补短语，作用在于表示动作结果的实现。比较：

①我走进教室后，全体学生立刻站了起来。

②我走进教室时，看见学生已经站起来了。

第一个句子，"我"看见的是学生由没有"站"起来到"站"起来这一动作，而第二个句子，"我"看见的是学生已经"站起来"这样的状态。

但不用"了"的句子在结构上显得更紧凑。比较：

①阿二是个性情豪爽的人，毫不犹豫地说出了他的体会。

阿二是个性情豪爽的人，毫不犹豫地说出他的体会。

②一桌菜起码有三分之一是浪费的，泔水桶里倒满了鱼肉和白米。

一桌菜起码有三分之一是浪费的，泔水桶里倒满鱼肉和白米。

当"了"位于句末时，还有明显的表示语气停顿的作用，即篇章作用。例如：

①"慢点！"

朱自冶站住了。

在陆文夫的《美食家》这本小说中，这两句各自独立成段。

②下面轰地一声笑起来了。

这一句也单独成段。

③“好呀,老顾客又回来了!”

这一句在一段话的末尾。

有时候补语与“了”不在一个复句或一段话的末尾,但后面的句子通常不表示接着发生的一个动作。例如:

①他们哈哈地笑起来了,心情是很愉快的。

②小板车借回来了,可那朱自冶却像幽灵似地跟着小板车到了我的家里。

上述两个句子的第一个“了”后都有明显的停顿,而且每个例句中两个分句的主语不同,都不表示接连发生的两个动作,中间虽然用的是逗号,实际上已经是两个句子了,最好用句号。

下面的动补结构后没有“了”,句子显然紧凑得多:

①我们这些从蒋管区去的学生被半路截留,被编入干部队伍随军渡江去接管城市。

②人们突然都静下来,目光都集中在我身上。

这两个句子的第一个动补结构后如果加上一个“了”,那就变成两个句子了:

①′我们这些从蒋管区去的学生被半路截留,被编入干部队伍了。后来随军渡江去接管城市。

②′人们突然都静下来了。他们目光都集中在我身上。

(2)补语后何时可以省去“了”

那么为什么有些包含补语的句子,明明结果已实现,却常常不用“了”呢?这是因为在这种句子里,已经“实现”这种意思已由句子中的其他成分、上下文、语境甚至全句的语义表达出来了。比如时间词语:

①有一次我们正吃得高兴，忽然有个人走到我们的房间里来。

②当我深夜被朱自冶的铃声惊醒之后，心中便升起一股烦恼。

③我哥哥上个星期去上海，买回来很多东西。

上述句子中的状语“有一次”、“当我深夜被朱自冶的铃声惊醒之后”和“上个星期”都表示出事情已在过去发生。其他可以表示结果已在过去发生的状语如：

④朱自冶又拿出一套宜兴紫砂杯……

⑤一长串油光铮亮的黄包车……在酒店门口徐徐停下。

⑥她步态轻盈……一阵轻风似地向吃客们飘来。

⑦叫花子呼啦一声散开……

⑧……各种热炒纷纷摆上台面。

例④中的“又”表示已经发生第二次；例⑤有了描写性状语“徐徐”，“停”这一动作自然已经发生了；例⑦“呼啦一声”是“散开”时发出的声音，“散开”自然也发生了；例⑧的“纷纷”描写菜“摆上”台面的样子，也足以表明动作行为已经发生。

由此可见，除了某些必须用“了”的动补短语以外，汉语在表示动作行为结果是否已经实现时，不是只靠动态助词“了”的有无，这个任务是由句子中的各个成分，由上下文、语境共同承担的。只要句子中的某一成分或上下文、语境能表明动作结果已实现，“了”就可以省去，而用上“了”会加强表示“实现”的意思，有时有表示语气、停顿、划分开句子、语段的作用。

(3)“了”的位置

在包含趋向补语的句子中，“了”可以出现在动词后补语前，也可以出现在补语后。当“了”出现在动词后时，管辖前面的动词，功能是叙述某一动作的发生，句子的动作性更强。例如：

①想到这里她的眼泪又涌了上来。

这个句子叙述“她”从眼睛里没有眼泪到出现眼泪。

②我赶忙伸手把他拉了上来。

这个句子的重点在于“我”做出“拉他”的动作。

③这时我们家的狗从外边走了进来，走到我脚边慢慢趴了下去。

当“了”位于宾语和补语后时，通常管辖前面整个句子，其功能是表示事情、状态的出现。例如：

①我进门的时候，她们已经吵起来了。

这个句子表示“她们吵起来”的状态已经是事实。

②我看见后边的人已经追上来了，于是加快了脚步。

③天气热起来了，于是我把冬天的衣服都收了起来。

4.趋向补语的否定形式

与结果补语的否定形式一样。例如：

①A：你把书寄回家去了吗？

B：我没寄回家，寄到系里了。（“没”否定的是趋向补语“回”）

②等一会儿吧，汽车还没有开过来。（“没有”否定“过来”）

③黑板上的字写得太用力，怎么擦也没擦下去。（“没”否定“下去”）

④我平时很注意他们的关系，可是他们的关系这么深这么久了，我竟然没看出来。（“没”否定“出来”）

⑤我不拿回去她会骂我的。（“不”否定“回去”）

⑥今天我不做完功课不睡觉。(“不”否定“完”)

“不”用在动词前时,通常出现于假设、条件句,如例⑤、⑥。

练 习

一、用适当的趋向补语填空:

1.同志们鼓励他们投稿,争取把这篇文章在报纸上登( )。

2.他说( )了青年们的心里话。

3.姐姐拿( )一把刀子,把西瓜切( )了。

4.你放心,我们一定把你的意见反映( )。

5.两个运动员战士把受伤的同志送( )野战医院( )了。

6.姐姐,把这些饼干包( ),我要带走。

7.这个地方又安静又方便,你住( )吧,别搬走了。

8.狼突然向东郭先生扑( )。

9.我能看( )这是一个先进单位,这里的一切都令人满意。

10.最近,小明当( )了优秀少先队员。

11.请你把老师的电话号码记( )。

12.这个宿舍能摆( )四张床吗?

13.听了他的话,大家都笑了( )。

14.应该注意,别叫群众的情绪低落( )。

15.请你把黑板上的字擦( )。

16.这是谁写的字,你猜( )了吗?

17.那封信是谁拆( )的?

18.这是我们班学生的名单,刚才又来了五个,请你把她们的名字写( )。

19.我的车不知道叫谁给撞得瘪( )一块。

20.刚才他不小心,头碰在门上,碰( )一个大包。

21.这个人因为犯法被抓( )了。

22.听了他的一番话,我才明白( ),原来出卖我的竟是我的老同学,而不是我的邻居。

23.昨天坐地铁,因为我一直想心事,结果坐(　)了站。
24.这个人嘴很厉害,我说不(　)他。
25.你让我帮你修房子?我很愿意,可是工作太忙,时间花不(　)。

二、改病句:

1.我们进去幼儿园,小朋友们正在门口排着队欢迎我们。
2.吴清华逃了地主家以后,向大森林跑去。
3.琴声一响,孩子们就唱了下来。
4.小刚把书包一放就跑出了。
5.你的朋友回到了,难道你没看见吗?
6.时间飞快地过,眼看就要放假了。
7.孩子一看见我,就向我扑了过去。
8.你的钢笔坏了,应该修理起来。
9.一九六二年,周师傅和他的妻子先后病死了,留起来三个儿子和两个女儿。
10.每到这个时候,我就想起来他的名字。
11.老张进去商店的时候,已经快十二点了。
12.他把小女儿叫来面前说:“你要永远记住这个教训。”
13.受伤的人从床上坐上来了,大家劝他赶快躺。
14.风一吹,飘了一阵花香过来。
15.房间里不时地传一阵阵的笑声出来。
16.同学们,上课了,快进去教室!
17.吃完饭,我们都回去宿舍。
18.小李,你给我拿来一个杯子!
19.鸽子飞上去天了。
20.农民的生活一天比一天好下去。
21.我一边看着江面一边想到:“这条江有多宽?”
22.老师不但关心我们的学习,还关心到我们的生活。

第三节　可能补语

就功能来说,可能补语与结果补语、趋向补语很不同,它主要表示“主客观条件是否允许某种结果、趋向发生”，但是在结构上与结果补语和趋向补语关系很密切，可能补语中最重要的一种，就是由结果补语和趋向补语构成的，所以我们把它归入补语。

可能补语有三种：

一、由“得/不＋结果补语/趋向补语”构成的，叫A类可能补语；

二、由“得/不＋了(liǎo)”构成的，叫B类可能补语；

三、由“得/不得”构成的，叫C类可能补语。

一、A类可能补语

(一)A类可能补语表示的语法意义

在动词和结果补语或趋向补语之间插入“得”或“不”可以构成A类可能补语，如“吃饱”——“吃得饱”、“吃不饱”，“出来”——“出得来”、“出不来”。A类可能补语表示“主观条件(能力、力气等)或客观条件是否容许实现某种结果或趋向”。例如：

①小明的力气小，举不起这块大石头。

②我只学了几个月汉语，看不懂《人民日报》。

以上两句说的是主观条件。

③前边的人挡着我，看不见黑板上的字。

④教室里很吵，听不清录音。

这两句说的是客观条件。

应注意，可能补语中的“得/不”与“能/不能”的意思不完全一样。表示“情理上许可不许可”、“准许不准许”的意思时，可以用“能”或“不能”，但不能用A类可能补语。例如：

⑤外面很冷，你又在发烧，不能出去。

这个句子里的“不能”是“情理上不许可”、“不应该”的意思，不能用A类可能补语来表达，不能说：

*外边很冷，你又在发烧，出不去。

又如：

⑥记住，没有我的命令，你不能进来！

这个句子里的“不能”是“不准许”的意思，也不能说：

*记住，没有我的命令，你进不来！

(二)A类可能补语的肯定形式和否定形式

虽然A类可能补语有肯定和否定两种形式，但在实际语言中主要用否定形式，除了疑问句以外，肯定形式用得较少。当要表达“主、客观条件容许实现某种结果或趋向”这个意思时，一般多用“能(或可以)＋动词＋结果补语/趋向补语”的形式。例如：

①这种本子很普通，你在商店里能(可以)买到。

②他又往前一凑，能听见说说笑笑，却听不清说什么。

③我能学会滑冰，但学不会游泳。

A类可能补语的肯定形式主要在下列场合使用：

1.问话中有可能补语时，回答多用可能补语。例如：

A：我的话你们听得懂吗？

B：听得懂。

2.表示实现某种结果或趋向比较勉强或把握不大时，常用肯定形式的A类可能补语，动词前常有“大概、也许、说不定”一类词语。例如：

①我去书店看看，你要的书也许买得到。

②你说一遍我听听，说不定我听得懂。

3.委婉地表示否定的意思。例如：

①他的病不是药治得好的。(药治不好)

②这里没有一个人比得上他。(谁都比不上他)

4.形式上用肯定形式，但所表达的意思与否定形式有某种联系。例如：

①你上哪儿我也找得着！(你别以为我找不着)

②这个人什么坏事都做得出来！(没有什么坏事他做不出来)

2、3、4 是肯定形式的 A 类可能补语的典型用法，这些用法可以归结到一点——都与否定意义有某种联系。也就是说，当表示把握不大、委婉的否定意思或批驳某种说法时，肯定形式的 A 类可能补语比“能＋动词＋结果补语/趋向补语”更富于表现力。

当表达“主、客观条件不容许实现某种结果或趋向”时，一般用可能补语的否定形式，很少用“不能＋动词＋结果补语/趋向补语”，如用后者，有时句子不能成立。例如：

①吸烟的害处说不完。

*吸烟的害处不能说完。

②银花想不出办法来。

*银花不能想出办法来。

有时表示其他意思。例如：

③(黑板上的字写得太重)擦不掉。

(黑板上的字有人还没抄完，)不能擦掉。(不准许)

④(老汉对羊有深厚的感情，)离不开羊群。

⑤龙梅想：羊是集体的财产，不能离开羊群。(不应该)

当表达人对事物的某种看法、主张时，可以用“不能＋动词＋结果补语/趋向补语”形式，这时所表达的意思与 A 类可能补语基本一样。例如：

①你不下苦功夫就不能赶上他们。

②眼泪不能吓跑敌人，必须和敌人斗争。

上面两个句子当然也可以用可能补语。例如：

①′你不下苦功夫就赶不上他们。

②′眼泪吓不跑敌人，必须和敌人斗争。

在疑问句里，既可以用可能补语，也可以用“能/不能＋动词＋结果补语/趋向补语”。例如：

①他的话你听得懂吗？

②他的话你听不懂吗？

③他的话你听得懂听不懂？

④他的话你能听懂吗？

⑤他的话你能不能听懂？

⑥他的话你能听得懂吗？

总之，当表达由于主观或客观条件的限制而不能实现某种结果和趋向时，通常应该用否定形式的可能补语，而不用或通常不能用“不能＋动词＋结果补语/趋向补语”的形式，也就是说可能补语在汉语中是表达上不能回避的一种语法形式，想“绕开”是不行的。而表达相应的肯定的意思时，则要用“能＋动词＋结果补语/趋向补语”形式，也就是说，在使用上，可能补语的肯定形式是很少用的，可能补语的肯定形式和否定形式是不对应的。

（三）熟语性 A 类可能补语

有些 A 类可能补语，没有相应的结果补语或趋向补语形式，如“来不及”——“*来及”，“对不起”——“*对起”。这类可能补语多与前边的动词结合得很紧，形成一个熟语性结构，如“对不起”的意思是“对人有愧”，“靠不住”的意思是“不可靠”。这类可能补语的数目不多，常用的如“禁得/不住”、“经得/不住”、“靠得/不住”、“划得/不来”、“合得/不来”、“说得/不拢”、“经得/不起”等，其意义大多能在词典里查到。由于没有相应的“能＋动词＋结果补语/趋向补语”形式，所以熟语性A类可能补语的肯定形式比一般的A类可能补语的肯定形式用得多些。

(四)包含A类可能补语的句子的结构特点

1.能带A类可能补语的主要是动词，而且以口语中常用的单音节动词为多。如果单音节动词与双音节动词同义，一般用单音节动词。如说“吐不出来”，不说“呕吐不出来”，说“考不好”，不说“考试不好”。某些书面语色彩很浓的动词不能带可能补语。

下列动词不能带A类可能补语：[1]

(1)动补式的双音动词：取得、获得、使得、免得、觉得、晓得、认为、成为、延长、扩大等。

(2)某些表示心理活动的动词：感动、佩服、喜欢、讨厌、抱怨、想(想念义)、误会、怕、心疼、着急、懂、知道、同意、希望、满意等。

(3)有、是、为、像、以为，表示致使义的“让、叫、给”以及能愿动词。

(4)灭、断、发生、开始、出现、经过、成、结果、停止、加入、爆发、

① 本节所列举的动词、形容词一般限于《普通话三千常用词表》(初稿)所收录的。

鼓励、称赞、尊敬、尊重、冲突、反对、俘虏、允许、通信、教学、交际、抱歉、失去、著、游戏、拥抱、跟随等。

少数形容词也可以带A类可能补语,如"好不下去了"、"热不死"、"红不起来"等。

表示趋向意义和结果意义的趋向补语易于构成可能补语,表示状态意义的一般较难构成可能补语。如"哭开了"——"*哭不开","哭起来了"——"*哭不起来"。结果补语大多可以构成可能补语。

2.包含A类可能补语的句子,动词前可以有状语,但限于修饰整个谓语的表示时间、处所、范围、对象等方面的非描写性状语。例如:

①大娘接过药,眼里含着感激的泪水,半天说不出话来。

②她性格孤僻,和别人谈不上几句就没话了。

③一直到半夜,他还合不上眼。

④一锹挖不出个井,一口吃不成个胖子。

动词前一般不能用表示动作者的心情、态度以及修饰动作的描写性的状语,句中如有此类状语,就只能用"能/不能+动词+结果补语/趋向补语"的句式。例如:

⑤他在哪里呢?他自己也不能正确地回答出来。

*他在哪里呢?他自己也正确地回答不出来。

⑥你能高高兴兴地做完这件事吗?

*你高高兴兴地做得完这件事吗?

应注意下边两个句子的区别:

⑦这些书我今天不能全买到。

⑧这些书我今天全买不到。

例⑦的“全”只限制“买到”，意思是“只能买到一部分”，例⑧的“全”限制“买不到”，意思是“一本也买不到”。

3.可能补语一般不能用于“把”字句、“被”字句的谓语动词后，[①]不能用于连动句的第一动词后。下边的句子是不正确的：

*我把这个活干不好。

*我把这些练习一小时做得完。

*这个杯子被他打不破。

*敌人可能被我们打得败。

*他病刚好，出不去散步。

*我没有票，进不去看电影。

4.有些可能补语中间可以加“太、大、很”一类程度副词。例如：

①我看不大清楚。

②在别人家里吃饭，我总吃不大饱。

③这件事我说不太准。

5.宾语的位置

(1)有可能补语，又有宾语时，宾语位于可能补语后。例如：

①我们还是看不清跑道。

②这个口袋装不下六十斤米。

③商店已经下班了，他买不来东西了。

(2)宾语也可以放在整个动补短语之前，不过要在宾语前重复

---

① 某些熟语性可能补语可以用于“被”字句，如“他不明白，为什么自己总被人看不起？”

动词。例如：

①他说话说不明白。

②汽车拐弯拐不过来。

(3)如果可能补语是由复合趋向补语构成的，宾语多位于复合趋向补语的中间。例如：

①他激动得说不出话来。

②他的思想总是转不过弯来。

宾语有时也可以放在复合趋向补语之后。例如：

③这个包太小，装不进去一本杂志。

6.肯定形式的A类可能补语前还可以加“能”来加强“主、客观容许”的意思。例如：

①这一百多亿根毛竹，流去了井冈山人多少汗水，谁能算得清呢？

②你别说，我能猜得出来。

但否定形式的A类可能补语前不能加“不能”，因为加上“不能”后将成为双重否定，在汉语里双重否定等于肯定，再加上“不能”的多义性，意义会相差很远。例如：

③你完不成这个任务。(否定)

④你不能完不成这个任务。(“不能”的意思是“不准、不应该”)

⑤这句话他听不懂。(否定)

⑥这句话他不能听不懂。(“不能”的意思是“不会”)

二、B类可能补语

(一)B类可能补语表示的语法意义

B类可能补语是由“得/不＋了(liǎo)”构成的。“了”的本义是“完”、“结束”，由“得/不＋了”构成的可能补语用在某些动词后，[①]“了”有时仍表示“完、掉”等结果意义。例如：

①这个西瓜太大，咱们俩吃不了。（吃不完）

②这件事我总也忘不了。（忘不掉）

这类“得/不了”与A类可能补语所表示的意思是一样的，所以应属于A类。

由“得/不＋了”构成的B类可能补语，“了”本身不表示结果意义，整个“得/不了”表示“主、客观条件是否容许实现（某种动作或变化）”。例如：

①钻机没有水就动不了。（客观条件不容许）

②今天下雨，去不了颐和园了。（客观条件不容许）

③你这么大年纪了，连山上的草都拔不了，怎么能搬走这两座大山呢？（主观条件不容许）

④今天阿里病了，上不了课了。（主观条件不容许）

“得/不了”还可以表示对情况的估计。例如：

①我看小刘比小陈大不了几岁。

②敌人是兔子的尾巴，长不了。

表示“情理上是否许可”或“准许不准许”意义时，不能用B类可能补语，只能用“能”。例如：

①一个人不能去，会掉在沟里！

*一个人去不了，会掉在沟里！

---

① 某些动词后用动态助词“了”，也表示“掉”之类结果意义（参见第二编第九章第二节之一“动态助词‘了’”）。

②你的要求是错误的,我不能答应。

*你的要求是错误的,我答应不了。

B类可能补语在陈述句中也主要用否定形式,表达相应的肯定意思时,多用“能”。例如:

①二哥,属老虎的才能干这种事,属耗子的干不了。

②今天晚上我能去,阿里去不了。

B类可能补语主要用于口语,书面语或在正式场合更多的是用“能/不能+动词”、A类可能补语或其他方式。

(二)B类可能补语与A类的区别

虽然在表达“主、客观条件是否容许实现”这一点上A类可能补语与B类有相同之处,但A类总与动作的结果或趋向相联系,而B类则与结果或趋向无关。试比较:

①今天晚上我有事,看不完这本书了。(A类,不能实现“看完”)

②今天晚上我有事,看不了这本书了。(B类,不能实现“看”)

(三)包含B类可能补语的句子的结构特点

包含B类可能补语的句子,结构特点基本与包含A类可能补语的句子相同,值得提出的有以下两点:

1.动词或形容词与B类结合要比A类来得容易,结合面也宽些,连某些动补式动词(如“扩大、延长、埋没、提高”等)、前面有状语的动词甚至有其他补语的动词都可以带B类补语。例如:

①我们这里埋没不了人材。

②他这个人,早来不了。

③这些土地是我们的,谁也抢不了去!

这是因为B类可能补语主要用于口语，所以只有口语中不常用的动词，如“逾、著、恭候、寻（找）……”、表示使令义的“使、让、叫”以及能愿动词等不能带B类可能补语。

不能带B类可能补语的形容词有以下两类：

A.某些口语中不常用的，如“肮脏”、“错误”、“丑陋”、“细腻”、“衰败”、“高大”等。

B.非谓形容词，如“男”、“女”、“雌”、“雄”、“正”、“副”、“横”、“竖”、“夹”、“大型”、“初级”、“多项”、“个别”、“共同”、“主要”、“新生”、“慢性”、“新式”、“四方”、“万能”、“天然”、“人为”、“袖珍”、“高频”等。

2.B类可能补语中间不能插入程度副词。

三、C类可能补语

动词和形容词后可以只用“得/不得”作补语，叫C类可能补语，如“吃不得”、“去不得”、“急不得”等。此类可能补语表示两种语法意义，或者说有两种C类可能补语，C_1类与C_2类。

（一）C_1类可能补语

C_1类可能补语表示“主、客观条件是否容许实现（某种动作）”，即与B类可能补语的意义相同。例如：

①（三仙姑）羞得只顾擦汗，再也开不得口。

②他倒在太师椅上，半天动弹不得。

C_1类可能补语在现代汉语普通话中用得很少，所以在表达“主、客观条件容许实现某种动作”这个意义时，一般不用C_1类可能补语，而用“能/不能＋动词”或B类可能补语。例如：

③我没有时间，不能去了。

我没有时间,去不了了。

*我没有时间,去不得了。

C_1 类可能补语中有些是熟语性的,已与前边的动词凝结成一个词,在现代汉语普通话中常用。如"恨不得"、"怪不得"、"顾不得"、"巴不得"、"算不得"——只用否定形式,"舍得/不得"、"值得/不得"、"记得/不得"——肯定、否定形式都用。

(二)C_2 类可能补语

C_2 类可能补语表示"情理上是否许可",即有"应该"、"容许"的意思。可以用在动词和形容词后。例如:

①凉水浇不得。(意思是"不应该浇凉水")

②这个人你可小看不得。(意思是"不应该小看")

③那推针的手,轻不得、重不得、慢不得、快不得。

④那寿木盖子是四川漆! 不能碰,碰不得!

但表达"不准许"意义时,不能用 C_2 类可能补语,试比较:

⑤没有我的命令你不能走!

*没有我的命令你走不得。

除了疑问句外,C_2 类可能补语一般只用否定形式。这是因为此类可能补语常用来规劝、提醒或警告,意思是:不要做或避免出现可能补语前的动词或形容词所表示的动作或情况,否则会带来不良后果。此类补语只出现在口语中。

包含 C_2 类可能补语的句子的结构特点,有两点应该提出:

1.C_2 类可能补语前的动词或形容词也以单音节的为多。不能带 C_2 类可能补语的动词主要有:

A.口语中不常用的;

B.表示动作者所不能控制的动作的动词,如“醒”、“传染”、“长(zhǎng)”、“度过”、“遇”、“吃惊”、“觉悟”、“爆发”等;

C.“是”、“像”、“为”、“以为”以及能愿动词。

能带 C_2 类可能补语的形容词是有限的,多是口语中常用的、表示人所能控制的状态的。主要有:大、小、高、低、长、短、粗、细、宽、窄、厚、薄、满、空、多、少、偏、歪、斜、弯、深、浅、重、轻、快、慢、迟、浓、淡、密、稀、软、硬、紧、松、乱、稳、错、怪、贵、贱、便宜、密切、统一、简单、复杂、难、容易、热、冷、凉、甜、酸、辣、咸、饿、累、闲、慌、胖、美、骄傲、糊涂、灵活、老实、谦虚、粗鲁、冒失、粗心、大意、随便、认真、马虎、麻痹、厉害、紧张、急、客气、文明、严、活泼、顽固、疲沓、固执、热情、大方、小气、自私、激烈、懒、勉强、顽皮、高兴、恼、亲热、兴奋、保守、积极、消极、悲观等。

2.带 C 类可能补语的动词后很少带宾语,如有宾语,宾语的结构也一定很简单,如“开不得口”、“怨不得他”等。句中如有受事者,多位于动词前作主语。比较:

你那犹犹豫豫的老毛病可犯不得。

?可犯不得你那犹犹豫豫的老毛病。

练　习

一、用适当的可能补语填空:

1.树林中有一面红旗,由于雾特别大,看(　　)。

2.这个担子太重了,我挑(　　)。

3.我们住的小胡同特别窄,汽车开(　　)。

4.我的钢笔哪儿去了,怎么找(　　)了?

5.我是哪国人,你猜(　　)吗?

6.今天太晚了,去(　)颐和园了。
7.不用电炉的时候,要把插销拔下来,千万大意(　)。
8.他忙得连饭都顾(　)吃。
9.雷锋从来舍(　)乱花钱。
10.这个礼堂坐(　)三千人吗?
11.这是什么地方?我怎么想(　)了?
12.你说得太快,我们听(　)。
13.这件衣服太贵,我买(　)。
14.在我们面前没有克服(　)的困难。
15.你慢点说,太快了,我记(　)。
16.这个教室坐(　)一百个学生吗?
17.天黑以前我们到(　)家吗?
18.这是谁的声音,你听(　)吗?
19.他们两个人每天在一起,好像分(　)的样子。
20.这些人像一盘散沙,我看组织(　)了。

二、把下列肯定句改成否定句:

1.今天学的课文我能背下来。
2.星期日小刘能回来看电影。
3.这两道题有什么区别,我能看出来。
4.他说的话我能听懂。
5.这个问题小王能答上来。
6.一块钱能买五斤苹果。
7.电影七点半能演完。
8.你在这样的灯光下看书,眼睛会近视的。
9.这件事我能详细地写出来。
10.童年时代的生活他还记得。

三、判别正误:

1.A.这个问题他考虑了很久,还是不能想出什么办法来。
　B.这个问题他考虑了很久,还是想不出什么办法来。
2.A.只要你能平安地回来,我就满足了。
　B.只要你平安地回得来,我就满足了。
3.A.阿里问谢利上哪儿去了,谁都回答不过来。

B.阿里问谢利上哪儿去了，谁都回答不出来。

4.A.这本书你能亲自给他送去吗？

B.这本书你亲自给他送得去吗？

5.A.他长得和中国人一样，谁都看不出来他是个外国人。

B.他长得和中国人一样，谁都不能看出来他是个外国人。

6.A.这个音很难，我总也发不好。

B.这个音很难，我总也不能发好。

7.A.你这个毛病怎么老也改变不过来？

B.你这个毛病怎么老也改不过来？

8.A.酒太多了，我喝不完。

B.酒太多了，我不能喝完。

四、改病句：

1.你连一块石头都不能搬动，怎么能把山搬走呢？

2.今天天气不好，还照相得了吗？

3.要不是老师帮助我，我就不能学习中文好。

4.因为钱不够，所以他买不到那件大衣了。

5.下午你来得了帮助我吗？

6.我打开水龙头，看看现在水来得了来不了。

7.现在，那座小山上一颗树也不看见。

8.蕃瓜弄是上海一个有名的贫民窟，去参观以前，我真不能想象到过去的劳动人民生活是那样的悲惨。

9.小张的伤势很重，大家都知道他已经不能救活了，禁不住哭了起来。

10.你这样工作，不能工作好。

第四节　情态补语

情态补语主要指动词后用“得”连接的表示动作的结果状态的补语，某些形容词后也可以用情态补语。由“个”、“得个”连接的补语也属于情态补语。

情态补语在汉语中是一种结构、语义指向、表达功能都十分复杂的补语，像结果补语和趋向补语一样，是十分重要的。当要对动作或动作的结果进行描写时，情态补语往往是必须采用的。

一、情态补语的语义指向

像结果补语一样，在语义上情态补语也不总是只指向动词。

（一）指向动词的情态补语

情态补语指向动词时，作用是对动作进行描写、评价或判断，由形容词和形容词短语充任。形容词充任情态补语与充任谓语一样，一般前面要加“很”，“很”表示程度的作用很弱。例如：

①为了备课，李老师每天睡得很晚。

②这场友谊赛非常精彩，运动员都打得很好。

只有在对举、比较的句子里，形容词才能单独作情态补语。例如：

③我们一起学英语，他学得好，我学得不好。

④我从前唱得好，现在嗓子不行了，唱不好了。

其他程度副词也可以用在形容词前。例如：

⑤太阳出来有一人高了，伙计们睡得正香。

⑥他说得非常对，我完全同意。

语义指向动词的情态补语可以针对补语提问。例如：

①老师的问题他回答得对不对？

②他唱得好吗？

③你今天起得是不是很晚？

语义指向动词的情态补语常用肯定形式，但是否定形式也不是很少见。例如：

①我唱得不好，请大家原谅。

带这类情态补语的动词后有宾语时，如果宾语是第一次出现或不说宾语语义不明确时，要重复谓语动词。例如：

①他唱歌唱得很好。

②小李写汉字写得很清楚。

③玛丽说汉语说得比我流利。

这种重复动词的用法，通常不用于表示某一特定的动作，而是表示一般的情况或习惯性动作行为。如例①—③。再如：

④我妹妹说话说得很快，外国人听起来很困难。

⑤他抽烟抽得很多。

这种句子的第一个动词也可以省掉。例如：

⑥他歌唱得很好。

⑦小李的汉字写得很清楚。

⑧玛丽汉语说得比我流利。

(二)指向施事者(或当事者)或受事者等的情态补语

有些包含情态补语的句子，其谓语动词或形容词表示原因，"得"后的补语表示结果——某动作或状况使施事者(当事者)或受事者等出现了何种情态。在包含情态补语的句子中，这类句子占多数。当谓语中心语为形容词时，此类情态补语一般描写当事者(多为主语)，谓语中心语为动词时，补语多描写受事者，有时描写施事者、当事者等。能充任此类补语的词语很多，几乎凡是能充任谓语的词语都可以。如形容词(短语)、动词(短语)、名词短语、固定短语以及复句形式的短语等。例如：

①敌人气得大喊："你小小年纪，难道不怕死吗？"

("大喊"描写"敌人"——当事者)

此类情态补语实际上也包含不止一个主谓结构或动宾结构，上述句子中包含两个主谓结构:"敌人——气","敌人——大喊",而"气"是原因,"大喊"是"气"的结果,也是敌人生气时的样子——情态。又如:

②听了这句话,他的脸胀得通红。(描写"脸"——当事者)(他的脸胀,他的脸通红)

③嗓子眼儿干得直冒烟儿。(嗓子眼儿干,嗓子眼儿直冒烟儿)

④王进喜听了这个消息高兴得跳了起来。(王进喜高兴,王进喜跳了起来)

⑤住在这古老森林里的飞禽走兽,都被惊得乱飞、怪叫起来。(描写"飞禽走兽"——受事)(飞禽走兽被惊,飞禽走兽怪叫起来)

⑥老大娘高兴得见人就说:"合作医疗真是好啊!"(老大娘高兴,老大娘见人就说)

⑦我看他忙得一点空也没有,心里很难过。(他忙,他一点空也没有)

⑧从此,隧道里的情况完全变了,昨天还热得头晕,今天却冻得发抖。(描写"人"——当事者/受事者"人"承前隐现)(人热,人头晕,人被冻,人发抖)

⑨那包饼干早被压得粉碎了。(饼干被压,饼干粉碎了)

⑩有一次卓玛被打得快死了。(卓玛被打,卓玛快死了)

⑪他吓得站也站不稳,坐也坐不安。
(他被吓,他站也站不稳,坐也坐不安)

⑫廷椽和豪绅们吓得面如土色。
(廷椽和豪神们被吓,廷椽和豪绅们面如土色)

⑬这一场意外的争论,把我和那个女卫生员搞得莫名其妙。

(我和那个女卫生员被搞,我和那个女卫生员莫名其妙)

⑭他把斧子举得跟头一样高,站在那里,一动也不动。

(他举斧子,斧子跟头一样高)

⑮老纪听得入了迷。(描写"老纪"——施事)

(老纪听,老纪入了迷)

注意:这个句子的情态补语是"入了迷",是一个动宾结构。

⑯我看书看得忘了吃饭。(我看书,我忘了吃饭)

有时谓语动词不表示原因(此类动词多为"生、长"一类非动作动词),补语也说明当事者的情态。例如:

⑰此人生得细长高粱秆个子,鸡蛋脸。

(说明"此人"——当事者)

⑱这个小女孩长得很漂亮。

(说明"小女孩"——当事者)

当补语语义指向动作的施事、受事等时,动词后如有宾语,也要重复谓语动词。例如:

⑲他走路走得满身大汗。

⑳小明听故事听得忘了吃饭。

(三)主谓短语充任情态补语时,补语中的谓语说明补语中的主语。例如:

①铁锤一下一下准确地落到钢钎上,打得石屑飞迸,火星四溅。

"飞迸"说明"石屑","四溅"说明"火星"。又如:

②呼啸的大风卷起地上的灰沙，直吹得我头昏眼花。

③在进军的路上，打得敌人望风而逃。

④看慌得你那个样子，快把心收收办正事好不好？

⑤这一番话听得我凄然而又悚然。

⑥这双鞋穿得底都快透了，可是帮儿还很好。

⑦小明写字写得铅笔尖都秃了。

这种句子全句的主语、谓语动词和情态补语中的主语之间关系比较复杂。有时全句主语是施事，补语中的主语是谓语动词的受事，如①②两句；有时全句主语就是补语的主语，是施事，如⑤；有时谓语中心语是形容词，补语的主语是当事者，也是全句的主语，如例④；有时补语的主语是全句主语的一部分，如⑥；有时补语的主语表示谓语动词所凭借的工具，如⑦；等等。这类句子一般都可以变换成"把"字句。如"（大风）把我吹得头昏眼花"、"把敌人打得望风而逃"、"这一番话把我听得凄然而又悚然"、"这双鞋把底穿得快透了"、"小明写字把铅笔尖写得都秃了"。

语义指向动作的施事或受事的情态补语，都表示一个具体的特定的动作。因此与语义指向动作的情态补语不同，当动词后有宾语而重复动词时，不表示一般性的习惯性的动作。

二、包含情态补语的句子的结构特点

（一）情态补语与谓语中心语之间除了结构助词"得"之外不能插入其他任何成分。

（二）包含情态补语的动词和形容词的特点

1.可以带情态补语的动词和形容词：

动词：

(1)一般动词都可以带对动作进行描写的情态补语。

(2)能带指向动作的施事或受事的情态补语的动词以单音节的为多,如"打"、"吹"、"说"等。少数双音节动词也可以带此类补语,多为表示动作行为的动词,如"收拾"、"打扮"、"糟蹋"、"整理"、"安排"、"打扫"等。

形容词:

(1)单音节的以及不少双音节形容词,如"聪明"、"老练"、"糊涂"、"热闹"、"激动"、"高兴"、"凉快"、"舒服"、"紧张"、"严肃"等都能带描写当事者情态的情态补语。这类形容词还可以带由主谓短语充任的情态补语。

(2)形容词本身包含有程度意义及形象意义的,如"冰凉"、"漆黑"、"雪白"、"金黄"、"笔直"、"草绿"、"鹅黄"、"逼真"、"稀烂"、"滚圆"、"碧绿"、"狂热"、"杰出"、"红彤彤"、"黑咕隆咚"、"稀里糊涂"等,不能带任何一种情态补语。

2.带情态补语的动词、形容词不能是重叠形式的。

包含有情态补语的句子,全句表达的意思的重点在补语部分,补语是谓语的中心,语音停顿都在"得"后。也正因为如此,带情态补语的动词和形容词不能是重叠形式。这是因为在汉语的一个句子中,只能有一个谓语中心(并列的动词、形容词作谓语是一个中心)。动词和形容词重叠形式无疑也是句子的谓语中心,所以不能与情态补语并存。

3.句子中一般不能出现描写性的状语。在汉语的一个句子中,一般不允许表示同类语法意义的成分以不同的句子成分形式出现。因为情态补语是对动作及动作的施事、受事等进行描写的,所以句子中不允许有描写动作的施事和描写动作的状语。比如下面的句子是不能成立的：

*他高高兴兴地说得很快。

*我慢慢地摔得很疼。

*大爷急不可待地说得很激动。

4.包含情态补语的句子的动词都表示已然的动作。这是因为情态补语是描写性的，而对一个动作或对与该动作有关的人和事物进行描写时，该动作显然应该已经发生了。这个问题下面还会谈。

（三）情态补语的结构特点

在情态补语中，只有语义指向动作的有否定形式。例如：

①小刚唱歌唱得不好。

②这个字写得不对。

此类补语可以用正反疑问式来提问。

其他几类补语因为是描写性的，所以一般多以肯定形式出现。有时以否定形式出现会使人感到莫名其妙。例如：

③ *我把那本书看得没旧。

（我没把那本书看得很旧）

④ *他急得不坐了。

（他急得站了起来）

有时补语中可以有否定副词，但那是和补语中其他词语构成一个整体来描写施（当）事或受事的。例如：

⑤大风吹得他睁不开眼睛。

⑥王刚被训斥得不说话了。

此类情态补语也很少用疑问形式，也就是说，很少针对这类补语来提问。例如：

① *大风吹得他睁得开眼睛睁不开眼睛？

② *王刚被训斥得说话不说话了？

下面的句子也有点奇怪：

③大风吹得他怎么样了？

④王刚被训斥得怎么样了？

三、情态补语的表达功能

如前所述，在结构上，情态补语是句子谓语的中心，从表达功能来看，情态补语也是句子的信息焦点。当要对动作进行描写、评议时，一般应该用情态补语。比如：

①这件事他干得不错。

这个句子的语义焦点在“不错”。不能说：

*这件事他干不错。（意思不同了）

②今天我起得很早。

不能说：

*今天我起很早。

③他写中国字写得很好。

？他写中国字很好。

当然，汉语中也有“我说话很快”、“他走路很慢”、“姐姐每天睡觉很早”这样的说法，但是，如上面的例句，当对动作进行描写时，不是所有的动宾短语作主语的句子都可以接受。相反，这种动宾短语作主语的句子都可以改为用情态补语的句子。如“我说话说得很快”、“他走路走得很慢”、“姐姐每天睡觉睡得很早”。

情态补语是描写性的，当要描写“一个人因为很高兴，所以跳起来了”这样一个情形时，你应该说“他高兴得跳起来了。”当然你可以说“他因为很高兴，所以跳起来了。”但是这听起来不像一句地道的中国话。也就是说，情态补语描写一个人由于某种原因而作出一个动作、出现一种情态，要表达这个意思时，一般不宜用其他表达方式代替。

四、情态补语与结果补语比较

1.结构上，结果补语一般是单音节形容词或动词，而情态补语一般不止一个音节。

2.结果补语所表示的结果都是被动的，而情态补语不一定。例如：

①听了这个消息，李冰急得到处找人打听消息。

②妹妹不叫他跳了，说他跳得不好看，还说音乐声音太吵，他听了以后，气得把音乐声音拧得更大，跳得更起劲了。

所以，如果说结果补语表示一个由于某种原因引起的一个被动的结果的话，那么情态补语有时可以表现由一个原因引起的积极的行动。

五、情态补语的省略形式

有的句子，动词、形容词后有结构助词“得”，“得”后再无其他成分，这类句子的主语前常有“瞧、看”一类动词。例如：

①孩子，看你那鞋烂得，把这双鞋穿上。

②看他累得。

③你瞧小英美得。

这类句子是省略了情态补语，后边往往能补上“这个样子”、“那个样子”以及更为具体的情态补语，在一定的语言环境中，所省略的补语不说意思也清楚。这种句子只出现在口语中。

下面的句子实际上也包含情态补语(参见第四编第三章“‘是……的’句”)：

④他两眼通红，是哭的(得)。

⑤我手上起了一个大泡，是开水烫的(得)。

六、用“个”连接的情态补语

用“个”连接的情态补语其形式和意义都很简单，远不如由“得”连接的补语那么复杂。这类补语有两种：

(一)补语为肯定形式的，其作用一般是对施(当)事或受事进行描写，可由形容词(短语)、动词(短语)、象声词、固定短语等充任。例如：

①在游泳池里，孩子们又是游泳，又是打水仗，玩了个痛快。

②大厅里打了个稀里哗啦，花瓶粉碎，碟儿碗儿稀烂，桌椅板凳东倒西歪。

③这会儿，又半路上拔气门芯，把我弄个不上不下的，多别扭。

④民兵们把敌人打了个落花流水。

此类用“个”连接的情态补语比用“得”连接的更加口语化，而且包含夸张的语气。此外，“个”前常用“了”，这一点与用“得”连接的补语很不同。

(二)补语为否定形式的，通常表示“不停”的意思，其作用是对动作进行描写、说明。例如：

①妈妈见了高兴得笑个不住。

②女孩子们待在一起总断不了笑声，瞧，她们手不停嘴也不

停，说个没完。

③不知为什么，马玫瑰几乎失声惊叫起来，心儿“怦怦”跳个不住。

这两类补语都只能用在动词后。

七、由“得个”连接的情态补语

由“得个”连接的情态补语只有肯定形式，其作用及结构特点与由“个”连接的肯定形式的情态补语基本相同。例如：

①其结果，把几千年封建地主的特权，打得个落花流水。

②访问的，研究的，谈文学的，侦探思想的，要做序题签的，请演说的，闹得个不亦乐乎。

这类补语多出现于文学作品中。

第五节　程度补语

程度补语从意义上来说是表示程度的，在形式上有用“得”连接的和不用“得”连接的两种。过去我们主要按其结构归入情态补语，为了更能体现此类补语表示程度的特点，现单立一类。

一、不用“得”连接的程度补语

不用“得”连接的程度补语是指直接用在形容词和某些动词后边表示程度的补语。常用的有副词“极”以及动词“透”、“死”、“坏”、“多”，另外还有“远”、“着了”、“去了”等。

程度补语像程度副词一样，只能与形容词和表示感情、感觉以及心理活动、心理状态的动词一起用。例如：

①那天正下大雪，跑了三十多里山路，我累极了。

②跨上断桥，……桥头荷花迎风摆动，像在迎接游人，真是可爱极了。

③考试结束了，我们高兴极了。

④这本书我喜欢极了。

⑤检查站工作这一改进，可乐坏了工人。

⑥这么谈，可别扭死人了。

⑦他们恨透了那个姓周的，越打越狠。

⑧哎呀，困死我了！

⑨有吃的吗，我饿极了。

⑩这件毛衣扎极了，我不能再穿了。

⑪车走在山路上，颠极了。

“极”还可以用于动词“像”之后。例如：

⑫他们父子俩像极了。

“多”只用于形容词后。例如：

⑬我们想，这里的条件虽然简陋，但比白求恩大夫当年战场上的条件强多了。

⑭这儿的天气比北方好多了。

⑮昨天暖和，今天冷多了。

“远”只用在“差”后。例如：

⑯小李的技术差远了。

“着(zháo)了”有较浓的北京地方色彩。例如：

⑰哎呀，我昨天晚上一出门，一条大狗就朝我扑过来了，可吓着了我了。

“形容词＋去了”北方人常用：

⑱那个地方远了去了，走路走不到。

⑲我们老家好吃的东西多了去了。

作程度补语的词语，虽然或多或少离开了本义，但都还保留有一定的词汇意义，因此使用时对前边的形容词和动词的意义有一定的要求。比如，“极”、“多”作补语可以用于积极意义，也可以用于消极意义；“死”、“坏”作补语，多用于消极意义，有时也可以用于积极意义；“透”作程度补语只用于消极意义。

应注意，“坏”、“死”、“透”、“远”、“多”等也可以作结果补语，但词义不变，不表示“程度”。比较：

①我的衣服叫雨淋透了。（结果补语）

这个人坏透了。（程度补语）

②把收音机搞坏了。（结果补语）

今天我气坏了，干什么事都不顺利。（程度补语）

③这盆花干死了。（结果补语）

这件事真把人急死了。（程度补语）

带不用“得”连接的程度补语的句子的结构特点：

1.句末一定有助词“了”。

2.补语与动词或形容词之间不能插入“了”（“远了去了”这种动补结构除外）、“过”等其他成分。

3.动词带程度补语“极”时，如还有宾语，要重复动词。例如：

①他想孩子想极了。

②小明像爸爸像极了。

“透”作程度补语时，谓语动词如还有宾语，可以重复动词，也可以不重复。例如：

③他们恨透了那个姓周的。

④他们恨姓周的恨透了。

"死"、"坏"作情态补语时,如谓语动词还有宾语,一般不重复动词;如宾语为施事,则不能重复动词。例如:

⑤这件事乐坏了我了。

*这件事乐我乐坏了。

4.此类程度补语中,"透"、"死"、"坏"、"着了"可以用于"把"字句,"极"、"多"、"形容词+去了"不能用于"把"字句。

二、由"得"连接的程度补语

由"得"连接的程度补语主要是副词"很"、"慌"、"多"、"不得了(liǎo)"、"要死"、"要命"、"不行","可以"、"邪乎"、"够呛"、"够受的"、"厉害"等也可以作程度补语。这些词语在充任程度补语时,其意义大都与其基本意义有些距离,都有表示"程度高"的意思。

"得很"可以结合的形容词和动词很广,可以用在好的事情上,也可以用在不好的事情上,可以用在形容词后,也可以用在表示心理活动和感觉的动词的后边。例如:

①我们这儿原料多得很,已经加工不过来了,你们不要再运了。

②他为大家办事辛苦得很,你应该体谅他。

③A:你想家吗?

B:想得很。

④今天他中了彩票,高兴得很。

"得慌"表示的程度可能高,也可能不高,所以前边可以加上"有点儿"。主要用在表示不太好的感觉的动词后。"得慌"中"慌"

读轻声。例如：

①这件衣服怎么这么扎得慌，哦，原来有一根针。

②郑书记，坐我的车可颠得慌啊。

③我觉得有点儿累得慌，歇会儿吧。

“要命”、“要死”表示程度高，可以用在表示心理活动和感觉的动词后，动词多表示贬义。有时也可以用在形容词后，比如“他们俩好得要命，一会儿也离不开”、“听见这个消息他高兴得要死，恨不得马上就见到她”。“要命”、“要死”都是口语，虽然可以用在褒义形容词后，但是在正式场合，还是用“得很”、“极了”等更好。例如：

①我渴得要命，快给我一点水喝。

②啊呀，我累得要命，你让我歇一会吧。

③外边热得要死，别出去了。

④那儿有什么好玩的？那么远，去一趟累得要死，我不去。

“不得了”、“什么似的”也是口语，都表示很高的程度。“不得了”既可以用在形容词后，也可以用在表示心理活动和感觉的动词后，而“什么似的”多用在形容词后。例如：

①他想你想得不得了，你快去看看他吧。

②那个地方夏天热得不得了，我可不去。

③见到女儿她高兴得什么似的。

“不行”、“可以”都表示很高的程度，也都用于口语。“不行”表示感觉，主要用在表示感觉和心理活动的形容词和动词后边。“可以”本来是“行”的意思，用作程度补语，有时有讽刺的意味，常常表示说话人的一种评价，只用在某些具有负面意思的形容词后，比如“坏”、“滑”、“笨”、“淘气”、“顽皮”、“丑”、“懒”、“酸”等。例如：

①他儿子刚才竟骂起他来了，他气得不行，嚷着非把儿子打死不可。

②我晕得不行，快扶我一把。

③他这个人真懒得可以，看他的房间，简直没法下脚。

④你这个人笨得可以，这么容易的题，给你讲了五遍，还不懂！

“厉害”、“够受的”和“够呛”都是口语，都表示很高的程度，有“难以承受的”的意思。“邪乎”与“厉害”表示同样的意思，是北方方言中的一种口语说法。例如：

①今天的路不好，又坐一辆小车，颠得够受的。

②刚才这个辣椒把我辣得够呛，眼泪都出来了。

③你快来看看我这儿怎么了，疼得厉害。

④其实他的病一点也不重，就是叫得邪乎。

“多”用于比较，表示很高的程度，用在形容词后。还可以用“多得多”表示更高的程度。例如：

①这个电影比上次看的那个好得多。

②我比他高得多得多。

练 习

一、用所给的词语造带情态补语和程度补语的句子：

例 1.他　　洗衣服　　衣服很干净

(1)他把衣服洗得很干净。

(2)他洗衣服洗得很干净。

例 2.小红　　高兴　　小红跳了起来

小红高兴得跳了起来。

例 3.阿里　　激动　　极

阿里激动极了。

1.小高　　今天　　高兴

2.小刚　　锻炼　　身体　　身体很结实

3.他的脸　　胀　　他的脸通红

4.运动员们　　表演　　很好

5.谢利　　说汉语　　比我流利

6.小王　　忙　　小王忘了吃饭

7.李明　　吃饭　　饭干干净净

8.火　　烤　　他的脸　　他的脸通红

二、判别正误:

1.A.我不能写汉字很快。

B.我写汉字不能写得很快。

2.A.他感动得连一句话也说不出来。

B.他感动连一句话也说不出来。

3.A.他翻译很清楚,我们都懂了。

B.他翻译得很清楚,我们都懂了。

4.A.我们回答老师的问题,回答得很努力。

B.我们努力回答好老师的问题。

5.A.今天晚上我宁肯少睡点觉,也要把作业做好。

B.今天晚上我宁肯少睡点觉,也要把作业做得好。

6.A.“为人民利益而斗争”这句话说得容易,做得很难。

B.“为人民利益而斗争”这句话说起来容易,做起来很难。

7.A.车开得很慢,因为路不好走。

B.车开了很慢,因为路不好走。

8.A.他比我写快得多。

B.他比我写得快得多。

9.A.由于老师的严格要求,我们越来越学得中文好。

B.由于老师的严格要求,我们学中文学得越来越好。

10.A.小虎心里想,能不能快长一点,好早一点参加工作?

B.小虎心里想,能不能长得快一点,好早一点参加工作?

三、改病句:

1.我要把这项工作做更好。

2.我听见他们唱歌得高兴极了。
3.他学汉语学得很好,也说得很对,也写得很快。
4.工人管理得工厂很好。
5.他散步得很慢。
6.敌人恶狠狠地说:"你回答全不对!"
7.我们在教室里讨论很热烈。
8.孩子们把水果吃了得一干二净。

第六节　数量补语

在动词后表示有关动作、变化的数量的成分叫数量补语。数量补语在功能、甚至结构上都与上述几种补语不同。它与动作的结果无关,也不是由动词、形容词等谓词构成的。有些语法书称之为准宾语。

数量补语有三种:动量补语、时量补语、比较数量补语。

一、动量补语

(一) 动量补语表示的意义

动量补语表示动作、行为进行的数量——次数,由动量词(专用、借用)充任。例如:

①这本书你看过几遍了?
②请等一下。
③大叔,咱们是不是一块儿到卧虎岭去一趟?
④他朝敌人狠狠踢了一脚。
⑤这杯茶水不烫,你喝一口试试。

某些形容词后也可以用动量补语。例如：

⑥灯亮了一下，又灭了。

⑦这朵花开始红了一阵子，后来变白了。

（二）包含动量补语的句子的结构特点

1.动量补语与谓语中心语之间可以用动态助词“了”、“过”。例如：

①老师傅把头轻轻地点了一下。

②来北京后我去过两次天安门。

2.宾语的位置

谓语动词后如果同时出现动量补语与宾语，宾语可能在补语前，也可能在补语后。宾语出现在补语前还是补语后，与以下几个因素有关：

（1）与充任宾语的名词的性质有关。

当名词表示一般的事物，包括抽象的事物时，位于动量补语后。例如：

①阿华师傅与站长交换了一下意见，矛盾消除了。

②他的母亲大哭了十几场，他的老婆跳了三回井。

③劳驾，请给我找一下26楼101号房间。

④我想用一下你的电话，可以吗？

⑤会五点开，他怕迟到，赶紧看了一眼桌子上的表，还好，才四点半。

⑥请问，我可以借一下这本书吗？

上述句子中的宾语不能放在补语前面。例如：

①′*阿华师傅与站长交换了意见一下，矛盾消除了。

②′*他的母亲大哭了十几场，他的老婆跳了井三回。

③′*劳驾，请给我找26楼101号房间一下。

④′*我想用你的电话一下，可以吗？

⑤′*会五点开，他怕迟到，赶紧看了桌子上的表一眼，还好，才四点半。

⑥′*请问，我可以借这本书一下吗？

在对举、列举的句子中，补语可以用在宾语后。例如：

①上个月，我作为组长给组里的人做了不少工作，跟小张交换意见三次，跟小李谈话两次，给小赵打电话五次，……

当宾语表示确定的人、动物以及地名时，可以位于补语前，也可以位于补语后。例如：

①昨天我找过两次老师，他都不在。

昨天我找过老师两次，他都不在。

②刚才我喊了小李两回，他都不答应。

刚才我喊了两回小李，他都不答应。

③小马去年来过北京一次，但住的时间不长。

小马去年来过一次北京，但住的时间不长。

④他向前推了老李一把，老李站不稳，倒了。

他向前推了一把老李，老李站不稳，倒了。

⑤他看了一眼大黄狗，赶紧跑了。

他看了大黄狗一眼，赶紧跑了。

⑥老人白了儿子一眼，不说话了。

老人白了一眼儿子，不说话了。

⑦以前我去过两次纽约，但是时间都不长。

以前我去过纽约两次，但是时间都不长。

如果宾语为代词，或动量词是“刀”、“脚”、“拳”、“巴掌”等时，宾语只能位于补语前。例如：

①小刚狠狠踢了狗一脚就跑开了。

②他从后面砍了鬼子一刀。

③没想到他竟打了我一拳。

④你打他一巴掌他就不闹了。

⑤今天上午我去医院看了他一趟，他很好。

⑥这个人过去骗过我一回，所以我不相信他。

同样，这些句子中的宾语也不能放在补语后。例如：

①′*小刚狠狠踢了一脚狗就跑开了。

②′*他从后面砍了一刀鬼子。

③′*没想到他竟打了一拳我。

④′*你打一巴掌他他就不闹了。

⑤′*今天上午我去医院看了一趟他，他很好。

⑥′*这个人过去骗过一回我，所以我不相信他。

（2）既可以位于补语前，也可以位于补语后时的宾语，还要受篇章、动作已然未然等因素的影响。

充任宾语的名词表示已知信息时，通常位于补语前，表示新信息时，位于补语后。例如：

①“爸爸回来了！”孩子高兴地喊。老李看了孩子一眼，没说话。（已知信息）

②陈科长走进来的时候，看见小李和小赵正在打扑克，他拍了小李一下，不高兴地走进自己的办公室。（已知信息）

③他想明天去医院看一次老李。（新信息）

④你看一眼老师，他在做什么呢？（新信息）

3.带动量补语的动词前很少用否定副词。因为动量词表示动作的量，没有发生动作或不想做动作，就不会有“量”的问题。当表示辩白时，动词前可以用“没”，这时“没”否定的是动量词。例如：

①A：你去过两次上海吧？

B：上海这个地方我只去过一次，没去过两次。

②A：这个电影你已经看了两遍了吧？

B：这个电影我只看过一遍，没看过两遍。

在条件句中，动词前可以用“不”。例如：

③这个人不碰几回钉子是不会虚心的。

④你不尝一口，怎么知道汤的味道？

4.限制动量词数量的副词一般多在动词前。例如：

①我才打了你两下你就受不了啦？

②今年我总共去过两次长城。

有的副词也可位于动量补语前。例如：

③这篇文章我读了整整三遍，还是不大懂。

表示次数少时，还可以用下列方式：

④这篇课文我没看几遍就会背了。

这篇课文我看了没几遍就会背了。

⑤颐和园我没去过几次。

颐和园我去了没几次。

应注意：这里的“没”应看作与动量词结合一起表示“少”，动量词前只能用不定数词“几”、“多少”；当谓语动词后没有动态助词或有动态助词“过”时，“没”放在动词前，当谓语动词后有“了”时，“没”放在动词后。

二、时量补语

时量补语用在动词后，表示动作或状态持续时间的长短。

时间可以区分为时点和时段。如果我们说时间从过去到现在以至未来呈现出线形，那么在这条线上的每个点，都是时点，时点表示一个具体的时间。这个点可大可小，比如大可以是 1999 年，可以是 21 世纪，小可以是 1998 年 12 月 21 日下午三点二十五分四十八秒。时段指一段时间，也就是时间线上的一段。时段也可大可小，大可以以世纪论，小可以以分秒论。只有表示时段的词语可以充任时量补语。时量补语表示以下几种意思：

（一）表示动作持续的时间。只有表示可以持续、可以反复进行的动作的动词和表示可以持续的状态的形容词才能带此类时量补语。例如：

①他在路上走了整整三天。

②同志，你等一会儿。

③朝也等，暮也等，等了漫长的二十年。

④金沙江对岸的几万部队，一直过了三天三夜。

⑤宴会进行了几个小时？

⑥阿华师傅站在我背后看了一会儿。

⑦去年他在北京住过几天。

⑧那盏灯亮了一夜。

⑨他整整累了一年。

时量补语前也可以是一个动宾短语，这个动宾短语都表示一个事件，而不是一个具体动作。此类动宾短语中的动词也表示可以持续的动作，补语表示动作持续的时间。例如：

①他当大夫十几年了，从来没有出过事故。

②我们开展这项活动很久了，积累了不少经验。

③你服这种药已经三个月了，效果怎么样？

动词还可以重叠，重叠后，表示动作持续的意思更明显。例如：

①我当大夫当了十几年了，都当烦了。

②你们开展这项活动开展了这么久，有什么经验吗？

③我服这种药服了三个月了，不觉得有什么效果。

带有此类补语的句子的结构特点：

1.谓语动词或形容词后可以用动态助词"了"、"过"。见上述各例。

2.宾语的位置

如果动作涉及的事物第一次出现，不说宾语意思就不清楚时，通常要重复谓语动词，宾语位于第一动词后，补语位于第二动词后。例如：

①我们坐车坐了四十多分钟。

②老李听报告听了一下午。

③刚才我找小刘找了半天。

④我喊你喊了有十分钟了。

如果宾语在上文已出现，或在一定的语境中不说出来所指也清楚时，可以不重复谓语动词，这时宾语有以下几种位置：

（1）当宾语是表示一般事物或抽象事物的名词时，一般位于时量补语后，补语与宾语之间还可以用"的"，有表示时间长的意味。[①] 例如：

---

① 下面句子中的时间词是定语，不是补语：接着他汇报了一年的工作情况。

①我今天写了二十分钟(的)汉字。

②为了这件事,我们开了两个晚上(的)会。

③我们今年上了将近二百天(的)课。

④小明打了一下午的球。

⑤昨天我们看了一天的电影。

(2) 宾语为表示确定的人的名词、代词时,一般位于时量补语前。例如:

①"是啊,我替小刘一天。"

②我跟师傅这么多年,学到了不少东西。

③小马等了你一个小时。

④你观察老师这么多年,有什么发现?

宾语为确定的人的名词,补语为"一会儿"、"半天"等不定时量时,可以在补语前,也可以在补语后。例如:

①你等小刘一会儿吧。

你等一会儿小刘吧。

②我叫了半天李英她也不答应。

我叫了李英半天她也不答应。

③我陪一会儿老师。

我陪老师一会儿。

3.副词的用法

限制数量补语的副词大多可在动词前,也可在补语前。例如:

①我整整学了三年中文。

我学中文整整三年了。

②我们才走了半个小时你就累了?

我们走了才半个小时你就累了?

③小马已经等你一个小时了。

小马等你已经一个小时了。

有的位于动词前,如“只”、“就”:

④我只休息了一天,没休息两天。

这个句子中的“没”用来反驳。表示少量意义的否定副词“没”既可位于动词前,也可位于补语前。例如:

⑤我说了没几分钟话就被他打断了。

我没说几分钟话就被他打断了。

否定副词“不”通常只出现在条件、假设句。例如:

⑥你干了这么长时间了,不休息一会儿不行。

(二)表示动作从开始或完成到说话时(或提到的某一时刻)已经有多长时间了。带此类时量补语的,一种是结束性动词,一种是带结果补语或趋向补语的动词。例如:

①他走(离开)了三天了。

②我来北京两年了。

③我们已经认识十年了。

④小王和小李结婚才一年多。

⑤姐姐回来一个小时了。

⑥那棵树已经砍掉很长时间了。

带此类数量补语的句子的结构特点:

1. 谓语动词后如还有宾语,谓语动词与宾语之间不能用动态助词“了”、“过”等。

2. 限制补语数量的词语一般多位于补语前。例如:

①我们相识还不到一年。

②小高毕业快十年了。

③你离家才一天就想家了？

④我回到国内整整五年了。

表示数量少的“没(不)……”一般也多用在补语前。例如：

⑤小明中学毕业没几天。别听他吹牛。

⑥我们认识没几天就要好了。

“没”也可以用在动词前。例如：

⑦他们没认识几天就结婚了。

“已经”可在谓语动词前，也可以在谓语动词后。例如：

⑧我来北京已经快两年了。

我已经来北京快两年了。

3.宾语的位置：位于谓语动词后，补语前。例如：

①他妹妹考上大学已经三年了。

②我认识老李很长时间了。

（三）表示两个动作间隔的时间，即表示第一个动作开始或完成多久以后才(或再)进行第二个动作。例如：

①你吃完饭半小时再吃药。

②我起床后十分钟开始听广播。

③今天下午学习一小时再打球。

④大会开始不久他就发了言。

（四）表示与某个标准比较相差的时间。例如：

①他每天早到十分钟。

②这趟车晚点两分钟。

③小马今天迟到五分钟。

这类句子的动词前多有或包含有“早”、“晚”、“迟”一类词或语素。

三、比较数量补语

比较数量补语是指用在形容词后，表示比较的结果在数量方面的差异的补语。补语由名量词充任。例如：

①虽然敌人的武器比我们强许多倍，但我们还是打赢了。

②这个班的学生比那个班多二十个。

③从学校到机场比到火车站远五公里。

④今年的产量比去年多一倍。

⑤小英比小兰高出了一头。

⑥他比我大两岁。

⑦我大他一岁。

应注意，动词后的名量词是宾语，不是补语。例如：

①这个月的产量比上个月提高了两倍。

②今年的学生比去年增加了一百名。

练　习

一、判别正误：

1.A.那时候每个工人每天十到十二个小时的工作。

B.那时候每个工人每天做十到十二个小时的工作。

2.A.你学中文学了多长时间？

B.你学了中文多长时间？

3.A.你每天写多长时间汉字？

B.每天多长时间你写汉字？

4.A.中国已经二十多年实行改革开放了，变化很大。

B.中国实行改革开放已经二十多年了，变化很大。

5.A.我学了英文两年，学了法文三年。

B.我英文学了两年,法文学了三年。

C.我学了两年英文,三年法文。

6.A.昨天他整整看了一天书。

B.昨天他整整看书一天了。

7.A.今年暑假,我们在中国才学习汉语学习了一个月。

B.今年暑假,我们在中国学习汉语才学习了一个月。

8.A.今天我写汉字只写了一个小时。

B.今天我写汉字写了只一个小时。

9.A.阿里朝我点了一下头。

B.阿里朝我点了头一下。

10.A.我去年回了国一次。

B.我去年回了一次国。

11.A.来中国以后,我们看了中国电影两次。

B.来中国以后,我们看了两次中国电影。

12.A.老师找王朋有事,你喊一声他。

B.老师找王朋有事,你喊他一声。

13.A.我打电话的时候,妹妹说弟弟把我的衣服弄脏了,我生气地看了弟弟一眼,没说什么。

B.我打电话的时候,妹妹说弟弟把我的衣服弄脏了,我生气地看了一眼弟弟,没说什么。

14.A.你快喊一下哥哥,有人找他。

B.你快喊哥哥一下,有人找他。

二、改病句:

1.我跟农村医生用汉语谈话了一个上午。

2.关于回国的问题他们俩一个小时谈了。

3.我们每天在课堂上写了汉字半个小时。

4.他在农村干活了十一年。

5.我们在这儿半年到一年学习。

6.咱们打球一场,怎么样?

7.他敲了门几下儿,屋里没有人答应。

8.阿里高谢利三厘米。

9.他不喜欢家里的猫,常常无缘无故踢一脚猫。

10.他一进门就打了一下我，我吓了一跳。

三、用所给的词语造句(需要时要重复动词)：

1.孩子　　看书　　三个小时　　了

2.狗　　咬　　了　　在雷锋腿上　　一口

3.王刚　　去　　美国　　已经　　三年　　了

4.阿里　　重　　比谢利　　五公斤

5.小明　　游泳　　一上午

6.我　　昨天　　看　　歌舞　　了　　一个晚上

7.你　　去　　找　　小李　　一下儿

8.奶奶　　死　　了　　整整五年　　了

9.他　　当　　老师　　二十年　　了　　了

第七节　介词短语补语

由介词“于”、“向”、“自”组成的介词短语可以用在动词或形容词后作补语，叫介词短语补语，介词短语补语多用于书面语。

一、由“于”组成的介词短语补语

由“于”组成的介词短语补语可以表示时间、处所、来源、对象、目标、原因以及比较等。例如：

①鲁迅生于一八八一年。(时间)

②鲁迅一八八一年生于绍兴。(处所)

③一切真知来源于实践。(来源)

④他决心献身于教育事业。(对象)

⑤最近他正忙于写文章。(原因)

⑥领导不能落后于形势，落后于群众，否则工作必将被动。

（比较）

二、由“向”组成的介词短语补语

由“向”组成的介词短语表示方向。例如：

①有了它，船就可以避开各种危险，安全地驶向目的地。

②“大爷！”她欢快地叫了一声，扑向田大爷。

③我们要从胜利走向胜利。

④它们滑下溪水，转入大河，流进赣江，挤上火车，走向天南海北。

三、由“自”组成的介词短语补语

由“自”组成的介词短语补语表示处所（表示“从”、“由”的意思）。例如：

①我们都是来自五湖四海，为了一个共同的革命目标走到一起来了。

②这是发自内心的喜悦。

③这句话引自《马恩全集》。

四、包含有介词短语补语句子的结构特点

1.由“于”组成的介词短语可用于动词和形容词后；由“向”、“自”构成的介词短语补语只能用于动词后。

2.谓语动词与介词“于”、“自”之间不能用动态助词“了”、“过”，“向”后可以用动态助词“了”。

3.带有介词短语补语的句子，语音停顿在介词之后。

4.动词带介词短语补语后不能再带宾语以及其他补语。

练 习

一、用适当的介词填空：

1.中山陵建( )一九二九年。

2.阿里来( )遥远的欧洲。

3.这些青年( )学校毕业以后，开始走( )生活。

4.这首歌选( )歌剧《白毛女》。

5.胜利号油船驶( )欧洲。

6.这时，物体处( )相对静止的状态。

二、改病句：

1.这个故事听于老师。

2.后来小王来到北京从东北。

3.我们从一个胜利向另一个胜利走。

4.中华人民共和国成立在一九四九年。

5.我们来从不同的国家。

第八节 补语和状语比较

我们说谓语动词或形容词前的修饰成分叫状语，谓语动词或形容词后面的补充说明成分叫补语，而多数能充任状语的词语也能充任补语，那么同一类词语充任状语与充任补语所表达的意义与结构特点有什么不同呢？这就是我们在这一节里所要讨论的问题。

一、形容词作状语和作补语比较

(一) 单音节形容词

单音节形容词能作状语的不多，而且与动词的搭配很受限制

（参见第二编第五章“形容词”），作补语时限制要小得多。

1.有些单音节形容词可以作状语，出现于祈使句，表示命令、劝告或催促，但不能单独作补语。例如：

①早去早回！

*去早回早！

②多吃点儿菜！

*吃菜（吃）多点儿！

③少说几句吧！

*说少几句吧！

有的单音节形容词既可以作状语，也可以作情态补语，但表示的意思不同。比较：

④快走！（表示催促早点儿走）

走快点儿！（已经走了，催促快一点儿）

走快了！（表示不合标准）

2.某些单音节形容词，如“早”、“晚”、“多”、“少”等，既能作状语，又能作结果补语和情态补语，都表示不合某一标准。例如：

①他晚来了几天。

②他今天来晚了。

③他今天来得很晚。

④这个孩子今天多说了几句话。

⑤这个孩子今天话说多了。

⑥这个孩子今天话说得多了一点儿。

这类形容词作状语时（如①、④），动词后往往有表示数量的补语或宾语；作结果补语时（如②、⑤），句末往往有“了”；作情态补语时（如③、⑥），或者前面有修饰语，或者后面有表示程度的“一点儿”、“些”等。

“大、小，高、低，深、浅，肥、瘦，厚、薄，宽、窄，长、短，咸、淡，粗、细，重、轻”等单音节形容词可以作结果补语或情态补语，表示不合某一标准（参见本章第一节“结果补语”），但不能在同一句子的动词前作状语。例如：

①这双鞋做大了。

这双鞋做得太大。

*大做了一双鞋。

②衣服买短了。

衣服买得短了一点儿。

*短买了一件衣服。

（二）双音节形容词、形容词重叠式、形容词短语、固定短语等作状语与作补语比较

1.双音形容词作结果补语表示结果，作状语描写动作或动作者的情态。大多数形容词不能在意思不变的情况下作同一动词的状语和结果补语。例如：

①明明激动地写了两个大字。（描写动作者）

*明明写激动。

②小梅高兴地说。（描写动作者）

*小梅说高兴。

③老师傅仔细地把机器检查了一遍。（描写动作）

*老师傅把机器检查仔细。

④敌人的阴谋彻底暴露了。（描写动作）

*敌人的阴谋暴露彻底。

有个别双音节形容词既可以作状语也可以作结果补语，都描写动作，但作状语时，谓语动词后要有其他句子成分。例如：

①黑板上的字我看清楚了。

我清楚地看见黑板上有两个字。

②我听清楚了。

*我清楚地听了。

形容词重叠式、形容词短语、固定短语等不能作结果补语。

2. 双音节形容词、形容词短语、形容词重叠式以及固定短语作情态补语时，在语义上是全句谓语的中心，作状语时，全句的语义中心在动词。比较：

①运动员战士站得笔直，非常精神。

运动员战士笔直地站着，一动也不动。

第一个句子主要描写运动员站着的姿式——"笔直"，全句要表达的语义中心也是"笔直"；第二个句子主要说运动员在"站着"，全句要表达的语义中心也是"运动员在站着"，"笔直"是描写"站"的样子。又如：

②那几个字写得歪歪扭扭的，很不好看。

记事本上歪歪扭扭地写着几个字，显然是孩子给他留的话。

③"听明白了！"孩子们回答得很响亮。

孩子们响亮地回答："听明白了！"

④这几天不断有急诊病人，所以医生们工作得很紧张。

手术室里，医生们紧张地工作着。

⑤李老师昨天睡得很晚,今天精神不太好。

为了赶一篇文章,李老师昨天很晚才睡。

多数表示动作者动作时的情态的形容词(短语)、形容词重叠式和固定短语不能作同一动词的情态补语。例如:

①他醉醺醺地走着。

*他走得醉醺醺的。

②他急急忙忙地跑进教室。

*他跑得急急忙忙的。

有些描写动作者动作时的情态的形容词状语虽然可以在该句动词后作情态补语,但表达的意思不同。例如:

①姑娘高兴地唱着。("高兴"表示"唱"时的心情)

姑娘唱得很高兴。(因为"唱"而"高兴")

②老大爷激动地说……("激动"表示"说"时的心情)

老大爷说得很激动。(因为"说"而"激动")

因此,形容词作状语的作用是描写动作者动作时的情态,而作补语时,全句的谓语动词与补语之间往往存在因果关系。

二、副词作状语和作补语比较

只有表示程度的副词"很"、"极"既可以作状语又可以作补语。

(一)"很"作程度补语比作状语表示的程度要高。例如:

①今天红红很高兴。

今天红红高兴得很。

②这件衣服我很喜欢。

这件衣服我喜欢得很。

（二）在口语中“极”一般不作状语，在书面语中“极”可以作状语，与作程度补语所表示的程度大致相同。例如：

①此书极好。

②这本书好极了。

三、时间词作状语和作补语比较

一般来说，只有表示时段的词语既可以作状语又可以作补语，但所表示的意思不同。时间词作状语一般表示在此段时间内完成了什么动作或出现了什么情况，作补语则表示动作持续的时间。例如：

①他两天看了一本书。

这本书他看了两天还没看完。

第一句的“两天”表示“他看一本书”所用的时间；第二句的“两天”表示“他看这本书”持续的时间。又如：

②阿里一个小时就把作业写完了。

阿里写作业写了一个小时了。

有时时间词作状语包含有“每”的意思，这类句子都表示经常性的动作，时量补语没有类似的用法。例如：

①小梅两天去一次少年宫。

②高老师一个月写一篇文章。

表示时段的时间词还可以在否定句里作状语，时量补语也没有类似的用法。例如：

①我和弟弟十年没有见面了。

②他们俩好得不得了，一天不见都不行。

四、动量词作状语和作补语比较

动量词作状语一般表示完成某个动作所用的次数，作补语表示动作进行的次数。比较：

①武松三拳就把老虎打死了。

武松打了老虎三拳。

②敌人一脚把门踢开。

敌人踢了门一脚，没踢开。

动量词重叠形式只能作状语，不能作补语。

五、表示处所的词语作状语和作补语比较

（一）“在＋名词”位于动词前时是介词短语，表示处所、空间；在动词后时，“在”是动词，作结果补语，表示处所的名词为宾语。下面谈谈意义上的差别。

“在＋名词”在及物动词前作状语时，表示动作进行的处所，动作者通常在这个处所里，有时也可能不在。例如：

①我在黑板上写字。（动作者不在“黑板上”）

②阿里在本子上画画。（动作者不在“本子上”）

③我在五道口食堂吃饺子。（动作者在“五道口食堂”）

④小明在院子里踢球。（动作者在“院子里”）

⑤谢利在北京语言大学学习中文。（动作者在“北京语言大学”）

“在＋名词”用在及物动词后，一般表示结果，表示通过动作使某事物（受事）处于某处所。例如：

①老师把生词写在黑板上。（“写”了以后“生词”在“黑板

上”）

②小李把画儿画在本子上。（“画”了以后“画儿”在“本子上”）

③小朋友们都把这件事记在心里。（“记”了以后“这件事”在“心里”）

因此如果“在＋名词”表示事物通过动作后所在的处所，不表示动作进行的处所时，那么就只能作补语，不能作状语。例如：

①把箭射在靶子上。

*在靶子上射箭。

②他把手绢扔在地上。

*他在地上扔手绢。

有时，“在＋名词”在动词后表示结果的意思不明显，与在动词前表示的意思基本一样。例如：

①小明睡在床上。

②李老师住在北大。

③一轮红日出现在东方。

这里“在＋名词”表示的也是动作进行的处所，这类“在＋名词”都可以移到动词前作状语。例如：

①′小明在床上睡。

②′李老师在北大住。

③′一轮红日在东方出现。

但能出现在这两种句子中的动词非常有限，不会比这里所举的多出多少。这两种句子虽然意思接近，但表达的重点仍有不同：前一种突出处所，后一种突出动作。

有时，句子要稍加变换，才允许某些动词在两种句式中出现。

例如：

①我躺在床上，望着天花板。

我在床上躺着想心事。

②他走进房间，坐在了沙发上。

他在沙发上坐着看电视。

即当“在＋名词”出现在动词前时，动词后要用“着”。能这样用的动词也有限，多是表示身体姿势的，如“躺、站、立、坐、跪、蹲、卧、靠、趴、顶”以及表示物体状态的“飘、浮、悬”等不及物动词。在这类句子中，“动词＋着”表示的是一种静止的状态或姿势；“动＋在＋处所词”可以表示一种静止的状态，如①，也可以表示一种动作，如②。当两种句式都表示静止的状态时，前一种句式比后一种句式的动作性还是要强些。

还有少数不及物动词，其前后也都可以出现“在＋名词”，但“在＋名词”出现在谓语后只限于排比句。例如：

①小明生在东北，长在东北。

②我们劳动在一起、生活在一起、工作在一起。

在非排比句里“在＋名词”一般只能位于动词前。比较：

③赵老师在北大工作。

*赵老师工作在北大。

有的离开排比句不能独立成句。例如：

*我长在东北。

*我在东北长。

为什么表示动作处所的“在＋名词”出现在动词前，而表示经过动作后物体所在处所的“在＋名词”位于动词后？这是因为如我们在第一编第八节“汉语句子的语序”中所说的，事情发生的时间先后是决定汉语词序的因素之一，“在＋名词”的位置，正与这个因素有关。当“在＋名词”表示动作处所时，这个处所出现得比动作要早，“我在黑板上写字”，“我”一定要先站在黑板前，然后才能“写字”，“学生们在五道口食堂吃饺子”，也是“学生”先在“五道口食堂”，然后才能“吃饺子”。同样，“一轮红日在东方地平面上出现”，说话人似乎是先往“东方地平面上”看，然后看见“红日出现了”，所以突出了“出现”这一动作；而“一轮红日出现在东方地平面上”，则好像说话人先看见“一轮红日”，然后发现“红日”是在“东方地平面上”，从而突出了处所“东方地平面上”。

（二）“到＋名词”位于动词前时，[1]“到”是连动句的第一个动词，第二动词表示“到＋名词”的目的。例如：

①阿里到王府井买书去了。（“到王府井”目的是“买书”）

②我到清华看朋友。（“到清华”目的是“看朋友”）

“到＋名词”位于动词后时，“到”是结果补语，名词是处所宾语，“到＋名词”表示通过动作使动作者达到某处所。例如：

①十一点，王刚把女朋友送到了宿舍。（通过“送”，“女朋友到宿舍”）

②你把书放到书包里。（通过“放”，“书到书包里”）

同样，在此类句子中，“到＋名词”在动词前时，表示先发生的动作，比如“我到清华看朋友”，“我”一定先“到清华”，然后才能“看朋友”；而“十一点，王刚回到了宿舍”，“王刚”先“回”，然后才能“到宿舍”。

---

①　“到＋名词”在动词前不是状语，但由于它可以出现在动词前，也可以出现在动词后，所以也一并在此比较。

六、表示动作对象的词作状语和作补语比较

“给＋名词”在动词前时作状语，表示事物的接受对象或动作的服务对象。例如：

①我给姐姐写了一封信。（姐姐——“信”的接受对象）

②小明给弟弟寄了五十块钱。（弟弟——“钱”的接受对象）

③小红给妈妈开门。（妈妈——服务对象）

④阿里，你给我把照相机修理一下。（我——服务对象）

“给＋名词”位于动词后时，“给”是结果补语，其作用是引出事物的接受对象，名词表示接受者。例如：

①我寄给布朗先生一本书。（布朗——“书”的接受对象）

②阿里把词典借给谢利了。（谢利——“词典”的接受对象）

“给＋名词”在句子中可以在哪个位置上出现，与“给”及动词的语义有关。当“给”引出服务对象时，“给＋名词”只能作状语。例如：

①老师给学生讲课文。

*老师讲给学生课文。

②大家给马车闪出一条路。

*大家闪给马车一条路。

当“给＋名词”表示接受对象时，凡谓语动词表示“给予”意义的，“给＋名词”一般出现在动词后。例如：

①老师交给我一把钥匙。

*老师给我交一把钥匙。

②这笔钱我分给你一半。

*这笔钱我给你分一半。

具有“给予”意义的动词是一个封闭的类，主要有：送、卖、还、递、付、赏、嫁、交、分、输、赔、补、发、赠、赐、献、奖、传、捎、寄、汇、带、留、找（钱）、借（出）、租（出）、换（出）、扔、踢、移交、介绍、推荐、分配、归还、发放、交还、过继、赠送、转卖、转送、转交、转告、告诉、教等。有些动词本身虽不具有“给予”意义，但在一定的语言环境中可以表示“给予”义，如“搛给我一块肉”，这类动词有“写、打（电话）、搛、舀（汤）”等。

当谓语动词表示“制作”和“取得”意义时，“给＋名词”一般出现在动词前。例如：

①妈妈给孩子缝一件衣服。

*妈妈缝给孩子一件衣服。

②我给妹妹买了一本小说。

*我买给妹妹一本小说。

表示制作意义的动词是一个开放的类，如“做”、“炒”、“缝”、“搞”、“打（毛衣）”、“刻（图章）”、“画”、“写”、“抄”、“沏”等。表示取得意义的动词是一个封闭的类，主要有：买、偷、抢、骗、娶、赢、赚、扣、拐、收、要、叫（菜）、借（入）、换（入）、租（入）等。

只有一部分表示给予意义的动词和个别表示制作意义的动词（如“寄”、“汇”、“搛”、“舀”、“留”、“带”、“捎”、“让”、“写”、“打（电话）”、“换”、“发”、“推荐”、“介绍”等）作谓语动词时，“给＋名词”才既可以出现在动词前，又可以出现在动词后。例如：

①这五十块钱你寄给他。

你给他寄五十块钱。

②我们把小李写的一本书推荐给出版社了。

我们给出版社推荐了一本书。

“给＋名词”出现在动词后时，突出接受者，出现在动词前时，突出动作。

七、状语与补语比较简表（只列主要的）

		状　语	结果补语	情态补语
形容词等	单音节形容词	(1)表示命令：快跑！ (2)描写动作：大叫、高喊	表示结果： 变黄了、打破了	描写动作：写得很好、走得很快
	双音节形容词、形容词重叠式、形容词短语、固定短语等	(1)修饰动作、突出动作：响亮地回答、很快地走进来、一字一顿地说 (2)描写动作者动作时的情态：高兴地说、摇摇晃晃地走着、笑容满面地说	——	描写动作是全句的中心：(1)描写动作：回答得很响亮、走得很快、捆得结结实实的 (2)描写动作者：吃得很高兴、吃得直打饱嗝
程度副词	很	表示程度的功能弱：很高兴	——	作程度补语，表示程度的功能强：高兴得很
	极	书面语：极佳、极难	——	作程度补语，较口语化：好极了、热极了
时间词语	时点	明天我们去颐和园	——	——
	时段	表示完成某一动作所用（需）的时间：两天看一本书	作时量补语，表示动作持续的时间：这本书他看了两天了	——

		状　语	结果补语	情态补语
动量词语		表示完成某一动作所用的次数：武松三拳打死一只老虎	作动量补语，表示动作进行的次数：武松一连打了老虎三拳	——
表示处所的词语	“在”＋名词	表示动作进行的处所：在黑板上写字、在桌子上写信、在屋里开会	表示通过动作使事物达到的处所：把字写在黑板上、把手绢扔在地上	——
	“到”＋名词	是连动式的第一部分：到商店买东西、到图书馆借书	表示通过动作使施事或受事达到的处所：回到宿舍、来到操场上	——
表示对象的词语	“给”＋名词	（1）表示服务对象：给孩子理发、给客人开门 （2）表示接受的对象，谓语动词表示“制作”、“取得”义：给老师沏一杯茶、给姐姐买一本书	表示接受对象，谓语动词表示“给予”义：交给我一把钥匙、卖给顾客一些水果	——

参考文献

方　梅　宾语与动量词语的次序问题，中国语文，1993 年第 1 期。

鲁健骥　状态补语的句法、语义、语用分析在教学中的应用，语言教学与研究，1993 年第 2 期。

吕叔湘　汉语句法的灵活性，中国语文，1986 年第 1 期。

马真、陆俭明　形容词作补语情况考察,汉语学习,1997 年第 1、4、6 期。
梅立崇　《关于汉语结果复合动词中参项结构的问题》一文的补正,语文研究,1995 年第 3 期。
王红旗　谓词充当结果补语的语义限制,汉语学习,1993 年第 4 期。

练　习

一、用所给的词语造句:

1.那时候　有七个家庭妇女　工作　在这儿

2.下星期　我　就要　和中国同学　住　在一个房间里　了

3.(敌人来了,)你　走　快　吧

4.(我很快地走着,)怕　晚　去　了

5.你　放　这本书　在床上　把

6.孩子　睡觉　在床上

7.我　听　录音　一个小时

8.我　看完　一本书　一天

二、判别正误:

1.A.时间还早,咱们慢走一点儿吧。
B.时间还早,咱们慢点儿走吧。
C.时间还早,咱们走慢一点儿吧。

2.A.黑板上的字很大,我看清楚了。
B.黑板上的字很大,我看得很清楚。
C.黑板上的字很大,我清楚地看了。

3.A.孩子们端端正正地坐着听老师讲课。
B.孩子们端端正正地听老师讲课。

4.A.小明看书看得很快,一本书看了一天。
B.小明看书看得很快,一天看了一本书。

5.A.喂,给我倒来一杯茶。
B.喂,给我倒一杯茶来。

6.A.我到王府井百货大楼去买衣服。
B.我买衣服到王府井百货大楼去。

7.A.我在宿舍里听录音。

B.我听录音在宿舍里。

8.A.你把钱放在皮包里。

B.你在皮包里放钱。

三、改病句：

1.在旧社会，地主不让农民吃得饱，穿得暖。

2.你注意记得这个字，不要忘了。

3.张明去火车站跑很快。

4.他这样少做练习，哪能得100分？

5.我已经三次到故宫去了。

6.我三年在大学学了中文。

7.如果一点儿晚来，就买不到了。

8.在通货膨胀的情况下，粮食一天好几次涨价。

9.因为怕迟到，他打电话打得很快，叫了一辆出租汽车。

10.不论什么工作，好好完成，都是光荣的。

11.我想我算得错了。

12.请你说话说得很清楚。

13.自从中华人民共和国成立以来，北京变得多了。

14.今天你来得太早，明天来得晚一点儿吧。

第六章　复指和插说

第一节　复指

一、什么叫复指成分?

在一个句中,如果两个词语同指一个人、一个事物,并在句法结构中具有同等地位、属于同一语法成分,那么这两个词语就是句中的复指成分。复指成分是主语、谓语、宾语、定语、状语、补语等六个句子成分以外的特殊成分。例如:

这位是我们的班长老王。

这里"我们的班长"与"老王"同指一人,是复指成分,在句中都充任"是"的宾语。

这里所说的"两词语属于同一语法成分",是指在句中要作主语都作主语,要作宾语都作宾语等。如果去掉它们中的一个词语,句子的结构关系一般不受影响,句子仍然成立,意义也基本不变。如上面的句子可以改为"这位是我们的班长"、"这位是老王"。

二、复指成分的类型

常见的复指成分有以下三种类型:

(一)重叠复指

这种复指成分是由两个或两个以上的名词、代词或名词短语叠用而成，在句中叠用的词语指同一事物。从语言表达功能来看，又可分为以下三类：

1.具有修饰作用。这种复指成分中后一词语所指的人或事物，或所表达的概念是明确的，前面的复指成分从关系、职务、身份、用途等方面对其进行解释、说明，具有修饰作用。例如：

①最小的弟弟周同义在幼儿园。

②解放军战士谢刚回北京看母亲去了。

③他把祝贺女儿生日的礼物一个塑料小熊猫放在桌子上了。

这类叠用复指的前一成分很像后一成分的定语，但是不能在两者之间用上结构助词“的”，如以上各例不能说成“最小的弟弟的周同义”、“解放军战士的谢刚”，所以不是定语。

2.具有解释作用。这类复指成分通常前一词语所表达的概念是明确的，后面加上一个复指成分后对前者在职务、身份、关系等方面加以解释说明。有时这类复指成分的两个词语之间可以有停顿，在书面上可用逗号、破折号或冒号等，这时后一词语的解释作用就更加明显了。例如：

①人们望望我，又望望阿华师傅和站长。

②李仁洁先生微笑点头，似乎表示赞许。

③桥上用藏文和汉文写着“团结桥”几个大字。

④穿过登山路上的最后一道石坊——南天门，就到了泰山顶部。

3.同时具有上述两种作用。这种复指成分通常是由三个词语构成的，居中的词语表达了一个明确的概念，前一词语具有修饰作用，后一词语具有解释作用。例如：

①老船工阿福师傅给我们介绍了许多在海上战胜风浪的经验。

②我最敬佩的老师黄守信老先生与世长辞了。

③咱们祖孙三代本不是一家人哪!

④你们师徒俩好好聊聊吧!

上述几种重叠复指都是具有联合关系的短语,这种短语有两个特点:

(1)短语中各成分必须同指一事物,如"阿福师傅","阿福"和"师傅"是指同一个人,"黄守信老先生"中"黄守信"和"老先生"同指一人。但是"校长、主任都参加了这次会议"中的"校长"、"主任",虽然都处在主语的位置上,但不指同一个人,而是指两个职务不同的人,所以不是复指成分。

(2)短语中的各成分必须具有联合关系,否则不能充当同一句子成分,也就不是重叠复指。如例③"桥上……写着'团结桥'几个大字",其中,"团结桥"和"几个大字"是联合关系,而不是修饰限制或补充关系。而像"今天下午两点开会"中的"今天"和"下午两点",虽然都表时间,但从语法结构上看,"今天"限制"下午两点",是偏正关系,而不是复指关系。

重叠复指主要用于对人的称谓和对人在职位方面的称呼,以及对人群数量的表达。重叠复指占复指用法的绝大多数。之所以有这种用法,第一是因为在提到某一人时,加上此人的身份、职位或辈分称呼可以表示尊敬、客气。第二,用重叠复指介绍出身份、职务等,使语言简洁生动。例如:

①老羊工冯常福把羊群赶到山窝里去避雨了。

②你们艺术家们是怕人打扰的。

③这不是贺先生您提到了这儿吗？

④李强主治大夫的意思是暂不动手术。

⑤你这小伙子胆子真大，这样的独木桥你也敢走过去。

⑥张亮的爱人小芳刚下班回家，邻居黄大妈就给她送来了一封信，张亮写来的信。

⑦第二天，王欢去县城看望了他的同学，一位刚上任的县长。

（二）称代复指

称代复指成分一般是在句子开头先说出一个词或者短语，后面再用一个代词来称代它。这个代词可以作句子的主语、定语或宾语等。从意义上看，在前的复指成分是完整的全称，后面的代词起回指的作用。这类复指的两成分之间一般要用逗号隔开。例如：

①我们的老船长，他是一个有丰富实践经验的老水手。

②商品这个东西，千百万人，天天看它，用它，但是熟视无睹。

用这类复指成分多是为了突出复指成分的前一词语。由于前一词语结构较复杂或较长，为了结构紧凑，使主语和谓语衔接得紧密一些，就用代词复指前一词语。这样使说话人和听话人都不会感到太吃力，语言表达也比较清楚、明确。

如果代词与所称代的词语不属同一语法成分，就不存在复指关系。例如：

①我要找的那个同志已经回家了，他是两点走的。

②我刚才买了一支毛笔，那是安徽产的。

这是两个复句，例①中的“那个同志”在第一分句中作主语，“他”在第二个分句中作主语；例②的“一支毛笔”在第一分句中作宾语，“那”在第二分句中作主语。

有时称代复指成分的两个词语结构简短，连接紧密，中间不用逗号。例如：

①你姓陈，我姓李，你爹他姓张。

②我母亲七十大寿那天，我哥哥、嫂子他们都来给她祝寿了。

在后一句子中，“他们”复指包括“哥哥、嫂子”在内的一些人。这种用法多见于口语，而且第二个复指成分多用人称代词，特别是第三人称代词，前面的名词多为表示人的专名或表职务或亲属关系的名词。如“李中他们”、“主任他们”、“哥哥他们”。

（三）总分复指

总分复指通常分为两种，一是先分后总，一是先总后分。

1. 先分后总。复指成分的前一词语分说各个部分，后一词语起总括作用，通常在后一词语前有数量词或指示代词。例如：

①那位老水手的可贵之处，是在实践中具体地分析了石兽、流水、河沙三者的性质及其相互关系。

②会上选出了李立、张英、杨述三位同学为班委委员。

③太阳光的光谱是由红、橙、黄、绿、蓝、靛、紫七种颜色组成的。

④这本书已翻译成英文、法文、德文、日文、意大利文和西班牙文六种文字，在国内外公开发行。

2.先总后分。先提出总说部分，然后再分说。有时，分说的部分可以各作一个分句的主语。例如：

①十几年来，他们兄弟二人刻苦自学，掌握了好几种外语：

英文、德文、法文和日文。

②这次来中国旅游，参观访问了不少地方，北京、上海、杭州、桂林和乌鲁木齐等。

③我国赠送给日本的两只小熊猫：一只叫康康，一只叫兰兰。

④一些身佩军刀的官兵，有的在船弦上漫步，有的坐在船篷上昂首眺望，神态威武而又安闲。

总分复指与分合复句不同。总分复指的复指成分中有一个是不能成句的名词、名词短语；而分合复句则不然，是由两个分句组成的。例如：

①奶奶家养的菊花有好几种颜色：白的、黄的、粉的、水绿的和藕荷色的。

②她的三个哥哥：大哥是外科医生，二哥是火车司机，三哥是中学老师。

③这个专业的录取标准有三个：一个是考试成绩，一个是身体素质，一个是心理素质。

④父亲的朋友送给我们两缸莲花，一缸是红的，一缸是白的，都摆在院子里。

例①、②是单句，都包含复指成分；例③、④是分合复句。

复指也称作同位语。重叠复指也有人称作相连复指，称代复指称作不相连复指。也有人把称代复指中位于句首的成分看作大主语，把后一成分看作小主语。如"春节，这是我国人民相沿成习的盛大节日"中"春节"是大主语，"这"是小主语。还有人把称代复指中位于句首的成分看作话题。

第二节 插说

一、什么叫插说?

插说也叫插入语,是句子中比较特殊的成分。它不是句子的主语、谓语、宾语、定语、状语、补语,也不跟句中各个成分发生结构上的关系,也不表示语气。插说可在句首、句中或句末。例如:

①总而言之,要学好一门外语,非下苦功不可。

②这件事,依我说,就算了吧。

③这藤野先生,据说是穿衣服太模糊了。

上述三个句子的"总而言之"、"依我说"、"据说"都是插说。它们不是该句结构所必需的。但是插说在篇章以及语意表达上是有一定作用的。

二、插说的作用

(一)插说的表意作用

插说有表达语意的作用。句子中用不用插说,在语意上是不同的。例如:

①据说,井冈山的毛竹有一千多万根。

这里用了插说"据说",表示所说的是传闻。如不用插说,表示所说的是事实。

(二)插说的篇章连接作用

插说还可以把句子连接成段落或篇章。例如:

①他为企业多赚了十万元,满以为自己会受到表扬。哪里想到,总经理听完他的汇报,生气地说:“王科长,咱们的企业的信誉才值十万元,是不是太便宜了!”

在上面这段话里,“哪里想到”把前后的句子连接了起来。

三、常见的几种插说

根据插说的表意作用,可以分为以下几种:

(一)表示说话人主观的想法、看法、意见或态度。常用的有“我看”、“我想”、“不瞒你说”、“说实在的”、“说真的”、“依我看”、“依我说”、“依我之见”等。例如:

①这个消息,我看,不可靠。

②这些诗集,我想,你们都读过了吧。

③依我看嘛,各位的争论都是多余的。

④不瞒你们说,我也挺想去看这场球赛的,可是重任在身啊。

⑤说实在的,我没有心思去参加这样的活动。

(二)表示对情况的推测、估计。常用的有“看(起)来”、“想来”、“看样子”、“充其量”、“少说”、“说不定”等。例如:

①看来,光靠文凭学历找工作也是不行的。

②看来,大学生必须提高自身的能力和素质。

③命运啊,乐极了会生悲,苦尽了会甘来,看来,苍天是公正的。

④这个主意,想来又是李小朋出的。

⑤看样子,你们还都没有弄懂……

(三) 表示意想不到。常用的有“不想”、“谁知”、“谁知道”、

"谁料到"、"不料"、"哪想到"等。例如：

①谁知道阿Q采用怒目主义之后，未庄的闲人便愈喜欢跟他开玩笑。

②谁想，刚搬来半个月，家里又遇到了一个更头疼的问题。

③后来因为被雨淋了一场，又加上长途行军的疲劳，不想在准备通过最艰苦的草地的时候，我又犯病了。

（四）表示引起对方的注意。常用的有"你看"、"你听"、"你想"、"你想想"、"请看"、"你说"等。例如：

①你看，这里的城墙大约有七米高，五米到六米厚。

②你说说，他这样做对吗？

③您想，这一大家子的人，我没有看见就走，心里痛快吗？

（五）表示消息的来源。常用的有"据说"、"听说"、"据传"、"传说"、"相传"、"据报道"、"据调查"、"据记载"、"说是"等。例如：

①据传来的消息，知道革命党虽然进了城，倒还没有什么大异样。

②抓阄这个古老的习俗，据史载，时兴于魏晋南北朝。

③对于高山反应，据说，身体弱的比身体强壮的更容易适应，女性比男性适应得快。

④苏州园林据说有一百多处，我到过不过十多处。

⑤据阿Q说，他的回来，似乎也由于不满意城里人。

⑥据统计，这里的人大部分都不是本地人。

⑦据专家统计，最近十年来，每年死海水面下降四十到五十厘米。

⑧听我的朋友说，咱们学校今年招收研究生，您看我行吗？

⑨据记载，这块碑石是清朝乾隆二十九年所立，距今已有二

百年。

（六）表示举例补充说明。常用的有"例如"、"比如"、"（也）就是说"等。例如：

①这儿有许多群众组织。比如：读书会、世界语学会、新文字研究会、人民武装自卫会。

②干什么事情都得细心，比如养蚕吧，不细心，行吗？

③有的栏目，比如"备注"就不一定非填不可。

④有人这样说，结婚前要睁大眼睛仔细瞧，结婚后就要睁一只眼闭一只眼，也就是说，婚前要多看看对方的短处，婚后要多想想对方的长处。

⑤曾有统计显示，世界上每小时就有五千个婴儿出生，也就是说，每天地球上就要多出十二万人。

（七）表示总括。总括上文所说的内容，做一简单的总结。常用的词语有"总之"、"总而言之"等。例如：

①总的来说，这部电影从剧本到银幕是成功的。

②总之，她的职业是搭桥、结缘、牵线、拴疙瘩。

参考文献

陈建民 "同位"的词语，汉语学习，1986年第6期。

储泽祥 两个指人名词组合造成的复指短语，汉语学习，1998年第3期。

何伟渔 复指短语·复指关系·复指成分，语文学习，1984年第10期。

黄 河 关于同位结构，汉语学习，1992年第1期。

刘丹青 试谈两类"同位语"的区别，语言教学与研究，1985年第1期。

陆俭明 指人的名词自相组合造成的偏正结构，中国语言学报，1985年第2期。

张永来　关于插入语与句子成分的划分问题,语言研究,1990 年第 2 期。
朱英贵　复指短语的辨识,汉语学习,1994 年第 6 期。

练　习

一、找出下列句中的复指成分:

1.红旗,鲜艳的红旗,在迎风飘扬。

2.上海,这座工业发达的城市,我很早以前就想来参观访问了。

3.她们姐妹俩,都在念书。

4.我,张老汉,敢作敢当,什么都不怕。

5.这五本书,一本语文,一本数学,一本历史,一本地理,一本英语,都是刚发下来的新书。

6.我们大家都去过长城。

7.爱吸烟喝酒的人,我们应该告诉他们一定要改掉那些不好的习惯。

8.这位就是给我作手术的主治医生王大夫。

9.接到妈妈的来信,我们兄弟几个都很高兴。

10.这是我最珍贵的东西,我要把它送给救了我的恩人老张叔叔。

11.一切都替你安排好了,最后是否能成功就靠你自己了。

12.对工作认真负责的人,我们应该及时表扬他们。

13.屋子里摆着好多东西,三张办公桌,十几把椅子,两个书柜。

14.苹果、桃子、石榴、糖、花生,这些吃的东西都是谁买的?

15.人家张大爷每天坚持走路上班,身体棒极了。

16.小王他们怎么到现在还不回来?

17.昨天我在医院里碰到了我的一位中学老师金建先生。

18.王教授培养的几名研究生张力、李平、赵凡,他们现在都是中外有名的科学家。

19.我终生难忘的一天——一九六六年七月一日,一去不复返了。

20.后来,他终于找到了那部书的手稿——一部不朽的巨著。

二、找出下列句中的插说成分:

1.我看,这几种办法各有优缺点。

2.据说,世界上第一座桥是猴子造的。

3.总而言之,无论做什么事情都应该有实事求是的精神。

4.这件事,说实在的,没有什么了不起的,你却把它看成了大事。

5.大家提的各种方案,不瞒你说,都很难实现。

6.这种计算器,看来对搞我们这一行的用处不大。

7.这种教条主义的学习方法,你想想,对学习有好处吗?

8.听说你来中国以前是研究社会学的。

9.据了解他以前不是作家。他曾经做过多种工作,比如卖报、开车、打零工等,他都干过。

10.看样子他今天来不了了,都四点了。

11.不想这件小事竟使得他这样不愉快。

12.看起来,事情也只能这样了。

第四编

句法(中)　单句

第一章　主谓句

汉语的句子,按照结构可以分为主谓句和非主谓句。非主谓句包括独词句、无主句等。

包含主语与谓语的句子叫主谓句。根据谓语的性质,主谓句可分为四种:

1.动词谓语句

2.形容词谓语句

3.主谓谓语句

4.名词谓语句

第一节　动词谓语句

动词谓语句是动词作谓语的句子,主要叙述人或事物的动作行为、心理活动、发展变化等。动词谓语句在汉语中最占优势。例如:

①他们下午游泳，我们钓鱼。（动作行为）

②我很后悔。（心理活动）

③他的手艺提高了。（发展变化）

动词谓语句按结构可以分为以下几种类型：

一、只有动词的句子，谓语由不及物动词构成。例如：

①妹妹来了。

②小明休息了，小刚工作，两个人倒着干。

③一声枪响，小鸟全飞了。

④我们两个人的看法相似。

⑤汽车拐弯，大家留神。

⑥请您指正。

⑦你也要为别人着想。

⑧晚会上，歌声不断。

⑨哟，我的手表停了。

⑩刚才，我睡了半个多小时，你也睡一会儿吧。

二、谓语动词带单宾语的句子。

（一）谓语动词必须带宾语的动词谓语句。

1.带名词性宾语的，动词如“姓”、“叫”、“等于”、“属于”、“不如”等。例如：

①这位老师姓王，叫王华。

②好人不等于老好人。

③他的预言已经成为现实了。

④那些事情都属于过去了，不要再提它了。

此类动词后必须带宾语，否则句子不成立。

2.带谓词性宾语的，动词如“给予”、“予以”、“给以”、“装作”、

“从事”、“进行”等。此类动词也必须带动词性宾语后才能构成句子(有的也可以带名词性宾语)。例如：

①对有突出贡献的人应给予表扬和奖励。

②对不遵守纪律的人应给以批评。

③请求您,对我们的要求予以考虑。

④实验测得的数据要加以分析。

⑤别人的胡言乱语,你就装作没听见。

(二)动词后有宾语,宾语不是必有的。例如：

①我买了两本汉语书。

②你收集了这么多民间工艺品。

③老大爷从来不抽香烟,他抽旱烟袋。

④他去西藏,我去云南少数民族地区。

⑤我已经知道这个孩子惹了大祸了。

⑥我希望人人都能平等相待。

三、带双宾语的动词谓语句,动词有两个宾语,间接宾语在前,直接宾语在后。例如：

①张老师教我们汉语。

②昨天我借了你十块钱。

③班长通知大家明天开全校运动会。

④你告诉我你的电话号码。

⑤经理交给咱们一个任务。

⑥我那老乡现在还亲热地叫我老哥哥。

四、谓语部分包含状语。例如：

①他弟弟明年就大学毕业了。

②小明每天都很认真地做课外练习。

③妹妹很高兴地答应了他的要求。

④你再仔细看看。

⑤关于分配的问题，你们先不必考虑。

五、谓语部分包含补语。例如：

①小红的病治好了。

②李老师从国外回来了。

③这么多东西我怎么吃得下？

④方明笑得腰都直不起来了。

⑤你来一下！

⑥昨天他们玩了整整一天。

⑦这些年轻人刚刚走向生活。

动词谓语句的结构类型最多，结构最复杂。我们将在下一章“几种特殊的动词谓语句”中专门讨论几种结构、功能复杂的动词谓语句。

第二节　形容词谓语句

形容词作谓语的句子叫形容词谓语句。汉语的形容词可以直接作谓语，前面不用“是”或其他动词。形容词谓语句主要作用是对人或事物的性状加以描写，说明事物的变化。形容词谓语句通常是描写句。例如：

①我们学校的学习条件很好。

②这儿的风景非常美丽。

③他家里干干净净的。

④天渐渐冷了，院子里冷清清的，没有什么人了。

⑤你的手怎么冰凉冰凉的，你冷吗？

⑥屋子里黑咕隆咚的，什么都看不见，怎么不开灯？

一、形容词谓语句的功能

（一）描写性的形容词谓语句

汉语的形容词作谓语时单个使用是很受限制的，主要用于对比的句子。例如：

①我的行李多，他的行李少。

②甲：这本书好，还是那本书好？

乙：这本书好。

不表示对比时，形容词前面一般要加上表示程度的副词等。例如：

①这个孩子很可爱。

②那天天空格外晴朗。

③公园里的人非常多。

用形容词的重叠形式时，后面一般要用"的"。

④小草悄悄地从土里钻出来，嫩嫩的、绿绿的。

⑤一天傍晚，天阴沉沉的，北风越刮越紧。

⑥田野里的庄稼油绿油绿的。

在回答问题时，形容词也可以单独作谓语，不包含对比的意思。例如：

①A：今天冷不冷？

B：冷。

并列形容词作谓语不需加表程度的副词，也不表示对比。例如：

①房间里干净、整齐。

②老妈妈和蔼慈祥。

这种用法多出现于书面语。

(二)表示变化的形容词谓语句

有些形容词,可以加上动态助词"了"或补语,表示变化。例如:

①风暖了,树青了,清明到了。

②怎么,你的头发全白了。

③突然,天空暗了下来。

④自打修了这条铁路后,我们山里人的日子一天比一天好起来了。

⑤他不是我的孩子,我也不能看着他这样坏下去,我要拉他一把。

⑥跟他谈完话后,我心里才平静下来。

二、形容词谓语句的结构特点

(一)如前所述,一般形容词作谓语,前面常用表示程度的副词。也可以在谓语形容词前用"比"、"跟"、"像"等组成的介词短语,引出比较的对象。如"这种纸比那种纸厚"、"她跟她妈妈一样高了"、"谁像你这么幸运啊"。

(二)形容词谓语句只能用表示程度、时间、处所、语气及少数表示方式(多由副词充任)的状语。例如:

①我们的校园很大。

②今天非常暖和。

③售货员对我们很热情。

④小刚在家里调皮，在外面很老实。

⑤天已经黑了，街上的人也稀少了。

⑥五月，麦梢渐渐地黄了。

⑦难道小明还不满意吗？

（三）形容词谓语后边可以带数量补语、趋向补语（多表示引申意义）、情态补语、程度补语、时间补语、可能补语、介词短语等。例如：

①这个箱子比那个重二十五公斤。

②南屋的窗户比北屋的宽半米。

③我家的日子一天天好起来了。

④他高兴得两只眼睛笑成了一条缝。

⑤昨天那场足球赛精彩极了。

⑥妈妈累了一天了，该休息了。

⑦这本书难了一点儿。

⑧她比以前坚强多了，敢于反抗了。

（四）形容词谓语句的否定形式主要是在谓语形容词前加“不”，表示变化的可用“没”。例如：

①咱们的收入不多，处处要精打细算。

②坐车不方便，还是骑自行车方便。

③树叶还没红，不好看。

④他都七十多了，头发还没全白。

第三节　名词谓语句

名词谓语句指体词性词语作谓语的句子。体词指名词、名词短语、代词、数词、数量词短语和“的”字短语，名词谓语句的主语和谓语之间没有“是”字。例如：

①今天除夕。（“除夕”是谓语）

②A：你们都十几了？（“十几”是谓语）

B：哥哥十八，我十二。（“十八”是谓语，“十二”是谓语）

③喂，您哪儿？（打电话）（“哪儿”是谓语）

一、名词谓语句的类型

（一）由一个名词构成的名词谓语句。例如：

①今天星期二。

②明天中秋节。

③刚才还晴天呢，现在又阴天了。

在实际语言中由单个名词作谓语的名词谓语句较少见。

（二）由名词短语、数量词短语、“的”字短语作谓语的名词谓语句。例如：

①这本书五十块钱。

②张老师上海人。

③这个小伙子高个子、方脸庞、粗眉毛、大眼睛。

④我两个孩子，一个儿子，一个女儿。

⑤一年三百六十五天。

⑥老张新调来的，搞软件的。

二、名词谓语句的特点

（一）在名词谓语句中，单个名词作谓语较少见。谓语大部分是由名词加名词、形容词加名词或其他名词短语构成的。如上文各例。

（二）名词谓语句的否定形式是在谓语前加“不是”，成为“是”字句。例如：

①A：今天星期二吗？

B：今天不是星期二。

②A：这本书五十块钱吗？

B：这本书不是五十块钱。

③A：老张新调来的吗？

B：老张不是新调来的。

显然，名词谓语句的否定形式与动词谓语句“是”字句的否定形式一样，也就是“是”字句，而且只在否定、反驳对方的话时用。因此有人认为名词谓语句是省略了“是”的“是”字句。但是在实际口语中，名词谓语句是一种很自然、地道的句子，表达这种意思时，以不用“是”为多。比较：

①他北京人。

他是北京人。

②一年十二个月。

一年是十二个月。

③这种半导体收音机八个管，两个波段。

这种半导体收音机是八个管，两个波段。

有的句子用“是”后会失去口语色彩。例如：

④这个小伙子高个子，方脸庞。

这个小伙子是高个子，方脸庞。

⑤哥哥十岁，弟弟八岁。

哥哥是十岁，弟弟是八岁。

（三）名词谓语句的谓语都很简短，一般没有补语或宾语。但有时也可以带状语，状语多为表示时间、范围、语气的词语。例如：

①今天已经十二月六号了。

②三斤苹果一共一块零五分。

③地上净水，别滑倒了。

④刚解放的时候她才十几岁，现在她已经是满头白发了。

⑤表演那天，男生一律西装领带，女生一律白衬衫，花裙子。

⑥你究竟哪里人？

三、名词谓语句的用途

（一）说明时间、日期、天气、籍贯等。这类句子的谓语大多是名词、名词短语以及部分代词。谓语和主语有等同关系。例如：

①现在十二点。

②今天什么日子？今天"五四"青年节。

③刚才还晴天呢，现在又阴天了。

④他英国人，我加拿大人。

⑤他东北口音，可能是东北人。

（二）说明主语数量方面的特性。一般是说明年龄、长度、重量、价格、度量关系或存在（领有）的事物。这一类句子的谓语多数是数词、数量词短语或是带数量词的名词短语。例如：

①红梅十一岁，玉荣九岁。

②身高一米七五，体重八十多公斤。

③长城东边从山海关起，西边到嘉峪关，一共一万三千多里。

④这件毛衣二十多块钱。

⑤这个书箱十六公斤，那个旅行袋四公斤。

⑥我两个男孩，我妹妹一儿一女。

⑦前边一片稻田，后边一片森林。

（三）说明等价关系。这类句子的主语、谓语都包含数量词短语，二者可互换。例如：

①一套明信片四毛五。（四毛五一套明信片）

②两张五毛钱。（五毛钱两张）

也有些句子的主语和谓语都是数量词或数量词短语，表示各种单位的换算关系。例如：

③一天二十四小时。

④一米三（市）尺。

⑤现在一斤十两了，不是十六两了。

⑥一吨两千斤。

这种用法多限于口语，在书面语里或较为正式的场合主谓语之间常用“是”或别的动词，如“有”、“等于”、“折合”等。

有些名词谓语句的主谓语都包含数量词语，但二者不是等价的，主谓语之间关系比较复杂。例如：

①一年十块钱，三年满期，四年头上就挣师傅钱了。（一年挣十块钱）

②一人一套茶具，一套十五件。（“有”、“分”、“发”、“买”等；“有”）

③十五个人一班。（“是”、“在”）

④一班十五个人。（“有”）

⑤一袋化肥一百斤。（“有”）

⑥十张稿纸就五千字。（“有”）

⑦一筒(香烟)五十支。("装"、"有")

⑧普普通通的三间房子,几根大柁?几根二柁?多少根椽子?多少根檩?("有")

这类名词谓语句多表示"有"、"是"等常用动词所表示的意义。

(四)描写主语的状况、特征或属性。谓语多是带有形容词或数量词的名词短语。例如:

①这个十九岁的姑娘,高高的个子,一双大眼睛,显得很机灵。(描写容貌)

②张大哥急性子,张大嫂慢性子。(描写性格)

③桌前两三把小沙发和一个矮茶几儿。(描写室内状况、陈设)

④日头将没不没的时候,水面一片红光,耀眼睛!(描写景色)

⑤我们这个检查站就我自己一个人。(描写事物的情况)

⑥这种飞机两个发动机。(描写事物的特征)

(五)说明主语的类属,通常用"的"字短语。例如:

①您哪个单位的?

②那位同志哪儿的?

③他文化部的,搞创作的。

④我们的电视十九寸的。

名词谓语句是口语中常用的一种句式,很简洁,但在书面语或正式场合用得较少。

参考文献

吕叔湘　主谓谓语句举例,中国语文,1986年第5期。

杨成凯　“主主谓”句法范畴和话题概念的逻辑分析——汉语主宾语研究之一,中国语文,1997 年第 4 期。

周日安　体词谓语句的生成条件,佛山大学学报,1996 年第 3 期。

练　习

一、找出下列各句中的谓语,根据其结构特点,说明是哪一类型的谓语句(A:动词谓语句　B:形容词谓语句　C:主谓谓语句　D:名词谓语句):

1.春天到了,天气渐渐暖和了,燕子都从南方回来了。(　)(　)(　)

2.这个地方太美了,比画还美。(　)(　)

3.刚来的那个小伙子才十九岁,四川人。(　)(　)

4.老厂长的儿子,身材高大,脸色红润。(　)(　)

5.这里是有名的游览区。(　)

6.我分到的那套房子四十平方米。(　)

7.他今天腿疼,来不了了。(　)(　)

8.胜利的消息传来之后,大家跳啊,唱啊,欢呼啊,高兴得眼泪都流出来了。(　)(　)(　)(　)

9.这只船长十四米,宽八米。(　)(　)

10.你通知一下老李今天下午开会。(　)

11.我们的斗争是正义的,真理在我们这一边。(　)(　)

12.昨天张老师一连给我们讲了四个成语故事。(　)

13.你们经常来帮助我,我非常感谢你们。(　)(　)

14.为了赶任务,她已经三天没怎么睡觉了。(　)

15.老科学家认为中国不是贫油国。(　)

16.这时,一道金色的阳光射在我的床上。(　)

17.我们的老师身高体胖。(　)(　)

18.小王对大事认真,对小事总是马马虎虎的。(　)(　)

19.这种蛋糕甜香甜香的。(　)

20.他们为准备这些事忙了大半天。(　)

21.风停了,雨住了,太阳又出来了。(　)(　)(　)

22.怎么你的手冰凉冰凉的,你冷吗?(　)(　)

二、根据问话，写出答话(要求用名词谓语句)：

1.你哪里人？

2.你今年多大了？

3.你几年级了？

4.今天几号？

5.今天星期几？

6.现在几点钟了？

7.这种糖多少钱一斤？

8.您是东北人吧？

9.您这小儿子几岁了？

10.您几个孩子？就这一个儿子吗？

11.你新搬的房子怎么样？几间一套的？

12.你家几口人？

13.你哪个学校的？

14.你哥哥多高？

三、简单介绍一下你某个朋友的情况(他的姓名、年龄、籍贯、个子、眼睛、头发、性格、爱好、学习或工作情况)。

四、选择适当的形容词填空：

热 亮 轻松 紧张 干干净净 整整齐齐 静悄悄 宽

长 矮 激动 黑咕隆咚 绿油油 笔直笔直 平平坦坦

1.每天，天刚____，他就起床了。

2.屋里太____了，开一会儿窗户吧。

3.这几天，同学们都在准备考试，比较____，再过几天考完了就____了。

4.山洞里面______的，不打手电，什么也看不见。

5.张华的作业一向都____________，________。

6.那条主要的街道又____又____。

7.宿舍楼里______的，没有一点声音，同学们都上课去了。

8.从车窗向外望去，远处一片庄稼，______的。顺着庄稼地是一条公路，________的，________的。

9.老张身高 1.73 米，老李身高 1.75 米，老张比老李稍微______一点儿。

10.那天她看见校长，______得话都说不出来了。

五、用所给词语完成句子：

1.我回来的时候，＿＿＿＿＿＿＿＿＿＿＿＿＿。（有你一封信　收发室里　看见）

2.我们＿＿＿＿＿＿＿＿＿＿＿＿＿。（离开这里　就　明天　打算）

3.总结会上，每个同学＿＿＿＿＿＿＿＿＿＿＿＿＿。（都　收获很大　说　这次语言实习）

4.王教授，这是我写的一篇论文，请您＿＿＿＿＿并＿＿＿＿＿。（给以　看看　指正）

5.我提的意见＿＿＿＿＿＿＿＿＿＿＿＿＿。（跟　你的建议　相反　正好）

6.阿里的练习＿＿＿＿＿＿＿＿＿＿＿＿＿，＿＿＿＿＿＿＿＿＿＿＿＿＿。（很好　写　清楚　整齐　得　又……又……）

7.学习一年中文以后，我还要＿＿＿＿＿＿＿＿＿＿＿＿＿。（在这个学校　学习　专业　继续）

8.每天晨练的时候，她＿＿＿＿＿＿＿＿＿＿＿＿＿。（沿着　都　校园的围墙　一圈　走）

9.您让我办的事儿，我＿＿＿＿＿＿＿＿＿＿了，保证＿＿＿＿＿＿＿＿＿＿。（记　下来　都　办完　三天之内）

10.请你＿＿＿＿＿＿＿＿＿＿＿＿＿。（大家　游泳比赛　通知　开始　3:00）

第二章　几种特殊的动词谓语句

第一节　“是”字句

“是”是关系动词，基本意思是表示判断、肯定。

一、“是”的语法特点

（一）“是”与一般动词相同的语法特点

1.能受副词修饰。例如：

①这些都是新杂志。

②他现在已经是大学生了。

③这辆汽车不是我的，是我父亲的。

④你刚说的也是一种办法，可以考虑。

⑤他指的就是那一套《契诃夫小说集》。

⑥这些话明明是多余的，可是我还要说。

2.可用在能愿动词后。例如：

①这应该是一对的，怎么只有一个了。

②这次考察的地区可以是西北，也可以是西南。

③将来他会是你一个很好的帮手。

④这种事情能是他干出来的吗？您不能听信坏人的话。

3.能用肯定、否定并列的方式提问。例如：

①这是不是新来的杂志？

②那位老先生是不是王院长?

4.能单独用来回答问题,充当谓语。例如:

①A:请问这里是张大伯家吗?

B:是。

②A:这是你翻译的文章吗?

B:是。

5.与后边的词语构成动宾短语充当全句的谓语。例如:

①《阿Q正传》是鲁迅先生写的一部小说。

②维纳斯是罗马神话中爱与美的女神。

③领导上的要求是节约,少花钱,多办事。

④你是干什么的?小伙子,看得出,你不是干这一行的。

(二)"是"与一般动词不同之处

1."是"后不能用"了"、"着"、"过"等动态助词以及各种补语。这是因为"是"不表示动作。表示出现新情况时,"是"字句句尾可用"了"。如"从今天起,我就是北京大学的学生了"。

2."是"一般只能用"不"否定,即"不是"。

3."是"不能重叠。表示答应的"是是"是"是"的连用,与动词重叠不同。

4."是"虽然是谓语动词,但在语义上不是句子的重点,重点在宾语上。

在现代汉语中,"是"的使用频率较高,是一个常用的动词。

二、"是"字句的结构特点

能充当"是"的主语和宾语的词语是多种多样的,比一般动词的主宾语要广泛得多,几乎一切实词和短语都可以。例如:

（一）名词及名词短语：

①约翰是男生，玛丽是女生。

②李四光是一位著名的地质学家。

③导电性最好的金属材料是铜。

（二）代词：

①你不是我，怎么知道我想什么？

②唐太宗李世民可不是这样，自己下得一手好围棋，还很爱护人才。

③父亲一向是那样，他说一句就是一句的。

④A：您是哪儿？

B：我是北京饭店。

（三）数词及数量词短语：

①十五是三的倍数，也是五的倍数。

②二加二是四。

③一千克是一公斤。

④这是第一次，也是最后一次。

⑤二楼二门六号是张力的家。

（四）动词及动词短语：

①变化是必然的。

②现在，活下去是他唯一的要求。

③他刚说的话是故意为难我。

④我们的口号是勤奋、务实、勇于创新。

（五）形容词及形容词短语：

①谦虚是一种美德。

②进步的大敌是骄傲自满。

（六）处所词：

①后面是一个足球场。

②前头是街心花园，马路南边就是火车站。

（七）时间词语：

①1996年2月19日是春节。

②昨天的昨天是前天。

③二月二十六号是我的生日。

④去年第一学期开学的日期是9月1日。

（八）主谓短语：

①他那样做是为了快点儿完成任务。

②他来晚的原因是家里来了客人。

③你不发表意见是不是因为你不同意这个方案？

④这件事不是我不管，是我管不了。

（九）“的”字短语：

①这件衬衫是真丝的。

②这座圆形的小塔是铜的。

③红色的运动服是我的，蓝色的是她的。

④我女儿是学医的。

⑤她丈夫是外交部的。

⑥这台机器是绣花用的。

⑦桌子上的杂志都是新来的，书架上的都是过期的。

三、“是”字句的类型和用法

按主语和宾语的关系，“是”字句可分成以下几种类型：

（一）表示等同和归类。这类“是”字句的主宾语大多由名词、代词、数量词或者“的”字短语充任，主语和宾语往往是相应的，有时是相同的，又可分为两种：

1.表示等同，主语和宾语可以互换位置，句义不变。例如：

①一年的四个季节是春季、夏季、秋季、冬季。

②这篇文章的作者是王中。

③山东省的别称是鲁。

④这次唱歌比赛的第一名是王英。

⑤一分钟是60秒，一个小时是3600秒。

以上各例都是在确定的语言环境下，主语、宾语所指的事物是同一的，主宾语可以互换。如例①也可以说成“春季、夏季、秋季、冬季是一年的四个季节”，例②可以说成“王中是这篇文章的作者”。至于选用哪个作主语，是由上下文、语境等决定的。

2.表示归类，宾语代表类概念，主语代表属概念。属概念包括在类概念之中，也就是说，主语所指事物属于宾语所指事物的一部分。例如：

①这棵树是桃树。

②橘子、苹果、香蕉、菠萝等都是水果。

③居里夫人是世界著名科学家。

上述这种表示归属关系的“是”字句，它的主语和宾语不能互换，比如不能说“水果是橘子”、“世界著名科学家是居里夫人”。有时互换后句子的意思会改变。如例①的主语、宾语词语互换，将变成“桃树是这棵树”，句子的意思成为“在一大片树林中，只有这一棵桃树，其余的是非桃树”，与原来的句子显然不同。

除了上述那些表示归类的“是”字句外，还有一种由“的”字短语充当宾语的“是”字句。例如：

①李老师是教语法的。

②这台机器是绣花用的。

③这座圆形的小塔是铜的。

这种“是”字句也表示归类。

（二）宾语从某个方面对主语加以说明，主语与宾语不相应。这是汉语特有的句式，下面举几种常见的：

1.说明人的性格、特征：

①老王是个慢性子，你可得常催着他点儿。

②小李是瘦高个儿。

③你们是知识分子的语言，他们是人民大众的语言。

2.说明时间：

①他们回国的日期都定了，老张是明天，老李是后天。

②明天从学校出发是上午6:30。

3.说明处所：

①我们都住在黄河边上，他是上游，我是下游。

②这次生产实习分两个地方，一班是上海，二班是杭州。

4.说明担任的角色：

①这次排练，罗拉是东郭先生，丁力是狼。

②入场式开始了，仪仗队里，男生是旗手，女生是军乐队。

③他们夫妻俩都在饭店工作，儿子是厨师，儿媳妇是前台。

5.表示所具有的物品：

①我们俩买的书不一样，他是英文课本，我是科技常识。

②我们的电视机不一样，他是黑白12寸，我是彩色14寸。

6.表示衣着：

①解放前，他夏天总是一件破布衫。

②别人都是T恤牛仔，就他是西装革履。

7.表示工具、手段：

①我们是小米加步枪，敌人是飞机加大炮。

②俺们两个村儿只隔一条河，可人家是拖拉机，俺们村还是小锄头。

③他总是这么一辆破车。

8.表示情况：

①看来，张女士是既事业有成，又家庭美满。

②他是到了黄河也不死心。

这类"是"字句一般可依据语言环境给主语或宾语补充一些词语，使主宾语相应。例如：

①老王是个慢性子的人。

②小李是个瘦高个儿的人。

但补足后往往显得冗长、累赘，不如原来的句子简练、生动、活泼。

还有些"是"字句表示比喻关系。例如：

①青年们努力吧！你们是祖国的未来，祖国的希望。

②时间就是生命。

③王大爷您真是雪中送炭啊！该怎么谢谢您呢？

④俗语说：人是铁，饭是钢。

⑤他的脸现在是多云转晴。

这种"是"字句体现了汉语的经济性和简练性。它能将一个内容复杂的句子变成由"是"联系的几个关键词构成的较简短的句子。例如有甲、乙两个人，甲喜欢打乒乓球，乙喜欢踢足球，当有人问“你们俩喜欢什么运动?”时,甲答“他是足球,我是乒乓球。”这句答话用“是”将主语“他”、“我”和两个关键词“足球”和“乒乓球”联系起来,构成两个简短的“是”字句。这两句话如果严格地按逻辑来分析似乎有点儿说不过去,但是说汉语的人喜欢这样简练生动地表达。

(三)用于说明、解释原因等,有时有申辩的意味。“是”的宾语多由动词(短语)、形容词(短语)、介词短语充任。

1.说明原因的:

①我来中国是学习汉语,不是旅游。

②你不去旅行是身体顶不下来吧?

③人家是不知道,问问你,没有别的意思。

④他学习好是由于他有明确的学习目的。

⑤群众敬佩她是因为她是一个踏踏实实的实干家。

2.对某种情况作出解释的:

①白大嫂子低下头来,这回不是生气,而是不好意思。

②我们对同学的要求就是刻苦钻研,掌握好本领,将来为祖国的四化建设贡献力量。

③他们最后一次集会是在北大。

④你这样做是根据什么?

3.带有申辩口气的句子,这种句子常常包含带“是”的两个分句:

①他的做法是进,不是退。

②这种办法是快,不是慢。

③周瑜说:这是他自己找死,并不是我逼他。

④她不是买不起,是不想买。

⑤不是他不努力，是他没有能力。

上述各例句都是由两个分句组成的，一个用“是”表示肯定的意思，一个用“不是”表示否定的意思，用一正一反或一反一正两种情况来表示申辩。

4.表示解释的无主句：

在这种无主句中，“是”前边没有主语，“是”后边紧跟的名词性词语充当“是”的宾语，形成了一个动宾短语，有时“是”的宾语又是后边动词的主语。例如：

①是风把门吹开了。

②是乡亲们救了我们。

③在我困难的时候，是我的老师帮助了我。

④是我没说清楚，不是你没听清楚。

⑤是我的一句话，惹出了麻烦。

（四）表示存在。主语是方位词或处所词，“是”有“存在”的意思。例如：

①桌子上是书，没有别的东西。

②宿舍前是一个网球场。

③山上全是枫树，秋天是一片红。

④你怎么脸上、身上都是泥？

⑤早上起来，我打开窗户向外一看，树上、地上、屋顶上都是雪，好看极了。

表存在时，“是”与“有”是有区别的。“是”表示某物体占据了某一空间，该物体在那个空间是唯一的；而“有”只表示某一空间存在着某一或某些物体。比较：

①A：桌子上是什么？

B:桌子上是书。

②A:桌子上有什么东西吗?

B:桌子上有书,还有笔。

例①用"是"问话时,问话人已经知道桌子上有一种东西,但不知道是什么。答话人也用"是"回答,表示"桌子上有的就是书,别无他物"。而例②用"有"提问时,问话者不知道桌子上是否有东西,更不知道有多少,答话可以是没有什么东西,也可以是有不止一个东西。

(五)表示描写。

1.用在动词(短语)、形容词(短语)前表示描写,往往还包含较高的程度的意思。"是"轻读。例如:

①小林对人是那么热情,谁都会喜欢她。

②孩子们是又唱又跳,高兴得不得了。

③他大吼了一声,声音是那么可怕,吓得旁边的孩子哭了起来。

④他的态度是那么诚恳,以至于本来不想买东西的人,都纷纷掏出钱来。

⑤这对她是多大的安慰呀!

2."是"重读,肯定前边的话。例如:

①A:小林这个人很热情啊。

B:小林这个人'是很热情。

②A:你昨天是不是不高兴了?

B:昨天我'是不高兴了,你怎么能当着那么多人的面说我呢!

③A:那个电影怎么样?不错吧?

B：'是不错，

3.交谈中，表示肯定对方说的话，也可用"是"。例如：

①A：发生这件事不是偶然的，是我们平时不重视思想教育的结果。

B：是，是，是这样。

②A："梅表妹要结婚？"觉新惊疑地问道。

B：是。日期还没有定，不过也很快。

对某一观点表示同意，并发表自己的感想时，在说话的开头也可以用"是啊"、"是的"等表示肯定。例如：

③是啊！人们是多么需要相互理解啊！理解万岁。

（六）"是"的前后用相同的词语，可以表示以下几种意思：

1.肯定主语就是宾语所代表的那一类，而不是别的。例如：

①事实总是事实。

②青年就是青年，不然，何必要搞青年团呢？

③优秀生毕竟是优秀生，在哪儿都表现得出色。

④对就是对，不对就是不对，一定要实事求是。

⑤其实，该好就是好，该坏就是坏，您说，是不是这个理？

这类句子的主语和宾语一般都比较简短，而且"是"前后的词语是一样的，为了强调确认的语义，"是"前常用副词"就"、"总"、"毕竟"、"终归"等，而且这些副词要重读，不能去掉。

这样用的"是"前后也可以用动词或动词短语。例如：

①懂就是懂，不懂就是不懂，不懂不要装懂。

②孩子，别怕，捡柴火就是捡柴火，什么消息不消息的。

例②的意思是"你在捡柴火，跟别的事情无关，也不知道别的事情"。

2.表示界限分明，清清楚楚，不含混。这种句式多是由两个或两个以上“是”字句形成的，一般用来表示办事规规矩矩，做事条理分明。例如：

①王大嫂总是这么干净利索，头是头，脚是脚。

②这个青年人办事，丁是丁，卯是卯，不含糊。

③小张平时话语不多，可是话一说出来，一句是一句，总是说到点子上。

④小明写的字真不错，一笔是一笔，横是横，竖是竖。

⑤咱们应该公是公，私是私，清清楚楚。

3.表示让步，有“虽然”的意思，但比用“虽然”语气要委婉，更加口语化。“是”前后的词语多为动词短语、形容词短语或名词短语，形成让步句，后边的分句是具有转折意思的主句。例如：

①这孩子聪明是聪明，就是不知道用功。

②这个东西我有是有，可是忘了放在什么地方了。

例①的意思是“这孩子虽然聪明，可是不用功”。例②意思是“你想借的东西，我虽然有，可是忘了放在哪儿了”。但是，肯定的语气更勉强。

还可以在“是”前加副词“倒”，语气更加缓和。例如：

这孩子聪明倒是聪明，就是不知道用功。

“是”前后的词语，有时可以有点不同。例如：

①这种笔的样子好看是挺好看，就是笔尖太粗。

②这种汽车跑得快是快点儿，可是费油。

（七）表示无例外，有“凡是”的意思，“是”重读。

这样用的“是”的作用仍然是“归类”，“是”后的名词前可以加量词。例如：

①这点事是个人都会做。

这句话的意思是“只要是一个人,这点事情就会做”,意思是“事情”很容易。

②他这个人,是节目就想看。

这句话的意思是“他非常喜欢看节目,只要是一个节目,不管好坏,他都想看”。

(八)“是”用来表应答,也可看作听话人对说话人的一种表态,而且听话人常常是处在被指使的地位。例如:

①她快活地应了一声“是”,便迈着轻快的脚步走到外面去了。

②A:你快去吧!

B:是,是。

③A:你给我滚出去!

B:是。

这种“是”有服从的意思。现在,只是在军队、监狱里用得较多,一般场合用得较少。

(九)“是”用在“时候”、“地方”等名词前,表示“合适、正好”的意思。例如:

①你来得是时候,我们正想给你打电话,叫你开会呢。

②这个花盆摆得不是地方,一不小心就会被踢翻。

③你的汽车停得不是地方,叫交警拖走了。

④你的话说得不是时候,人家正在发愁,这不等于火上浇油嘛!

⑤这场台风来得很是时候,我留你多住一天,你说一定要走,现在好了,大风把你留下来了。

四、"是"字句的疑问形式

(一)在"是"字句的句尾加上疑问助词"吗"。例如:

①你是留学生吗?

②对不起,请问,您是张先生吗?

(二)正反疑问式。例如:

①你是不是留学生?

②对不起,请问,您是不是张先生?

也可以把"不是"放在"是"字句的句尾。例如:

①′你是留学生不是?

②′对不起,请问,您是张先生不是?

(三)用"是不是"的疑问句格式。"是不是"可放在句子开头或末尾,或用在谓语的某词语前。例如:

①是不是我们明天开始放假?

我们是不是明天开始放假?

我们明天开始放假,是不是?

②毕业后你要搞翻译工作,是不是?

③咱们企业的信誉才值十万元,是不是太便宜了?

④他最近身体不好,是不是?

⑤这种生产方式是不是有点儿落后?

参考文献

范　晓　"是"字句的提问形式,语文学习,1983年第6期。

符达维　作为分句的"X是X",中国语文,1985年第5期。

何思成　谈“是”的语法功能，成都大学学报，1984 年第 2 期。
李芳杰　“的”字结构位于句首的判断句，世界汉语教学，1997 年第 1 期。
吕文华　主语是受事的“是……的”句，汉语学习，1985 年第 5 期。
郑献芹　现代汉语中“是”的词性及用法浅探，殷都学刊，1993 年第 3 期。
周有斌　“是”字句的研究述评，汉语学习，1992 年第 6 期。

练　习

一、用所给的词语组成“是”字句：

1.这位先生　中国足球队的领队
2.医生　我父亲　也
3.中国有名的地质学家　李四光先生
4.白颜色的　他的汽车　不　红颜色的
5.教学楼的前边　一片草地
6.这儿的主人　我们　不
7.地上、房上、树上　雪　都
8.学习　读书　学习　使用也
9.一座大教堂　我们学校的旁边
10.力量　知识　就
11.用毛笔写汉字　他的业余爱好
12.那只大熊猫新生出来的　这两只小熊猫
13.赚钱　我们的目的　不
14.看小说、看电影　休息　也
15.中国古代的四大发明　造纸、印刷术、火药和指南针
16.外国留学生　那几个年轻人　都
17.种花、养花　一种乐趣　对他
18.中国中央电视台的　他们　都
19.生命　时间　就
20.他　昨天没来　因为病了

二、把下列句子改写成“是”字句：

1.这种布虽然贵一点儿，可是结实、耐穿。
2.他写得慢，可是写得整齐。

3.小王虽然来过了,可是你要的东西没有给你带来。

4.这篇论文写得确实好,难怪得了头等奖。

5.那个地区,农民的生活真的比以前好多了,许多农家都住进了二三层小楼。

6.我看她真的被深深感动了,眼泪一直含在眼圈里。

7.无论学习什么都应该做到:懂了就说懂了,不懂就说不懂,不要装懂。

8.王师傅说:我虽然老了,可是我身体还行,我还想为大伙儿干点事儿。

9.这种小野花,在北方农村到处都有。

10.这是一座花园城市,走到哪里,哪里都有花草。

三、找出下列"是"字句的宾语,并说明主语和宾语的关系:

A:表示等同　　B:表示归类

C:表示说明主语的某一方面　　D:用于解释、说明

E:表示存在　　F:表示肯定

G:表示表示主语就是宾语所代表的那一类　　H:表示界限分明

I:表示表示让步　　J:表示无例外(凡是的意思)

1.中国的首都是北京。(　)

2.李四光是中国有名的地质学家。(　)

3.这个院子跟附近的许多院子没有什么差别。周围是半人高的木栅栏;左边是一间独立的小屋;右边是两间正屋。(　)(　)(　)

4.那个房间里都是水。(　)

5.他是急脾气,可又是软心肠。(　)(　)

6.你是哪个班的?(　)

7.不是你记错了,是我告诉你错了。(　)(　)

8.长江是中国的第一条大江。(　)

9.这本字典好是好,就是太贵。(　)(　)

10.他的东西总那么干干净净,整整齐齐,书是书,本儿是本儿。(　)(　)

11.我给大象照相不是玩,是工作,我是个摄影记者。(　)(　)(　)

12.她的发音是那么准确,语调是那么自然。(　)(　)

13.他特别喜欢看电影,是电影就看,也不管好坏。(　)

14.不同意就是不同意,不要含含糊糊,不好意思说。(　)

15.这两个字的写法是不一样,丁力说得对。( )

16.自从她丈夫去世后,她总是一身黑衣服,头上是一朵白花。( )( )

四、把下列各句中不正确的句子改正过来:

1.这本词典是老师不是?

2.这位女士是不是您的秘书吗?

3.老师,请问,这什么是?

4.你是北京语言大学的学生吗,是不是?

5.这本新杂志是你吗?

6.这件蓝色的衬衫是新,那件白的是旧。

7.以前你是没是这个学校的学生?

8.我的书都是英文,那些中文书都是不我的。

9.您以前是过我们老师,现在是还我们的老师。

10.巴黎法国的首都是。

11.我们是都留学生。

12.什么是这句话的意思?

第二节 “有”字句

“有”是个非动作动词,它不表示动作行为,基本意思是“领有”、“存在”。用“有”作谓语动词的句子,称为“有”字句。

一、动词“有”的语法特点

1.“有”不能受否定副词“不”的修饰。我们不能说“我不有书”。“有”的否定形式是在“有”的前面加副词“没”,如“我没有这本书”。在这种句子中,可把“有”略去,说“我没这本书”。在“没有”后面没有宾语时,不能略去“有”,如“你有这本书吗?”应回答“我没有。”不能说“我没。”“有”的另一种否定形式是“无”,“无”一般用在书面语或成语中，如“无源之水”、“无本之木”、“无的放矢”等。

2.只要意思能搭配，“有”可以直接用在能愿动词的后面。如“能有这样的事吗?”、“农民可以有自留地”、“你会有好运气的”。

3.“有”一般不能重叠使用。

4.“有”的后面不能带各种补语。

5.“有”不能单独受程度副词修饰，不说“他很有”。但是某些“有+定语+宾语”结构前可以用“很”，如“这几年我很有些处事为人的经验了”、“这个工厂很有几个敢想敢干的人”。

二、“有”的意义和用法

(一)表示“领有”、“具有”

这一类句子，主语是表示一般事物的名词，宾语也是表示一般事物的名词。依据主、宾语之间关系，又可分为以下几种情况：

1.“有”的宾语所表示的事物是主语所表示的事物的一部分。例如：

①人人都有两只手。

②这座桥有两层。

③植物有根、茎、叶几部分。

2.主语与宾语之间有领有关系。例如：

①我有一辆摩托车。

②张老师有很多书。

③我有两个孩子。

④阿里有一台计算机。

在上述两种用法中，“有”前面不能用程度副词“很”、“非常”等修饰。不能说“您很有孩子”、“他非常有房子”。

3.宾语表示主语的某种属性,宾语多为抽象名词。例如:

①教书这个工作很有意义。

②想不到吸烟会有这么大的危害。

③干这种事要有决心和勇气啊。

④对做好这个工作你有信心吗?

⑤这些年轻人都很有干劲,也有实事求是的精神。

⑥人总是要死的,但死的意义有不同。

例①谓语“很有意义”说明主语“教书这个工作”的特性。例②谓语“会有这么大的危害”说明主语“吸烟”的后果的严重性,等等。

“有”与某些名词可以构成一个特殊的短语,意义虚化,具有形容词的性质,“有……”表示正向形容词的意思,如“多”、“大”、“远”等。比如“有气派”意思是“气派很大”,“有经验”意思是“经验很多”,“有钱”意思是“富有”,“有办法”意思是“办法多”,“有眼光”是“眼光远”等。例如:

①这个人很有前途。

②小马这个青年有头脑,有眼光。

③老王师傅很有经验,工作上很有办法。

4.宾语所代表的事物与主语所代表的事物有某种关系。例如:

①我从来没有个亲人,真想永远和你在一起!

②老教授一共有四位助手,他们正在研究一个新课题。

③他说:“我还没有家,你这里就是我的家。”

④太阳有九大行星。

⑤我们有了这样的好领导,工作一定会有起色。

老舍在《且说屋里》有一段话，其中的几个“有”都表示领有，但含义不同：

一个廿世纪的中国人所能享受与占有的，包善卿已经都享受和占有过，现在还享受与占有着。他有钱、有汽车、有儿女、有姨太太，有古玩，有可作摆设用的书籍。有名望，有身份，有一串可以印在名片上与讣闻上的官衔，有各色的朋友，有电灯、电话、电铃、电扇，有寿数，有胖胖的身体和各种补药。(《老舍短篇小说选》)

（二）表示“存在”

这类“有”字句句首是处所词语、时间词语，宾语是表示存在事物的名词，全句表示在某处所或某段时间存在着某人、某物（参见本章第五节“存现句”）。例如：

①屋里有人。

②蓝蓝的天空没有一点云彩。

③唐代有个诗人，名叫贾岛。

④现在离上课还有一刻钟。

有时，处所词前用了介词，介词和处所词组成介词短语作为状语表处所。例如：

①在墙角有一个大铁桶。

②靠窗户有一把竹椅子。

在一定的语言环境里，“有”的主语可以省去。例如：

①有情况！他猛地站起来向门外奔去。

②玉宝喊了声：有贼！伙计们拿着木棍都跑出去了。

③记住，小燕，没有克服不了的困难，也没有解决不了的问题。

有时主语是说不出的或不需要说出来，也用“有＋名词”。例如：

①有水了！有水了！快去接水。

②有风，你看蜡烛总在跳动！

③有你的电话。

④有电！危险。

表示存在的事物名词也可以放在“有”之前作主语。例如：

①我们日里到海边捡贝壳去，红的绿的都有，鬼见怕也有，观音手也有。

②这是菜单，中餐、西餐都有。

③这些花布花样虽然一样，但颜色不同：红的、蓝的、绿的都有。

④这种事永远都会有。

⑤她哥哥姐姐都有，她是老三。

⑥要是您不赞成奢侈，节省的办法也有。

这类句子的主语多为并列名词（短语）或“的”字短语，“有”的前面一般要用副词“都”或“也”，“有”后不能再带宾语。这种句子有突出“存在”的事物的作用。

（三）表示“发生和出现”

后面的宾语是动词。例如：

①在工农业发展的基础上，人民的生活水平有了很大提高。

②近年来，中小学教育也有了很大发展。

③经过同志们的批评帮助，他的思想有了一些转变。

④几年没见，你跟以前一样，没有什么变化。

⑤小明经过一段时间的勤学苦练，学习上有了明显的进步。

⑥去年国民收入又有了增长。

这种句子中作宾语的动词一般为双音节的，表示出现的变化。

(四)表示“包括”

可分为三种情况:

1.“有”字句的宾语表示的事物都属于主语所指的那一类,宾语往往不止一个,具有列举性,有时最后还说出总数量。例如:

①人造纤维有粘胶纤维、铜氨纤维和醋酸纤维等。

②云的种类很多,有卷云、积云、层云等。

③这位植物学家收集了60000号植物标本,大约有5000多种。

④今天参加座谈会的有工人、学生、干部、教师等各方面的代表二十多人。

⑤《人民画报》有英文版的、法文版的、日文版的等好几十种。

2.用两个或两个以上的“有”来分别列举。例如:

①人们在社会实践中从事各项斗争,有了丰富的经验,有成功的,有失败的。

②来客也不少,有送行李的,有拿东西的,有送行兼拿东西的。

③他的书包总是装得鼓鼓的,有书,有本儿,有杂志,还有一卷报纸。

④每天早上,操场上锻炼的人多极了,有跑的,有跳的,有打球的,还有练太极拳的。

这种格式的“有”字句,前半句是总的叙述,后面用“有”列举。

3.还有一类表示“包括”的“有”字句,它的宾语是数量词或带数量词的名词短语。宾语表示主语所指事物的总数。例如:

①一年有十二个月。

②一个星期有七天。

③这本书有三百多页。

④“人”字有两划，一撇一捺。

这类句子主语所指事物包含的数量与宾语所表示的数量是相当的。

（五）表示“达到”

多用于估计和比较。

1.用于估计。“有”后面有数量词语，或者是数量词语再加上与估计对象的性质有关的形容词。例如：

①（我看）他大约有三十多岁。

②有的石头一块就有两千多斤（重）呢！

③斧刃有半尺左右（长）。

④那条河有五百米（宽）。

⑤那段路有三十米宽，四百米长，两边都是树。

⑥我学习汉语有六个月了。

这类句子中的“有”是谓语动词，“有”后的数量词或数量词与形容词一起作宾语，形容词不能单独作“有”的宾语，如不能说“有高”、“有深”。其中的形容词，一般都是“长”、“宽”、“高”、“粗”、“大”、“重”、“深”等正向形容词，而不用“短”、“窄”、“矮”、“细”、“小”、“轻”、“浅”等负向形容词。这种句子的否定式是用“没（有）”，表示“没有达到某一量度”。例如：

①这块布没有两米长，最多不过1.70米。

②从北京到天津没有500里。

③我学习汉语还没三个月呢。

也可以用“不到”代替“没有”。例如：

①′这块布不到两米长，最多不过1.70米。

②′从北京到天津不到500里。

③′我学习汉语还不到三个月呢。

2.用于比较。“有”的后面是表示所度量或比拟的事物的词语，再加上形容词，形成一个比较的标准。“有”表示主语达到了标准。如未达到，就用“没有”(见本编第六章“比较的方式”)。例如：

①那个教室有这个教室大吗?

②那个教室没有这个教室这么大。

③我的小女儿有桌子高了。

④这个游泳池的水没有一人深。

⑤弟弟没有妹妹那么爱学习。

⑥这棵树长得没有那棵树那么粗壮。

“有”还可以构成连动句和兼语句(参见本章第三节“连动句”、第四节“兼语句”)。

参考文献

贺　阳　“程度副词＋有＋名”试析，汉语学习，1994年第2期。
史有为　说说“没有我水平低”，汉语学习，1994年第4期。
杨惠芬　表比较的“没有”句句形探析，语言教学与研究，1998年第1期。
詹开第　“有”字句，中国语文，1981年第1期。
张豫峰　“有”字句研究综述，汉语学习，1998年第3期。

练　习

一、熟读下列词组并理解其含义：

(很)有钱　(很)有见识　(很)有志气　(很)有风度

(很)有眼力　(很)有远见　(很)有勇气　(很)有礼貌

(很)有头脑　(很)有本事　(很)有出息　(很)有办法
(很)有眼光　(很)有能力　(很)有理想　(很)有心眼
(很)有水平　(很)有经验　(很)有前途　有脾气
(很)有学问　(很)有办法　(很)有抱负　有一手
(很)有见解　(很)有才气　(很)有魄力　有两下子
有进步　有提高　有改进　有联系　有发展　有转变
有来往　有认识　有进展　有长进　有增长　有交往

二、说明下列“有”字句表示什么意思(A:领有,B:存在,C:列举,D:达到,E:包括,F:发生新情况):

1.有人吗?(　)
2.听,有动静!(　)
3.现在有十二点了吧。(　)
4.今天下的雪有一尺厚。(　)
5.一年有四季。(　)
6.本世纪以来,科学技术的新成果有了迅速的增长。(　)
7.展览会的展品有五千多件。(　)
8.液体有一定的体积,没有一定的形状。(　)(　)
9.参加这次大会的有工人,有农民,有解放军,有知识分子,有男的、女的、老的、少的。大约有二百多人。(　)(　)
10.小王没有大刘高。(　)

三、用所给词语造“有”字句(肯定式或否定式):

1.我　一个弟弟　一个妹妹　和
2.这座城市　一千四百多万人
3.她　充分的信心　对学好中文
4.我　一本汉英词典　只　英汉词典
5.我们学校　游泳池　滑冰场　也
6.这座小楼里　十五间房　一共
7.那张桌子上　一些书报　别的东西　只
8.湖心的小岛上　一片树林　树林里　中国式的小楼　一座　只
9.我住的房间里　一张书桌　两把椅子　一个书架和一个衣柜　还
10.这条河上　一座很有名的石拱桥

四、把下列各句改成“有”字句：

1.二十年来，我国的农业大大地发展了。

2.我们这里，乡镇企业的生产水平也大幅度地提高了。

3.听了您的报告，我们对中国的饮食文化了解了一些。

4.今天的谈判，双方都作了一些让步，取得了一些进展。

5.参加过实际调查后，进一步认识了这里的民俗习惯。

6.假期里，阿里出去旅行了一趟，他的汉语进步了不少。

五、根据下列句子的内容，按括号里的要求，改写句子：

1.他对京剧很感兴趣。（有……吗）

2.一个星期之内，完成这个任务困难吗？（有没有）

3.这位大夫做这种手术，很有经验。（有……没有）

4.我们在这里谈话影响你学习吗？（有……吗）

5.你参加了汉语水平测试，可能得95分吗？（有没有）

6.先问问大家的意见是必要的。（有……没有）

7.他认识到做这件事很必要。（有没有）

8.他办事能力很强。（有……吗）

9.我可以参加这个会议。（有……吗）（资格）

10.每一个成年人都可以参加选举。（有……吗）（权利）

六、找出病句并加以改正：

1.问：这个人有没有学问吗？

答：当然有。人家有多很著作呢。

2.问：你们的图书馆很有书，是吗？

答：对，我们的图书馆很有书。

3.问：这个新来的小工人很有经验吧？

答：没，他第一次干这种活。

4.问：他的报告对你们很帮助吗？

答：他的报告很好，很帮助我们。

5.问：是不是天气预报说明天傍晚有小雷阵雨？

答：对，明天傍晚有下雨，可能还有刮风。

6.问：这种小手提包很有用吗？

答：不有用。

7.问：今天晚上你有没有时间吗？

答：有时间，你什么事有？

8.问：老师，您有几个孩子吗？

答：我有两个孩子。

9.问：你的宿舍里有没有电视机吗？

答：我的宿舍里没有电视机。

10.问：这个句子有没有语法错误？

答：不错误在这个句子里。

第三节　连动句

一、什么是连动句？

谓语由两个或两个以上动词构成，在动词短语中间没有停顿，也没有关联词语，两个动词短语共用一个主语，这样的句子叫连动句。例如：

①我去问。

②他们结了账搬走了。

③鲁班含着眼泪告别了师傅。

④中国人用筷子吃饭。

⑤对于这件事，他始终保持沉默不说话。

⑥有人想走了，乔光朴站起来拦住大家说："同志们，别走啊。"

连动句的谓语也可以是动词与形容词连用，或形容词与动词连用。例如：

①大家听了这个消息都非常高兴。

②他急着说："你别走！"

从意义上来看，连动句的两个动词短语之间不能存在并列、主谓、动宾、动补、状动等关系，而是事理上或自然的先后关系。例如：

①他站起来走过去开门。

这个句子的"站起来"、"走过去"和"开门"表示三个连续发生的动作。

②老伴去世后，常大爷每天自己买菜做饭吃。

这个句中"买菜"是"做饭"的前提条件，"做饭"又是"吃"的前提。这是事理上的先后关系。

二、连动句的类型

根据前后两个动词（短语）之间的意义关系，连动句可分为下列几种：

（一）表示先后或连续发生的两个动作或情况。后一个动作或情况发生时，前一个动作已结束。例如：

①孩子们听完故事哈哈大笑起来。

②他们吃过晚饭散步去了。

③无数辆汽车通过宽阔的公路桥开往四面八方。

④王师傅接过小模型看了一会说："行啊！"

⑤我们从广播里听了这一噩耗难过极了。

这类句子的第一个动词后边常带有结果补语，或表示动作完成的"了"，或表示经验态的"过"。

（二）后一个动词（短语）表示的动作行为是前一动词表示的动

作的目的。例如：

①A：你来干什么？

B：我来缴电费和房租。

这两个句子的“干什么”和“缴电费和房租”都是“来”的目的。

②我们去商店买东西。

③他去小酒店喝了点儿酒。

④文清，你又把那灯点起来干什么？

⑤阿里要到机场去接代表团。

⑥暑假，我们一定回来看望您。

这种连动句第一个动词短语常包含“来”、“去”。

有时“来”不表示实在的“来”的意义，有缓和语气的作用。例如：

①我们开个联欢会来欢迎新同学。

②我来谈谈。

③我们的报纸也要靠大家来办，而不能只靠少数人关起门来办。

（三）前一个动词（短语）表示后一个动词（短语）所表示的动作的方式（或手段、工具）。例如：

①阿里用左手写字。

②中国人都用筷子吃饭。

③明天我们坐飞机去上海。

④那位空姐笑着对我说：“没关系。”

⑤妈妈骑自行车走了。

⑥老师握着我的手说：“再见。”

（四）前一个动词（短语）表示肯定的意思，后一个动词（短语）

表示否定的意思，但是两个短语表示的意思一样，从正反两个方面说明一个事实。例如：

①走不了，爷爷的手抓着门板不放。

在这个句子里，“抓住门板”意思和“不放”一样。

②张素素却板起脸不笑。

③我看他总是坐在那里不动，原来他在练气功。

④她说出最后一句话，自己觉得失言，就闭嘴不说话了。

（五）前一个动词为“有”（或“没有”）的连动句，有两类：

1.在意念上，“有”的宾语也是后一个动词的受事者。例如：

①现在我们都有宽敞的房子住了。（住房子）

②我有一个问题请教您。（请教问题）

③在事实面前他没有话说了。（说话）

2.“有”的宾语为抽象名词，第二个动词短语可以变换为这个抽象名词的定语。这种句子往往含有“应该”的意思。例如：

①每位教职工都有权利选举自己的代表。（有选举自己代表的权利）

②你有什么理由不让我走？（没有不让我走的理由）

③我有责任帮助你们解决困难。（有帮助你们解决困难的责任）

④小刘没有资格参加这次活动。（没有参加这次活动的资格）

⑤现在你有没有时间再打一份文件？（有没有再打一份文件的时间）

能用于这种连动句的抽象名词常见的还有“力量”、“办法”、“本事”、“把握”、“信心”、“机会”、“条件”、“钱”、“时间”等。

三、连动句的结构特点

（一）连动句中两个动词短语位置不能互换，互换后或者会改变原来的意思，或者不成句子。这一点不同于并列关系的短语。具有并列关系的结构成分位置可以对换，而不改变原来的意义。如“他天天读报、念书、看电视”，也可以说成“他天天看电视、读报、念书”。而组成连动句的各短语位置不能变换。如“他站起来走过去开门”，说成“他去开门走过去站起来”将不成句子。把“他开门出去了”变成“他出去开门了”意思就变了。

（二）连动句的主语，最常见的是动词（短语）的施事，但也有的是受事，或既是受事也是施事。例如：

①大夫抽出自己的血救活了那个孩子。（“大夫”是“抽”和“救”的施事）

②书放在宿舍没带来。（“书”是“放”、“带”的受事）

③毕业后，我和几个同学被分配到航标站工作。（“我和几个同学”是“分配”的受事，是“工作”的施事）

④张老师调到中文系教古汉语去了。（“张老师”是“调”的受事，是“教”的施事）

参考文献

陆俭明　关于“去＋VP”和“VP＋去”句式，语言教学与研究，1985年第4期。

沈开木　连动及其归属，汉语学习，1986年第5期。

周国光　现代汉语里几种特别的连动句式，安徽师范大学学报，1985年第3期。

练 习

一、将下列连动句中连用的各动词或动词短语划分开，并说明二者在意念上表示什么关系(A:表示连续发生的两个动作，B:表示目的，C:表示方式、工具，D:从正反两面说明一个事实，E:带“有”的连动句)：

1.爸爸想了一下儿说：“我不能同意你的要求。”

2.以后我一定找时间去你家里看看你的母亲。

3.十年前她家就搬到北京郊外住了。

4.小时候，我们常常去那个公园玩。

5.有一年夏天，我坐船到南方奶奶家过暑假。

6.门外有个青年要见你。

7.小明用手轻轻地摸了摸小力的新铅笔盒，没有说话。

8.他听到外边有动静，立刻开门出去看了看。

9.你有什么理由不同意他的要求？

10.这些南方的特产我们一直放着没吃。

11.每次劳动的时候，大家都抢着干又脏又重的活儿。

12.张老师，我有一些问题想请教你一下儿。你现在有时间帮助我吗？

13.我那只手表一直放在抽屉里没带。

二、找出下列短文中的连动句：

从前有几个人得到一壶酒。这壶酒只够一个人喝。到底谁应该喝这壶酒呢？大家商量半天，怎么也决定不下来，最后有一个人说：“咱们每个人用树枝在地上画一条蛇。谁先画完，这壶酒就让给谁喝。”

大家都同意这个办法。于是每个人就拿起一根小树枝在地上画起来。

有一个人很快就把蛇画好了。他笑着看了看周围，还没有一个人画完。他又拿起树枝，抱着酒壶得意地说：“你们谁有本事能比我画得快，我还有时间给蛇画上几只脚。”说着就画起来。当他正忙着给蛇画脚的时候，另一个人已经把蛇画完了，就把酒壶抢了过去，指着地上的蛇说：“蛇是没有脚的，你现在给蛇添了脚，就不是蛇了。因此，第一个画完蛇的是我，不是你呀！”

三、用所给词语扩展成连动句后填空：

1.张老师忘了戴眼镜，他________。(回宿舍　取)

2.那个故事太悲惨了，孩子们________。（听 哭起来）

3.那是她结婚时的纪念，所以她一直________。（保存 用）

4.昨天，他们____________。（坐火车 去南方 旅行）

5.姐姐正________，________。（忙着写论文 陪着我玩 没有时间）

6.阿里从书包里____________我。（交给 拿出来一封信）

7.小红住院了，下午咱们____________，好吗？（带 水果 去看她）

8.他________，已经骑了好几年了。（花 几十块钱 买 一辆旧自行车）

9.你不应该________，这样看书对眼睛不好。（躺 看书）

10.他们____理由不____________。（没有 参加这个会）

11.父亲说："你们都喜欢吃花生吗？"孩子们都____："喜欢！"（争 回答）

12.我________一束花儿________在花瓶里好吗？（插 去买）

四、将下列句子改写成连动句：

1.他又买了一辆新型摩托车。花了三百多元。

2.这位年轻的作家写了一个剧本。用了一年左右的时间。

3.他不回答我的问题。他是没有理由的。

4.住那么好的房子。我现在还没有条件。

5.下星期天，我来找你。咱们一起去颐和园。咱们划船。

6.他坐公共汽车。他去北京图书馆。他借书。

7.汽车走在半路上。汽车停住了。汽车不走了。

8.老人看完儿子的信。老人拉起衣袖。老人擦了擦眼泪。

9.我每次去看他。他总是笑着。他走过来。他迎接我。

10.姐姐看了我织的毛衣。姐姐捂着嘴。姐姐直笑。

五、比较下列连动句在意义上有什么不同：

1.A.小方开门出去了。

B.小方出去开门。

2.A.老队长接过那把锄头看了看说："可以。"

B.老队长看了看那把锄头接过去说："可以。"

3.A.他们坐汽车进城。

B.他们进城坐汽车。

4.A.她下床穿衣服。

B.她穿衣服下床。

5.A.他们轻轻推开门走进去。

B.他们轻轻走进去推开门。

6.A.小明站起来拍拍身上的土。

B.小明拍拍身上的土站起来。

第四节　兼语句

一、什么是兼语句?

兼语句的谓语是由一个动宾短语和一个主谓短语套在一起构成的,谓语中前一个动宾短语的宾语兼作后一个主谓短语的主语。如“你请他来”这个句子,主语是“你”,谓语中动宾短语“请他”的“他”也是后边的主谓短语“他来”的主语,这种句子叫兼语句,“他”叫兼语。兼语句的第二个动词与主语不存在主谓关系,即兼语句谓语中的两个动词不共用一个主语。兼语句中主谓短语的谓语多为动词,也可以是形容词、主谓短语或名词。例如:

①这个消息使我很高兴。

②昨天的事使他情绪有些波动。

③祝你学习好、身体好、工作好。

④他买了一支圆珠笔三个笔芯。

例①的兼语是“我”,其谓语是形容词“高兴”;例②的兼语是“他”,其谓语是一个主谓短语“情绪有些波动”;例③的兼语是“你”,其谓语是三个并列的主谓短语“学习好、身体好、工作好”;例④的兼语是“一支圆珠笔”,其谓语是名词短语“三个笔芯”。

二、兼语句的类别

根据第一个动词意义的不同，兼语句可以分为以下几类：

（一）表示使令意义的兼语句

在这种兼语句里，第一个动词是表示使令意义的，如“使”、“让”、“叫”、“请”、“派”、“强迫”等，兼语后词语所表示的动作或状态是由第一个动词所表示的动作引起的。例如：

①大家请她跳舞。

②这个小姑娘真惹人喜爱。

③我叫我的小孙子从家乡带来一点特产。

④领队派他去南方了。

⑤你听明白，我没逼你做那件事。

⑥改选以前，咱们先让大伙儿提提意见。

⑦他不准人家发表相反的意见。

用于兼语句表示使令意义的动词常见的还有“吩咐”、“打发”、“促使”、“使得”、“要求”、“迫使”、“催”、“催促”、“要”、“委托”、“请求”、“鼓励”、“引导”、“启发”、“答应”、“指示”、“指定”、“劝”、“劝说”、“召集”、“领导”、“组织”等。有些表示容许或禁止意义的动词也常用于此类兼语句，如“容许”、“许”、“禁止”、“准许”、“允许”等。

（二）表示称谓或认定意义的兼语句

这种兼语句的第一个动词表示称谓或认定意义，如“称”、“叫”、“骂”、“选”、“选举”、“推选”、“认”、“认为”等，兼语后面的动词多为“做”、“为”、“当”、“是”等。例如：

①我给他起了个小名叫南南。

②由于各国经常打仗，历史上称这一时期为战国。

③我认您做我的师傅吧！

④你们选谁当代表？

⑤我们应该选择名家名篇作教材。

⑥人家背后骂我是废物。

（三）表示爱憎、好恶等意义的兼语句

在这类兼语句中，第一个动词多表示喜爱、夸奖、祝贺或厌恶、责罚等，如“喜欢”、“讨厌”、“爱”、“恨”、“嫌”、“佩服”、“钦佩”、“羡慕”、“称赞”、“夸”、“欣赏”、“赞扬”、“原谅”、“笑话”、“责备”、“怪”、“烦”、“骂”等。兼语及其后的谓语表示原因。例如：

①大家埋怨他来晚了。

这个句子“（他）来晚”是“埋怨他”的原因。

②我们原谅他年纪小，没经验。

③群众喜欢他办事公道。

④我爱他朴实、浑厚。

⑤领导上批评她老爱说大话。

⑥大家都嫌他说话啰唆。

（四）兼语的谓语是说明或描写兼语的

①我最近改编了一个剧本约二十万字。

在这个句子中，“约二十万字”是说明“剧本”的。

②她家里摆着一个小圆桌三条腿。

③他们新编了一部词典带插图。

（五）第一个动词是“有（没有）”的兼语句

“有”的宾语（即兼语）表示存在的人或事物，兼语的谓语说明或叙述描写兼语。例如：

①古代有个诗人叫贾岛。

②桌子上有一本新杂志是谁的？

③第三生产队有一只羊病了。

④后面有几个人哭起来了。

这类兼语句更常见的形式是无主语兼语句，即“有”的前头没有主语。“有”的宾语（即兼语）前有“一个”、“几个”、“很多”、“一些”、“多少”等定语，表示新信息，不能用“这个”、“那个”作定语。例如：

①有只狼跑过来了，你看见没有？

②此后又有近处的本家和亲戚来访问我。

③有个人心眼儿特别好。

④有一种自行车两个车座子，三个轱辘。

（六）第一个动词是表示肯定意义的“是”的兼语句

动词“是”前边没有主语，其后的名词短语或代词充当“是”的宾语，同时兼作它后边动词（短语）的主语，形成一个主谓短语。这类兼语句都是无主语的，“是”的作用在于肯定其宾语（即兼语，重读）。例如：

①是'姑老爷叫我？

②是'我把她气哭了。

③是'风把门吹开了。

④是'白求恩大夫救活了那个战士。

⑤是'这篇文章启发了我，使我改变了主意。

三、兼语句的语法特点

（一）从语音上看，兼语句中可以停顿或可以拖长的地方是在

兼语的后面,而不是第一个动词的后面。如在"你请他来"中,只能说"你请他|来",而不是"你请|他来"。

(二)兼语句的第一个动词后一般不能带"了"、"着"、"过"。除"让"、"叫"、"使"外,有的表示使令意义或认定意义的动词后面有时也可带"了",但有一定的条件:

1.有说明原因或结果的上下文。例如:

①愚公一家人搬山的事感动了上帝,他就派了两个神仙把两座山搬走了。

②我们选了小王当代表,明天他就要开会去了。

2.句尾有表示出现新情况的"了"。例如:

①那件事托了老王去办了。

(三)兼语句的兼语主要由名词、代词充当,在一定的上下文里,也可以由数量词充当。例如:

①从前线回来的人说到白求恩,没有一个不佩服,没有一个不为他的精神所感动。

四、特殊的兼语句

(一)间接宾语作兼语的句子。这种句子的词序是:

主语+动词+间接宾语+直接宾语+动词

①你给他一本小人书看,他很高兴,不哭了。

②你借我车用用,可以吗?

③劳驾,递我那张说明书看一下儿。

以上三例都是双宾语句,例①动词"给"的间接宾语是"他",直接宾语是"一本小人书",而"一本小人书"又兼作动词"看"的宾语。例②"借"是带双宾语的动词,"车"兼作"借"的直接宾语和动词"用"

的宾语。例③“那张说明书”兼作“递”的直接宾语和动词“看”的宾语。

（二）介词“把”、“给”的宾语作兼语的句子。例如：

①他们给伤员做了碗鸡蛋汤喝。

②我要给他们干个样儿瞧瞧。

③我把他介绍到学校里当教员。

例①中“伤员”是介词“给”的宾语，同时又是“喝”的主语。例②“他们”是介词“给”的宾语，兼作第二个动词“瞧瞧”的主语。例③“他”是“把”的宾语兼作动词“当”的主语。

五、兼语句与连动句的混合式

连动句和兼语句都具有结构简练，表义明确的特点，人们在表达较为复杂的思想时，常将这两种句式合在一起使用，形成连动句套兼语句的句式，或兼语句套连动句的句式。下面略举几例说明。

（一）兼语句套连动句。例如：

①卓玛身体好了以后，领导上让她到中央民族学院学习。

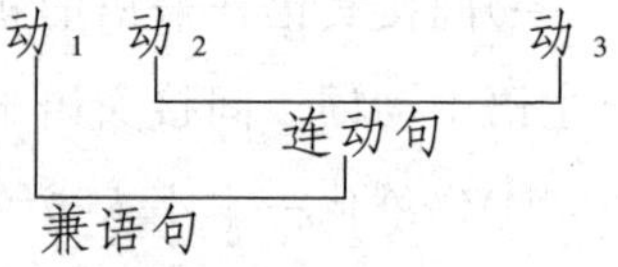

②老师要求我们用中文写一篇日记。

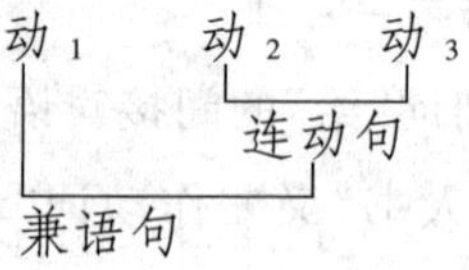

③老师让我去图书馆借一本书。

动$_1$动$_2$　　动$_3$

　　连动句

兼语句

④老师要求我们明天带着字典来上课。

动$_1$　　动$_2$　　动$_3$动$_4$

　　　　连动句

　　连动句

兼语句

（二）连动句套兼语句。在这种句子里，一般有三个或更多的动词（短语），动词$_1$ 和动词$_2$ 是全句主语发出的动作，动词$_2$ 的宾语又是动词$_3$ 的主语。即：

主语＋动词$_1$＋宾语＋动词$_2$＋宾（兼）语＋动词$_3$（＋宾语）

例如：

①我写了一封信让妹妹也来中国。

动$_1$　　动$_2$　　动$_3$

　　兼语句

连动句

这个句子中有三个动词，动$_1$“写”、动$_2$“让”、动$_3$“来”。动$_1$ 与〔动$_2$＋动$_3$〕是连动句，动$_2$ 和动$_3$ 是兼语句。动$_3$ 中的“妹妹”充当“让”的宾语，“来”的主语，是兼语。全句是连动句套兼语句。

②那时候，爸爸没有钱让我读书。

动$_1$ 动$_2$ 动$_3$

　兼语句

连动句

也有的是兼语句套兼语句的句子，也有三个连动、兼语句式套在一起情况。例如：

①我丈夫有一个抄本，我要他借你看看。

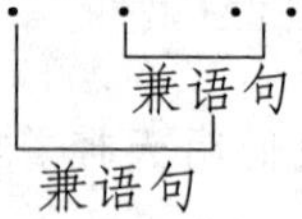

②今天晚上，我乘飞机去上海请张医生来北京会诊。

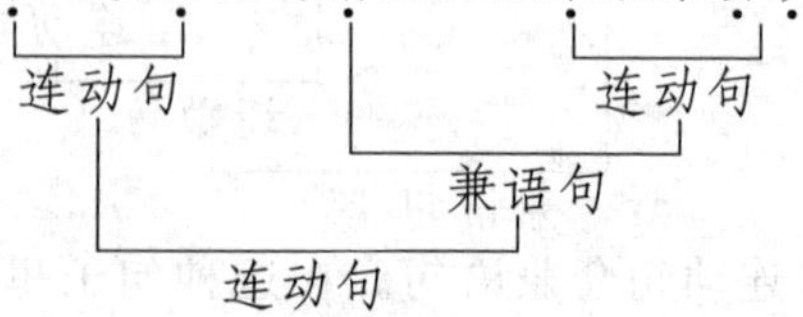

六、兼语句与双宾语句及主谓短语作宾语句的区别

(一)兼语句与双宾语句的区别

如果双宾语句的直接宾语为主谓短语，形式上与兼语句相似，怎么区别呢？

1.提问方式不同：兼语句中兼语后的成分用“干什么”提问，双宾语句中的直接宾语用“什么”提问。试比较：

①他刚才告诉我今天下午开会。（他刚才告诉你什么？）（双宾语句）

②他叫我今天下午去开会。（他叫你干什么？）（兼语句）

2.双宾语句的直接宾语可提到句首。比较：

①他告诉我明天去上海。（双宾语句）

明天去上海，他告诉我。

②他让我明天去吃饭。（兼语句）

*明天去吃饭，他让我。

(二)兼语句与主谓短语作宾语句的区别

这两种句子形式上很相似,从表层来看,不易区分。可以从下述三方面来分辨:

1.第一个谓语动词的性质不同

以主谓短语作宾语的句子,全句的谓语动词的宾语是主谓短语(名词+动词),而不只是其中的名词。如“我知道他住在哪儿”这个句子,“他住在哪儿”是“知道”的宾语,“他”不是“知道”的宾语。而兼语的宾语只是后边的名词。

以主谓短语作宾语的句子,谓语动词必须能陈述或说明一件事情,能满足这个要求的动词多为:

A.表示感知的:知道、听说、看见、看到、觉得、以为、懂得、明白等。

B.表示心理活动的:希望、盼望、相信、想、怀疑、记得等。

另外还有“说”、“反对”、“赞成”、“同意”等。而兼语句要求句中第一个动词与之完全不同。

2.语音停顿不同

兼语句中兼语与前边的动词结合得很紧,不能停顿,而主谓短语作宾语的句子,可在谓语动词后有短暂停顿。试比较:

①*我叫|小王来。

②我希望|小王来。

3.第一个谓语动词后是否可以加进其他词语

主谓短语作宾语的句子,谓语动词后可以插入其他词语作状语,而兼语句的第一个动词后边不能加其他词语。例如:

①*我让明天你们都来。

②我希望明天你们都来。

参考文献

丁永根　略谈兼语句与主谓结构作宾语,语言教学与研究,1993 年第 4 期。

龚千炎　由“V 给”引起的兼语句及其变化,中国语文,1983 年第 4 期。

刘荣生　现代汉语兼语式及其鉴别方法,西藏民族学院学报,1996 年第 2 期。

吴为章　复杂单句两例试析,汉语学习,1984 年第 1 期。

邢　欣　论兼语式的深层结构,新疆大学学报,1984 年第 1 期。

练　习

一、找出下列各句中的兼语:

例:你请他进来。(他)

1.他从来不强迫别人接受自己的意见。

2.老师让谁回答问题,谁回答,不要乱说话。

3.我们研究所的同志都称赞他是一位先人后己,公而忘私的好党员,好干部。

4.你怎么能总叫别人替你担忧呢?

5.我还有一个哥哥在北大物理系教书。

6.为了侮辱齐国的使节,楚王命令卫兵在大门旁边另外开了一个小门。等晏子来的时候,让他从小门爬进去。

7.他常常请我们到他家去做客。

8.班上的同学给他起了个外号叫活字典。

9.仁慈的先生,让我在你的口袋里躲躲吧!

10.我新买了一个录音机是两用的。

二、用所给词语造兼语句:

(一)例:让　等

他让我等一会儿。

1.叫　八点来　　　　2.让　教他日语

3.请　看京剧《贵妃醉酒》　　　　4.催　还书

5.托　带东西　　　　6.劝劝　生气　别

7.派　去　　　　8.使　不安

9.组织　游览　　　　　　　　10.强迫　同意

（二）例：夸奖　勤奋　好学

大家都夸奖他勤奋、好学。

1.表扬　服务态度好　　　2.佩服　有学问

3.嫌　太淘气　　　　　　4.喜欢　爱帮助人

5.称赞　刻苦好学　　　　6.骂　太不讲道理

7.恨　自私自利　　　　　8.选　当车间主任

9.笑　太粗心　　　　　　10.感谢　这么大力地帮助我们

（三）例：一本新字典　四用

他买了一本新字典是四用的。

1.姑姑　在乡下

2.桌子　三条腿

3.两个窗户　朝南

4.大百科全书　英文版的

5.弟弟　小明

三、将下列句子改为兼语句：

例：救了我性命的是张爷爷。

是张爷爷救了我的性命。

1.那天晚上，给我开门的是看大门的老工人。

2.杀害了我父亲的人是谁？

3.教育我们长大成人的是我们的老师。

4.蜡烛让风吹灭了。

5.我的自行车是一位工人师傅帮我修理好了。

四、把下列连动句套兼语句或兼语句套连动句的句子分解成为A.连动句，B.兼语句：

例：我去打开窗户让新鲜空气进来。

我去打开窗户。（A）（我）让新鲜空气进来。（B）

1.他请我去他家玩过两次。

2.爸爸让我回来看看爷爷。

3.齐王派晏子到楚国去当大使。

4.大妈让我赶快把汗水浸透的衣服脱下来换上干的。

5.他有个哥哥调到西北去支援边疆了。
6.我爹急急忙忙跑回来让我叫大家先躲一躲。
7.我们厂长让厂里的职工都能坐上厂子的班车回家。
8.大家都选她当代表去北京开经验交流会。
9.节日那天,很多学生到我家里来请我给他们演戏。
10.老师不让我们单独一个人到河里去游泳。
11.你打电话叫他来。
12.你叫他来打电话。

五、将下列各组句子改写成兼语句与连动句套用的句子:

例:总经理让我们到农村去,我们到农村去推销厂里的新产品。
　　总经理让我们到农村去推销厂里的新产品。
1.老王托我。我去他家。我看望一下儿他的母亲。
2.国画社请了一位画家。画家来我们美术学院,画家给我们作报告。
3.我们系里请张教授,张教授来我们学校,张教授参加论文答辩会。
4.老王命令小王。小王立刻去连队。小王报告新收到的情报。
5.大家都推选大刘。大刘当组长。大刘组织这次活动。

第五节　存现句

存现句是汉语特有的一种句子,从意义得名。存现句不仅结构特殊,对动词有特殊的要求,而且有特殊的表达功能,当应该用存现句时,是不能用其他句子代替的。

从意义上说,存现句表示某个处所存在着某一事物,或某个处所有某种事物出现或消失;从形式上来说,存现句的句首为表示处所的词语,而表示存在、出现或消失的人或事物的名词总是位于谓语动词后。

存现句可以分为两类:一类是表示人或事物存在的,叫存在句；一类是表示人或事物的出现、消失的，有人称隐现句。

一、存在句

（一）存在句的表达功能

在汉语里，当要说明某个处所存在着什么人或事物（比如描写某个场所的状况、房间的陈设等）时，一般采用下列句式：

处所词语＋动词＋名词（表示存在的事物）

例如：

①桌子上有一本书。

②桌子上是一本书。

③桌子上放着一本书。

也就是说，在表达此类意思时，说汉语的人总是把处所词语放在句子的开头（不用“在”、“从”等介词），而把表示存在的事物的名词放在谓语动词后。

存在句的表达功能主要是描写客观环境、人物的穿着打扮和姿态等，即存在句是描写性的，不是叙述性的。例如：

①屋子里很干净。墙上挂着几幅油画。靠墙摆着一个小衣柜，柜子上放着一台电视机和一台录音机。旁边是一套沙发……

②小院子里非常安静，茅草屋的小窗子上亮着灯光，浮动着人影。

③路的左边，都埋着死刑和瘐毙的人，右边是穷人的丛冢。

④捕鱼的人头上戴着草帽，腰间围着一块油布，手里提着鱼网。

⑤他脸上堆着笑，眼里闪动着狡黠的光。

在这些句子中，“挂着”、“摆着”、“放着”、“亮着”、“埋着”、“戴着”、“围着”、“提着”、“堆着”都表示人或物体存在的一种状态，而不是叙述人在做什么动作。比如说，“挂”本来表示一种动作，但在存在句中，它不再表示动作，而表示动作“挂”完成后物体存在的状态。

例②中的“浮动着”和例⑤中的“闪动着”与其他“动词＋着”有些不同。似乎有动作性，表示“浮动”、“闪动”的动作在持续。因此有人称之为“动态存在句”。但从表达功能上来说，这种句子的“动词＋着”都表示一种动作性不强的动作在持续，这种持续的动作，完全可以看作一种状态，即人或物体呈现的状态。在表达功能上，此类句子也是描写性的，常常与表示状态的存在句连用，并且只出现于文学作品的描写之中。在这种存在句中出现的动词多为双音节的、具有文学语言色彩的词，如“荡漾”、“闪动”、“飞舞”、“闪烁”、“翱翔”、“飘浮”等。此类存在句的宾语，也都是动作的发出者。

一般的存在句并不只出现于文学作品中，而是一种比较常见的语法现象。下文谈到存在句时，我们主要谈一般的存在句，而不是只出现于文学作品中的所谓动态存在句。

关于表示存在的“有”字句与“是”字句，可参见本章第一、二两节。本节只谈谓语动词不是“有”和“是”的存在句。

（二）存在句的语法特点

存在句由三部分组成，下面分别说明。

1.句首的处所词语

存在句句首的处所词语是不可缺少的，它正是被描写的对象。主要由表示处所的名词或“名词＋方位词”、处所词、方位词充任。例如：

（1）名词＋方位词：

①葫芦架下摆着一张矮腿的小桌。

②桌子上放着一本书。

③叶公喜欢龙,他的屋子里门上、墙上都画满了龙。

(2)表示处所的名词:

①秋天,东高地长满了金色的庄稼。

②洞口挂着一盏煤油灯。

(3)方位词:

①衣服的前面绣着一条龙,后面写着两个字。

②上有天堂,下有苏杭。

(4)动词短语或介词短语:

①靠墙摆着装满书籍的柜子。

②沿街两旁摆着很多地摊,吸引了很多游客。

③迎门挂着一架大水晶吊灯,非常气派。

(5)表示处所的代词:

①原来这里住着二百多口人。

②那边放着一架钢琴,是谁的?

③你说哪儿藏着一个人?

2.存在句的动词

存在句的动词有两种,一种是表示人体或物体的运动变化的,如“坐”、“站”、“蹲”、“躺”、“跪”、“挤”、“围”等;另一种是表示人对物体进行安放或处置的动作的,如“放”、“挂”、“插”、“摆”、“存”、“晾”、“贴”、“煮”、“蒸”、“刻”、“绣”、“画”等。

在存在句中,动词后大都有动态助词“着”。谓语动词加“着”,表示人或事物以何种姿态、方式存在。例如:

①他的眼里闪动着泪花。(泪花闪动着)

②墙上挂着小明的照片。(照片挂着)

③屋两端的角落里和门口,挤着一些热心的群众。(群众挤着)

动词后有时有“满”(在多数情况下,“满”后还有动态助词“了”),表示“尽是”、“都是”一类的意思。例如:

①天空上缀满了小星星。

②这时他的办公桌上摆满了文件、电报,电话不断地响起来。

有时谓语动词后有“了”,也表示人或事物存在的姿态。例如:

①河边上围了两三千人。(两三千人围着)

②左边放着一个白底蓝花仿明瓷的大口瓷缸,里面斜插了十几轴画。(十几轴画斜插着)

例①、②的“了”都可以换成“着”。表示动态的存现句中的“着”不能换成“了”。

在书面语中,谓语动词后偶尔也可以发现不带动态助词或补语的情况。例如:

①条案前立一张红木方桌……(曹禺《北京人》)

存在句有时可以没有动词,谓语部分只有名词短语,这种存在句的功能也是描写。例如:

①外面一片漆黑,真是伸手不见五指。

②这里一派欣欣向荣的景象,而那边满眼疮痍,这样鲜明的对比,令他十分感慨。

③他进屋一看,满地烟头,满屋烟尘,桌上杯盘狼藉,心中便十分不快。

存在句的谓语中如果只有一个名词,这种句子往往不单独成句,而与其他几个短句连用，如例③。

3.存在句的宾语

存在句的宾语表示的是一个新的信息，一般不能是单个名词，前面往往有数量词或其他定语。例如：

①蓬乱的头发上插着一根草棍儿。

②墙上挂着一幅条屏，那上面的字写得曲里拐弯。

③橱窗里摆着五光十色的货物。

④碑身东西两侧上部，刻着由红星、松柏和旗帜组成的光辉永照的装饰花纹。

⑤东方地平线上喷吐着嫩红鲜艳的光芒。

⑥这类胡同里拥挤着许多用厚纸片或洋铁叶子搭成的小窝棚。

⑦驴背上驮着一条口袋，口袋里装着很多书。

⑧场的两面横着峨眉山的连山，东面流泻着大渡河的流水。

如果存在句的宾语是专有名词，前边往往也有数量词，如"(一)个"。例如：

①两千年前的中国历史上有个秦始皇……

②天安门广场上耸立着一座人民英雄纪念碑。

对举时，宾语前可以没有任何定语。例如：

①山上长着树，山下种着庄稼。

当宾语为并列结构或存在句为复句的一个分句时，宾语也可以没有任何修饰成分。例如：

①桌子上摆着酒、饼干、白糖、酱油等。

②他进屋一看，桌子上摆着菜，却不见一个人。

二、表示人或事物出现、消失的句子

表示出现或消失的句子，有人叫“隐现句”。在此类句子中，表示出现的句子更常用。

(一)表达功能

在汉语里，当要叙述某个处所或某一时间有什么人或事物出现或消失的时候，一般用下列句式表达：

处所词语(时间词语)＋动词＋名词(表示出现或消失的事物)

例如：

①前面来了一个人。

②昨天发生了一件大事。

③邻居家死了一只猫。

与存在句相比，表示出现、消失的句子，句首常常有或可以加上时间词语，而存在句，除了表示动态的以外(如“这时天空盘旋着几架飞机”)，多不包含时间词语。

与存在句一样，位于句首的表示处所、时间的词语一般也不加介词“在”、“从”等。

(二)结构特点

1.句首的处所词语：像存在句一样，表示出现、消失的句子句首的处所词语也主要是表示处所的名词、方位词等。例如：

①这时前面开过来一辆面包车，我急忙躲开了。

②身后出现了一位挺英俊的军官。

③我们家来了几个客人。

④迎面跑过来一个人。

⑤荒漠的低洼地区又出现了稀稀落落的村庄。

2.动词:这类句子的谓语动词多为不及物动词。一种是与人体或物体移动有关的,如"走"、"来"、"跑"、"钻"、"掉"、"开(汽车)"等;一种是表示出现、消失意义的,如"死"、"飘"、"冒"、"浮现"、"涌"、"响"、"刮(风)"、"弥漫"等。例如:

①传说一年冬天,某村附近来了一只大老虎。

②张家昨天死了一个人。

③公元前209年,中国历史上爆发了第一次农民大起义,这就是有名的陈胜吴广起义。

3.动词后常带趋向补语、结果补语及动态助词"了"。例如:

①一天晚上,已经快七点钟了,新华旅馆门口开来了一辆摩托车。

②地里走出几个累得摇摇晃晃的人,这是给周家干活的伙计们。

③休息的时候,天空飞过一群大雁。

④院子里新近搬走了三家,又搬进来两家。

⑤河边柳丛里,忽然站起一个人。

⑥昨天,我们班来了一个新同学。

⑦东边的村子死了一头牛。

4.宾语表示出现、消失的人或事物,是新信息,前面往往有数量词。例如:

①后边挤过一个解放军战士,把她抱起,一同上去了。

②那个漫着烟雾的土屋门口,钻出一个五十多岁的老头。

③这时破屋里走出来一位衣服破旧的老大娘。

专有名词作宾语时,也常常在前面加上"(一)个"。例如:

④明朝末年,陕西出了个李自成。

有时宾语前没有数量宾语，但句末要有"了"。例如：

⑤来客人了。

⑥张家死了人了。

⑦刘胡兰想："不好，出了叛徒了。"

三、存现句的处所词语及时间词语在句子中的地位

（一）处所词语在存现句中的地位

存现句中的处所词语是句子的主语。理由如下：

1.从存现句与表示存在的"是"字句与"有"字句的比较来看：

①桌子上有一本书。

桌子上是一本书。

桌子上放着一本书。

②墙上有一个小窗户。

沿墙是一列书籍。

门旁边摆着一张桌子。

这两组句子里"有"、"是"前面的处所词只能分析为主语，而两组中的第三个句子，无论从意义上、形式上都与前两个一样，因此其中的处所词也应该分析为主语。由于存现句句首的处所词语是全句的描写对象，当然也可以说它是话题。

2.从存现句与表示存在的"是"字句、"有"字句以及某些形容词谓语句连用来看：

①炕上有一张桌子，还铺着一领破席。

②桌子上放着几个茶杯，桌子下边是一个暖水瓶。

③屋子里满满当当的，堂屋、窗外都挤着人。

④街道上响起各种音调，热闹非常。

这类句子句首的处所词，对后面各个分句来说，也以一律分析为主语为宜。

3.存在句里的处所词语大多不用介词，而一般动词谓语句的处所状语多用介词。比较：

①桌子上放着一本书。

②小明在桌子上写作业。

*桌子上小明写作业。

*小明桌子上写作业。

这是因为存现句的处所词语是描写的对象，而一般动词谓语的处所状语是表示动作进行的处所，不是句子描写的对象。这种情况说明我们把存现句的处所词语与其他一般动词谓语句的处所词语区别对待是有道理的。当然，一般动词谓语句的处所状语有时也可以不用介词。例如：

①院子里，孩子们你追我赶地玩着。

②大树下，老人们在乘凉。

不过这样的状语较少出现，而且一般只能位于主语前，主语不能省略。例如：

*院子里，你追我赶地玩着。

这说明此类状语与存现句中的处所词语不同。同时也应该指出，这种状语比起包含介词的状语，在句中的地位要显著得多，把它分析为主语，也不是不可以的。

(二)时间词语在存现句中的地位

存现句句首的时间词语为状语，理由如下：

1.在存现句中，处所是主要描写对象，处所词语一般来说是不可缺少的；而时间不是主要描写对象，时间词语不是存现句必须出现的成分。如前所述，在存在句中，通常不出现时间词语。例如：

①院子里堆着很多东西。

②教室里排列着整齐的桌椅。

这两个句子是描写“院子里”、“教室里”现存的状况，没有时间性，不必要用时间词语；表示出现、消失的句子常常有时间词语。例如：

①昨天来了几个客人。

②刚才沉下去一只小船。

这两个句子是在一定的语言环境中省略（隐含）了处所词语（“这里”、“家里”、“河里”之类），可以说处所仍是描写的对象。

2.无论是存现句还是一般的动词谓语句，表示时点的时间词语一般总是不用介词（除非特别强调时间）。例如：

①昨天我接到一封信。

②昨天来了一位客人。

③刚才他看了场电影。

④刚才发生了一件事。

这说明时间词在这两种不同的句式中形式相同，就其功能来说，也很接近：都表示事情发生的时间，因此都作为状语来处理是合适的。而且，包含时间词语的存现句，大多同时包含处所词语（描写对象），如把时间词语也分析为主语，那么主谓谓语句的数量就大大增加，对教与学都是不方便的。

参考文献

雷　涛　存在句的范围、构成和分类，中国语文，1993年第4期。

聂文龙 存在和存在句的分类,中国语文,1989 年第 2 期。
宋玉柱 经历体存在句,汉语学习,1991 年第 5 期。

练 习

一、选择适当的词语填空:

1.有 长满 架着 开遍

我的家乡是一个小山村,村外( )一条小河,小河上( )一座木桥。走过木桥,可以看见一座小山,山上( )了树木。夏天,山坡上( )了野花,美丽极了。

2.是 有 放着 摆满 挂满 摆着 有 是

小王的房间很干净,也很整齐。房间里( )一张床,床旁边( )一个大衣柜,里面( )了衣服。靠墙( )两个书架,书架上( )了书。房间里还( )一张桌子,桌子上( )一台录音机,录音机旁边( )一个台灯。

3.穿着 走过来 蹲着 提着 写满 戴着

休息时我走出房间,忽然看见前边( )一个人,他头上( )一顶蓝布帽子,身上( )黑衣服,手里还( )一个皮包。走近一看,原来是我弟弟。我叫他到屋里去。我们刚想进屋,又发现墙角( )一个人,正在地上写着什么,地上( )了字,这个人是谁呢?

二、改病句:

1.房间里走出那个人来。

2.在桌子上放着很多书。

3.教室里忽然跑几个孩子进来。

4.河边上围很多人。

5.一群人蹲着在草地上。

6.家里在昨天来了几个客人。

7.张家死了黑猪。

8.在去年发生了一件奇怪的事。

第六节 “把”字句

一、什么是“把”字句？

“把”字句是指谓语部分带有由介词“把”构成的介词短语作状语的动词谓语句。在大多数“把”字句里，介词“把”的宾语与全句的谓语动词之间存在着动宾关系。例如：

①他从自己的座位上把挎包拿起来。（拿挎包）

②终于把钻机卸了下来。（卸钻机）

③这个人，我把他恨死了。（恨他）

④连射三箭都没中靶子，把他气得不得了。（气他）

⑤昨天他把自行车丢了。（丢自行车）

⑥我不小心把杯子打了。（打杯子）

“把”的宾语可以是一个处所词，这个处所词表示的处所与谓语动词存在动宾关系。例如：

⑦下午要来客人，一清早妈妈就把房间打扫得干干净净。（打扫房间）

有时虽然动词和“把”字的宾语之间不存在动宾关系，但是动词及其补语与“把”字的宾语存在动宾关系。例如：

①姑娘们把肠子都要笑断了。（笑断肠子）

有些“把”字句的动词与“把”的宾语不存在动宾关系。

有的宾语表示动作的处所和范围。谓语动词与“把”的宾语不存在动宾关系。例如：

②他把王府井跑遍了，也没找到那家书店。

③你把抽屉再找一遍，看看那张票子是不是夹在什么东西里边了。

有时“把”的宾语是谓语动词的施事，即动作的发出者，大多有“使”、“让”的意义。此类“把”字句有的表示不如意的情况。例如：

①她真不幸，跟丈夫离婚不久，又把个孩子死了。（孩子死）

②怎么把特务跑了？（特务跑）

有的不表示不如意的事情。

谓语也可以是一个包含“得”的情态补语，“把”的宾语是谓语和补语的当事者。例如：

③接到公司录用的通知以后，把他高兴得一夜没睡着觉。（他高兴得一夜没睡着觉）

这种句子有时“得”后的成分可以不说。例如：

④看把你累得（的），快歇歇。（你累）

有时“把”的宾语是补语的施事。例如：

①搬家把我搬怕了，再也不想搬了。（我怕）

②你看这事新鲜不，他吃龙虾竟把肚子吃坏了。（肚子坏）

③有人说睡觉时把头朝南边比较好。（头朝南边）

“把”字句是一种结构和用法都非常复杂的句子，下面将从这两个方面分别进行讨论。

二、“把”字句的结构

“把”字句是汉语里常用的一种结构特殊的句式。“把”字句的基本结构是：

（主语）＋“把”＋“把”字的宾语＋谓语动词＋其他成分

也就是说,“把”字句除了要有“把”字的宾语、谓语动词外,动词后还要有补语等其他成分,而且“把”字句对动词的宾语、谓语动词以及补语等还有一些特别的要求。

(一)介词“把”的宾语

介词“把”的宾语在“把”字句中是十分重要的,可以说没有这个宾语,就没有“把”字句。“把”字句的宾语多为名词性成分,有时也可以是动词或动词短语。例如:

①今年夏天,他把游泳学会了。

②我们把在本世纪末实现四个现代化作为奋斗目标。

关于“把”的宾语与句子中谓语动词的语义关系,我们在前面已经进行了分析。下面主要从宾语的性质方面进行分析。

在“把”字句中,谓语总是针对“把”的宾语的,有人甚至认为在句子中“把”的宾语是话题。正因为如此,它必须是听话人可以理解的、确定的事物。也就是说,当说话人用“把”字句时,听话人必须知道宾语所指的是什么。“把”的宾语所指的事物大多是已知的,比如由上文或语境提供。例如:

①学校明天不上课,我已经把这个消息告诉同学们了。

(“这个消息”就是上文的“学校明天不上课”)

②牧民们赶来,抱起这两个孩子,马上把她们送进了医院。

(“她们”就是上文的“这两个孩子”)

③他们决心把自己的家乡建设成现代化的新农村。

(“(他们)自己的家乡”在这个语境中是不言自明的)

如果“把”的宾语在上文中未出现过,或对听话者来说不是已知的,这个宾语常常包含一个修饰语,使之成为听话人可以理解的。例如:

④老栓把一个碧绿的包,一个红红白白的破灯笼,一同塞进灶里。

⑤喂,哥哥,请你把我房间桌子左边抽屉里的存折给我送来好吗?我马上要用钱。

⑥这时我看见老张把刚刚从信箱里拿出来的报纸交给了老李。

有时“把”的宾语包含数量短语“一个”,对听话人来说,是一个新信息,不是定指的,但这个宾语还是确指的,是听话人能够理解的。例如:

①刚才我把一个孩子碰倒了。

在这个句子里,“孩子”不是任意一个,而是被“我”撞倒的那个,只是在这个句子里,“孩子”是谁并不重要,说话人只是要告诉对方“撞倒的”是“一个孩子”,而不是“一个老人”、“一个青年”。

②老马从你的书架上把一本书拿走了,我没看书名。

这个句子中的“一本书”就是“老马”拿走的那本,也是确定的。

有时“把”的宾语还可以是一类事物或抽象的事物,但也是听话人可以理解的。例如:

①这是个自动售报机,只要你把钱放进这个眼里,报纸就从另一边出来了。

在自动售报机前面,这个句子的“钱”就是自动售报机规定的钱,所指也是很清楚的。

②他中文很好,都能把中文诗翻成英文了。

在谈到学中文时,通指的“中文诗”也就变得确定了,即“他翻译过的中文诗”。

③他挥了一下手,似乎要把一切烦恼统统赶走。

这个句子里表示抽象事物的“一切烦恼”显然是“他的”，也是确定的。

总之，“把”的宾语应该是一个确指的、听话人可以理解确认的事物。如果听话人不可理解，就不能作“把”字的宾语。如一个人突如其来地对教室里的同学说“我把信寄走了”，大家一定会莫名其妙。

（二）“把”字句的谓语

由于“把”字句表示通过动作使“把”的宾语发生某种变化，所以“把”字句的谓语一般不能是一个简单的动词，其前后一定要有其他成分。也就是说“把”字句结构所以复杂，是由其语义和功能决定的。“把”字句谓语动词前后的成分主要有：

1.补语：

“把”字句谓语动词后最常见的成分是补语。例如：

①你今年一定要把毕业论文写完。

②把门关上！

③我把书拿起来，放到书架上。

④他把药放在桌子上了。

⑤她把小明送给她的戒指拿起来看了一下就放在一边了。

如果动作已完成，后面又无后续分句（或不是连动结构），而且没有可以指明动作已完成的成分（如时间词等）时，“把”字句的动补结构后一般仍要用“了”。关于“把”字句可以用哪些补语，详见本节之（三）。

2.动态助词“了”、“着”：

①吃完晚饭，伙计们准备好了木棍，把灯熄了。

②把杯子里的酒喝了！

③他把这个月的工资丢了。

④妈妈:把功课做了再看电视。

⑤下个月我一定把托福考了。

⑥你不要再逼我了,我把知道的都说了。

⑦A:我叫小王给老师写一封道歉的信,他怎么还没写?我去催催他。

B:他已经把那封信写了,你别催他了。

不是所有的动词后只用一个“了”,“把”字句都可以成立。一般来说只有表示动作一旦发生就会有结果的动词才可以这样用。比如“喝”一旦发生,“酒”、“水”等就会减少,“丢”一旦发生,所丢的东西就离开原来的主人等。此类动词有:吃、喝、吞、丢、赔、掉、扔、砍、割、劈、剪(指甲)、刮(胡子)、铲、撕、拔、抹(账)、摔、掀、揭、炸(zhà)、除、剔、削、删、剥、熄、灭、停、关、闭、吐、改、缴(枪)、休(妻子)、甩、蹬(抛弃义)、倒(dào)、洒、卖、寄、输、当、花(钱)、打(打破义)、砸、洗、拆、摘、卸、脱、撤、废、嫁、毁、忘、误(时间)、撕、烫、湿、退、辞(工作)、戒(烟)、毙、宰、杀、排除、取消、解除、处理、解决、消灭等。

有时如果一件事是听说双方都知道要做或会做的,也可以在动词后只用“了”,如例④、⑤、⑥、⑦。这种句子可以补出一个补语,如例④可以补出“完”,例⑤可以补出“掉”,例⑥可以补出“出来”,例⑦可以补出“完”。

表示不如意的“把”字句也可以在动词后只用一个“了”,如“她真不幸,跟丈夫离婚不久,又把个孩子死了”、“怎么把特务跑了”,这类句子实际上也表示一种结果,而导致这种结果的原因往往是不太容易说清楚或是很复杂的。比如“孩子死了”可能是因“病”、

"饿","特务跑了"可能是因为"不小心"等。

"把"字句动词后也可以只用"着",多为祈使句。例如:

①别走,你把这本书拿着!

②别忘了把机票带着。

"把"字句中可以只带"着"句子就可以成立的动词很有限,比如"带"、"背"、"扛"、"放"、"摆"、"搁"、"挂"、"拿"、"举(手)"、"开(窗户)"等。

动态助词"过"很少单独用于"把"字句的谓语动词后,因为"过"只表示曾经有某种经验、发生某种事情,而不表示动作有无结果。比如不能说:

*我把北京去过两次。

但如果有了表示结果意义的补语,在动补短语后可以用"过"。例如:

①A:她不会做家务事,昨天就把米饭做生了。

B:你净瞎说,我从来没把米饭做生过。

②他很马虎,把自己的名字都写错过。

3.动词为重叠式:

①他把伤口包了包,骑上车就走了。

②现在我把我的意见说说,大家看看是否可行。

4.动词后有间接宾语:

①不如把这件事告诉刘叔叔他们,大家想个办法来治他。

②售货员把应该找的零钱给了我。

应说明的是,能这样用的动词限于"告诉"、"送"、"给"、"交"等少数几个表示"给予"意义的可以带双宾语的动词,其他动词作"把"字句的谓语动词时,谓语中还需有其他成分,如补语、动态助词等。

5.动词前有状语：

①民兵们把门一关，放进去的毒气又从原来的洞口出来了。

②我把他向外拉，但拉不动。

③别把纸满地乱扔。

应注意，这里所指的状语是指本身包含结果、完成意义的状语，如“一”包含完成义，“向外”、“满地”表示“把”的宾语受处置、影响后所在的处所，有结果义。状语如果不表示结果、完成义，句子仍不能成立。如“*我努力把他拉”、“*他昨天把书买”、“*小明把书都买”、“*玉梅从坑里把羊拉”、“*我们彻底把宿舍打扫”等。

另外，某些动词本身含有结果或完成意义（如动补式、有后缀“化”等），可以单独充任“把”字句的谓语。例如：

①不把敌人消灭，我们就不得安宁。

②马上把队伍解散！

但这种用法仍然有些限制，多为祈使句、条件句。

总结上面“把”字句的谓语，可以分为两类，一类是包含补语或动词本身包含结果意义，以及某些用包含有结果意义“了”的，此类谓语表示通过动作，“把”的宾语所表示的事物的变化，这类“把”字句是大量的，常见的；另一类表示完结义，即上面的2、3、4、5类，此类“把”字句的用法较受限制。

（三）“把”字句的补语

如上所述，因为“把”字句常表示某事物经过动作后的变化，而补语正表示这种变化，所以是“把”字句中最常出现的成分。“把”字句可以用下列补语：

1.结果补语：

①我把钢笔用坏了。

②你把作业写完了再去玩。

③突然眼前如彩虹升起，一幅幅五光十色的织锦把我给吸引住了。

2.趋向补语：

①你把苹果给他送两筐去。

②主席亲自动手和我把它搭了起来。

③他把洗好的衣服收了起来。

3.情态补语：

①他把斧子举得跟头一样高。

②汽车轮子把泥浆溅得老高。

③我们要把这个小屋子布置得漂漂亮亮的。

表示程度的“极”、“很”以及描写处于主语位置上的动作者的情态补语，不能用于“把”字句，如不能说“我把他想极了”、“我把这本书喜欢得很”、“我把歌唱得很高兴”。但口语中可以用某些表示程度的补语，如“把他气得不得了”、“我把他恨死了”。说明动作的情态补语通常不用于“把”字句，如“ *我把汉语学得很差”、“ *他把床起得很早”。但有的说明动作的情态补语有时也能用于“把”字句。例如：

④老师把作业看得很仔细，连一个标点符号都不放过。

4.数量补语：

“把”字句可以带动量和时量补语。例如：

①他把老人的话在心里重复了一遍。

②妹妹把我的衣襟拉了一下。

③我不得不把出发的时间推迟一小时。

④敌人把他在监狱里关了三个月。

时量补语虽能用于“把”字句，但很受限制。只有谓语动词表示的是一种持续的状态，如“关”、“开”、“捂”、“押”、“增加”、“减少”、“延长”、“推迟”等时，才可以用时量补语。与上述几类补语不同，数量补语并不表示变化，而只表示动作完结。

5.介词短语补语：

只有由“向”、“于”构成的介词短语可以用于“把”字句。例如：

①把革命事业继续推向前进。

②他把生死置于脑后。

可能补语表示的并不是一种动作的结果，而是主客观条件是否容许实现某种结果或趋向，即主要表示一种能力、条件，所以不能用于“把”字句，如不能说“我把这件事办不好”、“我把这碗饭吃不下”。

(四)“把”字句中谓语动词的宾语

因为介词“把”的宾语多为受事，“把”字句的主语多为施事，所以“把”字句中谓语动词如果还带宾语，除少数情况外，大多数既不是施事也不是受事。“把”字句谓语动词的宾语主要有以下几种：

1.表示介词“把”的宾语(所表示的事物，下同)的接受者(即一般双宾语中的间接宾语)。例如：

①上午，我把家庭作业本交给老师了。

②小苏，把皮包给我。

③那年，帝国主义国家在一次分赃会议上，决定把德国在山东的权利，划归日本。

2.表示介词“把”的宾语变化的结果或具有认定意义(谓语动词带有“作、成、为”等补语)。例如：

①他家这几年生活有了很大的改善，已经把土房改建成砖

房了。

②他要把自己锻炼成为一个有用的人。

③人们亲切地把他叫做“咱们的孩子”。

3.表示介词“把”的宾语经过动作后所在的处所。谓语动词与宾语之间一般还有一个结果补语。例如：

①反动派把他关入监牢。

②接着他又把那张画放回原处。

③我马上和海员们带着断指，把彼得送到了医院。

④不过到了抗日时期，我们就把这个方法建立在更加自觉的基础之上了。

4.表示介词“把”的宾语经过动作后产生的结果（即所谓结果宾语）。例如：

①那树根跳了几下，把地面砸了个大坑。

②他把墙挖了一个洞。

③他用力推了小明一下，把小明摔了个屁股墩儿。

5.表示处置“把”的宾语时所用的工具。例如：

①把粮食过了一遍筛子。

②把菜过过秤。

6.动词的宾语是介词“把”的宾语所表示的事物的一部分，或与“把”的宾语有密切的关系。例如：

①他把眼睛闭上了一只。

②他打老婆打得很厉害，有一次把她的头发揪下来一大把。

③把大门上了闩。

④把他免了职。

7.动词宾语表示动作的受事，介词“把”的宾语表示动词宾语受处置后所在的处所。例如：

①把信封贴上信封。

②把炉子生上火。

③把暖壶灌满水。

这种“把”字句所针对的是一个作为处所的事物，比如上面句子中的“信封”、“炉子”、“暖壶”。应该注意，如果不把一个处所作为正在谈论的对象，就不能把处所词放在“把”的宾语的位置上。如不能说“把医院送他进去”、“把学校送去一个学生”、“把家回去”。

8.动词宾语复指介词“把”的宾语，多用于口语。例如：

①把这碗参汤喝了它。

（五）“把”字句中其他状语的次序

在“把”字句中，介词“把”及其宾语是作为状语出现的。“把”字句中其他状语的次序与一般句子相同。值得单独提出来的，有以下几点：

1.起关联作用以及表示否定、重复的副词

起关联作用的“便”、“就”、“才”、“再”、“又”、“终于”等位于“把”前。例如：

①老师傅说完便把鲁班领到西屋里去。

②我刚会跑的时候，她就把我往海里赶。

③他们把砖绑在羊身上，再把羊赶上山。

否定副词“不”和“没”一般位于“把”字前。例如：

①他没把收音机拿来。

②这样的支书能没人敬着？能没人拥护？能不把农业社搞出花来呀？

在一些熟语性结构里，否定副词可以放在“把”的宾语后。例如：

③真是太把人不放在眼里了。

表示重复的“再”、“又”以及其他一些副词，可放在“把”前，也可以放在“把”的宾语后。例如：

①你把他又叫回来干什么？

你又把他叫回来干什么？

②他拼死拼活地干，想把地再买回来。

他拼死拼活地干，想再把地买回来。

2.描写性的状语

如是表示主语动作时的情态、心理的，位于“把”字前。例如：

①龙梅和玉荣急忙顶着风把羊往回赶。

②这个年轻人不辞辛苦地亲自把菜籽送上门来。

修饰谓语动词的，可位于“把”字宾语后，也可位于“把”字前。例如：

①他们把决口的地方仔细观察了一番。

他们仔细地把决口的地方观察了一番。

②咱们依靠群众，把这个大难题初步解决了。

咱们依靠群众，初步把这个大难题解决了。

③他把我猛然往前一推……

他猛然把我往前一推……

在意念上描写“把”的宾语的，一般位于“把”的宾语后。例如：

①妈妈把相片端端正正地挂在墙上。（照片端端正正）

②他把东西大包小包地都藏了起来。（东西大包小包）

③他把书一本一本地摆在书架上。（书一本一本）

为了加强状语的修饰作用，这类状语也可以放在介词“把”之前。例如：

①′妈妈端端正正地把相片挂在墙上。

②′他大包小包地把东西都藏了起来。

③′他一本一本地把书摆在书架上。

3.介词短语

表示介词“把”的宾语的移动方向的(向何处移动,即移动后的位置,介词多为“向”、“往”、“朝”),一般位于“把”的宾语后。例如:

①老虎扑来了,他把头往旁边一闪。

②阿Q将手向头上遮,不自觉地逃出门来。

③你把地图朝左边挪挪。

表示介词“把”的宾语从什么地方开始受动作支配的(即移动前的位置,介词多为“从”),可以位于“把”字前,也可以位于“把”的宾语后。例如:

①他把挎包从自己的座位上拿起来。

他从自己的座位上把挎包拿起来。

②龙梅从雪沟里把羊拉了出来。

龙梅把羊从雪沟里拉了出来。

表示在什么地方处置“把”的宾语的(介词多为“在”),有两种情况:如果主语也在这个处所,介词短语状语多在“把”字前。例如:

①你们要领导青年,在农村把农业搞好,在城市把工业搞好。

②我在教室里就把作业做完了。

另一种情况是动作者不在这个处所中,只有介词“把”的宾语在这个处所中受处置,这时处所状语多位于“把”的宾语后。例如:

③他把刀在磨石上磨了磨。

④我把手在盆里洗了洗。

表示动作接受的对象的介词短语（介词多为“向”、“给”、“替”），一般多位于“把”的宾语后。例如：

①小刘回到部队，把这件事向领导作了汇报。

②我把信给他寄去了。

（六）哪些动词不能作“把”字句的谓语动词？

1.表示判断、存在、领有的动词，如“是”、“像”、“有”、“姓”、“属于”、“存在”等。

2.能愿动词。

3.某些动作者不能控制的表示心理活动或感受的动词，如“赞成”、“知道”、“同意”、“觉得”、“相信”、“希望”、“主张”、“要求”、“看见”、“听见”、“闻见”等。

4.某些趋向动词（只能带处所宾语），如“上”、“下”、“进”、“出”、“回”、“过”、“起”、“到”等。

三、什么时候用“把”字句？

（一）从表达功能方面来看

在汉语中，当叙述或询问动作者进行什么动作时，一般用“主——动”或“主——动——宾”句式。例如：

①甲：小王做什么呢？

　乙：他复习功课呢。

②甲：小李到哪儿去了？

　乙：看电影去了。

当着眼于某一事物，叙述或说明通过动作该事物发生了什么变化或有什么结果时，可以用三种方式表达：（1）话题——说明；

(2)“把”字句;(3)“被”字句。例如:

①那个碗打破了。(话题——评论)

妹妹把那个碗打破了。(“把”字句)

那个碗叫/被妹妹打破了。(“被”字句)

这三种句式中,话题——说明句,针对的是作为话题的“碗”,在“被”字句中,针对的是动作的受事“碗”,使用“把”字句时,针对的也是“把”的宾语“碗”,可以说“把”的宾语类似话题。但句子中还涉及一个动作者或与“把”字句的谓语动词有关系的事物,这个动作者或有关的事物,发出动作或引起“把”字句谓语所表示的变化或结果。比如上面的句子,动作者“妹妹”引起了“碗”的变化:打破了。因此从广义上说,可以把“把”字句主语所表示的人或事物看作动作变化的引起者、责任者。[①] 再如:

②你怎么把这么重要的会都忘了?(“你”是“忘了重要会议”的人,受谴责者)

③A:谁把花瓶打破了?(问“打破”花瓶的人——责任者)

B:是小猫碰倒了以后打破的。

④我把早点买回来了,快吃吧。

(“我”是“买回来早点”的人——动作发出者)

⑤请你把窗户关上。(“你”是被要求“关窗户”的人——动作发出者)

⑥洗衣服把手都洗疼了。(“洗衣服”引起了“手疼”)

---

① 关于“把”字句的主语是责任者的说法,最早是已故美国斯坦福大学高恭亿教授在 1985 年第一届国际汉语教学讨论会的一次会外会(由高恭亿教授发起临时在一天晚上在会外举行的,专门讨论“把”字句,与会者数十人)提出的。可惜高恭亿教授没有写成文章,不久就去世了。

⑦看你把眼睛都哭红了，一会儿怎么出去？别哭了。（“你”引起了“眼睛红”）

⑧A：你好像有点不舒服？

B：昨天吃了好多龙虾，把肚子吃坏了。（“龙虾”引起了“肚子坏”）

因此，在“把”字句中，“把”的宾语是不可缺少的，它是叙述或谈论的对象，“把”字句叙述或谈论“把”的宾语经过动作后发生什么变化，有什么结果。而主语也是不可缺少的，它表示引起这个变化、造成这个结果的人或事物。在这方面它与话题为受事的句子不同。比较：

⑨A：哎呀，你看，花瓶打破了？（不关心责任者）

B：妹妹真不小心，把花瓶打破了。（指责责任者——妹妹）

总之，当针对一种事物，命令、叙述、说明对它进行什么动作，并期望它产生或叙述、说明已产生什么变化或有什么结果，同时又指明动作者、责任者时，就应该用“把”字句。

关于“把”字句、“被”字句、话题——说明句的用法比较，详见第五编第四章第三节。

（二）从句子的结构要求来看

有时选择“把”字句，不完全是表达上的要求，而是结构上的限制。当句子的主语是施事者时，有下列情况之一者，必须（或多）用“把”字句：

1.当谓语动词有两个宾语，一个是表示事物的名词，另一个表示经过动作后事物所在的处所时，事物名词要与介词“把”结合放在谓语动词前，表示处所的词语放在谓语动词后，谓语动词与处所词之间还要用一个结果补语或趋向补语。例如：

①他们把鸡蛋放在桌子上就走了。

②他把照片递到我面前叫我看。

③西门豹又叫人把三老扔进了河里。

④敌人没有办法，只好把他关进了监狱。

⑤工人们费了很大的力气才把机器运上了高山。

下列句子是错的：

①′*他们放鸡蛋在桌子上就走了。

②′*他递照片到我面前叫我看。

③′*西门豹又叫人扔三老进了河里。

④′*敌人没有办法，只好关他进了监狱。

⑤′*工人们费了很大的力气才运机器上了高山。

2.动词本身包含有“成”、“为”、“作”、“做”或以“成”、“为”、“作”、“做”作结果补语，又有两个宾语时，一般要求用“把”字句。例如：

①他们决心把家乡建成现代化的新农村，要把自己锻炼成为对祖国对人民有用的一代新人。

②人们亲切地把这头小象叫做“版纳”。

③年轻的赵永进把老主任和乡亲们当成老师。

④那个女孩把头发染成了蓝色，很奇怪。

这类句子有时可以用连动句的方式表达，如例②可以说成：人们亲切地叫这头小象为“版纳”。但是一般来说，补语如果不是“为”，或作为宾语的名词前有较长的定语时，不宜用连动句，而应该用“把”字句。

动词有两个宾语，其中一个是结果宾语，也属于这种情况。例如：

⑤突然一块石头飞过来，把地砸了一个坑。

这个句子也不能不用“把”：

*突然一块石头飞过来，砸了地一个坑。

3.动词带介词短语补语，如果还有受事宾语时，要求用“把”字句。例如：

①大国不应该把自己的意志强加于小国。

②要把群众的革命热情引向正确的轨道。

上述1、2、3三种情况所以一定要用“把”字句，是因为在汉语中，除了双宾语外，动词或动补结构后只容许一个名词性成分出现。而第一种情况的句子中动词后有一个处所名词，这个处所名词表示物体受动作影响后所在的处所，必须放在动词后，所以受事名词就作为“把”的宾语放在动词前边了；第二种情况也有两个宾语，而这两个宾语之间又不是直接宾语和间接宾语的关系，一般也不宜用连动句，所以就把动词的受事放在“把”的后边了；第三种情况与第一种情况类似。

4.谓语动词为“加以”、“～化”或包含有动词的固定短语时，如果有受事宾语，要求用“把”字句。例如：

①（文艺）把其中的矛盾和斗争典型化。

②方志敏同志在信里说，他已经抱定牺牲的决心，把生死置之度外。

③他把会上的意见加以归纳，提出以下几点……

这是因为“～化”不能带宾语，“加以”带动词宾语后不能再带名词宾语。

5.如果谓语前用“都”、“全”一类表示范围的副词来总括受事宾语时，要求用“把”字句。例如：

①他立刻跑到银行把几年来存下的几百元钱全都取了出来。

②我一定要把我全部的手艺都传给你。

这是由于“都”、“全”等副词一定要位于所概括的名词后，而副词又不能位于动词后造成的。

6.如果谓语动词带双宾语，其中一个（或两个）宾语比较复杂时，直接宾语多与介词“把”结合放在谓语动词前，间接宾语放在动词后。例如：

①玉宝就把周扒皮学鸡叫的事告诉了大家。

②结果，我便把这封最后通牒式的信退还了他们。

这是因为，如果把两个宾语都放在动词后，动词后的成分将很长，而汉语的句子，除了有“得”的补语外（如前所述，这种句子的补语实际上像一个谓语），动词后的成分都较短，把直接宾语放在动词前作介词“把”的宾语，就与汉语一般句子的结构一样了，因为汉语的状语可以很长、很复杂。

7.如果谓语动词有宾语，又有由形容词（或形容词短语）、动词（或动词短语）充任的表示宾语情态的情态补语（谓语动词与补语之间不存在因果关系）时，要求用“把”字句。例如：

①他把这个家搞得富富足足，和和美美。

②你要把他看得比自己的生命还要宝贵啊。

③领导同志看我回答得这么轻松，就说：“你刚来不久，没送过信，可不要把这件工作看得太简单了。”

如果情态补语既表示宾语的情态，又是对谓语动词的描写，那么既可以用“把”字句，也可以用重复动词的方式，但用“把”字句与不用

“把”字句，所表达的意义有差别。例如：

④他把猪养得很好。（确指某头或某些“猪”）

他养猪养得很好。（泛指，意思是“他很会养猪”）

⑤他把话说得很清楚。（确指某一句、某一段话）

他说话说得很清楚。（泛指，意思是“他口齿清楚”或“语言表达很清楚”）

参考文献

崔希亮　“把”字句的若干句法语义问题，世界汉语教学，1995年第3期。

金立鑫　选择使用“把”字句的流程，汉语学习，1998年第4期。

“把OV在L”的语义、句法、语用分析，中国语文，1993年第5期。

练　习

一、用所给的词语造“把”字句：

1.老师　发　本子　给　我们　了

2.妈妈　找　回来　弟弟　了

3.一幅美丽的图画　吸引　我们　住　了

4.农奴主　打　那个农奴　一顿　了

5.你　看得　这个问题　太简单　了

6.阿里　打扫得　房间　很干净

7.妈妈　抱　孩子　紧紧地　在怀里

8.大夫　输　自己的血　给　那个受伤的战士　了

二、改病句：

1.社员挖墙挖了一个洞。

2.大家说：“可以扔石头到海里去！”

3.昨天晚上，我把电影没看完就走了。

4.雷锋献自己的一生给了人民。

5.运动员把比赛大厅走进来。
6.文清慢慢地放手在桌子上。
7.我们应该把他帮助。
8.小红洗手洗得雪白。
9.他们不但唱了歌一支,还把舞跳了一个。
10.我们把这个问题讨论吧。
11.今天我把录音听得完。
12.明天你把这些练习应该做完。
13.他没学过中文,怎么能把中文听懂?
14.他把中文学得很努力。
15.敌人赶全村的群众到广场上。
16.我上大学时就把鲁迅有的小说读过了。

三、用所给的词语组成一段话,注意选择适当的句式(如"把"字句、被动句、主——动——宾句等),必要时可添加介词"把",可以去掉重复的词,也可以用代词代替名词:

1.再版 《红楼梦》 了, 我 到 书店 买 了 一本 《红楼梦》, 我 回家以后 就 开始 看 《红楼梦》, 十天 就 看完 了 《红楼梦》。
2.六月初 我 开始 学 游泳, 只 学 了 三天 游泳, 我 就 学会了 游泳。
3.星期日上午八点 我 洗 衣服。 我 先 放 衣服 在 洗衣机里, 然后 开动 机器, 八点半 就 洗 干净 了 衣服。

四、选用适当的句式("把"字句、"被"字句、话题——说明句、主——动——宾句):

1.老师正在讲课,突然看见一个学生__________,就问他有什么问题。
(要求用:举手 起来)
2.老师正在讲课,看见一个学生______________,就叫他把脚拿下去。
(要求用:放 脚 在桌子上)
3.老师说:请同学们__________________,把我说的话写下来。
(要求用:拿出来 一张纸)
4.A:前边发生了什么事?
B:好像__________________。(自行车 撞倒了 一个人)

5.A：房间里怎么这么黑？为什么不开灯？

B：____________________。（我　打破　了　灯泡）

6.我想喝点茶，请____________________。（递　给　我　那个杯子）

第七节　“被”字句

一、什么叫“被”字句？

有的句子，在谓语动词前有一个表示被动意义的介词“被”或由“被”组成的介词短语作状语，这种句子叫“被”字句。“被”字句的主语通常是谓语动词的受事，介词“被”的宾语通常是施事。包含由表示被动意义的介词“叫”、“让”、“给”构成的状语的句子，也属于“被”字句。例如：

①小宝被坏人打了一顿。

②他被大家选作小组长。

③我的车叫小李开走了。

④弟弟昨天放学后让老师留下了，因为他没有交作业。

⑤小明被那帮人打怕了。

二、什么时候用“被”字句？

“被”字句是针对动作的受事者的，这是使用“被”字句的前提。

如前所述，在汉语里，大量存在话题——说明句，而话题中有不少表示动作的受事。也就是说，如果语境或上下文要求一个受事者在句中作为话题时，这个受事者就出现于句首，而不一定用表示被动意义的"被"、"叫"、"让"。例如：

①任务完成了。

②粮食产量提高了一倍。

③信写好了。

④胜利的消息传遍了大江南北。

这些句子如果加上"被"字，反倒显得别扭，不能为说汉语的人接受。

"被"字句主要用来表示一个受事者受到某种动作行为的影响而有所改变。其中最常见的是用于对受事者或说话者来说，是不愉快、受损害的或失去了什么的情况。例如：

①忽然，门被撞开了。

②敌人被赶走了。

③经过几个月的努力，这头野象基本上被驯服了。

④突然他头上的帽子叫一阵大风吹跑了。

⑤他们刚才说的话不小心叫老板听见了，心里很害怕。

例①、②、④都表示对受事者来说是不愉快或失去了什么，例⑤表示对说话人来说是不愉快的情况。

此外，当受事主语是表示人的名词，语言环境又不足以表明施受关系时，为了清楚地表明施受关系，一般也用或最好用"被"字句。例如：

①他被派到外地去了。

②你既然已经被大家选作组长，就应该负起责任来。

③小王被送到学校去学习了。

④三年以后他才被追认为烈士。

这种句子也表示受事者受到动作的影响而有所变化，句子的谓语动词多限于“选”、“派”、“送”、“说”等,后面一般有“作”、“成”、“为”、“到”等补语。

在文学作品或风格比较正式的文字中,会出现一些不包含不愉快或失去意义,甚至受事者也没有因为动作而有所改变的“被”字句。例如:

①他觉得自己好像正在被一股强大的力量推向前方。

②我妹妹最近被省里授予先进工作者的光荣称号。

③他曾经被人尊敬过,羡慕过,但是那已经是遥远的过去了。

④这本书已经被翻译成英文、法文、德文、日文和韩文。

⑤太美了！这就是被称为世界屋脊的地方吗?

有时“被”字句的主语不是明显的受事者。例如:

①他很可怜,被自己的亲生儿子活活给饿死了。

②他被工作的事愁得吃不下饭,睡不着觉。

这种句子都包含“致使”意义:

①′他很可怜,自己的亲生儿子使他活活饿死了。

②′工作的事使他愁得吃不下饭,睡不着觉。

三、“被”字句的几种格式

1.介词“被”后有宾语

在这种格式里,介词“被”的作用是引进施事者。例如:

①敌人进了地道,没走几步,就被民兵消灭了。

②卓玛被医生救活了。

“被”字的宾语也可以是表示泛指的“人”,这时施事者往往是无须指明或无法指明的。例如:

③这个秘密后来被人发现了。

④他逐渐被人忘记了。

2.“被”字后无宾语

“被”后面紧跟着谓语动词。在这种格式里,“被”字的作用只是表示被动。例如:

①突然,办公室的门“哐当”一声被撞开了。

②吴广被杀害,革命力量受到很大损失。

③行李很快地被装上了卡车。

3.“被……所……”式

在书面语里有“被……所……”式,这是从古汉语的“为……所……”式(现仍存在于书面语中)来的。在这种格式里,介词“被”后一定要有宾语,谓语动词多为双音节的,后面往往没有其他成分。例如:

①我被这情景所激动,也和大家一起引吭高歌。

②我们确信,一切困难都将被全国人民的英勇奋斗所战胜。

③我深深地被赵大叔的话所感动,他的话说得多深刻啊!

④解放前,他为生活所迫,不得不下南洋。

⑤他不为金钱所动。

这种句式的作用在于强调施事者——“被”的宾语。

4.“被……给……”式

“被”字可以与“给”字连用,构成“被……给……”式,这里的“给”是结构助词,没有什么意义,可有可无,不过加上“给”字,更加口语化。例如:

①孩子被你给惯得越来越不听话了。

②他被这件事给吓坏了,晚上再也不敢一个人出去了。

此外,介词“被”还可以与介词“把”连用,介词“被”及其宾语在前,介词“把”及其宾语在后。介词“把”的宾语或复指句子的主语,或属于句子的主语。例如:

①那个孩子叫人把他打了一顿。

②他叫人把眼睛给蒙上了。

这种句子只出现于口语中,所以最好是用“叫”、“让”,而不用“被”。

四、“被”字句的结构特点

(一)“被”字句的谓语

由于“被”字句表示受事者受到某一动作的作用、影响,所以通常句中的谓语像“把”字句一样,也不是一个简单的动词,动词后要有表示动作完结、结果的成分。

1.动词后有动态助词“了”。例如:

①董大贵被小燕真挚诚恳的态度感动了。

②他被大家说服了。

2.动词后有结果补语、趋向补语、程度补语、动量补语、时间补语、介词短语补语等。例如:

①但是,战士们没有被困难吓倒,他们振作起精神,继续前进。

②他的钱包被小偷偷去了。

③周扒皮已经被打得半死,躺在地上再也爬不起来了。

④敌人被这突然袭击吓坏了。

⑤那个工人被老板训斥了一顿。

⑥因为偷东西,他被关了三年。

⑦他觉得自己好像正在被一股强大的力量推向前方。

⑧这支部队从来没被敌人打败过。

3.动词后带宾语，宾语前往往有补语。常见的宾语有以下几种：

(1)表示动作使主语产生的变化、结果：

①我的衣服被钉子挂了一个大口子。

②他的头被撞了一个包。

③后来，她又被选作全国“三八”红旗手。

④鲁迅的小说被翻译成许多国家的文字。

(2)表示主语的接受对象：

①九岁的妹妹被卖给了别人。

(3)宾语是主语的一部分或属于主语：

①演完了这个杂技，夏菊花的头发被拔掉了一大把。

②结果，敌人死的死，伤的伤，不多一会儿，就被消灭了一半儿。

(4)表示主语被处置后所在的处所：

①她被送进医院，医生给她治好了病。

②他……又被一直抓出衙门外去了。

(5)动词和宾语是一个固定词组：

①他被撤了职。

②这项规定被他打了折扣。

(6)宾语是受事者，主语表示宾语受处置后所附着的处所：

①天安门城楼被朝霞涂上了一层红色。

②奴隶的背上被烙上了船的名字。

4.如果介词“被”有宾语，谓语动词前有某种状语时，谓语动词后可以没有其他成分。例如：

①你这句话很容易被人误解。

②他的建议已被大家接受。

③这种意见很可能被群众拒绝。

但谓语动词不能是单音节的。例如：

*他忽然被敌人捕。

在"被"字后没有宾语的"被"字句里，有些单音节动词可以单独充任谓语，但前面一般要有状语或有后续分句。例如：

①昨天老张忽然被捕。

②×月×日，美国总统肯尼迪被刺……

(二)"被"字句中其他状语的顺序

时间状语、描写受事者情态的状语、否定副词、起关联作用的副词位于介词"被"前。例如：

①敌人已经被我们消灭了。

②阿Q糊里糊涂地被杀了头。

③由于乡亲们的掩护，他才没被敌人抓去。

④他刚回来就被爸爸叫去了。

⑤敌人一定被我们的队伍打退了。

其他状语一般位于介词"被"的宾语后。例如：

①那个包袱被敌人连抢带夺地拿走了。[①]

②那条狗被人狠狠揍了一顿。

③小明被妈妈一把拉住。

④这个建议被我们断然拒绝了。

⑤我突然被人一推，后退了好几步。

---

① 这个句子中的"连抢带夺"是描写施事者——"被"字的宾语"敌人"的。

（三）哪些动词不能作"被"字句的谓语动词？

不能用作"被"字句谓语的动词比"把"字句要少些，主要有"是"、"有"、"在"、"当"、"像"、"属于"、"得"、"起"、"接近"、"离开"、"依靠"、"产生"等。总的来说，凡是能用于"把"字句的动词，都能用于"被"字句，凡是不能用于"被"字句的动词，一定不能用于"把"字句。

五、包含介词"叫"、"让"、"给"的句子

在口语里，表示被动意义时"让"、"叫"比"被"用得更普遍。"让"、"叫"也多用于对主语来说是不愉快或受损害的事情。包含有"让"、"叫"的句子在结构上与包含"被"的句子基本一样，只是介词"让"、"叫"的宾语一定要出现。例如：

①卓玛家有八口人，除了她以外，全叫农奴主打死了。

②歪风邪气，全让她给挡住了。

③那张地图没叫人借走，你拿去用吧。

④《西游记》叫小张借走了。

⑤敌人叫我们打得狼狈逃窜。

⑥我肚子里的这些话，全叫你们给采访光了。

在口语里，介词"给"也可以表示被动的意思，南方人用得较多。介词"给"后可以有宾语也可以没有宾语。例如：

①大兰和小兰都给他说笑了。

②我可是这回一点没有得到好处，连剥下来的衣服都给管牢的红眼睛阿义拿去了。

③我的杯子昨天给打破了。

④孩子给吓坏了。

介词“给”不能与结构助词“给”连用。

参考文献

王 还 英语和汉语的被动句,中国语文,1983 年第 6 期。

练 习

一、用所给的词语造话题——说明句或“被”字句:

1.已经 寄出去 了 信

2.放 在 哪儿 了 今天的报

3.民兵 消灭 了 敌人

4.人 发现 了 这个秘密

5.困难 没有 吓倒 战士们

6.叫不开 他家的门

7.买来 了 报纸

8.消灭 了 敌人 一半

二、改正下列病句:

1.他的父亲被敌人杀害了,他得到朋友救了出来。

2.刘胡兰不幸被敌人发现并逮捕了。

3.那本新书被我买到了。

4.我的杯子叫孩子摔。

5.那张地图让人借了。

6.小马被送医院,医生把她救活了。

7.敌人被这突然的袭击吓了。

8.十年前,他被关了监狱。

9.中国杂技团被我国人民热烈欢迎了。

10.孩子被妈妈喊了。

11.《汉语课本》被卖得很快。

12.这座大楼是一九五二年被盖的。

第三章 “是……的”句

现代汉语里有两种句子的谓语部分是由“是……的”格式构成的，我们称它们为“是……的”句（一）和“是……的”句（二）。下面分别叙述这两种句子的结构与功能。

第一节 “是……的”句（一）

一、“是……的”句(一)的结构特点

“是……的”句（一）是一种带“是……的”标志的动词谓语句。“是”经常出现在谓语前，有时也出现在主语前；“的”经常出现在句尾，有时也出现在谓语动词之后，宾语之前。“是……的”中间一般是状动短语、主谓短语或动词等。例如：

①他是两点半出去的。

②我是在网上买的票。

③是小王告诉我的。

④今天中午我们是吃的饺子。

二、“是……的”句(一)的功能特点

“是……的”句（一）一般用于这种场合：动作已在过去发生或

完成，并且这一事实已成为交际双方的共知信息(已知信息)。使用“是……的”句(一)时，说话人要突出表达的重点(也就是全句的表达焦点)并不是动作本身，而是与动作有关的某一方面，如时间、处所、方式、工具、施事、受事等。“是……的”格式是这种动词谓语句的标志，标志词“是”的作用是指明它后面的成分是全句的表达焦点，标志词“的”的功能是表明谓语动词所表示的动作已在过去发生或完成。①

与上述例①至④相应的特指问句可以是：

①他是什么时候出去的？——他是两点半出去的。(不是其他时间)

②你是在哪儿买的票？——我是在网上买的票。(不是别处)

③是谁告诉你的？——是小王告诉我的。(不是别人)

④今天中午你们是吃的什么？——今天中午我们是吃的饺子。(不是别的食物)

上述各例中的“出去”、“买票”、“告诉”、“吃”均已在说话前完成，并且已经成为已知信息。而问话人要知道的是动作发生的时间、处所、动作者和涉及的受事，即“什么时候”、“在哪儿”、“谁”、“什么”。因此我们说“两点半”、“在网上”、“小王”和“饺子”是新信息，是全句的表达焦点。又因为“两点半”是与其他时间相对而言，“在网上”是与在别处相对而言，“小王”是与别人相对而言，“饺子”是与别的食物相对而言的，所以我们说“是……的”句(一)强调的是一

---

① 有些论著中明确指出这里的“是”是语气副词，“的”是动态助词，表示完成体意义。也有的论著认为这里的“的”是语气助词的一种活用法，它的功能是表示语气和显示强调的重点。

种对比焦点。由于焦点总是以重音的形式显示出来,所以以上各例的句子重音应该是在“两点半”、“在网上”、“小王”和“饺子”上面。

三、“是……的”句(一)的类型

由于“是……的”格式中所突出的焦点成分不同,我们可以把它分成以下几种类型:

(一)对比焦点是作为状语的时间、处所、方式、条件、目的、对象、工具等

当某一动作已在过去发生,而要着重指出动作发生的时间、处所、方式等时,就可以用这种句式。句中的对比焦点是由“是……的”中间的状语来体现的,因此句子的重音也在这状语上。例如:

①我是'从农村来的。(处所)

②那本教材是'1958年编写的。(时间)

③我对新事,是'一点一点明白的。(方式)

④老赵刚才那段话,好像就是'对我说的。(对象)

⑤这项工程是'在领导的关怀和群众的支持下完成的。(条件)

⑥他就是'为这个目的去的。(目的)

有时,“是……的”中间是连动结构,前一个动词短语表示工具或方式。例如:

⑦李老师是'用红笔改的。(工具)

⑧我们是'坐公交车去的。(方式)

上面例①、③、⑥、⑦、⑧中的主语对“是……的”中的谓语动词来说都是施事,也就是说全句是主动意义的;而例②、④、⑤中句首的词

语都是动作的受事，也就是说全句是被动意义的。

如果“是……的”中间的动词带宾语，这个宾语可以紧跟着动词，放在“的”前，也可以放在“的”后。口语以放在“的”后更为常见。如果宾语是人称代词，则常常放在“的”前。例如：

⑨我是在第一外国语大学学的英语。

⑩她是昨天通知我的。

如果动词同时带处所宾语和趋向补语，处所宾语和趋向补语一定要放在“的”前。如果动词同时带一般事物宾语和趋向补语，那么宾语既可以放在“的”前，也可以放在“的”后。宾语放在“的”后时，趋向补语必须在“的”前，紧跟着动词。例如：

⑪我们是五点半回学校来的。

⑫我是跟孩子们一起爬上山顶去的。

⑬阿里是昨天打电话来的。

⑭阿里是昨天打来的电话。

(二)对比焦点为施事

当一件事已在过去完成，而我们要着重指出做这件事的人是谁时，也可以用“是……的”句式。这种“是……的”句，“是……的”中间是主谓短语，主谓短语里的谓语一般是不带宾语的动词，位于句首的名词或名词短语就是这个动词的受事，通常是话题。说话时重音落在主谓短语中的主语上，因为它就是句中的对比焦点。例如：

①你快告诉我，这劈山、拦河、造地的主意是'谁出的。

②我的一切都是'祖国和人民给的，光荣应该归于祖国和人民。

③他的断指再植手术，一定是'张大夫做的。

(三)对比焦点为全句的主语

“是”在句子的开头,“是……的”中间的谓语动词也可以带宾语,宾语一般放在“的”后。应注意的是这类句式中的宾语往往结构比较简单,甚至是不带定语的单词。例如:

①是谁把信寄走的?

②(是)谁给你取的名字,这么好听!

③是你准的假。

④(是)姐姐让我进的屋。

有时也可以把宾语放在“的”前,如例④也可以说成“是姐姐让我进屋的”。说话时重音落在作为对比焦点的主语上。

上述第(二)种类型的句式,句首作为受事的词语有时也可以移到“的”后,转换成第(三)种类型的句式。如“你快告诉我,是谁出的这劈山、拦河、造地的主意”。

(四)对比焦点为受事

“是……的”用来强调动作的受事。这种“是……的”句“是……的”中间是动词。动词的受事宾语在“的”后,句中的对比焦点就是这个宾语,所以句子重音也在这个宾语上。例如:

①昨天晚饭我是吃的馒头,不是吃的米饭。

②老大是学的历史,老二是学的水利,他们俩毕业时的成绩都不错。

③每个同学都给墙报投了稿,有人是作的诗,有人是写的散文,还有人是画的漫画。

(五)对比焦点为一种行为或情况,而这一行为或情况是引起某种结果的原因

这种“是……的”句“是……的”中间可以是一个动词,全句重音就落在这个动词上。动词也能带宾语,但必须在宾语后再重复

一次动词。这时，句子重音就落在重复的动词上。有时“是……的”中间还可以是主谓短语，句子重音一般落在主谓短语中的谓语动词上，也有可能落在其中的主语上。“是……的”中间的成分就是句子的对比焦点，它是作为一种原因被强调的。全句的主语就是这一原因引起的结果，因此主语往往是一个主谓短语或动词短语，表示某种现象或事实。例如：

①她脸红恐怕是海风'吹的。

②秦发愤……说：“睡不着，神经衰弱了。”……油娃钻出脑袋：“牛似的，还衰弱呢！你呀，你是盼开钻'盼的！”……赵春生嘟囔着说：“他那是'冻的！”

例①的意思是“她脸红”是“海风吹”的结果，“海风吹”是造成“她脸红”的原因。有时表示结果的词语已在上文出现，主语位置上只用一个代词来代替，或者只出现施事者，如例②中“你是盼开钻盼的”，意思是“你睡不着是盼开钻盼的”，“他那是冻的”中的“那”也是指的“睡不着”。

四、有关“是……的”句(一)的注意事项

(一)“是……的”句(一)的否定形式

“是……的”句(一)的否定形式是在“是”前加“不”，构成“不是……的”格式。值得注意的是：这种否定式要否定的同样也不是动作本身，而是对比焦点部分。例如：

①她不是昨天来的，是前天来的。

②他们不是骑车去的颐和园，是走着去的。

③他的阑尾炎手术，不是张大夫做的，是王大夫做的。

④不是我锁的门，是老王锁的。

⑤上午我不是借的小说,我是借的杂志。

⑥衣服的颜色褪了点儿,并不是洗的,是晒的。

(二)重音和“是”的位置

“是”的作用是标示它后面的成分为对比焦点,如果“是”后面有多个成分,而且这些成分都有可能成为对比焦点的话,在口语中我们就可以用重音把真正的对比焦点凸显出来。例如:

①他是'上星期跟小张骑车去的书城。

②他是上星期跟'小张骑车去的书城。

③他是上星期跟小张骑'车去的书城。

另外,我们也可以把不作为对比焦点的状语放在“是”前。例如:

④他上星期是跟'小张骑车去的书城。

⑤他上星期跟小张是骑'车去的书城。

(三)“是……的”句(一)中“是”的省略

“是……的”句(一)中“是”大部分都可以省略。例如:

①他(是)上星期去的,我(是)这星期去的。

②(是)谁打的酒,(是)谁买的肉,你也不问一问,就知道坐下来吃!

在第(四)种类型的“是……的”句中,“是”经常是省略的。例如:

③A:昨天你们俩都去看京剧了吗?

B:没有,他(是)看的京剧,我(是)看的电影。

④你们来,(是)坐的几路车?——我们(是)坐的十六路。

以下情况“是”不能省:

1.当主语是“这”、“那”时,“是”一般不省。例如:

①这是今天上午送来的,不是昨天送来的。

2.第(五)种类型的“是……的”句“是”一般也不省。例如:

②祥子头上留了块疤，是小时候驴啃的。

3.否定式中的“是”不能省。

(四)某些副词在“是……的”句(一)中的位置

修饰整个谓语的副词都要放在“是”前，像表示范围的“都”、“也”等和表示语气的“就”、“一定”、“却”等。但表示语气的“原来”、“难道”等和表示估计的“大概”、“恐怕”等，则既可以放在“是”前，也可以放在主语前。如第(一)种类型的例④、⑥，第(二)种类型的例②，第(五)种类型的例①等。

(五)“是……的”句(一)的疑问形式

四种主要疑问形式，“是……的”句(一)都有。

1.是非问。例如：

①他是从资料室借的图片吗？

②安娜是跟代表团一起来的吗？

2.特指问，疑问代词总是指代对比焦点部分的。例如：

①她是哪天来的？

②他的阑尾炎手术是谁做的？

③老太太过生日你(是)送的什么？

④她那两只眼睛是怎么红的？是哭的吗？——不，是熬夜熬的。

3.正反问用“是不是……的？”形式。例如：

①你是不是给我买的词典？

②衣服褪了颜色，是不是晒的？

4.选择问用“是……，还是……？”形式。例如：

①你是投的赞成票，还是投的反对票？

②是公司派你去的，还是你自己要去的？

(六)“是……的”句(一)与带动态助词“了”的动词谓语句

在带动态助词“了”的动词谓语句中,动作的发生是作为新信息传递给听话人的,在用“是……的”的句子中,动作的发生对听话人来说已经成为已知信息,要传递的新信息是动作发生的时间、处所、方式、工具、动作者、受事等。试比较:

①他昨天来了。(说明他来了没有,因为听话人不知他来了没有)

②他是昨天来的。(说明什么时候来的,因为听话人已经知道他来了,只是不知道来的时间)

因此,当所涉及的动作还没有成为已知信息时,说话人往往需要先用带动态助词“了”的动词谓语句交代动作已经发生或完成,使之成为已知信息,然后再用带“是……的”的句子说明动作发生或完成的时间、处所、方式等。所以没有明确的语言环境时,“是……的”句(一)不会是始发句。始发句一般应是带“了”的句子,而“是……的”句(一)往往是后续句。例如:

①妈:三妹已经到家了,是昨天晚上九点多到的,路上也都顺利……

②同学们都上了车,罗琪和周英是最后上的,车上已经没有座位……

③甲:你姐姐结婚了吗?

乙:结了。

甲:(是)什么时候结的(婚)?

乙:前年结的,都有小孩儿了。

甲:(是)什么时候生的小孩儿?

乙:(是)去年生的(小孩儿)。

第二节 “是……的”句(二)

一、“是……的”句(二)的功能特点

“是……的”句(二)是指带“是……的”标志的一部分动词谓语句和形容词谓语句。“是”和“的”都表示语气。这类句子多用来表示说话人对主语的评议、叙述或描写,全句往往带有一种说明情况、阐述道理、想使听话人接受或信服的肯定语气。例如:

①我是历来主张军队要艰苦奋斗,要成为模范的。

②在现实生活中,这种现象是确实存在的。

③张思德同志是为人民的利益而死的,他的死是比泰山还要重的。

二、“是……的”句(二)的结构特点

“是……的”句(二)中的“是”我们可以看成是语气副词,一般用在谓语前;“的”是语气助词,用在句尾。在“是……的”中间的是动词或形容词谓语。常见的动词谓语多为“能愿动词+动词”或“动词+可能补语”的形式。例如:

①经过三年修整以后,这里园林的面貌是会有变化的。

②善意、恶意,不是猜想的,是可以看得出来的。

形容词谓语多为形容词短语。例如:

③猴子是很聪明的。

④他们的文化生活是相当丰富的。

语法功能相当于形容词的固定短语也可以用于“是……的”句(二)。例如:

⑤他的要求,我认为是很合情合理的,你为什么这么反感?

⑥他对你是诚心诚意的,你可别冤枉他。

⑦你就是有三头六臂也是插翅难飞的。

表示心理活动、感情的动词,也可以用于“是……的”句(二),这种动词都可以受程度副词修饰,谓语动词的受事常常作为话题放在句首。例如:

⑧这些道理,广大人民群众是懂得的。

⑨这个问题,我们也是很注意的。

⑩十三四岁的少年便要当家管事,我父亲的实际家的手腕我是很钦仰的。

我们也可以把这些句子的话题放到“是……的”中间的动词后面,如例①可以转换成“广大人民群众是懂得这些道理的”,例⑨和例⑩也可以这样转换。

单独的形容词、动词、能愿动词等有时也可以用于“是……的”(二)。例如:

①他心里是透亮的。

②我们面前的困难是有的,而且是很多的,但是我们确信:一切困难都将被全国人民的英勇奋斗所战胜。

③十年树木是不对的,在南方要廿五年,在北方要更多的时间。十年树人倒是可以的。

三、有关“是……的”句(二)的注意事项

(一)由于“是……的”句(二)在表达上全句带有肯定语气,因

此，除双重否定外，一般没有“不是……的”这种否定式，但可以在“是……的”中间用上否定形式的词语。这时，全句仍然带有肯定语气。例如：

①我看要是自称全智全能，像上帝一样，那种思想是不妥当的。

②……总是先进的意见克服落后的意见，要使“舆论一律”是不可能的，也是不应该的。

③走路的人口渴了，摘一个瓜吃，我们这里是不算偷的。

④蕃瓜弄的劳动人民和他们的后代是绝对不会忘记过去的。

在上述各例中，我们不能把否定副词“不”放在“是”的前面。例如不能说：

①′我看要是自称全智全能，像上帝一样，那种思想不是妥当的。

②′……总是先进的意见克服落后的意见，要使“舆论一律”不是可能的，也不是应该的。

③′走路的人口渴了，摘一个瓜吃，我们这里不是算偷的。

④′蕃瓜弄的劳动人民和他们的后代不是绝对会忘记过去的。

(二)双重否定

如果想用双重否定来强调肯定一个事实，这时，才可以在“是”前用“不”再否定一次。例如：

①问题不是不能解决的。

②那件事我们并不是办不到的。

(三)“是”和“的”的省略

“是……的”句(二)除一部分以“这”、“那”作主语的和表示双重否定的句子以外，一般都可以把“是”和“的”同时省略或只省略“是”，省略后句子的意思不变，只是去掉“是”和“的”后就不再是“是……的”句(二)，而成为一般的动词谓语句或形容词谓语句，语气自然也不同了。用“是……的”时，语气肯定，口气委婉缓和，有说理的意味，目的是要人相信，不用“是……的”时，语气较强，有时显得简洁、直爽。例如：

①我看要是自称全智全能，像上帝一样，那种思想是不妥当的。

我看要是自称全智全能，像上帝一样，那种思想不妥当。

②走路的人口渴了，摘一个瓜吃，我们这里是不算偷的。

走路的人口渴了，摘一个瓜吃，我们这里不算偷。

③猴子是很聪明的。

猴子很聪明。

(四)某些副词在“是……的”句(二)中的位置

某些表示对象、语气、时间等的状语，可以放在“是”前，也可以放在“是”后。这主要由它修饰什么来决定。如果它修饰整个“是……的”，就要放在“是”前；如果它修饰的是“是……的”中间的某一成分，那么就放在“是”后所要修饰的成分之前。例如：

①A.这是群众创造的一种新形式，跟我们党历史上采取的形式是有区别的。

B.这件事所以做得这样迅速和顺利，是跟我们把工人阶级同民族资产阶级之间的矛盾当作人民内部矛盾来处理，密切相关的。

②A.我们相信，各地这种典型的好人好事是一定不少的。

B.那时候，在这么高的山上，修这么大的工程，一定是很不容易的。

③A.羊皮筏子，过去是听说过的。

B.必须优先发展生产资料的生产，这是过去已经定了的。

（五）因为“是……的”句（二）全句带有肯定的语气，所以一般情况不能用疑问形式，除非对全句表示的事实提出疑问，或者先提出自己的看法，然后再征询对方意见。如“他心里是透亮的吗？”“问题不是不能解决的，对不对？”

第三节 如何辨别相关的“是……的”句

一、如何辨别“是……的”句（一）和“是……的”句（二）？

我们可从下面几个方面考虑和观察：

（一）“是……的”句（一）和“是……的”句（二）是两种不同的句式。前者在于说明过去某一已实现的动作的时间、地点、方式、施事、受事等。在“是……的”中间总是有动词，常见的结构是：

1.是＋状＋动＋的＋（宾）

①那套教材是1981年编写的。

②王老师他们是1981年编的新教材。

2.是＋主谓（动）短语＋的

③新教材是王老师他们编写的。

④这个主意是谁出的？

3.是＋主＋动＋的＋(宾)

⑤是谁检查出来的？

⑥昨天是我锁的门。

4.是＋动＋的＋宾

⑦新教材是写的校园生活。

“是……的”句(二)的“是……的”谓语在于用肯定的语气来对主语进行评议或描写。常见的结构是：

1.是＋能愿动词＋动＋的

①新教材是能够编好的，因为参加编写的人都很有信心。

2.是＋动/形＋可能补语＋的

②新教材是一定编不好的，因为参加编写的人都没有信心。

3.是＋状＋形＋的

③新教材是很不错的。

(二)如果在“是……的”谓语中动词后有宾语，那就可以看“的”的位置。例如：

①在昨天的会上，他是同意的'这种意见，并不是那种意见，他说他觉得这种意见有道理。[第(四)种类型的“是……的”句(一)]

②在昨天的会上，他是'同意这种意见的，不知道为什么今天又不同意了。[“是……的”句(二)]

例①中“这种意见”前面的“的”不能移到句尾，例②中句尾的“的”也不能移到“这种意见”前面。两句的重音所在也不同，例①中的重音在“这种”上，例②中的重音在“同意”上。

(三)如果在“是……的”谓语中包含有状语，那就可以看状语的位置。例如：

①这件事，我昨天是知道的，只是想晚一点儿告诉你们。[“是……的”句(二)]

②这件事，我是昨天知道的，别人都比我知道得早。[第(一)种类型的“是……的”句(一)]

“是……的”句(二)中表时间的状语往往在“是”前或主语前。“是……的”句(一)如果只有一个时间状语作为对比焦点，没有其他对比焦点，那么这个时间状语应该在“是”后。

(四)看否定式。“是……的”句(一)的否定形式是“不是……的”，“是……的”句(二)的否定形式是由“是……的”中间成分的否定式来体现的。例如：

①我不是同意的这种意见。[第(四)种类型的“是……的”句(一)]

②我是不同意这种意见的。[“是……的”句(二)]

(五)看“的”是否能去掉。“是……的”句(一)中的“是”可以省去，但“的”不能省，“是……的”句(二)中的“是”和“的”可以同时去掉。

①我(是)同意的这种意见，你(是)同意的哪种意见？[第(四)种类型的“是……的”句(一)]

②我(是)同意这种意见(的)，到现在我的态度也没改变。[“是……的”句(二)]

二、如何辨别“是……的”句(一)和谓语部分为“是”+“的”字短语的“是”字句？

(一)第(五)种类型的“是……的”句(一)有时会与“是”+“的”字短语作谓语的“是”字句相混。前者的主语往往是个主谓短语，表示一种情况，“是……的”谓语表示造成这种情况的原因。后者的谓语（“是”+“的”字短语），多用来表示分类，一般不会表示原因。例如：

①他也有了将军肚儿，我说：“这是喝啤酒喝的。”他开玩笑说：“这不是（喝啤酒）喝的，这是（老婆）气的。”

［第（五）种类型的“是……的”句（一）］

②我烧了些水……那不是喝的，是洗碗（用）的。

［“是”+“的”字短语作谓语的“是”字句］

例①中“不是（喝啤酒）喝的”和“是（老婆）气的”都是指“有了将军肚儿”的原因。例②中“不是喝的”和“是洗碗的”是指“水”的按照用途的分类。

（二）如果“的”前是不带其他成分的单纯的动宾短语，而且“的”不能移到宾语之前的，应该是“是”+“的”字短语的“是”字句，因为第（四）种类型的“是……的”句（一）只有“的”在宾语之前这一种形式，而没有“的”在句尾的情况。例如：

①人们常说：靠山吃山，靠水吃水。我们村里人这几年生活水平的提高，全是靠的水，不是靠的山。

［第（四）种类型的“是……的”句（一）］

②园中建筑十之八九全是靠水的。[1]

（“是”+“的”字短语作谓语的“是”字句）

例①中的“全是靠的水”不能说成“全是靠水的”。例②中的“全是靠水的”也不能说成“全是靠的水”。再比较：

③那两位顾客是买的帽子，不是买的衣服，所以那天他们只

---

① 当然这两个“靠”分属不同的义项，不过这不影响它们在句中的功能。

去了二楼鞋帽部，没去三楼服装部。

[第(四)种类型的“是……的”句(一)]

④那两位顾客是买帽子的，不是买衣服的，所以这会儿他们要去二楼鞋帽部，不去三楼服装部。

(“是”+“的”字短语的“是”字句)

例③说明“那两位顾客”曾买了帽子，“买”是已然动作；例④说明“那两位顾客”是买帽子的人，“买”是未然动作。例③中的“的”只能放在“帽子”和“衣服”之前，不能移到它们之后；例④中的“的”只能放在“帽子”和“衣服”之后，不能移到它们之前。另外，例①和例③中前一分句里的“是”都可以省略，例②和例④中的“是”都不能省。

(三)如果遇到同形异构的情况，则可以根据上下文观察主语和宾语是否有同一关系来排除歧义。例如：

①A.这只小母鸡是四月份孵的鸡，现在又要孵鸡了。

[第(一)种类型的“是……的”句(一)]

B.这只小母鸡是四月份孵的鸡，现在长得个儿已经不小了。(“是”字句)

②A.他是从中医医院请的大夫，是自己开车把大夫接回来的。[第(一)种类型的“是……的”句(一)]

B.他是从中医医院请的大夫，医术是很高明的。(“是”字句)

上述例①中的A句，根据后一分句的句意，我们可以知道前一分句的意思是“这只小母鸡”曾在四月份时孵了鸡，它与“是”后面的“(四月份孵的)鸡”没有同一关系，所以前一分句是第(一)种类型的“是……的”句(一)，“是”也可以省略。例①中的B句，根据后一分句的句意，我们可以知道，前一分句的意思是“这只小母鸡”是四月份孵出来的鸡，它与“是”后面的“(四月份孵的)鸡”有同一关系，所以前一分句是“是”字句，“是”不能省略。

同样，我们也可以知道，例②A 的前一分句表示他从中医医院请了一位大夫，“是”可以省略，是第(一)种类型的“是……的”句(一)。B 的前一分句则说明“他”就是从中医医院请的那位大夫，“是”不能省略，是“是”字句。

三、如何辨别“是……的”句(二)和“是”+“的”字短语作谓语的“是”字句？

在“是……的”句(二)和谓语部分为“是”+“的”字短语的“是”字句这两种句式中，“的”都在句尾。在遇到同形异构的情况时，怎样辨别这两种句式呢？可以考虑和观察以下三种情况：

(一)看能否在“的”后添加与主语有同一关系的中心语。例如：

①他是有'子女的(人)，跟你们这些单身汉不同，要多一份负担，多一份责任。(“是”+“的”字短语作谓语的“是”字句)

②他是'有子女的，只是都不在身边，一个在海南，一个在国外。[“是……的”句(二)]

例①可以在“的”后加与主语“他”有同一关系的中心语“人”，后面分句的主语可看作承前省略的“有子女的人”。例②不能在“的”后加任何中心语，因为“他是有子女的”意思就是“他有子女”，这里的“的”是语气助词，并不是结构助词。后一分句的主语应是承前省略的“子女”。此外，例①的句重音在“子女”上，例②的句重音在

“有”上。又如：

③老张是看′报的(人)，我是借书的；他去报刊室，我去书库。(“是”+“的”字短语的“是”字句)

④老张是′看报的，只是看得不够仔细。[“是……的”句(二)]

另外，在“是……的”句(二)中，我们可以把“是……的”中间动词的受事移到句首或“是”前，全句意义不变，而“是”+“的”字短语的“是”字句则不能有这种变换形式。如例②和例④可以变换成：

②′子女他是有的(或：他子女是有的)，只是都不在身边，一个在海南，一个在国外。

④′报老张是看的(或：老张报是看的)，只是看得不够仔细。

例①和例③都不能这样变换。

(二)看是否可省略“是”和“的”。可以省略的是“是……的”句(二)，不能省略的是“是”字句。

(三)看否定式。否定式用“是……的”中间否定形式的成分来体现的是“是……的”句(二)，用“不是……的”来表示的是“是”字句。

参考文献

方　梅　汉语对比焦点的句法表现手段，中国语文，1995年第4期。

胡裕树、范晓主编　动词研究综述，山西高校联合出版社，1996年。

牛秀兰　关于“是……的”结构句的宾语位置问题，世界汉语教学，1991年第3期。

田　泉　“是”、“的”合用及单用非句法功能初探，汉语学习，1996年第5期。

岳中奇　“是W/P”的结构分析与“是”和“的”的词性考辨，语文学刊，1997年第 6 期。
张宝林 "是……的"句的歧义现象分析,世界汉语教学,1994 年第 1 期。

练 习

一、指出下列"是……的"句(一)中的对比焦点,并写出与之相应的特指问句:

1.新同学是上星期五到的。

2.我是从小李那儿借的书。

3.胡老板昨天是在江城酒家请的客。

4.上星期我们去野餐,每人带一样食品。我是带的沙拉,小杨是带的水果,小周是带的香肠和面包。

5.我是在老师的鼓励和同学们的帮助下取得的好成绩。

6.我们是为你准备的这顿晚饭。

7.孩子们是用自己的零用钱给灾区捐的款。(不是向家长要的钱)

8.王先生是自己开车跟我去的郊区。(不是坐公交车去的)

二、指出下列句子哪些是"是……的"句(一)(用①表示),哪些是"是……的"句(二)(用②表示),哪些是"是"字句(用③表示):

1.这里的学习环境是非常令人满意的。

2.我们是坐高铁去的上海,不是坐飞机去的。

3.如果你不亲自去处理,那些问题是处理不好的。

4.村里新建的房子都是靠着山的,而且大部分都是向阳的。

5.这部《古代汉语》是 1954 年出版的。

6.他们是不会同意这种意见的。

7.我是从来不主张这样做的。

8.他们是在非常艰苦的环境下完成的这项工作。

9.我们是上午七点半吃的早点。

10.这本《汉法词典》是我昨天从资料室借的。

11.这些年轻的工作人员是可以服务得很周到的。

12.这种小船我是从来没有坐过的,也是没有听说过的。

13.老张不是跟老王一起去的,是跟他弟弟一起去的。

14.这份调查报告是老王他们的。

15.这次歌舞晚会，有很多节目是新的，有的是非常精彩的。

三、指出下列“是……的”句(一)是哪一种类型的(可按本章内容的顺序标号，如①表示第(一)种类型，②表示第(二)种类型……)：

1.他昨天发烧了，我想大概是让雨淋的。

2.我是用的快递，最晚他明天就可以接到。

3.这部著作是1962年在东北农村写成的。

4.他是1942年去的延安。

5.这次的断指再植手术是王大夫做的。

6.今天是谁来作的报告？听的人可真不少！

7.你头晕可能是看书看的，出去散散步就好了。

8.她和她妹妹都大学毕业了，她是学的物理，她妹妹是学的数学。

9.这几项建议是谁提出来的？

10.今天会上是王老师第一个发的言。

四、指出下列各组句子中哪个是正确的：

1.a.不下苦功夫，不是学得会的。

b.不下苦功夫，是学不会的。

2.a.我们是下午四点钟回宿舍来的。

b.我们是下午四点钟回的宿舍来。

3.a.我是不在阅览室看的杂志。

b.我不是在阅览室看的杂志。

4.a.昨天晚上睡觉前我是喝的茶，不是喝的咖啡。

b.昨天晚上睡觉前我是喝茶的，不是喝咖啡的。

5.a.他得了关节炎，是不是洗冷水澡洗的？

b.他得了关节炎，是不是洗冷水澡的？

6.a.我不是会赞成他的主张的。

b.我是不会赞成他的主张的。

7.a.你填那个表，是不是用的蓝笔？

b.你填那个表，是不是用蓝笔的？

8.a.我是从来不吸烟的。

b.我不是从来吸烟的。

五、把下列句子改成“是……的”句(一)：

1.我不在北京语言大学学英语。

2.我朋友从外文书店买来了《英汉词典》。

3.昨天我在北京饭店遇见了我的老同学。

4.他下午四点半给你打来了电话。

5.小马跟她姐姐一起去南方了。

6.昨天中午我吃西餐,晚上吃中餐。

7.屋子里太冷了,谁把窗户打开了?

8.她喝茶喝的(得)睡不着觉了。

第四章　疑问句、反问句和回声问句

第一节　疑问句

疑问句是用来发问的句子，可以根据提问方式的不同分成下列几种：

一、是非问句

（一）用语气助词"吗"的是非问句

把"吗"用在一个陈述句的末尾，就可以构成这种疑问句。这种句子的谓语可以是肯定形式，也可以是否定形式，但以肯定形式的居多。例如：

①他是东北人吗？

②这个月三十一天吗？

③你的表准吗？

④王老师会来吗？

⑤他身体好吗？

⑥小李不去北海划船吗？

⑦安娜没给家里打电话吗？

陈述句的句尾有时带有语气助词"的"、"呢"或"了"，这类句子加上"吗"，同样可以构成是非问句。例如：

①他是昨天来的吗？

②他们正在开会呢吗？

③柳树绿了吗？

用这种问句时，一般来说，提问的人认为所提问的事情有可能实现或可能成为事实，有时也表示对某一情况是否如此没有把握。

回答带“吗”的是非问句时，可以用“是的”、“对”、“对了”、“嗯”或“不”、“没有”等，表示对问句的肯定或否定。要特别注意的是：回答时不论问句是以肯定形式出现还是以否定形式出现，只要答话的人同意问句所表达的意思，就用“是的”、“对了”、“嗯”等；如果不同意问句所表达的意思，就用“不”、“没有”等。例如：

①A：王老师会来吗？

B：嗯，王老师会来(的)。

B：王老师不会来(的)。

②A：柳树绿了吗？

B：是的，柳树绿了。

B：没有，柳树还没绿呢。

③A：小李不去北海划船吗？

B：嗯，他不去北海划船。

B：不，他去北海划船。

④A：安娜没给家里打电话吗？

B：对了，她没给家里打电话。

B：不，她给家里打电话了。

从上面的例句中可以看出，答句中的“是的”或“不”等，不一定与后面句子的肯定或否定相一致，因为这类词语在语义上直接与问句发生关系，而并不与后面的句子发生关系。

另外，在答句中可以省略主语或宾语，有时只保留谓语主要成分。例如：

①A：他是东北人吗？

B：不是东北人。

B：他不是。

B：不是。

②A：这个月三十一天吗？

B：不，三十天。

③A：安娜没给家里打电话吗？

B：不，打了。

（二）用“好吗”、“行（成）吗”、“对吗”、“可以吗”等的是非问句

有时说话人先提出自己的意见、估计、要求等，然后征询对方意见，这时就可以用这种疑问句。例如：

①我们明天一起去长城，好吗？

②你是日本人，对吗？

③借我词典用用，行（成）吗？

④我们从东门进去，可以吗？

回答时，一般只用肯定或否定的答语即可。肯定的答语用“好”（或“好吧”）、“对”、“行（成）”、“可以”。否定的用“不”、“不对”、“不行（不成）”。回答“可以吗”也用“不行（不成）”，较少用“不可以”。

（三）用语调表示疑问的是非问句

一个陈述句只要带上疑问语调，即句尾语调上升，就可以构成疑问句。例如：

①这么大的风雪，丢下羊群回家去？不能！

②这时，一位大嫂走过来……着急地问：“同志，听说老白的

伤很厉害？……”

③今天晚上你不去图书馆了？

④小张没来？

这种疑问句对语境和上文的依赖性很强。如例①是自问自答，针对自己或别人有“丢下羊群回家去”的想法；例②一定是听别人说“老白的伤很厉害”，才能这样问；例③也是因为听说或由某种迹象显示“你不打算去图书馆”，才可以这样问；例④也是发现或听说“小张没来”，才会这样问。这种语调疑问句一般都包含惊讶、怀疑的成分。

答语与省略的情况和用“吗”的疑问句相同。

（四）用语气助词“吧”的是非问句

当提问的人对某一事实或情况有了某种估计，但又不能完全肯定时，就可以在一个陈述句的句尾用上语气助词“吧”构成疑问句。这种问句带有探询、推测的意味。肯定形式和否定形式都很常见。例如：

①这是你女儿吧？

②现在快十二点了吧？

③老张不来了吧？

二、特指问句

（一）一般特指问句

一般特指问句是用疑问代词提问的疑问句。这种问句的词序与陈述句一样，提问句子的哪个成分，就把疑问代词放在那个成分的位置上。例如：

①谁是你们的体育老师？

②他的病怎么样了?

③他在哪儿?

④玛丽是哪个班的学生?

⑤他什么时候回国?

⑥这个句子怎么分析?

⑦她学得怎么样?

⑧他们工厂有多少工人?

⑨考试以前,你们准备复习几天?

⑩那条公路有多长?

用“多”提问,是问程度,后面大都用正向形容词。问长度用“多长”,问面积或容积用“多大”,问高度用“多高”,问厚度用“多厚”,问宽度用“多宽”……这和我们只说“长度”、“高度”、“厚度”、“宽度”(没有“大度”),而不说“短度”、“低度”、“薄度”、“窄度”一样。回答时,可以只说出数量,不必再重复形容词。例如:

①A:那条街有多长?

B:有两公里(长)。

②A:那个房间有多大?

B:那个房间有十八平方米。

③A:他多高?

B:他一米七五。

④A:昨天下的雪有多厚?

B:有五厘米(厚)。

“多大”也可以问年龄,但主要是问小孩或者长辈问年轻人,也可以是年龄相仿的年轻人互相问。例如:

①A:他的孩子多大了?

B:五岁。

②A:小伙子,你多大了?有二十五没有?

B:老大爷,您猜得差不离儿,我二十四了。

③A:喂,小张,你多大了?

B:我十九。你呢?我看,你也就十七。

问年龄的说法还有"多大年纪"(问老人)、"多大岁数"(问老人或成年人)。"几岁",在中国北方只能用来问十岁或十岁以下的孩子。

"多"加形容词作谓语时,前面常用"有"。"有"表示"达到"的意思。如前面例①、②、④。不作谓语时,一般不能用"有"。如"你喜欢住多大的房子?""做西装要多宽的面料?"

(二)用语气助词"呢"的特指问句

在一个词、短语或句子后面用上语气助词"呢",就可以构成这种疑问句。

作为始发句,"呢"用在名词、代词、名词短语之后是问处所的,即"……在哪儿?"的意思。[①] 例如:

①玉荣,你的靴子呢?

②阿里呢?

如果有上下文,可根据上下文来判断疑问所在。例如:

③窗户已经擦干净了,地板呢?(地板擦干净了没有?)

④他的衬衫已经洗了,你的呢?(你的衬衫洗了没有?)

如果"呢"用在一个陈述句之后,意思是"如果……,那么应该怎么办(做什么)?"例如:

⑤他不同意呢?(如果他不同意,那么怎么办呢?)

---

① 有的论著认为"呢"在任何疑问格式中都不负载疑问信息。

⑥学完了第一册呢？（学完了第一册做什么？）

三、正反问句

（一）一般正反问句

这种疑问句主要是由谓语的肯定形式和否定形式并列起来构成的，由回答的人选择其中一个作为答话。提问的人对答案事先没有什么倾向性。例如：

①这个牌子的手机好不好？

②你母亲工作不工作？

③他是不是教外国学生的汉语教师？

④你有没有《现代汉语词典》？

在动词谓语句中，如果动词后有宾语，正反疑问形式就有三种可能：第一种是只把谓语动词的肯定式和否定式并列起来，后面再带上宾语；第二种是肯定式带宾语，否定式不带；第三种是无论肯定式还是否定式都带宾语。例如：

①你看不看京剧？

②你看京剧不看？

③你看京剧不看京剧？

第三种形式不常见，而且只有在宾语比较简单的情况下才用。

如果动词或形容词后带“了”，否定形式只用“没有”。动词后有宾语时，“了”在宾语之后。例如：

①同学们去了没有？

②水热了没有？

③她听到这个消息了没有？

主谓谓语句的正反疑问形式，大部分情况都是把小谓语的肯定式和否定式并列起来。只有整个主谓短语结构结合很紧的，才把它作为一个整体用来提问。例如：

①那个图书馆书多不多？

②她最近身体好不好？

③病人腰疼不腰疼？

④比比人家，看看自己，你脸红不脸红？

（二）用“是不是”的正反问句

如果提问的人对某一事实或情况已有比较肯定的估计，为了进一步得到证实，就可以用这种疑问句提问。“是不是”可以用在一个陈述句的谓语前，也可以用在句首或句尾。例如：

①你们是不是明天动身？

②你们明天是不是去颐和园？

③是不是你们不打算出去旅行了？

④你家住在北京的郊区，是不是？

有时，用“是不是”并不是要得到证实，而是征求对方的同意，带有一种商量的口气，有“……好吗”的意味。表示这种语气的“是不是”一般用在谓语前，有时也可用在主语前，但不能用在句子后面。例如：

①我们是不是找她谈一谈？

②是不是我去帮助他一下？

（三）用“好不好”、“成不成”等的正反问句

跟用“好吗”、“行吗”、“对吗”、“可以吗”等是非问句一样，我们也可以在陈述句的句尾用上“好不好”、“成不成”、“行不行”、“对不对”等构成正反问句，表示征求对方同意或希望得到证实。值得注意的是，“成不成”、“行不行”、“对不对”等只能放在句尾，不能放在

句首或谓语前。例如：

①把你的工具箱借给我用用，成不成？（征求对方同意）

②我们改到后天动身，行不行？（征求对方同意）

③你家住在北京的郊区，对不对？（希望得到证实）

“好不好”的位置有时比较灵活。例如：

④我们一块儿去打网球，好不好？（征求对方同意）

⑤我们好不好一块儿去打网球？（同上）

⑥好不好我们一块儿去打网球？（同上）

四、选择问句

这种疑问句是把要选择的两种或几种可能用“……（是）……还是……”或“……（是）……还是……还是……”连接起来，要求答话的人选择其中之一作为答案。例如：

①你是去，还是不去？

②是你去，还是他去？

③你是去北海，还是去中山公园？

④你是去北海，还是去天坛，还是去中山公园？

⑤你是喝汽水，还是吃冰激凌？

⑥是你去送，还是他来接？

例①、⑤是问谓语，例②是问主语，例③、④是问宾语，例⑥是问分句。要注意的是不论是问谓语还是问宾语，“是”和“还是”都要放在谓语前，如例①、③、④、⑤。如果是问主语或全句，则要把“是”和“还是”用在两个分句之前，如例②、⑥。

一切疑问句的句末都要用问号。用“……（是）……还是……”的选择问句只在句末用一个问号，前面每个分句的后面都用逗号。

有时一个陈述句中可以包含一个以疑问句形式出现的成分，但这个句子仍是陈述句，所以句末仍要用句号，不能用问号。例如：

①我不知道他赞成不赞成。（作宾语）

②小组长已经通知他们几点开会了。（作直接宾语）

③需要多少人参加试验的问题还没有决定。（作定语）

④怎么样办好我厂幼儿园是一个亟待解决的问题。（作主语）

第二节　反问句

陈述句和各种疑问句都可以加上反问语气构成反问句。反问句的作用是对于一个明显的道理或事实用反问的语气来加以肯定或否定，以达到加强语势的目的。反问句的特点是：以否定形式出现的句子用来加强肯定的表述，以肯定形式出现的句子用来加强否定的表述。

反问句后可以用问号，也可以用感叹号。反问的语气重时多用问号，包含感叹的意味时多用感叹号。

反问句的形式有：

一、是非问形式的反问句

（一）一般是非问句带上反问语气。例如：

①这是哪儿和哪儿的事呀？挨得着吗？你真能胡思乱想！

（挨不着）

②还想进去看电影？你有票吗？（你没有票）

（二）用“不是……吗”的格式，强调肯定，提醒注意某种明显的事实。有时句子略带不满或略带惊异等语气。例如：

①你不是去过那个地方吗？那就给我们带带路吧！（你去过那个地方）

②不是早就跟你说过了吗？这就是赶上个寸劲儿。（早就跟你说过了）

③他不是已经辞职了吗？怎么又来上班了？

在“是”字句和“是……的”句中只用“不……吗”就可以了。例如：

④现在辩论的是什么问题呢？不就是经验交流的问题吗？（就是经验交流的问题）

⑤啊！你不是张大中吗？要不是你招呼我，我都认不出来了。（你是张大中）

（三）用“没……吗”格式，强调肯定，提醒对方事实已然如此或确实曾经如此。有时含有责备、不满的语气。例如：

①我没告诉你吗？那个地方不能去！（我已经告诉你了）

②你没听见他说吗？天气预报今天有七级大风。（你应该听见他说了）

③你没看出来吗？他对这事儿有点意见哩！（你应该已经看出来了）

（四）用“难道”、“……不成”或“难道……不成”，有时句尾还可以再用上“吗”，句中往往有副词“还”及能愿动词“能”、“会”、“得”等。全句有“不会”、“不应该”、“不可能”、“不一定”等意思，常含有不容辩驳的语势。例如：

①我已经在他桌上留了个条子,难道他没看见?(他不应该没看见)

②我还能飞到天上去不成?(我不能飞到天上去)

③难道非得同意他的做法不成?(不一定非得同意他的做法)

④我们死都不怕,难道还怕困难吗?(不怕困难)

(五)用副词"还"表示反问语气,有"不应该"的意思。例如:

①这么好的条件,你还不满意!(你不应该不满意)

②这孩子!已经给了你了,你还哭!(你不应该哭了)

这类句子的句尾也可以用上"吗"。例如:

③狼说:"这样的人还不该吃吗?"(这样的人该吃)

(六)一般陈述句带上反问语气。例如:

①这是你的?你能叫得它答应你么?(这不是你的)

②他不是人?他也是人,也得吃饭。(他是人)

这类句子的句尾也可以用上"吗",构成带语气助词"吗"的是非问句形式。例如:

③这是你的吗?你看看上边写着他的名字哪!(这不是你的)

二、特指问形式的反问句

(一)一般特指问句带上反问语气。句中的疑问代词仍表示原义,只是全句并不表示疑问,而表示反问。例如:

①玉荣急忙拦住说:"姐姐,你不能脱,把你的脚冻坏了,谁去保护羊群哪!"(没有人保护羊群)

②自己既然事先看到了问题,为什么要闷在肚子里?(不应

该闷在肚子里）

③这样的好事为什么不做？（应该做）

④（我）怎么不认得？我爸爸，我哥哥，还有我妈妈。（我认得）

⑤山上的石头又搬到哪儿去呢？（山上的石头没有地方可搬）

⑥这件事，我什么时候告诉他了？（我从来都没告诉他）

（二）在谓语中用“哪儿”、“哪里”或“怎么”。“哪儿”、“哪里”或“怎么”只表示反问语气，并不表示处所或方式、原因。除用在动词“是”或形容词前以外，后面常有能愿动词“能”、“会”、“敢”等。例如：

①狼说：“他刚才捆住我的腿，把我装在口袋里，上面还压了很多书，哪里是救我，明明是想闷死我！”（不是救我）

②这篇文章哪儿难啊！我看一年级的学生都能看懂。（不难）

③他们辛辛苦苦地写了，送来了，其目的是要我们看的，可是怎么敢看呢？（实在不敢看）

④我想，我眼见你慢慢倒地，怎么会摔坏呢？（不会摔坏）

⑤听了这话，她怎么能不把心伤透？（会把心伤透）

⑥大家见他有了困难，哪里会不帮他呢？（一定会帮他）

这类反问句中有否定副词时，否定副词在能愿动词之后，如上述例⑤、⑥。

（三）在复句前一分句的谓语用“不”否定，后一分句为特指问句的形式，全句在于加强前一分句的肯定意思，并含有“应该”、“必须”、“只能”或“当然”一类的意思。有时包含着表示强调的“就”的意思。例如：

①他不管我，谁管我呢？（他当然应该管我）

②我不这么办，怎么办？（只能这么办）

有时两个分句主语相同，也可以用紧缩句的形式。例如：

③我们不问你问谁呀？（只能问你）

④我不干这个干什么？（只能干这个）

⑤这不是封锁是什么？（这就是封锁）（这当然是封锁）

以上这三种类型的反问句，句尾可以有语气词“啊”，略表感叹；也可以有语气词“呢”，略表委婉。

（四）用“什么”，有两种情况：

1.在形容词或某些表示心理活动的动词后加“什么”，表示对某一性状或某种判断加以否定，带有不同意或反驳的语气。句子的重音在“什么”上。例如：

①这个句子难什么？一点儿也不难。（这个句子不难）

②那件衬衫好什么？样子太旧，颜色也不好。（那件衬衫不好）

③这间教室大什么？只坐得下十几个人。（这间教室不大）

④A：你一定很喜欢你的小孙子。

B：喜欢什么？他太淘气。（不喜欢）

2.在一般动词之后加“什么”，表示“没有必要”或“不应该”、“不能实现”。如果动词带宾语，“什么”在宾语前。这种反问句有时带有不满意、不赞成或责备的语气。句子重音落在动词或宾语上，“什么”轻读。例如：

①哭什么？这么大了还哭！（不应该哭）

②你嚷嚷什么？同学们都在午睡呢！（不应该嚷嚷）

③忙什么？再坐一会儿，时候还早呢！（没有必要忙）[1]

④你和我，见什么外！（不该见外）

⑤外边不下雨了，还穿什么雨衣！（没有必要穿雨衣）

⑥已经下起雨来了，还去什么公园！（不能去公园了）

⑦钱都丢了，还买什么衣服啊！（买不成衣服了）

⑧衣服那么多了，还买什么衣服啊！（没有必要再买衣服了）

（五）把“有什么”放在谓语形容词前或可以用“很”修饰的动词短语前，表示反问。如果句子以肯定形式出现，全句就表示否定意思；如果句子以否定形式出现，全句就表示肯定的意思。例如：

①织女说：“……人们都说天上好，其实天上有什么好呢？我在那儿一点儿自由都没有……”（其实天上一点儿也不好）

②这件事有什么难办？很简单嘛！（这件事一点也不难办）

③他说的这句话有什么不公道呢？（他说的这句话很公道）

如果谓语是由“有”加宾语构成的形容词性短语的话，只要在宾语前用上“什么（啥）”就可以构成这类问句。例如：

④老纪暗想：卧虎岭是个有名的后进队，有啥学头？（没有学头）

⑤如果人民不觉悟，就是有了健康的身体，对国家又有什么用呢？（对国家没有用）

⑥牛郎想只要把老牛分给他，离开家不离开家又有什么关

---

①　此句中的“忙”是形容词。但它也是动词，可以带上宾语，如“最近忙什么哪？”。

系呢？（离开家不离开家都没有关系）

“有什么”也可以单独作谓语。例如：

⑦这有什么？平日没事，我还不是把这屋的门槛都踩平了！（这没有什么）

这类反问句语气较强，也很坚决。如果改成相应的陈述句，除例⑦外，最好把“有什么”改成“没”或“不”（把“有什么不”改成“很”），而不要改成“没什么”。①

（六）用“干什么”、“干吗”或“做什么”表示反问也包含“不必”或“不该”的意思。“干什么”、“干吗”或“做什么”用在动词谓语句中的谓语前或全句之后。例如：

①有些同志问他：“雷锋，你就一个人，也没有家，存那么多钱干什么？”（没必要存那么多钱）

②您干吗给他买这么讲究的衣服？买一件普通的就行了。（不必买这么讲究的）

③她没记下的诗还多着呢，偏要记下这首来做什么？由它自生自灭好了……（也不必记下这首来）

④送礼干什么？这样反而生分了。（不应该送礼）

这类句子中的“干什么”、“做什么”等一般是对谓语或全句所表示的某一事实进行否定。有时否定的重点是宾语，如例③，或是宾语的定语，如例②。

（七）在句首用“谁说”或“谁说的”表示否认对方或某人的判断，带有反驳的意味。例如：

① “没什么”是一种语气缓和的说法，表示程度不高。如“没什么好”是“不怎么好”、“不太好”的意思，“没啥学头”是“没有很大学头”的意思，“没什么用”是“用处不大”的意思。

①谁说我们干不成？我们就要干成给他们看看。（我们一定干得成）

②谁说的今天有雨？你看准是个大晴天。（今天肯定没有雨）

（八）用表示反问的副词“何必”、“何况”、“何尝”、“何妨”、“何不”、“何苦”、“何至于”以及“岂”等的反问句。例如：

①读诗，有什么感受，就按照自己的心去感受好了，何必看那些注释呢？（不必看那些注释）

②一年级的学生都读得懂，何况二年级的呢？（二年级当然读得懂）

③你就去问一问他又何妨呢？（你就去问一问他也无妨）

④天气这样晴朗，何不去湖边散散步？（应该去散散步）

⑤这个方法我何尝没有试验过，只是都没有成功。（这个方法我曾经试验过）

⑥你叫人把信捎来就行了，何苦自己跑一趟。（不必自己跑一趟）

⑦你要是早一点儿作准备，何至于现在这么紧张呢！（就不至于这么紧张了）

⑧你若是真那样做，岂不让人笑掉大牙？（会让人笑掉大牙的）

三、正反问形式的反问句

（一）表示肯定，强调确实如此或一定如此，句首往往有“看”或“你看”、“你说”、“你想”等，有说服对方或希望对方也能有同感的意思。例如：

①你看看这个人厉害不厉害?(这个人确实厉害)

②你这么做丢人不丢人?(你这么做确实丢人)

③他得了便宜还卖乖,你说可气不可气?(确实可气)

④我只学了两个月汉语就当翻译,你想想,我的困难大不大?(我的困难肯定很大)

(二)强调否定,句中常有"还"。例如:

①要是让那个流氓知道了,你还想活不想活?(你这是不想活了)

②他这样无理纠缠,还让不让人工作了?(他这是不让人工作)

(三)用"是不是"强调肯定,表示所提到的事实是在意料之中的。要注意的是"是不是"一般不用在句子中间。例如:

①我就知道,你准得赶来,是不是?

②是不是?我没猜错吧。他一去问题就解决了。

③是不是?他一定会来这一手儿!

四、选择问形式的反问句

(一)用选择问句的形式列举出两种或几种情况,用反问的语气一概否定,以衬托说话人的主要意思。例如:

①越说越奇!……他要上房,还是要放火来着?(他既没要上房,也没要放火)

②你给的钱是够买粮的,还是够买菜的?(既不够买粮,也不够买菜的)

③我跟你是亲戚,是老朋友,还是我欠你的?(既不是亲戚,也不是老朋友,更不欠你的)

例①的主要意思是“他什么也没想干,他并不淘气”。例②的主要意思是“你给的钱太少,买什么都不够”。例③的主要意思是“我跟你既没有亲戚朋友的关系,也不欠你的,因此没有责任帮助你”。

（二）列举出一正一反意义上对立的两种情况,一般前一分句为正,后一分句为反。前句所表述的情况是设想的目的,是说话人认为本应如此的;后句所表述的是现实情况,是说话人认为不该如此的。而说话人根据对某些现象的观察,认为实际情况就是后者,因此说话时带有质问、不满或责备的语气。例如:

①你们是念书来了,还是来玩儿来了?

②他是想解决问题呀,还是想打架呀?

例①的说话人由于看到某些现象表明“你们”并没在努力学习,而是在玩耍,于是才提出这样的责问。例②的说话人由于看(听)出“他”并没有诚意来解决问题,而是蛮横不讲道理,所以才提出质问或谴责。

反问是一种修辞手段,在一定的语言环境中,用反问句来表述有时要比用陈述句表述有力得多。因此,正确理解和学会运用反问句,对提高汉语表达能力是有重要作用的。

第三节　回声问句

交际双方甲和乙在对话时,甲提出一个问题,乙由于种种原因按照甲所提问题的内容和形式来重复发问,这种问句就是回声问句。甲提出的问题可称之为先导句。

回声问句在结构上与先导问句基本一致,但有时可以在句尾再用上语气助词“吗”、“啊”或“吧”。前面也可以用“你说”、“你问”等。

回声问句在交际中的主要功能是表示听话人(乙)对说话人(甲)的问题不清楚、不相信、不理解或不同意,因而重复发问。在听话人重复发问时,往往带有一定的感情色彩,如惊奇、怀疑、不满等。例如:

①甲:小张到哪儿去了?

乙:你问小张到哪儿去了吗?(没听清楚)

甲:对,我半天没看见他了。

乙:我好像也没看见他,他是不是去超市了?

②甲:小张到哪儿去了?

乙:小张到哪儿去了?他不会走吧?(不相信,惊奇)

③甲:小张到哪儿去了?

乙:小张到哪儿去了?他不在实验室里吗?(不相信,怀疑)

④甲:小张到哪儿去了?

乙:小张到哪儿去了?你问我,我问谁去呀?(不理解,不满)

⑤甲:你为什么没把小张找回来?

乙:你说,我为什么没把小张找回来?我为什么要把小张找回来?(不同意,不满)

从上述例句中,我们可以看出听话人在提出回声问后,还可以进一步说明自己不相信、不理解、不同意等的理由或原因。如例②中的“他不会走吧?”例③中的“他不在实验室里吗?”例④中的“你问我,我问谁去呀?”例⑤中的“我为什么要把小张找回来?”有时,还可以由说话人对这一问题作进一步的解释，如例①中的“我半天没看见他了。”

参考文献

刘月华　语调是非问句，语言教学与研究，1988年第2期。
邵敬敏　现代汉语疑问句研究，华东师范大学出版社，1996年。
史金生　语用疑问句，世界汉语教学，1995年第2期。

练　习

一、根据下列答话造疑问句：

(一)用语气词“吗”造是非问句：

1.我是清华大学的外国留学生。

2.他是在第一外国语大学学的英语。

3.我想去河边散散步。

4.明天星期三。

5.这种笔很好用。

6.她看过那个芭蕾舞剧。

(二)用“……不……”、“……没……”或“……了(过)没有”等造正反问句：

1.我看过鲁迅的小说《阿Q正传》。

2.她的口头表达能力很强。

3.学过的生词我都记住了。

4.他借过《现代汉语词典》。

5.我会翻译这个句子。

6.我相信这个消息是真的。

7.他的笔记本电脑是新买的。

8.这部作品中的几个主要人物写得很真实。

9.他们能按期完成这项工程。

10.电影开演以前，我们到不了。

(三)用"(是)……还是……"造选择问句:

1.我去颐和园,不去故宫。

2.我到医院去看内科,不看外科。

3.这次考试的题目不容易,很难。

4.昨天晚上的气温是零下十二度,不是零下十四度。

5.我会骑自行车,不会开汽车。

6.我是学生,不是工人。

7.我喜欢北京的秋天,不喜欢北京的春天。

8.这篇文章他看不懂。

9.他来找我,我不去找他。

10.她在教室学习,不在图书馆学习。

(四)用疑问代词代替划横线部分,造特指问句:

1.她是教育代表团的副团长。

2.老马是昨天动身到广州去的。

3.孩子们到操场上去玩儿了。

4.我给他借了两本《现代短篇小说选》。

5.这个班明天要和外国留学生联欢。

6.那条路有三公里长。

7.他女儿五岁了。

8.老马的父亲七十二岁了。

(五)把下列句子改成用"呢"的疑问句:

1.我的帽子在这儿。

2.屋子里已经打扫干净了,院子还没打扫。

3.我哥哥已经结婚了,我姐姐还没有。

4.这个问题比较简单,那个问题有点复杂。

5.这位客人是我父亲的朋友,那位客人我不认识。

二、回答下列问题,注意"是的"、"对了"和"不"、"没有"等的用法:

例:你不看书吗?

对了,我不看书。(同意问句所表达的意思,用否定句回答)

不,我看书。(不同意问句所表达的意思,用肯定句回答)

1.明天下午你们学校有足球赛吗?(不同意问句所表达的意思,用否定句回答)

2.病人需要到室外去晒太阳吗?(同意问句所表达的意思,用肯定句回答)

3.你不参加今天晚上的招待会吗?(不同意问句所表达的意思,用肯定句回答)

4.你昨天没看那个歌剧吗?(同意问句所表达的意思,用否定句回答)

5.他不是这个班的学生吗?(不同意问句所表达的意思,用肯定句回答)

6.昨天晚上你不是在学校食堂吃的晚饭吧?(不同意问句所表达的意思,用肯定句回答)

7.你母亲还没吃晚饭吗?(同意问句所表达的意思,用否定句回答)

8.明天你们别去长城了,好吗?(同意问句所表达的意思,用否定句回答)

9.你是不是把房门钥匙丢在商店里了?(不同意问句所表达的意思,用否定句回答)

10.对完成这项任务,大家都很有信心吗?(同意问句所表达的意思,用肯定句回答)

三、指出下列反问句中哪些词语表示反问语气,并把句子的本义写出来:

例:这么难的文章,我怎么能看得懂?

这么难的文章,我<u>怎么能</u>看得懂?(这么难的文章,我看不懂。)

1.问题已经解决了,你还着急!

2.天气已经这么暖和了,你怎么还穿大衣?

3.我叫了他好几声,他难道没听见吗?

4.这么容易的句子,你还不会翻译吗?

5.这不是我的字典吗?原来在这儿。

6.你要是不来参加联欢会,我们的大合唱谁来指挥呢?

7.这么好的机会,你怎么不利用?

8.这哪儿是帮忙呀!简直是给我找麻烦!

9.这个责任我不承担,谁承担呢?

10.这间屋子大什么?只有十四平方米。

11.这本小说有什么好?一点儿意思也没有。

12.你笑什么?难道这是可笑的事?

13.票都丢了,还看什么电影?

14.他有什么理由不让我们工作呢?

15.你拿伞干什么？外边又没下雨。
16.谁说她不会画画儿？人家还举办过个人画展呢！
17.你打个电话就行了，何必自己跑去呢？
18.风浪那么大，还要坐这么小的船出海，你还想活不想活了？
19.是不是？我就知道你一定得感冒！
20.我们想搞个课外活动站，可是既没有经费，又找不到活动地点，你说难办不难办？
21.你们是来帮忙来了，还是看热闹来了？怎么不动手啊？
22.谁说妇女不顶用，我们要顶半边天！

四、把下面的陈述句改成反问句：

1.那个体育馆很大，我听说坐得下一万五千人呢！（不是……吗）
2.这种笔很好用，你怎么说不好用呢？（不是……吗）
3.一个人吃不下这么多苹果。（哪儿）
4.我没看过那本科学幻想小说，不知道它的内容是什么。（怎么能……呢）
5.对狼这样的坏东西不能仁慈。（难道……吗）
6.路那么远，你应该坐汽车去。（还）
7.既然你们两个人都懂法语，就用法语交谈吧！（为什么……呢）
8.你是群众代表，这个会你应该参加。（你不……谁……）
9.这儿没有茶，只有汽水，我只能喝汽水。（我不……什么）
10.解决这个问题并不难。（有什么）
11.我们的假期很短，没有必要借那么多小说。（……干什么）
12.我们一定能成功，我们有信心有决心，一定要试验成功！（谁说……）
13.听说他去过那个地方，我们可以请他来介绍介绍那里的情况。（何不）
14.孩子那么小就那么懂礼貌，真可爱。（你说……不……）
15.这种东西既不能吃，又不能穿，没有用。（是……还是……，有什么）

五、根据上下文义用括号里的词语造反问句：

1.今天很多朋友都来祝贺我母亲的生日，我母亲________________？（怎么能不……呢）
2.________________？信封上还有你的名字呢？（不是……吗）
3.去年试制新产品的时候，我们遇到那么大的困难都没灰心，现在遇到

这么一点困难，________________？（难道……吗）

4.我认识她，________________？（不是……吗）

5.________________？不能，一定要坚强起来！（难道……吗）

6.________________？那个剧团是很有名的。（没……吗）

7.人民大会堂是非常雄伟壮丽的，________________？（谁不……）

8.他给了我们这么大的帮助，________________？（哪儿能不……呢）

9.我是她唯一的亲人，她有了困难，________________？（我不……谁……）

10.这种家具的样子________________？我觉得很难看。（有什么）

11.________________？汽车马上就来。（什么）

12.________________？没有必要！（……干什么）

13.________________？我们就要争这口气。（谁说……）

14.这块布太小了，________________？（是……还是……）

第五章　祈使句

祈使句是表示命令请求的句子，包括命令、请求别人（有时包括自己）做什么或不要做什么。

第一节　肯定的祈使句与否定的祈使句

肯定的祈使句是命令、请求别人做什么，否定的祈使句是不准、劝阻别人做什么。这两种祈使句在结构上很不同，所以常常要分别说明。肯定的祈使句如：

①走！

②拿着！

③把药喝了！

④快跑！

⑤我们马上离开这里！

⑥照片挂得再高点儿！

⑦抓紧我。

⑧冷静点儿！

⑨去搬把椅子来！

⑩叫他赶紧逃！

⑪钥匙！（意思是：给我钥匙）

⑫(售票员对乘客)票!(意思是:把你的票给我/给我看看)

⑬赶紧!(意思是:赶紧做什么)

否定的祈使句是由"别"、"不要"、"不必"、"不用"、"甭"加上其他谓语成分构成的。例如:

①别走!

②不要相信他!

③手别松开!

④作业别都做完了,留一点明天做!

⑤别光坐着!找点事儿做!

⑥别喝了!你快醉了。(阻止继续喝)

⑦这是农药,别叫人喝了!("了"有结果的意思)

⑧这瓶酒还没打开,咱们别喝了,喝打开的吧。(原来打算"喝这瓶酒",现在劝阻)

⑨甭太高兴了!一会儿还不知道会发生什么事呢?

⑩别走得那么快!

从上面的句子可以看出,动词和动词短语、形容词短语、名词、副词等都可以构成祈使句。关于动词和形容词构成祈使句的问题我们在"祈使句的结构特点"中还会谈。

由名词构成的肯定的祈使句,都是向对方要什么东西,所要的东西,必须是听话人清楚的。比如例⑪是一个人向另一个人要"钥匙",例⑫是公共汽车的售票员向乘客要"车票"。

副词单独构成祈使句的情况比较少见,例⑬是催促"赶紧"做什么,要求做的事听话人也应该很清楚。所以由名词和副词构成的祈使句实际上是省掉了动词。

第二节　祈使句的结构特点

祈使句表示命令、请求这一功能，决定了其结构形式与陈述句、疑问句等不同的特点。

一、祈使句中的动词

命令、请求是在人与人之间进行的，而且是请求别人做什么，所以无论是肯定的祈使句还是否定的祈使句，所用动词也必须是动作动词，而且是表示人的动作的动词。一般来说，动词表示的动作越具体，越容易构成祈使句，但并不是所有的动词都能构成祈使句。

(一)以下几类动词需要有一定的条件才能构成祈使句：

1.有些动词需要重叠或加动量词"一下"。例如：

①醒醒！

醒一下！

*醒！

②宣传一下！

*宣传！

此类动词有：醒、叙、逛、宣传、反映、表示、说明、活动、观察、吓唬、打听、打扮等。"歇"、"躺"也不能单独构成祈使句，重叠和加"一下"是它们构成祈使句时可以选择的方式之一(此类词构成祈使句时也可以选择其他方式，如加"一会儿"、补语等)。

此类动词有的可以单独构成否定的祈使句，如"别宣传"、"别反映”、“别活动”、“别打听”、“别打扮”等。

有时动词在构成祈使句时，重叠和不重叠表示的意思不同。例如：

①a.对方的代表来了，你们谈谈/一下吧。

b.你们谈吧，我走了。

②a.你们收拾收拾吧，我们不吃了。

b.你们收拾吧，我走了。

例①、②之 a 表示动作尚未开始，而 b 既可以表示动作尚未开始，也可以表示动作已经进行了一段时间。

2.要求动词后有“着”，或加“着”是此类动词构成祈使句时可选择的方式之一。例如：

①跪着！

跪下！

*跪！

②扶着！

*扶！

此类动词一般既可以表示人体的动作，又可以表示动作后的一种状态、一种姿势。如“仰”、“站”、“躺”、“跪”、“伸”、“趴”、“待”、“搁”、“托”、“扶”、“举”、“捧”、“搂”、“披”、“记(意思是：使印象保持在脑子里)”等。

此类动词多数也难于单独构成否定的祈使句。但有的可以，如“别跪”、“别扶”等。

3.加补语，或加补语是此类动词构成祈使句时可以选择的方式之一。例如：

①藏起来！

*藏！

②站出来！

站起来！

站着！

*站！

此类动词多为单音节的，所表示的动作往往会自然有一定的结果或方向。比如，一个人关门，门一般会闭合，一个人隐藏后一般会有结果——别人看不见他，这时就要在动词后用补语。趋向动词作谓语动词时，后边要求指明立足点，如“出来！”“回去！”等（参见第三编第五章第二节“趋向补语”）。此类动词有：合、闭、关、塞、盖、存、藏、避、躲、住、渡、骑、出、回、过、起等。

此类动词有的可以单独构成否定的祈使句。如“别关”、“别盖”、“别存”、“别藏”、“别躲”、“别住”、“别骑”等。

4.要求主语也出现。有的动词表示抽象的动作，作为主语的发出动作的人或当事者——祈使的对象，对该动作具有权利或责任，因而非常重要，所以构成祈使句时要求主语也要出现。例如：

①你负责！

*负责！

②你批准吧！

*批准！

此类动词有：决定、领导、批准、负责、代理、代表、承担、担任、防守、驾驶、解决、发行等。

此类动词有的可以单独构成否定的祈使句。如“别批准”。

5.要求宾语同时出现。有的动词的宾语表示动作的对象，构成祈使句时如不带宾语，动作对象就会不够明确，所以宾语必须出现。例如：

①帮助你弟弟！

*帮助！

②救人！

*救！

此类动词有：禁止、利用、逼、处罚、救、帮助、替、养活、请教、加入、生产等。

此类动词在有一定语言环境的条件下有些可以单独构成否定的祈使句。如“别禁止”、“别处罚”、“不要救”、“别生产”等。

6.要求同时出现某种状语。有些动作是由不止一方参与完成的，表示此类动作的动词构成肯定的祈使句时，一般要求说出参与动作的另一方（参与动作的一方是听话人），由介词“跟”、“对”、“向”等引入。例如：

①向他赔罪！

*赔罪！

②跟他讲道理！

*讲道理！

此类动词有：请教、讲理、道歉、赔罪、吵、要求、请求、要（“索取”义）、接头、接洽等。

此类动词有些可以单独构成否定的祈使句。如“别道歉”、“不要赔罪”、“别吵”、“别要求”、“别要”等。

7.要求以连动句的形式构成祈使句。有些动作必须离开原地才能实现，构成祈使句时，要用“‘去’＋动词”这样的连动形式。例如：

①去旅行吧！

*旅行吧!

②A:那封信我怎么才能拿到?

B:来取!

*取!

这样的动词如“打仗”、“战斗”、“旅行”、“出差”、“演戏”、“迎接”、“欢迎”等。

8.要求用能愿动词“要”等。例如:

①要节约,不要浪费!

*节约!

②对他,你要支持!

*对他,你支持!

③要同情他!

*同情他!

9.有些不能单独构成祈使句的动词,加上“请”也可以构成祈使句。例如:

①请帮忙!

②请指教!

上面列举了一些动词构成祈使句时要求的条件。对于其中绝大多数动词来说,只能选用其中的一种,有的动词可能可以选用几种。比如“打听”,可以说“打听打听”、“打听一下”、“打听清楚”、“跟小张打听”、“去打听”等。“总结”,可以说“总结一下”、“总结总结”、“你总结”等。“讲理”,可以说“跟他讲理”、“要讲理”等。

在喊口令时,不受上述限制。比如上操时教练可以喊“蹲!”“起!”等。

从上面的分析可以看出,动词构成否定祈使句的限制比构成肯定祈使句的限制要少。

在疑问句、祈使句、感叹句、陈述句当中，感叹句结构比较特殊；疑问句的结构一般来说也不太复杂，特别是回答疑问句的句子可以很简单；陈述句的结构一般来说比其他几种语体要复杂；祈使句一般比陈述句结构要简单。一个动词单独构成祈使句也比单独构成陈述句容易。如果一个动词不能单独构成祈使句，一般来说也不能单独构成陈述句。所以上面列举的九种不能单独构成祈使句的动词，一般也不能构成陈述句。这实际上应该属于动词成句的问题。

（二）下列动词不能构成祈使句：

1.非动作动词以及不是表示人的动作的动词。如系动词、存在动词“是、成、像、有、在”等；状态动词“知道、懂、失意、相似、缺乏、消亡、涌现、痊愈”等。能愿动词不能单独构成祈使句。

2.非自主动作动词不能构成肯定的祈使句，有一些可以构成否定的祈使句。由于祈使句是命令、请求别人进行动作的，所以构成祈使句的动词必须表示人欲行即可行，欲止即可止的动作，也就是人可以控制的动作。表示这种动作的动词叫自主动作动词，或自主动词（参见第二编第四章“动词”）。非自主动作动词不能构成肯定的祈使句。如不能说“打呵欠！”、“呕吐！”、“颤抖！”、“流汗！”、“生气！”、“丢（失义）东西！”、“做梦！”、“摔跟头！”等。

“笑”、“哭”、“咳嗽”等本来是非自主动作动词，可是在演戏、照相或给人暗号时，可以成为自主动作动词，这是一种特殊的情况，比如照相时可以说“笑一笑”，叫人有意咳嗽时可以说“咳嗽一下，卡在嗓子里的东西就可以出来了”。

在构成否定的祈使句时，自主动作动词当然没有问题。有一些非自主动作动词，也可以构成否定的祈使句。例如：

①别坐错了车！

②这件事很重要，千万别忘了！

③别把钱丢了！

④别误会！

⑤小心别病了。

⑥别着急！

⑦不要不好意思！

⑧不要小看女生！

⑨别生气！

⑩别哭！

⑪别做梦！（比喻义）

⑫注意，别摔跟头！

这类祈使句都是提醒注意不要让某种不好的情况发生，或劝告对方控制住自己的感情、情绪。所用的动词虽然表示非自主的动作，但是可以注意避免其发生（如①、②、③、⑤、⑧、⑫）或是可以控制（主要是感情、情绪方面）的，如其余各例。

3.贬义动词不能构成肯定的祈使句，褒义动词不能构成否定的祈使句。有些动词在意义上具有褒贬等色彩，这种语义色彩在构成祈使句时起很大的作用，而没有褒贬色彩的中性意义的动词，构成祈使句时没有特别的意义上的限制。

具有贬义的动词不能构成肯定的祈使句。这是因为在正常的情况下，人们一般不会公开叫人去做坏事，那等于是唆使。具有贬义的动词有：惹、剥削、侵略、隐瞒、骗、欺骗、哄（“欺骗”义）、捣乱、敲诈、撒谎、欺负、侮辱、糟蹋、辩解、残害、吹嘘、篡改、谋杀等。当然在特殊情况下,如有意教唆、恶作剧等可以用肯定的祈使句。褒义动词构成肯定的祈使句没有这个限制。

否定的祈使句相反,可以用贬义动词、中性意义动词,但是一般不用褒义动词。因为在一般情况下人不会去阻止别人做好事。褒义动词有:赡养、赞美、发扬、改善、增进、团结、爱惜、珍惜等。

二、祈使句中的形容词

由形容词构成的祈使句表达两类意思,表达不同的意思,用的形容词不同。

1.表示针对某一行为提出某一方面的要求。例如:

①明天去爬山,早点儿!

②明天检查卫生,房间整齐点儿!

③这篇文章你再校对一遍,仔细点儿!

上面是对将进行的动作提出的要求。也可以对已经进行的动作提出要求,要求做某种改变。例如:

④(甲在挂画儿)

乙:左边高一点儿!

⑤这朵花颜色太浅了,深一点儿!

⑥声音再大一点儿!

以上形容词构成的祈使句,实际上都隐含着动词,如例①是"起"或"来",例②是"收拾",例③是"校对",例④是"挂",例⑤是"涂",例⑥是"说话"或"唱歌"。这些动词在一定的上下文或语境中省去了。

此类形容词很多,如"大"、"小"、"长"、短"、"远"、"近"、"干"、"湿"、"直"、"弯"、"便宜"、"彻底"、"干净"、"清楚"、"明确"、"具体”、“简单”等。在语义上，一般都不是贬义的。构成祈使句时，后边一般要用“(一)点儿”、“一些”，只有“快”、“安静”后可以不用，“慢”后有时也可以不用。

构成否定的祈使句要加“那么”，比肯定的祈使句用得少。例如：

①别那么快！

②别那么弯！

2.表示对对方为人、处事、工作态度、生活态度等方面提出要求。有时有针对性，认为对方目前不合要求。例如：

①严肃点儿，不许笑！

②别马马虎虎的，认真点儿！

有时没有什么针对性，只是一种提醒。例如：

③路滑，小心点儿！

④看问题实际点儿！

⑤坚决点儿！

⑥别难过！

⑦别这么骄傲！

⑧不要那么啰唆！

此类形容词如“实际”、“成熟”、“聪明”、“老实”、“随便”、“勇敢”、“冷静”、“大方”、“大胆”、“热情”、“朴实”、“朴素”、“严”、“狠”、“干脆”、“谦虚”、“活泼”、“勤快”、“高兴”、“主动”、“积极”、“自觉”、“耐心”、“规矩”、“客气”等。此类形容词多为褒义的，如果用某些贬义形容词，说话人也不把它看成是贬义的。如说“马虎点儿！”意思是不必太认真。说“保守点儿！”也是认为“保守”好。

相反，构成否定的祈使句时，不能用褒义的，而用贬义的。如

"麻烦"、"忙"、"骄傲"、"自满"、"冒失"、"大意"、"麻痹"、"急躁"、"性急"、"小气"、"胆小"、"顽固"、"自私"、"懒"、"勉强"、"难过"、"消极"、"悲观"等。如果认为对方存在上述形容词所表示的情况时,可在否定的祈使句中加上"这么"或"那么"。

总之,与动词一样,形容词能否构成祈使句主要也与其意义有关:第一,形容词所表示的性质、状态人是否可以控制或可以改变;第二,是否具有褒贬意义。

三、祈使句中的动态助词和补语

1.动态助词的使用

肯定的祈使句表示未然动作——尚未发生的动作,所以在语义上与此冲突的动态助词不能用。比如在肯定的祈使句中一般不能用表示发生、出现意义的"了",因为你不能要求别人去做一个已经发生、出现的动作、状态。例如:

① *穿了这件衣服!

② *高了!

但是可以用具有结果意义的"了"。例如:

①把手里的脏东西扔了!(扔了=扔掉)

②喝了这杯酒!(喝了=喝掉)

表示接连发生两个动作的句子,虽然表示未然的动作,仍然可以在第一个动词后用动态助词"了"。例如:

③见了老师要行礼!记住了吗?

这是因为"见了"表示"要行礼"的时间。

包含语气助词"了"的句子在没有时间词的情况下,表示的时间是"现在",所以有下面这样的祈使句:

④开饭了！

⑤走了，走了！

⑥上车了，上车了！

否定的祈使句可以用表示结果意义的“了”和语气助词“了”。例如：

⑦别说了，打发它们走吧！（阻止继续“说”）

⑧你不必提了。（阻止你提什么事）

祈使句可以用动态助词“着”。例如：

①跪着！别站起来！（要求保持“跪”的状态）

②跪着，不能蹲着！（要求由“蹲”变为“跪”）

③别站着说，坐下！

④这些东西放着吧，以后会有用的。

⑤背着！别提着，太重。

⑥看着我的脸说！

⑦听着，今天你们哪儿也不许去！

表示曾然的“过”和动作正在进行的“在”、“呢”也不能用于祈使句。

2.动补短语

动结短语（动词＋结果补语）构成祈使句时，也受语义限制：表示非自主动作、贬义动作的动结短语，难于构成肯定的祈使句。例如：

① *看见那个人！

② *要听懂我说的话！

③ *你得马上睡着！

④ *诈光他的财产！

动趋短语(动词+趋向补语)构成祈使句的限制主要与趋向补语本身所表示的意义有关。一般来说,表示趋向意义和结果意义的趋向补语可以构成祈使句。例如:

①爬出来!

②别下来!

③关上门!

④别把他捆起来,放他走吧!

⑤大家散开!

⑥他头上有根草,你给他摘下来。

有的趋向补语的结果意义有时表示非自主的结果,所以不能构成祈使句。比如“出来”:

① *这是谁的声音,你听出来!

② *他们的阴谋诡计你看出来!

因为“听出来”、“看出来”有“能力”的意思在内,因而这个结果是不能控制的。

表示由静态进入动态的“起来”、“上”、“开”以及表示由动态进入静态的“下来”等不能构成祈使句,这是因为这些补语都含有动态“不知不觉”出现的意思,也就是说,是非自主的。例如:

① *他们已唱得很好,你们也唱上!

② *时间已经到了,你们比开吧!

③ *现在你们考起试来吧!

④ *上课了,同学们静下来!

⑤ *让茶快一点凉下来!

表示“继续”意义的“下去”可以构成祈使句。例如:

①说下去!

②念下去！

③别闹下去了，没有什么好处！

关于趋向补语在句法结构方面的限制，如句末多用复合趋向补语等，可参见第三编第五章第二节“趋向补语”。

情态补语是描写性的，在祈使句中较少见。比如：

① *明天起得早！

② *你说得太快了，说得慢！

这种对动作进行描写的情态补语，加上“点儿”以后可以构成祈使句。例如：

①′明天起得早点儿！

②′你说得太快了，说得慢点儿！

但是这些句子中的“得”都可以删去。例如：

①″明天起早点儿！

②″你说得太快了，说慢点儿！

描写动作者的情态补语不能构成祈使句。例如：

① *你工作得很忙！

② *你高兴得跳起来！

有的可以构成否定的祈使句。例如：

③别喝得醉醺醺的！

描写动作受事的也难于构成祈使句。例如：

① *把衣服洗得干干净净的！

② *把字写得整整齐齐的！

上面两个句子加上“要”就可以了。例如：

①′要把衣服洗得干干净净的！

②′要把字写得整整齐齐的！

可能补语不能构成祈使句。

动量补语和时量补语构成祈使句时没有什么特别的限制。例如：

①推他一下！

②看一会儿书！

四、连动句、兼语句、“把”字句构成祈使句没有特别的限制，“被”字句不能构成肯定的祈使句，存现句不能构成祈使句。

“被”字句的主语是动作的受事，谓语动词当然不表示自主的动作。例如：

① *你被派到北京去！

② *被选为主席！

但可以构成否定的祈使句。例如：

③注意，别叫人看见！

存现句的功能是描写性的，所以不能用于祈使句。

五、祈使句中的主语

汉语的祈使句的主语出现与否基本上是自由的，即可以出现，也可以不出现。

在下列情况下，主语的出现有一定的作用：

1.要求主语同时出现的动词，主语自然不可少。

2.当交谈对象不止一个人时，用主语可以使祈使对象明确。

3.用“您”及对长辈的称呼作主语，可以使语气更为客气。比较：

①不要走!

②你不要走!

③妈不要走!

④您不要走!

这四个祈使句一个比一个客气。

六、祈使句的语调

祈使句句末非轻声音节是降调,调值降低。同一个祈使句语调不同,委婉程度也不同。节奏越快,句末语调下降幅度越大,语气越强硬,反之,语气就越缓和。

七、祈使句的形式标志

汉语的祈使句没有区别于陈述句等的结构,祈使句内部也没有共有的形式标志。脱离一定语言环境,一个句子究竟是祈使句还是陈述句,很难判断。例如:

①曾 霆:爹,我到爷爷屋里去了。

曾文清:去吧!

这里的"去吧"形式上与祈使句没有什么不同。

但是有一些词只有祈使句才用,成为祈使句的标志:

1.敬词"请":

①请坐!

②现在我们都是上年纪的人了,这些话请你也不必说了。

敬词"请"与动词"请"不同,没有实在的词汇意义。

2.动词"放":"放"有一个用法,就是出现在由形容词构成的第二类肯定的祈使句中,"放"用在形容词前。例如:

①放老实点儿！

②你放尊重些！

③眼光放远点儿！

④心放宽点儿！

表示警告时，用上“放”会加重语气，很不客气，有训斥的意味，如例①、②；表示劝慰时，用“放”语气又显得诚恳，如例③、④，但只用于平辈人或长辈对晚辈，晚辈对长辈不能这样用“放”。

3.“可”、“千万”、“少”、“给我”等：

“可”表示嘱咐的语气。例如：

①这个文件很重要，你可别丢了！

②到了美国，你可别忘了马上打个电话！

“千万”也表示嘱咐、叮咛的语气。例如：

①千万别丢了钥匙！

②千万保重！

“少”用于表示未然的动作动词前，表示制止，语气很不客气。例如：

①少管闲事！

②少废话，快给钱！

③少在这儿指手画脚！

“给我”用于祈使句不表示实在的意思，语气也很不客气。例如：

①给我滚！

②你给我闭嘴！

③你今天一定要把衣服给我洗干净，否则我决不答应！

4."别":

"别"只用于否定的祈使句,所以也是祈使句的一个标志。

如前所述,汉语的祈使句没有共有的形式标志,有上述标志的祈使句,只占祈使句的少数。

第三节 祈使句的语气及其表达方式

祈使句在语气委婉程度上是很不同的。

一、肯定的祈使句

(一)只由动词(短语)、形容词(短语)以及副词、名词等构成的祈使句,表示强制性的命令、催促,语气直率。例如:

①快走!

②收据!

③赶紧!

④亮一点儿!

(二)可以改变肯定祈使句语气的方式

1.下列方式可以缓和语气:

(1)用动词重叠形式或加动量词、名量词等表示短时、少量的词语。例如:

①你快去打听打听!

②那儿情况怎么样,你说说。

③你来看一下,这样做行不行?

④快回去睡一会儿!

⑤让开点儿!

⑥你喝点啤酒，我喝冰水。

也就是说，表示短时、少量的词语可以起到缓和语气的作用。

(2)加语气词"吧"、"啊"。例如：

①快来呀！

②吃啊！

③你慢慢看吧。

④回来吧。

(3)用表示客气的词语"您"、"你老"、"请"等。例如：

①您慢走！

②你老多包涵！

③请坐！

2.下列方式可以加重语气：

(1)用不敬或侮辱性的词语。例如：

①滚蛋！

②住口！

③快塞(指"吃饭")吧！

(2)加上"放"或"给我"。例如：

①放规矩点儿！

②你们给我出去！

二、否定的祈使句

否定的祈使句常使用"别"、"不要"、"不许"、"不能"等词语。

"别"与"不要"的意思接近，都表示制止、劝阻，但有所不同："别"比"不要"更加口语化，因此用"别"语气比较随便，"不要"比较正式、郑重，晚辈对长辈、下级对上级用的较少。

“不必”、“不用”、“甭”都有“不需要”、“用不着”的意思，表示制止、劝阻，与“别”的意思不同，“甭”很口语化。例如：

①那本书已经找到了，你不必找了。

②明天我叫车了，你甭来送我！

③这么点小事，甭放在心上。

“不许”表示制止，语气强硬。例如：

①上课不许随便说话！

②不许随地吐痰！

“不能”也可以表示制止、劝阻。例如：

①屋里正在开重要的会议，你不能进去！

②她身体很虚弱，现在你不能见她！

第四节　几种特殊形式的祈使句

一、疑问句与反问句形式的祈使句

①四爷，您不宽宽大衣？

②小姐，可以给我一个杯子吗？

③糊涂东西，还不快跑！（命令“快跑”）

④看什么，还不快点吃！

二、其他制止的方式

1.在谈话中间，叫人的名字可以表示制止该人继续说下去。例如：

①周　冲：你这个人真有点不懂人情。

鲁大海：对了，我不懂人情，我不懂你们这种虚伪，这种假慈悲，我不懂……

鲁四凤：哥哥！

2.“得了”、“得了，得了”也可以表示制止一个人的语言或行为的进行。例如：

①陈白露：小东西，快谢谢潘经理。

（小东西正要上前）

潘月亭：（拦住她）得了，得了。

参考文献

刘月华　从《雷雨》、《日出》、《北京人》看汉语的祈使句，《语法研究和探索》（三），北京大学出版社，1985年。

句子的用途，人民教育出版社，1990年。

袁毓林　现代汉语祈使句研究，北京大学出版社，1993年。

练　习

一、选用最适当的祈使句：

1.a.老先生，喝茶。

b.老先生，请喝茶。

c.老先生，把茶给我喝了！

2.a.亲爱的，别走吧，留下来陪陪我。

b.亲爱的，别走，留下来陪我。

c.亲爱的，不要走，留下来陪我。

d.亲爱的，请别走了，留下来陪我。

3.a.坏蛋，请你滚！

b.坏蛋，你滚吧！

c.坏蛋,你给我滚!

4.a.太不像话了,请住口!

b.太不像话了,住住口吧!

c.太不像话了,给我住口!

二、判断下列祈使句中,哪些句子是对的:

1.a.你给我跪!

b.你给我跪下!

c.跪着!

2.a.站起来!

b.你站!

c.站着!

d.站站!

3.a.等一下!

b.等等!

c.等!

d.等起来!

4.a.太低了,高!

b.太低了,高一点儿!

c.太低了,高一高!

第六章　比较的方式

在现代汉语中，比较事物、性状、程度的高下、同异或差别等有多种方式。总的来说，可以分为两大类：一类是比较事物、性状的同异的，一类是比较性质、程度的差别、高低的。

第一节　比较事物、性状的同异

比较事物、性状同异的格式有：

一、A 跟 B 一样

在“A 跟 B 一样”句式里，A 和 B 代表两种相比的事物或性状，“一样”是比较的结果，作谓语主要成分，“跟 B”是修饰“一样”的状语。有时，“一样”后面还可以有形容词或表示心理活动的动词以及某些动词短语等，这时“跟 B 一样”就成为这一形容词或动词的状语。“A 跟 B 一样＋形容词/动词”表示 A 在哪一方面跟 B 一样。例如：

①这个字的声调跟那个字的声调一样。

②这间屋子跟那间屋子一样大。

③她跟我一样喜欢孩子。

例①中的“一样”是两个字的声调经过比较以后的结果，例②表示两间屋子在大小方面一样，例③表示她跟我在喜欢孩子方面一样。

另外，在这种句式中，作为比较方面的形容词，一般来说，多是正向形容词，如“高”、“长”、“宽”、“厚”、“大”、“多”等，含有高度、长度、宽度、厚度、容积、面积、数量等意思。但如果要特别指明特性是“矮”、“短”、“窄”、“薄”、“小”、“少”等时，也可以用这类负向形容词。例如：

①这本书跟那本书一样厚，大概都是三百多页。（指明厚度）

②这块布跟那块布一样薄，看起来都不太结实。（指明薄这一特性）

“跟……一样”作状语，后面也可以加“地”，特别是所修饰的成分是一个短语时。例如：

①他会跟我们一样地想念祖国。

“跟……一样”还可以作定语。例如：

①还有跟这本一样的字典吗？

②这里将要盖一幢跟那幢一样的楼房。

“跟”前后的成分 A 和 B，除可以由名词、代词充任以外，还可以由动词、形容词或动词短语、形容词短语、主谓短语等充任。例如：

①读跟写一样需要下功夫。

②长跟短怎么能一样呢？

③没关系，用钢笔写和用毛笔写都一样。

④相当难跟有点儿难能一样吗？

⑤你来跟他来一样，谁来都能解决问题。

“A 跟 B 一样”的否定式是“A 跟 B 不一样”。例如：

①他的意见跟我的意见不一样。

②七班的节目跟别的班的都不一样，他们跳了一个民族舞。

有时，也可以用“不跟……一样”，这种格式否定的是“跟……”，而不是否定“一样”。例如：

③她不跟我一样高，跟我妹妹一样高。

这种句子的正反疑问形式是：

①他的意见跟你的意见一样不一样？

②他跟你一样高不一样高？

要注意的是例②不能说成“她跟你一样高不高？”因为要问的是在高度方面是不是一样，而不是高或者不高。

表示事物、性状异同的除“跟……一样”以外，还可以用“跟……相同”。否定式是“跟……不同（不相同）”。例如：

①这个零件跟那个零件的形状相同。

②他的看法跟我们的看法不同。

应该注意的是“跟……相同”或“跟……不同”等都不能作状语，不能说“我跟他相同高”、“我跟他不同高”等。

如果要表示两种事物或性状相似，可以用“跟……相似（近似、类似）”、“跟……差不多”等。例如：

①这个故事的情节跟那个故事相似。

②小张的个子跟他差不多。

“跟”也可以换成介词“与”、“和”、“同”等。例如：

①他的样子没有多大的变化，但是服装却与我们初次见面时明显地不同了。

②今天才晓得他们的眼光，全同外面的那伙人一样。

③小贩不论肩挑叫卖，……其需要一个变更现状的革命，也和贫农相同。

④……他们除双手外，别无长物，其经济地位和产业工人相似，惟不及产业工人的集中和在生产上的重要。

⑤根据地也有学生，但这些学生和旧式学生也不相同，他们不是过去的干部，就是未来的干部。

“A 跟 B”中的 A、B 所代表的词语，可以有省略的说法（省略的规律可参见本章第二节第一项之（二））。

二、A 有 B 那么（这么）……

这种句式表示的意思是：A 和 B 两种事物相比较时，以 B 为标准，A 达到了 B 的程度。“有”有“达到”的意思，“那么”或“这么”指示性状或程度，远指时用“那么”，近指时用“这么”。例如：

①那棵小树有那座房子那么高了。

②他弟弟快有我这么高了。

这种格式多用于疑问句和反问句。例如：

③这座楼有那座楼那么高吗？

④她哪儿有你这么会说话呀！

“A 有 B 那么（这么）……”格式的否定式是“A 没有 B 那么（这么）……”，意思是 A 没有达到 B 的程度，也就是“A 不及 B……”（参见本章第二节之三）。

第二节　比较性质、程度的差别、高低

比较性质、程度的差别、高低有以下几种方式：

一、"比"字句

(一)"比"字句的分类

1.A(主语)+比 B(状语)+谓语

作为比较方面的谓语可以是形容词、动词以及形容词短语、动词短语、主谓短语等。例如：

①这座山比那座山高。

②刘继武激动地说："爷爷，你比我更懂得枪的用处，你比我更喜欢这支枪……"

③我父亲比我母亲身体好。

有时，在形容词、动词、主谓短语等结构之后，还可以加上表具体程度或数量的补语或宾语，来表示差别。有几种情况：

(1)谓语由形容词充任。形容词后面可以加上"一点儿"、"一些"、"多了"、"得多"或其他数量词作补语。例如：

①这座山比那座山高一些。

②这棵树比那棵树粗一点儿。

③虽然他比我只大一岁，可是什么事情我都听他的。

④往后的日子比这好一百倍。

⑤我比他大得多，自然头发也比他白得多。

⑥A：这块布比那块布只长一米吗？

B：不，长多了。

(2)谓语是"有"+抽象名词。这种动宾短语也是用来描写主语的，作用相当于一个形容词，它后面同样可以带"多了"、"得多"，但不能带表示具体程度差别的数量词。例如：

①那位老中医比我们有经验得多，而且下药十分谨慎。

②小王比他师傅有办法多了，办事也很灵活。

用“一点儿”、“一些”时，往往是把它们放在抽象名词前作定语。例如：

③老张的看法比他的有一些道理。

④他比他哥哥有点儿眼光，看得出办这类公司的前景。

(3)谓语是表示心理状态的动词。有时后面也可以加“一点儿”、“一些”、“得多”等补语。例如：

①他对这儿的情况比我了解得多。

②姐妹两个都喜欢跳舞，姐姐比妹妹更喜欢一些。

(4)谓语为一般动词，前面带“早”、“晚”、“先”、“后”、“难”、“好(易)”、“多”、“少”等状语。动词后还可以带受事宾语。例如：

①显然老纪已比我先认出了对方，他紧抿着的嘴角有些颤动。

②……我家什么人也没有，就我老杆一个，再苦也比你们好对付。

加上这类状语的动词之后，只要意义能够搭配，仍然可以带“一点儿”、“一些”、“多了”、“得多”等，也可以有表示具体数量或程度差别的补语或宾语。例如：

③这些汉字比那些汉字难写一些。

④他比我们少看了一遍。

⑤她今天比我早来十分钟。

⑥小刘比我们多吃了很多南瓜粥。

⑦我们只比他们多打了四环。

⑧我比他少做了一道题。

⑨这条路比那条路好走多了。

带“多”、“少”的动词后面如果有名词、名词短语或数量词，它们和动词又有施受关系时，应看作宾语，如例⑥、⑦、⑧；如果有“数词＋动量/时量”短语时，应看作是动量补语或时量补语。如例④、⑤。

(5)谓语是一般动词，后面有形容词充任的情态补语。形容词之后还可以有“一点儿”、“一些”、“多了”、“得多”等。例如：

①她比我睡得晚一点儿。

②她睡得比我晚得多。

③弟弟看书比我看得快多了。

在这类“比”字句中，“比……”可以在动词前，如例①；也可以在补语前，如例②；如果动词带宾语，“比……”还可以在重复的动词前，如例③。

另外，作为情态补语的形容词后面，不能带表示具体差别的数量词，如我们不能说“她比我睡得晚半个小时”。

(6)谓语是“能愿动词＋动词”。这类动词短语也是描写性的。常用于这种结构中的能愿动词有“会”、“能”等。只要意义搭配得上，也能带上“一些”、“多了”等补语。例如：

①妹妹比姐姐能吃苦。

②她比我会说话多了。

③我们俩都不大会写诗，老张比我们能写一些。

需要说明的是：这种动词短语凝结得很紧，往往只表达相当于一个词的概念。能愿动词不能改变位置，而且与后面动词之间，一般也不能插入其他成分。

在另外一些“比”字句中，能愿动词往往出现在“比”之前，如“她能比你来得早吗？”在这种句式中，能愿动词管的是后面所有的词语，这里的“能”管着“比你来得早”。所以不应把它看作上面的第(6)类。

在第(6)类"比"字句中,也可以在"比"之前再用上一个能愿动词。如"妹妹会比姐姐能吃苦的"、"她应该比我会说话",这里的"会"和"应该"与上述句中的"能"作用相同,都是管着后面所有词语的。

(7)谓语是表示增加或减少、提高或降低之类意义的动词。这类动词后面的数量词、名词短语都应看作是宾语。例如:

①今年这个村粮食亩产比几年前增加了二百多公斤。

②我的体重比上个月减轻了,而且减轻了很多。

例②中的"很多"应看成名词性的短语,因为它代表的是数量,意思是"很多分量"。

2.主语+A 比 B(状语)+谓语

这种句子往往表示:同一事物在不同时间或不同处所情况有所不同。例如:

①他现在比以前进步多了。

②这孩子在幼儿园比在家表现好。

③你的发言这次比上次好多了。

"一年比一年"、"一天比一天"等也是常用的这类结构,在句中作状语,表示程度差别的累进。例如:

④他身体一天比一天好了。

⑤发行数量一年比一年增加。

⑥……又听喊声,越发大起来,"杜奎你敢出来……"一声比一声高。

⑦他考试的成绩一次比一次好。

(二)"比"字句中某些成分的省略问题

一般来说，“比”前后的词，词性是相同的，“比”前后的短语内部结构是相同的。如果“比”前后的词语中有相同的部分，为了语言的简练，可以省略（多数情况是在“比”后的成分中省略），省略的原则以不改变原句句义为准。有下列几种情况：

1.省略中心语

如果“比”前后的成分A和B都是“名、代词定语＋的＋名词中心语”，而其中的中心语是相同的，多数情况可以省略“比”后面成分B中的中心语，只保留定语部分及结构助词“的”。例如：

①小英的布娃娃比她的（布娃娃）好看。

②老虎的爪子比耗子的（爪子）大。

③真丝的衬衫比的确良的（衬衫）贵。

以上各例中的“的”不能省略，如果省略了，就与原句的意思不同。例如：

①′小英的布娃娃比她好看。

②′老虎的爪子比耗子大。

③′真丝的衬衫比的确良贵。

因为“小英的布娃娃”和“她”也可以在容貌上相比；“老虎的爪子”和“耗子”的身体也可以在大小上相比；“真丝的衬衫”和“的确良”布料也可以在价格上相比。所以如果比较方面的属性（如“好看”、“大”、“贵”等）对“比”前后的A项和B项以及B项中的名词、代词定语都能适用的话，省去“的”就会改变原意，因此“的”不能省略。

定语与中心语表示亲属等关系时，以不用省略形式为宜。[①]

① 有些论著认为定语与中心语表示亲属关系时，若用省略形式，显得不够敬重或不够礼貌。

例如：

①这些孩子的父母都比你们的父母年轻。

②他的弟弟比我的弟弟淘气。

③他们的领导比我们的领导能体谅下情。

2.省略中心语与结构助词“的”

(1)一般来说，如果作为比较方面的属性只适用于A项和B项，不会适用于B项中的定语，那么除可省中心语外，还可将结构助词“的”省去，而不会改变原句的句义。例如：

①他的字比我(的)(字)潦草。

②王先生的行李比你(的)(行李)多。

③我觉得猫的眼睛比狗(的)(眼睛)亮。

上述三个例子中的“潦草”、“多”、“亮”都不会适用于“我”、“你”和“狗”，也就是说，在语义上它们无法互相搭配，同时又有上文的制约，因此不会使人产生误解。

(2)A、B两项只作时间先后或不同处所的比较，一般可省去中心语及“的”，只保留由时间词或处所词充任的定语。例如：

①今年的收成比去年(的)(收成)好多了。

②老李这个月的收入比上个月(的)(收入)少。

③我们家北京的亲戚比天津(的)(亲戚)多。

如果A、B两项的中心语指同一人或事物，则必须或最好连“的”一起省去。例如：

④南方的夏天比北方(的夏天)热。

⑤十年前的我要比现在(的我)更糊涂。

⑥今天的南湖疗养中心比1990年前(的南湖疗养中心)扩大了一倍。

3.省略定语

A、B 两项名词短语中如果其中的定语相同，中心语不同，则可以省略“比”后面成分中的定语。例如：

①我看他的法语说得比英语流利。

②他的小说比诗歌写得好。

③老王的腿比手勤快。

④他家的老二比老大爱学习。

这类定语多是表领属关系的。

4.省略定语和中心语中的相同部分

如果 A、B 两项名词短语中有部分定语和中心语是相同的，那么就可以在“比”前或“比”后省略相同的成分。例如：

①你的口头表达能力比(你的)笔头(表达能力)好。

②我们学英语的时间比(我们)学法语(的时间)长。

③他们(前进的脚步)比我们前进的脚步快。

5.省略主谓短语中的谓语或主语

A、B 两项都是主谓短语的，如果主谓短语中谓语相同，可以在“比”前省略，也可以在“比”后省略；如果主谓短语中的主语相同，则只能在“比”后省略。例如：

①他睡觉比我(睡觉)早。

②我(吃饭)比他吃饭香。

③你的年龄比他大，斗争经历比他长一些，你受国家的培养也比他(受国家的培养)多些，应该多帮助他。

④我学汉语比(我)学日语快。

⑤我住在北京比(我)住在广州好。

例①、②、③也可以改成“他比我睡觉早”、“我吃饭比他香”、

"……你也比他受国家的培养多些……"。例④则不能改成"学汉语比我学日语快"。例⑤不能改成"住在北京比我住在广州好"。如果两个主谓短语中的主语和谓语都不相同,那么就不会有省略的说法。例如:

⑥他大伯,欢娃年轻,你吃盐比他吃米多,他说得不对,你甭计较。

6."A 比 B"作状语时,一般省略"比"前成分 A

"A 比 B"作状语的句子是把同一事物在不同时间、不同处所时的情况加以比较。如果"比"前的 A 是表示"现在"、"当时"、"在这里"、"这一次"等,A 可以省略不说。例如:

①微风起来,吹动他的短发,确乎比去年白得多了。(现在)

②我的身体比以前好多了。(现在)

③这几个孩子都比在家里听话。(在这儿)

④今天我们比第一次谈得好。(这一次)

7.A、B 两项都是动词短语或都是形容词短语,即使有相同成分,也大多不省略。例如:

①长一点比短一点好。

②有文化比没有文化好。

③阿爸也说:"这条路是陈占鳌逼我们走的,拼死总比饿死好……"

有时上下文或语言环境清楚,也可以把"比"前面的成分都省略。例如:

④焦振茂今天比哪天说话都多,比干一天木匠活还要累。

这后一分句的意思是"说话(那么)多比干一天木匠活还要累"。

（三）"比"字句中的"更"、"还"、"再"

"比"字句中，在作为比较方面的谓语之前可以用上副词"更"、"还"或"再"（注意：不能用"很"），表示 A 在程度上又深了一层，同时含有 B 已有了一定程度的意思。例如：

①听说西安城东坝桥镇啥地方，修起一座纱厂，比国棉一、二厂两个合起来还大。

②那里的情况他比我更了解一些。

③你汗也流尽了……你手也软了，你会觉得世界末日也不会比这再坏。

④他的话比你的更有说服力。

⑤他比你更会安排时间。

⑥你还可以写得比这再精练一点儿。

从上面的例句看，"更"、"还"、"再"可以用在单个的形容词或动词、动词短语前（包括"有＋宾语"、"能愿动词＋动词"等格式），如例①、③、④、⑤，也可以用在形容词或动词带上"一点儿"、"一些"这些动补短语或形补短语前，如例②、⑥。

如果形容词、动词后带"多了"或表示具体数量的数量补语、宾语时，前面一般不用表示程度的"更"、"还"、"再"（表示语气或重复的"还"、"再"除外）。例如：

①我们的物质基础也比过去雄厚多了，增产节约的潜力很大。

②今年来华留学生的数目比前年增加了一倍多。

③一个小时他比我多看了两页书。

"比"字句中用"更"、"还"、"再"等有什么不同呢？让我们来看一看：

"A 比 B 更……"格式，表示 B 已有了一定的程度，A 则在这程度上比 B 又高一层，但一般来说全句没有什么特殊的感情色彩。

“A 比 B 还……”格式，表示 B 的程度已经够高了，是说话人认为很满意（或很不满意）的，而 A 比 B 更甚，“还”强调程度的作用比较明显。

“A 比 B 再……”格式，多用于假设、疑问或否定句等。

试比较下列几个句子：

①这种帽子好，那种帽子比这种更好。（表示程度）

②我觉得这种帽子已经够好了，可是那种帽子比这种还好。（强调程度，有感情色彩）

③那种帽子比这种帽子再好，我也不买。（假设）

④那种帽子不会比这种再好了。（推测）

⑤还有比这种帽子再好的吗？（疑问）

⑥没有比这种再好的了。（否定）

“更”、“还”、“再”一般都放在作为比较方面的谓语之前。在少数情况下，“更”、“再”也可以放在“比”前。例如：

①去年的收成就不错，今年更比去年强。

②再比它大的没有了。

二、“不比”句

“不比”句是指“A 不比 B……”句。这种句式从形式上看，很像是“比”字句的否定形式，但实际上“比”字句的否定形式是“A 没有 B……”。“不比”句的基本句义是“A 跟 B 差不多”，即二者相差不明显。既然是差不多，那就有可能向正面偏移（超过）或向负面偏移（不足），也可能所比二者基本一样。比如：

①A：小李比你高吧？

B：他不比我高。我一米七，他也一米七。

或：他不比我高，可能还比我矮一点。

上面的对话说明：小李可能没有我高或跟我一样高。而且用“不比”句时，往往是针对着什么说的。上面这个句子针对的是 A 的问话“小李比你高吧？”再如：

②A：我觉得小王比你矮。

B：他不比我矮，他跟我一样高，只是我显高。

或：他不比我矮，可能还略高一点。

除非在特定的语境下，“不比”句不会是始发句，它表述的往往是针对上文（某种错误的比较结果）来进行订正或辩驳。正因为“不比”句有这种针对性，所以对其句义的观察和理解最好在具体的语境中进行。它在实际话语中往往带有一些附加意义（由附加成分体现）或说话人的感情色彩。例如：

①他订了五份杂志，我也订了五份。他也不比我订的多，我也不比他订的少。（A 跟 B 一样多）

这个句子可能针对有人说“他比我订的杂志多”，因为前面有“他订了五份杂志，我也订了五份”。这个“不比”句只能表示 A 跟 B 一样。

②小李的工作能力一点也不比老张差，我觉得新的工作还是让小李负责比较合适。（A 跟 B 一样强，甚至可能比 B 更强）

这个句子可能针对有人认为“小李的工作能力不如老张，想让老张负责新的工作”。说话人用了“一点也不……”来强调自己的感情倾向，表示自己认为“小李的工作能力至少跟老张一样强，甚至比老张更强一些”。

③都说外边的世界好，可是我在外面这么多年，跑了好多地方，觉得哪儿也不比家乡好。(A没有B好，A不如B好)

这句话的“不比”显然针对“都说外边的世界好”，所以只能理解为“A不如B好”。

④这个房间不比那个房间大多少，而且采光也不好，还是住那个房间吧。(A可能略大一点，但大得不多，因此够不上有什么优越之处)①

这句话的“不比”针对有人指出“这个房间略大”的事实。

此外，如果“不比”后的形容词是正向的，如例③之“好”，那么“A不比B好”则含有“A不如/没有B好”的意思；如果是负向的，如例②之“差”，那么含有“从(积极方面)超过”，即“A比B好”的意思。再如：

⑤A.他的发音不比你好。(他的发音跟你差不多一样好或不如你，总之在“好”的方面不超过你)

B.他的发音不比你差。(他的发音跟你差不多一样好，甚至可能比你更好一些，即在“好”的方面超过你)

⑥A.他的个子不比我高。(他的个子跟我差不多一样高或

---

① 这里需要说明一下，在“不比”句中，如果在表示比较方面的形容词后用上“多少”，则一般表示“略微超过一些”，且含有一定的感情色彩，即表示：虽然具有某种特性，但因程度不高，也就算不上有什么优越之处(或缺憾之处)，因而也就不值得肯定或称道(或不必要否定或贬低)。试比较：

(1)这套家具不比那套便宜多少，而且款式陈旧，还是买那套吧。(这套家具虽然略微便宜一些，但便宜不了多少，不足以构成优点，再加上款式陈旧，因此不值得选购)

(2)这套家具不比那套贵多少，而且款式新颖，还是买这套吧。(这套家具虽然略微贵一些，但贵不了多少，算不上什么缺憾，再加上款式新颖，所以还是可以选购)

没有我高，总之在“高”的方面不超过我）

B.他的个子不比我矮。（他个子跟我差不多一样高，甚至可能比我高一些，即在“高”的方面超过我）

⑦A.我得的奖状不比他多。（我得的奖状跟他差不多一样多或没有他多，总之在“多”的方面不超过他）

B.我得的奖状不比他少。（我得的奖状跟他差不多一样多，甚至可能比他还多一些，即在“多”的方面超过他）

三、“没有”句

“没有”句是指用“没有”进行比较的句子，其形式是：A(主语)＋没有B(状语)＋谓语。这种格式所表示的意义是A达不到B的程度，比较时以B为标准。“A没有B……”意思相当于“B比A……”。即：A没有B好＝B比A好。所以从语义上看，“A没有B……”是与“A比B……”相对应的否定式。

这一格式在结构上的特点是：

(一)在作为比较方面的谓语之前，常常用“那么(那样)”或“这么(这样)”来指示程度。一般地说，用“那么”较多。如果B是代词“我”、“你”、“我们”、“你们”、“这里”、“这儿”及定语中有这类代词的或能显示近指的名词短语，就用“这么”。例如：

①这座楼没有那座楼高。

②谁也没有俺这么清楚俺爹。

③(她)眼光没有先前那样精神了。

④他们那里没有这儿这么冷。

⑤他们班同学没有我们班同学这么活跃。

(二)作为比较方面的谓语可以是：

1.形容词或“有(或没有)+宾语”;

2.表示心理状态的动词;

3.一般动词后带情态补语;

4.能愿动词+动词。

例如:

①他唱歌没有小李唱歌好。

②这篇小说没有那篇那么有吸引力。

③姐姐没有弟弟那么爱打球。

④我没有他来得那么早!

⑤她没有你这么会造句。

要注意的是:

(1)表示增加或减少之类意义的动词不能用于这种格式。前面加“早”、“晚”、“先”、“后”、“多”、“少”等一般动词,也不能用于这种格式。

(2)作为比较方面的谓语之后,不能带表示具体差别的词语,如“一点儿”、“得多”等。

(3)谓语主要成分之前,不能用“更”、“还”、“再”等。

(4)“A 没有 B……”句中可省略的成分和“比”字句相同。

四、“不如”句

“不如”句是指用“A(主语)+不如 B……”表示比较的句子。“不如”是动词,在句中可以作谓语。所以“A 不如 B”本身就可以构成一个完整的句子,意思是“A 没有 B 好”,也可以说成“A 不如 B 好”。如果要比较的不是好坏,而是其他方面,那就必须在 B 后明确说出比较的方面。例如:

①……可是她们比我们组织起来的晚，能有这样的成绩是不简单的，这说明我们的工作不如他们。

②晚去不如早去好。

③他不如前几年身体好了。

④我不如他念得流利。（或：我念得不如他流利。）

在用“不如”的句子里，表示比较方面的形容词多是正向的，如“高”、“大”、“好”、“干净”、“亮”、“宽”、“长”、“美”、“积极”、“勤快”等，而不是“矮”、“小”、“坏”、“脏”、“暗”、“窄”、“短”、“丑”、“消极”、“懒”等负向形容词。有时，虽然在某些句子里会出现负向形容词，但说话人也是从积极方面考虑的。如一个人希望休息时有一间比较暗的屋子，我们就可以说“这间屋子不如那间暗，还是让他到那间屋子去吧”。

用“不如”时，一般来说，结构特点与“A 没有 B……”相同，只是“不如”可用作谓语，而“没有”不行。

参考文献

李成才 “跟……一样”用法浅谈，语言教学与研究，1991 年第 2 期。

马 真 “比”字句内比较项 Y 的替换规律试探，中国语文，1986 年第 6 期。

邵敬敏 “比”字句替换规律刍议，中国语文，1990 年第 6 期。

〔日本〕相原茂 汉语比较句的两种否定形式——“不比”型和“没有”型，语言教学与研究，1992 年第 3 期。

徐燕青 “不比”比较句的语义类型，语言教学与研究，1996 年第 2 期。

练 习

一、用“跟”、“比”、“有”、“没有”填空：

1.我弟弟十五岁，他十七岁。他____我弟弟大两岁，我弟弟____他大。

2.我哥哥二十三岁，他也二十三岁。他____我哥哥一样大。

3.我妹妹十八岁，她十九岁。她____我妹妹不一样大。她____我妹妹大，我妹妹____她小，我妹妹____她大。

4.这棵树三米高，那棵树也是三米高，这棵树____那棵树一样高。

5.这棵树三米五高，那座房子也是三米五高，这棵树____那座房子那么高。

6.这棵树是四米高，那座房子是三米五高，这棵树____那座房子不一样高。那座房子____这棵树这么高，这棵树____那座房子高，那座房子____这棵树矮。

7.这本书300页，那本书200页，这本书____那本书厚。那本书____这本书薄。那本书____这本书厚。

8.我们班有20个学生，他们班也有20个学生。我们班____他们班的学生一样多，我们班的学生____他们班那么多。

9.他从前身体不好，现在身体很好，他从前____现在身体好，他____从前身体好。

10.这条路远，那条路近。这条路____那条路不一样远。这条路____那条路远，那条路____这条路近。这条路____那条路那么近，那条路____这条路这么远。

二、造句：

例A：我一米八零，他一米七九。

造句：(1)我比他高。

(2)他比我矮。

(3)他没有我(这么)高。

(4)他跟我不一样高。

1.那个房间十八平方米，这个房间十六平方米。(注意：用“大”、“小”)

2.他的衣服长，我的衣服短。

3.这篇文章深，那篇文章浅。

4.我们学校有两千个学生，他们学校有一千多个学生。(注意：要改成“我们学校的学生”和“他们学校的学生”)

例B：这条街一公里长，那条街也是一公里长。

造句：(1)这条街跟那条街一样长。

(2)这条街有那条街那么长吗？

1.姐姐喜欢听音乐,妹妹也喜欢听音乐。

2.你的女儿十一岁,他的女儿也十一岁。

3.她从前爱跳舞,现在仍然爱跳舞。

4.这个公园的风景很美,那个公园的风景也很美。

5.轻工业展览很受欢迎,农业展览也很受欢迎。

三、用括号中的词语改写句子:

1.一班表演的节目不如二班表演的好。(没有)(比)

2.这个故事的情节没有那个故事的情节复杂。(比)(不如)

3.这本古代寓言比那本有意思。(没有)(不如)

4.这本词典收的词可能有那本那么多。(跟……一样)

5.学滑雪有学滑冰那么容易吗?(跟……一样)

6.他跟你一样喜欢游泳吗?(有)

7.他怎么会跟你哥哥一样高啊!(有)他没有你哥哥高。(比)

8.他们小组讨论得没有我们热烈。(不如)(比)

9.王先生的课比张先生的课讲得更好。(没有)(不如)

10.他的汉语说得不比她流利。(跟……一样)(没有)

四、划出句中可以省略的部分:

1.她发音比我发音清楚得多。

2.他的身体现在比从前更健康了。

3.他父亲的年纪跟我父亲的年纪一样大。

4.他开车比我开车慢。

5.他学英语比他学法语更快。

6.他们班的同学比我们班的同学早来一个星期。

7.那种纪念邮票没有这种纪念邮票好看。

8.图书馆的中文书比阅览室的中文书多。

9.北京的夏天没有我们家乡的夏天热。

10.我的汉语水平不如他的汉语水平高。

五、改正下列病句:

1.今天跟昨天相同暖和。

2.你们学的汉字跟他们学的汉字一样多不多?

3.他的儿子十二岁,我的儿子也十二岁,他的儿子跟我一样大。

4.这辆自行车比那辆很新。
5.这件事情有那件事情更重要吗?
6.昨天晚上没有早上凉快一点。
7.她家的生活比解放以前完全不同了。
8.那里教中文的方法比我们大学的方法不一样。
9.姐姐比我五岁多。
10.那个箱子有这个箱子一样重。
11.他的手机更好比我的。
12.那个医院很大比这个医院。
13.我母亲每天早上都比我起得早半个小时。
14.她比我喜欢得多看杂技。

六、用“不比”完成下列句子:

1.卧室是 14 平方米,书房也是 14 平方米,卧室__________大,书房__________小。

2.________________,看来,图书馆是最安静的地方了,我们还是在图书馆复习功课吧。

3.小马和小金都可以当班长,有人想选小金,我觉得________________,我还是想选小马。

4.今天的考试题__________,可能比上次还难一点,所以大家考的分都不高。

5.虽然我们这个城市在南方,但是夏天__________,北京夏天最高气温可以达到 38℃,我们这里也就是 34℃左右。

6.看起来这个会场有点儿小,其实__________多少,那个会场能坐五百人,这个会场也能坐四百七八十人呢。

7.他有四件行李,我也有四件行李,他的行李__________,我的行李__________。

8.那个人,看样子__________多少,我今年三十九岁,他也就四十刚出头吧。

第七章　非主谓句

句子是由主语和谓语两部分构成的叫主谓句。不是由主语和谓语两部分构成的句子，叫非主谓句。非主谓句有两种：一种是没有主语的，叫无主句；一种是由一个词或作用相当于一个词的短语构成的，这个词或短语无法判断其为句子的主语还是谓语，这种句子叫独词句。

第一节　无主句

一、无主句与隐含或省略主语的句子的区别

无主句是根本没有主语的句子。这种句子的作用在于描述动作、变化等情况，而不在于叙述“谁”或“什么”进行这一动作或发生这个变化。它不同于主谓句中省略主语或隐含主语的句子。试比较：

①刮风了！

②上课了！

③问：昨天你看电影了吗？

答：看了。

④小张是上海人，(　)在北京大学学习。

例③、④是不完全的主谓句；例①、②是无主句。二者的区别是：

1.不完全主谓句的主语是确定的，可以补出来，虽然在汉语里它往往隐含或省略(参见第五编第二章第一节“复句主语的异同和隐现”)；无主句永远以没有主语的形式出现，是根本没有主语的。如果硬要人为地补上一个主语，所补的主语也往往是不确定的，也就是说，无主句补不出一个确定的主语来。有的无主句根本补不出主语。如例②可以补出“我们”、“咱们”或“你”、“你们”等作主语，但所补的主语是不确定的。例①补什么作主语呢？补上“天”，说“天刮风”？这种句子在汉语中是很难听到的，是不合汉语习惯的。而例③、④则不然，例③可以补出主语“我”，例④所隐含的主语是“小张”。

2.不完全主谓句离开上下文或一定语言环境，不能表达完整明确的意思。例如，假如一个人突然没头没脑地说“看了”，别人一定会感到莫名其妙。无主句则不然，没有上下文或一定语言环境，一般来说所表达的意思也是完整而明确的。当然无主句一般也是出现在特定的场合，如“小心烟火”出现在存放易燃易爆物品的地方，“下雨了”是在天气变化的情况下说的，等等，但与不完全主谓句所需要的语言环境是不同的。

二、无主句的结构分析

无主句与主谓句的谓语在结构上、意义上都很相似，可按分析一般主谓句的谓语部分的方法来分析。但无主句与主谓句的谓语部分毕竟有本质差别，无主句是一种完全的句子，不是句子的一部分，不是谓语。主语、谓语是相对而言，是互相依存的，没有主语——陈述的对象，也就无所谓谓语——对陈述对象的陈述，因此分析无主句时，不要把它当作谓语来分析。无主句一般都包含动词，分析时，以动词为中心，然后分析出动词的状语、宾语等。例如：

①刮 风了！
动 宾

②不许乱扔果皮纸屑！
动　　宾

三、无主句的分类

无主句所表达的意义是有限的，它总是出现在某些特定的交际场合。按所表达的意义，无主句可以分为以下几类：

（一）叙述天气等自然现象和提醒出现了某种新情况：

①下雨了！

②要出太阳了！

③结冰了！

④起床了！

⑤到站了！

⑥开会了！

这类无主句多为一个动宾短语，句末有表示变化的语气助词“了”。

（二）表示祈使或禁止的：

①随手关门。

②请按顺序上车！

③请勿吸烟！

这类无主句也多为动宾短语。

（三）某些格言、谚语：

①一锹挖不出个井，一口吃不成个胖子。

②留得青山在，不愁没柴烧。

③吃一堑，长一智。

④活到老，学到老。

（四）表示祝愿的：

①为我们两国人民的友谊干杯！

②祝你健康！

③愿这五兄妹更加健康地成长，去迎接更加美好的未来。

④纪念伟大的革命先行者孙中山先生！

（五）包含"是"字的无主句（参见第四编第二章第一节"是"字句）。

（六）包含"有"字的无主句（参见第四编第二章第二节"有"字句）。

第二节　独词句

一、什么是独词句？

由一个词或作用相当于一个词的短语构成的句子叫独词句。例如：

①火！

②注意！

③多么壮观的景色！

独词句也是一种完全句，它既不同于主谓句的主语，也不同于主谓句的谓语。它不依赖于上下文或一定的语言环境，可以表达完整、确定的意思。和无主句一样，独词句没有省略什么，也补不出确定的主语或谓语。

二、独词句的分类

(一)按照结构分类

1.名词句：由名词和名词短语构成：

①好大的雪啊！

②多好的孩子！

③蛇！

2.形容词句：

①好热！

②真棒！

3.叹词句：

①啊！

②唉！

(二)按照意思分类

独词句所表达的意思也是有限的，也只出现于一定的交际场合，可以分为两大类：第一类以事物为说明对象，这类独词句都是由名词或名词短语构成的。

1.咏叹事物的属性的：

①好香的干菜！

②多么可爱的孩子！

③这样的婆婆！

④这个该死的东西！

2.发现或提醒出现了某种新情况：

①啊，火！

②水！水！

③火车！

3.表示祈使的：

①（邮递员送信）信！

②（售票员向乘客要票）票！

4.说明事情发生的时间或处所，多出现于剧本、小说中：

①早晨，总经理的办公室。

②秋天。

第二类不说明事物。构成这类独词句的是名词、形容词、疑问代词、副词、叹词以及某些熟语性短语。

5.呼语、称呼：

①玉荣！玉荣！

②祥林嫂！

③喂！

6.表示同意、反对、疑问或反问的应对语：

①是。

②行。

③好。

④当然！

⑤怎么？

⑥什么？

7.感叹语：

①啊，(长城真雄伟!)

②天哪!

③唉!

8.敬语：

①谢谢!

②劳驾，(十楼在哪儿?)

③对不起，对不起!

④不敢当，不敢当。

⑤辛苦了，辛苦了。

其他如斥责语(包括骂人的话)以及单独用的象声词也属于独词句。

练 习

一、指出下列句子哪些是主谓句，哪些是非主谓句；在非主谓句中哪些是无主句，哪些是独词句：

1.请按顺序上车。

2.小心火车!

3.随手关灯。

4.一九五五年三月。

5.虎!

6.为实现四个现代化而奋斗。

7.哈尔滨到了。

8.出太阳了。

9.多美的夜晚啊!

10.请大家安静。

11.太阳出来了!
12.风停了。
13.刮风了。
14.车票!
15.劳驾!
16.妈妈!
17.活到老,学到老。
18.肃静!
19.好漂亮的球!
20.虚心使人进步,骄傲使人落后。

第 五 编

句法(下)　复句和篇章

由两个或两个以上在意思上有联系的单句构成的表达一个完整意思的句子叫复句。构成复句的单句叫分句。

复句必须具备以下特点：

1.构成复句的各分句必须有意思上的联系，而且表达一个完整的意思，而不是表达几个没有联系的意思。例如：

①北京不但是中国的政治、经济中心，而且也是文化中心。

②总工会还成立了科技协会，组织工程技术人员结合本厂实际开展专题学术讨论。

③我妹妹学英文，我弟弟也学英文，他们的成绩都很好。

2.复句的分句与分句之间语音上有较短的停顿，书面上多用逗号或分号。单句与单句之间停顿较长，书面上用句号、问号或感叹号。

3.复句的一个分句不能是另一个分句的一部分，如例①～③。下面的句子是单句，不是复句：

①培养儿童具有健康的体魄，是我们的一个重要目标。

这里“培养儿童具有健康的体魄”是这个单句的主语。

②我们谁都知道，他工作积极，学习努力。

这里“他工作积极，学习努力”是谓语动词“知道”的宾语。

复句和语段之间的界限在中文中是不那么清楚的。特别是由于中文标点符号使用上比较自由，有时会因人而异，所以同一段话，甲写出来是一个复句，乙写出来可能是一个语段。不过就像词和短语、复句和紧缩句等也很难划界一样，复句与语段的划界问题对对外汉语教学影响不大。

第一章　复句的类型

根据分句与分句之间的语法关系，复句可以分成联合复句与偏正复句两大类；如果复句的分句本身又包含几个分句，即复句中包含复句，那么复句又可分成单纯的复句与多重复句两大类。

第一节　联合复句

如果复句的各个分句之间在语法上是平等的、不互相修饰或说明，这种复句就是联合复句。按分句之间的意义关系，联合复句又可分以下几类：

一、并列复句

并列复句的各分句意义关系复杂多样，主要有以下几种：

（一）平列关系：各分句分别叙述或描写几件有联系的事情、几种情况或同一事物的几个方面。这种复句可以不用关联词语（连词和起关联作用的副词）。例如：

①我们每天复习生词，写汉字，做练习。

②历史在斗争中发展，世界在动摇中前进（，这是任何人也不能阻止的）。

③大年初一的早晨，妹妹忙着数得到的压岁钱，妈妈在厨房

煮饺子，爸爸打电话给亲友拜年，我坐在电视机前看歌舞。

有的用“也”、“又”、“同时”、“又……，又……”、“一面……，一面……”、“一边……，一边……”等关联词语。例如：

④这是新书，那也是新书。

⑤他又会汉语，又会英语。

⑥欢迎的群众一边唱歌，一边跳舞。

（二）对比关系：这类并列复句一般由两个分句组成，两个分句在意义上有互相对比映衬的作用。这类复句，除第二个句子开头可以用连词“而”以外，一般不能用什么关联词语。例如：

①河东，是个炮弹壳“钟”，桥南，是个钢轨“钟”。

②我们的人越来越多，山上的石头越搬越少。

③张老师教三班，李老师教四班。

④在修建南昆铁路的日日夜夜里，困难一个接着一个出现，而胜利的喜悦也一个接着一个传来。

⑤这时他们想到的不是自己，而是正在进行的施工不能停。

（三）分合关系：分合关系复句，或是先总提，再分述，或是先分述，再总结，总提（或总结）部分与分述部分是并列关系。例如：

①来客也不少，有送行的，有拿东西的，有送行兼拿东西的。

②两头都要抓紧，学习工作要抓紧，睡眠休息娱乐也要抓紧。

③……或者把老虎打死，或者被老虎吃掉，二者必居其一。

④中央要注意发挥省市的积极性，省市也要注意发挥地、县、区、乡的积极性，都不能框得太死。

例①、②是先总提，后分述；例③、④是先分述，后总结。

二、承接复句

承接复句的各分句依次叙述连续发生的几个动作或几件事情，各分句的先后次序是一定的，不能颠倒。各分句可以都不用关联词语。例如：

①他低声一说，大家听了都哈哈大笑起来。

②走着走着，他停住了。

也可以用“（首先）……，然后……”连接。例如：

③××大使首先讲了话，然后中国外交部长也讲了话。

④你先到后勤组去领工作服和防护用品，随后我领你到阿华师傅那儿去。

也可以只在第二分句中用“便”、“就”、“又”、“也”、“于是”等关联词。例如：

⑤我和母亲也有些惘然，于是又提起闰土来。

⑥欧阳海看了看停在旁边的火车，又看了看火车上下来的人，微笑了一下，就闭上了眼睛。

⑦王进喜听了，二话没说，转身就出了门，一口气走了两个多小时，来到了马家窑。

⑧老头子使了一个眼色，阿Q便也被抓进栅栏门里去了。

三、递进复句

递进复句的后一分句比前一分句表示的意思更进一层。这种复句常用的关联词语，前一分句是“不但”、“不仅”，后一分句是“而且”、“并（且）”、“也”、“还”、“更”、“甚至”等。

有时两个分句都用关联词语。例如：

①他不但会说英文，而且说得很流利。

②劳动人民的生活不但有了保障，而且生活水平一天比一天高。

③现在针灸技术不仅得到普遍采用，而且有了新的发展和创造。

也可只在第二个分句用关联词语。例如：

④他一定得来，而且一定得早到。

⑤我珍惜这件礼物，更珍惜彼得对中国人民的友情。

⑥抗日战争开始不久，日本侵略者占领了清苑县，并且经常到周围的村子“扫荡”。

⑦现在有些人不愿意提，甚至不敢提这个口号。

第一个分句用不用“不但”、“不仅”等关联词语，所表达的意思有细微的差别。例如：

①他会说英语，而且还会说法语。

②他不但会说英语，而且还会说法语。

不用“不但”、“不仅”时，两个分句的意思说话者都要表达，不过更强调后一分句的意思；用“不但”、“不仅”时，说话者的目的在于撇开第一个分句的意思——这是不成问题的或是双方已知的，而要突出表达的是第二个分句的意思。因此用不用“不但”、“不仅”，在一定的场合里就不是完全自由的了。

但只在第一分句用“不但”、“不仅”，而第二分句不用相应的关联词语是不行的。例如：

① *他不但会说英语，会说法语。

有的句子还可以有两层递进。例如：

①他不但会说英语，而且会说法语，甚至还会说阿拉伯语。

如果句子的意思是从否定方面说的，就用“不但不（没有）……，反而（倒）……”来表示。例如：

①困难不但不会把他们吓倒，反而会把他们锻炼得更坚强。

②你这样说不但不能解决问题，反而会影响团结。

四、选择复句

有两个或两个以上的分句，分别说出几件事情，要从中选择一件，这样的复句是选择复句。选择复句可以分以下两种：

（一）在两项或几项中任选一项，有“或此或彼”的意思。在陈述句中用“或者（或是、或）……，或者（或是、或）……”、“要么……，要么……”；在疑问句中用“（是）……，还是……”。例如：

①去北海，或者去颐和园，他都没兴趣。

②或者你去，或者我去，我看都可以。

③路那么远，我们要么坐车去，要么骑车去，步行去就太累了。

④你们坐飞机去，还是坐火车去？

⑤明天你们是去颐和园，还是去香山？

⑥教你们体育的是张老师，还是王老师？

（二）两项中只能或必须选择一项，有“非此即彼”的意思，常用的关联词语是“不是……，就是（便是）……”。例如：

①这孩子每天不是打球，就是游泳。

②今天没来上课的，不是生病了，就是有事。

③我们班的同学，不是欧洲人，就是亚洲人，没一个其他洲的。

第二节 偏正复句

复句中的分句如果在表达意义上有主要的，有次要的，而不是平等的，这样的复句就是偏正复句。偏正复句中表达主要意思的分句是正句，另一个分句是偏句。按偏句与正句的意义关系，偏正复句可分以下几类：

一、因果复句

偏句表示原因，正句表示结果。因果复句又分两种：

（一）说明因果句：这种复句的偏句说明原因，正句说明这个原因所产生的结果。常用的关联词语是“因为……，所以……”、“由于”、“因而”、“因此”、“以至于”等。说明因果句可以在两个分句中都用关联词语，也可以只在一个分句中用关联词语，也可以根本不用关联词语。例如：

①因为天气不好，所以我们没去颐和园。

②由于路太远，病人在半路不幸死去了。

③这些人不了解诸种革命情况的区别，因而也不了解应当用不同的方法去解决不同的矛盾。

④由于他优柔寡断，以致铸成大错。

⑤吴广被杀害后，革命力量受到很大损失。

“因为……，所以……”常常成对地用；“由于”常常单用；“以致”多用于后果不好的情况。

（二）推断因果句：偏句表示原因，正句表示由这个原因作出的推断。常用的关联词语是“既然……就……”。例如：

①好吧，既然问题你都回答上来了，我就把你收下吧。

②田大爷，你说我是记者，那我就向你采访一下吧！

③既然帝国主义垄断资本可以勾结在一起，……那么发展中国家又为什么不可以团结起来，冲破帝国主义的垄断，维护自己的经济权益呢？

④但他既然错了，为什么大家又仿佛格外尊敬他呢？

推断因果句的正句，有时用疑问形式，如例③、④，这样有加强语气的作用。

说明因果句与推断因果句的区别：

1.说明因果句的正句说的是已实现的事实，而推断因果句的正句说的是还没有实现或不清楚是否已实现的事实。比较：

①A：小刚为什么没去打球？

B：因为外边下雨，所以小刚没有去打球。

②A：现在外面在下雨，小刚还会去打球吗？

B：既然外边下雨了，小刚就不会去打球了。

2.推断因果句中，由“既然”引导的分句对听说双方来说是已知信息，说话人由此推出后面的结论；而说明因果复句，由“因为”引导的分句对听话人来说不是已知信息。比较：

①学生：老师我头疼。

老师：既然你头疼，就不要上课了，回家去吧。

②老师：你昨天为什么没来上课？

学生：因为我昨天头疼得很厉害，所以没来上课。

③既然玛丽告诉你她不喜欢你了，你就不要再去找她了。

④A：你为什么最近不去找玛丽了？

B：因为玛丽告诉我她不喜欢我了。

二、转折复句

偏句叙述一个事实，可是正句没有顺着这个事实得出结论，而说出了一个相反或部分相反的事实，这样的复句叫转折复句。转折复句又分为两种：

（一）重转：两个分句意思完全相反的是重转，常用的关联词语有“虽然……，但是（可是）……”、“否则”、“不然”等。例如：

①她虽然不是他的妈妈，可是比妈妈对他还好。

②孩子们虽然失去了父母，但是更多的父母、叔叔、阿姨在关心着他们。

③幸而车夫早点停步，否则伊定要栽一个大斤斗，跌到头破血出了。

④应当承认，每个民族都有它的长处，不然它为什么能存在？

有的偏句不用“虽然”等，只在正句用“但是”、“但”、“可是”、“然而”等，这样的转折复句，语气上缓和些。例如：

⑤人们都在灯下匆忙，但窗外很寂静。

⑥岸上看的人怎能不提心吊胆呢？然而，羊皮筏子上的人却从容地在谈笑……

（二）轻转：常用的关联词语有“不过”、“却”、“只是”、“就是”（用在正句）等。例如：

①对，在说话，不过这只有海员才懂。

②叔叔，我爸爸妈妈常讲到你呀，就是不知道你在什么地方。

③每个中国人对于这三项都有选择的自由，不过时局将强迫你迅速地选择罢了。

三、条件复句

偏句表示条件，正句表示结果。条件复句又可分以下两种：

（一）特定条件句：正句表示结果，偏句提出实现此结果所需要的条件。"只要"指出所需要的充足的条件，只要有此条件，就能产生正句所说的结果，正句一般用"就"关联。例如：

①只要你肯努力，就一定能学好。

②只要你给他写一封信，他就会帮助你。

"除非"、"只有"指出实现结果的唯一条件，没有这个条件就不能产生正句所说的结果，正句一般用"才"关联。例如：

③只有你开车来接我，我才跟你去。

④只有掌握了汉语，才能很好地研究中国文学。

⑤除非他是个聋子，才会听不见这么大的声音。

⑥除非你也去，不然我才不去呢！

偏句用"除非"时，正句如果是双重否定，也可以用"就"关联。例如：

⑦除非你也去，不然我就不去。

（二）无条件句：这种复句表示在任何条件下都会产生正句所说的结果。常用的关联词语有"不管（不论、无论）……，却（也、总、还）……"。例如：

①不管有多大困难，我也要干下去。

②我们不论有什么事，都愿意找他谈。

③无论谁参加我们组，我都欢迎。

四、假设复句

偏句提出一种假设，正句说出在这种情况下会出现的结果。在口语里常用的关联词语是“要（是）……，（就）”、“如果……，（就）……”等；书面语偏句多用“假如”、“倘若”、“如”、“倘使”、“设若”等，正句多用“就”、“便”、“那么”等。例如：

①如果我父母还活着，他们一定不会拒绝一个儿子的钱……

②你要不关心群众的痛痒，群众一辈子也不会亲近你。

③要是找到了鸡，也就能找到鸡蛋的主人了。

④如今，你若是从井冈山山坳走过，便能看到一条条修长的竹滑道。

⑤你若被敌人反对，那就证明我们同敌人划清界限了。

⑥倘若你们背叛了主人，他是会无情地惩罚你们的。

偏句也可以不用关联词语。例如：

⑦你早说，我今天就不来了。

⑧你不来，我就给你送去。

有时偏句、正句都可以不用关联词语。例如：

⑨有什么困难，我们一定帮您解决。

假设复句所叙述的可能是已成事实的情况，也可能是未成事实的情况，以后者为多。比较：

①如果你早来两天，就看见老李了。

②你要是早点来，还能看见老李。

例①说的是已过去的事实，所提出的假设是不可能实现的；例②说的是尚未实现的事情，所提出的假设是可以实现的。

还有一种假设复句,两个分句说的是相关的两件事,如果承认前一个分句所说的是事实,那么就得承认后一分句所说的也是事实。例如:

①正如周恩来同志所说,如果说党的第七次代表大会同它以前一个时期全党的思想、政治上的整风,奠定了我们党统一思想的基础,在这个基础上取得了反对帝国主义、封建主义和官僚资本主义这种民主革命的胜利,那么,这一次会议就会使我们取得社会主义的胜利。

假设复句与条件复句有相通之处,因假设复句的偏句也包含条件的意思,条件复句的偏句也包含假设的意思。不同的是,一个侧重假设,一个侧重条件。

五、让步复句

偏句承认某种事实,作出让步,正句从相反的方面说出正面的意思,这种句子叫让步复句。常用的关联词语,偏句是“尽管”、“纵然”、“固然”、“即使”、“哪怕”、“就是”等,正句是“也”、“都”等。让步复句又可分两种:

(一)事实上的让步:偏句所说的事实是已实现的。例如:

①尽管有了昨日的经验,仍然出乎意料。

②他固然不对,可是你的态度也不好啊!

偏句也可以不用关联词语。例如:

③你是很聪明,可是因为不努力,学习成绩一直不好。

(二)假设的让步:偏句提出的事实是一种假设。例如:

①即使这些意见暂时通不过,他也不会放弃它,而是耐心地做工作,直至最后胜利。

②就是有天大的困难，我们也要把这种新产品试制成功。

③哪怕就剩下我一个人，也要坚持下去。

六、取舍复句

两个分句表示不同的事物，说话者决定取一舍一，用“与其……，不如……”关联时，所取在后，用“宁可……，也(决)不……”关联时，所取在前。例如：

①与其等死，不如起义反抗。

②你与其找他谈，还不如先到群众中去了解一下情况。

③一个伙计说：“宁可回家饿死，也不做这么缺德的事。”

④他们宁可饿死，决不动摇。

用“宁可……，也……”关联时，两个分句所表示的都是所取的。例如：

⑤我宁可一夜不睡觉，也要把这篇文章写完。

取舍复句与选择复句不同，它表示已经经过比较，决定了取舍。

七、目的复句

偏句表示目的，正句表示为达此目的采取的行动。一般在偏句中用关联词语“为”、“为了”等。例如：

①为了使教师无后顾之忧，政府不仅给他们提高工资，还努力改善他们的居住条件。

②为了搞好设计，技术人员不怕危险，吊在悬崖上进行工作。

也可以在第二个分句用“免得”、“以免”、“以便”等关联词语。例如：

③我坚持着不让自己发出一点声音，免得惊醒正在睡觉的老人。

④他近来减少了社会活动，以免影响学习。

⑤老师用了三天的时间给我们复习，以便巩固前一阶段的学习成果。

八、时间复句

偏句表示时间，正句表示在这个时间里发生的事情或出现的情况。时间复句一般不用连词，可在第二分句用关联副词“就”、“还”、“才”等。例如：

①走了没有二十里地，天气就变了。

②到山上干了半天活，天还不亮。

③华大妈候他喘气平静，才轻轻地给他盖上了满幅补丁的夹被。

也有不用关联词语的。例如：

④从病人家里回来，已经是深夜了。

⑤我刚走进教室，上课铃响了。

⑥当地群众发现山上有象群出现，立即报告了当地政府。

⑦太阳出来一人高了，伙计们睡得正香。

⑧我说了半截话，抬头看见老洪笑呵呵地从外边走进来。

九、连锁复句

偏句与正句紧密相连，分句中一般出现同样的词语（如“越……，越……”或疑问代词等）。例如：

①谁为人民服务，我就向谁学习。

②哪里有困难，他就出现在哪里。

③我怎么说，你怎么做。

④时间越长，效果越显著。

在偏正复句中，一般是偏句在前，正句在后（见上述各类复句中的例句）。有些偏正复句，也可正句在前，偏句在后，后出现的偏句一定要用关联词语，这种复句含有补充说明的意味，有时有突出偏句的作用。例如：

①他的性格，在我的眼里和心里是伟大的，虽然他的姓名并不为许多人所知道。

②科学的东西，随便什么时候都是不怕人家批评的，因为科学是真理，决不怕人家驳。

③所以我们决不可拒绝继承和借鉴古人和外国人，哪怕是封建阶级和资产阶级的东西。

④这个月也可以提前完成任务，只要大家再加一把劲。

⑤我一定要坚守岗位，继续战斗，即使最后只剩下我一个人。

这种偏句可以后出现的情况，一般限于转折、因果、条件、假设、让步等复句。

第三节　多重复句

有一些复句，分句本身就是复句，即分句中包含着分句，这种复句叫多重复句。

分析多重复句，首先要找出直接构成整个复句的各个分句，在这些分句（如果是偏正复句，多为两个分句，如果是联合复句，可能不止两个分句）之间划上“｜”号，并分析分句之间的关系；然后，再找出这些分句中所包含的下一层次的分句之间的界限，划上“‖”号，并分析其分句之间的关系；依此类推。例如：

①我们要和一切资本主义国家的无产阶级联合起来(1)，‖要和日本的、英国的、德国的、意大利的以及一切资本主义国家的无产阶级联合起来(2)，｜才能打倒帝国主义(3)，‖解放我们的人民(4)，‖解放世界的民族和人民(5)。

(1)、(2)与(3)、(4)、(5)构成条件复句，(1)与(2)是平列关系，(3)、(4)、(5)也是平列关系。

②为了搭起滑道(1)，‖他们翻越了多少陡峭的悬岩绝壁(2)；｜为了寻找水路(3)，‖他们踏遍了多少曲折的幽谷荒滩(4)。

(1)、(2)与(3)、(4)构成并列复句；(1)、(2)是目的关系，(3)、(4)也是目的关系。

③虽然我们耕地减少了(1)，｜但是因为我们引进了新技术(2)，‖因为兴修水利(3)，‖加上发展化肥农药生产(4)，‖所以改革开放以后粮食产量还是大大增加了(5)。

(1)与(2)、(3)、(4)、(5)构成一个转折复句，(2)、(3)、(4)与(5)是因果关系，(2)、(3)、(4)是并列关系。

④今后，我们的队伍里，不管死了谁(1)，‖不管是炊事员(2)，‖是战士(3)，‖只要他是做过一些有益的工作的(4)，｜我们都要给他送葬(5)，‖开追悼会(6)。

(1)、(2)、(3)、(4)与(5)、(6)构成一个条件复句,(1)、(2)、(3)与(4)是并列关系,(1)与(2)、(3)也是并列关系,(2)与(3)是选择关系,(5)与(6)是并列关系。

复句中能进行第二个层次分析的,如例①、②,是二重复句,能进行第三个层次分析的,如例③,是三重复句,能进行第四个层次分析的,是四重复句,如例④,依次类推。

分析多重复句时,首先要统观全局,找出第一个层次的分句,然后再逐层分析下去;其次要注意用的是什么关联词语,如果没有关联词语,要分析分句间的意义关系,或看是否能加上合适的关联词语,从而判断分句间的关系。还要注意不要把长复句看成是多重复句。下面的句子为一个长复句:

①发展中国家掌握和保护自己的资源,不仅对于巩固政治独立、发展民族经济是必要的,而且对于反对超级大国扩军备战、制止它们发动侵略战争,也是必要的。

这是一个递进复句,由"不仅……,而且……"连接,第一分句的主语是"发展中国家掌握和保护自己的资源",谓语是"(对于巩固政治独立、发展民族经济——状语)是必要的",第二分句的主语与第一分句相同,谓语是"(对于反对超级大国扩军备战、制止它们发动侵略战争——状语)也是必要的"。

练 习

一、分析下列复句(说明各分句之间的关系):

1.山洞里不仅没有木板,就连草也找不到。

2.你如果有这种思想,就干不好工作。

3.一锹挖不出个井,一口吃不成个胖子。
4.小刘虽然明白了,可是怎么也想不通。
5.只要有愚公移山的精神,再大的困难也能克服。
6.你们要好好学习,将来好为四个现代化做贡献。
7.既然你们都决定了,我还说什么?
8.他不在家,他的东西我们不要随便动。
9.我们早晨八点吃的早饭,九点就出发了。
10.老人被打得半死,躺在床上再也爬不起来了。
11.他们之间的矛盾是暂时的,而友谊是永恒的。
12.图书馆星期日也开放,以便学生借阅图书。
13.只有代表群众,才能教育群众;只有做群众的学生,才能做群众的先生。
14.他虽然不认识鲁迅,也从来没有通过信,可是确信他——鲁迅先生,一定能够满足一个共产党人临死之前念念不忘的这个庄严的要求。
15.(大家表示:)只要还有一口气,还能坚持一分钟,就不离开这里。
16.从不懂到懂,从掌握知识不多到掌握知识较多,必须坚持学习,坚持实践。
17.既然你晚上不去看电影,我就不来找你了。
18.因为走得急,我没来得及多说,只告诉她要按时吃药,注意休息。

二、判别正误:

1.A.到哪个地方,我都看到中国人民在辛勤地劳动着。
B.无论到哪个地方,我都看到中国人民在辛勤地劳动着。
2.A.这个村子不但很穷,而且迷信思想还很厉害。
B.这个村子虽然很穷,但迷信思想还很厉害。
3.A.他已经跑了四千米了,可是还不觉得累。
B.虽然他已经跑了四千米了,而且还不觉得累。
4.A.如果今天不预习,明天上课有困难。
B.如果今天不预习,明天上课就有困难。
5.A.既然你今天没时间,为什么还去看电影?
B.既然你今天没时间,那么还去看电影?
6.A.无论有多大困难,我们都要想办法克服它。
B.尽管有多大困难,但是我们都要想办法克服它。

7.A.他的军装已经很旧了,不想领新的,可是把它补一补。

B.他的军装已经很旧了,可是还不想领新的,而是把它补一补。

8.A.他们虽然白天黑夜地干活,但是还是没有办法生活下去。

B.他们不管白天黑夜地干活,都没有办法生活下去。

9.A.我们应该爱护国家财产,哪怕是一颗钉子、一粒米都不能浪费。

B.我们应该爱护国家的财产,哪怕是一颗钉子还是一粒米。

10.A.尽管这种武器的威力有多么大,最后决定战争胜负的还是人。

B.不管这种武器的威力有多么大,最后决定战争胜负的还是人。

三、改正下列病句:

1.只要你努力,才一定能学好汉语。

2.因为学好中文,我一定多听多说。

3.除了大部分人都参加了讨论会以外,只有病人没有参加。

4.不管谁提出意见,我们应该听。

5.还要进一步了解中国,为了发展两国人民的友谊。

6.他打太极拳打得不太好,动作差不多都对。

7.他请我去看电影,但是我推辞了,并没有工夫。

8.东郭先生救了狼,狼却没有感谢他,可是要吃他。

9.我们先解决重点问题,就解决别的问题。

10.要是没有同志们的帮助,否则他就变坏了。

第二章　复句的主语和关联词语

第一节　复句主语的异同和隐现

一个复句往往包含几个分句。各分句的主语有时相同，有时不同，有时出现，有时不出现，情况比较复杂。下面谈一下复句中主语的情况。

一、在汉语里，复句的各分句主语相同时，主语一般只在其中的一个分句出现，其余的分句不出现主语。这种在复句中不出现主语的现象，通常叫主语的隐现。实际上，这是汉语句子与句子（包括分句与分句）连接的要求，如果每个分句都出现主语，除非是修辞的需要（如排比句），否则分句就成为独立的句子，一个复句就成为两个或几个没有联系的句子了（参见本编第四章“篇章”）。

主语可以只在第一个分句出现。例如：

①在这欢乐的时刻，驱逐舰上分队长李新民悄悄跑回住舱，（李新民）拿来一颗晶莹的玻璃珠，（李新民）把它投入太平洋。

②人才问题是百年大计，（人才问题）是四化建设的紧迫问题。

以上句子，各分句的谓语类型相同，都是动词谓语句。

③山洞里湿得很，（山洞里）没有木板，（山洞里）就连稻草也找不到。

④车夫听了这老女人的话,(车夫)却毫不踌躇,(车夫)仍然搀扶着伊的臂膊,便一步一步的(地)向前走。

以上句子,各分句的谓语类型不同。

主语也可以只出现在最后一个分句。例如:

①(他)做熟了饭,他到处找儿子。

②(我)不管遇到什么事,我也要坚持着活下去。

③(我们)绕过场地,(我们)穿过灯器室,我们来到材料间。

主语也可以只出现于中间的分句。例如:

①(他)为了报答大伙的好意,他要尽心竭力给大家做活,努力把工作做好。

在一定的语言环境中,例如写信或与对方交谈时,如果主语清楚,可以全部隐现。例如:

①因为(我)刚到学校,(我)比较忙,所以(我)没有马上给你写信。

②既然(你)信不过我,(你)又何必让我承担这个任务!

如果各个分句都出现主语,就有强调主语的修辞作用。例如:

①他们不懂得党的民主集中制,他们不知道共产党不但要民主,尤其要集中。

②你要知道原子的组织同性质,你就得进行物理学和化学的实验,变革原子的情况。

二、各分句的主语不同时,一般需要逐一地说出来。例如:

①夜空漆黑,风在怒吼,浪在咆哮。

②我于是日日盼望新年,新年到,闰土也就到了。

③他赢而又赢,铜钱变成角洋,角洋变成大洋,大洋又成了叠。

有时，分句的主语也可借用其他分句的某一成分而隐现。比如承前一分句的宾语（前一分句的宾语在下一分句中作主语）。例如：

①当时中国分成了许多诸侯国，（诸侯国）主要有齐、楚、燕、赵、韩、魏、秦七国。

②那船里便突然跳出两个男人来，（这两个男人）像是山里人，一个抱住她，一个帮着，拖进船里去了。

承前一分句主语的领属性定语（前一分句主语的定语作后一分句的主语）。例如：

③大爷的党龄比我的年龄都大，（大爷）为革命几十年如一日，村子里谁不尊敬大爷，这还用说吗？

④他的精神，现在只在一个包上，（他）仿佛抱着一个十世单传的婴儿，别的事情，都已置之度外了。

前一分句的主语也可以蒙后一分句的某一成分而隐现。例如：

⑤（她）想着想着，她的决心大了起来。

有的复句各分句的主语异同交错，隐现的主语，需仔细寻找辨识，这样才能准确地理解全句的意思。例如：

①他是我的本家，（他）比我长一辈，（我）应该称之曰“四叔”，（他）是一个讲理学的老监生。

②母亲问他，（母亲）知道他的家里事务忙，（他）明天便得回去；（他）又没有吃过午饭，（母亲）便叫他自己到厨下炒饭吃去。

但当各分句的主语不同时，只有在表意明确、不会引起误解的情况下，某些分句的主语才能隐现，否则不能随意省略。这一点是应该十分注意的。

第二节 复句的关联词语

复句的关联词语是指把复句的各个分句连接起来的连词和部分副词。连词既可用于偏句,又可用于正句。关联副词一般只能用于正句。

一、关联词语的位置

(一)连词的位置

第一分句的连词有两个位置,两个分句主语相同时,连词多位于主语后,这时主语一般也是话题,起连接句子的作用。例如:

①先生既然救我,就应该救到底。

②贫农因为最革命,所以他们取得了农会的领导权。

③他不但参加了革命的实际运动,而且进行了革命的理论创造。

有时虽然两个分句的主语相同,可是连词起连接作用,把后面的句子与前面的句子连接起来,这时连词就应该放在主语前。例如:

④A:你为什么看得那么清楚?

B:因为我坐在前边,所以看得非常清楚。

相反,如果主语起连接作用,就要放在连词的前面。例如:

⑤A:昨天你们去开会,主席台上的人谁看得最清楚?

B:我因为坐在最前边,所以看得最清楚。

两个分句的主语不同时,第一分句的连词一般要放在主语前。例如:

①虽然座谈会的时间比较长,但大家都不觉得累。

②只要你说得对,我们就改正。

③即使他已睡到床上,你也要把他拖起来。

可是如果主语起连接作用,就应该放在连词前。例如:

④A:喂,老李,我来了,时间也到了,咱们走吧。

B:你虽然来了,可是别的人还没来,等一会吧。

例④如果把"虽然"放在主语前,就与前边的句子连接得不好。例如:

④′A:喂,老李,我来了,时间也到了,咱们走吧。

B:? 虽然你来了,可是别的人还没来,等一会吧。

第二个分句的连词一定要放在主语前。例如:

①虽然并不相识,然而他读过鲁迅先生的文章,深知鲁迅先生对革命的忠诚。

②我认为,那个国家,不是领导人互相打起来,就是人民起来革命,而且时间一定不会过太久。

③因为累了,所以我没去。

④因为他还是个不懂事的孩子,所以说的话没有引起大家的注意。

⑤他们家不但他很聪明,而且他的妹妹也很聪明。

(二)关联副词的位置

能起关联作用的副词是有限的,主要有"就"、"还"、"也"、"都"、"才"、"却"、"越"等。除了"越"以外,关联副词只能出现在正句——第二个分句,而且一定要位于主语后。例如:

①外面北风呼啸,屋里却温暖如春。

②如果明天不下雨,我就去北海公园。

③他越说，我越生气。

二、关联词语的单用和合用

连接各种复句的关联词语，有的必须成对地使用，有的可单用、可合用，也有的只能单用一个。下面列举各类复句常用的关联词语（只列出一个的，表示单用，列出两个的，表示合用，只在括号内出现的，一般不能单用，“……，”表示不用关联词语）：

		关联词语 偏句	关联词语 正句
联合复句	并列复句	①…… ②……， ③……， ④又……， ⑤既……， ⑥一边……， ⑦一面……，	 也……。 还……。 又……。 又……。 一边……。 一面……。
联合复句	承接复句	①…… ②……， ③（首先……，） ④……， ⑤……，	 于是……。 然后……。 就……。 便……。
联合复句	递进复句	①（不但/不仅……，） ②（或是……，） ③……， ④……， ⑤……，	而且/并且……。 或是……。 更……。 还……。 甚至……。

		关联词语	
		偏句	正句
联合复句	选择复句	①(或者……,)	或者……。
		②(或是……,)	或是……。
		③……,	或……。
		④(是……,)	还是……。
		⑤要么……,	要么……。
		⑥不是……,	就是……。
偏正复句	说明因果复句	①……	
		②(因为……,)	所以……。
		③由于……,	(所以……。)
		④……,	因而……。
	推断因果复句	①……,	因此……。
		②(因为……,)	以至于……。
		③(既然……,)	(那)就……。
		④……,	可见……。
	转折复句	①(虽然/虽……,)	但是/可是……。
		②(虽然……,)	却……。
		③……,	然而……。
		④……,	否则……。
		⑤……,	不然……。
		⑥……,	不过……。
		⑦……,	就是……。
		⑧尽管……,	然而/但是/却……。
	特定条件复句	①只要……,	就……。
		②只有……,	才……。
		③除非……,	才……。
	无条件句	①无(不)论……,	也/都……。
		②不管……,	也/都……。

		关联词语	
		偏句	正句
偏正复句	假设复句	①…… ②如果……， ③要是/若是……， ④倘若/假若……， ⑤……，	 就……。 就……。 就……。 就……。
	让步复句	①即使……， ②固然……， ③就是……， ④纵然……，	也……。 但是/可是/却/也……。 也……。 也……。
	取舍复句	①与其……， ②宁可……，	不如……。 也不……。
	目的复句	①为了/为……， ②……， ③……， ④……，	……。 以便……。 以免……。 免得……。
	时间复句	①…… ②……，	 就/还/才……。
	连锁复句	①越……， ②疑问代词……，	越……。 与偏句相同的疑问代词……。

练　习

一、用所给的句子组成一个复句(可按复句的要求增减个别的词)：

1.北京是中国的政治经济中心。

　北京是中国的文化中心。

2.这个人头发全白了。

这个人的儿子才十几岁。

3.他出了门。

大家立刻把他围住了。

4.昨天晚上十点我写完了作业。

昨天晚上十点我就睡觉了。

5.大家赶紧上车。

火车就要开了。

6.这个电影我喜欢看。

这个电影阿里喜欢看。

7.下雨了。

我们不去打球了。

8.我愿意站着死。

我不愿意跪着生。

9.汉语比较难学。

阿里学习汉语很努力。

阿里的汉语成绩很好。

10.你坚持下去。

你一定会胜利。

11.这本书很有意思。

这本书太厚了。

12.我去过中国。

我在中国学过汉语。

13.我们取得了很大的成绩。

我们不能骄傲。

14.阿里想学汉语。

阿里买了一个平板电脑。

二、判别正误：

1.A.她特别喜欢音乐，晚上，她不是弹钢琴，就听唱片。

B.她特别喜欢音乐，晚上不是弹钢琴就是听唱片。

2.A.只有搞好经济建设，人民的生活才能幸福。

B.只有搞好经济建设，才人民的生活很幸福。

3.A.我替他从图书馆不但借来一本书，而且简单地给他介绍了一下书的内容。

B.我不但从图书馆给他借来一本书,而且还简单地给他介绍了一下书的内容。

4.A.我们希望尽快地上课,老师们立刻便满足了我们的要求。

B.我们希望尽快地上课,老师们便立刻满足了我们的要求。

5.A.把东西整整齐齐地如果放在桌子上,就会用起来特别方便。

B.如果把东西整整齐齐地放在桌子上,用起来就会特别方便。

6.A.因为只有半个小时了,所以他跑着到车站去。

B.他只有半个小时了,跑着到车站去。

7.A.在所长的领导下,研究人员深入群众,深入实际,解决了很多问题。

B.研究人员在所长的领导下,深入群众,深入实际,解决了很多问题。

C.研究人员在所长的领导下,研究人员深入群众,深入实际,解决了很多问题。

8.A.我们到中国各地旅游,还参观了很多工厂和农村。

B.我们到中国各地旅游,我们还参观了很多工厂和农村。

9.A.因为不让敌人发现这些材料,所以他用特殊的墨水来写这些材料。

B.为了不让敌人发现这些材料,所以他用特殊的墨水来写。

10.A.这个问题不但我解答不了,他也解答不了。

B.这个问题我不但解答不了,他也解答不了。

三、改正下列病句:

1.要是现在不努力学习汉语,就是中国话以后说不好。

2.学习中文的同学因为比较少,我们所以彼此都认识。

3.我们参观了车间以后,就我们去访问工人家庭。

4.只是他可怜他,没有别的意思。

5.我不管别人去,我一定要去。

6.只有多听、多说、多写,就能中文学得好。

7.不单单做好自己的工作,他还常常帮助别人。

8.他开始记日记时,他有的字不会写,他只好画图。

9.他因为不爱说话,所以你如果不问他,他就不理你。

10.他白白去了王府井一趟,可是东西还是没有买到。

第三章　紧缩句

第一节　紧缩句的特点

一、什么是紧缩句？

紧缩句是一种以单句形式表达复句内容的句子。一般可以看成是由复句紧缩而成的。所谓“表达复句内容”是指紧缩句的谓语部分必须包含两个“相对独立”的陈述内容，这两个陈述内容之间存在着承接、条件、让步、因果等关系。紧缩句的两个谓语既不互相包含，也不互相修饰。

所谓“单句形式”是指紧缩句的谓语部分虽有两个谓语，但是一般不用连词“虽然”、“但是”、“因为”、“所以”等，而是常用一个或者一对有关联作用的副词（也有不用的）把它们紧缩成一个整体，中间没有语音上的停顿，书面上不用逗号，形式上像是一个单句的谓语部分。例如：

①站住，不站住就开枪了。

②看得清楚才能对得准。

例①的第二个分句是个紧缩句，句中的“不站住”、“开枪”是两个谓语，通过关联词“就”把二者联成一个整体，中间没有停顿。从意义上看相当于一个表示假设关系的复句。全句的意思是“站住！你要是不站住，我就开枪了”。但没有用连词，也没有用逗号。例②的“看得清楚”和“能对得准”是两个谓语，由关联副词“才”把它们联成一个整体，中间没有停顿。从意义上看，相当一个表示条件关系的复句。全句的意思是“我们只有看得清楚，（我们）才能对得准”，但没有用连词，也没有用逗号。

大多数的紧缩句可以扩展成复句，可以用复句的语法关系进行意义上的解释。但并不是所有的紧缩句都能扩展，如“我们的人越多越好”，如果扩展为“我们的人越多，我们越好”就不是一个好句子。

紧缩句可以使一个较复杂的意思用简明的语言形式说出来，很经济，很简练。紧缩句的结构类型是有限的，结构大体上也是固定的，也就是说，在汉语中，紧缩句是在长期使用中凝固起来的一些固定的句式，是不能随意创造的。

二、紧缩句与连动句、兼语句的界限

由于绝大多数紧缩句都是通过关联词语把两个谓语联成一个整体，所以可以用谓语中是否包含关联词语把大部分紧缩句与连动句、兼语句区别开来，包含关联词语的一般是紧缩句。例如：

①他披上衣服走出门去。（连动句）

②他披上皮袄还冷。（紧缩句）

③小明哭着说：“我要永远记住这个教训。”（连动句）

④小明哭着也能吃得下两碗饭。（紧缩句）

应该注意，有的句子谓语中虽有两个动词或动词短语，中间包含一个副词，但不起关联作用，这样的句子也不是紧缩句。试比较：

⑤你有事明天再说。（紧缩句）

⑥走吧！理他呢！到食堂里再拿一套回去。（非紧缩句，“再”表示重复）

⑦过去！过去想也不敢想啊！（紧缩句，“也”为表让步关系的关联词）

⑧桐桐想了想也没回答出来。（非紧缩句，“也”表示“同样”）

⑨“我一定要……”我想说“保护你”，可是话到嘴边又咽回去了。（紧缩句，“又”表示转折关系）

⑩“怕什么？……”老胡想了想又找补了一句，……（非紧缩句，“又”表示“添加”）

上面句子中起关联作用的副词只能轻读，不起关联作用的副词可以重读。

其次，可以从语义上加以区别。有些句子虽然不包含关联词语，但其中的两个谓语之间存在着假设、条件、让步、因果等偏正关系，也是紧缩句。例如：

①您年老体弱干不了这一行了。（因为年老体弱，所以干不了这一行了）

②明天参观，不下雨去，下雨不去。（要是不下雨就去，要是下雨就不去）

③有缺点不怕，只怕不知道缺点在什么地方，或是知道了不改。（即使有缺点，也不怕）（即使知道了，也不改）

④大西瓜喽，不甜不要钱。（如果不甜，就不要钱）

三、多重紧缩句

有的紧缩句像多重复句一样包含多重关系，称为多重紧缩句。

例如：

①你爱信不信。

②霆儿，你记着再穷也别学你姑丈，有本事饿死也别吃丈人家的饭。

例①是一个没有关联词语的紧缩句，这句话中虽然只有五个字，但却包含了两重假设关系。全句的意思是"如果你爱相信，你就相信；如果你不相信，就算了"；例②的第二个分句包含了因果关系和让步关系。这句话的意思是"如果你有本事，就是饿死也别吃丈人家的饭"。

四、关于紧缩句的主语

紧缩句有两个谓语，出现在前面的叫第一谓语，后面的叫第二谓语。但在紧缩句中常常只在句首出现一个主语。例如：

①人困得多厉害啊，那么大的露水，湿了他们的衣服都不知道。

②邓海对春梅说："你来热烈欢迎，别人来概不接待。"

例①的紧缩句中有两个谓语，第一个是"湿"，第二个是"不知道"。"露水"是"湿"的主语，第二谓语"不知道"的主语应是"他们"，被紧缩掉了。例②中有两个紧缩句："你来热烈欢迎"、"别人来概不接待"，也都是只出现一个主语：第一个紧缩句主语是"你"，第二个紧缩句主语是"别人"，而两个紧缩句的第二个主语"我们"都被紧缩掉了。如果第一谓语与第二谓语的主语是相同的，更是只在句首出现主语。例如：

③你干就得干得像个样子。

④咱们穷死也不受这窝囊气。

第二节 常见紧缩句类型列举

常见的紧缩句有以下几种类型：

一、用成对的关联词语构成的固定句式

常见的有下列几种：

(一)用“越……越……”关联的

第一谓语与第二谓语可以都是动词(短语)或形容词(短语)，也可以一个是动词(短语)，一个是形容词(短语)。例如：

①这一老一少真是越干越有劲儿。

②小魏越看越觉得心慌。

③雨越下越猛，像瓢泼一样。

④可是包善卿是青松翠柏，越老越绿。

⑤越忙越应该巧安排。

⑥身体越不好越要加强锻炼。

⑦找他谈话那天，他越说越难过，最后还是哭起来了。

用“越……越……”关联的紧缩句都表示连锁关系，表示第二个“越”后词语所表示的动作或变化随第一个“越”后词语所表示的动作或变化而变化。

(二)用“不……不……”关联的

所关联的可以是两个动词(短语)或两个形容词(短语)，也可以是一个动词短语，一个形容词(短语)。例如：

①咱们不见不散啊！

②灯不拨不亮，您这一席话使我豁然开朗。

③这种果子不晒不红。

④棉衣不厚不暖和。

⑤东西不好不要。

用“不……不……”关联的紧缩句一般表示“要是不……就不……”的意思，即假设关系。应注意此类紧缩句与谓语为并列结构的句子的区别。比较：

①咱们在校门口见，不见不散！（紧缩句）

②祥子站在那儿，不吭不动。（谓语为并列结构）

（三）用“再……也……”关联的

第一个谓语多为形容词（短语），第二谓语多为动词（短语），也可以两个都是动词（短语）。“再……也……”的意思类似“即使/就是……也……”，即让步关系。例如：

①“行了，行了！再难也得叫孩子上学！”爸爸说。

②我管保比他们水性好，水再深点也不怕。

③如果有了正确的理论，只是把它空谈一阵，束之高阁，并不实行，那么，这种理论再好也是没有意义的。

④狐狸再狡猾也斗不过好猎手哇！

这种格式中的副词“再”的意义不是表示动作行为重复，而是表示程度加深。“再……也……”表示即使主语所指事物的性质比现在更深，情况也不改变。如“再难也得叫孩子上学”，意思是“即使困难比现在更大”，“也应该叫孩子上学”。

（四）用“（不）……也……”关联的

两个谓语可以都是动词（短语），也可以是一个形容词（短语），一个动词（短语）。例如：

①我十辈子不见他也不想他。

②这份礼物,你要也得要,不要也得要,这是专为你买的。

③为了糊口,你想不干也得行啊?

④你的想法不成熟也可以提出来。

⑤人家不喜欢看也没办法。

用"(不)……也……"关联的两个谓语一般表示"就是……,也……"的意思,如例①、②、③、④,或表示"如果……,也……",如例⑤,表示因果、假设或让步关系。一个句子究竟表示什么关系,有时需要根据一定的语言环境来判断。如例③、④即可表示假设关系,也可以表示让步关系。

(五)用"一……就……"关联的

两个谓语可以都是动词(短语)或形容词(短语),也可以一个是动词(短语),一个是形容词(短语)。例如:

①母亲一知道就糟糕了,她会发病的。

②这把刀的钢特别好,稍微一磨就很快。

③可不能糊涂,多好的心,一不清醒就会办坏了事。

④奶奶年纪大了,一着急就糊涂。

用"一……就……"关联的紧缩句,一般包含着假设、条件的关系,如例①表示假设或条件的语义关系,意思是"要是母亲知道了,就糟糕了"。例②表示条件的关系,意思是"这把刀只要一磨,就会很快"。例③、④表示条件关系。

(六)用"非……不……"关联的

第一谓语多为动词(短语),有时也可以是名词或代词,第二谓语多为"可(行、成)",有时第二个谓语是动词短语。这是一个用双重否定表示更强的肯定的句式,意思是"一定"、"必须"。主要强调

“非”字后面的词语。例如：

①你非来不可(行、成)，我们都在等着你。(强调“来”)

②当领导的非精通业务不可。(强调“精通业务”)

③脚跟不稳，非摔跟头不可。(强调“摔跟头”)

④他非拉过一定的钱数不收车。(强调“拉过一定的钱数”)

⑤告诉你，我还非坐花轿不出这个大门。(强调“坐花轿”)

⑥要解决这个问题，非你不可。(强调“你”)

二、只用一个关联词语的紧缩句

常用的关联词语有“就”、“也”、“再”、“又”、“都”、“倒”、“却”等，关联词语位于两个谓语中间。

(一)用“就(便)”关联的

1.含有“如果……就……”的意思，即假设关系，所关联的两个谓语可以是两个动词(短语)、两个形容词(短语)或一个动词(短语)，一个形容词(短语)。例如：

①你有什么问题就直接谈吧！

②没有困难就不来求你了。

③不重要就不这样急了呀！

④他愿意来就叫他来。

⑤要学什么就要努力学习。

“就”所关联的词语还可以是完全相同或部分相同的。例如：

⑥一个穷孩子，一回到自己的队伍就像回到了自己的家，饿了就吃，渴了就喝，想说就说，想笑就笑，该打仗就打仗，该行军就行军，这不很好吗？

⑦王子是国王的儿子，想要什么就要什么，想去哪儿就去哪

儿，愿意干什么就干什么……

⑧闯王笑着说："仗要活打，不要死打。……能够打硬仗就打，不能打硬仗就避开。"

⑨你自己主动点儿，该干什么就干，甭等我说。

⑩跑得了就跑，跑不了就跟他拼。

⑪玩就玩个痛快。

⑫干就大干一场。

⑬搞就把它搞得像个样子。

⑭这篇文章好就好在实事求是。

2.含有"既然……，就……"的意思，即让步关系，所关联的两个谓语一般是动词（短语）。例如：

①说了就得算。

②欠账就得还钱！

③好，那就算了吧！脾气做成就改不了啦！

3.含有"只要……，就……"的意思，即条件关系。例如：

①我心想：送信这工作简单不简单，看看老白就清楚了。

②你把箱子打开看看就知道装什么东西了。

③阿凤见人就问："你见到我家小花猫了吗？"

④试工期内，她整天地做，似乎闲着就无聊。

⑤你以为关上电门就解决问题啦？

⑥这件衣服你做得好坏没关系，能做上就行了。

4.含有"因为……，就……"的意思，即因果关系。例如：

①他看你不在家就回去了。

②我让石头碰一下儿就软下来，那还能干什么大事呀？

5.表示转折关系。例如：

①那部电影写得太公式化了，刚看一半就知道结局了。

②这几年气候异常，还没到伏天就这么热了。

(二)用“也”关联的

1.含有“即使……，也……”的意思，即让步关系。例如：

①你有意见也少说，能说的说，不能说的少说。

②你不赞成也得表个态啊！

③我死了也忘不了蒙受的这些玷辱。

④你跑遍北京城也买不到减肥灵。

⑤别理他，这样的人没理也要强占几分。

⑥老主任，平时请你也请不来，现在来了，就不能走了。

2.含有“如果……也……”的意思，即假设关系。例如：

①咱们俩干的不是一行，想也想不到一块儿，说也说不到一块儿。

②忘了也得唱，不能停，记住了吗？

③我们没有事也不会到这儿来打搅。

④我自己会看病也不来求医了。

3.含有“无论……也……”的意思，即条件关系。例如：

①你说什么也得去。

②风多大也要出海。

③妈妈怎么劝也听不进去。

④机器出问题了，怎么修也不转了。

4.含有“虽然……，但是……”或“就是/即使……，也……”的意思，即转折关系或让步关系。例如：

①你经验多也不能粗心大意。

②她身体不好也没耽误了工作。

③法官来了也解决不了你我之间的矛盾。

④去过也可以再去一趟看看，这么多年总会有变化。

⑤这件事与我们没关系也应该关心关心。

(三)用“又”关联的

1.含有“虽然……但是……”的意思，即转折关系。例如：

①他心碎了，怕看又不能不看。

②刚才我话到舌尖又咽回去了。

③老钟看见王林，想说什么又忍住了。

④当时瑞娟好像要说不去又没说出来。

⑤方立想要又不好意思开口。

2.含有“如果(说)……”的意思，即假设关系。例如：

①我家小胖胖吃又能吃，睡又能睡，没有什么病。

②这种旅行袋背又好背，提又好提，买一个吧。

③大刘跑又跑得快，跳又跳得高，为什么不参加运动会？

④这些事在信里写又写不清楚，还是面谈吧。

⑤这么远的路，骑车又不会骑，走路又走不动，还是不去的好。

3.含有“即使……”的意思，即让步的关系。例如：

①这群歹徒！烧了房子又能吓住谁？

②我就不说又能把我怎么样？

③你比别人都能干又有什么了不起的？

④隔壁有人又怎么样？

(四)用“还”关联的

1.含有“虽然……，但是还……”的意思，即转折关系。例如：

①老伯伯头发都白了还练基本功呢。

②他们失败了还要干。

③这孩子饱了还想吃。

④祥子冻得穿着棉袄还不住地搓着手。

2.含有“即使……”或“就是……”的意思,即让步关系。例如:

①你这个人真是!打狗还得看主人呢!

②您真抠门,买个小孩玩意儿还得块八毛呢!给这么几个钱……

③你别小看这个工作,你想干还不让你干呢。

④嗯,你不让我去,下次请我去还不去了。

3.含有“如果……”的意思,即假设关系。例如:

①我不信任你还告诉你这事。

②我们要不开车厂子,你们想拉车还没地儿拉呢。

③我懂还来问你?

④有意见还不提?用得着你来问。

(五)用“再”关联的

含有“如果……”的意思,即假设关系。例如:

①有意见以后再提,现在不是时候。

②我看就这么办吧,出了问题再研究。

③计划就这样吧,他不同意再改。

(六)用“才”关联的

含有“只有……,才……”的意思,即条件关系。例如:

①坚持到底才能胜利。

②果子熟了才能摘。

③站得高才能看得远。

(七)用“都”关联的

1.含有“就是……”或“即使……”的意思,即让步关系。例如:

①你走都走不稳,还想跑。

②老人生气了,看都没看一眼,接过去就撕了。

③那天,他来我家,坐都没坐一会儿就匆忙地走了。

④王欢喝口水都长肉,他胖得发愁。

2.含有“无论……都……”的意思,即条件关系。例如:

①谁看见她都喜欢得不得了。

②走吧,走吧,跟他说啥都白搭唾沫。

③那天来参加婚礼的人,谁看见新郎新娘都多看两眼。

④前门我已经开开了,什么时候想跑都可以跑掉。

(八)用“却”关联的

表示“虽然……,但是……”的意思,即转折关系。例如:

①三姑娘有才却不外露。

②这个戏情节简单却引人深思。

③喜旺看见了却只装没看见。

三、不用关联词语的紧缩句

除了用关联词语的紧缩句外,还有大量紧缩句是不用关联词语的。例如:

①干吧!出了问题找我。

②你身子骨又弱,工作又累,病倒了怎么办?

③猜错了可挨罚。

④不同意别勉强。

⑤老师教的单词我学几个忘几个。

⑥我老孙头有啥说啥。

⑦这事儿你看着办,该怎办怎办。

⑧你们该吃吃,该玩玩,该干什么干什么,别客气。

⑨咱们哪,还是干什么说什么,卖什么吆喝什么。

⑩钱?钱是我的,我爱给谁给谁。

⑪这孩子站没站相,坐没坐相,磕头也没有磕头相。

四、带有连词的紧缩句

有些句子虽然有连词,但两个谓语连接得很紧,可看作是紧缩得不彻底的紧缩句。由于句中有连词,两个谓语之间关系是较明确的。例如:

①要是他不同意怎么办?

②我因为等你才没去。

这里简要列举了紧缩句的主要类型。由于几乎每个关联词语都可以表示多种关系,所以一个紧缩句究竟表达的是什么意思常常要由上下文或语言环境来决定。可以说紧缩句对上下文和语言环境的依赖比一般句子要强得多。

紧缩句用词不多,含义丰富,生动精炼,在口语中用得很多。

参考文献

施关淦　用“一……就(便)……”关联的句子,汉语学习,1985年第5期。

汪志远　口语式“X就X”研究,武汉大学学报,1993年第3期。

邢福义　“越X,越Y”句式,中国语文,1985年第3期。

俞敦雨　“爱X不X”式的分析,汉语学习,1982年第2期。

张中行、唐磊　谈谈紧缩句,中学语文教学,1984年第1期。

练 习

一、解释下列各句子的意思：

1.八点钟不来上车就不等了。
2.人来齐了才开演呢。
3.你想参加就报名。
4.他有多大困难也不愿麻烦别人。
5.不了解情况不要乱说。
6.有票才能进去。
7.路再远也得去。
8.你哭也不让你去。
9.我自己有办法还来求你?
10.他吃多少药也不见好。
11.不让去就不去,以后请我也不去了。
12.你的劲儿再大也搬不动这么大的石头。
13.有了真本事才能为人民服务。
14.你不说我也知道。
15.你非来不可,这儿需要你。
16.他向来不问不说。
17.这是大家举手通过的,你不同意也得照办。
18.你爱来不来,你来欢迎,你不来也不缺你。
19.这种技术不努力学不会。
20.你再有学问也不可能什么都知道。
21.他一感冒就发烧。
22.条件再好不努力也学不好。
23.没事情就不来找你了。
24.能来就来,不能来就打个电话。
25.坏就坏了,再买一个新的吧。
26.深挖才能见水。
27.怎么劝他也不听。
28.知道就说知道,不知道就说不知道。
29.人来齐了才发票。

30.再不抓紧可要完不成任务了。

二、用紧缩句表达下列句子的意思：

1.要是你不想看，就把电视关上吧。

2.你既然不同意，就不要举手。

3.我不让他去，他一定要去。（用“非……不可”）

4.我想了多少次他家的地址，还是想不起来。

5.我宁愿饿死，也不替敌人做事。

6.你们既然已经决定了，就别再犹豫了。

7.产品的质量要是不合格，就不能出厂。

8.咱们既然决定去，就应该早一点儿去，不要迟到。

9.即使题目比这个还难，我也做得出来。

10.我跟你说的话，你愿意相信就相信，不愿意相信就算了。

11.要是样子不好看，就不买。

12.你如果不想去，可以不去。

13.你只有认真找，才能找出错误来。

14.即使你比现在还有钱，也不应该浪费。

15.这是一项紧急任务，你即使不想干，也得干。

16.既然大家都希望去颐和园，那么咱们就去颐和园吧。

17.你不是不舒服吗，怎么还来上班？

18.你无论怎么努力，也赶不上他。

19.他想要说什么，可是又没说。

20.只要大家齐心，就能把工作做好。

第四章　篇章

我们说话的时候，通常不止说一个词，而且常常不止说一个句子。这种一个个连起来的句子，就是我们通常说的语流。语流中表达完整意思的最小的单位是句子，比句子更大的单位是语段和篇章。

语段通常由前后相连的、一个以上的句子构成，一个语段的意义主旨是和谐统一的。

篇章是由语段构成的，一个篇章就是一个完整的交际过程。比如一个完整的对话、一篇文章、一首诗、一个广告、一个说明书，等等。

使用汉语时，在一个连续的语流中，句子的结构、安排受篇章的影响很大。很多语法问题，比如"把"字句、"被"字句、话题——说明句、动态助词"了"等，只有超出句子范围才能解释清楚。篇章研究是语言研究中一个独立的部门。本节只介绍与对外汉语教学语法有关的一些篇章方面的问题。

第一节　信息、话题、焦点

人们运用语言进行交际，交际中的句子是有内容的，也就是含有信息。句子有句法结构，也有信息结构。

一、已知信息和新信息

说话时，从发话人（说话者）到受话人（听话者或读者）之间不断地传递着信息。信息可以分为两种：已知信息和新信息。汉语句子的信息结构是已知信息在前，新信息在后。

所谓已知信息和新信息，是发话人根据受话人或读者对语言成分所负载的信息的熟悉程度划分的。如果发话人认定受话人对某种信息毫无所知，他就把这种信息作为新信息传递给对方。新信息也有人叫新知信息。不是新信息的信息就是已知信息，也叫旧信息。

所谓已知信息是由上下文或语境等所提供的信息。上下文可以使某个信息成为已知的。比如：

①A：我上个月去了一趟雅鲁藏布大峡谷。

B：那个地方我也去过，非常雄伟壮观。

“雅鲁藏布大峡谷”在前一个句子中出现了，在第二个句子里，就成为已知信息，而用“那个地方”表示，位于句首。

②昨天我买了一本刚刚出版的新书。那本书很有意思，回来以后我一口气把它看完了。

“一本书”在第一个句子里出现了，就成为已知信息，所以在最后一个分句里“它”位于“把”字的后面，而不是位于“看完”的后面。

语境包括谈话时周围的情景，也可使某信息成为已知信息。例如：

①（在商店里）这件衣服你喜欢吗？（“这件衣服”是已知信息）

②请你把桌子上那本词典递给我。（“桌子上那本词典”是

已知信息）

人们对生活中事物的共同认识也属于已知信息，比如一般来说人们每天都要吃三顿饭，学生要上课、做作业、考试、有成绩等，老师要上课、改作业、出考题等；出门旅行乘飞机、火车、看电影、看戏、看球赛要买票等。

交谈双方对彼此情况的了解也属于已知信息。比如知道对方家里养一只小狗叫“小白”，你见到对方才可以问“小白怎么样？”

已知信息还包括宗教信仰、社会行为模式、社会文化以及自然方面的知识，比如公共交通、西方小镇里的教堂、有名的学校、月亮、太阳、当前的社会新闻以及其他人们共同熟悉的事物等。

二、话题和说明

（一）话题

话题是说明、评论的对象，而说明是对话题的说明、评论。在结构上，通常话题是一个句子句首的名词性成分。如果句子中有已知信息，话题一定是已知信息，而说明通常是新信息。也有人把话题叫主题，把说明叫评论。话题和评论的英文是 Topic-comment。请看下面的句子：

①她头疼，嗓子还有点红。（话题——她）

②小高学习努力，工作积极。（话题——小高）

③我姐姐上个月从美国回来了。（话题——我姐姐）

④这本书我看过了，一点意思也没有，你不要看了。（话题——这本书）

⑤这个地方只能摆一张床，想再放一个柜子，根本不可能。（话题——这个地方）

⑥这本书虽然写完了，可是我还没有做索引呢，你不能拿走。（话题——这本书）

⑦这把刀你别切肉，太钝了，切菜还可以。（话题——这把刀）

⑧这件事大家都很关心，你处理得好不好关系很大。（话题——这件事）

⑨婚姻的事，应该让孩子自己做主，都什么年代了！（话题——婚姻的事）

从上面的句子可以看出来，话题可以是动作的施事（动作的发出者），如例①的“我姐姐”；可以是受事（动作的接受者），如例②的“这本书”；可以是处所，如例③的“这个地方”；可以是工具，如例⑤的“这把刀”；可以是系事（前面可以加“关于、对于”等），如例⑥的“这件事”和例⑦的“婚姻的事”。

话题可以跟句子中的动词具有某种语义关系，例如施事、受事、工具等。话题为受事时，好像在结构上是从后边移到前边。例如“这本书写完了——写完了这本书”；有些句子在结构上不存在这种关系，如“婚姻的事应该由孩子自己作主”，“婚姻的事”不能回到“应该由孩子自己作主”的后边。

如果一个句子中出现了施事，又出现了系事，或地点、工具、受事等成分，而且施事和系事，或施事与受事、地点、工具等都是已知信息的话，系事、地点、工具、受事都比施事更容易成为话题。

（二）话题和主语

主语属于句子结构层面的现象，而话题主要属于篇章层面的现象，通常要有一定的语境和上下文。主语和话题各有什么特点呢？

1.主语的特点：

(1)主语与谓语动词之间的语义关系密切，比如谓语是动作动词时，主语常常是动作的发出者——施事，谓语动词为关系动词时，主语是判断的对象，在“被”字句里，主语是动作的受事等。

(2)主语前面没有介词。

2.话题的特点：

(1)话题通常位于句首，多为名词性成分，话题后可以有停顿，可以加语气词“啊”、“吧”、“吗”、“呢”等。

(2)话题通常是已知信息。

(3)话题与主语相比，与谓语动词的语义关系比较远，如前所述，可能是动作的受事、工具、处所或其他有关系的事物。例如：

①“巴札”是维语，汉语是“集市”的意思。

“巴札”是话题，它与第二分句的语义关系很远。

②看书写文章，他都在晚上。[①]

③吃饭，我喜欢西餐。

(4)话题的语义范围可以覆盖一个语段中的几个句子。例如：

这本书我看过了，没有意思，你不要买。

在这个句子中，“这本书”是话题，语义上管辖两个句子，“我”是第一个句子的主语，“你”是第二个句子的主语。

当没有上下文或语境提供已知信息，或句中只有表示动作的施事是已知信息，或者在一个叙述句中完全没有已知信息时，主语和话题会合一。例如：

①教师是人类灵魂的工程师。

---

① 这里例①与例②都引自吕叔湘先生《汉语语法分析问题》。

②我每天早上八点起床，八点半上班。

③一个穿红衣服的女孩突然站起来向台上走去，引起了全场的人的注意。

三、焦点

在句子中，焦点是新信息的核心，是说话人、作者最想让听话人、读者知道、注意的部分，也是句子中在语义上最突出的部分。焦点可以分为三种：自然焦点、对比焦点、话题对比焦点。

（一）自然焦点

自然焦点又叫常规焦点、中性焦点。如前所述，汉语句子的信息结构是已知信息在前，新信息在后，而自然焦点正是新信息的核心，通常处于句末，也就是说，句末的实词通常就是自然焦点。自然焦点的形式标志是句子的自然重音。例如：

①我明天要去'上海。

②今天的功课我都做'完了。

③这封信请你交给'小马。

④我写字写得很'慢。

⑤把书放在'桌子上。

⑥他今天早上睡到'十点。

⑦姐姐刚才买了'三件衣服。

⑧他'轻轻地把书'放下了。[①]

在汉语中，修饰语一般更容易成为自然焦点。比如例⑦中的"三

---

① 句中有描写性状语时，一般谓语动词仍为句子的焦点，但描写性状语会比除了谓语动词以外的成分说得都重些。

件”，例⑧中的“轻轻地”。

回答具有自然焦点的问句时，可以只回答焦点。例如：

①你明天要去'哪儿？

上海。

②今天的功课你都做'完了吗？

（做）完了。

③那封信你交给'谁了？

小马。

④你写字写得'快不快？

不快。

⑤把书放在'哪儿？

桌子上。

⑥他今天早上睡到'什么时候？

十点。

⑦姐姐刚才买了'几件衣服？

三件（衣服）。

⑧他把书'放下了吗？

放下了。

（二）对比焦点

对比焦点是针对听话人或听说双方都清楚的某个（些）人的一种想法来进行对比的焦点，是在句子中说话人特别要突出的一点。对比焦点的标志也是重音。对比焦点与自然焦点不能共存，也就是说，有了对比焦点，自然焦点就自动消失了。例如：

A：小李明天去上海，是不是？

B：不，他'后天去（上海）。（针对“小李明天去上海”）

除了虚词外，句子中任何成分都可以成为对比焦点。例如：

ˈ我们班昨天来了一位男老师。（针对“别的班”）

我们班ˈ昨天来了一位男老师。（针对“今天”或“明天”等）

我们班昨天ˈ来了一位男老师。（针对“走了一位老师”）

我们班昨天来了ˈ一位男老师。（针对“两位”、“三位”等）

我们班昨天来了一位ˈ男老师。（针对“来了一位女老师”）

对比焦点还有其他的形式标志。一个是非重读的“是”。例如：

①我是ˈ救你，不是ˈ害你。

②是ˈ我救了你，不是ˈ他。

③他是ˈ明天来，不是ˈ今天。

另一个是“是……的”句中的“是……”（参见第四编第三章“‘是……的’句”）。在“是……的”句中，谓语动词一定是已知信息，焦点标志“是”后面的成分是说话人要突出传递的信息，是焦点，重音在“是”后的词语上，“是”可以省略。例如：

①A：你是ˈ什么时候来的？

B：我是ˈ昨天来的。

②A：你是ˈ跟谁一起来的？

B：我是跟朋友一起来的。

③这双鞋我是ˈ在欧洲买的。

回答含有对比焦点的疑问句时，也可以只回答焦点。例如：

①A：我问你，我这样做是ˈ救你还是ˈ害你？

B：救我。

②A：是ˈ谁救了她？

B：她男朋友。

③A:你是'什么时候来的?

B:昨天。

④A:你是'怎么来的?

B:坐飞机。

⑤A:你们班昨天来了一位男老师,是吗?

B:不,是'今天。

⑥A:听说你哥哥昨天给你寄来很多钱?

B:不,是我'姐姐寄了一些钱。

例⑤、⑥这样的句子,给予否定回答时,通常要加“是”,有时还要加上谓语的其他成分。这是因为问句没有对比焦点,而答句针对问句中某一个成分,成为有对比焦点的句子,所以应该体现出哪个成分是对比焦点,“是”就是对比焦点的标志。

(三)话题对比焦点

一般情况下,作为已知信息的话题是最不容易成为焦点的,但在一些对比性的句子里,话题就成为焦点。常见的有以下几种:

1.“主语+受事成分+……,受事成分+……”这种对举的句子

一般来说,动作的受事如果表示新信息,应该位于动词后。如果表示已知信息,应该位于句首作话题,否则,句子不能成立。例如:

①我认识老李。

老李我认识。

表示上述意思时,不能说“我老李认识”。只有在对举的句子里才可以,这时重音在受事成分上。例如:

②我'老李认识,'老张不认识。

③我'鸡不吃了,拿走吧,'鱼还吃。

④玛丽'北京去过,'上海没去过。

这种句子所以把受事或地点名词放在施事名词后,是因为施事名词是话题也是主语,语义上管辖后面的两个分句,受事名词或地点名词是第二话题,即对比话题。

2.“连……也/都……”格式

在“连……也/都……”格式中,“连”后是对比话题,也是重音所在。例如:

①这么容易的字连'一年级小学生都认识,你这个'大学教授怎么会不认识呢?

②A:你去过很多国家吧?

B:哪里,我连'北京城都没出去过。

③A:约翰的中文怎么样?

B:相当好,他连'《红楼梦》都能看了。

④A:我今天请客,老张敢吃生鱼片吗?

B:他呀,连'生老鼠都敢吃。

“连”字后边的名词都表示在所提到的一类事物中最极端的一个,比如最好或最坏,最聪明或最笨,最容易或最难……。“连……也/都……”格式的意思是,最极端的情况都会出现,一般情况的出现自然是不言而喻的。如例①说话人要说的是“这个汉字”很容易,容易到在识字的人中,一般来说认识字最少的“一年级的小学生”都认识,含义是:其他识字的人更不必说了,当然,大学教授更没有问题。例②用“没出过北京城”来说明“我”去过的地方少。例③用“能看《红楼梦》”来说明一个外国人中文程度之高。例④用敢吃一般人都不敢吃、不会吃的"生老鼠"(实际上是举个极端的例子)来说明"他"什么都敢吃。

"连……"也可以移到句首。例如:

②′A:你去过很多国家吧?

B:哪里,连′北京城我都没出去过。

③′A:约翰的中文怎么样?

B:相当好,连′《红楼梦》他都能看了。

④′A:我今天请客,老张敢吃生鱼片吗?

B:没问题,连′生老鼠他都敢吃。

"连……也/都……"格式中有时对比焦点是动词性成分。例如:

①她的男朋友给她买了一本书,她连′看都没看就扔到一边去了。

②他把一件穿过好长时间的衣服,从脏衣服堆里翻出来,连′洗都没洗,就穿上作客去了。

③客人进来以后,他连′头也不抬,只是努努嘴,示意叫他坐下。

这样用的"连……也/都……"格式都表示:说话人认为某件事按常理应该怎么做,而某人并没有那么做。如例②,"他"要去"作客",不穿新衣服也应该穿干净衣服,可是"他"竟"把一件穿过好长时间的衣服,从脏衣服堆里翻出来,没洗,就穿上作客去了"。

在"连……也/都……"格式中,"连"也可以不用,重音不变,重音所在仍然是话题对比焦点。例如:

①这么容易的字′一年级小学生都认识,你这个′大学教授怎么会不认识呢?

②A：你去过很多国家吧？

B：哪里，我′北京城都没出去过。

③A：约翰的中文怎么样？

B：相当好，′《红楼梦》都能看了。

④她的男朋友给她买了一本书，她′看都没看就扔到一边去了。

3.疑问代词的任指用法

疑问代词的任指用法也表示话题对比焦点。例如：

①这儿的人，我′谁都不认识。

②他这个人见多识广，′哪儿都去过。

③我现在还不饿，′什么都不想吃。

此类疑问代词通常可以移到施事者前。例如：

①′这儿的人，′谁我都不认识。

②′这个人见多识广，′哪儿他都去过。

③′现在还不饿，′什么我都不想吃。

但是不能把疑问代词移到动词后。例如：

①″*这儿的人我不认识′谁。

②″*他这个人见多识广，去过′哪儿。

③″*我现在还不饿，不想吃′什么。（意思与疑问代词的任指用法不同）

4.“一……也/都不”也表示话题对比焦点

①这些书他′一本都不喜欢。

②那儿′一户人家都没有，不太安全。

③这件事跟你′一点关系也没有，你着什么急？

④你不必担心，我们′一点困难都没有。

这种句子中的“一＋名词”也不能移到动词后。

如果句子有话题对比焦点，回答问题时，谓语不能省去。例如：

①A：你连这么简单的问题都不会回答吗？

B：对，（连这么简单的问题也）不会回答。

②A：你飞机票和旅行用的箱子都买好了吗？

B：我飞机票买了，箱子还没买。

③A：这件事跟你有关系吗？

B：一点关系也没有。

④A：你都去过哪些国家？

B：哪个国家我也没去过，我就没出过北京城。

第二节　篇章的连贯

在语流中，一个一个连成语段的句子，前后是连贯的，各个句子不是相互孤立无关的。句子怎样连贯起来呢？使句子连贯的手段很多，我们下面介绍几种主要的、形式比较明显的。

一、词语替代与省略——回指

句子和句子连接起来以后，除非修辞的特殊需要（如排比句），一般来说不能重复同一个主语或话题。

即当第一个句子出现话题或主语，后边句子的话题或主语不变时，后边的句子可以用代词替代主语或话题，主语或话题也可以省去。用代词替代叫代词回指，完全省略的叫零回指，也叫隐现。

例如：

①潘文石先生在中科院动物所的研究成果发表后不久就公开发表反对意见，他希望预防一种负面情况的出现：如果公众因此对熊猫保护产生误解，漠视熊猫野外生存环境的保护，那将是对熊猫最大的威胁。

这个句子的主语是第一分句句首的“潘文石先生”，第二个分句再提到他时，用了代词“他”回指。如果第二句仍然用“潘文石先生”，这两个分句就成为独立的、没有关系的两个句子了。

②白如信得意非凡，（白如信）兴致勃勃地赶回结构车间。他没有回办公室，（白如信）直接来到了现场。焊接已经结束，但焊工们一个个都有点垂头丧气，连平时闲话最多的刘民也躲到一边，（刘民）像被人割去了舌头。白如信觉得情况不妙，他奔到焊好的大轴跟前。

这一段话，第一个语段的主语是“白如信”，第二个分句这个主语不出现，用零回指。下面的句子再提到这个人时，用了代词“他”回指。紧接着的下一个分句，“白如信”用零回指。中间话题改变了。到下面在提到“白如信”时，因为离前一个“白信如”已经很远，而且中间又提到“刘民”，如果用“他”或省略，所指将不清楚，所以“白如信”又出现了。后边的分句用了代词“他”回指“白如信”，这个“他”也可以省略，但这个句子显然表示后边的动作紧接着前面的动作，所以最好加上“就”或“赶紧”等，如“就奔到焊好的大轴跟前”或“赶紧奔到焊好的大轴跟前”。修改后的句子比原来的句子连接得更好。

在话题或主语的替代和省略中，一般情况是离原型词语（如主语或话题）越近的，越适合用省略，即用零回指的方式；稍远的，用代词回指;远到听话人或读者对原型的印象已经模糊时,就重复原型。

二、篇章的其他连接手段

起连接作用的篇章连接手段,都位于句首。主要有以下几种:

(一)话题连接

话题可以把后面的句子与前面的句子连接起来。例如:

①编辑部到了。这是一座北方城市常见的旧四合院,(编辑部)据说当年是一位绸缎资本家的偏房的住宅。

在这个句子中,作为话题的已知信息"编辑部"把后边的句子与前边的句子连接起来;"这"又把后边的句子与前面的句子连接起来。

②A:明明,妈妈新买的花瓶呢?

B:花瓶被猫咪打破了。

"被"字句的主语也是话题,而且起篇章连接的作用。上面这个句子所以选用"被"字句,而不选用"把"字句,就是因为正在谈的是"花瓶",所以应该处于句首,而且"花瓶"把后边的句子与前边的句子连接起来了。如果问:

A:谁把花瓶打破了?

就应该回答:

B:猫咪把花瓶打破了。

在后边这个句子里,起篇章连接作用的就是"猫咪"。

(二)时间词、处所词、副词连接

我们在第三编"状语"一章中曾谈到,有些状语可以位于主语前,也可以位于主语后,此类状语在一个自然的、没有上下文的单句中，应该位于主语后，而在连续的语流中，由于句子连接的需要，有时会位于话题（可能也是主语）前。

在叙述体中，正在叙述的动作行为、事件是在时间、空间展开、发展的，句子也就常常用时间词、处所词来连接。表示时间和语气的副词也可以起连接作用。例如：

①那天夜里他终于听见了隔壁母亲发出的鼾声，但他却失眠了。他靠在床上吸了好几支烟，出神地倾听着那低柔的呼吸的声响。后来他悄悄取过纸笔，在黑暗中嚓嚓写了起来。

②复印技术的发明，难以找到一个确切的时间。本世纪初，文件图纸的复印主要是通过两种方法来实现：一种是蓝图法，一种是重氮法，二者都是在复印纸表面涂上某种化合物，经过曝光后获得图像。

之后，复印机几经改良，又出现了可复印彩色文件的复印机等家庭新成员。复印的精度也逐步提高，甚至复印钞票时竟会“以假乱真”，以至有时候不得不对复印机的使用加以限制。

例②是一篇短说明文，说明复印机技术的改进，两个段落是用时间词连接的。

③他先是在急诊室里，后来又在病房里守着母亲，整整守了四天四夜。

这四天里，他没有做日语习题，也没有温习地理讲义……

例③第一段，“他”是主语，也是话题，即用话题与前一段连接，时间词不起连接作用；第二段用时间词语“这四天里”与上一段连接。

④他们进了工厂区。两侧高耸的烟囱吐着团团浓云，路上拥挤着穿工作服的人群。

这一段话是用“两侧”和处所词“路上”连接的。

⑤大学毕业十五年以后，有一天，我来到了母校。在那里，我看望了曾经教过我的老师，留校任教的同学，还去凭吊园中的古塔、假山，仿佛又回到了那难忘的岁月。

这一段话，开始用时间词“大学毕业十五年后，有一天”连接，然后用处所词语“在那里”连接。

⑥好像后来妈妈吃的时候落泪了，他回忆着，当然我现在不会落泪。

在这段话里，“当然”起连接作用。

⑦永定河没有屈服，它不像你，原来，你完全配不上这些北方的河。

在这段话里，语气副词“原来”起连接作用。

⑧(明白了，这恐怕是今天的中心议题，连忙采取推挡术：“不敢当，我们的庙小，容不下大菩萨。”

“你们的庙也不小呀，就看庙主的眼力。”)

幸亏那三套鸭帮了忙，当它被拆开以后，人们便顾不上说话了，因为嘴巴的两种功能是不便于同时使用的。

在这段话里，语气副词“幸亏”起连接作用。

⑨你们为什么不让我们去？难道男同志能做到的事，我们女同志做不到吗？

在这段话里，语气副词“难道”起连接作用。

如果时间词、处所词和语气副词不起连接作用，就要放在充任话题或主语的词语后。例如：

①A：你怎么看起来很疲劳？

B：我昨天晚上没睡好觉，不知为什么，昨天我同屋打鼾的声音特别大。

②A：你昨天丢的钱找到了吗？

B：我柜子、抽屉、提包、衣服兜都翻遍了，哪儿也没有。

③你原来躲在这儿！难怪我到处找你找不到。

（三）表示逻辑关系的成分连接

表示逻辑关系连接的成分很多。可以连接复句的连词很多也可以把句子连接成语段。此类连词可参见第二编第八章“连词”以及第五编第二章第二节“复句的关联词语”。还有一些连接成分，主要起篇章连接作用，即把句子连接成语段或把语段连接成篇章。比如罗列原因、情况等时，可以用“一、二、三……”，“第一、第二、第三……”，“首先、其次、再次、最后”等；表示并列几种情况的可以用“与此同时”、“一方面……（另）一方面”、“与此相应地”、“无独有偶”等；进一步说明时用“推而广之”、“更有甚者”等；表示附加说明的如“此外”、“（再）补充一句”、“除此之外”等；举例时可以用“例如”、“比如”、“比方说”、“拿……来说”、“以……为例”、“就说”等；表示总结的可以用“总之”、“总的来说”、“总的来看”、“总而言之”、“概括起来说”、“一句话”、“一言以蔽之”等；说明对立情况的可以用“与此相反”、“反过来（说）”、“反之”等；对比时可以用“相比之下”、“比较起来”、“相形之下”等；表示附带说明可以用“顺便说一下”、“附带说一句”等；表示肯定时可以用“是的”、“是啊”、“真的”、“的确”、“确实”、“不错”等；表示推论时可以用“由此（看来）”、“（由此）可见”、“显然”、“显而易见”、“毫无疑问”、“毋庸讳言”等；表示意外时可以用“岂料”、“谁知”、“没想到”等；此外还有“换言之”、

"换句话说"、"也就是说"以及"即"、"具体地说"等。

(四)可以管辖不止一个句子的谓宾动词连接

有些谓宾动词,所带的宾语有时可以是几个句子,甚至可以是几个语段。这种动词我们叫超越分句的语言成分,[①]有的语法著作叫篇章管领词语。[②] 这种动词实际上也起连接句子的作用。此类动词主要有:

1.能愿动词。例如:

①你老人家是想当陪房丫头一块儿嫁过去,好成天给人家端砚拿纸啊,还是给人家铺床叠被到了晚上当姨老爷啊?

2.表示感觉、知觉、心理活动、意志的动词和动补短语。这类动词有:看见、听到、感到、觉得、喜欢、讨厌、抱怨、埋怨、害怕、怕、着急、知道、晓得、懂得、了解、明白、认为、相信、注意(到)、舍不得、担心、考虑、同意、忘(了)、怀疑、猜、打算、希望、盼望等。例如:

①我明白,一个女人岁数一天天的大了,高不成,低不就,人到了三十岁了,父母不在,也没有人做主,孤孤单单,没有一个体己的人,真的有一天,老了,没有人管了,没有孩子,没有亲戚,老,老,老得像……

3.可以引出直接或间接宾语的动词。这类动词有:听说、说、讲、告诉、打听、交代、叫、喊、嚷、骂、劝、问、答应、回答、约定、介绍、

---

① 这一部分采取刘月华的观点。参见刘月华"超越分句的语言成分",《汉语研究》第一辑,南开大学出版社,1986年。

② 廖秋忠把管辖不止一个句子的语言成分叫篇章管领词语,他的篇章管界词语还包括上面提到的篇章连接手段。参见廖秋忠"篇章中的管界问题",《中国语文》1987年第4期。

要求、嘱咐、允许、称赞、夸、鼓励、号召、声明、说明、解释、反映、决定、赞成、商量、批准、启发、说服、批评、承认、提出、指出、坦白、表示、请示、保证、请求、通知、广播、证明、命令等。例如：

①我声明，不要把我算在里面，你们房子买不买，我从来没有想过。

4.某些关系动词。这类动词有：好像、算、等于、是等。例如：

①我好像突然发现我喜欢周围的人，觉得活着还是好的，觉得死有一点可怕了。

5.使得、免得、用不着、支持、争取、预备、准备、强迫、发现、值得、开始、继续等。

此外使篇章连贯的因素还有词语意义的联系，即一个语段中的词语由于说明同一个话题，所以所用的词语在意义上往往有联系，这些词语也有连接句子的作用。另外，篇章中的句子即使不出现时间词语，其顺序也是按照动作事件发生或观察顺序的先后，或按照重要程度、按照距离远近等排列，这种排列顺序，也起连接作用。

第三节 主——动——宾句、话题——说明句、"把"字句和"被"字句的选择

先请看以下几个句子：

①妈妈，妹妹打破了一个杯子。（主——动——宾句）

②妈妈，妹妹把您刚买的杯子打破了。（"把"字句）

③A：怎么不用妈妈新买的杯子？

B：那个杯子打破了。（话题——说明句）

④妈妈新买的那个杯子叫妹妹打破了。（“被”字句）

上面四个句子都表示“妹妹打破了杯子”这个意思，但用了四种不同的句式。这四种句式，使用的语境不同，表达功能不同，是不能随便替换的。下面主要从篇章、语体和表达功能三个方面来分析主——动——宾句、话题——说明句、“把”字句、“被”字句。

一、主——动——宾句

主——动——宾句常常是一种叙述句。如果叙述从动作者开始，叙述动作者做什么动作并涉及什么事物，就用这种句式。例如：

①天青和菊豆相对跪坐，中间隔着铺好的天青的被与枕。菊豆穿着当年出嫁的那身衣裳，蒙了红盖头。天青也穿得干干净净，新剃的头皮光亮如月。俩人像拜天地的新郎新娘。

②市面繁华，到处是年货棚和购物的人流。李慧泉慢悠悠地骑着那辆没有车板的旧三轮，车把吊的网兜里装满了食物和酒瓶。他把车停在路边，盯住了书摊上悬着的广告画。

③吃完饭后，妹妹洗碗，不小心打破了一个杯子。

因此，主——动——宾句对语境没有什么特别的要求，全句可以没有已知信息。这种句式可用的语体也最广。在叙述体中，如在小说、故事的叙述性文字中，主——动——宾句随处可见；在描写体、说明体、议论体中也大量存在。

二、话题——说明句

我们这里说的话题——说明句，是指动作的受事、工具等是话题，而动作者不是话题的句子。

话题——说明句中的话题必须是已知信息，全句的新信息在说明中。例如：

①唐德源　回去跟这几位东家说，今天是福聚德算大账的日子，我脱不开身，明儿一早二掌柜带着钱到各柜上去，一笔了清。常贵，包两只大鸭子，叫福顺先送钱师爷回去。

钱师爷　（不敢得罪，就坡下）我谢谢您，鸭子我不带了，拿张鸭票子就得了。

因为唐德源前边说“常贵，包两只大鸭子，叫福顺先送钱师爷回去”，所以后边钱师爷把“鸭子”作为话题放在动作者“我”的前面“鸭子我不带了”。

②罗大头　（不理）全这样！这是贪便宜进的病鸭子。掌柜的，这鸭子我不能烤。

在这句话里，因为前面有“这是贪便宜进的病鸭子”，所以在下面紧接着的句子中“这鸭子”就成为话题了。再如：

③A：我的汽车呢？

B：（汽车）你妹妹开走了。

④马义甫：你这鞋怎么卖呀？

……

李慧泉（厌倦）：这鞋你拿去穿吧。

还应该指出，受事、工具等作话题的句子多为说明性的句子，说明话题所表示的事物的情况、用途等。所以一般不出现在叙述动作者进行什么动作的叙述性文字中。话题——说明句偶尔可以用于祈使句,如例④之第二个句子。

三、"把"字句

我们在第四编第二章第六节"'把'字句"一节中已经说明,从篇章方面来说"把"字的宾语一般来说应该是已知信息。从表达功能方面来说,"把"字句突出动作者或责任者。也就是说"把"字句句首的名词是不可缺少的。例如:

①刘宝铁:(刚欲走再回头,)把屋里和厨房拾掇拾掇,过日子得有个过日子的样儿么,对不对?你说我说的对不对?

在这个句子里,"屋里"和"厨房"是已知信息,因为一般家庭都有,这是一个命令句,说话人所以用"把"字句,是认为"屋里"和"厨房"太脏太乱了,主人有责任"拾掇"。

②(李慧泉)用舌头舔邮票贴好,又从饭锅里挑出一根面条儿,粘信封。披衣来到街上,……他在胡同口把信件扔进了邮筒。

在第二个句子里,"信"是已知信息,整个句子是叙述动作者"他"的动作,自然"他"也是不可缺少的。

③市面繁华,到处是年货棚和购物的人流。李慧泉慢悠悠地骑着那辆没有车板的旧三轮,车把吊的网兜里装满了食物和酒瓶。他把车停在路边,盯住了书摊上悬着的广告画。

这一段话的第三句所以用“把”字句，也是因为“把”的宾语“车”是已知信息，“他”是动作者，而且动词后有“在路边”这样的处所词语，所以无论从表达上，从句子结构上，都只能用“把”字句。再如：

④天青将金山死死卡在炕角，金山面显灰色，双眼突凸。菊豆看看天青，倒突然有了主意。她快步上前，把疲软的金山从鲜花堆中拎起，金山不愿，嘴里呜呜的听不清楚。女人不由分说把金山一路拖到墙边，栽直他精疲力竭的身体。菊豆把脸凑近金山，送他一个微笑。

在上面这段话中，“金山”在上文已出现，是已知信息，“她快步上前，把疲软的金山从鲜花堆中拎起”叙述“菊豆”对“金山”做了什么，“菊豆”自然不可少。

⑤A：你怎么了？不舒服？

B：嗯，龙虾把肚子吃坏了。

在这个句子里，“龙虾”是“肚子坏了”的“责任者”，所以放在句首。

从语体方面来说，“把”字句用的最多的是陈述句中的叙述句和祈使句，这与“把”字句突出动作者或责任者的表达功能有关。

四、“被”字句

从篇章方面来说，“被”字前面的受事者是主语，也是话题，是已知信息。从表达功能方面，如我们在第四编第二章第七节“‘被’字句”中所说的，“被”多用于对当事者来说是不愉快或失去什么的情况。例如：

①金山用一只好手揪住女人的脑袋往地上撞，女人咬牙不叫。撞了几下，剧烈的疼痛终于挑醒了女人的斗志，女人开始反扑。翻滚蹬踹，瘫了的金山到底不是女人的对手。金山被重重地搡躺到板柜角下。

在上面这段话里，最后一个句子中的"金山"承接前一个句子"瘫了的金山到底不是女人的对手"，成为话题，而且"重重地搡躺到板柜角下"对"金山"是不愉快的事情，所以用了"被"字句。

②正房内。金山掐住了天白，整个身子几乎压在孩子身上。门撞开，赤身的天青飞扑金山拼命撕扯，金山死不撒手。天青卡住金山喉咙，往炕角拖拉。天白被甩在炕席上，哭出了声音。

③妈妈刚刚买的一个花瓶叫弟弟打破了。

在例②中，最后一个句子中的"天白"也是已知信息，作话题，"被甩在炕席上"也是不愉快、受损的事情。

在话题——说明句中，话题也常常是受事。例如：

A：妈妈刚刚买的一个花瓶呢？

B：(花瓶)(弟弟)打破了。

与用"被"、"叫"、"让"的"被"字句相比，这种话题——说明句，没有那么强调施事者。

从语体来讲，"被"字句可以出现在叙述体中，但不能出现在祈使句中。这一点与话题——说明句不同。

"被"字句的主语——动作的受事是已知信息，是话题，正是这个话题起篇章连接作用，而且多表示受损或失去的意思，这些与"把"字句不同。

四种句式的篇章、语体特点及表达功能总表：

句式特点			主—动—宾句	话题—说明句	“把”字句	“被”字句
篇章			对上下文没有特殊要求，独立性强	话题为已知信息，话题起连接作用	“把”的宾语为已知信息，但不起连接作用	主语也是话题，起连接作用
语体	陈述句	叙述体与非叙述体	叙述体与非叙述体	非叙述体（说明体）	在陈述句中多为叙述体	叙述体和非叙述体
	疑问句		疑问句	疑问句	疑问句	疑问句
	祈使句		祈使句	祈使句	祈使句	
	感叹句					
表达功能			功能广泛	功能为说明	突出动作者或责任者，功能为叙述、祈使	多表示对受事（或在说话人看来）不愉快、受损的情况或失去了什么，说明功能强于叙述功能

第四节　形容词作谓语和定语的选择

先看下面几个学习中文的外国学生的病句：

①我觉得美国孩子有太多的钱和太多的时间，所以他们想做什么就做什么。（美国学生）

②从这个电影来看，中国人偏向大儿子，父母给他最多的东

西。(美国学生)

③老师问不难的问题,我们都会回答。(日本学生)

④她穿了一件漂亮衣服,我也想买一件。(日本学生)

⑤这个节目介绍了五个人,都住在一起,可是每个人有不同的想法。(美国学生)

这五个句子,把每个句子分成一个个分句来看,很难说有什么不对,但是把两个或几个分句连起来以后,读起来就显得很别扭。如果改成下面的句子就顺了:

①′我觉得美国孩子的钱和时间太多了,所以他们想做什么就做什么。

②′从这个电影来看,中国人偏向大儿子,父母给他的东西最多。

③′老师问的问题不难,我们都会回答。

④′她穿的衣服很漂亮,我也想买一件。

⑤′这个节目介绍了五个人,都住在一起,可是每个人的想法不同。

我们可以发现,在改变之前的句子里,“太多的”、“最多的”、“不难的”、“漂亮”等形容词性词语都处于定语的位置上,在改变之后的句子里,这些形容词性词语都移到谓语的位置上去了。这是为什么呢?

一、汉语的形容词作定语时在句子中的位置和作用

“很多”、“漂亮”等用在名词前都属于描写性定语,其作用是对中心语所表示的事物的性质、状态进行描写,说明它是什么样的。汉语的形容词作定语时,可以出现在主语前,也可以出现在宾语

前。出现在主语前作定语时，主语多表示已知信息。例如：

①这只旧衣柜，又拿来了？

②昨天来的那位漂亮姑娘是谁？

③午饭后，天气更阴沉，更热。低沉沉潮湿的空气，使人异常烦躁。

描写性定语出现在宾语前时，宾语多表示新信息。例如：

①我当时小猫般好奇的心里，只是想到了一个幼稚的问题。

②我晃晃悠悠地看见两个穿黑衣服的鬼。

③触目的是一张旧照片。

④我不愿意喝这种苦东西。

与形容词选择定语还是谓语位置有关的正是后边这种表示新信息的宾语前的形容词。在这种句子中，宾语是句子的语义焦点。

二、汉语的形容词作谓语的作用

汉语的形容词可以直接作谓语，而且作谓语比作定语更自由。例如：

①她的衣服朴素，洁净……

②室内陈设华丽……

③大灯笼的颜色很蓝也很光洁，伸手就可以摸到。

④这个女孩很可爱。

⑤春天到了，柳树绿了，河水解冻了。

形容词作谓语时，主语多为已知信息（如例①、②、③、④），也可以是新信息（如例⑤）。形容词作谓语时，是对主语的描述，一般表示新信息，通常是句子的语义焦点。

三、形容词对定语和谓语位置的选择

汉语的形容词既可以作定语,又可以作谓语,那么,同一个形容词作定语与作谓语在功能上有什么不同呢？让我们来比较一下:

①我……想到了一个很幼稚的问题。

我……想到的问题很幼稚。

②触目的是一张旧照片。

这张照片很旧。

③她的衣服朴素,洁净……

她穿着朴素、洁净的衣服。

④这个女孩很可爱。

我看见了一个很可爱的女孩。

我们可以看出来,在形容词作定语的句子里,其后的名词都表示一个新信息,形容词的作用是对这个名词所表示的事物进行修饰,虽然也是新信息的一部分,但句子的语义焦点是在形容词所修饰的名词上;当形容词作谓语时,它不仅表示新信息,而且是句子的语义焦点,而它所描述的名词所表示的事物则往往是已知信息。如前所述,汉语的信息结构特点是新信息在已知信息后,焦点是新信息的核心,更是在已知信息之后。因此,当一个名词表示的是已知信息,不是句子的语义焦点,又要用一个表示新信息、而且是句子的语义焦点的形容词去描述时,就应该把这个形容词放在该名词之后,即把名词放在主语的位置上,把形容词放在谓语的位置上,于是就成为前面提到过的下面这样的句子:

①′我觉得美国孩子的钱和时间太多了,所以他们想做什么

就做什么。

②′从这个电影来看，中国人偏向大儿子，父母给他的东西最多。

③′老师问的问题不难，我们都会回答。

④′她穿的衣服很漂亮，我也想买一件。

⑤′这个节目介绍了五个人，都住在一起，可是每个人的想法不同。

在①′里，“时间”、“钱”不是新信息，因为一般来说，人都会有时间，也会有一些钱；“太多”是新信息，而且是“他们想做什么就做什么”的原因，从而也是第一个分句的语义焦点，所以应该把“太多”放在谓语的位置上。例②′～⑤′的情况相同。

把应该作谓语的形容词放在定语的位置上是学中文的外国学生最常见的错误之一，而且不那么容易纠正。从篇章方面来解释这个问题，说明已知信息应该放在话题的位置上，作为焦点的新信息应该放在谓语的位置上，并经常反复强调，会收到很好的效果。

参考文献

曹逢甫 主题在汉语中的功能研究——迈向语段分析的第一步，语文出版社，1995年。

崔希亮 汉语“连”字句的语用分析，中国语文，1993年第3期。

廖秋忠 篇章中的管界问题，中国语文，1984年第4期。

廖秋忠 现代汉语篇章中的连接成分，中国语文，1986年第6期。

刘丹青、徐烈炯 焦点与背景、话题及汉语“连”字句，中国语文，1998年第4期。

刘月华　超越分句的语言成分，汉语研究（一），南开大学出版社，1986 年。

练　习

一、用适当的篇章连接手段把下面每组句子连接起来：

①他的脑子里包容的东西太多。看起来他的头好像比平常的人大了点。

②教师的培养启发重要。学生的钻研苦干也很要紧。

③战争力量的优劣本身，是决定主动或被动的客观基础。战争力量的优劣本身不是主动或被动的现实事物。

④这时老周来请他们去吃晚饭。他们都高高兴兴地跟他走了。

⑤这里气候宜人，风景优美。这里有美丽的海滩。这里夏天游人很多。

⑥我看见前边围着很多人。我不知出了什么事。我走了过去。

二、选择适当的连接词语填空：

①清代学者称“追惟仲尼闻望之隆，则在六籍”，孔子______首开私学整修古籍、收徒讲学______成“万世师表”。博学多才的孔子是他那个时代名闻遐迩的通才。孔子______不仅属于中国，______属于世界。______了解他的学说的人，不分时代、地域、阶级，______曾从中汲取过思想营养。______古籍整理______，______他之后两千多年______，许多学者以此为终身事业，如司马迁、刘向刘歆父子、郑玄，______清代乾嘉诸贤，______成为当时博古通今的卓然大家。

______，______学术分工的日趋细密，古籍整理更变为专门之学。专事其职的今日古籍整理研究者们深谙历史，______，______遭轻视，______仍持有正大仪容，肃然胸襟。他们深信今之学者欲读书稽古于千百年之后，没有古籍整理者的远绍旁搜，广征博取，无以存国学之梗概，窥中华文化之大略。______有关传统文化的种种研究，无不得益于古籍整理者所提供的原始文献资料。（因此、也、在……方面、在……内、都、由于、虽、但、因为、而、都、以至于、因此、因为、而今、凡是）

②______我们______面临编纂《中华大典》的极好机遇，______存在各种困难，______编纂出版经费尚有很大缺口。______，我们相信，______社会各界和海内外炎黄子孙的关心支持______，通过广大专家学者的不懈努力，一定会较好地完成这项艰巨的文化出版工程，编就一部______服务当代，______服务于后人的前所罕见的新型工具书。（既……又、但是、当前、在

……下、特别是、既……又）

③在周代，仅黄土高原的森林面积______多达4.8亿亩，黄河流域森林覆盖率达50%左右。______，战火和无休止的垦伐使大量的森林消失，______也注定了后人的灾难。（曾几何时、就、从而）

④改革开放______，我国山区广大群众总结了过去忽视林业建设的教训，开始把目光从有限的耕地转向丰富的山地。通过大搞山地综合开发，涌现出一批靠林致富，以林兴村、兴乡、兴县的典型。各地在山区林业综合开发中还创造了不少成功的经验。______，______，我国山区开发还处于较浅层次上，山区开发的经济价值和巨大潜力，在很多地区还没有被人们所认识。一些地方盲目模仿平原和城郊的做法，______潜在的山区优势难以发挥出来；有些山区______至今还未找到经济发展的主导产业，贫困状态迟迟不能改变，______大量的山梁、沟峁、荒地还在沉睡之中。______说明，进一步加大改革力度，采取政策的、行政的、经济的等各种手段，吸引和组织山区广大群众向山地进军，大力开展综合开发，潜力巨大，前景广阔。（但是、总的来说、以来、以至、所以、这、由于）

⑤把市场竞争机制引入铁路安全管理，让大动脉强筋壮骨。______这一目的，齐齐哈尔铁路分局一步一个脚印，经历了3652个日日夜夜。8月17日，他们______为全路安全史又增添一个十周年的辉煌。国务院总理______欣然题词："安全第一，当好先行。"（终于、为了、为此）

⑥那年冬天我回家探亲去了。在家一待就是半年。______，拿着姨父给我弄好的返城证明，去农场办户口。______正好碰到了游斗抢劫杀人犯"狮子头"的刑车。"狮子头"一点没见瘦，他的目光无意同我相遇，慢慢把头转过去了。______他的表情仍是满不在乎。（然而、在镇口/在路上、第二年夏天）

三、改下面学生的一篇作文：

有一天，一个小和尚走路。两只鸟他的周围飞来飞去。路上有一个乌龟。小和尚摔倒了。小和尚爬山到一个庙。他给菩萨磕头了。水缸里没有水。他拿起两个水桶，一条扁担，去到湖边儿挑水。他把水倒在水桶和花瓶。花瓶里花花了。他每天去挑水，念经，工作很好。

四、改病句：

①我每天有太少的睡觉时间，所以常常迟到。

②小林昨天从老家回来了，小林带回来很多好吃的东西。他到很多同学的房间，他都给每个人好吃的东西。

③我觉得城市里有太多安全问题，所以住在乡下。

④昨天我去一家商店买衣服。我到那家商店以后，看见很多衣服都在打折，我很高兴，就把很多衣服买了。

⑤这种汽车又涨价了，你有够钱吗？

⑥（打电话）对不起，我打了错号码。

⑦刚才邮递员来了，交给我一封信，我接过来那封信一看，信是被我弟弟写的。

⑧你有好成绩，才能上这个大学。

附录一　练习答案

第二编　第一章　名词

一、答案不是唯一的，仅供参考：

阿姨　阿妹　老虎　老乡　小姐　小说

二、答案不是唯一的，仅供参考：

桌子　椅子　胖子　铲子　钳子

眼儿　尖儿　棍儿　眼镜儿　花儿

木头　石头　甜头　看头　前头

作者　笔者　记者　参观者　老者

老师们　朋友们　女士们　先生们　孩子们

三、1.勺儿（宾），筷子（宾），盘子（宾），剪子（宾）　2.镜子（宾）　3.瓶子（主）　4.花儿（主）　5.小伙子（主），村子（宾），老乡（宾）　6.桌子，椅子（主）　7.画儿（宾），中间儿（定），柱子（定），上（宾）　8.房子（主）　9.小鸟（主）　10.本子（宾），老师（宾）

四、1.今天（定）　2.明天（状），时间（宾）　3.下个星期（状）　4.前几天（状）　5.明天（主），星期六（谓）　6.深夜（宾）

五、（略）

六、1.街上　2.身上　学习上　3.心里　4.路上　5.同学之间　6.眼睛里　7.院子里　8.机器旁边　9.8:00 以前　10.床上　凳子上　11.下课以后　12.离开教室以前　13.楼上　楼下

14.之间 政治上 15.十二点左右 吃午饭前后 16.地上房上 树上

七、1.小红 小力 小力 小红 中间 2.丙 甲 乙 丙 后面 3.外边 外边 蓝圈 红圈 蓝圈 里边 外边 中间 4.上头 下头 上头 李 王 张

八、1.理论上 实际上 2.基本上 3.事业上 生活上 4.谈话中 5.旅游中 6.思想上 行动上 7.主观上 客观上 8.讨论会上 9.比赛中 10.实际上 11.无形中 12.学术上 13.领导上 14.家人之间 朋友之间 邻里之间

九、1.(+) 2.(—) 3.(+) 4.(—) 5.(—) 6.(—) 7.(—) 8.(—) 9.(—) 10.(—) 11.(—) 12.(—) 13.(—) 14.(+) 15.(—)

十、1.昨天有四个同学来看我。

2.我生病的那天,他在我的床前(旁边)站了一会儿,没说话。

3.请你把练习本儿放在老师的桌子上。

4.颐和园是中国有名的公园。

5.几个少先队员从山上跑下来了。

6.从古代我们两国之间就有密切的往来。

7.我们学校的东边是一个医院。

8.他牺牲以前说过这样的话。

9.在字典里查不到这个字。

10.妈妈回来了,孩子们都躲到门后藏起来了。

11.她那金黄色的头发,像一朵美丽的花儿,在阳光下开放。

12.下个月我们要到中国南方去旅行。

第二章　代词

一、1.这儿(指)　那么(指)　2.这里(指)　这(指)　谁(疑)　哪(疑)　3.这(指)　怎么(疑)　这样(指)　4.我(人)　自己(人)　那(指)　那(指)　她们(人)　那样(指)　那样(指)　5.他(人)　这(指)　我们(人)　我们(人)　它(人)　6.他(人)　她(人)　这(指)　这么(指)　这么(指)　怎么(疑)　这么(指)　什么(疑)

二、1.怎么　2.什么　3.哪　4.怎么　怎么　5.哪　6.这　那　7.谁　怎么　8.怎么/怎样/怎么样　这样/这么/这么样　9.怎么/怎么样　大家　10.这么/这样/这么样　11.这么　12.这样　13.怎么　14.这么　那么　15.那　我　16.我　他　您　我们　自己　17.自己　自己　别人　18.什么　这么/这样/这么样　怎么　19.大家/你们　20.什么　自己　别人　21.这么　怎么　我/我们/大家　自己

三、1.①小明生日那天,谁送给他一套彩色明信片?

②小明生日那天,姐姐送给他什么(东西)了?

2.我们应该做什么样的人?不应该做什么样的人?

3.一只做工的蜜蜂最多能活几个月?

4.这个字怎么念?那个字怎么念?

5.①明天上午 8:00 在哪儿/在什么地方上车?

②明天几点/什么时候出发?

6.①他妈妈从上海给他寄来了什么?

②这个手提包是谁从上海给他寄来的?

7.织女星的光是太阳的多少倍/几十倍？牵牛星的光是太阳的几倍？

8.来中国以前，你(您)做什么工作？

9.老刘同志对人怎么样？

10.这张画儿画的是哪儿/什么地方？

四、1.她今天不太舒服，什么(东西)都不想吃。

2.这几本字典，我哪本都查过了，哪本里都没有这个字。

3.老师说谁/哪个人的英文水平高我们请谁/哪个人当翻译。

4.我们大院里谁/哪个人都知道老王正直、可靠。

5.小王只交给我一封信，什么(话)都没说就走了。

6.弟弟刚到这儿来的时候，看到什么都觉得新鲜。

7.我哪次去他家(的时候)，他都在学习呢。(我什么时候去他家，他都在学习呢。)

8.开始学习打太极拳的时候，老师怎么做，我们也怎么做。

五、1.什么(疑)哪儿(疑) 2.怎么(任) 3.哪里(疑) 4.什么(任) 什么(任) 5.哪里(虚) 怎么(疑) 6.怎么(反) 7.谁(任) 谁(任) 8.怎么样(疑) 9.什么(虚) 10.怎么(任) 怎么(任)

六、(一)1.每 2.各 各 3.每 每 4.各 5.各

(二)1.我们 2.我们 我们 3.我们 4.咱们 5.我们 我们 咱们/我们 6.咱们/我们

(三)1.几 几 几 2.多少 3.多少 4.几 几 5.多少 多少 多少

(四)1.人家 2.人家 3.人家 人家 人家 4.别人 5.别人

七、1.A:这 怎么 怎么 B:这

A:什么 B:那 这儿

2.A:什么 B:什么 A:这儿 B:哪 A:儿 B:那儿 你自己

3.A:谁 B:怎么 哪儿 A:他 什么 B:什么 什么 A:儿 B:你们 A:什么 您

4.A:什么 B:什么 A:那么 什么 B:这么 A:怎么样 B:怎么样 别人

第三章 数词和量词

一、15 236 9 643 350 000 182 600 000 000 1 050 000 926 32 180 400

二、20 805——两万零八百零五

3 692 418——三百六十九万二千四百一十八

62 154 321——六千二百一十五万四千三百二十一

1 080——一千零八十

250 001——二十五万零一

300 000 000 ——三亿

四分之三 五分之四 二十八分之九 十分之七 二分之一 千分之一 百分之八十 百分之二 百分之九十五

三点一四一六 五百八十四点三二 一千零四十点五二

三、一百来个或一百个左右 十个左右或十来个

十来个或十个左右 二十个左右或二十来个

三五个 七八个

二十三四岁或二十四五岁 二十来岁或二十岁左右

七十来岁或七十岁上下

四、二 二 二……二 两 两或二 两……二

两 二或两 两 两 二 两或二

五、2.√ 6.√

1.我们班有十来个学生。

3.春节前后王刚要回家乡去一趟。

4.老师的孩子很小,看上去五岁左右。

5.某工厂去年生产化肥一千万吨,今年生产两千万吨,今年的产量是去年的两倍。

7.昨天我去电影院看了一个电影。

8.他母亲在图书馆当职员,父亲在中学当老师。

9.快看,有人来了。

10.A:你去哪儿?

B:去书店买书。

A:买什么书?

B:不一定,看有什么新书好书没有。

六、支 件 张 把 篇 把 条 头 把 条 台 辆 面 根/条 个 块 个/斤 勺/碗 锅 杯 扇 堵/面 颗 粒/串 头 条

七、1.小李,楼下(有)人找你,你快下去看看吧。

2.我家有五口人,爸爸、妈妈、(一个)姐姐、(一个)弟弟和我。

3.早上外边凉快、空气新鲜,应该打开窗户,下午外边很热,应该关上窗户。

4.天快黑的时候,(有一辆)绿色的小轿车驶进了校园,在我们宿舍楼前停下,很快从里面走出(一个)警察。

5.我的老师是(一位)国际知名的语言学家,他发表了很多文章,去年还出版了(一本)新书。

6.妻子对丈夫:报纸来了,你现在看吗?

7.A:都六点了,怎么客人还不来?

B:你听,(有)人摁门铃,可能是客人来了。

8.人应该诚实,否则迟早会出问题。

9.刚才我不小心把(一个)花盆碰倒了,花盆打了,花快干死了。

10.我的职业是英语老师,在(一所)大学工作。

八、1.A√ 2.B√ 3.A√ 4.A√

5.B√ 6.B√ 7.B√ 8.B√

九、1.大 2.大/小 4.大/小/满 6.大/小

7.大/小 9.大/平 10.长 11.大/小 12.大/小/满

第四章 动词

一、1.参加 看电影 去 工作

2.学习 知道 去上海

3.材料 反映

4.来 说普通话 干净 写

5.阿里 去王府井怎么走 这部电影 明天什么时候上课

6.球 扑克牌

7.小张 他我喜欢唱歌

8 .英文 唱歌 小王 小王英文

二、1.B 2.A 3.B 4.B 5.A 6.B

7.B 8.A 9.B 10.A 11.B 12.A

三、1.②　2.③　3.②　4.①　5.④

6.①　7.①　8.④　9.①　10.③

四、1.①　①　2.④　3.②　4.③　③　5.①　6.③

7.①　8.④　9.③　10.①　11.②　12.③

五、1.A:可以　B:可以　2.应该　3.值得

4.会　5.会　6.得　7.要/会

8.能/可以　9.可以/能　10.不能

六、1.今天晚上我不用去医院看阿里。

2.你穿这双鞋出去不会摔跟头。

3.我还没好,自己不能走。

4.剧场里不准(或不能)吸烟。

5.吴明不能用英文写信。

6.飞机票没买到,你们明天不能走了(或走不了)。

7.同学们不能走。

8.那座庙你不值得去看,没什么意思。

9.我没去请小李,他大概不肯帮忙。

10.下午不会下雨。

11.我不想出去散步。

12.这本书丢了不用赔。

第五章　形容词

一、__很__白　　__很__整齐

__×__通红　　__很__正确

__×__正(副)　　__很__假

__×__大型 __×__滚热

__很__直 __很__漂亮

__×__竖 __×__黑洞洞

__很__正式 __很__随便

__×__相同 __×__共同

__×__傻里傻气 __很__一般

二、大大 高高 红红 凉凉快快 热热闹闹

漆黑漆黑 雪白雪白 高高兴兴 碧绿碧绿 滚圆滚圆

痛痛快快 生疼生疼 清清楚楚 整整齐齐 焦黄焦黄

模模糊糊 顺顺当当 冰凉冰凉

三、1.② 2.② 3.① 4.④

5.③ 6.② 7.② 8.①

四、1.A 2.A 3.A 4.B 5.B

6.A 7.A 8.B 9.A 10.B

五、2、5、6、8 是正确的。

1.中国人民对我国人民很友好。

3.这件事情他们了解得很清楚。

4.小明没有小刚高。

7.老师的房间里有很多书。

9.扮演小花的演员演得很真实。

10.外面漆黑漆黑的。

11.黑板上的字写得清清楚楚(的)。

12.新建的工厂很大(或:新建的工厂是大型的)。

第六章 副词

一、(一)1.只 都 2.只 3.都 4.都 5.只 6.只 都 7.都 8.只

(二)1.更 2.最 最 3.稍微 4.稍微 5.比较 6.比较 7.更 8.比较 9.稍微 10.最

(三)1.曾经 2.已经 3.曾经 4.已经 5.曾经

(四)1.还 2.还 3.又 又 4.再 5.又 再 又 6.再 也 7.又 还 8.再 也 9.还 10.还

(五)1.才 2.就 3.才 4.才 5.就 就 6.才 7.就 就 8.才 9.就 才 10.就

(六)1.不 不 2.没(有) 3.不 不 4.没 5.没(有) 不 6.没(有) 7.没(有) 不 8.不 没 不 9.没(有) 10.不 不 没(有) 11.不 没(有) 12.没(有) 没(有)

二、1.曾经 2.已经 3.正 4.再 就 5.只 6.比较 很 正 7.非常/十分/很 8.也 一块儿/一起

三、1.B 2.B 3.B 4.B 5.B 6.B 7.B 8.B

第七章 介词

一、1.由于 2.在……中 3.替 4.自 5.对 6.从 7.为了 8.跟 9.向/跟 10.在……下 从 11.按照(按) 跟 12.在 连 13.对

二、甲$_1$：从　乙$_1$：从　甲$_2$：替/给　乙$_2$：在　甲$_3$：从　对　乙$_3$：对/对于　甲$_4$：跟　比　乙$_4$：关于　给　甲$_5$：为了　乙$_5$：向　乙$_6$：离　甲$_7$：比　乙$_7$：对　跟　从　甲$_8$：在……下　为　在

三、（一）1.向　向　向　2.向　3.往/向/朝　4.向　5.往　6.向　7.往

（二）1.从　2.自　3.由　4.自　5.由

（三）1.跟　2.对　3.跟　4.对　5.跟　跟　6.跟　对

（四）1.为　2.替　3.替　4.为　5.给　6.为　7.给

（五）1.对于/关于　关于/对于　2.关于　3.关于　对　4.对于/对　5.对/对于

四、1.A(－)　B(＋)　2.A(－)　B(＋)

3.A(－)　B(＋)　4.A(－)　B(＋)

5.A(－)　B(＋)　6.A(－)　B(＋)

7.A(＋)　B(－)　8.A(－)　B(＋)

9.A(－)　B(＋)　10.A(－)　B(＋)

11.A(－)　B(＋)　12.A(＋)　B(－)

13.A(－)　B(＋)　14.A(－)　B(＋)

五、1.你从哪儿来？

2.昨天在汽车上我遇见了一个朋友。

3.狼对东郭先生说："打猎的从后边追来了，先生救救我吧。"

4.为了了解我的学习情况，先生跟我谈了几次。

5.他对这里的情况很熟悉。

6.由于他每天练习发音，他的发音特别好。

7.他知道这件事，但是他不说。

8.中国同学对我们的学习很关心。

第八章 连词

一、1.和(词) 2.和(词) 3.或者(短语) 4.还是(短语) 5.而(词) 6.和(短语) 7.或者(短语) 8.虽然……可是……(分句) 9.既然……就……(分句) 10.不但……也……(分句) 或者(词) 11.尽管……可是……(分句) 12.不但……而且……(分句) 13.就是……也……(分句) 14.倘若(分句) 15.不论……都……(分句) 16.宁可……也……(分句) 17.与其……不如……(分句) 18.只有……才……(分句) 19.只要……就……(分句) 20.并(词)

二、(一)1.既然 2.无论/不论/不管 3.只要 4.因为…… 所以…… 5.可是 6.尽管/虽然 7.无论/不论/不管 8.既然 9.虽然/固然 可是/但是 10.即使 11.即使/哪怕 12.即使/就是 13.只要 14.以免

(二)1.不但……而且…… 2.还是 3.不但……而且…… 4.或者 5.不但……而且…… 6.宁可 或者

三、答案不是唯一的,仅供参考:

1.明天我们上午和下午都有课。

2.你坐火车来的还是坐飞机来的?

3.坐十路公共汽车或者坐二十二路公共汽车都可以到天安门。

4.我穿着棉衣还觉得冷呢,何况你只穿一件毛衣了。

5.虽然你学习有很大进步,(你)也不应该骄傲。

尽管你学习有很大进步,(你)也不应该骄傲。

就是你学习有很大进步，(你)也不应该骄傲。

6.不管明天是阴天还是晴天，我们都去颐和园。

不论明天是阴天还是晴天，我们都去颐和园。

无论明天是阴天还是晴天，我们都去颐和园。

7.尽管他的态度不太好，你也不应该对他那样。

即使他的态度不太好，你也不应该对他那样。

8.我昨天特别忙，所以没能及时给你回邮件。

9.小明觉得自己考得不错，但没有想到是全校第一名。

10.要是你对我有什么意见，就请你随时给我提出来。

如果你对我有什么意见，就请你随时给我提出来。

11.阿里因为要写一篇论文，所以(他)暑假不回国探亲了。

12.虽然作报告的人讲的不是普通话，可是我还听懂了一大半。

因为作报告的人讲的不是普通话，所以我只听懂了一大半。

13.他因为已经学过一年汉语了，所以不愿意再从头学起了。

14.小王迟到了，不是因为他起晚了，而是因为他在上班的路上帮助别人修车，耽误了时间。

15.我们不但要有求知的热情，而且还要有科学的态度，实事求是的精神。

16.你只要刻苦钻研，坚持到底，(你)就一定能掌握这门新技术。

17.这个试验，我们就是失败一百次，也要继续试验下去。

18.我们两家虽然住得很近，(我们)也不常常见面。

第九章　助词

第一节　结构助词

一、1.的　2.个　3.的　4.地　5.地　6.得　7.得　8.地　得　的　9.地　10.得　11.的　的　得　12.的　13.的　得　14.的　地　的　15.得　16.的　17.的　地　18.的　的　得　19.地　的　20.的　的　得

二、1.在党的领导下，经过革命斗争的锻炼，刘胡兰很快成长为一个坚强的共产党员。

2.随着经济的发展，文教卫生事业相应地也有了发展。

3.这件事在世界上引起越来越多的注意。

4.孩子们都写得很好。

5.北京的农业发展得很快。

6.他们时间抓得很紧。

7.小明今天受到了严厉的批评。

8.目前，这方面的工作经验还不多，要在今后的实践中不断地总结、改进和提高。

第二节　动态助词

一、1.过　了　2.着　3.了　了　4.着　着　5.了　6.了　着　着　了　7.了　8.过　9.着　10.着　了

二、1.A　2.B　3.B　4.B　5.A　6.B　7.B　8.A　9.A　10.A　11.A　12.B　13.B　14.A

三、1.我们每个月写一篇短文章。

2.昨天我们上了四节古代汉语课。

3.三年前,我在波恩大学开始学习中文。

4.那个年轻人进来以后,鲁迅问他为什么到书店来。

5.在那些艰苦的日子里,我一直随身保存着这两件东西。

6.我在日本常常看见中国古代的艺术品。

7.我在国内读过《红楼梦》,但没读完。

8.从前我去过上海,上海是中国最大的工业城市。

9.昨天晚上小明没把练习做完。

10.到现在还没有一个人来开会,是不是时间改了呢?

11.王冕到了二十岁左右,就成为一个很有名的画家了。

12.两个月以后,我会说一点汉语了。

13.有不少工人、农民被选为劳动模范。

14.现在我能滑冰了。

第三节 语气助词

一、1.吧 2.吗 3.吧/呢 吧/呢 4.吗 5.吗 呢/呀 6.呢 7.嘛 8.呢 9.呢/呀 10.呢 11.吗/呀 12.罢了 13.吗/呀 14.吧/啊 15.了 16.吧/呗 17.嘛 18.而已/罢了 19.的 20.的 而已

二、1.A 2.A 3.B 4.B 5.B 6.A

第十章 象声词

一、1.啪啪 枪声 2.哗哗 下雨的声音 3.哧嚓哧嚓 老牛吃草

的声音 4.咯吱咯吱 走在雪地上的声音 5.喔喔喔 鸡叫的声音 6.呼呼 刮风的声音 哗哗 窗户纸被风吹时发出的声音 7.嚓 划火柴的声音 8.丁零零 电话铃响的声音 9.嘎！嘎！嘎！ 海鸟叫的声音 10.得得得得 敲门的声音 11.嘀嗒，嘀嗒，嘀嗒 秒表走时发出的声音 12.怦怦 心跳的声音 13.铛，铛，铛，铛 时钟报时的声音 14.啪 书扔在地上时发出的声音 15.噼噼啪啪 大雨点打在玻璃窗上发出的声音 16.噔，噔，噔 走路时比较重的脚步声 17.唰唰 下雨的声音 18.咕嘟咕嘟 大口喝水的声音 19.撒啦撒啦 刮风时树叶子发出的声音 20.乒乒乓乓 搬东西时碰撞的声音

二、1.唰 2.哗 3.呱哒呱哒 4.啪哒啪哒
5.嘀嘀嗒嗒 6.嗡嗡 7.吱扭 8.吧嗒吧嗒
9.唔里哇啦 10.嗷嗷 11.呼哧呼哧

第十一章 叹词

一、1.赞叹 2.招呼 3.叹息 4.答应 5.惊讶 6.惊讶 7.惊讶 8.招呼 9.称赞 10.疼痛 11.应答 12.因没听清楚而追问 13.懊恼 14.惊喜 15.领悟 16.领悟 17.唾弃 18.不满 19.恍然大悟 20.高兴 21.吃惊 22.惊叹 23.疼痛时的呻吟 24.着急 25.惊讶

二、1.哟 2.嗬 3.呸 4.咳 5.嗳 6.啧啧啧 7.哦 8.嗯 9.哈哈 10.咦 11.哎呀 12.唉

第三编 第一章 主语和谓语

一、1.脸色(A) 2.腿(C) 他(A) 3.她(B) 4.回答(A) 5.大伯(A) 政策(B) 村里(C) 6.花草(B) 7.我(A) 那个小姑娘(A) 8.断指(B) 手术(B) 9.火车票(B) 16次的(B) 10.小山上(C) 11.花生(B) 12.天气(C) 13.愚公(A) 你(C) 14.地方(C) 15.远处(C)

二、1.南方(名) 2.一切(代) 你(代) 3.字(名) 4.工作(动) 劳动(动) 5.三十年(数量词) 6.天(名) 地里(名) 7.房子后边(名) 孩子们(名) 8.事(名) 9.舞会(名) 10.方式(名) 睡觉(动) 散步(动) 下棋(动宾短语) 听音乐(动宾短语) 出去逛公园(动词短语/连动短语)

11.不同意的("的"字短语)

12.按时工作(动词短语) 按时休息(动词短语)

13.看着一棵好花生病要死(动词短语) 14.聪明(形)

15.运动场上(名) 打球的("的"字短语) 赛跑的("的"字短语) 打拳的("的"字短语) 16.他这样做(主谓短语) 17.勇敢(形) 18.对人平等相待(动词短语)

第二章 宾语

一、1.海员(类别) 中国(处所) 2.枪声(施事) 3.三张纸(数量) 两千字(数量) 4."留念"两个字(结果) 5.岸(处所) 6.相(结果) 7.姑娘(施事) 辫子(结果) 8.小王一个人(数量） 9.船（处所） 三十多里（数量） 家（处所） 10.长诗（结果） 11.精神（对象） 12.雪（施事） 雪人（结果） 13.树（对象） 三棵（数量） 14.竹床（工具） 木板床（工具） 15.大花脸（原因） 16.箱（工具） 车（工具） 17.人（存在的事物）

二、1.我们（代） 2.500 页（数量词） 3.街上（名） 来往的车辆（名词短语） 4.东北人（名词短语） 冷（形） 5.成功的一半（数量词） 6.表扬（动） 7.这样的人（名词短语） 8.庄严（形） 美丽（形） 9.姓张的（“的”字短语） 哪一位（疑问代词＋数量词） 10.老张让他妻子从家乡寄来的（“的”字短语） 11.学习中国历史（动宾短语） 12.这部小说写得好，值得看一看（主谓短语） 13.到哪儿去玩（连动短语） 14.很不习惯（动词短语） 15.滑冰（动宾短语） 游泳（动） 16.老北京（名词短语） 北京的地理环境（名词短语） 17.小说（名） 18.外国语（名）

第三章 定语

一、1.新社员	2.健康的身体	3.北京的春天
4.他（的）姐姐	5.三块蛋糕	6.老实人
7.普普通通的房子	8.操场（的）前面	9.非常关键的时刻
10.中国（的）老师	11.身体好的学生	12.前面的山岭
13.小刘的信心	14.白茫茫的山上	15.很多问题
16.小花	17.多么简单的方法	18.石头桌子
19.嘹亮雄壮的歌声	20.穿蓝衣服的人	21.光明正大的事情
22.非常幸福的生活	23.雷锋的母亲	24.联欢晚会
25.参加劳动的人	26.学习（的）方法	

二、1.这是一张从画报上剪下来的彩色照片。

2.老张的一个不满周岁的男孩子病了。

3.他们把羊赶到山坡下的一块开满野花的草地上。

4.昨天做报告的那个穿蓝衣服的男同志是小李的爸爸。

5.这时一个年纪最小的穿着一身新军装的高个子解放军走了过来。

6.他们正在执行上级交给的一项光荣的任务。

或:他们正在执行一项上级交给的光荣的任务。

7.小刘是一个勇敢的、朝气蓬勃的、有远大理想的青年。

或:小刘是一个朝气蓬勃的、有远大理想的、勇敢的青年。

或:小刘是一个有远大理想的、朝气蓬勃的、勇敢的青年。

三、2、10 是正确的。

1.到中国以后,我认识了很多中国朋友。

3.我要积极参加技术学习和技术革新活动,刻苦钻研技术,为祖国生产更多的优质产品。

4.中国人民满怀信心地迎接新的大好形势。

5.今天参加游行的人很多。

6.我的学习成绩不太好。

7.昨天我去看了一个朋友。

8.我哥哥不喜欢蓝颜色,他喜欢白颜色。

9.我们每学期进行两次考试。

四、1.B 2.A 3.B 4.A 5.A 6.B 7.B 8.B 9.A 10.B 11.A 12.B

第四章　状语

一、1.热烈(地)讨论　2.快走

3.努力(地)学习　4.积极(地)参加

5.明天出发　6.亲自动手

7.渐渐(地)走远　8.高喊

9.在宿舍下棋　10.跟小王谈话

11.一步一步(地)接近　12.吃惊地看着

13.自由自在地飞翔　14.高高兴兴地回家

15.笔直地站着　16.一次解决问题

17.一下午没说话　18.不由自主地站了起来

19.仔细(地)观察　20.顺利(地)进行

二、1.孩子们昨天下午兴高采烈地向公园走去。

2.他昨天已经跟小李一起去上海了。

3.几天来他为大家到处奔走着。

4.小王高兴地从座位上很快地站了起来。

5.姐姐忽然激动地对小明说:“快走吧!”

6.老师在课堂上大声地给学生朗读课文。

三、1.B　2.A　3.B　4.A　5.B　6.B　7.B　8.A

四、2、7、9 是正确的句子。

1.你到底同意不同意,直爽地跟他说一说。

3.他们正在那个地方唱歌,我们去听听吧。

4.我们 1980 年 2 月 16 日从法国来到北京。

5.我们走进礼堂的时候,大家正在为做报告的人热烈鼓掌。

6.鸡早也不叫,晚也不叫,长工们刚躺下就叫了起来。

8.你在村里干什么活儿?

10.朋友,你怎样回答这个问题呢?

第五章　补语

第一节　结果补语

一、1.在　2.见　3.给　4.倒/掉　5.给　6.通　7.住　8.瘦　9.到　10.完　11.到　12.给　13.在　14.光　15.到/着

二、1.B　C　2.A　C　3.B　4.A　5.B　6.B　7.A　8.A　9.B　10.A　11.A　12.B

第二节　趋向补语

一、1.出来　2.出　3.起　开　4.上去　5.到……去　6.起来　7.下来　8.过去/过来　9.出/出来　10.上　11.下来　12.下　13.起来　14.下去　15.下去　16.出来　17.开　18.上去　19.下去/进去　20.起　21.起来　22.过来　23.过　24.过　25.起

二、1.我们进了幼儿园,小朋友们正在门口排着队欢迎我们。

2.吴清华逃出了地主家以后,向大森林跑去。

3.琴声一响,孩子们就唱了起来。

4.小刚把书包一放就跑出去了。

5.你的朋友回来了,难道你没看见吗?

6.时间飞快地过去,眼看就要放假了。

7.孩子一看见我,就向我扑了过来。

8.你的钢笔坏了,应该修理修理。

9.一九六二年,周师傅和他的妻子先后病死了,留下了三个儿子和两个女儿。

10.每到这个时候,我就想起他的名字来。

11.老张进商店的时候,已经快十二点了。

12.他把小女儿叫到面前来说:“你要永远记住这个教训。”

13.受伤的人从床上坐了起来,大家劝他赶快躺下。

14.风一吹,飘过来一阵花香/飘过一阵花香来。

15.房间里不时地传出来一阵阵的笑声/传出一阵阵笑声来。

16.同学们,上课了,快进教室去。

17.吃完饭,我们都回宿舍去。

18.小李,你给我拿一个杯子来。

19.鸽子飞上天去了。

20.农民的生活一天比一天好起来。

21.我一边看着江面一边想:“这条江有多宽?”

20.老师不但关心我们的学习,还关心我们的生活。

第三节 可能补语

一、1.不清楚 2.不起来 3.不进去(来) 4.不到(着) 5.得出来(到) 6.不了 7.不起来 8.不上(得) 9.不起来 10.得下(了) 11.不起来 12.不懂 13.不起 14.不了 15.不下来 16.得下 17.得了 18.得出来 19.不开 20.不起来

二、1.今天学的课文我背不下来。

2.星期日小刘不能回来看电影。

3.这两道题有什么区别，我看不出来。

4.他说的话我听不懂。

5.这个问题小王答不上来。

6.一块钱买不了五斤苹果。

7.电影七点半演不完。

8.你在这样的灯光下看书，眼睛近视不了(或不会近视)。

9.这件事我不能详细地写出来(或……我写不详细)。

10.童年时代的生活他记不得了。

三、1.B 2.A 3.B 4.A 5.A 6.A 7.B 8.A

四、1.你连一块石头都搬不动，怎么能把山搬走呢？

2.今天天气不好，还照得了相吗(或还能照相吗)？

3.要不是老师帮助我，我就学不好中文。

4.因为钱不够，所以他买不了(或不能买)那件大衣了。

5.下午你能来帮助我吗？

6.我打开水龙头，看看现在水来没来。

7.现在，那座小山上一棵树也看不见。

8.蕃瓜弄是上海一个有名的贫民窟，去参观以前，我真想象不到过去的劳动人民生活是那样的悲惨。

9.小张的伤势很重，大家都知道他已经救不活了，禁不住哭了起来。

10.你这样工作，工作不好(或不能把工作做好)。

第四节 情态补语

第五节 程度补语

一、1.小高今天高兴得很。

2.(1)小刚把身体锻炼得很结实。

(2)小刚身体锻炼得很结实。

3.他的脸胀得通红。

4.运动员们表演得很好。

5.谢利(说)汉语说得比我流利。

6.(1)小王忙得忘了吃饭。

(2)小王忙得把吃饭都忘了。

7.李明把饭吃得干干净净。

8.(1)火把他的脸烤得通红。

(2)火烤得他脸通红。

二、1.B　2.A　3.B　4.B　5.A　6.B　7.A　8.B　9.B　10.B

三、1.我要把这项工作做得更好。

2.我听见他们(唱歌)唱得高兴极了。

3.他学汉语学得很好,说得也很对,写得也很快。

4.(1)工人把工厂管理得很好。

(2)工人管理工厂管理得很好。

5.他慢慢地散着步。

6.敌人恶狠狠地说:"你回答得全不对!"

7.我们在教室里讨论得很热烈。

8.孩子们把水果吃了个一干二净。

第六节　数量补语

一、1.B　2.A　3.A　4.B　5.B、C　6.A　7.B　8.B　9.A　10.B

11.B　12.B　13.A　14.A

二、1.(1)我跟农村医生用汉语谈话谈了一个上午。

(2)我跟农村医生用汉语谈了一上午话。

2.关于回国的问题他们俩谈了一个小时。

3.(1)我们每天在课堂上写半个小时汉字。

(2)我们每天在课堂上写汉字写半个小时。

4.(1)他在农村干了十一年活。

(2)他在农村干活干了十一年。

5.我们在这儿学习半年到一年。

6.咱们打一场球,怎么样?

7.他敲了几下儿门,屋里没有人答应。

8.阿里比谢利高三厘米。

9.他不喜欢家里的猫,常常无缘无故踢猫一脚。

10.他一进门就打了我一下,我吓了一跳。

三、1.(1)孩子看书看了三个小时了。

(2)孩子看了三个小时书了。

2.狗在雷锋的腿上咬了一口。

3.王刚去美国已经三年了。

4.阿里比谢利重五公斤。

5.(1)小明游泳游了一上午。

(2)小明游了一上午泳。

6.(1)我昨天看了一晚上歌舞。

(2)我昨天看歌舞看了一个晚上。

7.(1)你去找一下儿小李。

(2)你去找小李一下儿。

8.奶奶死了整整五年了。

9.他当老师当了二十年了。

第七节 介词短语补语

一、1.于 2.自 3.从 向 4.自 5.向 6.于

二、1.这个故事是从老师那里听来的。

2.后来小王从东北来到北京。

3.我们从一个胜利走向另一个胜利。

4.中华人民共和国成立于一九四九年。

5.我们来自不同的国家。

第八节 补语和状语比较

一、1.那时候有七个家庭妇女在这儿工作。

2.下星期我就要和中国同学住在一个房间里了。

3.(敌人来了,)你快走吧!

4.(我很快地走着,)怕去晚了。

5.你把这本书放在床上。

6.孩子在床上睡觉。

7.(1)我听录音听了一个小时。

(2)我听了一个小时录音。

8.我一天看完一本书。

二、1.B、C 2.A、B 3.A 4.B 5.B 6.A 7.A 8.A

三、1.在旧社会,地主不让农民吃饱穿暖。

2.你注意记住这个字,不要忘了。

3.张明去火车站跑得很快。

4.他练习做得这样少,哪能得100分?

5.我已经到故宫去了三次了。

6.我在大学学了三年中文。

7.如果晚来一点儿,就买不到了。

8.在通货膨胀的情况下,粮食一天涨好几次价。

9.因为怕迟到,他很快打了一个电话,叫了一辆出租汽车。

10.不论什么工作,完成得好,都是光荣的。

11.我想我算错了。

12.(1)请你把话说清楚。

(2)请你说话说得清楚一点儿。

13.自从中华人民共和国成立以来,北京变多了。

14.今天你来得太早,明天晚一点儿来吧。

第六章 复指和插说

一、1.红旗 鲜艳的红旗 2.上海 这座工业发达的城市 3.她们 姐妹俩 4.我 张老汉 5.五本书 一本语文 一本数学 一本历史 一本地理 一本英语 6.我们 大家 7.爱吸烟喝酒的人 他们 8.主治医生 王大夫 9.我们 兄弟 几个 10.恩人 老张 叔叔 11.你 自己 12.对工作认真负责的人 他们 13.好多东西 三张办公桌 十几把椅子 两个书柜 14.苹果、桃子、石榴、糖、花生 这些吃的东西 15.人家 张大爷 16.小王 他们 17.中学老师 金建 先生 18.几名研究生 张力、李平、赵凡 他们 19. 一天 一九六六年七月一日 20.那部书的手稿 一部不朽的巨著

二、1.我看 2.据说 3.总而言之 4.说实在的 5.不瞒你说 6.看来 7.你想想 8.听说 9.据了解 比如 10.看样子

11.不想 12.看起来

第四编 第一章 主谓句

一、1.(A) (B) (A) 2.(B) (B) 3.(D) (D) 4.(C) (C) 5.(A) 6.(D) 7.(C) (A) 8.(A) (A) (A) (B) 9.(C) (C) 10.(A) 11.(A) (A) 12.(A) 13.(A) (A) 14.(A) 15.(A) 16.(A) 17.(C) (C) 18.(B) (B) 19.(B) 20.(B) 21.(A) (A) (A) 22.(B) (B)

二、1.我北京人。 2.我今年十八岁了。 3.我二年级。 4.今天 18 号。 5.今天星期二。 6.现在 5:30。 7.五块钱一斤。8.嗯,我东北人。 9.我小儿子六岁了。 10.我两个孩子,一儿一女。11.我的房子又高又大,三间一套。 12.我家三口人。 13.我北师大的(北京师范大学的)。 14.他一米七九。

三、(略)

四、1.亮 2.热 3.忙 轻松 4.黑咕隆咚 5.干干净净 整整齐齐 6.宽 长 7.静悄悄 8.绿油油 笔直笔直 平平坦坦 9.矮 10.激动

五、1.看见收发室里有你一封信

2.打算明天就离开这里

3.说这次语言实习收获很大

4.请您看看并给以指正

5.跟你的建议正好相反

6.写得很好 又清楚又整齐

7.在这个学校继续学习专业

8.她都沿着校园的围墙走一圈

9.记下来　　三天之内都办完

10.请你通知大家游泳比赛3:00开始

第二章 几种特殊的动词谓语句

第一节 “是”字句

一、1.这位先生是中国足球队的领队。

2.我父亲也是医生。

3.李四光先生是中国有名的地质学家。

4.他的汽车不是白颜色的，是红颜色的。（他的汽车是红颜色的，不是白颜色的。）

5.教学楼的前边是一片草地。

6.我们不是这儿的主人。

7.地上、房上、树上都是雪。

8.读书是学习，使用也是学习。

9.我们学校的旁边是一座大教堂。

10.知识就是力量。

11.他的业余爱好是用毛笔写汉字。（用毛笔写汉字是他的业余爱好。）

12.这两只小熊猫是那只大熊猫新生出来的。

13.我们的目的不是赚钱。（赚钱不是我们的目的。）

14.看小说、看电影也是休息。

15.中国古代的四大发明是造纸、印刷术、火药和指南针。(造纸、印刷术、火药和指南针是中国古代的四大发明。)

16.那几个年轻人都是外国留学生。

17.种花、养花对他是一种乐趣。

18.他们都是中国中央电视台的。

19.时间就是生命。

20.他昨天没来是因为病了。

二、1.这种布贵是贵一点儿,可是结实、耐穿。

2.他写得慢是慢,可是写得整齐。

3.小王来是来过了,可是你要的东西没有给你带来。

4.这篇论文写得是好,难怪得了头等奖。

5.那个地区,农民的生活是比以前好多了,许多农家都住进了二三层小楼。

6.我看她是被深深地感动了,眼泪一直含在眼圈里。

7.无论学习什么都应该做到:懂就是懂,不懂就是不懂,不要装懂。

8.王师傅说:我是老了,可是我身体还行,我还想为大伙儿干点事儿。

9.这种小野花,在北方农村到处都是。

10.这是一座花园城市,走到哪里,哪里都是花草。

三、1.(A) 2.(B) 3.(E)(E)(E) 4.(E) 5.(I)(C) 6.(B) 7.(D)(D) 8.(A) 9.(I)(F) 10.(H)(H) 11.(D)(D)(B) 12.(F)(F) 13.(J) 14.(G) 15.(F) 16.(C)(E)

四、1.这本字典是老师的不是?(这本字典是不是老师的?)

2.这位女士是不是您的秘书?

3.老师,请问,这是什么?

4.你是北京语言大学的学生,是不是?

5.这本新杂志是你的吗?

6.这件蓝色的衬衫是新的,那件白的是旧的。

7.以前你是不是这个学校的学生?

8.我的书都是英文的,那些中文书都不是我的。

9.您以前是我们的老师,现在还是我们的老师。

10.巴黎是法国的首都。

11.我们都是留学生。

12.这句话的意思是什么?

第二节 “有”字句

一、(略)

二、1.(B) 2.(B) 3.(D) 4.(D) 5.(E) 6.(F) 7.(D)

8.(A)(A) 9.(C)(D) 10.(D)

三、1.我有一个弟弟和一个妹妹。

2.这座城市有一千四百多万人。

3.她对学好中文有充分的信心。

4.我只有一本汉英词典,没有英汉词典。

5.我们学校有游泳池,也有滑冰场。

6.这座小楼里一共有十五间房。

7.那张桌子上只有一些书报,没有别的东西。

8.湖心的小岛上有一片树林,树林里只有一座中国式的小楼。

9.我住的房间里有一张书桌,两把椅子,还有一个书架和一个衣柜。

10.这条河上有一座很有名的石拱桥。

四、1.二十年来,我国的农业有很大的发展。

2.我们这里,乡镇企业的生产水平有了大幅度的提高。

3.听了您的报告,我们对中国的饮食文化有了一些了解。

4.今天的谈判,双方都作了一些让步,有了一些进展。

5.参加过实际调查后,对这里的民俗习惯有了进一步的认识。

6.假期里,阿里出去旅行了一趟,他的汉语有不少的进步。

五、1.他对京剧很有兴趣吗?

2.一个星期之内,完成这个任务有没有困难?

3.这位大夫做这种手术,有经验没有?

4.我们在这里谈话对你学习有影响吗?

5.你参加了汉语水平测试,有没有可能得95分?

6.先问问大家的意见有必要没有?

7.他有没有认识到做这件事很必要?

8.他有很强的办事能力吗?(他有办这件事的能力吗?)

9.我有资格参加这个会议吗?(我有参加这个会议的资格吗?)

10.每一个成年人都有权利参加选举吗?(每一个成年人都有参加选举的权利吗?)

六、1.问:这个人有学问吗? 答:当然有。人家有很多著作呢。

2.问:你们的图书馆有很多书,是吗? 答:对,我们的图书馆有很多书。

3.问:这个新来的小工人很有经验吧? 答:没有,他第一次干这种活。

4.问:他的报告对你们很有帮助吗? 答:他的报告很好,对我们很有帮助。

5.问:是不是天气预报说明天傍晚有小雷阵雨?答:对,明天傍晚有雨,可能还有风。

6.问:这种小手提包很有用吗?答:没有什么用。

7.问:今天晚上你有没有时间?答:有时间,你有什么事?

8.问:老师,您有几个孩子?答:我有两个孩子。

9.问:你的宿舍里有没有电视机?答:我的宿舍里没有电视机。

10.问:这个句子有没有语法错误?答:这个句子没有语法错误。

第三节 连动句

一、1.想了一下儿说(A) 2.找时间去你家 (B) 看看你的母亲(B) 3.搬到北京郊外住(B) 4.去那个公园玩(B) 5.坐船到南方奶奶家 (C) 过暑假(B) 6.有个青年要见你(E) 7.用手轻轻地摸了摸小力的新铅笔盒(C) 8.开门出去(A)看了看(B) 9.有什么理由不同意他的要求(E) 10.放着没吃(D) 11.抢着干又脏又重的活儿(C) 12.有一些问题想请教你一下儿(E) 有时间帮助我(E) 13.放在抽屉里没带(D)

二、①咱们每个人用树枝在地上画一条蛇。

②于是,每个人就拿起一根小树枝在地上画起来。

③他笑着看了看四周……

④(他)抱着酒壶得意地说:"你们谁有本事能比我画得快,我还有时间给蛇画上几只脚。"

⑤另一个人……指着地上的蛇说……

三、1.他回宿舍取眼镜去了。

2.孩子们听完都哭起来了。

3.所以她一直保存着没用。

4.昨天他们坐火车去南方旅行了。

5.姐姐正忙着写论文,没有时间陪着我玩。

6.阿里从书包里拿出来一封信交给我。

7.下午咱们带着水果去看她,好吗?

8.他花了几十块钱买了一辆旧自行车。

9.你不应该躺着看书。

10.他们没有理由不参加这个会。

11.孩子们都争着回答:“喜欢!”

12.我去买一束花儿插在花瓶里好吗?

四、1.他花了三百多元又买了一辆新型摩托车。

2.这位年轻的作家用一年左右的时间写了一个剧本。

3.他没有理由不回答我的问题。

4.我现在还没有条件住那么好的房子。

5.下星期天,我来找你,咱们一起去颐和园划船。

6.他坐公共汽车去北京图书馆借书。

7.走在半路上,汽车停住不走了。

8.看完儿子的信,老人拉起衣袖擦了擦眼泪。

9.我每次去看他,他总是笑着走过来迎接我。

10.看了我织的毛衣,姐姐捂着嘴直笑。

五、1.A.小方先开门后出去。 B.小方先出去再开门。

2.A.老队长先接过那把锄头,然后看了看,最后说……

B.老队长先看了看那把锄头,然后接过去,最后说……

3.A.他们坐着汽车进城。(坐着表示进城的方式)

B.他们先进城去后坐汽车。

4.A.她先下床再穿衣服。

B.她先穿好衣服后再下床。

5.A.他们先轻轻地推开门,再走进去。

B.他们先轻轻地走进去,然后推开门。

6.A.小明先站起来,然后拍拍身上的土。

B.小明先拍了拍身上的土,然后才站起来。

第四节 兼语句

一、1.别人 2.谁 3.他 4.别人 5.哥哥 6.卫兵 他 7.我们 8.外号 9.我 10.录音机

二、(一)1.老师叫我八点来。

2.弟弟让我教他日语。

3.今晚,学校请我们看京剧《贵妃醉酒》。

4.图书馆催我还书。

5.老王托我带东西。

6.你劝劝他别生气了。

7.领导派他们去西藏了。

8.你这样做使我很不安。

9.学校将组织我们到各地去游览。

10.你怎么强迫人家同意你的意见呢?

(二)1.大家都表扬他服务态度好。

2.同学们都佩服这位老师有学问。

3.谁都嫌小明太淘气。

4.同志们都喜欢他爱帮助人。

5.人人都称赞小力刻苦好学。

6.邻居们都骂他太不讲道理。

7.孩子们都恨他自私自利。

8.全车间的同志一致选他当车间主任。

9.人家都笑我太粗心。

10.我们组的同志都感谢你这么大力地帮助我们。

(三)1.小明有个姑姑在乡下。

2.他家有一张桌子(是)三条腿。

3.那间大屋子有两个窗户朝南。

4.图书馆买了一套大百科全书是英文版的。

5.她还有个弟弟叫小明。

三、1.那天晚上,是看大门的老工人给我开的门。

2.是谁杀害了我的父亲?

3.是我们的老师教育我们长大成人的。

4.是风把蜡烛吹灭了。

5.是一位工人师傅帮我修理好了我的自行车。

四、1.他请我去他家。(B) 我去他家玩过两次。(A)

2.爸爸让我回来。(B) 我回来看看爷爷。(A)

3.齐王派晏子到楚国去。(B) 晏子到楚国去当大使。(A)

4.大妈让我赶快把汗水浸透的衣服脱下来。(B)

我赶快把汗水浸透的衣服脱下来换上干的。(A)

5.他有个哥哥调到西北去了。(B)

哥哥调到西北去支援边疆了。(A)

6.我爹急急忙忙跑回来让我(叫大家先躲一躲)。(A)

让我叫大家(先躲一躲)。(B) 我叫大家先躲一躲。(B)

7.我们厂长让厂里的职工都能坐上厂子的班车。(B)

厂里的职工都能坐上厂子的班车回家。(A)

8.大家都选她当代表。(B)

她当代表去北京开经验交流会。(A)

9.节日那天,很多学生到我家里来请我。(A)

请我给他们演戏。(B)

10.老师不让我们单独一个人到河里去。(B)

我们单独一个人到河里去游泳。(A)

11.你打电话叫他。(A)　你叫他来。(B)

12.你叫他来。(B)　他来打电话。(A)

五、1.老王托我去他家看望一下儿他的母亲。

2.国画社请了一位画家来我们美术学院给我们做报告。

3.我们系里请张教授来我们学校参加论文答辩会。

4.老王命令小王立刻去连队报告新收到的情报。

5.大家都推选大刘当组长组织这次活动。

第五节　存现句

一、1.我的家乡是一个小山村。村外有一条小河,小河上架着一座小木桥。走过木桥,可以看见一座小山,山上长满了树木。夏天,山坡上开遍了野花,美丽极了。

2.小王的房间很干净,也很整齐。房间里有一张床,床旁边是一个大衣柜,里面挂满了衣服。靠墙放着两个书架,书架上摆满了书。房间还有一张桌子,桌子上摆着一台录音机,录音机旁边是一个台灯。

3.休息时我走出房间,忽然看见前边走过来一个人。他头上戴着一顶蓝布帽子,身上穿着黑衣服,手里还提着一个皮包。

走近一看,原来是我弟弟。我叫他到屋里去。我们刚想进屋,又发现墙角蹲着一个人,正在地上写着什么,地上写满了字,这个人是谁呢?

二、1.房间里走出一个人来。(或:那个人从房间里走出来。)

2.桌子上放着很多书。

3.教室里忽然跑进来几个孩子。

4.河边上围了(着)很多人。

5.草地上蹲着一群人。(或:有一群人在草地上蹲着。)

6.家里昨天来了几个客人。

7.张家死了一头黑猪。

8.去年发生了一件奇怪的事。

第六节　"把"字句

一、1.老师把本子发给我们了。

2.妈妈把弟弟找回来了。

3.一幅美丽的图画把我们吸引住了。

4.农奴主把那个农奴打了一顿。

5.你把这个问题看得太简单了。

6.阿里把房间打扫得很干净。

7.妈妈把孩子紧紧地抱在怀里。

8.大夫把自己的血输给了那个受伤的战士。

二、1.社员把墙挖了一个洞。

2.大家说:"可以把石头扔到海里去!"

3.昨天昨上,我没看完电影就走了。

4.雷锋把自己的一生献给了人民。

5.运动员走进了比赛大厅。

6.文清慢慢地把手放在桌子上。

7.我们应该帮助他。

8.小红把手洗得雪白。

9.他们不但唱了一支歌,还跳了一个舞。

10.我们把这个问题讨论讨论(或:一下)吧。

11.今天我能把录音听完。

12.明天你应该把这些练习做完。

13.他没学过中文,怎么能听懂中文?

14.他学中文很努力。

15.敌人把全村的群众赶到广场上。

16.鲁迅有的小说我上大学时就读过了。

三、1.《红楼梦》再版了,我到书店买了一本。回家以后我就开始看,十天就把它看完了。

2.六月初我开始学游泳,只学了三天,就把游泳学会了。

3.星期日上午八点我洗衣服。我先把衣服放在洗衣机里,然后开动机器,八点半就把衣服洗干净了。

四、1.老师正在讲课,突然看见一个学生把手举起来,就问他有什么问题。

2.老师正在讲课,看见一个学生把脚放在桌子上,就叫他把脚拿下去。

3.老师说:请同学们拿出一张纸来,把我说的话写下来。

4.A:前边发生了什么事?

B:好像自行车撞倒了一个人。

或:好像自行车把一个人撞倒了。

5.A:房间里怎么这么黑？为什么不开灯？

B:灯泡叫我打破了。

6.我想喝点茶,请把那个杯子递给我。

第七节 “被”字句

一、1.信已经寄出去了。

2.今天的报放在哪儿了？

3.敌人被民兵消灭了。

4.这个秘密叫人发现了。

5.战士们没有被困难吓倒。

6.他家的门叫不开。

7.报纸买来了。

8.敌人被消灭了一半。(或:一半敌人被消灭了。)

二、1.他的父亲被敌人杀害了,朋友把他救了出来。

2.刘胡兰不幸被敌人发现并被逮捕了。

3.那本新书我买到了。

4.我的杯子叫孩子摔了。

5.那张地图让人借走了。

6.小马被送进医院,医生把她救活了。

7.敌人被这突然的袭击吓坏了。

8.十年前,他被关进了监狱。

9.中国杂技团受到我国人民的热烈欢迎。

10.妈妈喊孩子。

11.《汉语课本》卖得很快。

12.这座大楼是一九五二年盖的。

第三章 “是……的”句

一、1. 新同学是上星期五到的。

新同学是什么时候到的？

2. 我是从小李那儿借的书。

你是从哪儿借的书？

3. 胡老板昨天是在江城酒家请的客。

胡老板昨天是在哪儿请的客？

4. 上星期我们去野餐，每人带一样食品。我是带的沙拉，小杨是带的水果，小周是带的香肠和面包。

上星期你们去野餐，每人带一样食品。你是带的什么？小杨是带的什么？小周是带的什么？

5. 我是在老师的鼓励和同学们的帮助下取得的好成绩。

你是在什么条件下取得的好成绩？

6. 我们是为你准备的这顿晚饭。

你们是为谁准备的这顿晚饭？

7. 孩子们是用自己的零用钱给灾区捐的款。（不是向家长要的钱）

孩子们是用什么钱给灾区捐的款？

8. 王先生是自己开车跟我去的郊区。（不是坐公交车去的）

王先生是怎么跟你去的郊区？

二、1.② 2.①① 3.② 4.③③ 5.①

6.② 7.② 8.① 9.① 10.①

11.② 12.②② 13.①① 14.③ 15.③②

三、1.⑤　2.④　3.①　4.①　5.②

6.③　7.⑤　8.④④　9.②　10.③

四、1.b　2.a　3.b　4.a　5.a　6.b　7.a　8.a

五、1.我不是在北京语言大学学的英语。

2.我朋友是从外文书店买来的《汉英词典》。

3.昨天我是在北京饭店遇见的我的老同学。

4.他是下午四点半给你打来的电话。

5.小马是跟她姐姐一起去的南方。

6.昨天中午我是吃的西餐，晚上吃的中餐。

7.屋子里太冷了，是谁把窗户打开的？

8.他睡不着觉是喝茶喝的。

第四章　疑问句、反问句和回声问句

一、(一)1.你是清华大学的外国留学生吗？

2.他是在第一外国语大学学的英语吗？

3.你想去河边散散步吗？

4.明天星期三吗？

5.这种笔好用吗？

6.她看过那个芭蕾舞剧吗？

(二)1.你看过鲁迅的小说《阿Q正传》没有？

你看过没看过鲁迅的小说《阿Q正传》？

2.她的口头表达能力强不强？

3.学过的生词你都记住了没有？

4.他借过《现代汉语词典》没有？

他借过没借过《现代汉语词典》？

5.你会不会翻译这个句子？

你会翻译这个句子不会？

6.你相信不相信这个消息是真的？

7.他的笔记本电脑是不是新买的？

他的笔记本电脑是新买的不是？

8.这部作品中的几个主要人物写得真实不真实？

9.他们能不能按期完成这项工程？

他们能按期完成这项工程不能？

10.电影开演以前，你们到得了到不了？

电影开演以前，你们能不能到？

（三）1.你（是）去颐和园，还是去故宫？

2.你到医院去（是）看内科，还是看外科？

你（是）到医院去看内科，还是看外科？

3.这次考试的题目（是）容易，还是难？

4.昨天晚上的气温是零下十二度，还是零下十四度？

5.你会骑自行车，还是会开汽车？

6.你是学生，还是工人？

7.你（是）喜欢北京的秋天，还是喜欢北京的春天？

8.这篇文章他（是）看得懂，还是看不懂？

9.（是）他来找你，还是你去找他？

10.她（是）在教室学习，还是在图书馆学习？

（四）1.谁是教育代表团的副团长？

2.老马是什么时候动身到广州去的？

老马是哪天动身到广州去的？

3.孩子们到哪儿去玩儿了？

4.你给他借了几本《现代短篇小说选》？

5.哪个班明天要和外国留学生联欢？

6.那条路有多长？

7.他女儿几岁了？

他女儿多大了？

8.老马的父亲多大岁数了？

老马的父亲多大年纪了？

（五）1.你的帽子呢？

2.屋子里已经打扫干净了，院子呢？

3.你哥哥已经结婚了，你姐姐呢？

4.这个问题比较简单，那个问题呢？

5.这位客人是你父亲的朋友，那位客人呢？

二、1.没有，明天下午我们学校没有足球赛。

2.是的，病人需要到室外去晒太阳。

3.不，我参加今天晚上的招待会。

4.对了，我昨天没看那个歌剧。

5.不，他是这个班的学生。

6.不，昨天晚上我是在学校食堂吃的晚饭。

7.对了，我母亲还没吃晚饭。

8.好，我们明天不去长城了。

9.没有，我没把房门钥匙丢在商店里。

10.是的，对完成这项任务，大家都很有信心。

三、1.问题已经解决了，你还着急！（你不应该着急）

2.天气已经这么暖和了，你怎么还穿大衣？（你不应该再穿大

衣了)

3.我叫了他好几声,他难道没听见吗?(他应该听见)

4.这么容易的句子,你还不会翻译吗?(你应该会翻译)

5.这不是我的字典吗?原来在这儿。(这是我的字典)

6.你要是不来参加联欢会,我们的大合唱谁来指挥呢?(我们的大合唱就没有人指挥了)

7.这么好的机会,你怎么不利用?(你应该利用)

8.这哪儿是帮忙呀!简直是给我找麻烦!(这不是帮忙)

9.这个责任我不承担,谁承担呢?(这个责任就应该我承担)

10.这间屋子大什么?只有十四平方米。(这间屋子不大)

11.这本小说有什么好?一点意思也没有。(这本小说不好)

12.你笑什么?难道这是可笑的事?(你不应该笑,这不是可笑的事)

13.票都丢了,还看什么电影啊?(不能看电影了)

14.他有什么理由不让我们工作呢?(他没有理由不让我们工作)

15.你拿伞干什么?外边又没下雨。(你不必拿伞)

16.谁说她不会画画儿?人家还举办过个人画展呢!(她会画画)

17.你打个电话就行了,何必自己跑去呢?(不必自己跑去)

18.风浪那么大,还要坐这么小的船出海,你还想活不想活了?(你是不想活了)

19.是不是?我就知道你一定得感冒!(必然会感冒)

20.我们想搞个课外活动站,可是既没有经费,又找不到活动地点,你说难办不难办?(确实难办)

21.你们是来帮忙来了,还是来看热闹来了?怎么不动手啊?(你们实际上是来看热闹来了)

22.谁说妇女不顶用,我们要顶半天边!(妇女是顶用的)

四、1.那个体育馆不是很大吗?我听说坐得下一万五千人呢!

2.这种笔不是很好用吗?你怎么说不好用呢?

3.一个人哪儿吃得下这么多苹果?

4.我没看过那本科学幻想小说,怎么能知道它的内容是什么呢?

5.对狼这样的坏东西难道能仁慈吗?

难道对狼这样的坏东西能仁慈吗?

6.路那么远,你还不坐汽车去?

7.既然你们两个人都懂法语,为什么不用法语交谈呢?

8.你是群众代表,这个会你不参加谁参加?

9.这儿没有茶,只有汽水,我不喝汽水喝什么?

10.解决这个问题有什么难?

11.我们的假期很短,借那么多小说干什么?

12.谁说我们不能成功?我们有信心有决心,一定要试验成功。

13.听说他去过那个地方,我们何不请他来介绍介绍那里的情况?

14.孩子那么小就那么懂礼貌,你说可爱不可爱?

15.这种东西是能吃呀,还是能穿哪,有什么用!

五、答案不是唯一的,供参考。

1.今天很多朋友都来祝贺我母亲的生日,我母亲怎么能不高兴呢?

2.这不是你的信吗?信封上还有你的名字呢!

3.去年试制新产品的时候，我们遇到那么大的困难都没灰心，现在遇到这么一点困难，难道就灰心了吗？

4.我认识她，她不是老张的妹妹吗？

5.难道就这样软弱下去吗？不能，一定要坚强起来！

6.你没听说吗？那个剧团是很有名的。

7.人民大会堂是非常雄伟壮丽的，谁不想去参观一下呢？

8.他给了我们这么大的帮助，我们哪儿能不感谢他呢？

9.我是她唯一的亲人，她有了困难，我不管谁管？

10.这种家具的样子有什么好看？我觉得很难看。

11.着什么急呀？汽车马上就来。

12.请大夫干什么？没有必要！

13.谁说我们不能成功？我们就要争这口气。

14.这块布太小了，是够做衬衫的，还是够做裤子的？

第五章 祈使句

一、1.b 2.a 3.c 4.c

二、1.b c 2.a c 3.a b 4.b

第六章 比较的方式

一、1.比 没有 2.跟 3.跟 比 比 没有 4.跟 5.有 6.跟 没有 比 比 7.比 比 没有 8.跟 有 9.没有 比 10.跟 比 比 没有 没有

二、A 1.那个房间比这个(房间)大。

这个房间比那个(房间)小。

这个房间没有那个(房间)(那么)大。

这个房间跟那个(房间)不一样大。

2.他的衣服比我的(衣服)长。

我的衣服比他的(衣服)短。

我的衣服没有他的(衣服)长。

我的衣服跟他的(衣服)不一样长。

3.这篇文章比那篇(文章)深。

那篇文章比这篇(文章)浅。

那篇文章没有这篇(文章)(这么)深。

那篇文章跟这篇(文章)不一样深。

4.我们学校的学生比他们学校(的学生)多。

他们学校的学生比我们学校(的学生)少。

他们学校的学生没有我们学校(的学生)多。

他们学校的学生跟我们学校(的学生)不一样多。

B 1.姐姐跟妹妹一样喜欢听音乐。

姐姐有妹妹那么喜欢听音乐吗?

2.你的女儿跟他的女儿一样大。

你的女儿有他的女儿(那么)大吗?

3.她从前跟现在一样爱跳舞。

她从前有现在这么爱跳舞吗?

4.这个公园的风景跟那个公园(的风景)一样美。

这个公园的风景有那个公园(的风景)那么美吗?

5.轻工业展览跟农业展览一样受欢迎。

轻工业展览有农业展览那么受欢迎吗?

三、1.一班表演的节目没有二班表演的好。

二班表演的节目比一班表演的好。

2.那个故事的情节比这个故事(的情节)复杂。

这个故事的情节不如那个故事(的情节)复杂。

3.那本古代寓言没有这本有意思。

那本古代寓言不如这本有意思。

4.这本词典收的词可能跟那本一样多。

5.学滑雪跟学滑冰一样容易吗?

6.他有你那么喜欢游泳吗?

7.他怎么会有你哥哥那么高啊! 你哥哥比他高。

8.他们小组讨论得不如我们热烈。

我们小组讨论得比他们热烈。

9.张先生的课没有王先生讲得好。

张先生的课讲得不如王先生。

10.他的汉语说得跟她一样流利。

他的汉语说得没有她流利。

四、1.她发音比我(发音)清楚得多。

她(发音)比我发音清楚得多。

2.他的身体(现在)比从前更健康了。

3.他父亲的年纪跟我父亲(的年纪)一样大。

他父亲(的年纪)跟我父亲的年纪一样大。

4.他开车比我(开车)慢。

他(开车)比我开车慢。

5.他学英语比(他)学法语更快。

6.他们班的同学比我们班(的同学)早来一个星期。

7.那种纪念邮票没有这种(纪念邮票)好看。

8.图书馆的中文书比阅览室(的中文书)多。

图书馆(的中文书)比阅览室的中文书多。

9.北京的夏天没有我们家乡(的夏天)热。

10.我的汉语水平不如他(的汉语水平)高。

我(的汉语水平)不如他的汉语水平高。

五、1.今天跟昨天一样暖和。

2.你们学的汉字跟他们学的汉字一样多不一样多?

3.他的儿子十二岁,我的儿子也十二岁,他的儿子跟我的儿子一样大。

4.这辆自行车比那辆新。

5.这件事情有那件事情重要吗?

6.昨天晚上没有早上凉快。

7.她家的生活跟解放以前完全不同了。

8.那里教中文的方法跟我们大学的方法不一样。

9.姐姐比我大五岁。

10.那个箱子跟这个箱子一样重。

11.他的手机比我的更好。

12.那个医院比这个医院大。

13.我母亲每天早上都比我早起半个小时。

14.她喜欢看杂技比我喜欢得多。

六、1.不比书房　不比卧室　2.教室不比图书馆安静　3.小金不比小马强　4.不比上次容易　5.不比北京热　6.不比那个会场小　7.不比我少　不比他多　8.不比我大

第七章 非主谓句

一、1.无主句 2.无主句 3.无主句 4.独词句 5.独词句
6.无主句 7.主谓句 8.无主句 9.独词句 10.无主句
11.主谓句 12.主谓句 13.无主句 14.独词句 15.独词句
16.独词句 17.无主句 18.独词句 19.独词句 20.主谓句

第五编 第一章 复句的类型

一、1.递进复句 2.假设复句 3.并列复句
4.转折复句 5.条件复句 6.目的复句
7.推断因果复句 8.说明因果复句 9.承接复句
10.说明因果或承接复句 11.转折复句 12.目的复句
13.多重复句

只有代表群众，‖才能教育群众；|只有做群众的学生，‖才能做群众的先生。
①　②　③　④

①、②与③、④是并列关系，①与②是条件关系，③与④也是条件关系。

14.多重复句

他虽然不认识鲁迅，‖也从来没有通过信，|可是确信他——鲁迅先生，
①　②　③
一定能够满足一个共产党人临死之前念念不忘的这个庄严的要求。

①、②与③是转折关系，①与②是并列关系。

15.多重复句

(大家表示:)只要还有一口气,‖还能坚持一分钟,|就不离开这里。

①　②　③

①、②与③是条件关系,①与②是并列关系。

16.多重复句

从不懂到懂,‖从掌握知识不多到掌握知识较多,|必须坚持学习,|坚持实践。

①　②　③　④

③、④与①、②是条件关系,③、④是偏句;①、②是正句;①与②,③与④都是并列关系。

17.推断因果复句

18.多重复句

因为走得急,|我没来得及多说,‖只告诉她要按时吃药,注意休息。

①　②　③

①与②、③是说明因果关系,②与③是并列关系。

二、1.B　2.A　3.A　4.B　5.A　6.A　7.B　8.A　9.A　10.B

三、1.只要你努力,就一定能学好汉语。

2.为了学好中文,我一定多听多说。

3.大部分人都参加了讨论会,只有病人没有参加。

或:除了病人以外,大部分人都参加了讨论会。

4.不管谁提出意见,我们都应该听。

5.为了发展两国人民的友谊,还要进一步了解中国。

6.他打太极拳打得不太好,不过动作差不多都对。

7.他请我去看电影,我推辞了,因为没有工夫。

8.东郭先生救了狼,狼不但不感谢他,反而要吃他。

9.我们先解决重点问题,然后再解决别的问题。

10.要是没有同志们的帮助,他就变坏了。

或:多亏有同志们的帮助,否则他就变坏了。

第二章 复句的主语和关联词语

一、1.北京不但是中国的政治经济中心,而且也是文化中心。

或:北京是中国的政治经济中心,也是文化中心。

2.这个人(虽然)头发全白了,可是儿子才十几岁。

3.他一出门,大家就立刻把他围住了。

4.昨天晚上十点我写完作业马上就睡觉了。

5.火车就要开了,大家赶紧上车。

6.这个电影我喜欢看,阿里也喜欢看。

7.下雨了,我们不去打球了。

8.我们宁可站着死,也不跪着生。

9.虽然汉语比较难学,但阿里学习很努力,所以成绩很好。

10.你只要坚持下去,就一定会胜利。

11.这本书很有意思,就是太厚了。

12.我去过中国,(而且)在那里学过汉语。

13.我们虽然取得了很大的成绩,但不能骄傲。

14.阿里为了学汉语,买了一个平板电脑。

二、1.B 2.A 3.B 4.B 5.B 6.A 7.A、B 8.A 9.B 10.A

三、1.要是现在不努力学习汉语,以后就说不好中国话。

2.因为学习中文的同学比较少,所以我们彼此都认识。

3.我们参观了车间以后,就去访问工人家庭。

4.他只是可怜她,(并)没有别的意思。

5.不管别人去不去,我一定要去。

6.只有多听、多说、多写,才能学好中文。

7.他不单单做好自己的工作,还常常帮助别人。

8.他开始记日记时,有的字不会写,只好画图。

9.他不爱说话,所以如果你不问他,他就不理你。

10.他白白去了王府井一趟,东西还是没有买到。

或:他去了王府井一趟,可是东西还是没有买到。

第三章　紧缩句

一、1.要是(你们)八点钟不来上车,(我们)就不等了。

2.只有人来齐了,(咱们)才开演呢。

3.你要是想参加,(你)就报名。

4.他无论有多大困难,(他)也不愿去麻烦别人。

5.你要是不了解情况,(你)就不要乱说。

6.你只有有票,(你)才能进去。

7.就是路再远,(我们/你)也得去。

8.你就是哭,(我们)也不让你去。

9.如果我自己有办法,(我)还来求你?

10.他虽然吃了很多药,可是(他的)病也不见好。

11.既然你不让我去,我就不去,以后就是你请我去,我也不去了。

12.你的劲儿就是(比现在)再大,(你)也搬不动这么大的石头。

13.你(/我们)只有有了真本事,(你/我们)才能为人民服务。

14.即使你不说,我也知道。

15.你不来可不行,你一定要来,这儿需要你。

16.他向来是如果你不问他,他就不说。

17.这是大家举手通过的,你就是不同意,(你)也得照办。

18.你愿意来,你就来,要是你不愿意来,那就算了,随你的便。要是你来了,我们欢迎你 ,要是你不来,我们这里也不缺你。

19.这种技术,你(/我们)要是不努力,(你/我们)就学不会。

20.就是你再有学问,(你)也不可能什么都知道。

21.他只要一感冒,(他)就发烧。

22.就是条件再好,(你)要是不努力,(你)也学不好。

23.我假如没有事情,(我)就不来找你了。

24.你要是能来,(你)就来,(你)要是不能来,(你)就打个电话来。

25.既然坏了,就算了(别想/说它了),再买一个新的吧。

26.你(我们)只有深挖,(你/我们)才能见水。

27.你(我们)怎么劝他,(他)也不听。

28.你要是知道,(你)就说知道,你要是不知道,(你)就说不知道。

29.只有人来齐了以后,咱们才发票。

30.咱们如果再不抓紧,(咱们)可就要完不成任务了。

二、1.不想看就把电视关上吧。

2.不同意就不要举手。

3.我不让他去,他非去不可。

4.他家的地址,我怎么想也想不起来了。

5.我饿死也不替敌人做事。

6.决定了就别再犹豫了。

7.产品的质量不合格就不能出厂。

8.决定去就早一点儿去,不要迟到。

9.题目再难也做得出来。

10.我跟你说的话,你爱信不信。

11.样子不好看就不买。

12.不想去就不去。

13.你认真找才能找出错误来。

14.你再有钱也不应该浪费。

15.这是一项紧急任务,不想干也得干。

16.去颐和园就去颐和园吧。

17.你不舒服还来上班?

18.你怎么努力也赶不上他。

19.他要说又没说。

20.咱们大家齐心就能把工作做好。

第四章 篇章

一、①由于……,所以……　②固然……,但是……

③固然/虽然……,但是……　④于是……

⑤因为……,所以……　⑥于是……

二、①因为、而、因此、也、凡是、都、在……方面、在……内、以至于、都、而今、由于、因此、虽、但、因为

②当前、既……又、特别是、但是、在……下、既……又

③就、曾几何时、从而

④以来、但是、总的来说、以至、由于、所以、这

⑤为了、终于、为此

⑥第二年夏天、在镇口/在路上、然而

三、有一天，一个小和尚在路上走着(中文的动词好像没有时态变化，但实际上还是要求一定的语法形式的。这个句子是从小和尚已经在路上走开始，而且还在继续走，所以应该改为上面的句子，而且应该用逗号，中文的句子不是有了主语和谓语就算一句，就用句号，这是学生经常出现的问题)，忽然(看见)有两只鸟在他的周围飞来飞去(这里应该用时间词来连接，可以用“忽然”，也可以用“这时候”等；由于“两只鸟”第一次出现，是新信息，所以应该放在宾语的位置上，前面用动词“有”；因为正在叙述的是小和尚，所以如果作者的视点不变，就要把“小和尚”与“鸟”连接起来，得用“看见”)，路上还有一个乌龟(或：还看见了一个乌龟，这里用“还”，是因为除了有鸟或小和尚除了看见鸟以外，还有或看见了乌龟，实际上，“还”也有连接作用)。走了一会儿小和尚摔倒了(这里可以用很多办法来连接，一般来说都需要有时间词语)。最后小和尚爬过一座山来到了一座庙前(动词“爬”后应该有表示结果状态的补语；“到”作谓语动词时，动作已经实现应该用“了”，也可以像我们现在这样，让它作补语，因为动作已经实现，所以最好也用一个“了”)。他走进庙里以后，先给菩萨磕了一个头(用表示时间的“进……以后”把这个句子与前面的句子连接起来，再用“先”把这个句子与下面的句子连接起来)，发现水缸里没有水(用“发现”把这个句子与前面的句子连接起来)，(他)就拿起两个水桶(用“就”把句子与前面的句子连接起来)，一条扁担，去湖边儿挑水(“V到”一般表示已经完成的动作)。水挑回来以后，他把水倒在水缸里，然后往瓶里

倒了一些水(往水缸里倒水和往花瓶里倒水完全是两回事,不能用“和”连起来)。瓶里的花开(花)了。就这样他每天去挑水,念经,工作很好(用“就这样”把这个句子与前面的句子连接起来)。

四、①我每天睡觉的时间太少,所以常常迟到。

②小林昨天从老家回来了,带回来很多好吃的东西。他到很多同学的房间,把好吃的东西都给了大家。

③我觉得城市里安全问题太多,所以住在乡下。

④昨天我去一家商店买衣服。到那家商店以后,看见很多衣服都在打折,我很高兴,就买了很多衣服。

⑤这种汽车又涨价了,你的钱够吗?

⑥(打电话) 对不起,我打错了号码 。

⑦刚才邮递员来了,交给我一封信,我(把信)接过来一看,是我弟弟写的。

⑧你成绩好才能上这个大学。

附录二　主要参考书目

丁声树等　《现代汉语语法讲话》，商务印书馆，1961年。

胡附、文炼　《现代汉语语法探索》，商务印书馆，1956年。

胡裕树　《现代汉语》，上海教育出版社，1979年。

李临定　《现代汉语句型》，商务印书馆，1986年。

廖秋忠　《廖秋忠文集》，北京语言学院出版社，1992年。

刘月华　《汉语语法论集》，现代出版社，1989年。

刘月华　《句子的用途》，人民教育出版社，1990年。

刘月华　《趋向补语通释》，北京语言文化大学出版社，1998年。

陆俭明、马真　《现代汉语虚词散论》，北京大学出版社，1985年。

陆志韦等　《汉语的构词法》，科学出版社，1964年。

吕叔湘　《汉语语法分析问题》，商务印书馆，1979年。

吕叔湘　《现代汉语八百词》，商务印书馆，1980年。

吕叔湘　《中国文法要略》，商务印书馆，1982年。

马庆株　《汉语动词和动词性结构》，北京语言文化大学出版社，1992年。

孟琮等　《汉语动词用法词典》，商务印书馆，1999年。

饶长溶　《汉语层次分析录》，北京语言文化大学出版社，1997年。

王　还　《汉英虚词词典》，华语教学出版社，1992年。

王　力　《中国现代语法》，商务印书馆，1982年。

邢福义　《语法问题探讨集》，湖北教育出版社，1986年。

张伯江、方梅　《汉语功能语法研究》，江西教育出版社，1996年。

赵元任　《汉语口语语法》（丁邦新译），香港中文大学出版社，1980年。

朱德熙　《现代汉语语法研究》，商务印书馆，1980年。

朱德熙　《语法讲义》，商务印书馆，1982年。

朱德熙　《语法答问》，商务印书馆，1985年。

朱德熙　《语法丛稿》，上海教育出版社，1989年。

北京大学中文系1955、1957级语言班编　《现代汉语虚词例释》,商务印书馆,1982年。

人民教育出版社中学语文室编　《中学教学语法系统提要(试用)》,人民教育出版社,1984年。

中国语文杂志社编　《语法研究和探索》(一),北京大学出版社,1983年。

中国语文杂志社编　《语法研究和探索》(二),北京大学出版社,1984年。

中国语文杂志社编　《语法研究和探索》(三),北京大学出版社,1985年。

中国语文杂志社编　《语法研究和探索》(四),北京大学出版社,1988年。

中国语文杂志社编　《语法研究和探索》(五),语文出版社,1991年。

中国语文杂志社编　《语法研究和探索》(六),语文出版社,1992年。

中国语文杂志社编　《语法研究和探索》(七),商务印书馆,1995年。

中国语文杂志社编　《语法研究和探索》(八),商务印书馆,1997年。

Randolph Quirk、Sidney Greenbaum、Geoffrey Leech、Jan Svartvik　*A Grammar of Contemporary English*. Longman Group Ltd, 1972.